ISBN 978-1-5284-9701-5
PIBN 10968128

1 MONTH OF
FREE
READING

at

www.ForgottenBooks.com

By purchasing this book you are eligible for one month membership to ForgottenBooks.com, giving you unlimited access to our entire collection of over 1,000,000 titles via our web site and mobile apps.

To claim your free month visit:
www.forgottenbooks.com/free968128

English
Français
Deutsche
Italiano
Español
Português

www.forgottenbooks.com

Mythology Photography **Fiction**
Fishing Christianity **Art** Cooking
Essays Buddhism Freemasonry
Medicine **Biology** Music **Ancient
Egypt** Evolution Carpentry Physics
Dance Geology **Mathematics** Fitness
Shakespeare **Folklore** Yoga Marketing
Confidence Immortality Biographies
Poetry **Psychology** Witchcraft
Electronics Chemistry History **Law**
Accounting **Philosophy** Anthropology
Alchemy Drama Quantum Mechanics
Atheism Sexual Health **Ancient History**
Entrepreneurship Languages Sport
Paleontology Needlework Islam
Metaphysics Investment Archaeology
Parenting Statistics Criminology
Motivational

LE

GUIDE FRANCAI

DE

FALL RIVER, MASS.,

CONTENANT

L'Histoire de la Colonie

ET

L'ALMANACH DES ADRESSES

AVEC

ILLUSTRATIONS

PRIX NET, - $3.00

Les Matieres.

Preface

Nous avons l'honneur de présenter, aujourd'hui, au public en général, et surtout à nos chers compatriotes, une œuvre originale et utile."

Originale, en ce sens que c'est le premier travail étendu de ce genre que notre milieu voit éclore

Utile, en ce qu'elle va nous permettre de mieux nous connaître, de supporter le nombre et la qualité de nos forces. Et, à ce point de vue, nous devrions plutôt dire de notre œuvre, qu'elle était nécessaire, et qu'elle s'imposait ?

En effet,—Fall River est le centre franco-américain le plus important qu'il y ait dans tous les Etats de l'Union. Nous sommes ici bien sûr de 35,000 âmes (?), comme les statistiques les plus récentes en font foi. Et pourtant exerçons-nous une véritable action sociale, comme groupement distinct ? Est-ce que notre influence pèse de quelque poids, dans le règlement des affaires civiles ? Est-ce que dans l'ordre, beaucoup plus élevé, des choses religieuses, nous saurions, le cas échéant, faire pencher la balance de notre côté ? D'où vient que, si nombreux dans cette ville, nous n'y jouons peut-être pas le rôle auquel nous pourrions prétendre ?

A cela, il y a plusieurs causes, dont la moindre n'est pas l'ignorance où nous étions de nos véritables forces. Nos "nationaux" ne se connaissant pas bien

les uns les autres, n'ayant qu'insuffisamment conscience de leur nombre et de leurs qualités, comment
se seraient-ils unis pour une action commune, enten-
dus pour faire triompher, dans les questions essen-
les, les grands principes chers à notre race ?

Notre "Guide Français" va donc combler
une lacune, que tant de bons esprits trouvaient
déplorable. Il favorisera notre connaissance mutuelle, et permettra aux concitoyens des autres races de
voir "qui nous sommes" et "combien nous sommes".
Ce calcul établi, il va sans dire que l'on comptera davantage avec nous.

Nous n'insisterons pas sur les autres genres d'u-
tilité que ce travail présente. Les "hommes d'affaires", par exemple, ne le trouveront-ils pas indispensable ? Avocats, médecins et autres, n'en feront-ils
pas comme leur manuel ?

Cela suffit pour donner le droit d'espérer que
notre "Guide" rencontrera partout le plus bienveillant accueil, lequel, en nous dédommageant de la
peine que nous nous sommes donnée pour le rendre
aussi complet et aussi bien informée que possible,—
nous engagera à en publier, à de courtes intervalles
une édition nouvelle, avec toutes les corrections et
changements rendus nécessaires par l'évolution fatale de la vie,—au sein de toute société.

L'EDITEUR

SA SAINTETÉ PIE X

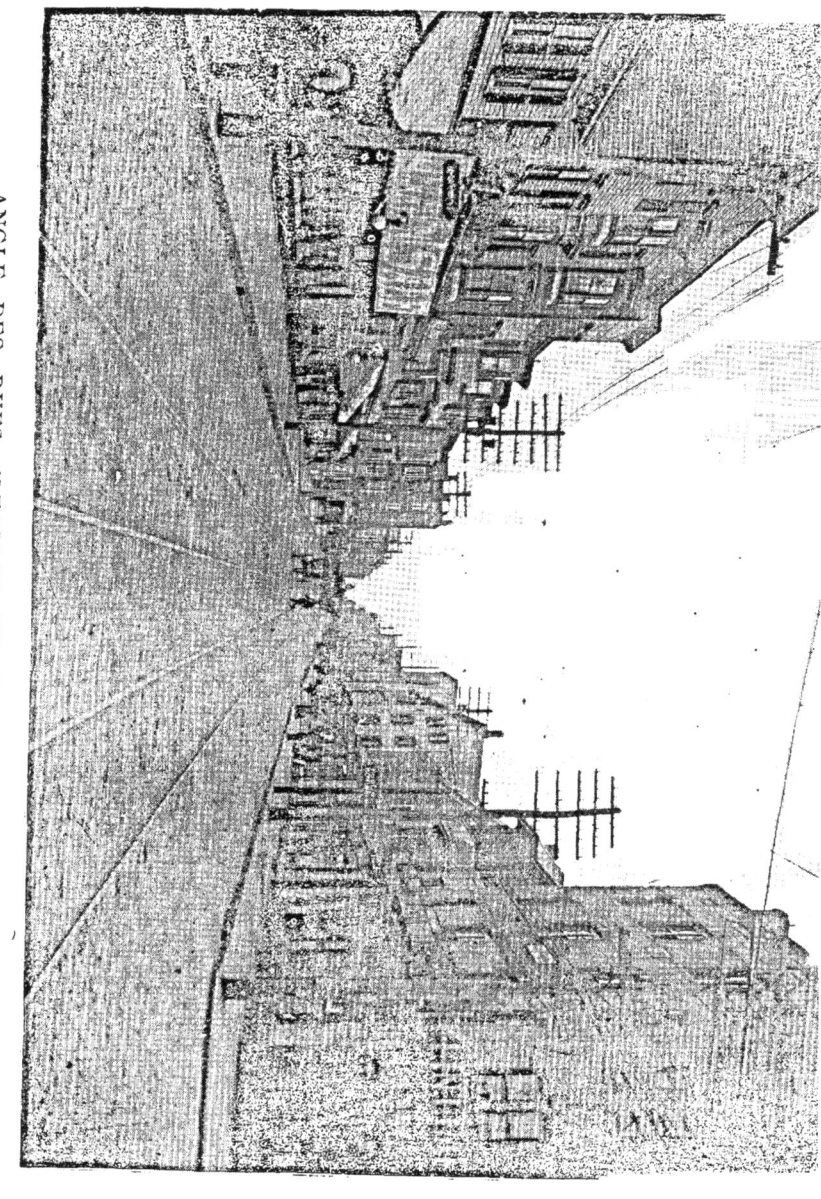

ANGLE DES RUES PLEASANT ET QUEQUECHAN, (FLIN)

Le Souverain Pontife

Vicaire de Jésus-Christ et Successeur du Prince des Apôtres, Evêque de Rome, Métropolitain de la Province Romaine, Primat d'Italie, Patriarche d'Occident, Chef Suprême de toute l'Eglise, Souverain et Administrateur des biens temporels du Saint-Siège.

SA SAINTETE PIE X

Joseph-Melchior Sarto, né le 2 juin 1835, à Riese, diocèse de Trévise, prêtre à Castelfranco, le 18 septembre 1858, évêque de Mantoue,. le 10 novembre 1884, sacré à Trévise le 16 novembre 1884, cardinal le 12 juin 1893, élu Pape le 4 août 1903, couronné à Saint-Pierre le 9 août suivant, le 264ième pape.

LISTE DES PAPES

------•◆•------

MGR DIOMEDE FALCONIO

Mgr Diomède Falconio, né à Pascocostanzo, Italie, le 20 septembre 1842, entra chez les Franciscains; fut ordonné le 4 janvier 1866. Nommé évêque de Lacédonia en 1892, archevêque d'Acerenza et de Matera en 1895, de Larise en 1899. Délégué apostolique au Canada avec résidence à Ottawa (1899-1902), aux Etats-Unis avec résidence à Washington depuis 1902.

La Hierarchie Catholique

La hiérarchie catholique dans le monde entier, se compose comme il suit :

33 cardinaux italiens, 2 allemands, 2 anglais, 4 autrichiens, 2 hongrois, 1 belge, 5 espagnols, 4 français, un portugais, 1 américain et 1 brésilien, en tout 56 ; 14 chapeaux sont vacants.

946 sièges résidentiels latins, 81 sièges résidentiels de rites orientaux, 456 sièges titulaires, 21 évêchés titulaires dépendant de sièges métropolitains résidentiels, et 44 d'Afrique, dont la hiérarchie était variable selon l'ancienneté du titulaire, soit 1548 archévêques et évêques en tout.

21 abbayes et prélatures "mullius", 12 délégations apostoliques, 145 vicariats apostoliques, 55 préfectures apostoliques et 10 missions.

L'EGLISE CATHOLIQUE AUX ETATS-UNIS

Au commencement de l'année 1909, nous trouvons aux Etats-Unis.

14 provinces ecclésiastiques, 14 archidiocèses, 76 diocèses, 1 vicariat apostolique, 1 préfecture apostolique, 12,513 églises dont 8,408 avec pasteurs et 4,105 avec missionnaires, 84 séminaires avec 5,609 étudiants, 200 collèges pour garçons, 697 académies pour filles, 4,443 écoles paroissiales avec 1,136,909 enfants d'école, 272 asiles avec 42,597 orphelins, 1,054 institutions de charité et 1,310,300 enfants dans toutes les institutions, 13,877,426 catholiques aux Etats-Unis.

CLERGE AMERICAIN

1 délégué apostolique, 1 cardinal, 13 archevêque, 94 évêques, 2 grands abbés, 17 abbés, 1 prieur indépendant, 1 préfet apostolique, 1 archevêque titulaire, 15,655 prêtres dont 11,496 séculiers et 4,069 réguliers.

CLERGE FRANCAIS DES ETATS-UNIS

ARCHEVEQUE

S. G. Mgr Pierre Bourgade, archevêque de Santa Fé, New Mexico.

EVÈQUES

Mgr F.-C Chatard, évêque d'Indianapolis, indiana ; Mgr Henri Gabriel, évêque d'Ogdensburg, N.Y ; Mgr A.-J. Glorieux, évêque de Boise, Idaho ; Mgr Henri Granjon, évêque de Tucson, Arizona ; Mgr G. A, Guertin, évêque de Manchester, N. H.; Mgr J.-E. Michaud, évêque de Burlington, Vt.; Mgr J.-B. Pital, évêque de Santa Fé, New Mexico ; Mgr G.-A. Rouxel, évêque de la Nouvelle-Orléans, Louisiane ; Mgr Jacques Trobec, évêque de St-Cloud, Minnesota ; Mgr Pierre Verdaguer, évêque de Loredo, Texas.

ABBE

T. R. P. Fortunat Marchand, de l'ordre des Cistercins reformés, Jordan, Orégon.

PREFET APOSTOLIQUE

T. R. P. Joseph Raphaël Crimont, de l'ordre des Jésuites, Juneau, Alaska.

Il y a 1200 prêtres séculiers et réguliers de langues française, dans les 14 archidiocèses, 76 diocèses, 2 vicriats apostoliques et la préfecture des Etats-Unis. Environ 600 de ces pasteurs sont de parents nés au Canada, et les autres pour la plupart, viennent de l'Europe.

La Colonie Franco=Canadienne de Fall River

ESQUISSE HISTORIQUE

> Aider le genre humain ou une
> fraction de l'humanité à s'élever d'un
> degré inférieur à un degré supérieur,
> —œuvre héroique, œuvre divine.
>
> PHILARETE CHASLES.

Avant de jeter un coup d'œil rétrospectif sur la colonie Franco-Canadienne de Fall River il serait peut-être intéressant de donner au lecteur une vue d'ensemble de la ville, de sa situation géographique, des nationalités qui composent sa population totale et des industries qui l'ont placée au rang des centres industriels les plus considérables de la Nouvelle-Angleterre.

La ville de Fall River est construite en amphithéâtre sur le versant de la colline qui domine la rive orientale de la Baie Mount Hope. Cette dernière n'est qu'un prolongement de la Baie Narragansett qui arrose l'une des régions les plus pittoresques des Etats-Unis avant d'aller se perdre dans l'océan atlantique à Newport, R. I. Fall River est situé dans le comté de Bristol de l'Etat du Massachusetts, à 49 milles au sud de Boston, à 183 milles au nord-est de New-York, à 18 milles au sud-est de Providence, (Rhode Island), à 18 milles au nord de Newport et à 350 milles de Montréal, Canada. Des "palais flottants" comme on appelle les immenses bateaux "Pilgrim", "Bristol" et "Providence" font alternativement le trajet quotidien entre cette ville et New-York. Ils appartiennent à la ligne de Fall River (Fall River Line) qui relie Boston à New-York. On appelle Fall River la "Border City" parce qu'elle confine aux frontières de l'Etat de Rhode Island. En 1862 cette partie de la ville, à partir du magasin de John D. Flint & Cie., rue South Main, jusqu'aux frontières actuelles, fut cédée en échange par l'Etat du Rhode Island à celui du Massachusetts contre une lisière aux endroits du Seekonk et de Pawtucket. La ville couvre une étendue de territoire de 36 milles carrés. En 1803, Fall River, qui faisait partie de Freetown, fut constitué en municipalité distincte. Peu de temps après ce nom fut changé en celui de Troy, c'est-à-dire le nom de la deuxième des plus anciennes filatures de coton de l'endroit, le "Troy Mills", qui fut établie en 1814. La première filature ayant été fondée en 1813, on l'appelle aujourd'hui la "Fall River Manufactory", elle est située au nord de la rue Pocasset.

Les indigènes avaient baptisé Fall River du nom de "Quequeteant" qui signifie : "l'endroit de la chute de l'eau".

Si l'on remonte plus loin dans l'histoire, il ne manque pas d'érudits qui prétendent que le Nouveau-Monde a été découvert avant Christophe Colomb. Et ce qui nous intéresse surtout, c'est que l'on prétend que Leif Erickson, un Scandinave ou Normand, est débarqué à Fall River même, en l'an 1000 de l'ère chrétienne, (soit, près de cinq siècles avant Christophe Colomb) et qu'il baptisa l'endroit du nom de Vinland, ou terre au raisin, car il y aurait découvert des raisins sauvages en abondance, suivant la tradition (Voir *America not discovered by Columbus* par Anderson, Chicago, 1874). On vient d'élever, à Boston, une statue en l'honneur de Erickson. Il est certain que les Basques ont aussi visité ce continent bien avant Christophe Colomb. Il est peut-être aussi bien établi que les Gallois ou Cambriens, frères des Bretons et membres de la race celtique, ont visité les côtes américaines de l'Atlantique, vers 1170 de notre ère. Qui sait si leur fameux chef Madoc n'a pas foulé le sol de Fall River? (voir, *America Discovered by the Welsh*, par Brown, 1876 et aussi *L'Histoire du Canada* de Garneau, I p 4 ; éd. 1882.)

Il existe encore à Dighton, petit bourg situé à quelques milles au nord de Fall River, la célèbre pierre fruste que les archéologues américains appellent "Dighton Rock" qui porte des hiéroglyphes ou marques énigmatiques. M. Arnzen un Norvégien de cette ville en fit l'acquisition et il la présenta en cadeau à la Société Royale de son pays natal d'où l'on prétend que les hommes du nord (Scandinaves ou Normands) partirent pour venir explorer les mers inconnus jusqu'alors et mettre un pied à terre en Amérique bien avant le grand capitaine gênois.

Revenons maintenant à la topographie de Fall River. Il faut se rappeler qu'à environ 160 pieds au-dessus du niveau de la mer on peut admirer une succession de petits lacs ou étangs d'eau douce arrosant une étendue de 3,500 acres, à environ deux milles, à l'est, de la Baie Mount Hope. Ces étangs sont les receptacles naturels du drainage d'environ 20,000 acres de terre et des sources vives qui surgissent du sol aride et rocailleux des environs. Ils se relient ensemble pour former l'étang Watuppa (nom sauvage qui signifie "bateaux" ou "lieu des bateaux") et se jeter dans le lit étroit de la rivière dite "Fall River' qui part du pont de la rue Quequechan, près de la filature Wampanoag et qui coule successivement sous la filature Troy, l'Hôtel-de-Ville la rue Main et les autres filatures de coton échelonnées sur le parcours de la rue Pocasset, pour aller ensuite se jeter dans la Baie Mount Hope en passant sous le pont de la rue Central. C'est en égard à cette chute d'eau, l'on a utilisée avec tant d'avantage, avant l'emploi de la vapeur comme force motrice, que Fall River doit d'abord son nom actuel, et ensuite l'honneur d'être au premier rang des centres de l'industrie cotonnière dans le Nouveau-Monde.

En 1834, le nom de Troy fut changé en celui de Fall River ; et vingt ans plus tard (1854) ce centre, qui possédait alors une population d'environ 12,000 âmes, fut élevé au rang de la ville. Il y avait à l'époque 3,117 personnes sujettes à l'impôt de capitation (Poll tax,) ce nombre s'est augmenté à 16,196 aux dernières élections (1887.)

La population totale de la ville s'élevait à 63,961 âmes en 1887, et on l'estime aujourd'hui à plus de 65,000 âmes.

En chiffres ronds, cette population se décompose comme il suit : 10,000 Américains, 10,000 Anglais, 30,000 Irlandais et 15,500 Canadiens-Français, 600 Portugais, 50 d'autres nationalités. En 1860, la population totale était de 13,240 ; en 1870 elle s'élevait à 27,191 et en 1880, à 47,883. On peut noter ainsi le développement rapide de ce centre industriel si bien favorisé par sa position géographique, et par l'énergie de sa population. (La devise de la ville est :

We'll try ; en français : *nous essaierons ;* ce qui signifie que rien ne nous déconcertera, mais que nous aurons toujours le courage d'entreprendre et l'espoir de réussir.) Malgré qu'il existe à l'état latent certains préjugés de race et de religion entre ces éléments hétérogènes, on peut dire que les animosités disparaissent à mesure que le contact journalier leur donne une connaissance plus intime de leurs qualités et de leurs défauts respectifs. En général on peut dire que la population de Fall River est unie ; et chaque année vient démontrer à ses industrieux habitants que l'intérêt commun exige l'oubli des rancunes séculaires et des préventions surannées. Il existe, néanmoins, un esprit de cohésion au sein de chacun de ces groupes particuliers. L'Américain, comme il est tout naturel, étant le premier venu, le premier occupant du sol, le successeur immédiat de l'imprévoyant enfant des bois, possède la richesse. Il a la direction des banques, des manufactures et des plus grandes maisons de commerce. Dans les professions libérales, cependant, il doit compter avec les représentants des autres nationalités. Les qualités sociales et intellectuelles de l'Américain sont trop bien connues pour les rappeler ici. Son industrie, son énergie et son esprit de progrès font école et servent de modèle aux yeux des immigrants qui cherchent à découvrir le secret du succès des descendants des pèlerins de Plymouth et des puritains de Salem. Mais à côté de ce tableau attrayant, on remarque qu'il n'augmente pas bien rapidement en nombre. C'est pour cela que chez lui la fortune n'est pas morcelée mais qu'elle se concentre, au contraire, entre les mains de ses quelques rares descendants.

Les Anglais, en égard à la religion et à l'affinité naturelle qui existe entre eux, s'affilient plus intime-

ment et plus rapidement à leurs congénères du Nouveau-Monde. L'Irlandais, d'un autre côté, s'accroît
rapidement ; rempli d'énergie et d'ambition il par-
vient à se créer une bonne position ; il comprend
mieux que les autres immigrants les avantages de la
naturalisation. On le voit ainsi occuper les premiers
postes, depuis celui de simple conseiller municipal
jusqu'à la position de sénateur de l'Etat. Son intelligence vive et primesautière et ses nombreuses ressources lui permettent de se frayer une voie prospère
en dépit de l'antagonisme des uns et des préventions
des autres.

Les Canadiens-français sont les derniers arrivés
sur la scène. Ils ne peuvent, par conséquent, prétendre aux premières places et encore bien moins à la
domination. Ils s'efforcent laborieusement de con-
courir dans la lutte de l'existence. Ils sont placés
dans des conditions défavorables, en raison de leur
ignorance de la langue anglaise, des us et coutumes
du pays, et surtout à cause du manque d'expérience
dans les usines et les fabriques de la ville. Le Canadien connaît l'agriculture, mais il n'est pas habitué à
la vie industrielle. Il se trouve donc désorienté en
arrivant ici. Telle fut du moins la position des pionniers de la colonie canadienne de Fall River. Les autres ouvriers de fabrique les voyaient d'un mauvais
œil d'abord. Ils redoutaient leur concurrence, car,
soit dit en passant, nos compatriotes sont en général
sobres, industrieux, économes et soumis aux lois. Ils
sont peut-être plus patients et plus constants à l'atelier, et pour cette raison, le patron les préfère aux
autres. Le caractère paisible du Canadien est une
nouvelle raison pour qu'il s'attire l'estime du fabricant. En peu d'années les Canadiens sont parvenus
à des postes de confiance dans les fabriques, et le

plus grand nombre possède l'habileté requise pour obtenir un salaire raisonnable.

Quand on considère que la masse de la population canadienne n'est arrivée à Fall River que depuis 15 à 20 ans, on s'étonne de voir que les Canadiens compte déjà 22 surveillants (overseers) ou chefs d'ateliers; 58 contre-maîtres, (second hands,) et 28 assistants contre-maîtres (third hands). Les Anglais et une bonne partie des Irlandais, ont travaillé dans des manufactures toute leur vie. Plusieurs mêmes sont venus ici à titre d'instituteurs pour enseigner certains détails de l'art de la fabrication ou de l'administration des grandes entreprises. Il faut ajouter aussi que l'influence sociale, religieuse et politique n'est pas étrangère aux promotions des étrangers, tandis que les Canadiens ne sont élevés en grade que grâce à leur propre mérite.

Pour démontrer l'importance de la ville de Fall River à titre de centre industriel, il faut recourir aux chiffres. Il existe à Fall River 38 "corporations" qui possèdent 57 grandes manufactures donnant de l'emploi à environ 20,000 personnes des deux sexes ; mais le sexe féminin y prédomine. Deux nouvelles fabriques seront construites dans le cours de l'année. Ces divers corps politiques ont $18,543,000 en capital-actions au pair, et représentent des valeurs d'environ 35 millions de dollars. Ces différentes fabriques contiennent 1,823,472 fuseaux et 41,219 métiers à tisser. Fall River possède 1-7 des fuseaux du pays et 1-5 de ceux de la Nouvelle-Angleterre. Il s'y fabrique les trois cinquième de la production des cotons à indiennes des Etate-Unis. En sus des fabriques de coton, il y a une fabrique d'indienne, (print work) l'une des plus considérables des Etats-Unis ; une blanchisserie de coton, etc.

Le salaire collectif que les ouvriers de fabrique reçoivent chaque semaine s'élève à \$118.005. La loi actuelle de l'Etat exige le paiement hebdomadaire des employés dans les établissements industriels et commerciaux.

Fall River possède 7 banques nationales dont le capital-actions s'élève à \$2,123,000, et dont l'excédant ou fond de réserve est de \$800,852. Il existe, en sus, 4 banques ou caisses d'épargnes dont les dépôts communs sont de \$11,467,635.25. Les déposants sont au nombre de 25,247. Il y a aussi deux banques coopératives qui font des prêts aux actionnaires.

On peut juger par cette esquisse rapide de l'industrie et des capitaux placés dans cette ville. Ajoutons, toutefois, que la plupart des actionnaires dans les établissements dont nous venons de parler sont des habitants de Fall River.

La municipalité vote un crédit annuel d'environ \$130,000 pour l'entretien des écoles publiques. A cette occasion il est bon de signaler le don princier que madame Mary B. Young a fait à la ville du bel édifice préposé à l'usage d'une école ou académie supérieure, sous le titre de *B. M. C. Durfee High School,* située sur la rue Rock. Ce monument remarquable est construit en granit blanchâtre du New-Hampshire et domine la partie nord de la ville. En chemin de fer, revenant de Providence, on voit surgir les proportions grandioses de ce temple superbe, consacré aux fins de l'éducation, au milieu d'un groupe de jolies résidences ombragées d'ormes verdoyants et gracieux. Madame Young a voulu ainsi, en mémoire de son fils unique qui en avait exprimé le désir durant sa courte carrière, faire un cadeau aux habitants de sa ville natale, cadeau qui a coûté près d'un demi million de dollars.

Fall River possède une bibliothèque publique gratuite qui renferme plus de 30,000 volumes dont quelques-uns sont en français, tels que les œuvres de Jules Vernes, Walter Scott, etc.

Il y a 25 églises protestantes et 9 églises catholiques, quoique la population catholique soit plus nombreuse. Les églises catholiques sont remplies plusieurs fois chaque dimanche. Il existe une congrégation de Canadiens protestants composée d'une centaine de membres, sous la direction de M. le pasteur Allard. Ils sont à construire une église dans la rue Harrison. Leur organe est le *Franco-Americain*, journal hebdomadaire fondé depuis quelques mois et publié à Fall River sous la direction de M. H. Rémi Benoit.

Fall River possède deux compagnies de lumière électrique, deux compagnies de gaz, etc. Le maire actuel est l'Hon. John W. Cummings, un avocat irlandais-catholique, et un démocrate. La majorité des échevins et des conseillers municipaux est républicaine. La ville qui fait partie du deuxième district sénatorial du comté de Bristol est représentée au sénat de l'Etat par l'Hon. Robert Howard, l'un des chefs les plus en vue du mouvement ouvrier de la Nouvelle-Angleterre. Fall River élit cinq députés à la législature locale, c'est-à-dire trois dans le 8ème district et deux dans le neuvième. Le 8ème district se compose des quartiers ou circonscriptions 1, 2, 3, 4 et 6. Le 9ème district se compose des quartiers 5, 7, 8 et 9. Fall River fait partie du 1er district congressionnel du Massachusetts. Le Dr. Robert T. Davis, de cette ville est le représentant actuel de ce district au congrès.

Le relevé que nous publions ailleurs constate qu'il y a 589 Canadiens naturalisés à Fall River. Ce

chiffre sera presque doublé avant les prochaines
élections présidentielles par le nombre des mineurs
arrivant à leur majorité et l'obtention des lettres de
naturalisation. Il faut noter, à ce propos, que la loi
constitutionnelle de l'Etat exige que chaque électeur
sache lire la constitution en anglais avant d'exercer
le droit de suffrage. Et pour devenir citoyen il faut
domicilié aux Etats-Unis depuis cinq ans. Celui qui
arrive en ce pays avant l'âge de 18 ans, après avoir
justifier d'un séjour de cinq ans peut être admis à la
qualité de citoyen. Celui qui, d'autre part, vient en
ce pays après l'âge de 18 ans doit d'abord faire enre-
gistrer sa déclaration au greffe d'un tribunal compétent, et attendre deux ans après avoir rempli cette
formalité, afin de pouvoir obtenir ce qu'on appelle
ses "derniers papiers de naturalisation." Dans tous
les deux cas, deux témoins doivent déposer que le
candidat jouit d'une bonne réputation, qu'il a habité
ce pays cinq ans, et s'il se présente pour obtenir
tous ses papiers à la fois, qu'il est arrivé aux Etats-
Unis avant l'âge de 18 ans. Dans tous les cas la naturalisation du père, *ipso facto* confère le titre de citoyen à ses enfants mineurs. On peut devenir citoy-
en sans savoir lire et écrire, mais il faut absolument
pouvoir lire la constitution en anglais avant de pouvoir voter dans l'Etat du Massachusetts.

Les lois scolaires sont assez rigoureuses. L'instruction obligatoire a reçu la sanction de la loi. Chaque mineur au-dessous de 14 ans doit fréquenter l'é-
cole au moins 20 semaines par année. Autrement, il
n'a pas le droit de travailler dans les filatures, et ses
parents sont passibles d'une amende pour chaque in-
fraction à la loi sous ce rapport. Et depuis 1887, aucun mineur ne sachant lire et écrire en anglais ne
peut être employé dans une manufacture à moins

qu'il ne fréquente une école du soir ou qu'il n'en soit exempté par le bureau des écoles, pour cause de nécessité, c'est-à-dire lorsque son travail est absolument nécessaire à son soutien ou à celui de sa famille.

A ce propos il est bon de remarquer que sur la fréquentation moyenne d'environ 2,000 élèves dans les écoles du soir, l'hiver dernier, plus de la moitié se composait de Canadiens. Et le 23 février 1888 une réunion publique eut lieu, sous les auspices du comité des écoles, dans la salle spacieuse de l'école supérieure (B. M. C. Durfee High School) où l'un des membres du bureau de l'éducation de l'Etat, M. Corrigan, le président de la commission scolaire M. Leontine Lincoln, M. l'avocat Swift et M. H. A. Dubuque (ce dernier en français) félicitèrent les élèves au sujet de leur assiduité, de leur bonne conduite et de leurs progrès.

Nous aimerions mieux, sans doute, que cette instruction fut dans les deux langues. La langue anglaise est indispensable, et il vaut mieux avoir de l'instruction dans cette langue que de pas en avoir du tout. La plupart pourrons, plus tard, étudier le français dans la famille, soit dans les journaux ou avec les jeunes élèves, comme cela s'est vu en maintes circonstances. Nous connaissons, en effet, plusieurs Canadiens qui ont appris assez de français par eux-mêmes pour lire les livres et les journaux et après avoir commencé à apprendre l'anglais. Bien d'autres aussi, et c'est le plus grand nombre, on appris à lire l'anglais sans le secours d'aucun instituteur. Bien plus encore. Le fait a été signalé dans un journal canadien de cette ville. Il y avait un Canadien-Français qui avait été élevé au millieu des Anglais dans les Cantons de l'Est ; il avait oublié presque tout le français. Il ne pouvait

à peine comprendre sa langue maternelle. Il est venu la rapprendre à Fall River. On signale encore le
cas d'un autre qui aurait perdu sa langue maternelle dans l'Etat de New-York. Une fois arrivé à Fall
River il est redevenu Canadien de cœur, de sentiment et de langue. Il fait partie de plusieurs sociétés
nationales. Et combien d'autres encore Fall River
peut-il se vanter d'avoir ramené au giron de la nationalité et de la religion.

Noblesse exige, et Fall River étant le centre Canadien-français le plus nombreux des Etats-Unis, (si
l'on excepte Chicago, peut-être,) et appartenant à
l'Etat de l'Union Américaine qui renferme le plus
grand nombre de nos compatriotes, n'est-il pas du
devoir de donner l'exemple du progrès et du patriotisme ?

Les commencements de la colonie canadienne de
Fall River ont été humbles, il est vrai. Mais il en
est ainsi de la naissance des grandes villes et même
des plus vastes empires, à commencer par Rome
pour venir terminer par les colonies américaines.

Les premières familles canadiennes qui immigrè-
rent ici en groupe, arrivèrent à Fall River après la
guerre de la sécession qui se termina en 1865. Elles
habitèrent les maisons des filatures de coton dites :
American Linen mills. C'est ce qui fit donner à cet
endroit le nom de "Petit Canada," comme les Canadiens l'appellent encore aujourd'hui. Les personnes
de langue anglaise le désignaient sous le titre de
"French Village."

Toutes les industries étaient alors dans un état
prospère. Et les premières familles ne tardèrent pas
à faire venir leurs parents et leurs amis. Un certain
nombre retournèrent au Canada ; mais la plupart
revinrent ici au bout de quelques années. Malgré la

prospérité qui régnait alors au sein des centres industriels, il se trouvait des familles qui avaient des tendances nomades, et elles donnaient raison au proverbe qui dit que "pierre qui roule n'amasse pas de mousse." Ces déplacements imprévoyants ont sans doute retardé les progrès chez nos nationaux. Et cette instabilité enlevait aux Canadiens la confiance des étrangers. Au bout de quelques années, on vit un changement notable. Au lieu de changer de ville on se contentait de changer de quartier, chaque fois que les employés de filatures étaient congédiés. Les surveillants ne se faisaient aucun scrupule de trouver maille à partir avec eux. Arrivait-il un ami d'Angleterre, d'Irlande ou d'ailleurs ; l'ouvrier canadien se voyait obligé de céder sa place au nouveau venu. On ne redoutait pas les plaintes ou les murmures des Canadiens, car ils ne jouissaient aucune influence politique ou sociale ; et bien souvent, faute d'interprète ils étaient contraints de donner libre cours à leur ressentiment dans notre langue maternelle, pendant que les supérieurs leur répondaient avec aigreur en anglais, et ni l'un ni l'autre ne se comprenaient.

Il serait impossible de décrire les souffrances morales et matérielles et les injustices infligées de cette manière à nos nationaux. Souvent, quand on voulait congédier un ouvrier canadien, on réduisait son salaire, on lui enlevait une partie de son ouvrage ou même de sa paye, on lui donnait des ouvrages plus difficiles, etc. En un mot, les Canadiens étaient les *partiras* des manufactures.

Mais ce régime humiliant ne devait pas durer bien longtemps, car comme le dit si bien François Coppée :

Tout crépuscule annonce une aurore future,
Et l'on ne doit jamais douter du lendemain.

Fall River eut sa période de grèves et de chôma-
ges. Les familles canadiennes qui étaient nombreuses—et qui n'avaient pas beaucoup d'avances—ne
prenaient pas part à ces insurrections du travail
contre le capital. Cet isolement faisait naître à leur
égard des sentiments de défiance et d'antipathie chez
les ouvriers anglais et irlandais. Ce malheureux
état de chose n'était pas de nature à créer une position enviable à nos nationaux. On vit même des
grévistes jeter des pierres et assaillir brutalement des
familles qui arrivaient ici. Et beaucoup de celles
qui étaient déjà sur les lieux étaient obligées de vivre
en état de siège dans leurs propres demeures.

En 1878, une grève de plusieurs mois eut lieu à
Fall River. Feu M. le curé Bédard de Notre Dame
qui. s'était parmis de donner des conseils sages en
chaire se vit en proie à une persécution furieuse. M.
Bédard avait dit que si l'ouvrier avait le droit de se
mettre en grève, il n'avait pas le droit d'empêcher un
autre de prendre sa place. Il n'en fallait pas plus
pour encourir la disgrâce des grévistes Il fut accusé
de se mêler aux troubles des ouvriers. M. P. U.
Vaillant dans son excellent opuscule : *Notes Biogra-
fiques* sur M. P. J. B. Bédard, dit à la page 19 :

Cette accusation ayant été portée aux oreilles de son évêque,
ce prelat lui écrivit une lettre que j'ai sous la main et dans laquelle
il lui enjoint, sous les peines les plus sévères, de n'avoir en quoi
que ce soit, rien à faire dans le mouvement des grévistes contre les
compagnies. Sa réponse fut digne, mais aussi ferme que respectueuse. Confiant dans la rectitude de sa conduite, il ne modifia
en rien l'attitude modérée qu'il avait prise. J'ai aussi sous les
yeux l'une des nombreuses lettres anonymes qu'il reçut alors, dans
laquelle on le ménaçait de mort s'il persistait dans sa ligne de
conduite. Pendant une nuit sombre des malfaiteurs s'introduisi-

rent dans la sacristie (de l'église Notre-Dame) et portèrent une main sacrilège sur les régistres des naissances, mariages et sépultures de la paroisse et n'en laissèrent sur les lieux que les couvertures sur l'une desquelles j'ai vu écrit de la main défaillante de M. Bédard cette suprême protestation contre un pareil acte de vandalisme : "Ces quatre livres ont été déchirés par les grévistes qui m'en voulaient. M. Tennien (son vicaire d'alors) a été assez bon pour comprendre"...

Et plus tard, en 1880, lorsque M. Victor Geoffrion briguait les suffrages des électeurs de l'ancien quartier 4, comme candidat au poste de conseiller municipal, quelques-uns de ces mêmes grévistes vinrent afficher des placards (sur la maison de la brigade des pompiers, rue Pleasant, le lieu de la votation) contenant des propos injurieux à l'égard de M. Bédard qui favorisait la candidature de M. Geoffrion ; et ils concluaient en disant aux électeurs de ne pas voter pour M. Geoffrion, le candidat du prêtre "Knobstick". (Ce dernier mot est un terme injurieux que les grévistes appliquaient à ceux qui prenaient leur place durant la grève.)

Le manque d'influence politique se faisait sentir de toute part, car il est constant que ceux qui, aux Etats Unis, ne s'occupent nullement de remplir leurs devoirs de citoyens sont mal vus. Ils deviennent d'abord suspects de déloyauté envers la république qui leur donne l'hospitalité, ou ils sont considérés comme des êtres indifférents qui ne comprennent guère leurs devoirs sociaux. "L'oisiveté est la rouille de l'âme," dit le Duc de Lévis. Personne ne craint alors de molester ces indolents. Et même devant les tribunaux, les aubains ne distribuent pas une trop grande confiance.

Lors de la fondation de *L'Echo du Canada*, en 1873, par MM. le docteur Alfred Mignault et H. Beaugrand, on vit les Canadiens s'occuper de natura-

lisation et de l'organisation des sociétés plus activement. Les immigrants canadiens étaient, pour la
plupart, même étrangers entre eux. Il fallait se
réunir, se compter et se concerter. La paroisse, le
journal, les sociétés et l'affinité naturelle contribuè-
rent à créer des relations fraternelles entre eux. Il
se forma un noyau assez considérable d'hommes
sérieux et intelligents qui ont fait leur marque
dans le commerce, les professions ou l'industrie
tout en se dévouant au bien commun de la colonie
canadienne.

Le premier Canadien de Fall River qui fut l'objet
des faveurs municipales fut M. Frank Côté qui fut
nommé constable (huissier) par le maire Davenport
en 1874. Le second fut M. François-Xavier LeBoeuf
qui reçut la nomination de sergent de ville de la part
du maire Crawford E. Lindsey le 20 juin en 1878.
Et en 1884, M. Adélard Perron fut inscrit sur le rôle
des sergents de ville (police) par M. le maire Milton
Reed. Attendu que la loi exige que les candidats au
poste de gardien de la paix ou sergent de ville soient
soumis à un concours et que ces examens compétifs
exigent une connaissance assez approfondie de l'anglais, il n'a pas été possible de faire nommer d'autres
Canadiens sur le corps de police. Mais en revanche,
le gouvernement Ames a nommé, tout récemment,
trois juges de paix canadiens, savoir, MM. Pierre U.
Vaillant, Pierre F. Péloquin et Alfred Plante.

Des Canadiens ont été employés par les évaluateurs de la ville, notamment MM. Joseph L. Audet et
Paul H. Maynard, pour recueillir les noms des personnes majeures sujettes à la taxe de capitation (poll
tax), dans le sixième quartier, au village Flint. M.
Edouard J. L'Hérault fut le deuxième huissier canadien à Fall River, et l'un de nos patriotes les plus   ·

ANGLE DES RUES PLEASANT ET FOURTH, (Au centre).

actifs. Il habite actuellement Minneapolis, Min., où il occupe le poste d'échevin.

En 1880, M. Victor Geoffrion (aujourd'hui étudiant en droit à Montréal) alors négociant à Fall River, fut élu au poste municipal dans l'ancien quartier 4ème. C'était la première charge élective occupée par un Canadien. M. Geoffrion qui est un homme instruit fit honneur à la position.

M. le docteur J. B. Chagnon représenta le 6ème quartier au conseil municipal en 1884. Ses occupations ne lui permirent pas d'accepter la candidature l'année suivante.

En 1885 et en 1886, M. George E. Arcand représenta le même quartier au conseil municipal.

En 1887 M. Théodule Jalbert fut élu conseiller municipal dans le même quartier.

M. H. A. Dubuque fut élu membre de la commission scolaire en 1883 pour le terme de trois ans, sans aucune opposition, et avec le concours des deux partis politiques.

Vers 1883 M. Antoine Houde fut nommé constable par le maire Braley. M. Houde a pris une part active dans les affaires de la paroisse Notre-Dame au sujet d'un prêtre canadien. Dans les premiers temps il était le principal orateur aux réunions des paroissiens. Il s'est aussi occupé attentivement de la naturalisation des Canadiens. Il demeure actuellement à Montréal. Il était le frère de feu Fred. Houde directeur du *Monde* et député fédéral.

En mars 1885, M. Geo. T. Desjardins fut nommé constable par M. le maire Cummings. Il occupe cette position depuis cette époque.

Il y a eu d'autres candidatures qui n'ont pas réussi, notamment celle de M. Joseph F. Paquin qui fut candidat au poste de député dans le 8ème district, en 1887 ; et d'autres aspirants à des positions moins élevées ont subi le même sort.

Les Canadiens de cette ville ne se sont pas encore assez occupé de leurs devoirs de citoyens. Il est important de remplir ses obligations civiques, premièrement, parce que, en principe, le gouvernement sous lequel nous vivons a besoin du concours de tous les hommes majeurs, et ensuite parce que nous sommes tous également intéressés à la chose publique, et en troisième lieu parce que les Franco-américains ont droit à leur part de charges publiques.

Il s'est fait depuis l'établissement du club de naturalisation, en 1882, une oeuvre sérieuse dans ce sens. Avant cette époque, il surgissait quelques mois avant les élections un club éphémère qui recrutait des nouveaux citoyens ; mais il était donné à cette association de démontrer d'une manière irréfutable les raisons qui doivent amener les Canadiens-français à faire de bons et de loyaux citoyens américains. Il n'était pas aussi facile de convaincre les Canadiens des avantages de la naturalisation en 1870 qu'en 1888. Car il sont bien rares ceux qui sont partis du Canada avec l'intention de ne jamais y retourner. Au contraire les Canadiens quittent leur pays natal par nécessité plutôt que par plaisir. Le besoin encore plus que l'amour du gain, les force à venir demander l'hospitalité à un sol étranger. Ils s'expatrient avec l'espoir de retourner un jour dans leurs foyers. Mais après avoir vécu ici quelques années, les enfants, surtout, finissent par s'orienter et se créer des amis ; ils aiment le pays en un mot. D'autant plus que les eufants peuvent retirer leur salaire chaque semaine ou chaque mois ; tandis que sur une ferme, au Canada, on a pas la monnaie aussi souvent. Dès lors, les enfants forment des

alliances ici, et lorsque surtout on y trouve la
paroisse canadienne desservie par un prêtre de notre
race, le chef de famille se décide de rester ici. Il
hésite pendant quelques années. Il pense à son
champ.

Lorsque sur le sillon l'oiseau chante à l'aurore,
Le laboureur s'arrête, et le front en sueur,
Aspire dans l'air pur un souffle de bonheur,

Dit Alfred de Musset. Bref, l'immigré songe à
ses amis et à tous ceux qu'il a laissés là-bas. Il souffre
de la nostalgie enfin mais il finit par céder et se créer
un chez lui ici. On a dit bien souvent que si le
Canada était aussi éloigné des Etat-Unis que l'Irlande, les Canadiens des Etats-Unis seraient presque
tous naturalisés. Après quelques années de séjour,
les Canadiens finissent par adopter ce pays comme
leur patrie. Aujourd'hui, le premier élan est donné.
Et dans chaque partie de la ville, on rivalise de zèle
pour accroîte la liste des votants. C'est de bon au-
gure.

Si la naturalisation est utile, il y a une autre
chose qui l'est encore plus, c'est l'instruction. A ce
propos, on ne saurait trop insister sur les devoirs des
parents de faire instruire leurs enfants. Il est certain que parmi les mineurs, dont la statistique
(quant à leur instruction élémentaire) n'a pas été
recueillie par M. Lamoureux, (en outre de ceux qui
ont été obligés, par la législature récente, d'aller à
l'école du soir), les sept huitième possède une instruction rudimentaire. Si les majeurs illettrés paraissent
nombreux à première vue ; il ne faut pas oublier que
la masse des immigrants se recrute parmi la classe la
plus pauvre du Canada, et, surtout, parmi les défri-
cheurs de terres nouvelles qui habitaient les cantons

éloignés, ou faute de moyens, il n'y avait pas beaucoup d'écoles. Car, il est constant que dans les anciennes paroisses de la Province de Québec, les enfants fréquentent tous l'école aujourd'hui.

Nous ne voulons rien déguiser ni atténuer. Cherchons donc à guérir notre population de cette plaie de l'ignorance et à encourager par tous les moyens possibles l'instruction des Canadiens. Nous ne pouvons jamais trop insister sur ce point que l'instruction est une richesse, un moyen de civilisation ; et sans elle, l'homme occupe une position dépendante et inférieure dans la société.

La science est la puissance de l'homme, et l'amour sa force. Savoir, aimer et pouvoir, c'est là la vie complète.

Dit un auteur. Quand on réussi à créer chez un peuple le besoin ou la soif de connaissance, on lui a préparé les voies de l'élévation intellectuelle, sociale et religieuse.

Après l'école, le journal vient continuer l'éducation des masses. Malheureusement il y en a toujours trop qui ne reçoivent pas les journaux. Chaque famille canadienne devrait recevoir son journal aussi régulièrement que son boulanger. La nourriture de son intelligence est aussi utile à l'élévation morale de la société que la nourriture du corps l'est au soutien de la vie physique. Victor Charbalier avait bien raison de dire que: "la lecture est le plaisir qui coûte le moins et rapporte le plus." Et Montaigne disait dans son language particulier :

Je ne voyage sans livres ny en paix ny en guerre. C'est la meilleure munition que j'aye trouvé à cet humain voyage.

Avec dix sociétés nationales, des journaux, des hommes de profession dévoués aux intérêts de leur

co-nationaux et trois paroisses exclusivement canadiennes desservies avec zèle par des missionnaires de
notre race, les Canadiens de Fall River peuvent
envisager l'avenir avec espoir. Pour être véridique,
il nous fait peine de constater que si les premiers
Canadiens dans les professions libérales, à Fall River,
s'étaient conduits aussi bien que ceux qui honorent
le nom canadien aujourd'hui dans cette carrière, nos
compatriotes auraient secoué leur apathie et marché
dans la voie du progrès social et de l'avancement
politique bien avant ces dix dernières années. Il y a
toutefois, des exceptions et des restrictions à faire.
Il n'a pas manqué, dans les premiers temps, d'hommes qui par leur conduite et leur patriotisme faisant
honneur à notre race ; et leurs généreux efforts ont
préparé la voie de ceux qui, de nos jours, n'ont rien
négligé pour l'avancement des nôtres. Si l'on considère les désavantages que nous avons à notre acquit,
les nombreuses difficultés que nous avons à surmonter,
nous n'avons pas trop à nous plaindre. Mais il reste
encore du travail à faire, des sacrifices à s'imposer.

Au cours des difficultés pénibles qui survinrent
dans la paroisse Notre-Dame, après le décès de feu M.
le curé Bédard, la perspective des Canadiens n'était
pas des plus enviable. Maintenant que le calme est
rétabli—et espérons-le pour tous toujours—il est du
devoir de tous les hommes qui exercent une certaine
influence sociale parmi nous de faire des efforts pour
donner à notre population ce mouvement de progrès
et cette espérance en l'avenir si nécessaire afin de
faire occuper à nos nationaux la position qui leur est
échue en raison de leur nombre et leur intelligence.

Retraçons à la hâte les principaux évènements de
l'existence de la colonie Canadienne de Fall River.
Feu M. l'abbé A. J. Derbuel, ci-devant curé de West-

Boylston, un prêtre français, fut le premier missionnaire de la langue française qui desservit les Canadiens de Fall River. Il était l'un des vicaires à
l'église irlandaise de Ste-Marie, rue Spring. en 1867-
1868. Il constata qu'il y avait alors environ cent
familles canadiennes comme il nous l'a dit, lui-même.
Après lui, M.'l'abbé Verdier, un autre prêtre français,
desservit les Canadiens pendant quelque temps. Il
retourna en France pour cause de santé et il y mourut vers 1869.

Dans la même année, M. l'abbé A. de Montaubricq, descendant d'une famille .noble de France,
arriva à Fall River. Il fit construire l'église Ste-Anne en
1869-70, et forma la première paroisse canadienne-
française. Il y avait alors 5 à 600 familles canadiennes, soit en chiffres ronds: 3,000 âmes. Le fondateur
de la paroisse Ste-Anne ne jouissait pas d'une bonne
santé ; mais il était bon prédicateur et il possédait
une grande érudition. Il abandonna le ministère
actif vers 1877 pour retourner en France, sa patrie
qu'il avait quittée depuis plusieurs années, s'étant
consacré aux missions de l'Ouest bien avant sont
arrivé à Fall River. En 1872 M. l'abbé de Montaubricq se vit obligé d'agrandir l'église Ste-Anne pour
répondre aux besoins de la population franco-canadienne qui recevait presque tous les jours de nouveaux
contingents. Peu de temps après son départ pour la
France, M. l'abbé de Montaubricq revint à Fall River,
au milieu de ses chers Canadiens, comme il les
appelait lui-même. Il y avait déjà longtemqs qu'il
avait quitté son sol natal, et il s'était opéré tant de
changements depuis son départ. Il ne rencontrait
plus les mêmes physionomies, bref, tout lui semblait
étrange, car, "la patrie est aux lieux ou l'âme est
enchaînée." Il revint donc à Fall River où il alla

construire une maison, au faubourg Shove, à l'extrémité sud de la ville que l'on appelle "la Globe". Un
jour, à l'instance de quelques familles canadiennes
de l'endroit, il alla demander à Mgr. Hendricken la
permission d'ériger, à ses propres frais, un petit
temple affecté à l'usage des Canadiens des environs,
vu que ceux-ci étaient trop éloignés de l'église Ste-
Anne. Ce projet semblait si raisonnable et cette
offre si généreuse que Mgr. Hendricken consentit
d'abord. M. l'abbé Briscoe apprit cette nouvelle et
il réussit à faire revenir l'évêque de Providence sur sa
décision. M. de Montaubricq en fut informé. C'est
ce qui le détermina de partir une seconde fois pour
la France où il mourut, il y a une couple d'années,
après avoir laissé un testament au terme duquel il
lègue une somme de $5,000 pour l'érection d'une
église dans les environs qu'il indique à son exécutrice
testamentaire, c'est-à-dire, près de la filature Shove
(No 1). Cet incident fut le premier indice des sentiments de Mgr. Hendricken envers les Canadiens de
Fall River et de l'influence de M. Briscoe auprès de
l'Ordinaire.

En 1874, en égard à un nouvel accroissement de
la population canadienne qui s'établissait aux alentours de la filature Flint, la paroisse Ste-Anne fut
divisée, et la partie est de la ville (le village Flint)
fut affectée à la nouvelle paroisse Notre-Dame-de-
Lourdes qui eut feu M. l'abbé Pierre J.-Bte. Bédard
pour fondateur. M. Bédard était le premier prêtre
canadien-français qui venait desservir ses compatriotes à Fall River. On peut voir alors combien est
grande et salutaire l'influence du missionnaire sur
ses ouailles lorsqu'il existe entre eux cette sympathie
instinctive et cet attachement naturel que l'on rencontre chez les membres d'une même race. Un grand

nombre de familles allèrent élire leur domicile dans les limites de la nouvelle paroisse, car il leur semblait qu'elles y retrouvaient une image plus parfaite de la patrie absente.

Il ne fallut pas bien des années, avec moins de ressources et de population, pour surpasser en progrès l'autre paroisse (Ste-Anne) qui était desservie par un prêtre irlandais, M. Briscoe.

La première école paroissiale catholique à Fall River, fut fondé par M. Bédard. Le premier orphelinat catholique fut aussi son œuvre. Les infortunés de toute croyance ou nationalité y trouvaient un refuge bêni, où il leur était donné de soulager les douleurs de l'infortune. Nous renvoyons le lecteur à l'historique de la paroisse Notre-Dame et aussi à l'excellente brochure de M. Vaillant sur la vie et les œuvres de cet apôtre de la foi et de la nationalité. Le double caractère de missionnaire et de patriote canadien faisait de M. Bédard l'objet de l'affection et de la sympathie générale de notre colonie.

Avant de mourir, il avait, les larmes aux yeux, exprimé l'espoir qu'il ne serait pas remplacé par un prêtre d'une nationalité étrangère. Ses fidèles paroissiens ont tenu à réaliser ce vœu sincère et patriotique; et la providence lui a donné un digne successeur dans la personne de M. l'abbé Laflamme. Dans le court espace de temps qu'il est au milieu de nous, M. Laflamme a déjà réussi à se créer une place bien chère dans le cœur de nos compatriotes. Et déjà ses œuvres attestent son zèle, son énergie et son patriotisme. (Voir la biographie de M. le curé Laflamme).

Quelque temps après l'arrivée de M. Bédard, M. l'abbé E. E. Nobert, aujourd'hui curé de l'église canadienne, St-Charles-Boronnée à Providence, Rhode Island, fut nommé vicaire à l'église St-Joseph de

Bowenville. M. le curé Bric, un brave prêtre irlandais, et un généreux ami de nos compatriotes, était le pasteur de cette congrégation mixte. M. Nobert fit beaucoup de bien durant son trop court séjour au milieu de ceux qui devaient plus tard constituer la paroisse canadienne de St-Mathieu, aujourd'hui desservie par M. l'abbé Payan. M. l'abbé Nobert fut préposé à la fondation de la paroisse mixte de Somerset, située à environ 5 milles de Fall River, et à l'organisation d'une autre paroisse exclusivement canadienne, à Warren, Rhode Island, paroisse qui est sous le vocable du patron des Canadiens-français, St-Jean-Baptiste, et qui est actuellement desservie par M. l'abbé Bernard, ci-devant de Manville, Rhode Island. La tâche de M. Nobert était des plus ardue, mais il s'en est acquitté avec l'ardeur et le dévouement des anciens missionnaires de la foi catholique. L'histoire du catholicisme dans cette région devra enrégistrer le nom de cet homme de bien sur le rôle des fondateurs de paroisses et des bienfaiteurs de ses co-religionaires et de ses compatriotes.

Et finalement les R. R. P. P. Dominicains sont venus, il y a quelques mois, prendre la desserte de la paroisse Ste-Anne. Ces vaillants disciples de St-Dominique ont réussi à faire oublier toutes les aigreurs, pour ne pas dire les malheurs du passé. Déjà les fidèles accourent à la vieille église Ste-Anne entendre l'éloquence proverbiale de ces Frères-Prêcheurs qui ne tarderont pas à donner à une partie notable de notre population l'impulsion nécessaire pour son avancement spirituel, moral et intellectuel. Nous n'avons aucun doute, que dans quelques années, nous serons heureux d'enrégistrer, ici, comme on l'a fait ailleurs, les nombreux bienfaits dont ils auront comblé la population confiée à leurs soins paternels.

La nomination de M. l'abbé J. A. Payan à la cure de la nouvelle paroisse St-Mathieu, à Bowenville, a été accueillie avec joie par les Canadiens de la paroisse mixte de St-Joseph.

Les efforts de M. Payan sont généreusement secondés par les ouailles confiées à ses soins. Déjà la pierre angulaire de la nouvelle église a été posée et les cérémonies de l'inauguration ont eu lieu le 29 avril 1888. Cette nouvelle paroisse, qui porte le nom du patron de Mgr. Harkins, le digne évêque de Providence, est une autre oeuvre qui contribuera largement, dans l'avenir, à rallier et à favoriser nos nationaux de la partie nord de la ville. M. l'abbé Payan qui, comme vicaire à l'église Notre-Dame s'est déjà acquis l'affection des Canadiens de Fall River, s'aura s'attirer, à Bowenville, le concours et les sympathies de ses nouveaux paroissiens. Maintenant, passons à la considération des progrès matériels de nos nationaux en général.

La tradition est incertaine quant à la date de la fondation de la première société St-Jean-Baptiste. Les uns prétendent que ce fut en 1869 et d'autres en 1871. Quoiqu'il en soit, il existait une société St-Jean-Baptiste à Fall River en 1871. Après plusieurs réorganisations successives (1873-75-78) la constitution fut calquée sur la société-mère de Montréal et la ville fut divisée en trois sections, savoir, nord, ou St-Joseph (Bowenville), centre ou Ste-Anne, est, ou Notre-Dame. Il y avait des officiers locaux et des officiers généraux. Ces derniers faisaient les préparatifs des célébrations.

En 1874, la société St-Jean-Baptiste de Fall River, musique en tête, sous la direction de M. Pierre F. Péloquin, faisait partie du cortège de la manifestation grandiose du peuple canadien à Montréal.

Deux grands drapeaux (tricolore et étoilé) dont le premier en soie et une magnifique bannière, l'œuvre de M. le Dr. J. N. O. Provencher, étaient portés par les membres de cette association qui présentait un coup d'œil remarquable. Ce fut la même année que les Canadiens de cette ville firent crayonner le portrait de Charles Summer pour le docteur Provencher, pour le présenter à l'ex-maire Davenport.

En 1876 le *Protecteur Canadien* succéda à l'*Echo du Canadien*. Ce journal était rédigé en collaboration. Dans la même année la collection et les ateliers disparurent dans un incendie. Un nouveau matériel fut acheté et la publication se continua. Deux ans auparavant, le *Charivari*, journal d'annonce, moitié anglais et moitié français, contenait une page de français rédigée par M. H. R. Benoit. En 1875 ce dernier fondait l'*Ouvrier Canadien*. M. H. Beaugrand quittait alors Fall River pour aller, à St-Louis, Missouri, fonder un journal français. Il confia la direction de l'*Echo du Canada* à M. Charles De Gagné qui en fût le rédacteur et l'administrateur pendant quelque temps. MM. Archambault et Boisseau succédèrent à ce dernier, et peu de temps après, M. H. R. Benoit devenait le propriétaire de cette feuille qu'il fusionna avec l'*Ouvrier Canadien*. Finalement M. H. Beaugrand revint à Fall River, vers 1877 pour y publier *La Republique*. L'année suivante, il fit paraître *Jeanne la Fileuse* (Episode de l'Emigration Franco-Canadienne aux Etats-Unis), un roman-pamphlet de 300 pages. Roman-pamphlet exprime bien l'ensemble de ce livre qui renferme une histoire d'amour et des considérations sur la condition des immigrés canadiens et la futilité des efforts qui ont été faits pour leur rapatriement. Ce livre contient des renseignements utiles et des données véridiques sur cette dernière question.

Ce fut en septembre 1874 qu'une catastrophe épouvantable vint jeter le deuil au sein de la colonie canadienne et de la ville en général. La filature de coton, dite Granite mill, située entre les rues Bedford et Pleasant, devint la proie des flammes en plein jour. L'usine n'était pas alors muni d'appareils de sauvetage à l'extérieur, comme aujourd'hui, et les employés ne pouvaient sortir que par la tour centrale. Et, pour comble de malheur, l'incendie se communiqua à la tour même. Le feu et la fumée empêchèrent les ouvriers de fuir des étages supérieurs. Force leur fut donc sauter par les fenêtres ou de rôtir dans les flammes dévorantes alimentées par les nombreuses matières combustiles à l'intérieur. On accourut de toute part, mais on n'avait pas d'échelles assez longues pour atteindre les derniers étages. On étendit des draps, des matelas, etc., pour briser la secousse de la chute. Plusieurs furent sauvés de cette manière. Bref, 23 furent tués en sautant par les fenêtres ou brûlés vifs ; et 36 blessés fatalement, en grande partie. Sur ce nombre, les Canadiens qui périrent furent : Noé Poitras, fils de Ulric, qui fut tué en se précipitant d'une croisée ; Victorine˙ Beaunoyer (10ème rue) brûlée vive, Marie Lasonde, brûlée vive.

En 1873, la société de bienfaisance, une association de secours mutuels fut fondée. Elle exista que quelque mois. C'est dans la même année qu'il y eut une réunion des Canadiens pour célébrer la libération du territoire français par l'armée prussienne. Nos compatriotes se rejouissaient de cet évènement qui révélait au monde les forces réparatrices de notre mère-patrie la France. Cette dernière avait fini de payer les 5 milliards de francs que la Prusse lui avait imposés à titre de rançon en sus de l'enlèvement des provinces de l'Alsace et de la Loraine. Des discours patriotiques furent prononcés à cette occasion par les Canadiens notables de la ville.

Vers la même époque, les négociants canadiens fondèrent une société dite, *Chambre de Commerce* dont le but était de permettre aux hommes d'affaires de s'entre-aider mutuellement et de se réunir à différentes intervalles au moyen de banquets, etc.

Les patrons s'étant formés en société, leurs employés suivirent leur exemple en 1875 ; ils s'organisèrent sous le titre de *Societe des Commis-Marchands.* La fondation de cette société fut en grande partie l'œuvre de M. Charles DeGagné alors employé comme comptable chez M. William Corneau, épicier, rue Bedford. Les membres de cette société—au nombre de quarante—formèrent une cavalcade qui faisait partie de la procession en 1878, leur belle apparence fut beaucoup admirée.

Depuis les premiers temps de la colonie canadienne de Fall River, le docteur Félix Victor Marissal exerçait sa profession de médecin en cette ville. Il était Belge de naissance. C'était un savant qui se targuait de parler sept à huit langues. Il possédait une bibliothèque volumineuse, car il était bibliomane aussi bien que profond érudit. Il était considéré comme le premier médecin de la ville de Fall River. Le célèbre professeur Hammond, de New-York, parle de lui à propos de ses expériences sur la propriété du cocoa. Il prenait part à nos manifestations. Il est mort il y a quelques années. Quelques amis, au nombre desquels se trouvaient feu M. l'abbé de Montaubricq, assistèrent à ses funérailles. Il fut inhumé dans le lieu de la famille Eddy, au cimetière

Oak Grove. Le Dr. Whitaker prononça au cimetière, un discours au cours duquel il rappela les aptitudes et l'érudition du défunt.

Au nombre des divers médecins Canadiens qui exercèrent leur profession ici, dans les premiers temps, nous nous rappelons des noms des Drs. Alfred Mignault, McDonald, (mort depuis) J. N. O. Provencher, ce disciple d'Esculape doublé d'un artiste en peinture et d'un génie en littérature, Lafrenière, etc.

En 1877 les anciens membres de la chambre de commerce formèrent le *Cercle Montcalm* afin d'ouvrir les portes à un plus grand nombre de Canadiens. Ce fut la première société littéraire de Fall River (s'il faut en accepter la société des *Fils de Jacques Cartier* fondée peu de temps après l'Echo du Canada.)

La devise du Cercle Montcalm était : *Pro Deo et Patria*, (Pour Dieu et la Patrie). Cette même société fut réorganisée en 1880, avant la fête de Québec.

En 1878, le *Cercle Montcalm* donna une soirée littéraire et musicale dans le Concert Hall. M. Louis Fréchette, notre poète-lauréat, y donna l'un de ses discours patriotiques dont on sent le souffle et l'inspiration dans *La Legende d'un Peuple*.

L'hymne du Cercle Montcalm fut composée pour la circonstance. Un Septuor sous la direction du Dr. Mignault fut chargé de la partie musicale du programme.

Lorsque les *Fleurs Boreales* et les *Oiseaux de Neige* furent couronnés par l'Académie Française, en 1880, le Cercle Montcalm envoya une lettre de félicitation à M. Fréchette, qui avait été élu membre honoraire de cette société, lors de sa visite à Fall River. M. Fréchette répondit en termes touchants à ce témoignage de sympathie fraternelle.

En 1878, les Canadiens célébrèrent leur fête

nationale, le 24 juin, avec plus de pompe qu'à l'ordinaire. Cette démonstration fût un évènement remarquable dans l'histoire de notre colonie canadienne, elle contribua à faire connaître nos compatriotes et produisit une bonne impression.

Fall River offrait, ce jour-là, un aspect ravissant. De tous côtés, on voyait le drapeau étoilé et le tricolore flotter au souffle de la brise. Nos rues, nos édifices étaient ornés d'arbres, de feuillages et de verdures de toute sorte sur lesquels se détachaient en couleurs éclatantes de superbes banderoles, des oriflammes, des devises et des emblèmes qui exprimaient bien l'idée et le véritable caractère de cette grande fête.

Lorsque les sociétés canadiennes, bannière en tête et tambour battant, défilèrent dans nos rues, lorsque les chars allégoriques et nationaux décorés avec art et bon goût apparurent aux yeux des spectateurs, il n'y eût dans tous les rangs que des paroles élogieuses à l'adresse des Canadiens qui donnaient, en cette occasion, une preuve de leur attachement à leur langue, leur religion et leur nationalité.

Après la procession, tout le monde se réunit sur le parc public pour entendre les orateurs qui devaient adresser la parole.

Les discours que prononcèrent alors MM. Charles DeGagné et le Rév. Pierre J.-Bte. Bédard furent éloquents, patriotiques, et soulevèrent dans toute la foule un véritable enthousiasme qui se manifesta, de tous côtés, par de longs et frénétiques applaudissements. L'auteur de cette esquisse adressa aussi la parole. M. John A. Coffey, le Rev. M. Bric et les Drs. Marissal et Mignault firent des remarques bien appropriées au sujet de cette fête qui leur méritèrent aussi les applaudissements des auditeurs.

Cette fête grandiose eût du retentissement. Les journaux de Boston, Providence et New-Bedford en faisaient mention, le lendemain, et avaient des commentaires flatteurs à l'égard des Canadiens. On s'accordait à dire de toute part, que c'était une aussi belle fête que celle du centenaire, en 1876. Ce qui n'était pas peu dire. A ce propos, il est bon de mentionner que les Canadiens fournirent un char allégorique dans la procession de l'année du centenaire américain (le 4 juillet 1876), et ce char était au nombre de ceux qui étaient les plus artistement décorés dans le cortège. M. Charles DeGagné y représentait Jacques-Cartier.

L'année suivante (1879) une autre célébration eut lieu, mais quoiqu'elle fut bien organisée, elle ne fut pas aussi remarquable que celle de l'année précédente. Des discours patriotiques furent faits à la tribune du Parc public.

En 1880, la société St-Jean-Baptiste et la société des Jeunes-Gens assistaient à la grande fête nationale de Québec. Dans la même année l'*Union commerciale* fut fondée par les marchands canadiens dans le but de protection mutuelle. Ce fut aussi à la même époque que "l'Union coopérative franco-canadienne" fut organisée dans le but d'exploiter le commerce d'épicerie, de charcuterie, etc. Un grand magasin fut ouvert à l'angle des rues Mason et Pleasant et M. Joseph L. Audet en fut nommé le gérant. Les biens de l'union lui furent cédés après quelques années. Cette Union avait réalisé de bons profits.

En 1881 un club dramatique et littéraire fut organisé sous le titre de *Club Frechette* par M. Charles DeGagné. La plupart de ses membres furent les fondateurs du *Cercle Salaberry* qui fut organisé en 1882. Cette dernière société a fait beaucoup de progrès. Elle

ANGLE DES RUES SOUTH MAIN ET PLEASANT (au centre)

recrute ses membres parmi la jeunesse intelligente et désireuse de s'instruire. Elle possède déjà une collection de portraits nationaux et d'autres objets utiles. Tout indique que ses progrès futurs surpasseront encore ceux du passé. Ses représentations théâtrales sont des évènements que notre colonie voient arriver avec plaisir, et notre public s'empresse d'encourager ces Canadiens au cœur chaud et à l'intelligence vive.

En 1882, les Canadiens fondèrent le *Club de Naturalisation* qui exista jusqu'à la fondation de la Ligue des Patriotes en 1885. Cette société fut le point de départ du mouvement le plus sérieux en faveur de la naturalisation des Canadiens de Fall River. Chaque dimanche, à 2 hrs. de l'après-midi, il y avait foule à la salle du *Cercle Salaberry*,—le lieu de réunion—pour entendre les orateurs. On y donnait des discussions, des conférences et des discours.

En 1883, ce club lança un manifeste qui parut dans tous les journaux afin d'engager tous les Canadiens des Etats-Unis à se faire naturaliser. Ce manifeste se terminait par ces paroles : "Car la France notre mère, en donnant son or et en versant son sang pour assurer aux Etats-Unis la liberté et l'indépendance et faire de treize colonies une nation si puissante ne nous a-t-elle pas légué un héritage sacré que nous devrions être fiers et heureux de recueillir en devenant citoyens de la république américaine ?"

Dans la même année, le *Club de Naturalisation* répondant à l'appel de quelques patriotes du Canada, à la tête desquels se trouvait M. L. O. David organisa une fête, le 24 juin (1883), à Forest Hill, dont la recette fut destinée comme il suit : la moitié à la veuve de Chavalier de Lorimier, (l'une des victimes de 1837) et l'autre moitié aux orphelins de la paroisse Notre-Dame. Ce fut à cette occasion, et pour accroître la recette totale, que M. H. A. Dubuque écrivit cette brochure intitulée : *Les Canadiens Francais* de Fall River, Mass., (notes historiques).

Au nombre des orateurs du Club de Naturalisation on compte un Français, M. George David, qui a épousée une canadienne (née Blanchette) descendante de cette illustre famille qui a donné deux évêques à l'Eglise et à la patrie plusieurs Canadiens de coeur qui se rangèrent du côté des patriotes en 1837.

En 1881, M. Fréchette fut invité de nouveau à venir donner une conférence à Fall River. Il se rendit à notre désir. Il choisit pour sujet, Washington. La salle Waverly était encombrée. Le conférencier fut vivement acclamé. M. l'abbé de Montaubricq fit aussi une charmante allocution. A cette occasion M. Fréchette nous récita des vers—qui ont parus depuis dans *La Legende du Peuple*—avec ce charme de diction et cette chaleur qui communique aux auditeurs l'enthousiasme de l'inspiration poétique.

En octobre, 1881, la troisième convention de l'Etat de Massachusetts eut lieu à Fall River. M. J. H. Guillet, avocat de Lowell, Mass., fut nommé à la présidence. Ce congrès eut lieu dans l'ancienne salle dite *Music Hall*, rue Franklin, que madame Young avait eu la gracieuseté de mettre à notre disposition. La salle était pavoisée de drapeaux français et américains, les murs étaient ornés d'inscriptions patriotiques. Au-dessus de l'estrade on lisait les noms de Washington, Jefferson, Madison et Franklin à côté de ceux de Lafayette, Rochambeau, d'Estaing et De Grasse.

A cette occasion les membres du club *Frechette*

donnèrent une représentation, à l'Académie de Musique, à laquelle assistèrent tous les membres de la convention et un grand nombre de canadiens de toutes les parties de la ville.

A l'ouverture de cette soirée le président M. Charles DeGagné fit un discours et fut chaleureusement applaudi.

La soirée littéraire et musicale donnée en l'honneur des délégués fut aussi un véritable succès. La salle était littéralement encombrée. La musique était sous la direction de M. Lafricain, aujourd'hui le premier cornet du Cercle Symphonic, de Boston. Ce fut à cette occasion que feu Ferd. Gagnon fit cet admirable conférence intitulée : *Nos Papiers de Famille*. Il était alors dans toute la force de son talent et de sa santé. Avec la chaleur de son éloquence et le timbre de sa voix sympathique il fit vibrer tous les coeurs. C'est l'année suivante (le 22 juin 1882) que M. Gagnon prononça le discours de circonstance à la grande fête de Cohoes, N. Y. Ce discours est à notre point de vue, son plus bel effort oratoire.

Le rapport du bureau de statistique officielle du Massachusetts (12ème vol.) venait de paraître. Ce document contenait des assertions fausses sur la condition et les sentiments des Canadiens de ce pays. De toute part on avait protesté dans la presse et au sein des sociétés. Le colonel Wright, chef de ce bureau, envoya un courier spécial pour annoncer aux délégués de la convention qu'il accorderait, le 25 octobre 1881, une audience-enquête aux Canadiens afin de leur donner l'occasion de réfuter les parties incriminées de son rapport. La convention ne prit aucune décision officielle, Mais Fall River tenait à ne pas laisser passer cette circonstance sans aller à Boston revendiquer les droits et la réputation de nos nationaux. Notre délégation-s'unit à celle des autres centres canadiens. Les dépositions et les plaidoyers des Canadiens sont consignés au 13ème volume annuel de ce bureau (1882). Chose assez étonnante, avant l'enquête, M. Wright fit prévenir nos nationaux par une lettre écrite à cet effet, que ce qui était contenu dans le rapport de 1881 ne s'appliquait nullement aux Canadiens du Massachusetts.

A la convention de Fall River on adopta un vote de condoléance au sujet de la mort du président Garfield qui avait été assassiné par Ch. J. Guiteau. M. James G. Blaine, alors membre du Cabinet, répondit par la dépêche suivante :

WASHIGNTON, D. C., le 10 octobre 1881.

M. J. H Guillet, président de la convention canadienne-française, Fall River, Mass.:

Au nom de la famille éplorée du président Garfield, et au nom de la nation américaine, je vous offre des remerciements bien sincères pour votre télégramme de condoléances expédié au nom de vos compatriotes habitant les Etats-Unis.

(Signé)   JAMES G. BLAINE,
Secrétaire d'Etat.

Des télégrammes furent aussi envoyés à Sa Sainteté Léon XIII, à feu Mgr. Hendricken, alors évêque de Providence, et au lieutenant gouverneur de la province de Québec (M. Robitaille), ce dernier ne daigna pas même répondre.

La convention de Fall River fut le premier congrès au cours duquel on traita *in petto* la question d'un clergé national. Aucune conclusion ne fut adoptée à ce sujet. On recommanda la prudence et la modération aux intéressés. C'est le premier congrès, aussi, auquel nos frères du Rhode Island fussent officiellement invités. Ils y prirent une part active. L'année suivante, (1882), le congrès d'Etat eut lieu à Lowell. Au nombre des orateurs à la soirée littéraire, au Music Hall, se trouvaient MM. les abbés Dauray de Woonsocket, Primeau, alors de Worcester, Pager de New Bedford et Bédard de Fall River.

Frank K. Foster, plus tard candidat malheureux au poste de lieutenant-gouverneur du Massachusetts, représentant les Chevaliers du Travail, en 1883, avait déposé devant la Commission du Travail du Sénat de Washington, à l'effet que les Canadiens de la Nouvelle-Angleterre étaient des êtres semblables aux Chinois de la Californie. Fall River fut la première ville à protester. Dès le 11 février, 1883, le club de naturalisation envoya la dépêche suivante aux journaux de New York et de Boston (et des lettres spéciales au major Mallet, au président de la commission et aux sénateurs et représentants de cet Etat au Congrès):

Les graves accusations lancées contre les ouvriers franco-canadiens de la Nouvelle-Angleterre par un certain Frank K. Foster devant la "Commission du Travail et de l'Education" du Sénat de Washington, sont des insultes grossières aux milliers de personnes de langue française des Etats-Unis. Nous demandons qu'il nous soit permis de répondre à Foster.

Foster eut plus tard l'audace de nier qu'il avait calomnié les Canadiens, quand nous avions en notre possession les quatre volumes qui contiennent le rapport de cette commission et les témoignages donnés par Foster et autres. Les Canadiens se sont bien vengés de ces insultes gratuites, car en 1886, Foster qui briguait les suffrages pour le poste de lieutenant-gouverneur de l'Etat de Massachusetts, fut, de l'aveu commun, défait par le vote canadien, grâce au rôle de francophobe qu'il avait joué à Washington trois ans auparavant.

On n'a pas à s'étonner de ces explosions périodiques de gallophobie, car on redoute l'influence et la puissance d'expansion des Canadiens-Français. Mais

une race virile, comme la nôtre, ne se laisse pas abattre par des obstacles de ce genre. Nos détracteurs
nous rendent un grand service, sans le vouloir, en
nous attaquant, car ils réussissent, par ce moyen, à
nous unir davantage. Nous n'avons donc qu'à leur
dire : "Tirez les premiers, messieurs, et nous sommes certains de la victoire."

En novembre 1882, M. Henri Boisseau, de concert avec l'auteur, fonda le *Castor* qui eut M. A. E.
Thivierge pour premier rédacteur. M. Boisseau, ci-
devant de St. Hyacinthe, fut le premier typographe
canadien de Fall River. On le fit venir ici pour travailler aux ateliers de l'*Echo du Canada*.

Le *Castor* fut successivement agrandi ; et en 1883
M. P. U. Vaillant en devint le rédacteur-en-chef et
le co-propriétaire avec M. Boisseau. Ce journal rendit de grands services aux Canadiens, surtout dans
la cause de Notre-Dame, lorsque les journaux anglais
nous étaient hostiles, comme le *Herald*, ou lorsqu'ils
refusaient de s'occuper de la question, comme le *News*.

Le 14 juillet 1883, M. George David organisa un
banquet à l'occasion de la fête nationale de la mère-
patrie. M. le curé Bédard présidait cette réunion intime qui comptait une vingtaine de convives. Le
cablegramme suivant fut envoyé au président de la
République française :

"FALL RIVER, MASS , 14 juillet, 1883.
Président Grévy,
          Paris—France.
     " Les douze mille Canadiens-français de Fall River s'unissent
de cœur à la vieille mère-patrie "

Des discours patriotiques furent faits par M. le
curé Bédard et MM. Victor Geoffrion, P. F. Péloquin,
George David, Joseph E. Amiot, Geo. E. Arcand, F.
X. Lebœuf, H. A. Dubuque et autres.

En 1884, la Société Saint Jean-Baptiste se fit construire une salle. C'est, croyons-nous, la première société nationale de la Nouvelle-Angleterre qui ait bâti sa propre salle. L'inauguration de cet édifice eut lieu le 2 juillet 1884. Une soirée eut lieu dans la salle même. Feu M. Bédard, qui mourut le 24 du mois suivant, assistait à cette réunion et il y fit un discours. Mais il était facile de voir que les germes de sa dernière maladie commençaient à miner cette constitution robuste, car ses traits accusaient la douleur et la fatigue. Il y eut aussi à cette occasion de la musique et des discours par des orateurs laïques.

En 1885, le *Castor* passa aux mains de MM. Antoine Houde & Cie. Ils changèrent le nom du journal en celui de *L'Independant* dont le premier numéro parut le 27 mars 1885. Ce fut vers cette même époque que M. Narcisse-Rodolphe Martineau se rendit à Rome en qualité de délégué officiel des paroissiens de Notre-Dame, auprès de la Sacré Congrégation de la Propagande, à Rome. Son départ ne fut pas connu ; et il put remplir sa mission avant qu'il fut possible aux adversaires des Canadiens de prévenir les résultats d'une telle démarche. Après deux mois de séjour dans la Ville Eternelle, M. Martineau revint rendre compte de sa mission à ses frères de Fall River. C'est aussi dans le cours de la même année que l'insurrection des Métis au Nord Ouest éclata. Riel ayant été fait prisonnier ; les Canadiens de Fall River voulaient, s'il était possible, prévenir un grand malheur, c'est-à-dire, empêcher l'exécution du chef des Métis. C'est dans ce but qu'ils convoquèrent une assemblée spéciale du club de naturalisation le 24 mai 1885. Des résolutions demandant que Riel ne fut pas livré à la fureur des orangistes et que sa vie fut sauvée furent adoptées à cause de son irresponsabilité

morale, de son état de démence, et aussi à cause des
circonstances atténuantes fournies par le but de la ré-
bellion qui n'était qu'une revendication légitime de
droits longtemps et injustements méconnus. La teneur
de ces résolutions fut envoyée à M: J.-A. Chapleau, Secrétaire d'Etat, et à M. W. Laurier, chef des libéraux
au parlement fédéral. Le 6 juin suivant, M. Chapleau répondit par une lettre qui fit le tour de la
presse du Canada et des Etats-Unis accompagnée
d'un article de M. Dubuque en réponse. Dans le
cours du même mois, M. Vaillant se retirait de la rédaction de *L'Independant* et M. Rémi Tremblay, traducteur des débats, à Ottawa, fut son successeur.
M. Tremblay prit une part active aux assemblées
hebdomadaires qui avaient lieu, dans la salle St-Jean-
Baptiste, au sujet des difficultés paroissiales de Notre-
Dame.   Et ceux qui ont eu le plaisir de l'entendre
n'oublieront jamais ses saillies spirituelles, ses fines
réparties et son sarcasme tranchant.   Ses amis lui
firent une fête, durant son séjour à Fall River.   Ils
lui présentèrent une montre d'or et une chaîne du
même métal.   Il a laissé ici de nombreux et de fidèles
amis qui ont su apprécier ses diverses aptitudes et ses
dispositions joviales. Au cours du mois de juillet 1885,
M. Narcisse Cyr, ancien rédacteur du *Republicain*,
de Boston, publia, à Fall River, pendant quelques semaines, le *Bulletin du Dimanche*.   Ce fut à cette
époque qu'il s'éleva une polémique entre M. Cyr et
l'auteur du *Revenant* et des *Caprices poetiques*.

Le 11 septembre 1885, M. Tremblay publia la
Cyriade, une satire en poésie sur le compte de son
adversaire.   Ils échangèrent même quelques lettres
dans les journaux anglais de la ville.

M. Rémi Tremblay fut vice-président du congrès
de Holyoke qui eut lieu le 22 septembre 1885 ; et à

Rutland en 1886, il représenta *L'Independant* au congrès général. Il y fit un discours sur la presse qui fut beaucoup admiré.

M. R. Tremblay est un homme de lettre doué de talents natifs, et de génie même, à un degré fort remarquable. Il connaît les secrets de la langue française et sait en faire ressortir toutes les beautés. Il possède aussi les vertus sociales et le tempérament qu'il faut pour faire un bon et franc patriote. Et nous le connaissons assez intimement pour croire que ce dernier titre vaut à ses yeux plus que tous les autres. Il vient d'être révoqué de ses fonctions de traducteur précisément à cause de ses protestations publiques, dans la presse, et notamment dans *L'Independant*, contre l'exécution de Riel. Nous admirons ce type d'homme résolu qui ne transige jamais quand il s'agit de l'honneur national. Nous avons eu, de nos jours, tant d'exemples d'asservissement, de défaillance morale ou de servilisme éhonté chez les hommes du pouvoir, qu'il fait bon de rencontrer un Canadien qui méprise souverainement ceux qui font la honte de leur race. Honneur donc à M. Tremblay qui a dédaigné jusqu'à leurs faveurs ministérielles afin de ne pas laisser acheter son silence, et surtout, de ne pas laisser étouffer la voix de sa conscience de patriote outragé.

Ce fut vers la fin de la même année (1885) que cet autre patriote éminent, cet artiste à la grande renommé, Calixa Lavallée, offrit généreusement de donner gratuitement des concerts dans la Nouvelle-Angleterre au bénéfice de la famille de Riel. M. Lavallée donna un concert à l'Académie de Musique; il fut accompagné de M. Lafricain, cornet, et d'autres artistes de Boston. M. Dubuque fit un discours à cette occasion. La recette fut envoyée au comité de Mont-

réal. Quelque temps après, Gabriel Dumont, l'intrépide lieutenant de Riel, vint à Fall River où il esquis-
sa dans son langage naïf, les principaux incidents de
l'insurrection des Métis du Nord Ouest devant une
nombreuse réunion, à la salle dite Concert Hall, au
coin des rues 3ème et Pleasant.   M. le curé Laflamme
fit un discours patriotique en cette circonstance, de
même que le Dr. P. A. A. Collet et autres.

La Ligue des Patriotes fut fondée en décembre
1885, et M. Rémi Tremblay lui dédia son poême intitulé : *Restons Français,* qui fut adopté comme le
chant officiel de la Ligue.   M. Calixa Lavallée en
composa la musique.   Tous deux, à cause des services
qu'ils ont rendus à la Ligue sont nommés membres
honoraires à perpétuité.   Le chant et la musique de
Restons Français furent publiés dans *L'independant*
le 5 février 1886.

On voit que les évènements du Nord-Ouest et la
condamnation de Riel furent les sujets qui inspirèrent
l'auteur des strophes patriotiques de cette pièce de
vers.   Et M. Lavallée a voulu donner au chant patriotique de la Ligue cette musique énergique qui
nous fait entendre le cri d'un peuple qui veut vivre
quand bien même on essairait de lui faire subir tous
les outrages et de souiller ses chefs des plus viles in-
famies.

Fall River a toujours envoyé des délégués aux
divers congrès nationaux.   Aussi c'est peut-être le
centre le plus favorisé sous le rapport de l'organisation et de l'union.   Les diverses sociétés-sœurs y travaillent à l'unisson pour le bien commun.   On note
bien, çà et là, des petites haines de clocher, des jalousies mesquines, mais ces sentiments rapetissent plutôt leurs auteurs que leurs victimes.   " Les esprits
médiocres condamnent d'ordinaire tout ce qui passe

leur portée,'' dit La Rochefoucaud. Et '' l'envie est une médiocrité qui s'avoue,'' ajoute Chasles.

Le club de naturalisation du village Flint fut fondé en 1886. Cette association, sous la présidence de M. P. U. Vaillant, s'est occupé activement de l'avancement politique de nos nationaux. Il y eut au cours de ses séances plusieurs discussions sur des sujets historiques et politiques. MM. P. U. Vaillant, Louis G. Destremps, J. F. Paquin et plusieurs autres se firent remarquer par leur dévouement à cette œuvre si louable de la naturalisation.

C'est dans la même année que M. Pierre U. Vaillant publia ses *Notes Biographiques sur M. P.-J.-B. Bedard.* Cette brochure de 49 pages renferme une histoire fidèle de la vie et des œuvres de ce prêtre patriote et de l'organisation de la paroisse Notre-Dame. M. Vaillant est un des plus anciens journalistes des Etats-Unis, il est même le plus âgé parmi ses confrères. Il fait partie du bureau de la société de la presse franco-canadienne de ce pays. En octobre 1887, M. Vaillant publiait une brochure de 57 pages, intitulée : *Neuf ans de Captivite en Chine, et Voyage en Terre Sainte, par l'Abbe Louis D'Aragon.* L'abbé D'Aragon qui avait appartenu à l'ordre des religieux de l'Immaculée Conception, à Grenoble, en France, était Canadien-français. Après avoir passé plusieurs années dans les missions de l'Orient, il revint en ce pays, où pour cause de santé, il ne put exercer le ministère. Il se consacra à l'éducation de la jeunesse. Et, finalement, il vint à Fall River pour faire publier cet ouvrage. Il mourut, ici, en 1887, chez M. Elie Morel, un brave Canadien qui réside dans la rue Davol.

M. P. U. Vaillant fut successivement rédacteur du *Castor* et de *L'Independant* (1883-5). En 1886, il fonda *Le Citoyen*, journal hebdomadaire qu'il publie

actuellement au village Flint. En 1887 il fut élu
secrétaire de la convention des journalistes et des édi-
teurs de journaux franco-canadiens, tenue à Worcester ; et lors de l'organisation de la société de la presse,
il fut élu membre du bureau. M. Vaillant est un
vétéran des luttes nationales. Il se faisait un devoir
d'assister aux réunions convoquées par les paroissiens de Notre-Dame au cours de leur mouvement en
faveur d'un prêtre canadien et d'y ajouter le poids de
sa parole sage et de ses conseils précieux.

En octobre 1886, le célèbre conférencier français,
M. Henri Boland, qui habite actuellement l'île de
Guernesey, donnait à Fall River trois conférences sur
Napoléon, Jeanne d'Arc et les Canadiens-français.
La première de ces conférences fut faite dans l'ancienne salle de la Ligue des Patriotes, à l'angle des
rues South Main et Borden. L'élite de notre colonie
canadienne assistait à cette fête de l'intelligence, et
les chaleureux applaudissements de l'auditoire venaient souligner les éloquentes périodes du conférencier. Les deux autres conférences eurent lieu dans
la salle de la société St. Jean-Baptiste, au faubourg
Flint, où beaucoup de personnes ne purent, faute de
place, pénétrer dans l'intérieur de l'édifice. Même
succès qu'à la première conférence. MM. les abbés
Laflamme et Payan honoraient ces réunions de leur
présence.

Les Canadiens de Fall River prirent part aux
fêtes cardinalices, à Québec le 20 juillet 1886. Ils
furent les premiers à émettre l'idée d'un tel mouvement. Ils eurent une audience, avec les autres délégués des Etats-Unis, auprès de son Em. le Cardinal
Taschereau. Une adresse fut présentée au Cardinal,
au nom des Canadiens des Etats-Unis par un Canadien de Fall River. Son Eminence accueillit cette

démarche avec beaucoup de bienveillance, et dans une allocution de vingt minutes, fit part aux délégués de conseils sages concernant leur avenir religieux et social aux Etats-Unis. Son Eminence leur recommanda la naturalisation, la tempérance. etc. Son honneur le maire Langelier de Québec fut d'une grande amabilité envers nos nationaux, et nous tenons à lui en exprimer notre plus vive gratitude.

Au mois de mai 1887, la Ligue des Patriotes fit bénir ses drapeaux à l'église Notre-Dame par Mgr. Harkins. M. le Dr. Beaudet lut une adresse à Sa Grandeur avant la cérémonie de la bénédiction. Mgr. fit une intéressante allocution. Les sociétés St. J.-Bte. (de Flint), le Cercle Salaberry, l'Union Canadienne St. J.-Bte. (de Bowenville), les Jeunes Gens, Garde Napoléon et le Club National prirent part à la procession et à la fête du soir qui avait lieu dans la salle Carrolton, à l'angle des rues South Main et Spring. M. le Dr. Beaudet présidait cette réunion ; et des discours furent faits par MM. les abbés Laflamme, Audet (de Québec), et le R. P. Lagier, et MM. P. U. Vaillant, L. P. de Grandpré, M. D., A. J. Pothier, de Woonsocket (député à la législature du Rhode Island), George David, H. A. Dubuque et autres. Après cette réunion, il y eut un banquet dans le restaurant St. James où des santés furent répondues par les présidents des sociétés, les orateurs ci-dessus et autres.

Au cours de l'année 1885, M. A. J. Pothier, de Woonsocket, donnait à Fall River une conférence sur l'histoire navrante des Acadiens, à la salle Concert. Dans ce style pur et châtié qu'on lui connaît et avec cette éloquence académique qui le distingue, M. Pothier sut charmer ses auditeurs. Il est regrettable que M. Pothier ne puisse point donner dans chaque centre canadien ce chef d'œuvre oratoire et littéraire.

Le Club National fut fondé le premier septembre 1886. Cette société est destinée à rallier tous les Canadiens du "Petit Canada" et à exercer une bonne influence au sein de cette partie notable de la paroisse Ste-Anne.

Le 3 octobre 1886, l'Union Canadienne St. Jean-Baptiste fut fondée dans cette partie de la ville qui devait, plus tard (3 décembre 1887) former la paroisse canadienne de St. Mathieu. Cette association avait pour but de grouper les Canadiens qui étaient alors desservis par des prêtres irlandais, et de former un noyau de chefs de familles qui plus tard seraient les principaux fondateurs d'une paroisse canadienne. Et avant ce jour désiré, ils avaient bâti une école pour donner à leurs enfants une instruction française et anglaise ; école qui fut et qui est encore sous la direction de M. Riopel.

La Garde Napoléon est une société militaire qui a été fondée le 20 mai 1887. MM. L. J. Harbeck et Louis Picard en sont les principaux promoteurs. Elle formera l'escorte d'honneur de nos autres sociétés à Nashua en juin 1888.

En 1887, une trentaine de jeunes demoiselles canadiennes formèrent une société dramatique et littéraire sous le titre de Cercle Sévigné. Leur but était de se réunir souvent dans la famille des membres, d'encourager l'usage du français et de discuter les questions qui intéressent le beau sexe. Cette société a déjà cessé d'exister. Le bureau était composé des personnes suivantes : Présidente, Mlle Marie Larose; vice-présidente, Mlle Anna Corneau ; secrétaire, Mlle Ernestine Girard ; assist.-secrétaire, Mlle Caroline Morais ; trésorière, Mlle Marie Chagnon ; assist.-trésorière, Mlle Joséphine Sanguinet.

Le 3 décembre 1887, une autre société militaire fut fondée sous le nom de La Garde Impériale dont le costume est semblable à celui qui était porté par les membres de la garde du même nom en France. Ce qui fait honneur à cette société c'est que tous ses membres sont naturalisés citoyens américains. Les armes de cette compagnie sont le sabre de cavalerie et la carabine.

Avant les élections de la même année, les Canadiens naturalisés fondèrent le club politique Franco-Américain. Une association qui pouvait servir à donner à nos compatriotes l'éducation politique nécessaire afin de remplir avec intelligence les obligations du citoyen.

Il est constant qu'après avoir examiné en détail, pour ainsi dire, la vie, la condition et les progrès des Canadiens de Fall River on a pu suivre leur marche vers le succès et l'influence. Possédant déjà un quart de la population totale, ils occupent aujourd'hui de bonnes positions dans le commerce, l'industrie et les professions libérales. Dans les arts et métiers, les Canadiens sont au premier rang. Nos menuisiers, nos peintres et autres artisans sont recherchés pour leurs aptitudes et leurs bonnes qualités. Dans le commerce, le marchand ou le commis-marchand se fait remarquer par son bon goût ; et les premières maisons américaines choisissent ces derniers de préférence pour l'installation et la disposition de leurs étalages.

L'avenir sourit donc aux Canadiens de Fall River s'ils veulent être sobres, industrieux et persévérants. Nous avons raison d'être satisfaits du passé de cette colonie qui a donné maints exemples de son désintéressement et de sa générosité patriotiques. Qu'elle continue à se rendre digne de notre nationalité d'origine et de notre patrie d'adoption. Et que l'une et l'autre occupent toujours dans nos cœurs une des places les plus chères.

Un dernier conseil avant de terminer. Nous devrions conserver la vieille politesse française au sein de nos familles. Cette qualité proverbiale de notre race donnera aux Canadiens-Français un cachet particulier de raffinement. N'oublions jamais les paroles de ce grand écrivain (Joubert) qui nous dit que "la politesse est la fleur de l'humanité. Qui n'est pas poli n'est pas assez humain.

FIN.

REV. D. M. A. MAGNAN, Ptre. D. D.

Les Œuvres Paroissiales

"Samedi prochain, le bazar que nous avons déjà annoncé s'ouvrira dans la salle X.; nous comptons sur votre dévouement et votre générosité, etc." ou bien "Un concours entre Madame B. et Melle A. commencera ce soir pour se terminer après deux semaines." "Jeudi prochain, grand banquet sous le patronage des dames de Ste-Anne." "Cette Semaine, collecte mensuelle à domicile, etc., etc."......

Voilà ce que les catholiques de langue française entendent fréquemment dans leurs églises. Sous une forme ou sous une autre, parfois, de deux façons différentes à la fois, le curé leur demande de l'argent, non pour lui, il va sans dire, mais pour ses œuvres paroissiales.

Les gens qui ont le scandale facile critiquent cette manière de faire de leur pasteur, et, pour mieux lui prouver leur désapprobation, ne donnent jamais rien ou finissent même par ne plus mettre les pieds à l'église.

Avec la bienveillante permission du lecteur, nous allons faire un petit raisonnement qui remettra les choses en place et convaincra les dissidents eux-mêmes qu'il leur faut non-seulement revenir à l'église et absoudre le curé, mais encore lui dénouer généreusement les cordons de leurs bourses. Ce petit raisonnement, le voici dans toute sa simplicité :

En ce bas monde, il faut payer à beaux deniers comptants ce que l'on acquiert, ce que l'on consomme ou ce qui est à notre usage.

Or, à nous Canadiens des Etats-Unis qui avons l'insigne avantage d'avoir une paroisse, il faut une église, un presbytère et des prêtres, le tout convenablement entretenu, chauffé, éclairé, rémunéré, etc.

Il faut donc que, bon an mal an, une somme assez rondelette sorte de notre gousset pour défrayer les frais du culte divin.

Est-ce clair ?

Très bien, dira-t-on, adopté; nous paierons pour l'église, le presbytère et les prêtres. Nous voulons même faire les choses royalement et ne pas entendre dire : "les Canadiens sont chiches avec le bon Dieu."

Bravos ! chers compatriotes, je reconnais là le sang généreux de la vieille France qui coule dans vos veines ; mais, de grâce, n'allez pas fermer sitôt votre bourse; il y a encore une autre note à solder, et non la moindre : Il y a l'école !

L'école ? direz-vous, mais celles de l'Etat, les écoles publiques, à quoi servent-elles? Elles suffisent à nos enfants, diront les uns. Faute de mieux, il faut s'en contenter, diront les autres.

Malgré les divergences d'opinion à ce sujet, je persiste à dire : il y a l'école, l'école catholique et, partialement du moins, de langue française.

Dans la plupart de nos paroisses canadiennes des Etats-Unis, il existe, à côté, tout près de l'église une école plus ou moins spacieuse où l'on enseigne, en sus des matières du programme ordinaire, le catéchisme et la langue de nos ancêtres.

Pourquoi cela ?

Pourquoi ?

Parce qu'une paroisse franco-américaine sans

école catholique et une école franco-américaine sans l'enseignement du français sont, à nos yeux, une œuvre incomplète et une anomalie.

Raisonnons encore quelque peu.

L'éducation de l'enfant appartient, de droit naturel, aux parents.

Le père et la mère sont l'arbre dont l'enfant est le fruit. Or, voyez ce qui se passe dans le verger : Au printemps le pommier, le poirier ou l'oranger produisent des fleurs ; ces fleurs se transforment en petits fruits verts ; ces fruits, retenus à l'arbre par les branches, se développent rapidement, grâce aux sucs nouriciers qu'ils en reçoivent, et ne se détachent du rameau protecteur qu'à l'automne quand ils sont parvenus à leur entière maturité. La pomme a été formée par le pommier; l'orange, par l'oranger; la poire, par le poirier, etc.

L'enfant est un fruit qui a aussi son époque de formation ; mais, c'est un fruit intelligent. Il est de plus un *etre moral*, c'est-à-dire, doué de la liberté de choisir entre le bien et le mal, le vice et la vertu.

Le développement physique, intellectuel et moral qui s'accomplit chez l'enfant à cette époque de la vie que l'on appelle l'enfance et l'adolescence est désigné partout sous le nom d'éducation.

L'éducation de l'enfant appartient donc de droit aux parents.

Il n'est pas de puissance au monde capable de ravir aux pères et mères le droit qu'ils ont de pétrir, en quelque sorte, et de façonner à leur propre image l'âme de leurs enfants.

L'Eglise elle-même qui a des droits incontestables sur la jeunesse chrétienne, parce qu'elle est mère, ne saurait méconnaître les augustes prérogatives du père de famille. Cette puissance spirituelle, dont la mission est d'enseigner, peut et doit veiller à la formation religieuse et morale de l'enfance ; elle peut et doit préserver cette dernière des causes pernicieuses qui pourraient la flétrir ou l'égarer ; mais, en dehors du domaine moral et religieux, elle laisse aux parents, dans le domaine de l'éducation, la plus entière liberté d'action.

Ceci étant admis, arrivons à la question scolaire. L'école, on l'a dit souvent, est l'appendice de la famille, le prolongement du foyer paternel et le maître, non un fonctionnaire de l'Etat, mais le substitut de l'autorité paternelle.

L'école doit donc refléter dans son enseignement ce que nous pourrions appeler les aspirations de ceux qui contribuent à l'entretenir.

Or, nos aspirations, à nous franco-américains, sont, à n'en point douter, la conservation de notre foi et de notre langue. L'une est un dépot sacré reçu de Dieu même, lors de notre baptême, que nous sommes tenus de transmettre à nos descendants ; l'autre, un héritage dont nous ne pouvons nous désintéresser sans forfaire, et sans nous déconsidérer à nos propres yeux.

Concluons, par la proposition que nous avons émise plus haut : Une paroisse franco-américaine sans école catholique et cette même école sans l'enseignement du français sont une œuvre incomplète et une anomalie.

Maintenant, afin de répondre à l'objection que l'on fait souvent : "Les écoles publiques nous suffisent", ou bien, "Faute de mieux il faut savoir s'en contenter", nous allons voir ce que ces institutions valent réellement pour nous qui sommes franco-américains.

D'après les lois qui nous régissent, les écoles de ce pays sont neutres. Afin d'accommoder, a-t-on dit, l'immense majorité de la population américaine qui se compose d'éléments hétérogènes, aux croyances multiples, il a fallu rayer du programme scolaire tout enseignement religieux. Nous n'avons pas l'intention de faire le procès du système d'éducation mis en honneur par la constitution américaine. Ce serait notre droit en notre qualité de citoyen de ce pays, et comme payeur de taxes ; mais nous n'en ferons rien. Qu'il nous suffise de constater que les écoles publiques sont tout à fait impropres à procurer à nos enfants l'éducation que nous voulons et que nous devons leur donner. En d'autres termes, ces écoles sont, comme moyen d'action, disproportionnées avec la fin que nous voulons atteindre dans la formation morale, religieuse et intellectuelle de nos descendants. "They don't fit us perfectly".

Les corriphées de l'enseignement neutre pourront, s'il leur plaît, s'extasier sur la beauté, la tolérance, et la perfection d'un système à nul autre pareil—nous répondrons, à ces messieurs, ce que nous avons l'habitude de dire aux commis de magasin qui s'obstinent à nous imposer une marchandise, une paire de pantalons, que sais-je, qui ne nous convient pas : Vous avez mille fois raison, votre article est superbe, de première qualité et pas cher ; mais, je vous l'ai dit...... cette culotte ne me va pas !

L'école publique peut exceller sous bien des rapports ; elle peut être hygiénique, confortable, pédagogiquemtnt irréprochable....; seulement, pour nous franco-américains, elle renferme une double lacune : notre sainte religion n'y a point de place, Dieu lui-même en étant banni, et notre idiôme ne saurait y être enseigné.

En d'autres termes, l'école neutre américaine fait, des enfants qui lui sont confiés, des Américains tout court. Nous voulons davantage ; de nos enfants nous voulons faire, et c'est notre droit, des américains d'origines françaises et surtout des catholiques.

Ces écoles ne suffisent pas à nos enfants, non parce qu'elles sont défectueuses au point de vue de l'enseignement de la lecture, de la calligraphie, de la grammaire, de la géographie et des mathématiques ; mais parce qu'elles n'enseignent pas tout ce que nous voulons leur enseigner ; parce qu'elles n'ont pour idéal qu'une éducation exclusivement limitée aux intérêts de la vie présente et aux bornes du territoire américain. Cet idéal n'est pas et ne saurait être le nôtre. En notre qualité de catholiques de langue française, nous sommes tenus de viser plus haut pour l'avenir de ceux que nous précédons dans la carrière de cette vie.

Remarquez que nous mettons les choses au mieux et que nous supposons la neutralité religieuse dans les écoles publiques, ce qui n'existe pas toujours. Il est bien difficile, en effet, d'admettre que ces écoles puissent maintenir leur enseignement partout et toujours dans cette ligne de démarcation qui est supposée se trouver entre tous les cultes et toutes les croyances. Tantôt c'est le livre, tantôt c'est le maître qui fait un faux pas et qui dévie soit à droite soit à gauche. Il est des matières qui ne sauraient être neutres, comme l'histoire. Je lis actuellement une histoire américaine due à la plume des éminents écrivains "Chancellar and Hewes". Ces auteurs font des efforts inouïs pour rester dans ce que l'on appelle l'impartialité historique. Cela n'empêche pas leur ouvrage d'être, du commencement à la fin. l'apothéose du protestantisme.

Bref, résumons et concluons. Les catholiques de ce pays et surtout les Canadiens doivent s'imposer tous les sacrifices nécessaires pour maintenir leurs écoles sur un pied égal, sinon supérieur, à celui des écoles publiques. Le salut de la génération qui grandit et l'avenir du catholicisme en ce pays en dépendent. Et, afin d'appuyer notre faible parole d'une haute et vénérable autorité, disons que: "Le meilleur et l'unique remède par lequel nous puissions prévenir les maux "qui viennent des écoles publiques" est d'ériger dans tous les diocèses, à côté de chaque église, des écoles où la jeunesse catholique soit formée non seulément par les lettres et les arts mais aussi par la religion et les bonnes mœurs". (Conc. Pl. Balt. 11 a 430).

Voilà certes un programme d'œuvres et par conséquent de dépenses plus que suffisant pour autoriser les appels réitérés de nos pasteurs à la générosité de leurs ouailles. Toutefois, les besoins spirituels d'une paroisse, d'un diocèse, d'un pays, que disje, de l'Eglise entière, demandent encore davantage. La foi catholique est essentiellement militante et conquérante. Nous sommes la milice chrétienne et, sous l'étendard de la croix, nous devons, pour la grande cause de la rédemption du, monde, payer de notre personne ou de notre bourse : De là les œuvres multiples de la propagation de la foi, de l'instruction des clercs, des orphelinats, des hôpitaux, des cercles ou associations catholiques, et j'ajouterai de la littérature et de la presse chrétienne.

Les avares qui thésaurisent ou les mondains qui prodiguent leurs trésors au gré de leurs passions font semblant de s'apitoyer sur le sort des catholiques. Ils leurs disent en un langage qui devient parfois sarcastique quand il est agrémenté de radicalisme ou d'impiété : "Vous êtes exploités par vos curés. Ceux-ci vous vendent le paradis à beaux deniers comptants.

Ils vident vos poches en vous menaçant des feux éternels, etc".

Il est facile de continuer sur ce ton aussi longtemps que l'on voudra. Les mauvais plaisants auront toujours beau jeu à se moquer de l'honnête homme et du chrétien.

Les Juifs ont fait de l'esprit sur le Calvaire quand le Fils de Dieu mourrait pour eux.

Ceci n'empêche pas, plaisanterie à part, que de toutes les exploitations (adoptons cette expression pour un moment) dont l'homme puisse être la victime ici-bas, je n'en connais pas de plus raisonnable que celle qui a la vertu pour fin et le bien pour objet.

Les protestants consacrent chaque annnée des sommes énormes à la propagation de l'erreur ; les franc-maçons ne reculent pas devant les contributions pour le renversement du trône et de l'autel ; les anarchistes souscrivent à la fabrication des bombes, et les socialistes n'épargnent pas non plus leurs propres deniers pour le bouleversement de l'ordre social.

Tous ces gens, dociles à la voix de leurs chefs, sont des exploités volontaires, comme les catholiques. Seulement, entre les disciples de Luther, les Fils de la Veuve, les chevaliers de la dynamite, les communards, et le catholique, l'exploitation diffère quelque peu. Les uns, les premiers, se saignent aux quatre membres pour perpétrer l'injustice et l'iniquité, et les autres, les catholiques, donnent ce qu'ils peuvent, de bon cœur, pour la gloire de Dieu et le salut des âmes.

Rira qui voudra, je préfère, pour ma part, être du nombre de ceux qui travaillent, comme des fils de famille, au service d'un Maître généreux qui a déclaré solennellement "Qu'un verre d'eau donné en son nom ne resterait pas sans récompense."

D. M. A. MAGNAN, Ptre. D. D.

EGLISE STE. ANNE
T. R. P. A.-R. Grolleau, O. P., Curé

La Paroisse Sainte=Anne

L'éditeur du "Guide Français de Fall River" demande quelques pages sur la paroisse Sainte-Anne. Des pages nombreuses et aussi fort bien faites, il en existe déjà, assez, je dirais, pour faire au moins un petit volume. *L'Independant* en a publié à diverses reprises ; l'honorable monsieur Hugo-A. Dubuque en a plusieurs à son crédit ; les journaux du Canada et notamment *La Presse*, *La Patrie*, nous en ont fait lire d'excellentes ; la brochure publiée par les Pères Dominicains en 1906, quand ils inaugurèrent leur nouvelle église, a repris cette étude en y mettant même ce tour oratoire qui ne messied pas en pareille occasion.

On a donc déjà beaucoup écrit sur la paroisse Sainte-Anne et c'était une objection que nous pouvions faire à l'Editeur, mais elle n'a pas tenu contre la sienne : à savoir que ces diverses études étaient éparses ici et là, qu'il n'était pas facile de les retrouver, et que, par conséquent, un nouveau travail pouvait être utile, comme celui, par exemple, de les réunir, de les compléter l'une par l'autre, et au besoin d'y ajouter quelques détails.

Je m'incline et je n'ai pas besoin de demander pardon si je sers ici au lecteur du "déjà lu." On n'improvise pas l'histoire parce qu'on n'improvise pas les faits qui en sont la substance, et donc, à l'inverse de Chénier qui disait :

Sur des pensers nouveaux faisons des vers antiques,

Je vais

Sur des motifs anciens chanter un air nouveau,

ou plus simplement, car je ne chante pas, essayer de faire avec du vieux du neuf. "Il n'y a pas de sots métiers", paraît-il.

Raconter l'histoire de la paroisse Sainte-Anne, c'est remonter aux origines de notre colonie canadienne de Fall River, et de fait, le *Programme-Souvenir de la Dedicace de l'eglise Sainte-Anne*, publié, comme nous avons dit, en 1906, s'est d'abord posé cette question : "Quand les Canadiens ont-ils commencé d'immigrer et de s'établir en cette ville ?" L'auteur a pensé naturellement que la meilleure réponse lui viendrait des registres de la paroisse la plus ancienne de la ville, étant donné que Canadien et Catholique sont deux mots à peu près synonymes, comme on dit dans la vieille France (pour citer un axiome populaire) : "Breton et Catholique à jamais".

Nous le laissons parler :

"J'ai donc voulu, avant d'écrire ce petit article, consulter les cahiers ou "records" de l'église Sainte-Marie, et je sens le besoin de dire de suite que j'ai passé là, à feuilleter ces vénérables documents, des heures tout à fait délicieuses. Je pouvais maintenant interroger des témoins du passé, d'un passé assez lointain, puisque le *Baptismal Record* consigne son premier acte au 15 juillet 1860 ; des témoins irrécusables aussi, puisqu'ils agissent comme officiers de l'Etat et signent leurs écrits. Seulement, et en passant, et sans chicane, pourquoi écrivent-ils les noms français

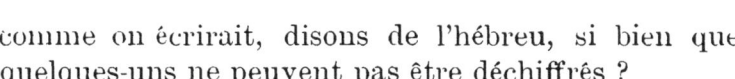

comme on écrirait, disons de l'hébreu, si bien que quelques-uns ne peuvent pas être déchiffrés ?

"Quoi qu'il en soit, et toute information prise "à la source", comme je viens de dire, il me paraît que l'immigration canadienne à Fall River a commencé peu après la fin de la Guerre de Sécession, c'est-à-dire, vers 1867 : je veux parler d'une immigration en quelque nombre historiquement appréciable. Avant cette date, les noms français apparaissent très rarement dans les registres, et quelques-uns sont douteux, comme, par exemple, celui de Mary I. Goslin (peut-être Gosselin), baptisée le 7 mai 1862. Cette même année, au 30 avril, la mère d'un enfant du nom d'Edmond Gang.... (?) s'appelle Elize Levalee (Lavallée?). En 1863, on rencontre un Thomas de Courcy, et en 1864 deux Dubois, Agathe et Albert. L'année 1865 ne donne rien, mais je compte six baptêmes en 1866 (Guy, Martin, Desrosiers, Paul, etc.); treize en 1867 (Letendre, Bergeron, Bédard, Vaillant, Laforest, Mercier. Blette, Lacasse, Laliberté, Lafayette, etc.); un nombre assez considérable en 1868, et le chiffre s'élève très notablement en 1869. C'est d'ailleurs, comme on sait, l'année où fut fondée notre paroisse Sainte-Anne.

"Je ne veux pas quitter le *Baptismal Record* de Sainte-Marie sans signaler quelques signatures que j'y trouve, des signatures de prêtres français qui ont été les premiers missionnaires, les "pères" de nos pères en ces temps reculés. Le premier s'appelait Ant.-J. Derbuel, et son nom m'apparaît pour la première fois en septembre 1868. Il chercha dit-on, dans la ville les familles canadiennes, et constata qu'il y en avait une centaine.

"Un second nom, est celui de l'abbé Olivier Verdier (qui, entre parenthèses, signait *Oliver*, comme son prédécesseur s'intitulait *"assistant priest"*, sans doute, parce que, en ce temps-là, on ne parlait pas encore de Saxoni........ comment dites-vous ?.... ah oui! j'y suis,—*de Saxophonisation ! !*)

Soyons sérieux et remercions le cher abbé Verdier pour les mois de dévouement qu'il consacra à nos compatriotes en 1869, d'autant qu'ils furent les derniers de sa vie. Il mourut en effet en cette même année 1869 et j'imagine qu'il emporta dans l'au-delà notre souvenir, comme nos anciens d'aujourd'hui gardent encore le sien."

Au *Programme-Souvenir*, nous ajoutons ici et nous ajouterons ailleurs quelques détails, que nous fournit un des premiers canadiens-français qui se soient établis à Fall River, M. Bénoni Janson (s'il nous permet de le nommer).

L'abbé Verdier avait bien vite conquis l'estime et l'affection de toute la petite congrégation française, et c'est plaisir de voir comment elle l'aidait dans ses œuvres. En ce temps-là elle s'assemblait, pour les offices du dimanche, dans l'école attenante à l'église Sainte-Marie, école qui vient d'être démolie, et chacun s'employait de son mieux pour le service divin. L'un préparait la salle, un autre allait chercher à l'église les vêtements sacrés, un troisième faisait le bedeau ou tout comme, trois ou quatre qui avaient de la voix chantaient l'office, et après la messe, ou dans l'après midi, quelque beau jeune homme, marié de la veille, faisait sa lune de miel d'enseigner le catéchisme aux petits enfants.

Tout allait pour le mieux dans le meilleur des mondes. L'abbé était ravi et chose extraordinaire, "salvâ reverentiâ", il ne demandait jamais rien. Toutefois, un dimanche, il pleuvait à torrents, comme cela arrivait même en ce temps-là, et les vêtements sacrés étaient arrivés tout mouillés à l'école. A l'évangile, le bon prêtre ne put s'empêcher de dire qu'il avait honte de renvoyer à l'église des ornements qui avaient été ainsi plus ou moins gaspillés par la pluie, et qu'il serait bon d'aviser. Aussitôt une collecte se commença et, après trois ou quatre jours, le cher abbé crut devoir l'arrêter, parce qu'elle avait déjà rapporté sept cents piastres. C'était de quoi monter tout un vestiaire de sacristie, et de fait, tel fut le noble, je pourrais dire, le " divin " emploi qu'on fit de cet argent.

Combien de fois, par la suite, la collecte ne se fera-t-elle pas encore et toujours également fructueuse?

Mais, comme on dit, "n'anticipons pas sur les événements."

Un troisième nom qu'on lit dans les registres de Sainte-Marie est celui du Rév. M. F. LeBreton, qui signe un acte de baptême le 22 octobre 1869, mais déjà, au 2 août de cette année, nous est apparu celui du vénéré prêtre qui sera tout à l'heure le premier curé officiel de Sainte-Anne, comme il en est dès maintenant, à bien des points de vue, le fondateur. C'est nommer le Père de Montaubricq.

L'abbé Paul-Romain-Louis-Adrien de Montaubricq était en effet arrivé à Fall River en cette année 1869 que nous venons de dire, et comme son prédécesseur, il s'était du premier coup attaché tout son monde. La population canadienne-française de Fall River, aujourd'hui de 35,000 âmes selon les uns, ou même de 40,000 âmes, selon les autres, était alors d'environ 3,000.

Le Père de Montaubricq continua de les desservir à Sainte-Marie, mais la population augmentant toujours, et la plus cordiale hospitalité que l'on puisse recevoir, devenant avec le temps une question délicate qu'il faut résoudre, le Père rêva d'une église, d'une chapelle au moins pour ses gens, et un beau dimanche, sans doute après bien des hésitations et des remords pour y avoir seulement songé, il fit part de son projet à la congrégation. Il ne s'agissait plus uniquement d'acheter des ornements d'autel, il s'agissait de se loger chez soi, pasteur et paroissiens. J'ai consulté plusieurs des "anciens" avant d'écrire cet article, et un mot de l'un d'entre eux pourra édifier les "jeunes" d'aujourd'hui : "Notre vieille église de la rue Hunter," disait-il, "nous a coûté beaucoup plus cher que notre belle cathédrale d'à présent." *Intelligenti pauca*, c'est-à-dire : "A qui veut comprendre, ce simple mot est assez clair," et pour ma part, je n'insiste pas.

C'est en effet au coin des rues Hunter et Hope, à l'endroit où se trouvent nos écoles paroissiales les plus rapprochées de l'église actuelle, que se bâtit la première église Canadienne-française de Fall River. La pose de la pierre angulaire eut lieu au printemps de 1870, et encore ici, nos anciens nous racontent à ce sujet *une histoire* qu'il me plaît, à mon tour, de rapporter. Pendant la cérémonie, une grande estrade où grand nombre des assistants avaient pris place, commença à fléchir, s'effondra même, et le curé, à ce moment, aurait crié : "Bonne Sainte Anne, ayez pitié de nous!" Il n'y eut pas d'accident grave, et c'est par reconnaissance pour sa sainte protectrice que le curé aurait fait baptiser sa nouvelle paroisse du nom de sainte Anne.

Nous ajoutons ici quelques détails d'après *L'Independant* du 19 décembre 1903 :

"Monsieur l'abbé Montaubricq fonda la société Saint-Jean-Baptiste pour les hommes, celle de Saint-Joseph pour les jeunes gens, et celle des Enfants de

Marie pour les jeunes filles. L'école paroissiale fut établie dans le sous-sol de l'église et le curé occupait l'autre._ Quelques années après, cependant, il fit construire le presbytère à côté de l'église, maison qui est devenue l'une de nos écoles pour les garçons, et c'est alors qu'il reçut l'aide de deux vicaires, messieurs les abbés Gleason et Briscoe. La population augmentait toujours, et dès 1872, l'église qu'on avait crue déjà plus que suffisante, même pour l'avenir, devait être agrandie.

"Le Père de Montaubricq ne jouissait pas d'une bonne santé," dit *La Patrie* du 26 décembre 1903, "mais il était bon prédicateur, et possédait une grande érudition. En 1878, il dut obéir aux ordres des médecins et s'en aller respirer l'air du pays natal." Il s'agirait de savoir où est pour un prêtre, l'air du pays natal, et je me pose la question, parce que je vois que le Père revint bien vite de France, pour se retrouver tout près de ses "chers Canadiens," comme il les appelait, c'est-à-dire à Tiverton. Il passa là quelques années, assez près pour voir un peu ce qui se passait, assez loin pour ne pas porter trop d'ombrage. Il retourna cependant en France, car la patrie, selon la vieille définition, c'est le pays où l'on naît et où l'on meurt, et de fait, il mourut en France, à Luynes, (Indre-et-Loire), le 9 septembre 1886.

A son premier départ, en 1878, il avait été remplacé comme curé par M. l'abbé Thomas Briscoe. Le nouveau curé fonda l'Œuvre des Tabernacles, la société des Dames de Sainte-Anne, et les catéchismes du dimanche. Il avait confié cette dernière œuvre aux religieuses de Jésus-Marie, qui venaient de s'établir au village Flint. Il acheta aussi un terrain sur la rue Grant, où il fit construire une maison pour les

sœurs préposées aux écoles paroissiales, les bonnes
et chères sœurs de Sainte-Croix.

Les vicaires du R. Père Briscoe furent ensemble
ou successivement les abbés Clark, Manning, Fogarty, Cassidy et Kennedy.

L'ancien presbytère et la maison habitée autrefois par les sœurs de Sainte-Croix existent encore,
mais la vieille église du Père de Montaubricq n'est
plus, depuis bien longtemps déjà. Pourquoi? Pourquoi ce goût de démolition, quand les vieilles choses,
les ruines, sont si vénérables, alors surtout qu'il s'y
rattache un souvenir à la fois patriotique et religieux?
Je comprends l'auteur du *Prospectus* qui exprime ici
son regret :

" Hélas ! Elle a disparu, cette chapelle toute première, avant que la nuée des photographes-ama-
teurs—d'autres disent "instantaneurs"—ait plu sur
le monde, ce qui fait que nous n'en avons pas même
aujourd'hui une image quelconque. Je voudrais
qu'on eût trouvé quelque moyen de nous conserver
cette relique du passé et je regrette de n'avoir plus aujourd'hui pour me consoler,qu'un reste de fondations
dont on a fait, faute de mieux, un humble, très humble mur de soutènement.' Mais, pour ma part, je ne
passe jamais aux alentours sans me refaire, telle
qu'elle devait être, cette chapelle primitive, modeste
et douce, pleine d'avenir aussi, et de fait, je salue
toujours en elle l'église-mère des Canadiens-français
de Fall River.

" L'église-mère.—Les Canadiens, ai-je dit, étaient
disséminés dans la ville. La Providence leur avait
envoyé un prêtre parlant leur langue, et ils avaient
bâti une église. Mais un prêtre et une église ne suf-
fisaient pas. Où s'élève aujourd'hui la somptueuse
église de Notre-Dame de Lourdes, il existait un grou-

pe de *Frenchies*, comme on nous appelle quelquefois aux Etats-Unis. Au *Frenchy* il faut un prêtre de sa langue. Bon enfant et bon compagnon en toute chose, il n'entend pas badinage en matière de religion, et les Canadiens de l'endroit (Flint Village) l'ont bien prouvé à certaine époque demeurée célèbre en ce pays. Bref, en 1874, une seconde église canadienne se fondait, modeste elle aussi comme la première, mais qui, devant loger maintenant 11,000 âmes, a bien la prétention de ressembler à sa mère, Madame Sainte-Anne. Tant mieux ! Rien ne vaut comme les nobles ambitions et la libre concurrence. J'ai entendu le Père Didon parler là-dessus.

" Douze ou treize ans se passent. Sainte-Anne, déjà mère d'une paroisse, se fractionne encore au profit d'autres *Frenchies* qui habitent l'extrêmité nord de la ville, et Saint-Mathieu de Bowenville est fondé. Deux ans après, c'est Saint-Dominique, qui s'élève au sud-ouest (maintenant la paroisse du Saint-Sacrement); en 1898, c'est Saint-Jean-Baptiste de Maplewood au sud-est, et enfin en 1899, Saint-Roch, "la Benjamine," comme on l'appelle, malgré l'accroc à la grammaire."

Revenons quelque peu en arrière.

En novembre 1887, les Pères Dominicains prirent la direction de la paroisse Sainte-Anne, et voici ce que racontent à ce propos des documents tout à fait inédits que nous avons pu nous procurer à Lewiston (Maine). Nous les citons textuellement :

" 22 novembre 1887, à 7 heures du matin, le T. R. Père Mothon part pour Fall River, avec les RR. PP. Sauval et Estéva."

"27 novembre—C'est aujourd'hui que nos Pères de Fall River commencent à prêcher une grande mission à leur paroissiens."

"9 décembre—Bonnes nouvelles de Fall River. Tout y va très bien. La retraite des hommes est suivie avec autant d'assiduité que celle des femmes. Le travail ne manquera pas dans la paroisse, mais il sera facile, car tous les gens sont dans les meilleures dispositions.

"14 décembre—Tout va toujours très bien à Fall River. Les paroissiens se cotisent et achètent cheval et voiture aux Pères pour les aider à faire plus facilement leurs visites aux malades". (C'est charmant !)

Je reviens au *Programme-Souvenir* :

"Au point de vue religieux, tout ce que demande un Canadien-français, ici aux Etats-Unis, c'est un bon prêtre de sa nationalité, avec une église qu'il peut appeler "son église," et où il n'est pas reçu, comme il dit, "par charité."

"Donnez-lui ce bon prêtre, et cette sienne église, il viendra au prêtre et à l'église le cœur content et la main pleine pour vous aider à bâtir ou à payer vos dettes. Le prêtre et l'église, c'est la patrie absente, le coin de pays cher au cœur, le vieux clocher du village où "Monsieur le Curé" jadis, en certains jours, faisait sonner les trois cloches ; l'église et le prêtre, c'est tout le passé et le lointain qui redeviennent le présent et le tout proche, avec la maison paternelle et le père toujours là pour sourire, consoler et bénir. De fait, par un vol qu'on fait ici aux Irlandais, le seul d'ailleurs, Dieu merci, tout prêtre est un *Father*, un père !

"Et j'ai dit "la main pleine," et il me semble que je reste en deçà de la vérité, puisque j'ai déjà parlé de six paroisses fondées ici à Fall River depuis trente-cinq ans. Qu'est-ce que coûte une paroisse avec église, presbytère, écoles, orphelinat, hôpital, etc., et l'achat préalable des terrains? Je me demande ce qu'a pu coûter la nôtre en particulier, telle qu'elle est aujourd'hui, en attendant ce qu'elle sera demain?

'' En tout cas, au commencement, nous avions une chapelle, mais même après les divisions de la paroisse, elle était devenue trop petite. On la rebâtit, mais un peu plus tard on la trouva encore trop étroite, et, comble des combles ! peu convenablement située.

"Je me rappelle sainte Thérèse qui voulait pour ses couvents un beau site, rien que cela, mais au moins cela. Les pères dominicains qui venaient de prendre possession de la paroisse (20 novembre 1887) avaient aussi cette ambition. Un coin superbe sur la South Main, en face du parc, tentait le Père Sauval, mais le prix en serait exhorbitant, et que dirait la population?

"Je viens de nommer le Père Sauval, et le meilleur éloge que je puisse faire de lui après tant d'autres qui ont honoré sa chère mémoire, c'est qu'il n'a pas douté de ses paroissiens. A tout prix, il voulait acheter ce terrain et "mettre la lumière sur le boisseau." Il l'acheta, et son monde paya.

(Peut-être aurait-il payé aussi bien tout le carré, tout le quartier, et quelle bonne affaire ce serait aujourd'hui !)

'' Et qu'est-ce qui devait surgir sur ce terrain idéal, sinon une église idéale aussi?

"Enfin, je touche à l'œuvre capitale du Père Sauval et de notre curé actuel, le T. R. Père Grolleau, et j'ai envie de dire tout d'abord comme tel étranger qui s'arrêtait, l'autre jour, devant notre église, et qui s'écriait, avec un grand geste : "Oh ! cela, c'est pour la vie !" Oui, je pense bien, c'est pour la vie, la nôtre, la vôtre, celle de plusieurs générations ! Regardez seulement ce colosse, un autre dirait, ce "dogme de pierre ;" mesurez les assises du soubassement et

les blocs des contreforts ; venez au dedans, et voyez
les dimensions des piliers ; voyez aussi comme tout
se lie, se tient, se prête mutuel secours, pour ne parler d'abord que de la solidité, et vous avouerez en effet
que notre église est là pour demeurer, "made to stay,"
comme disent les Américains.

C'est ce que l'architecte, Monsieur Napoléon
Bourassa, a voulu premièrement. On lui a reproché
de n'avoir pas eu " le sens de la ligne," ce qui veut
dire, je suppose, que la ligne d'ensemble, celle qui
se profile sur les environs ou sur le ciel pourrait être
d'une esthétique meilleure ; on a aussi glosé sur la
sévérité de son style, qu'on l'appelle le roman pur,
ou le romano-toscan, ou même le romano-byzantin,
comme dit *l'Histoire de Fall River*, récemment publiée.   De fait, il serait plus vrai de dire, avec Monsieur Bourassa lui-même, que Sainte-Anné est dans
son style a lui, et son style à lui, discutable pour bien
des gens plus forts dans la critique que dans l'art, ne
l'est pas sur le point essèntiel.   Quand même Monsieur Bourassa n'aurait pas vu, étudié et je dirais,
"appris par cœur" les cathédrales d'Europe, son
sens chrétien l'avertissait qu'une église doit être
une église, et non un enclos quelconque, plus ou moins
vaste et plus ou moins décoré.   Il savait que le Seigneur a dit : *Domus mea, domus orationis vocabitur*,
"Ma maison sera appelée, et sera de fait la maison
de la prière," et il a voulu faire de Sainte-Anne, se-
condement [s'il y a ici différence de temps dans les
intentions), une maison de Dieu, un lieu béni, dévot,
saintement suggestif où l'on se sent porté à prier, où
l'on prie même.

Si une chose, une œuvre est ce qu'elle doit être,
répond parfaitement à sa destination, que peut-on
demander de plus?   En tout ças, je constate que non

seulement les gens d'alentour, mais même des étrangers aiment à venir *prier* à Sainte-Anne. Il n'y a rien là pour tirer l'œil, encore moins l'inquiéter, mais il y a cette simplicité qui est la sœur du sublime, et ce doux entraînement à la prière qui voudrait nous transporter aussitôt dans le Divin.

Le Père Sauval venait de construire notre collège sur la rue Hope et l'académie des Sœurs Dominicaines sur la rue Park, quand il conçut le projet de la nouvelle église, telle que nous l'avons aujourd'hui, et plus belle encore, car il ne doutait de rien, le saint homme ! et de fait, les plans primitifs de Monsieur Bourassa ont dû être simplifiés parce qu'ils auraient coûté trop cher d'exécution. En même temps, le Père voulait ériger à proximité un presbytère convenable. Le contrat pour le seul soubassement de l'église s'élevait déjà à $75,000, mais le Père comptait sur la générosité, la charité inlassable de ses chers paroissiens.

"Tel est en effet, dit le *Programme-Souvenir*, le facteur puissant qui a posé les premières pierres et aussi les dernières de la superbe église que l'on se plaît à appeler la "Basilique de Sainte-Anne de Fall River."—Et l'auteur de cet opuscule continue ainsi :

"Un mot que j'ai déjà cité dans d'autres articles, me revient toujours en mémoire : "Ce qui tue les œuvres catholiques, disait le Père Faber, parlant surtout pour l'Angleterre, ce n'est pas le manque d'argent, c'est le manque de sympathie." Or, à Sainte-Anne de Fall River, un homme s'est rencontré qui a conquis dès les premiers jours toutes les sympathies, la sympathie universelle. Je dis *toutes*, car vous savez de qui je parle, et vous savez aussi que pour lui, le "bon père Sauval," pas un cœur n'a pu rester fermé. C'est trop peu dire, il vit encore dans le cœur de tous ses anciens paroissiens. Il faut écouter ceux ou celles

qui l'ont connu intimement, et tous l'ont connu intimement, puisqu'il était si bien le même pour tout le
monde ; il faut lire le récit de ses funérailles, où 25,-
000 personnes se pressaient pour le voir encore une
fois dans son cercueil découvert ; il faudrait pouvoir
compter les larmes qui ont coulé depuis quatre ans à
son seul nom ou son seul souvenir ; compter aussi les
messes que les fidèles ont fait dire pour lui, et, comme
ils disent, "en son honneur," tellement ils le considèrent comme un saint du ciel depuis l'heure qui a marqué sa bienheureuse mort ; il faudrait voir ces mêmes
fidèles, souvent des hommes et des jeunes gens, venir
s'agenouiller devant son tombeau, et y suspendre des
ex-voto, des prières et des fleurs, tout comme on ferait en effet à l'autel d'un saint ; il suffirait enfin
d'évoquer sa mémoire, soit en public, soit dans l'intimité, pour mesurer l'estime, la vénération, l'amour
même qui entoure encore aujourd'hui la mémoire
de ce vrai homme de Dieu !"

Le Père Sauval qui avait remplacé le Père Estéva
comme curé, fut aidé dans son ministère par les Pères
Cormerais, Gaffre, Bellemare, Gillant, Lefêvre, et un
peu plus tard par les Pères Terrien [encore des nôtres]
Percot, Maricourt, Morard, Colin, Gonthier, Dallaire,
Archambault, Bigué, Langlais, Desjardins, Dion.
En ces dernières années nous avons eu les Pères Thé-
riault, Boisvert, Gauvreau (supérieur pendant quel-
que temps), Côté (successeur intérimaire du Père
Sauval), Hébert, Lamarche, Brosseau, Moreau.

Le personel actuel du presbytère est comme il
suit :

T. R. P. Raymond-A. Grolleau, supérieur et curé.

R. P. L.-Joseph Terrien.

R. P. Paul-V. Charland.

R. P. Henri-Athanase Beaudé.

R. P. Réginald Farly.

R. P. Amédée Jacquemet,

R. P. Ambroise Lamarre.

R. P. Vincent Perrotin.

R. P. Vincent Marchildon.

R. P. Jourdain Charron.

Frères Convers : Dominique Gilbert, Jean-Marie Lachance, Thomas Cadieux, Damien Poirier.

L'histoire de ces dernières années est connue, et il suffira de la résumer en quelques lignes. Après la mort du R. Père Sauval, le 1er mai 1901, le R. Père Ange-Célestin Côté, du couvent d'Ottawa, vint remplir quelque temps les fonctions de Curé, c'est-à-dire jusqu'à l'arrivée du T. R. Père Grolleau, à la fin d'août de cette même année.

En quittant Lewiston, où il avait été curé de Saint-Pierre-Saint-Paul, le R. P. Grolleau renonçait à un projet très doux, très cher, celui de bâtir une grande et belle église ; grande parce que la paroisse comptait alors près de 12,000 âmes, belle parce que tout son monde la voulait ainsi. Sans vanité, on n'est pas pour rien fils de France, et surtout de la France du dix-septième siècle. Des plans avaient été dessinés; une maquette en bois de la future église avait même obtenu l'approbation générale, parce que, au dire des gens, "c'était tout à fait cela," ni trop petit, ni trop grand, ni trop bon marché, ni trop cher, et c'était de plus suffisamment beau. Bref, tout était prêt, mais c'est quand tout est fini dans un sens, que tout est fini dans un autre, et le Père Grolleau dut faire le sacrifice de son rêve !

Seulement son rêve de là-bas allait devenir la réalité d'ici, et je vois dans les journaux du temps, que peu de mois après son arrivée, c'est-à-dire au commencement de février 1902, il obtint de Mgr. Harkins de

Providence, alors notre évêque, la permission de continuer l'œuvre interrompue depuis sept ans, c'est à
dire encore d'achever la construction de notre église.
Vers le milieu de ce mois, il signait à cet effet avec
MM. Napoléon Dubuc et Fils, un contrat de $225,000.

Comment pourrait-il payer?—Lui aussi se fiait à
ses paroissiens. Et de fait, ils sont bien restés ce
qu'ils étaient au temps du Père Sauval, puisque nous
avons eu comme en ce temps-là, des bazars de $7,000
et des recettes annuelles de $50,000.00.

Une autre œuvre sollicitait le zèle du Père Grolleau, sans parler de quelques autres encore, et j'ai
déjà presque nommé l'hôpital. A propos et d'abord,
j'ai entendu l'architecte se plaindre que ses plans n'a-
vaient pas été suivis et que la façade, en particulier,
avait été gâtée. Nous sympathisons avec lui, parce
que nous comprenons peut-être un peu ces goûts et
ces déboires d'artiste, mais en toute révérence pour
l'art et les artistes, qu'est-ce après tout qu'une façade
plus ou moins manquée (moins manquée d'ailleurs
que ne le dit l'architecte), quand derrière il y a quelque chose? Qu'est-ce qu'il y a derrière? Il y a le
dedans, et vous savez ce que je veux dire : il y a,
comme dirait Bossuet, "l'intime de l'intime," c'est-à-
dire l'esprit, le cœur et l'âme de cette institution.
Quand un philosophe a dit : "Tôt ou tard, on ne jouit
que des âmes," il a peut-être aussi bien parlé de l'âme
des choses que de l'âme humaine, la vôtre ou la mienne.
L'âme de l'hôpital, c'est la charité, la charité qui s'exerce jour par jour et nuit par nuit dans le soin des
malades.

J'ai aperçu un jour sur un écusson cette devise
qui m'a frappé : *per medias res*—comment traduire?
"Par le milieu des choses, par l'intime et le fond des
choses," et en tous cas, le sens est clair, c'est qu'il

faut juger des choses par ce que j'appelais tout à
l'heure *le dedans*, ou l'esprit, le cœur et l'âme. Je
ne profanerai pas l'Ecriture en rappelant le texte :
Omnis gloria filiœ Regis ab intus : "toute la gloire
de la fille du Roi est au dedans," et toute la gloire de
la garde-malade ou de "l'infirmière" comme on l'appelle quelquefois d'un beau nom, est dans son dévouement caché qui ne dit à personne : "Regardez bien !
c'est moi qui passe ;" dans cet obscur travail qui
prend toutes les heures du jour ou de la nuit et souvent le jour et la nuit tout ensemble ; dans cette ex-
quise et délicate sympathie qu'elle prodigue à tous
ses malades sans distinction d'âge ou de nationalité
ou de croyance ; dans ce sourire de bonheur qu'elle
apporte aux besognes les plus répugnantes ; dans ce
don total de soi qui n'attend rien en retour, parce
qu'il est déjà sa propre récompense à lui-même.

Et franchement, dites, après la vocation du prêtre,
en est-il une plus élevée, plus noble en son dévouement et son abnégation, que celle de la garde-malade?
"J'étais étranger et vous m'avez recueilli ; j'étais malade et vous m'avez visité," dit le Seigneur. Qu'ai-je
besoin de rien ajouter? Il est là le cher hôpital de la
Bonne Sainte-Anne fondé et payé en entier par la
générosité des Sœurs Dominicaines de la Présentation
de Tours. Il fait son œuvre sans bruit, sans réclame,
tout doucement comme un souffle de Dieu. Il en est
qui ne lui trouvent pas assez grand air, que sais-je ou
même qui s'en plaignent, mais le beau miracle ce serait, si enfin quelqu'un pouvait être content de ce
qu'il a chez soi! On disait autrefois en France : " Il
n'est bon bec que de Paris," et beaucoup de nos gens
seraient bien près de dire aussi que " rien n'est bon de
ce qui n'est pas américain." J'espère qu'ils ne le pensent pas. S'ils le pensaient, je les prierais de voir un

peu de près l'œuvre bonne, très bonne que fait l'Hôpital Sainte-Anne, et ils lui accorderaient de suite
toute la sympathie et l'admiration qu'il mérite!

Pour répondre à un autre désir du T. R. P. Grolleau, nos Sœurs de l'hôpital songent depuis longtemps
à établir, dans leur voisinage, une *Pension de Jeunes
Filles*, ou, comme elles disent en France, une "Maison de Famille," destinée à fournir un logement aux
employées de bureaux, de magasins ou de fabriques
qui sont ici sans parents ni foyer à elles. Pour bien
des raisons qu'il ne m'appartient pas de donner, ce
projet est lent à mûrir, mais au moins il n'est pas
abandonné. "Qui va lentement, va sûrement," dit
le proverbe.

Une autre oeuvre est au programme et sera fondée peut-être assez prochainement. On l'appellera la
"Crêche," ou d'un mot qui tend à se franciser :
" kindergarten," et l'on sait ce que cela signifie. Ici
comme ailleurs, il y a de jeunes mamans qui sont obligées de travailler au-dehors de chez elles, ou qui le
feraient si elles trouvaient à qui confier leurs petits
enfants. Elles le pourront à l'avenir. Comme partout
maintenant en Europe et en Amérique, au moins dans
les villes de quelque importance, elles viendront le
matin confier leurs petits aux bonnes soeurs, leur dire
un petit bonjour dans la journée, si le coeur leur en
dit, et les reprendre le soir.

Le Père Grolleau n'eût pas dormi content si, à
côté de sa belle cathédrale, il n'avait pu construire un
presbytère qui fût quelque peu en harmonie avec elle.
D'ailleurs, les religieux allaient être expulsés de
France, s'ils ne l'étaient déjà, et un profond sentiment
de fraternité poussait le Révérend Père à leur préparer un asile. La perspective d'une immigration plus
ou moins considérable des Dominicains de France

conseillait donc une certaine ampleur dans les plans, et de là pour notre maison des proportions qui ont semblé à quelques-uns exagérées. En réalité, elles ne le sont cependant pas si on les considère moins en elles-mêmes que dans leurs relations avec celles .de l'église attenante, et tant mieux, en somme, si on a bâti pour vingt ou vingt-cinq Pères ! Dix ou douze y seront plus à l'aise, et l'effet d'ensemble, la ligne de beauté et d'harmonie y aura gagné. Quand le vieux presbytère aura disparu (quand?) vous viendrez au coin des rues Middle et South Main, et vous verrez que "tout est bien comme c'est ou sera."

Plus tard aussi ce sera bien sur la rue Park, je veux dire chez nos Soeurs Dominicaines enseignantes. Elles se développent dans les grandes mesures, elles aussi. Le grain de senevé de 1891 devient un grand arbre, et c'est encore une fois la preuve que l'oeuvre de Dieu, pour être lente, n'en est pas moins sûre. Pour ceux qui aimeraient à lire le journal, je cite un passage de *L'Independant* (numéro du 4 juin 1908.)

"On a commencé ce matin les travaux de l'agrandissement du couvent des Soeurs Dominicaines sur la rue Park.

"Le nouvel édifice sera construit en granite et brique comme l'ancien et mesurera 77 pieds de longueur par 52 de profondeur. La hauteur, au centre, atteindra 80 pieds au moins.

"Le plan de l'architecte suppose des additions dans l'avenir, et pour le moment, pour quelques années peut-être, le couvent de la rue Park aura encore comme autrefois l'apparence d'un édifice qui n'est pas achevé.

"Mais quand le poète a dit :

L'avenir est à Dieu,

il a voulu dire sans doute qu'il était aux bonnes Soeurs

Dominicaines. Elles ont pu, en dix ou douze ans, à force de travail, d'économies et de privations, et sans aucun secours de l'extérieur, payer leur maison actuelle, ce qui nous fait espérer que, avant dix autres années, elles pourront compléter tout le plan qu'a dessiné l'architecte.''

Pour les amateurs de chiffres et de grand complet, nous extrayons ce qui suit du compte-rendu de la paroisse Sainte-Anne pour l'année dernière, 1907 ;

Recettes : $51,842.88, savoir: Bancs, $20,636.95; quêtes du dimanche, $3,853.25 ; bazars, soirées, quêtes à domiciles, retraîtes du carême, casuel, etc., $16,797.07 ; don au curé à son retour d'Europe, $1,500.00, etc.

Dépenses : Salaires des Frères et des Soeurs, $7,608.41 ; intérêts de la dette, $6,750.00 ; travaux, réparations, taxes, assurances, etc., $4,500.00.

Payé cette année sur la dette, $14,000.00, à part les intérêts.

Baptêmes 489, mariages 120, première communions, 252, confirmations (deux années en une) 507, sépultures 223, communions 68,297.

Ecoles—Nombre de frères 7, de soeurs 30, d'enfants dans les écoles paroissiales (écoles privées non-comprises) 1,742.

Hypothèque sur l'église et dépendances, écoles, etc., $150,000.00.

Sociétés—Ligue du Saint Nom de Dieu, 325. Association St.-Dominique 158. Amis du Sacré-Coeur 60. Dames de Ste-Anne 1,090. Enfants de Marie 380. Congrégation de la Bienheureuse Imelda 207. Anges Gardiens 75. Tiers Ordre de St-Dominique 92. Tiers Ordre de St-François 456. Confrérie du St-Sacrement 515. Confrérie du Saint Rosaire, des milliers. Population de la paroisse 11,500 âmes.

L'ECOLE STE. ANNE

Les détails sur la fondation de l'école Sainte Anne nous font complètement défaut; il est certain cependant que c'est pendant l'administration du Rêv. M. Montaubricq que les Soeurs de Sainte Croix prirent la direction de l'école paroissiale Sainte Anne, direcrection qu'elles conservèrent jusqu'au mois d'août 1895. C'est dans le soubassement de l'êglise, situuée alors sur la rue Hunter, que lês soeurs commencèrent à faire la classe, puis plus tard elles ouvrirent deux classes dans leur résidence de la rue Grant.

En novembre, 1887, monseigneur l'évêque de Providence confiait les destinées de la paroisse Sainte Anne aux R. Pères Dominicains. Le R. Père Estêva, supérieur, avec les RR. Pères Chs.-B. Sauval et Cormerais, comme assistants. prirent donc possession de Sainte Anne. En 1891 le R. Père Chs.-B. Sauval était nommé supérieur, il comprit bien vite que l'école actuelle ne suffisait plus aux besoins de la paroisse, aussi s'empressa-t-il de construire une belle école en brique, sur la rue Hope—école que les RR. Pères Dominicains confièrent, en 1895, aux Frères des Ecoles Chrétiennes et aux Soeurs Dominicaines. Les RR. Frères prenant charge des garçons, et les Soeurs, des filles, quatre classes de garçons et quatre classes de filles à Sainte Anne en 1895.

Les classes continuèrent ainsi jusqu'au 18 mars 1898, époque à laquelle les Frères ouvrirent, dans leur résidence, rue Grant, une classe commerciale. Les débuts furent bien modestes : six jeunes gens formant ce cours. L'année suivante, le nombre des élèves dans ce cours commercial s'éleva à douze. C'était du progrès certes, mais du petit progrès. En septembre 1899, la classe commerciale avait vingt-deux élèves. Mais si le cours commercial progressait lentement, il n'en était pas de même de l'école paroissiale (cours de grammaire) le nombre des élèves s'était tellement augmenté, que pendant les vacances de 1900, le R. Père Sauval dût faire transformer l'ancien presbytère, coin des rues Hope et Hunter, en école, et c'est dans cet immeuble, remis à neuf, qu'en septembre 1900 les Frères des Ecoles Chrétiennes ouvrirent leurs classes, laissant la grande école aux Soeurs, qui prirent charge, non-seulement des filles, mais aussi des plus jeunes garçons.

Le R. Frère Philippe, nommé Directeur cette année, donna un nouvel essor à l'école. En juin, dix des vingt-deux élèves du cours commercial avaient reçu leur diplôme, mais leurs places furent vite prises, car en septembre, le cours compta vingt-six élèves. Aujourd'hui, grâce à la protection, si grande et si généreuse, des RR. Pères Dominicains, au dévouement des maîtres, les RR. Frères des Ecoles Chrétiennes, et aussi au travail solide qui se fait dans cette école foncièrement Catholique, Canadienne-française, le nombre des élèves dans ce cours est de soixante-cinq.

Revenons maintenant à l'école paroissiale. Pendant que le cours commercial allait de l'avant, et conférait des diplômes à ses *gradues*, l'école paroissiale, elle aussi, faisait des progrès à pas de géant, tellement qu'aujourd'hui, les écoles paroissiales de

Sainte Anne comptent 1,700 élèves, et on peut bien le dire, ces écoles où l'on enseigne non-seulement le français et l'anglais, mais surtout la religion, ces écoles Catholiques, Canadiennes-françaises, sont tout aussi avancées, si non plus, que les écoles publiques, où on n'enseigne ni le français, notre belle langue, ni cette science, qui est la science des sciences, la religion Catholique.

Avant de terminer ce petit article, il serait peut-être bon de donner un aperçu du cours d'études. Comme nous l'avons déjà dit, les classes de l'école paroissiale ont le même programme que les écoles publiques, mais à cela il faut y ajouter le français—grammaire, dictées, compositions, et ensuite et surtout, le catéchisme.

Le cours commercial est aussi complet que possible. 1o Comptabilité, 2o Sténographie, 3o Clavigraphie, 4o Mathématiques, Arithmetique, Algèbre, Géométrie, 5o Correspondance en français et en anglais, 6o Grammaire française et anglaise, etc. Dans ce cours comme dans les classes du cours de grammaire, l'instruction religieuse, (catéchisme, histoire sainte et histoire de l'Eglise) tient la tête du programme des études.

Comme on le voit les Canadiens de cette belle et florissante paroisse Ste. Anne n'ont rien à envier aux écoles publiques qui les entourent un peu partout. Certes, les bâtisses sont peut-être plus jolies mais certainement ne donnent pas une meilleure éducation pour s'en convaincre il ne s'agit que d'ouvrir les yeux et voir au travail dans maints bureaux de Fall River les gradués de Ste. Anne faire honneur à leur *Alma Mater*.

COUVENT DES RELIGIEUSES DOMINICAINES.

En avril 1891, les RR. Pères Dominicains de Lewiston, Me., désirant des Religieuses pour leur paroisse, s'adressèrent, par l'entremise du R. Père Spencer, alors Provincial aux Etats-Unis, à une communauté de Dominicaines de langue anglaise, établies depuis peu à Kansas City, Mo.

La proposition d'établir une nouvelle maison de leur ordre sourit aux bonnes sœurs. Dans les premiers jours de juin, deux d'entre elles se mirent en route pour New York, où le R. Père Mothon, curé et supérieur à Lewiston, leur avait ménagé une entrevue avec la Supérieure d'une communauté française, qui, à ce moment, était de passage en Amérique. La, elles devaient s'entendre sur la fusion des deux nationalités et sur les moyens à prendre pour une fondation française à Lewiston. Le rendez-vous manqua. Les œSurs se rendirent toutefois à Lewiston pour voir le R. Père Mothon lui-même. Mais par suite d'un malentendu, le R. Père était déjà en France où il avait demandé et obtenu les Dames de Sion. Les Sœurs reprirent la route de leur couvent, mais ne manquèrent pas de s'arrêter chez leurs Frères de Fall River, comme le leur avait bien recommandé le R. Père Grolleau, alors à Lewiston.

A quelque temps de là—c'était le 2 août, fête de la Bienheureuse Jeanne d'Aza, mère de Saint Dominique—les Pères Dominicains de Fall River s'entretenaient de leur paroisse qui allait s'agrandissant et de la nécessité d'avoir de nouvelles écoles.

On songeait à donner une nouvelle maison aux Sœurs Ste Croix qui étaient déjà chargées de l'éducation des enfants, lorsque le R. Père Cormerais, soudainement inspiré, s'écria : "Pourquoi n'aurions-nous pas des Sœurs Dominicaines?"

L'idée fnt acceptée.

Le R. Père Estéva, Supérieur, demanda aussitôt les Sœurs de Kansas City pour l'ouverture des classes en septembre. Les Soeurs, acceptant l'offre qui leur était faite, obtinrent les permis nécessaires et le 30 août 1891, fête de Ste Rose de Lima, trois d'entre elles : la Révérende Mère Marie Bertrand, Soeur M. Anna et Soeur M. Catherine (maintenant décédée) se mirent en route pour Fall River.

D'autres Soeurs devaient les suivre un peu plus tard.

A Hick's Hill, une maison avait été préparée pour elles, par les Pères. Ce fut là qu'entrèrent les premières novices et que s'écoulèrent les années 1892 et 1893. Les Religieuses allèrent ensuite demeurer dans une maison plus grande, située sur la rue Benjamin, en attendant que la construction de leur résidence de la rue Park, fut terminée. Ce travail était accompli en 1895.

La Communauté compte actuellement quarante-cinq religieuses. Les Soeurs ont pour mission ici l'éducation des enfants.

Personne n'ignore que ces vaillantes Filles de St. Dominique se dépensent sans compter, non-seulement auprès des 125 élèves de leur Académie déjà si florissante, mais encore auprès des 1,200 enfants qui fréquentent les trois écoles de la paroisse Sainte-Anne.

L'école St. Thomas d'Aquin fut confiée aux Soeurs Dominicaines en 1891, l'école Ste-Anne en 1895, et l'école St-Joseph en 1901,

Le programme d'études des Soeurs Dominicaines est le même que celui des écoles publiques, à l'exception près du français qui s'enseigne depuis le premier grade jusqu'à la fin du cours supérieur.

Les Religieuses Dominicaines furent fondées par St-Dominique en 1206—dix ans avant que le grand patriarche n'eût rassemblé ses premiers compagnons.

C'est à Prouille, village situé au pied des Pyrénées que s'éleva le premier couvent de ces saintes femmes dont l'influence se fit bientôt sentir à travers tout le pays, et dont les prières devaient attirer les bénédictions célestes sur leurs Frères occupés à semer la parole de Dieu à travers le monde.

C'est au R. Père Thomas Wilson, Dominicain Anglais, que revient l'honneur d'avoir fondé en 1822, à Springfield, Ky., le couvent de Ste-Catherine de Sienne qui fut le berceau des Dominicaines aux Etats-Unis.

Outre l'enseignement qui est le but principal de l'Ordre, les Soeurs—aujourd'hui fort nombreuses—se dévouent aux oeuvres de miséricorde dans les hôpitaux, dans de nombreux asiles pour les vieillards, les orphelins ou autres enfants négligés ou abandonnés. Elles ont aussi des couvents où les dames du monde peuvent suivre les exercices des retraites spirituelles; des couvents où les Soeurs, sans interrompre jamais la récitation du rosaire, s'exercent au travail manuel; des monastères enfin où les sœurs s'adonnent exclusivement aux exercices de la vie contemplative.

Les Dominicaines sont encore à la tête de nombreux établissements ou collèges dont les principaux sont à Ste-Catherine, Memphis, Nashville, Columbus, Sinsinawa Mound, Washington, New York, Chicago, Kansas City, etc.

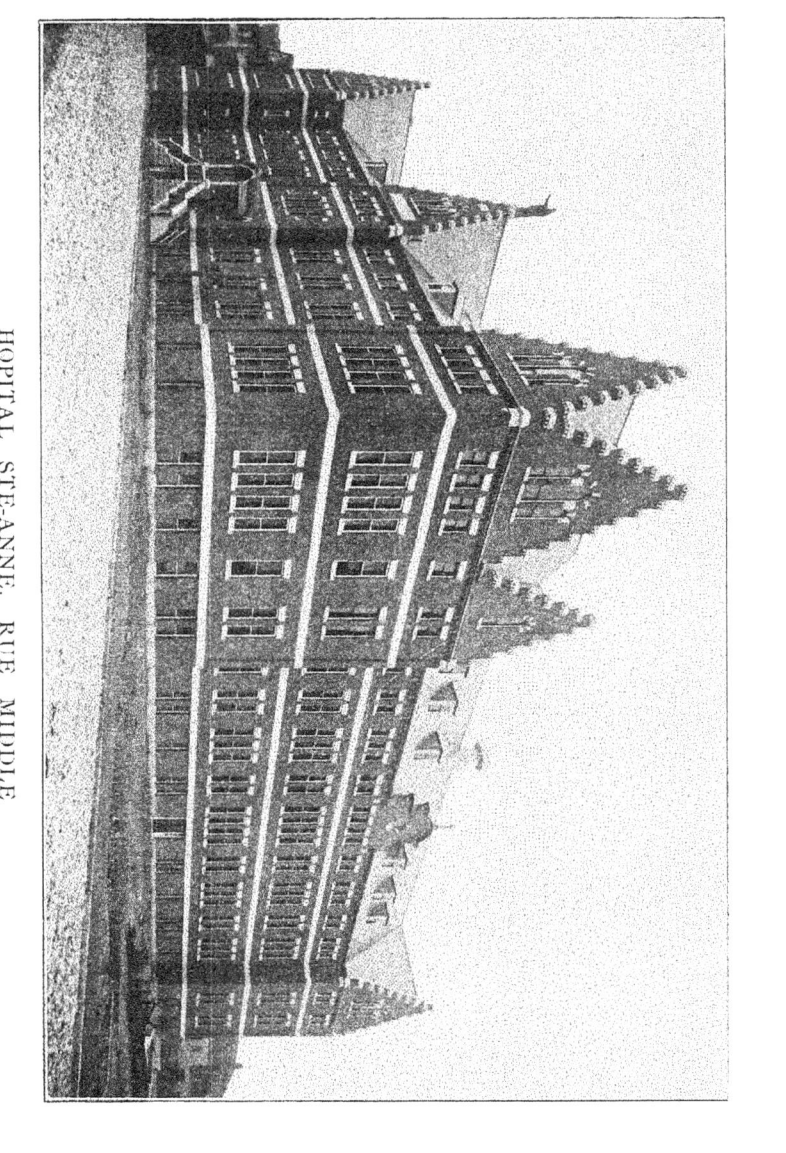

HOPITAL STE-ANNE, RUE MIDDLE

L'HOPITAL SAINTE-ANNE.

HISTORIQUE.

L'Hôpital Ste. Anne compte moins de trois ans d'existence. Il n'a été inauguré qu'en février mil neuf cent six.

L'honneur de cette création charitable, d'une si haute utilité sociale, revient d'abord au T. R. P. Grolleau, Curé de la paroisse Ste. Anne et Supérieur des Dominicains. C'est lui qui eut le premier l'idée de doter Fall River d'un hôpital français et catholique, mais où les malades de toute dénomination et de toute religion, seraient accueillis avec la même libérale sympathie, traités avec la même science, feutrée de tendresse chrétienne.

Il ne suffisait pas à ce religieux, de s'occuper d'ériger à Dieu et à l'aïeule du Sauveur, une Basilique qui est, sans contredit, la plus belle chose d'art de toute la Nouvelle-Angleterre. Son coeur avait encore d'autres aspirations. En même temps qu'il préparait à son Maître un Temple, digne de sa Majesté Infinie, il eut la pensée, éminemment pastorale, de faire élever une demeure où les malades, quels qu'ils fussent et d'où qu'ils vinssent, où tous ceux que l'Eglise regarde comme les membres souffrants du Christ, pussent trouver abri, très souvent guérison, soulagement et consolation toujours.

Comme tous les hommes d'action, le T. R. P. Grolleau ne garda pas longtemps cette pensée à l'état spéculatif. Il voulut la traduire en fait, la faire passer, le plus tôt possible, dans le domaine des réalités. C'est ici que va nous apparaître combien son projet entrait dans les vues de la Providence.

Le Père va en France, il expose son idée à ses Supérieurs immédiats, qui l'approuvent et la ratifient, puis se rend à Tours, maison-mère des Soeurs Dominicaines de la Présentation. Celles-ci, à peine mises au courant de l'objet de sa visite, acceptent,—avec une générosité vraiment chevaleresque, et tout à fait en harmonie avec les traditions d'apostolat lointain, qui sont l'éternelle gloire de la vieille Erance,—non-seulement de venir se dépenser parmi nous au service des malades, mais encore d'acheter un terrain, d'y bâtir, à leurs frais, cet hôpital tant rêvé par le Père, et où il leur tardait déjà, à elles-mêmes, de pouvoir se dévouer jusqu'à la mort.

L'affaire était donc conclue. En quelques mois, nous voyions s'élever cet édifice, qui n'est pas le moins beau ni le moins grandiose de notre ville,—et l'architecte, le R. P. Charland, en mérite toutes nos félicitations,—qui en est, à coup sûr, le plus touchant, celui dont la vue fait peut-être le plus de bien au coeur. Bénie soit la cité qui offre ainsi à ses enfants un asile où toute soffrance peut aller se réfugier,—sûre d'être adoucie ! L'étranger qui la visite ne le remarquera peut-être pas. Son regard pourra se porter de préférence vers les monuments de la richesse ou du plaisir; il se laissera éblouir par les manifestations d'un art inutile. Mais, aux yeux de Dieu, et de quiconque a vraiment gémi dans sa chair,—un hôpital,—n'est-ce pas l'oeuvre la plus attendrissante qu'il puisse y avoir au sein d'une ville?

Et, quand cet hôpital, comme le nôtre, est dirigé, non par des fonctionnaires ou des salariés, mais par de saintes filles, qu'une vocation supérieure a faites hospitalières, qui ne réclament qu'une chose, la liberté du dévouement, et qui s'estiment trop heureuses de pouvoir, dans l'exil, se sacrifier pour des inconnus, en qui la foi leur montre Notre Seigneur, comment ne pas estimer pareille institution, ne pas la regarder comme un bienfait de la Providence?—

L'Hôpital Ste. Anne est une création de la France parmi nous, c'est un bienfait de la France à notre ville.

Chère vieille France ! Les Etats-Unis te doivent beaucoup, dans l'ordre politique et dans l'ordre religieu. A la liste déjà longue de tes générosités envers ce pays, il convient d'ajouter ce dernier don de ton grand coeur ; l'établissement, chez nous, d'une maison de première ordre, où quelques-unes de tes vierges,—le plus pur de ton sang,—consacrent leur vie, leurs talents, leur art exquis d'hospitalières, à panser les plaies, à soulager toute douleur, à verser même sur les âmes blessées le baume qui relève. Leur ministère angélique ne va-t-il pas jusqu'à rendre la mort facile et douce, infiniment paisible, presque gaie, à ceux que, ni les ressources de la science, ni les soins les plus subtils et les plus attentifs, ne peuvent ramener à la santé ?

O vieille France, au nom de tous, merci !

Comme nous le disions en commençant, il y a moins trois ans que cet hôpital existe. Quel bien a-t-il déjà opéré ? Quels résultats positifs a-t-il atteints ?— Nous croyons sincèrement refléter le sentiment public, en affirmant que l'oeuvre accomplie, au cours de ces quelques années, prouve que cette institution avait

sa place marquée ici, qu'elle y a comblé une lacune,
qu'elle répondait à un besoin réel.

Et sans doute, dans ces résultats si satisfaisants,
une part de mérite revient à messieurs les médecins
et chirurgiens, qui n'ont rien épargné pour mettre cet
hôpital, dès son origine, sur un très haut pied. Aussi,
sommes-nous bien aises de constater qu'il est, en
effet, par ses dimensions, son confort, sa merveilleuse
salle d'opération, la belle disposition de ses chambres,
ses spacieuses salles communes, ses conditions hygié-
niques, son complet aménagement, en état de rivali-
ser avec les meilleurs hôpitaux des Etats-Unis.

Pourtant, quelque soit, dans tout cela, la part à
faire au personnel des médecins et chirurgiens, il me
semble bien que les hospitalières diplômées, qui le dirigent, en ont le plus grand mérite.   N'ai-je pas souvent entendu parler du rôle considérable que joue la
"nurse" dans le traitement des malades?   Affirmer
que le médecin le plus expérimenté, le plus habile
chirurgien sont empêchés dans leur oeuvre, si une
hospitalière, délicate et entendue, ne surveille constamment le patient, soit pour lui administrer les mé-
dicaments prescrits, soit pour aider aux pansements,
et donner les multiples soins d'hygiène, qui, souvent,
font plus que tout le reste, pour la guérison ?

Ces résultats,—qui ne laisseraient pas de nous
étonner, si nous ne savions, dès longtemps, que ces
Dames sont très recherchées dans les grandes villes
d'Europe, par exemple, pour leur façon de pratiquer
cet art élevé "d'hospitalières,"—ces résultats, dis-je,
nous inspirent la plus absolue confiance pour l'avenir.

HENRI D'ARLES

STATISTIQUE.

Au nombre de ceux qui, par leur dévouement ou leurs dons, ont assuré le succès de cette oeuvre, nous devons mentionner feu Mgr. William Stang, D. D., Mgr. Daniel F. Feehan, D. D., le T. R. P. A. R. Grolleau, O. P., le personnel des Médecins et Chirurgiens, les Dames de Charité, les Dames Patronnesses et autres bienfaiteurs et bienfaitrices.

Depuis sa fondation, l'hôpital a abrité 1376 patients, dont à peu près un tiers hommes et deux tiers femmes ; et a reçu en dons $2,665.61, comme suit :

	MALADES	DONS
1906	212	$ 684.16
1907	501	1,173.50
1908 (au 15 octobre)	663	807.95
Totaux	1376	$2,665.61

Aussi a-t-il reçu une foule d'objets toujours utiles et que les Dames Hospitalières acceptent avec reconnaissance.

Ainsi n'oublions pas, dans nos œuvres de charité, de faire large la part qui doit aller aider à traiter nos frères souffrants d'une manière convenable et efficace.

Protecteur : Sa Grandeur Mgr. Daniel Francis Feehan, D. D.

Directeur ; Le T. R. P. A. R. Grolleau, O. P.

Chapelain : le R. P. Henri Beaudé, O. P.

Personel du Corps Médical : J. A. Barré, M. D., Président ; G. L. Richards, M. D., Vice-Président ; J. E. Huard, Secrétaire ; Messieurs les Docteurs F. de B. Bergeron, J. P. A. Garneau, H. G. Wilbur, P. E. Truesdale, H. A. Rosa, S. V. Merritt, P. Crispo, J. S. Lebœuf, A. St. George, M. Kelly, J. B. Trainor,

G. L. Butler, A. Fecteau, E. F. Curry, J. D. Beau-
parland, A. J. U. Dufault, M. Marvel, D. R. Ryder,
M. B. Swift, O. H. Jackson, J. E. Mercier, H. Barré,
T. P. Sullivan et quelques médecins et chirugiens
consultants.

* * *

LES DAMES DE STE. ANNE.

La société des Dames de Ste-Anne fut fondée le
deuxième dimanche d'octobre de l'année 1879, par
l'abbé Thomas F. Briscoe, alors curé de la paroisse.
Il en fut le directeur jusqu'au mois de novembre 1887.

Les officières fondatrices furent mesdames Azilda
Renaud, présidente ; Adélaïde Turgeon, secrétaire ;
et Clothide Baignoche, trésorière, qui, sous la direction du curé de la paroisse ou de son substitut, avaient
charge des intérêts de l'association.

La congrégation de Ste-Anne est une réunion de
dames chrétiennes qui veulent s'appliquer et s'entr'aider mutuellement à la pratique des vertus et des devoirs de leur état, sous la protection de Ste-Anne,
dont elles font profession d'être les filles dévouées.

Le but de cette association est donc de procurer
à ses membres les moyens de s'instruire plus particulièrement de leurs devoirs et les rendre plus propres
à remplir, d'une manière efficace, les obligations que
leur imposent la religion, la famille et la société. Les
œuvres de charité, étant regardées comme l'âme de
toute association pieuse, la congrégation a encore
pour but de subvenir, selon ses moyens, aux besoins
de ses membres affligées. Ainsi, aux soins spirituels
qui, à eux seuls, sont déjà une si grande consolation,

la congrégation ajoute ce que procurent les biens matériels.

La société est sous le patronage de Ste-Anne, qu'elle honore tout particulièrement le jour de sa fête par une grande messe entendue en corps, avec communion générale et, dans l'après-midi, instruction, salut et bénédiction, fête à laquelle les membres se préparent par les exercises d'une neuvaine. Elles célèbrent aussi comme fêtes spéciales la Compassion de la Ste. Vierge, la fête des Sept Douleurs et la fête de la Purification par une communion générale, avec salut et bénédiction.

En outre des privilèges plus haut mentionnés, le décès d'un membre donne droit à un service sur corps de $25.00, ainsi qu'à une basse messe mensuelle, à une communion de chaque membre et à la participation aux fruits d'un service annuel.

Du reste, les membres s'assemblent une fois le mois,—le deuxième dimanche,—et paient pour toute contribution, la modique somme de dix centins par mois. Nous devons ajouter qu'un costume, à certaines occasions, est maintenant de rigueur.

Les aspirantes, âgées de cinquante ans et plus, paient un droit d'entrée de $5.00. Les personnes âgées de soixante ans ne sont pas admises. Les réceptions se font deux fois l'an. Ceci nous remet en mémoire le nombre vraiment édifiant de 141 nouveaux membres admises à une seule et même réception, en 1905.

Comme on le voit, les membres de la congrégation des Dames de Ste-Anne se recrutent au milieu de la meilleure société ; car toutes ne sont pas admises indistinctement, mais ne le sont que celles dont la conduite est irréprochable et qui peuvent remplir les conditions prescrites par les règlements.

Maintenant, il nous incombe le devoir bien doux

de mentionner les œuvres multiples de cette belle organisation qui, maintes fois, est venue, d'une manière
tangible, à l'aide de l'œuvre paroissiale. L'espace,
toutefois, ne nous permettra que de les décrire suc-
cintement.

Le premier fait dont fassent mention les annales
de la société, est un don de $159.74, résultat d'une
soirée dramatique, donnée le 7 janvier 1886, et contribué aux frais encourus par l'achat d'un orgue.
Vers novembre 1887, les RR. PP. Dominicains ayant
été appelés à la desserte de cette paroisse, le R. P.
Estéva, curé, donnait la direction de la société au R.
P. Cormerais, et on profitait bientôt de cette occasion pour présenter au R. P. Curé la somme de $50
aux fins d'aider à l'acquisition d'une voiture et d'un
cheval. Deux ou trois ans plus tard, le directeur
spirituel était appelé ailleurs, emportant les regrets de
tous. Le R. P. Estéva lui succéda, pour être remplacé à son tour par le R. P. Sauval, en 1891. Entre
temps, la congrégation fit encore don d'une magnifique chasuble aux armes dominicaines, et dont le prix
d'achat fut de $126.00. Le banquet, au mois de juil-
let 1891, valut à la caisse paroissiale la somme de
$225.00, à laquelle se joignirent encore, le 13 février
suivant, $150.00 destinés à l'achat d'un chemin de
croix. Quatre cents dollars réalisés à un banquet
donné le 9 avril 1893, étaient appliqués à l'érection de
la nouvelle église. Ici, nous trouvons que le 13 jan-
1895, le R. P. Directeur, autant en son nom qu'au
nom des Dames de Ste-Anne, remerciait chaleureusement, pour son long état de service et de dévouement,
Madame Hermine St. Amant, qui prenait un repos
bien mérité, après avoir passé neuf années à la tête de
la société comme présidente.

Les banquets des années 1895-96-97 apportèrent

à l'œuvre paroissiale $200.00, $600.00 et $623.00.

Le 13 février 1898, la congrégation fêta dignement la fête patronale du R. P. Sauval, sous l'impulsion de sentiments de respect et de reconnaissance pour le zèle infatigable dont il fit preuve envers la société et la paroisse. Quatre reliquaires accompagnaient l'adresse ainsi qu'un joli bouquet de fleurs naturelles. Et l'année suivante, à la même date, on lui offrait un bréviaire en quatre volumes. Enfin, deux ans plus tard, en réponse au désir du dévoué directeur, la châsse requise pour la relique insigne de Ste-Anne, lui fut présentée. Il ne devait pas, hélas, en voir le retour, car il expira deux semaines avant l'arrivée de cette relique.

A l'époque de la bénédiction de la pierre angulaire de l'église, la société fit don de $500.00 à l'œuvre paroissiale, ainsi que d'une écharpe en 1903.

Les banquets donnés en 1903-04-06-07 et la fête champêtre de juillet 1908, ont réalisé respectivement les jolies sommes de $686.65, $600.00, $545.00, $393.00 et $675.00, auxquelles s'ajoute un don de $400.00 en 1905.

En un mot, les Dames de Ste-Anne ont contribué à l'œuvre paroissiale, par leurs soirées ou banquets, joints à l'économie qu'une sage administration sut pratiquer sur les faibles contributions mensuelles, une somme d'audelà de $6,333.84, plus quatre reliquaires, un bréviaire, une châsse et une écharpe, ainsi qu'un don de $200.00 à l'hôpital, lors de sa fondation, pour l'entretien d'un lit. Enfin, environ 175 membres sont décédées, jouissant de la communion et des prières de chacune des survivantes, d'un service sur corps, entraînant une dépense d'environ $4,375.00, d'un service annuel et d'une messe basse chaque mois.

Voilà une œuvre utile et admirable à la fois sous

le rapport spirituel et temporel, et l'honneur en re
vient à toutes les Dames de Ste-Anne, mais surtout
aux dames officières dont le dévouement reconnu a
su mener à bonne fin ce qui d'ailleurs sembla toujours
agréable à Dieu.

Furent officières : Présidentes—Mesdames Azilda
Renaud, Lucie Burnett, Philomène Corneau, Philomène Côté, Hermine St. Amant (1886-95), Alphonsine
Côté (1895-1904), Philomène Doucet (1904 jusqu'à ce
jour).

1ères vice-présidentes—Mesdames Elisa Lebœuf,
Célina Asselin, Nathalie Viau, Célina Legendre, Anna
Gervais, Alphonsine Côté, Virginie Moreau (1894-
1904), Exilda Lachance, Diana Bellefeuille, Joseph
Coulombe.

2èmes vice-présidentes—Mesdames Félicité Dumas, Célina Asselin, Nathalie Viau, Célina Legendre,
Virginie Moreau, Alphosine Côté, Exilda Lachance
(1895 1904), Joseph Coulombe, Omer Goulet.

Secrétaires—Mesdames Adélaïde Turgeon (1879-
1889), Anna Gervais, Alphonsine Côté, Adéline Nadeau, Sylvia Lamontagne, Rosanna Gingras, Amanda
Rémy (1902 jusqu'à ce jour).

Assistantes-Secrétaires—Mesdames Hermine St.
Amant (1883-1886), Cornelie Bousquet (1902 jusqu'à
ce jour).

Trésorières—Mesdames Clothide Baignoche (1879-
1888), Philomène Caron, Philomène Côté, Anna Gervais, Hermine Thibault (1892-1901), Philomène Doucet, Bertholomée Bergeron (1904 jusqu'à ce jour).

Maîtresses de cérémonie—Mesdames Omer Goulet, Ls. Desserres, J.-B. Leblanc, Pierre Fortier.

Conseillères—Mesdames Délima Taillon, Alex.
Authot, Isidore Thibault, Ls. St. Jacques, Ludger Michaud, Romuald Levesque, Joseph Paquet, Edouard

Antaya, Pierre Servant, Elzéar Hémond, Victor Dionne, Gilbert Ledoux, André Gariépy, Robert Hazel, F. X. Blanchette, Athanase Dussault et Elie Dalbec.

SOCIETE DES ENFANTS DE MARIE

Cette société a été fondée en mai 1876 par le Révérend Père de Montaubricq qui en fut le premier directeur. Les autres directeurs, depuis cette époque ont été successivement les Révérends Pères Thomas Briscœ, Estéva, Sauval, Côté, Grolleau, Thériault, Moreau et Perrotin.

Les diverses présidentes de la société ont été : Mlles Scholastique L'Hérault, Maria Poitras, Joséphine Gagnon, Catherine Lavoie, Cécile Picard, Malvina Picard et Vitaline Bousquet.

Les noces d'argent de la société ont été fêtées en mai 1905. Sa Grandeur Monseigneur Stang, alors évêque de Fall River, assista à ces belles fêtes ainsi que plusieurs prêtres de nationalités étrangères, qui signalèrent leur passage en gratifiant la société de nombreux et riches cadeaux. Pour sa part, Mgr. Stang présenta une bourse de $50.00. Chaque soir, des attractions magnifiques et variées attirèrent une foule immense et le total financier atteignit la jolie somme de 1100 dollars.

Actuellement la société compte près de 450 membres et depuis sa fondation elle en a perdu 45.

Le conseil, ainsi que la société, a sa réunion mensuelle.

Le conseil est composé de 24 membres. Voici la formation de celui qui a été élu le 25 juillet 1908 :

Directeur, R. P. Perrotin ; Présidente, Mlles Vitaline Bousquet ; 1ère vice-présidente, Malvina Picard; 2ème vice-présidente, Delima Côté ; trésorière, Délia Goyette ; assistante-secrétaire, Laura Cyr ; 1ère maîtresse de cérémonies, Marie Raymond ; 2ème, Albertine Arpin ; 3ème, Emilia Lachance , 4ème, Marie Boucher ; 1ère bibliothécaire, Marie Saint-Denis ; 2ème, Rosa Morin ; 3ème, Adèle Gagnon ; 4ème, Emilia Lachance; 5ème, Anna Tremblay; 6ème, Léonie Couillard. 1ère sacristine, Joséphine Rivard ; 2ème, Maria Ducharme. Portière, Marie-Louise Brisebois. Conseillères, Exilda Guimond, Adélia Simon, Georgiana Beaudry, Marie-Anne Authot, Mérilda Dufour.

La société jouit des avantages suivants : Au décès d'une Enfant de Marie, une communion est faite pour elle par chacune des membres. Un an après la réception dans la société, tout membre qui meurt a droit à un service solennel ; de même aussi, toute Enfant de Marie possède le privilège d'avoir un mariage solennel. Mais à noter que pour avoir droit à ces deux derniers privilèges, il faut être en règle avec la société au sujet de ses contributions. Trois mois de retard enlèvent tout privilège. Les contributions mensuelles sont de 10 cents, et à la mort de chaque membre, il faut payer une nouvelle contribution de 5 cents.

Enfin, la Société des Enfants de Marie possède, dans le soubassement du nouveau couvent des Pères Dominicains, dans la grande salle appelée "Salle du Chapitre", une superbe et riche bibliothèque de plus de mille volumes très intéressants, achetés à Paris et dûs à la plume des meilleurs écrivains français. Romans, Hommes illustres, Vies des Saints, Histoire, Littérature, Poésie, Mystique ; chacun de ces différents rayons est très garni et tout le monde: jeunes gens, hommes, dames et demoiselles, peut y trouver un volume de son choix. La bibliothèque est ouverte trois jours par semaine: le mardi et le jeudi soir, de 7h. 30 à 8h. 30 et le dimanche de 4 à 5 heures. L'abonnement est seulement de 5 cents par mois. Les centaines de lecteurs et lectrices qui y ont leur abonnement et qui viennent, de toutes les parties de laville, chaque semaine ou tous lesmois, changer leurs livres, montrent le bien immense que fait à Fall-River cette bibliothèque.

LIGUE DU SAINT NOM DE DIEU,

La confrérie du Saint Nom de Dieu, fondée dans cette paroisse le 17 septembre 1888, a été érigée canoniquement le 15 janvier 1892, par un décret de monseigneur Harkins, évêque de Providence.

Le but général de cette société est de réunir, sous la direction immédiate de l'autorité religieuse, les hommes mariés qui désirent mener une vie vraiment chrétienne, de sauvegarder leurs intérêts spirituels et mieux assurer leur salut, par des règlements spéciaux et des instructions adaptés à leur état. Le but spécial de la confrérie est de former une ligue sainte contre les blasphémateurs et d'honorer d'une manière toute particulière le saint nom de Dieu.

De 55 à 60 ans, l'aspirant doit payer un droit d'entrée de cinq dollars. Nul n'est admis après 60 ans accomplis. La réunion générale a lieu le troisième dimanche du mois, aussitôt après les vêpres. Ce jour-là, les membres assistent en corps aux vêpres et suivent la procession du Saint Sacrement. Les membres doivent faire une communion générale quatre fois l'année. Ils se prêtent assistance fraternelle et s'interdisent le blasphême et font tout leur possible pour l'empêcher autour d'eux.

La société du Saint Nom de Dieu offre à ses membres, pendant leur vie et après leur mort, les avantages de la prière en commun, du bon exemple mutuel, des instructions, de la force pour le bien que procure toute association religieuse et même de secours matériels dans les cas d'extrême pauvreté. La société assiste en corps à la sépulture de chaque membre et fait chanter un service de cinquante dollars, un service anniversaire et dix messes basses, si le défunt était membre depuis deux ans. Enfin, au mois de novembre, un service solennel est chanté pour tous les membres défunts.

Les contributions ne sont que d'un dollar pour l'entrée et 25 centins par mois qui, même souvent, sont remises pour des raisons particulières.

Le directeur spirituel est le R. P. Curé.

Les officiers sont : François Lebeau, président ; Edouard Antaya, vice-président ; F. X. Servant, secrétaire ; R. P. Grolleau, trésorier ; conseillers, Messieurs Doucet, Lizotte, Gauvin, Daudelin, Labossière, Lizotte, Beaulieu, Soucy, Blanchette et Ross.

L'ASSOCIATION SAINT-DOMINIQUE.

L'association Saint-Dominique est, autant que cet idéal peut être atteint, une "famille religieuse," composée des meilleurs jeunes gens de cette paroisse, et dirigée par le curé ou un prêtre désigné par lui.

Elle est appelée : Association Saint-Dominique, parce que, fondée le 1er décembre 1901, par les enfants de ce grand patriarche, elle le considère à bon droit comme son illustre patron.

Le but principal de cette société est de maintenir ses membres dans la pratique d'une vie vraiment chrétienne et d'en faire des apôtres auprès des autres jeunes gens ; son but secondaire est de les arracher aux nombreux dangers de la rue, en leur offrant, dans des salles spacieuses, des amusements honnêtes et de bonnes compagnies.

L'association Saint-Dominique se compose de quatre catégories de membres : les membres aspirants, les membres actifs, les membres honoraires et les membres d'honneur.

Pour être admis membre aspirant de la société, un jeune homme doit : 1. Etre catholique romain et n'appartenir à aucune société condamnée par l'église ; 2. Jouir actuellement d'une bonne réputation d'honnêteté et de travail ; 3. Pratiquer ses devoirs religieux d'une manière édifiante ; 4. Etre âgé de 16 ans, à moins d'une dispense spéciale du R. P. Directeur. Le candidat, admis par le R. P. Directeur peut, de ce moment, venir dans les salles et prendre part aux amusements.

Les membres aspirants prennent part à toutes les délibérations dans les assemblées générales, mais n'ont ni voix active, ni voix passive dans les élections, privilèges dont jouissent les membres actifs qui sont de plus éligibles à toutes les charges.

Les membres honoraires sont choisis parmi les anciens membres actifs qui, pour des raisons acceptées par le Conseil, ne peuvent assister régulièrement aux séances.

Et membre d'honneur est un titre donné aux personnes qui ont rendu des services insignes à la so-

ciété, et que rien d'ailleurs n'empêche d'en faire partie.

L'association Saint-Dominique étant, de sa nature, comme on l'a dit plus haut, une "famille religieuse," offre à ses membres des avantages de deux
sortes, à savoir : des secours religieux et des amuse-
meuts honnêtes. Ce sont la prière en commun, le
bon exemple mutuel, les avis et les instructions du
Père Directeur, les assemblées mensuelles et les communions générales.

A la mort de l'un des membres, les jeunes gens
se font un devoir d'aller en grand nombre veiller et
prier auprès de leur frère défunt. La société assiste
en corps à l'enterrement, et fait célébrer dans le plus
bref délai un service de $25.00. De plus, chaque an-
née, pendant le mois de novembre, la société fait
chanter un service de $25.00 pous ses membres décé-
dés. Outre ces avantages spirituels, la société offre
à ses membres des salles spacieuses ouvertes tous les
jours, où les jeunes gens trouvent, avec une bonne et
joyeuse compagnie, des jeux nombreux et variés, des
distractions saines et honnêtes, nécessaires après le
dur travail quotidien.

L'un des prêtres de la paroisse est placé par le
curé à la tête de la société comme son représentant
pour la diriger. Cette œuvre est donc essentiellement paroissiale, et les élections des officiers, aussi
bien que toutes les autres mesures financières ou
morales adoptées par les membres, n'ont de valeur
que par son approbation. En un mot, il a un droit
absolu de veto, et rien ne peut se faire sans son autorisation.

Un appartement de quatre pièces est mis actuellement à la disposition des membres de l'association
Saint-Dominique. Il se compose d'un salon, d'une

salle de billard, d'un gymnaste et d'un fumoir et est ouvert tous les jours de 6 heures à 10 heures p. m. Les membres ont aussi à leur disposition une salle de bain.

Chaque membre de la société paie 25 cents de cotisation par mois, plus $1.00 pour admission, aussitôt que possible, il se procure l'uniforme bleu et blanc; toutefois, une insigne, portant l'inscription : "Pour le Bon Dieu," est de rigueur.

Les membres font une communion générale quatre fois l'année. Ils tiennent des assemblées générales deux fois par mois : l'une religieuse, le quatrième dimanche ou le dernier mercredi ; l'autre d'affaires, le premier vendredi de chaque mois. Les deux grandes fêtes de l'association sont la fête ou selennité de Saint-Dominique et la fête du Saint Rosaire.

L'association comprend aussi une garde d'honneur qui l'accompagne dans les occasions spéciales et où elle a toujours figuré avec distinction, ayant remporté deux premiers prix dans des coucours tenus l'un ici et l'autre à New Bedford. Ses officiers sont : Norbert Bérard, major ; Louis Bernard, capitaine ; Pierre Gauvin, lieutenant ; Alphonse Levesque, 1er sergent ; Jean Simard, 2ème sergent ; Herm. Tremblay, 1er   ; Alfred Michaud, 2ème Les gardes sont au nombre de vingt-cinq.

La société possède enfin, depuis une couple d'années, un cercle dramatique qui, outre qu'il y puisa son propre amusement, a rendu des services sensibles à la paroisse.

Les officiers de la société sont : Le T. R. P. R. A. Grolleau, directeur ; R. P. J. Charron, assistant directeur et directeur du cercle ; Norbert Bérard, président ; Hervé Paradis, vice-président ; Damase Nadeau, secrétaire-financier ; Eugène Santerre, secrétaire-archiviste ; Alphonse Levesque, trésorier ; Emile Gauvin, porte-drapeau ; Herm. Tremblay, commis-saire-ordonnateur ; Napoléon Massé, bibliothécaire ; Joseph Gauvin, visiteur.

L'association vient d'être reconstituée sur des bases nouvelles et fait augurer une plus grande pros-périté.

TIERS-ORDRE DE SAINT-FRANCOIS,

C'est aussi le Rév. M. Thomas Briscoe qui a éta-bli le Tiers-Ordre de Saint-François dans la paroisse Sainte-Anne. La première cérémonie de prise d'habit est du 23 février 1880.

Les tertiaires, au nombre de 456 (30 octobre 1908) forment deux fraternités : la *Fraternite de l'Imma-culee Conception,* instituée en 1904, et la *Fraternite de Saint-Louis de France* instituée en janvier 1908, pour les hommes et les jeunes gens.

Les tertiaires ont une assemblée chaque mois et une retraite de huit jours au commencement de cha-que année.

Il n'est guère possible de résumer ici en quelques lignes les obligations et les avantages des tertiaires de Saint-François d'Assise. On les trouvera dans le Manuel du Tiers-Ordre, volume. très répandu à Fall River, où le Tiers-Ordre de Saint-François compte plus de *quinze cents membres,* pour ne parler que des pa-roisses de langue française.

On peut lire, au commencement du même volume, deux documents très-importants relatifs au Tiers-Ordre. Le premier est la lettre encyclique du 17 septembre 1882, où Sa Sainteté le Pape Léon XIII, après avoir rappelé l'origine du Tiers-Ordre, son histoire, son esprit et ses bienfaits dans le passé, en recommande chaleureusement la diffusion à notre époque. Le second est la constitution sur la règle du Tiers-Ordre séculier de St. François donnée par le même Souverain Pontife en 1883.

Léon XIII était du Tiers-Ordre de St. François ; Sa Sainteté le Pape Pie X en est aussi.

TIERS-ORDRE DE SAINT-DOMINIQUE.

Des annalistes très graves font remonter les premiers essais du Tiers-Ordre à l'an 1208 (C). Qu'il ait ainsi précédé l'établissement du Grand Ordre, ou qu'il l'ait suivi de près, comme d'autres le veulent, il est très certain qu'il a eu pour fondateur Saint Dominique lui-même (J.)

Le but est d'introduire la vie religieuse au sein du foyer domestique ; fortifier, en les unissant, les âmes ferventes appelées à combattre au milieu du monde les combats du Seigneur ; prémunir contre leur propre faiblesse et le danger de l'isolement, les âmes moins énergiques qui ont besoin de se sentir soutenues dans le chemin parfois pénible de la vie ; attirer enfin sur les chrétiens de bonne volonté, une plus abondante effusion de l'esprit d'humilité et d'amour, en les initiant plus profondément aux joies mystérieuses et sévères du renoncement et de la pénitence ; tels sont les résultats que Saint Dominique s'était proposés en fondant le Tiers-Ordre, tel est le but vers lequel converge toute sa Règle (J).

Ce sont les Papes eux-mêmes qui ont tracé la Règle du Tiers-Ordre. La première nous fut donnée en 1235 par Grégoire IX. Une seconde, plus complète, et soigneusement rédigée par Innocent VII (*Sedis Apostolicæ providentia*), a été publié par son successeur Eugène IV, dans sa bulle *Provisionis nostræ* datée de 1439, et elle est restée, depuis cette époque, la Régle *immuable* du Tiers-Ordre ; *immuable*, parce que nul n'a le droit, excepté le saint Siège lui-même, de la changer substantiellement (C. etc).

Les tertiaires doivent porter, *jour et nuit*, le scapulaire ou la ceinture de cuir, l'un ou l'autre, à leur choix, ou encore mieux, les deux. On doit dire chaque jour *l'Office de la Sainte Vierge* selon le rite dominicain, ou l'Office des *Pater* et des *Ave*. On doit dire de plus, à chaque repas, un *Pater* et un *Ave* (Bulle).

Les pénitences se divisent en trois classes : 1o les jeûnes. 2o les abstinences. 3o l'éloignement de certains plaisirs. Aujourd'hui, toutefois, les tertiaires ne sont tenus qu'aux abstinences prescrites par l'Eglise à tous les fidèles (R), et la règle n'interdit pas les réunions de famille ou d'amitié, dans lesquelles les convenances chrétiennes et de la charité sont gardées. Sous prétexte d'éviter les joies tumultueuses et désordonnées des mondains, nos tertiaires ne doivent pas se jeter dans l'excès opposé (R). Saint Dominique était "serein et agréable",dit la Sœur Cécile, "et toujours joyeux devant les hommes":

"L'histoire du Tiers-Ordre est une des plus belles choses qu'on puisse lire. Elle a produit des saints sur tous les degrés de la vie humaine, depuis le trône jusqu'à l'escabeau, avec une telle abondance, que le désert et le cloître pouvaient s'en montrer jaloux..... Ainsi l'esprit de Dieu prend cœur à son ouvrage.....

Après avoir fleuri dans les solitudes, il s'épanouit sur les grands chemins".—(R. P. Lacordaire).

Le directeur du Tiers-Ordre de Saint-Dominique est le R. P. Paul V. Charland. Le nombre des membres est d'à peu près une centaine.

CONFRERIE DU TRES SAINT-SACREMENT.

La Confrérie du T.-S. Sacrement a été établie dans la paroisse Sainte-Anne par le Rév. M. Thomas Briscoe. Elle compte 528 membres (30 octobre 1908). Les confrères ont leur assemblée le quatrième dimanche du mois, aussitôt après les vêpres. Au décès de chacun de ses membres, la Confrérie fait célébrer un service de 1ère classe. 1. On peut entrer dans la Confrérie jusqu'à 50 ans, sans avoir à payer autre chose que les contributions qui sont de 10 cents par mois. 2. Pour y entrer de 50 à 55 ans, on doit de plus payer $5.00 en entrant. 3. On n'est pas reçu après 55 ans. 4. Il faut avoir fait partie de la Confrérie au moins pendant un an pour avoir droit, après la mort, à un service de première classe payé par la société. 5. On n'a pas droit à ce service si, au moment de la mort, on est en retard de trois mois pour les contributions.

BIENHEUREUSE IMELDA.

La société de la Bienheureuse Imelda a été organisée durant l'année 1906, par le Rvd. Père Moreau, avec l'approbation du curé de la paroisse, le T. Rvd.

Père Grolleau. Le 27 novembre 1906, Mgr. W. Stang, premier évêque de Fall River, approuvait lui-même cette société sous le titre de: "Confrérie de la Bonne Première Communion et de la Persévérance", sous le patronage de la Bienheureuse Imelda, vierge de l'ordre de St. Dominique. Le titre de cette société nous en fait connaître le but. Les jeunes filles y sont admises comme aspirantes, durant l'année de préparation à la première communion, et y sont reçues définitivement au moment de la première communion.

Cette société compte près de 300 membres.

ANGES-GARDIENS.

La société des Anges Gardiens du T.-S. Sacrement a été érigée durant l'année 1896, par le T. R. Père Sauval, alors curé de la paroisse. Cette société est pour les toutes jeunes filles; elles y sont admises dès l'âge de quatre ans et en font partie, si elles le désirent, jusqu'à l'âge de dix ans. Elles accompagnent le T.-S. Sacrement dans toutes les processions solennelles.

Le nombre actuel des membres est de cent dix.

CONFRERIE DU TRES SAINT ROSAIRE.

Une confrérie qui tient surtout au cœur du Très Révérend Père Grolleau et qui est l'objet particulier de son zèle, est celle du Très Saint Rosaire de la Bienheureuse Vierge Marie.

Le 29 avril 1888, le Révérend Père Estéva, avec

l'autorisation du Révérendissime Père Général des Dominicains et la permission de Sa Grandeur Monseigneur Mathew Harkins, érigea canoniquement cette confrérie si répandue dans l'univers catholique, et si souvent enrichie d'indulgences par les Souverains Pontifes.

Les associés n'ont d'autre obligation que de réciter chaque semaine le rosaire en entier, quinze dizaines, soit trois chapelets, et de faire inscrire leur nom sur le régistre de la Société. En outre, le chapelet dont ils se servent doit avoir été béni par un religieux dominicain ou un prêtre ayant le pouvoir de rosarier.

Les premiers dimanches de chaque mois étant consacrés à la dévotion du Saint Rosaire, les membres de cette confrérie choisissent de préférence ces jours pour s'approcher des sacrements; et, dans l'après-midi, ils viennent nombreux assister à la procession solennelle du Très Saint Rosaire qui a lieu après vêpres, les premiers dimanches de chaque mois.

Le Révérend Père Ambroise Lamarre a été chargé par son supérieur de la direction de cette pieuse confrérie.

CHŒUR DE CHANT.

Remontant avant même l'établissement de la paroisse, nous trouvons que M. Philippe Breault, s'entourant de trois ou quatre voix, et sans orgue, sous M. l'abbé Verdier, faisait les frais du chant au saint office célébré dans une école irlandaise, située auprès de l'église Ste. Marie. Du reste, comme il n'y avait point de vêpres, la tâche était d'autant simplifiée. Mais bientôt, sous l'abbé de Montaubricq, nous trou-

vons que cette organisation dont l'office—chanter les
gloires du Très Haut—est si intimement lié à la célébration de nos fêtes religieuses, qu'elle rehausse de ses
éclats auxiliaires, qu'elle complète, était alors et déjà
régulièrement constituée et forte d'une vingtaine de
voix mixtes, sous la direction de M. Joseph Boucher,
qui, en même temps, était organiste.

L'orgue et la direction du chœur furent ensuite
confiés, sous l'abbé T. F. Briscoe, à madame Louisa
F. Connelly, à laquelle succédèrent madame Graveline
et madame Charland; enfin, en avril 1886, la titulaire
actuelle, madame Arline Trottier-Perron, devenait
l'organiste-directrice.   Le devoir consciencieusement
rempli, allié à de grands talents d'exécution, ont rendu
la présence de celle-ci à l'orgue, justement méritoire
et toujours bien accueillie.   Madame Perron fut aidée
plus tard, dans sa double charge, par le R. P. Gaffre,
qui prit la direction du chœur à son arrivée.   Celui-ci
fut remplacé par le R. P. Lefebvre qui, à son tour,
eut comme successeur, le R. P. Gonthier.   M. Henri
Ls. Thuot en est à la tête depuis une douzaine d'années, ou de la date où l'on se transporta dans le soubassement de l'église, fournissant un état de service
qui se recommande par sa longueur, lorsque l'on sait
les difficultés multiples et variées auxquelles tel directeur est souventes fois exposé.

Le chœur se compose d'environ quarante voix
mixtes, rendant des messes en musique aux jours de
grandes fêtes; mais s'exprimant généralement en
chant grégorien, suivant le désir du St-Père.

————

Nous devons mentionner aussi le chœur des
Dames, au nombre de 60 voix, et qui est sous la direction de l'organiste.   C'est lui qui nous fait entendre
ces jolis chants aux messes de 9 heures, le dimanche,

ainsi qu'aux diverses soirées ou concerts et fêtes sur
semaine; aussi son répertoire contient-il des chants
divers et appropriés.

Les sociétés des Dames de Ste-Anne et des Enfants de Marie ont aussi chacune leur chœur respectif.

L'orgue actuel n'est là, dit-on, que provisoirement.

FANFARE STE. ANNE.

Une dernière association paroissiale, conséquemment sous la protection du R. P. Curé, fondée au milieu des membres de l'association St. Dominique, il y a
six ans, et dont le nom fut changé plus tard,—quand
elle devint indépendante de la société,—en celui de
Fanfare Ste-Anne, est ce corps qui, par ses travaux
désintéressés, soigneux et toujours goûtés, vient
égayer nos banquets, nos soirées, et rehausser l'éclat
de nos fêtes, en y rendant tantôt les nobles sympho-
nies de la musique sacrée, tantôt en faisant vibrer,
dans toute leur richesse, leur ampleur, les touchantes
harmonies qui rappellent de la patrie lointaine, le
souvenir toujours tendre et vivace.

La fanfare, qui se compose de trente-deux membres, tous de cette paroisse, eut comme premier directeur M. Louis Proulx, auquel succédèrent MM. Henri
L. Thuot, dont les occupations trop nombreuses l'ap-
pelèrent ailleurs ; William Allison ; Louis Sicotte, récemment retourné au Canada ; et le directeur actuel, M. Charles Métayer, qui semble se préparer à
exécuter un programme de toute beauté. Si les membres ne sont pas tous des artistes de profession, toutefois, leur grande aptitude, secondée par une applica-

tion constante et méritoire, donne des résultats fort satisfaisants.

Ce corps de musique, outre les services gratuits qu'il rend à la paroisse, est aussi constamment à la disposition de demandes pouvant venir de l'extérieur.

EGLISE NOTRE-DAME DE LOURDES

Paroisse Notre=Dame de Lourdes

La paroisse Notre-Dame de Lourdes de Fall River a été établie en juillet 1874. M. l'abbé Pierre Jean-Baptiste Bédard, vicaire à Hochelaga, près Montréal, en fut le premier curé.

La nouvelle paroisse était un démembrement de la paroisse Ste. Anne, fondée par l'abbé Montaubricq, en 1869. A son origine, la paroisse Notre-Dame fut une paroisse mixte, composée de 300 familles canadiennes et de 40 familles irlandaises. Pour cette raison, M. Bédard ne manqua jamais de prêcher dans les langues française et anglaise, aux messes solennelles. La population irlandaise ayant augmenté cousidérablement, M. Bédard accepta les services de vicaires irlandais, en 1880. Tour à tour, se succédèrent les abbés Tennian, Gormley et Kiernan. Ce dernier devint curé d'une paroisse séparée, en 1882, sous le vocable de l'Immaculée Conception. Dès lors, la paroisse de Notre-Dame de Lourdes devint la seconde paroisse de langue française, à Fall River.

Les débuts de cet établissement religieux avaient été modestes. M. l'abbé C. C. Dauray, le vénérable curé du Précieux-Sang, à Woonsocket, rappelle avec fierté, qu'en introduisant son ami Bédard au village Flint, il lui fit cette présentation originale, en lui montrant les rochers dont les terrains étaient bien garnis : "Tiens, Bédard, voilà ton royaume !" La

Flint, en effet, n'était à cette époque, qu'à l'état em-
bryonnaire. Il est intéressant de constater qu'elle a
atteint, dans l'espace de trente-quatre ans, les proportions considérables, qui en font aujourd'hui une
jolie petite ville d'une quinzaine de mille âmes. La
première messe fut célébrée en plein air et en pleine
rue Flint, devant une maison en construction. "Les
barils vides et les planches qui servaient aux maçons,
dit M. Bédard, furent notre charpente d'autel, le dimanche." Les messes, durant la semaine, étaient
célébrées dans le sous-sol d'une humble maisonnette,
rue Pitman. Cet état de choses se continua depuis
le mois d'août jusqu'au premier novembre, fête de la
Toussaint. Alors on commença à célébrer les offices
religieux du dimanche, dans la chapelle en construc-
truction, rue Bassett.

Cette première église fut construite en bois, et
mesurait 110 pieds sur 45, avec une sacristie du côté
nord. Elle logeait convenablement 1600 personnes.
Elle fut détruite, en novembre 1893, par un incendie
dont on a toujours ignoré l'origine véritable.

L'épreuve fut grande. Il n'y avait pas de salle
assez spacieuse pour remplacer temporairement le
temple disparu. Le soubassement de l'église actuelle
était en construction, mais les travaux n'étaient pas
assez avancés pour que l'on songeât à s'en servir
avant un an. Les offices religieux furent célébrés
jusqu'à Noël, en partie dans un appartement du vieil
Orphelinat, et partie dans le soubassement de l'église
irlandaise, rue Thomas. Monseigneur Harkins voulant adoucir un peu la fatigue des desservants, obligés de célèbres plus de messes, à raison de l'exiguïté
des appartements mis à leur disposition, conseilla à
M. l'abbé J. A. Prévost de construire une "tente-cha-
pelle." Le projet un peu original, n'en sauva pas

moins la situation. On vit donc, aux environs de Noël 1893, sur l'emplacement de l'ancienne église, une chapelle d'un nouveau genre, aussi grande que la première, de même forme ou à peu près, et de même capacité. Il est inutile de dire qu'il fit froid en hiver et chaud en été, sous cette tente de coton. Cependant, les prêtres et les fidèles s'en contentèrent, sans se plaindre da la situation.

Enfin, un an plus tard, en décembre 1904, on put quitter, sans regret, la chapelle improvisée et habiter le soubassement de la nouvelle église, qui a servi à l'exercice du culte jusqu'en l'année 1906.

Mais une épreuve d'un autre genre allait s'abattre sur toute la ville de Fall River, et affecter plus spécialement le village Flint. Une grève de quatorze semaines vint appauvrir la population ouvrière et la réduire à l'état d'extrême gêne. Il ne fallait plus songer à continuer les travaux de la nouvelle église, argent comptant, comme on l'avait fait jusque là. D'autre part; on ne pouvait pas retarder de mettre le toit de l'église, sans s'exposer à détériorer l'ouvrage déjà fait ; c'était aussi faire une œuvre de charité que de procurer du travail à quelques paroissiens, en pareille circonstance. De ce moment date la dette actuelle de la paroisse, car M. le curé Prévost dût faire un emprunt de $35,000, pour compléter les travaux rigoureusement nécessaires avant les temps froids. Toutefois, un grand pas était fait : l'extérieur de l'église était terminé, à l'exception du magnifique perron d'entrée qui ne fut définitivement construit qu'à l'été de 1902. Hélas ! ces travaux qui intéressaient si vivement les bons Canadiens du village Flint, devaient être interrompus pendant l'espace de sept ans, pour n'être terminés qu'en automne 1906. Ces années, à coup sûr, ont paru bien longues aux

vieux paroissiens qui avaient si généreusement contribué dès le début de l'entreprise, et qui espéraient
en voir plus tôt la fin.   Beaucoup d'entre eux ont été
rappelés à Dieu sans avoir pu entrer dans la ·"terre
promise."   Mais, dans l'intervalle, d'autres œuvres
importantes s'accomplirent; ce fut un dédommage-
ment du retard apporté au parachèvement de leur
beau temple.   Le 29 novembre 1906 marque, pour
ainsi dire, la fin des grandes entreprises paroissiales
de Notre-Dame de Lourdes.   Tout est désormais au
complet: église, presbytère, école paroissiale, pensionnat, orphelinat.

Cette idée générale des travaux de l'église étant
suffisamment développée pour permettre au lecteur
d'apprécier, d'un coup d'œil, l'excellence d'une œuvre
menée à bonne fin, au milieu d'épreuves et d'obstacles
de toutes sortes, il convient de revenir au point où
nous avons laissé l'histoire de l'établissement paroissial.   Déjà, nous avons vu M. Bédard, en 1874, tout
préoccupé de loger le bon Dieu.   Quant à lui, il ne
songea à se bâtir un presbytère qu'en 1880, se conten-
tant d'un modeste logis et acceptant même souvent,
durant les premières années de son ministère, la généreuse hospitalité de l'un ou de l'autre de ses paroissiens.   Dans l'intervalle, M. Bédard s'occupait activement de l'organisation actuelle.   De fait, les sociétés religieuses qu'il a fondées, existent encore; les
institutions qu'il a établies, soit d'éducation, soit de
charité, sont les mêmes aujourd'hui, agrandies et
développées avec les années.   Rien donc n'est plus
vrai de dire que M. Bédard est le vrai fondateur de
toutes les œuvres paroissiales de Notre-Dame de
Lourdes; c'est bien lui qui a semé le grain de sénevé,
devenu, l'arbre gigantesque dont nous admirons tous,
aujourd'hui, avec un enthousiasme légitime, les fières

allures. Il convient, il est juste de rendre ce témoignage au prêtre zélé, au prêtre patriote que fut le premier curé de Notre-Dame. Il suffit, d'ailleurs, pour s'en convaincre, d'énumérer les œuvres auxquelles il donna ses premières attentions : La société des Dames de Ste Anne, en 1879, la société de St. Joseph et celle des Jeunes Gens, en 1884, le pensionnat, en 1877, l'Orphelinat St. Josph, en 1878, et le collège Notre-Dame, en 1882.

Une autre œuvre restait à établir dans le plan que M. Bédard s'était tracé, celle d'un hôpital pour les vieillards. Malheureusement, sa mort prématurée en empêcha la réalisation. Fonder une paroisse modèle, tel fut l'ardent désir de M. Bédard. Ce fut, sans doute, afin de réaliser ce généreux dessein qu'il acquit, dès les débuts de ses entreprises, les vastes terrains dont la corporation de Notre-Dame, la corporation de l'Orphelinat, et le Pensionnat des Dames de Jésus-Marie sont propriétaires.

M. l'abbé Bédard est mort sur la brèche, après dix ans d'un laborieux apostolat, laissant à ses successeurs un champ fertile à cultiver; il est mort dans la fleur de l'âge, à 42 ans, jouissant de l'estime générale de ses concitoyens. Paix à ses cendres !

Son successeur fut un Canadien-français, M. l'abbé Nobert, qui, ne se sentant point capable de continuer l'œuvre de son prédécesseur, donna sa démission au bout d'un mois.

Ce fut un malheur, car de ce moment commencèrent les troubles religieux qui désolèrent la paroisse Notre-Dame, pendant les années 1884 et 1885. Un clan, hostile à M. Bédard, disons plutôt hostile aux Canadiens français—n'avait-il pas répété, sur tous les tons, que Bédard serait le dernier curé canadien-français de Notre-Dame de Lourdes ! Mal inspiré par son

entourage, Mgr Hendricken nomma un curé irlandais, en remplacement de M. l'abbé Nobert, démissionnaire.   M. l'abbé Henry McGee était assurément
un bon prêtre, parlant assez bien le français.   Mais,
dans les circonstances, il n'était guère possible de
faire agréer aux paroissiens, un .curé de nationalité
étrangère.   C'est pourquoi, une délégation de paroissiens fut chargée d'aller représenter respectueusement
à Monseigneur l'évêque de Providence, que le désir
unanime de la population française du village Flint
était d'être desservie par un prêtre de leur nationalité.
La requête n'eut point de succès si ce n'est, peut-être,
celui de la nomination de l'abbé Eugène J. Bachand,
comme vicaire de M. McGee.   C'était une demi mesure.   Les Canadiens ne voulurent point s'en contenter.   Ils continuèrent à protester, et s'abstinrent
en grand nombre de fréquenter l'église.   Après un an
de ce régime, M. l'abbé McGee n'y pouvant plus
tenir, remit sa cure entre les mains de l'évêque, qui
lui donna un autre Irlandais comme successeur, M.
l'abbé Owen Clark.

Son règne ne fut pas long, car les paroissiens lui
exprimèrent très explicitement dès son arrivée, leur
regret de ne pouvoir l'accepter comme leur curé, leur
détermination étant bien arrêtée de lutter jusqu'au
bout pour obtenir, de l'autorité diocésaine, un curé
de leur nationalité.   Voyant la ferme attitude des
Canadiens, M. l'abbé Clark demanda incessamment
à l'évêque de le relever de ses fonctions curiales.
L'évêque irrité, ferma l'église.   C'était au mois de
février 1885.   Les Canadiens furent privés d'église et
de prêtre, pendant huit mois.   Dans cette altercation
ils crurent que c'était leur devoir d'en appeler à un
tribunal supérieur : Leur cause fut donc portée à
Rome ; et à l'automne de la même année le St. Siège

régla la question à la satisfaction des Canadiens.

"Rome, dit le P. Hamon, S. J., dans "Les Cana-diens de la Nouvelle-Angleterre", n'a pas, il est vrai, reconnu et ne pouvait pas leur reconnaître un strict droit de justice à n'être desservis que par des prêtres canadiens, mais, concession précieuse pour les émi-grés, Rome admit la valeur des raisons de haute con-venance et d'intérêt religieux de premier ordre, qu'il y avait de donner, autant que possible à ces catho-liques, des prêtres de leur nationalité."

Quoiqu'il en soit des instructions de la Propa-gande à l'autorité diocésaine, évidemment demeurées secrètes, voici ce qui arriva : Monseigneur vint lui-même dire la messe dans l'église de N.-D. de Lourdes deux dimanches consécutifs, accompagné, chaque fois de M. l'abbé Féron, devenu, au grand étonnement des Canadiens, leur troisième curé irlandais. Mais comme les Eminentissimes Cardinaux de la Propagande avaient assuré à M. N. R. Martineau, à Rome, que justice leur serait rendue, ils ne désespérèrent pas que les choses prendraient bientôt une tournure plus satisfaisante. En effet, en décembre 1885, Monsieur l'abbé J. M. Laflamme, curé de St. Ephrem d'Upton, arrivait du Canada, avec l'entente des évêques de Providence, R. I. et de St. Hyacinthe, pour exercer le saint ministère dans la paroisse de Notre-Dame de Lourdes. Les paroissiens de Notre-Dame furent ce-pendant encore déçus quand ils apprirent qu'il arri-vait au milieu d'eux qu'avec le titre de vicaire. Mais ce n'était qu'une transition. Trois mois plus tard, le 17 mars 1886, M. l'abbé Féron était retiré par son évêque et Monsieur Laflamme continua dans la suite à exercer les fonctions de curé.

Les troubles religieux étaient finis, l'ère de la paix commençait, après une lutte acharnée de dix-huit mois. Grâce à Dieu, il n'y eut point de défection dans les rangs des Canadiens, et si des prédicants essayèrent de pêcher en eau trouble, ils en furent pour leurs frais.

Tout rentra dans le calme ; le dernier écho de cette épineuse question fut une lettre de secrétaire de la Propagande, Mgr Jacobini, félicitant les paroissiens de l'heureure issue de ces regrettables difficultés et les engageant à la soumission envers l'autorité diocésaine.

M. l'abbé Laflamme desservit la paroisse Notre-Dame jusqu'en septembre 1888.   Il eut d'abord comme vicaire M. l'abbé Payan, de mars 1886 à décembre 1887, auquel succéda M. l'abbé Antoine Bérubé.   M. Laflamme fit beaucoup pour remettre la paroisse dans la voie de l'ordre.   Non seulement il s'appliqua pendant sa courte administration, à pacifier les esprits, mais il sut trouver le temps de réparer les ruines morales qu'un malheureux état de choses avaient forcément accumulées.   L'œuvre de l'éducation, surtout, avait périclité ; aussi, le nouveau curé s'appliqua-t-il de toute son âme à faire renaître et à développer les institutions dont M. Bédard avait doté sa paroisse. L'académie des garçons fut agrandie, et plusieurs autres travaux nécessaires au bon fonctionnement des écoles furent accomplis sous son administration. En 1887, s'élevait le majestueux pensionnat des Dames de Jésus-Marie.

Un recensement que M. Laflamme fit à cette époque, établit que la paroisse Notre-Dame possédait alors 900 familles, formant un total de 500 âmes, dont 3,400 communiants, et 600 enfants fréquentant les écoles.

Cependant, M. Laflamme, pour des raisons de santé, dit le Père Hudon, se décida à retourner au

Canada. Il quitta sa paroisse au mois de septembre 1888, et accepta la position d'aumônier des Sœurs du Précieux-Sang, à St. Hyacinthe.

C'était au mois de septembre 1888. M. Laflamme devait avoir pour successeur le Rév. J. A. Prévost, le curé actuel.

Voici en quels termes le Père Hamon, S. J., dans son ouvrage déjà cité au cours de cette bibliographie, annonce ce changement : "La mort imprévue de M. Bédard avait laissé la paroisse Notre-Dame dans une situation financière des plus embarrassées. Les exécuteurs testamentaires du défunt étaient MM. Gaboury et Dauray. Par leur prudence et leur habileté, ils réussirent à sauver la situation, mais il restait encore sur l'église et le collège une dette considérable. Ce fut pour rétablir définitivement l'équilibre dans les finances que Mgr Harkins, le nouvel évêque de Providence, demanda au Rév. M. Prévost de quitter sa florissante paroisse de New-Bedford, pour prendre la cure de Notre-Dame de Lourdes. Habile financier autant que prêtre zélé, M. Prévost réussit en deux ans, à éteindre presque complètement la dette de la paroisse ($30,000), et à consolider toutes les œuvres commencées par M. Bédard."

C'est en 1891 que le célèbre Jésuite écrivait cette appréciation flatteuse et méritée, trois ans après la nomination de Mgr Prévost à la cure de Notre-Dame. Or, il n'est en rien exagéré d'affirmer que Mgr Prévost a soutenu, depuis cette époque, la réputation d'homme d'affaires qui l'avait désigné comme le second fondateur de la belle paroisse du village Flint. Dès 1890, après avoir éteint, en deux ans, une dette de $30,000, on le voit entreprendre, avec un courage admirable, la construction de l'église actuelle. Les travaux allèrent si bien que le 30 mai 1891, avait lieu la bénédiction de la pierre angulaire. L'orphelinat, commencé en 1891, était solennellement bénit en 1892. J'ai dit déjà, au début de cet article, les épreuves qui ont marqué les années 1893, 1894 et 1895 : l'incendie de l'ancienne église, la difficulté de trouver un local convenable pour les offices religieux, et la grève désastreuse des employés dans les filatures de coton.

Poursuivis quand même, les travaux extérieurs de construction de la nouvelle église se terminaient heureusement en cette même année 1895. L'infatigable curé de Notre-Dame ne s'arrêta pas à ce premier succès. Dès l'année 1896, il commença à bâtir son presbytère, dont la bénédiction eut lieu solennellement le 26 novembre 1897. Cette œuvre accomplie, ce fut le tour du collège Notre-Dame, qui, commencé au printemps de 1896, ouvrit ses portes aux enfants de la paroisse à l'automne de 1900. Cette même année, les travaux du magnifique perron d'entrée de l'église, étaient commencés pour être terminés à l'été de 1902. Enfin les travaux de parachèvement à l'intérieur de l'église, commençaient en décembre 1902 pour finir en novembre 1906.

Ceux qui ne connaissent ces œuvres de Mgr Prévost, que par le récit qu'on leur en a fait, trouveront, sans doute, qu'il fut un grand "bâtisseur", sans toutefois se rendre compte de la valeur de ces bâtisses. Qu'il suffisent à ceux-là, de savoir que ces édifices de la paroisse Notre-Dame sont évalués, sans exagération aucune, à un demi-million de piastres. Quant à ceux qui les cennaissent, il en est peu qui ne diront pas que chacune d'elle étonne et excite l'admiration.

Cependant, tous ces grands travaux terminés, la dette de la paroisse Notre-Dame est de 80 à 90,000 piastres. Telle est l'œuvre importante, magistrale de Mgr. Prévost et de ses généreux paroissiens.

D'autre part, Mgr Prévost n'a pas négligé le soin des âmes confiées à sa garde, et on peut dire à sa louange, qu'en dépit d'une administration des plus compliquées, il suivit toujours de près le besoin spirituel de ses ouailles. Sous sa direction et son active surveillance, les sociétés religieuses paroissiales déjà établies se maintinrent et prospérèrent. De nouvelles sociétés surgirent comme par enchantement, sous son administration, toutes contribuant efficacement à développer la vie chrétienne dans les âmes. Ces nouvelles sociétés sont : celle de St. Antoine, pour les jeunes gens, celle des Amies du Sacré-Cœur, pour les jeunes filles, la Jeune Garde du Sacré-Cœur, pour les jeunes gens âgés de moins de 16 ans, les Fraternités du Tiers-Ordre franciscain, dont l'une pour les hommes, "La Fraternité St. Louis", et l'autre pour les femmes, "La Fraternité Ste. Elisabeth". En outre, trois belles gardes militaires, attachées aux trois sociétés d'hommes, ont été organisées sous son bienveillant patronage : La Garde du Sacré-Cœur, la Garde Notre-Dame et la Garde St. Joseph.

Le témoignage le plus irrécusable que les soins spirituels ont été prodigués avec zèle aux paroissiens de Notre-Dame, est la piété qui règne parmi toutes les sociétés religieuses, rivalisant de zèle dans la fréquentation des sacrements, se montrant toujours si avides de la parole de Dieu et suivant avec tant d'assiduité les retraites pascales et autres exercices spirituels auxquels ils sont invités. On se confesse, on communie, on aime à entendre la parole de Dieu; on est généreux pour l'église; on fait des sacrifices considérables pour le soutien des écoles paroissiales; on donne abondamment en faveur des œuvres de philanthropie et de charité chrétienne. N'est-ce pas là le fait d'une paroisse fervente et dont les chefs spirituels ont le droit d'être fiers.

Le personnel religieux qui dirige présentement la paroisse Notre-Dame de Lourdes et ses différentes œuvres est le suivant : Mgr J. A. Prévost, P. A., est assisté par les abbés J. O. Sylvain, P. L. Damase Robert, B. Bernier, A. L. Jalbert. M. l'abbé L. A. Casgrain, ancien curé de St. Mathieu, se retire au presbytère.

Les sociétés des dévoués aux âmes du Purgatoire, de St. Antoine et de St. Joseph, ainsi que les Dames du Tiers-Ordre, sont sous la direction immédiate de Mgr Prévost. M. l'abbé B. Bernier a la direction de la Fraternité St. Louis (Tiers-Ordre) ; M. l'abbé P. L. D. Robert, celle de la Jeune Garde du Sacré-Cœur ; M. l'abbé Albert Jalbert, celle des Amies du Sacré-Cœur, assisté d'une Dame religieuse de Jésus-Marie.

Les écoles paroissiales, fréquentées par 1280 enfants, sont sous la direction des Révérendes Sœurs de Jésus-Marie de Sillery. Vingt-trois religieuses et deux laïques sont chargées de ces écoles, ayant comme directrice Madame de St. Jean Chrysostome, et comme directeur le Rév. P. L. Damase Robert.

L'Orphelinat St. Joseph, à cause duquel Mgr Prévost est, à juste titre appelé le père des orphelins, donne actuellement asile à 390 enfants. Ce sont les Révérendes Sœurs de la Charité de Québec, qui en ont la direction. Elles sont au nombre de 32 religieuses et 6 institutrices laïques, ayant pour supérieure la Révérende Sœur Ste. Domitilde. Enfin, le pensionnat, qui est sous la direction des Révérendes Sœurs Jésus-Marie de Sillery, compte 82 élèves pensionnaires. Le personnel se compose de 16 religieuses de chœur, 9 sœurs converses, ayant comme supérieure, la Révérende mère St. Paul.

Voici la liste des vicaires qui se sont succédés

dans la paroisse Notre-Dame : Sous le Rév. M. Bédard : trois vicaires irlandais seulement ; sous M. l'abbé Nobert, aucun ; sous M. l'abbé McGee : Rév. Eugène-J. Bachand ; sous M. l'abbé Clark : aucun ; sous M. l'abbé Ferron : Rév. J.-M. Laflamme ; sous M. l'abbé Laflamme : Rév. J.-A. Payan, 1886-1887, et Rév. Antoine Bérubé, 1887 ; sous Mgr Prévost : Rév. Antoine Bérubé, 1887-1890 ; Rév. J. H. Béland, 1889-1892 ; Rév. J. Th. Giguère, 1890-1896 ; Rév. J. O. Sylvain, 1890-1897 ; Rév. J. C. Bessette, 1692-1894 ; Rév. Théodule Blais, 1894-1895; Rév. Cyrille S anson, 1895-1898 ; Rév. Alfred Carrier, 1896-1898 ; Rév. Omer Valois, 1897-1908 ; Rév. Emile Coté, 1896-1900 ; Rév. D. D. Villandré, 1898-1904 ; Rév. D. M. A. Magnan, 1898-1902 ; Rév. J. H. Roy, 1899-1900 ; Rév. Ludger Desjardins, 1900-1903 ; Rév. Ovide Larouche, 1901 ; Rév. L. A. Marchand, 1901-1906 ; Rév. André Audette, 1902 ; Rév. B. Bernier, 1902-1908 ; Rév. J. A. Larivée, 1903 ; Rév. L. N. Blanchet, 1903-1908 ; Rév. L. A. Dequoy, 1905-1908 : Rév. H. V. Somple, 1905 ; Rév. J. O. Sylvain, 1908 : Rév. P. L. Damase Robert, 1908 ; Rév. Philéas L. Jalbert, 1908.

Le dernier recensement (novembre 1908), constate une population totale de 1744 familles, donnant environ 9,856 âmes.

A deux reprises, depuis dix ans, la paroisse Notre-Dame a contribué à former deux paroisses limitrophes de langue française : St. Roch et St. Jean-Baptiste de Maplewood.

Après cette courte notice historique de la paroisse Notre-Dame de Lourdes, est-il besoin de conclure combien ont été couronnés de succès les efforts communs des pasteurs et des paroissiens, travaillant ensemble à fonder, à Fall River, un établissement religieux franco-américain ?

Le village Flint est un vrai ''Canada français'' en miniature, sous le rapport de la langue et de la foi ; le Canadien du pays natal qui le visite, y peut parler, tout à son aise, sa langue maternelle, comme il peut être sûr, qu'en assistant aux offices de l'église, il subit la douce illusion qu'il est bien chez lui.

En vérité, les Canadiens-français de la paroisse Notre-Dame de Lourdes, de Fall River, ont écrit une belle page d'histoire nationale dans les annales de leur pays d'adoption.

———

Gloire à Dieu et honneur aux paroissiens de Notre-Dame de Lourdes.

La dédicace de ce temple majestueux, qui fut bénit le 29 novembre 1906, restera à jamais gravée dans la mémoire de ceux qui en ont été les heureux témoins, comme l'un des jours les plus glorieux que nous ayons connus depuis le début de l'émigration canadienne.

Cette fête grandiose — le digne couronnement d'ardents et légitimes désirs, de sacrifices sans nombre — fut l'occasion solennelle où, au milieu de la foule accourue, se distinguait le premier prélat du diocèse de Fall River, Mgr. William Stang, D. D., auquel étaient venus se joindre non-seulement l'ancien pasteur, Mgr. Harkins, évêque de Providence— le premier qui autorisa l'érection de cet édifice—mais encore plusieurs archevêques et évêques du Canada, qui, venant prendre part à cette solennité, en vérité venaient applaudir aux succès, à la générosité et à la foi des auteurs pleins du mérite de cette grande œuvre, et qui accordent encore leur sollicitude pastorale à un troupeau qui n'a cessé d'être le leur par le cœur en cessant de l'être par le territoire et la juridiction. Même plusieurs prélats romains ont voulu eux aussi par leur présence, honorer et rehausser l'éclat de la fête. Ah ! quelle légitime satisfaction et quel bonheur les paroissiens durent éprouver en ce jour ! Car le superbe monument, qu'ils venaient d'élever à la gloire de Dieu et à l'honneur de la vierge de Lourdes, dira aux générations futures, comme les Canadiens de Notre-Dame de Lourdes de Fall River, ont été de solides chrétiens, généreux et fidèles, attestera de leur sincère dévouement à leurs institutions, à leur patrie adoptive et à la foi de leurs ancêtres.

Forts de leurs droits et de la liberté dont ils jouissent aux Etats-Unis comme au Canada, nos compatriotes émigrés aiment les vieilles traditions de leur pays d'origine, qu'ils maintiennent avec fierté. Les églises, les établissements religieux, hospitaliers et autres qu'ils élèvent à grands frais, sont la preuve incontestable de leur connaissance profonde du bien et des choses utiles et nécessaires au maintien de leur union et à la conservation de leur langue et de leurs coutumes qui en dérivent.

Edifiée sur un emplacement des mieux choisis et des plus avantageux pour en faire ressortir la masse imposante, l'église Notre-Dame de Lourdes, à l'érection de laquelle, ayant en tête leur digne curé, les paroissiens ont travaillé pendant seize ans, était enfin terminée le 26 novembre 1906. Le nouveau temple est une construction en pierre. L'extérieur est du style roman et l'intérieur du style corinthien. Extérieurement, l'église présente l'aspect d'une vaste et solide construction, peu ornementée, mais d'une pureté de lignes qui attire l'attention. Les deux clochers, dont la hauteur est de 300 pieds, s'élèvent majestueusement dans les airs. Ils complètent l'édifice et rendent son aspect plus imposant. (Comme hauteur, ces deux clochers ne sont dépassés, aux Etats-Unis, que par ceux de la cathédrale de New-York.)

L'intérieur de l'église est recouvert d'un couche de "stuck" ou composition dans laquelle le plâtre forme la plus grande partie. Les ornements, en "stuck" également, garnissent les contours, les arêtes cintrées et autres, et les reliefs. A la lumière, ces ornements ressortent fort bien et donnent à la voûte l'aspect d'une vaste réunion de dessins en relief, qui charment la vue et produisent l'impression d'une œuvre de grand mérite.

La longueur extérieure de l'église Notre-Dame est de 235 pieds ; la nef a 80 pieds, le transept, 100 pieds. Le choeur a 40 pieds de longueur et 35 pieds de largeur. La voûte a 80 pieds de hauteur.

Deux mille fidèles peuvent trouver place dans ce superbe édifice.

Sans faire ici aucune appréciation personnelle, mais laissant aux connaisseurs et aux hommes de l'art, le soin d'apprécier et de juger l'oeuvre à son mérite, nous voulons en passant, donner une faible description de ces beautés artistiques et signaler les noms des hommes distingués qui ont présidé à la conception de ce vaste temple, l'un des plus beaux de la Nouvelle-Angleterre.

L'architecte qui a produit les dessins et les plans de Notre-Dame de Lourdes et qui en a dirigé tous les travaux extérieurs et intérieurs, est M. Louis-G. Destremps, canadien-français, de Fall River. A lui, revient le mérite de l'originalité de ces plans, de la solidité et de la beauté artistique, qui ornent particulièrement l'intérieur.

A part les décorations dont il est fait mention plus haut, l'intérieur de l'église présente un intérêt tout spécial au point de vue du fini, de la richesse des boiseries et surtout de la beauté des peintures qui garnissent la voûte.

Elles représentent les principaux dogmes de la religion catholiques et les principaux actes de la vie du Christ.

Sur la voûte au-dessus du choeur on remarque cinq médaillons représentant, le premier, saint Joachim, sainte Anne et la sainte Vierge, enfant ; les trois suivants sont la Foi, l'Espérance et la Charité, et le cinquième, le mariage de saint Joseph. De chaque côté de la voûte, au-dessus du choeur, il y a deux autres peintures. Celle de gauche représente la Sainte Famille, celle de droite, le Père Eternel apparaissant à saint Joachim, à sainte Anne et à la sainte Vierge. Les peintures du transept représentent des scènes du rosaire, depuis l'Annonciation de la Ste-Vierge jusqu'à l'Assomption. A l'extrémité de la nef, deux tableaux représentent la visite de Madeleine et des saintes femmes, en même temps que l'apparition de l'ange au tombeau.

Le "Jugement dernier", vaste peinture de 77 pieds de longueur sur 55 de largeur, est une oeuvre remarquable et d'un effet saisissant. Cette peinture, une des plus grandes du monde, se trouve au commencement de la nef et remplit tout l'espace de la voûte laissé libre par la disposition des motifs d'architecture.

Juste avant le choeur, au-dessus des marches conduisant au sanctuaire, sur l'arc de triomphe, nous apparaissent au milieu, le couronnement de la Sainte-Vierge, et, de chaque côté, Moïse et les prophètes expliquant les tables de la loi.

L'exécution de ces peintures justement admirées a duré trois ans. Commencées le 19 février 1903, elles furent terminées vers la fin de janvier 1906, et sont l'oeuvre d'un artiste italien de grand talent, M. Ludovic Cremonini. Tous les connaisseurs s'accordent à louer la richesse du coloris, la souplesse et la hardiesse de son pinceau. Les vastes proportions de ces toiles, unies à la justesse et à l'habile agencement des sujets qui y sont reproduits, forment un décor unique et le plus remarquable ensemble qu'on puisse admirer dans toute l'Amérique du Nord.

Les bas-reliefs et les divers ornements qui décorent les grandes lignes architecturales de Notre-Dame, sont l'oeuvre de monsieur J. Castagnoli, maître-sculpteur italien, très habile, et déjà avantageusement connu dans la Nouvelle-Angleterre, par ses travaux artistiques.

Le chemin de croix est un don de la société des Dames de Ste-Anne de cette paroisse, et sort de la Da Prato, de Chicago.

L'autel du sanctuaire et les quatre petits autels placés, deux de chaque côté de l'entrée du choeur, ont été dessinés par le chanoine Bouillon de l'archevêché d'Ottawa. Monsieur le chanoine laisse, dans ces autels, l'empreinte de son talent et de son goût distingué. Il fallait des hommes de l'art et des ouvriers sculteurs d'une habileté consommée pour interpréter et sculpter les ornements et les trophées qui décorent ces autels. Messieurs Paquet et Godbout, architectes de St. Hyacinthe, Canada, ont entrepris et fait ces ouvrages avec talent, avec précision et un fini artistique, qui font de ces autels des bijoux et quelques-uns des plus beaux ornements de cette église.

La balustrade ou table de communion dont les plans—dans le même goût et le même style de l'église —ont été fournis par monsieur Louis G. Destremps, est en marbre blanc du Vermont, et tous les ornements sont en bronze antique et solide. L'exécution de ces travaux est parfaite, très artistique, et fait grand honneur à la maison Feeley, de Providence, R. I., qui n'a rien épargné pour en faire une oeuvre d'art justement appréciée. Les deux superbes candélabres qui ornent la table, chef-d'oeuvre d'art du genre, viennent de cette maison célèbre, ainsi que la lampe du Sanctuaire, don de monsieur Aimé Barré, don qui fait autant d'honneur à son généreux donateur, qu'il recommande le goût et l'habileté des ouvriers qui l'ont exécutée.

Cette balustrade est un don des Enfants de Marie.

Les bancs, dont le dessin est également de l'architecte Destremps, sont en chêne. Ils ont été fabriqués par une maison allemande de l'Ouest des Etats-Unis.

Le plancher de la nef, qui a une longueur de 150 pieds, a une inclinaison de trois pieds et demie. Cette disposition permet aux personnes qui se trouvent tout à fait au fond de l'église de voir aussi bien que si elles fussent au premier rang.

Les appareils de chauffage sont disposés en tel nombre qu'ils donnent une chaleur suffisante et régulière. C'est la maison Perra de New-Bedford, qui en eut le contrat.

Les vitreaux du dôme et ceux qui sont au-dessus des portes, ont été fabriqués par une maison de Boston.

Les côtés de la nef sont garnis de marbre, depuis le plancher jusqu'aux fenêtres.

Quant à l'éclairage de l'intérieur de l'église, il est d'un effet remarquable ; les lampes électriques disposées autour des motifs d'architecture, le long des bordures, au milieu des arêtes cintrées de la voûte, ou en forme de rosace aux endroits les moins ouvragés,

donnent une lumière douce qui remplit tout l'édifice
et en font ressortir le caractère imposant et religieux
et la beauté des peintures et de l'ensemble des ornements, même les moins apparents.   Dans leur disposition sous la voûte, on a cherché, tout en obtenant ·
une bonne lumière, à éviter le reflet de la clarté de
ces lampes sur les peintures, ce qui eut nui à l'effet
artistique de ces décorations.   Pour obtenir ce résultat, on a dû adopter une disposition spéciale pour les
lampes électriques, disposition qui ne nuit nullement
aux effets de lumière et fait ressortir la blancheur de
l'intérieur du temple.

La sacristie est vaste et pourvue des commodités
les plus récentes et aménagée d'une façon toute spéciale.

On a pu voir par ces divers plans, que les plus
grands efforts ont été tentés afin que le nouveau lieu
sacré fut aussi beau, aussi spacieux et aussi grandiose que possible, et disons, à la louange de ses auteurs, qu'ils ont noblement réussi à ériger un temple
digne d'eux, qui perpétuera leur foi et attestera dans
l'avenir leur vertus catholiques sincères, les vertus
du peuple de leur pays d'origine.

L'église Notre-Dame a livré au culte de Dieu un
temple nouveau où les fidèles se réunissent pour la
pratique de leur religion et pour la célébration des
anniversaires nationaux et des fêtes solennelles.

Construite sur la partie la plus éleveé du village
Flint, entre les rues Bassett, Avon, Ashton et l'avenue Eastern, elle est entourée pour ainsi dire d'établissements catholiques et canadiens : à droite, sur la
rue Bassett, se trouvent le collège Notre-Dame, l'orphelinat St-Joseph et le couvent des soeurs Jésus-
Marie, de Sillery, et, immédiatement à côté, en arrière,
un magnifique presbytère élevé au coin de la rue Bas-

sett et de l'avenue Eastern.

L'embellissement extérieur de l'église n'a pas non plus été négligé. De chaque côté de l'édifice, on a ménagé des allées recouvertes de bitume, pour la commodité des fidèles, et le reste du terrain a été recouvert de gazon.

Les frais de construction, au montant énorme de $300,000, même à la date de la dédicace, étaient, dit-on, complètement soldés.

Lorsqu'on sait que tous ces travaux ont été exécutés à la journée, il faut reconnaître que ce beau résultat n'a pu être obtenu que par la sage administration de celui qui fut l'âme de l'oeuvre entière ; qui l'a cimentée de ses sueurs et de ses prières ; qui lui a consacré ses fatigues, ses jours et ses nuits, qui en a fait le but de sa vie et le monument de notre fierté, non moins que du service et de la gloire de Dieu ; le prélat humble et bon, le modèle qu'on admire et dont les louanges sont écrites en pierre et pour les siècles dans cette église, dans l'orphelinat. le couvent, le collège, le presbytère qu'il a bâtis ou soutenus avec la seule ressource de braves coeurs, qui, vingt-cinq ans passés, se demandaient avec inquiétude ce que serait l'avenir et ce que deviendraient les enfants de cette paroisse, enfin, le distingué titulaire, le bienfaiteur, le père : Monsignor Jean Alfred Prévost, P. A.

Honneur à son mérite !

———————

Comme complément aux décorations et à l'ensemble, l'orgue vient mettre ici un heureux dernier mot. Noble et imposante, avec raison sa tête altière semble s'exclamer : C'est moi qui suis l'âme de ceci. Vous flatterez l'oeil et obtiendrez peut-être les reflets

de l'admiration ; mais moi, tantôt dans un tendre
murmure, tantôt avec éclat et puissance, je parlerai
au cœur et saurai l'émouvoir et l'entraîner aux pieds
de son Créateur.

C'est un orgue électrique ; l'action est électro-
pneumatique, l'électricité étant fournie par une pile
de sept éléments. Les sommiers sont pneumatiques
avec une soupape à chaque tuyau. Les claviers sont
en console et placés vers l'avant du jubé. Tous les
pistons font mouvoir les régistres. Il comporte quatre
claviers ; le devis des régistres le classe parmi les plus
puissants. La remarquable sonorité de l'église, où
les sons les plus légers sont perçus d'une façon très
distincte jusque dans le chœur, ajoutée à la perfection
de l'instrument, sous l'action de notre virtuose, monsieur L.-J.-Oscar Fontaine, organiste, donnent aux
dilettanti des jouissances musicales peu ordinaires.
Monsieur le curé de Notre-Dame a été heureux et bien
inspiré en choisissant messieurs les frères Casavant,
de St. Hyacinthe, pour faire l'orgue de son église ;
car comme facteurs de ces puissants instruments, les
messieurs Casavant sont à la tête des facteurs les
plus réputés de ce continent.

Cet orgue a coûté quinze mille dollars.

----◄●►----

ORIGINES DU COUVENT JESUS-MARIE,

Ce fut en ortobre 1876, à son retour de la Maison-
Mère de Lyon, France,—(Depuis le système d'expul-
sion que poursuit le gouvernement français, la Mai-
son-Mère a été transférée à Rome, 353 Via Flaminia.
La Communauté possède aussi un pensionnat dans la
Ville Eternelle, No. 271 rue Stella Viæ.)—que la

COUVENT JÉSUS MARIE.

Révde Mère St. Cyrille, alors Provinciale de son Ordre en Amérique, dut s'occuper de la fondation de Couvents de son Ordre aux Etats-Unis, pour répondre à des sollicitations multiples faites dans ce but par des prêtres canadiens missionnaires dans la Nouvelle-Angleterre.

Mais où serait ce premier pied-à-terre de l'œuvre des missions, dans l'hospitalière République qui ouvraient ses portes aux ouvrières évangélique?

A cette question, le Ciel devait bientôt donner une significative et péremptoire réponse.

Des familles ouvrières du Canada venant chercher des moyens de subsistance dans les grandes manufactures de Fall River se groupaient nombreuses à "Flint Village", où une paroisse nouvelle, composée exclusivement de Canadiens, venait de s'ouvrir sous le beau vocable de Notre-Dame de Lourdes. Les rues se peuplaient rapidement ; les maisons élégantes, les boutiques surgissaient comme par enchantement, et ce mouvement progressif promettait de ne pas se ralentir. Chaque foyer contenait un volier d'enfants et si les parents ne reculaient devant aucun sacrifice pour leur procurer le pain matériel, plusieurs se demandaient non sans anxiété, comment ils trouveraient le moyen de leur procurer le pain que toute intelligence réclame, le pain supersubstantiel de la Vérité et de la Foi, car l'idée d'envoyer leurs enfants à l'école publique ne souriait pas à un grand nombre.

Ce point si important de l'éducation de l'enfance et de la jeunesse n'échappait point à la sollicitude du Rév. J. B. Bédard, fondateur et premier curé de N.-D. de Lourdes. Mais où trouver des auxiliaires ?... La Providence allait répondre à cette question intime par l'intermédiaire d'une excellente famille canadienne, unie par des liens de parenté à l'une des religieuses de la Maison Provinciale de Sillery (Québec), qui indiqua à M. le curé la virginale pépinière de religieuses missionnaires d'où pourrait lui venir l'assistance tant désirée.

Des propositions furent faites à ce sujet et, sans retard, la Mère Provinciale se rendait sur les lieux, décembre 1876, pour voir au projet de fondation et prendre les mesures requises.

Toutes délibérations terminées et l'emplacement fixé sur la rue Mason, les travaux de construction immédiatement commencés, et le 31 mai 1877, fête de Notre-Dame du Sacré-Cœur, avait lieu la bénédiction solennelle du premier couvent.

L'arrivée de la première colonie de religieuses fut un événement à Notre-Dame de Lourdes. Ces vaillantes missionnaires furent accueillies avec la plus sincère démonstration de joie et de sympathie. C'étaient, de tous côtés, des cadeaux, des offrandes de toute nature, exprimant la générosité, la bienveillance et le désir d'être utiles aux nouvelles venues.

C'est que, dans ce petit coin de terre ignoré, battaient à l'unisson des cœurs vraiment catholiques dont la foi ardente et profonde voyait dans le dévouement des Sœurs, une garantie pour l'avenir religieux de leurs enfants, dont l'instruction et le développement moral était désormais assuré.

Dès le premier jour, deux cents élèves furent enregistrées et l'on dut bientôt ouvrir des classes du soir en faveur des jeunes ouvrières retenues à la fabrique pendant le jour. Les élèves de cette dernière catégorie étaient au nombre de 115. Le cours d'instruction était spécialement adapté à leurs besoins, tandis que des dortoirs convenablement accommodés, leur offrait un repos bien protégé et surtout bien mérité après les heures laborieuses du travail au métier.

Mais l'œuvre n'eût pas été complète sans un pensionnat où le cours classique serait régulièrement
suivi ; du reste, c'était le "desideratum", le vœu privilégié du fondateur : le Rév. M. Bédard, ainsi que
des familles les plus estimables de N.-D. de Lourdes,
et en septembre 1877, la Mère Provinciale répondant
à la requête du Rév. M. Bédard et de ses paroissiens
autorisait la fondation du pensionnat dès que le local
agrandi le permettrait.   On ne put recevoir à cette
époque qu'un nombre limité d'élèves à cause de l'exé-
guïté des appartements. Le nombre variait de 15 à 25.
Le couvent actuel fut commencé en 1887 et le nouvel
édifice fut ouvert aux élèves pensionnaires en septembre 1888.   Le nombre des pensionnaires qui, à cette
date, était de 50 à 60, est actuellement de 95 à 100.

Notre vénéré fondateur avait désiré l'érection
d'un pensionnat ; c'était, dans son appréciation, comme la synthèse de l'apostolat enseignant.   Lui-même,
il en avait acheté l'emplacement et fixé le site et il se
proposait de réaliser le projet cher à son cœur.   Mais
la mort n'a pu arrêter l'élan généreux qu'il avait im-
primé à cette œuvre, qui reste comme la réalisation
de sa dernière pensée, le suprême désir de son âme
d'apôtre.

ECOLES NOTRE-DAME.

Les écoles paroissiales de Notre-Dame furent fondées en même temps que la paroisse, en 1874, sous
M. le curé Bédard.   Peu de temps après, les Soeurs
Jésus-Marie, en 1878, en prirent la direction.   Elles
eurent à leur charge un pensionnat et une école du
jour, et s'occupèrent de l'enseignement des filles et

des garçons. M. l'abbé Bédard obtint sous peu les services de professeurs laïques qui se livrèrent à l'enssignement des garçons. Le premier de ces instituteurs fut M. Bourbonnière, auquel succéda M. Jules Rampon. Vint ensuite M. François Viens. M. Bédard mourut en 1884. L'enseignement fut alors suspendu pendant deux ans.

En 1886, M. le curé Laflamme reprit la direction des classes pour garçons, ajoutant à son personnel MM. Poulin et Archambault. Les Soeurs Jésus-Marie continuèrent toujours avec les filles jusqu'à l'arrivée de M. l'abbé J. A. Prévost, en 1888, qui confia la direction des classes aux Frères des Ecoles Chrétiennes, de New-York, et en septembre 1899, M. Prévost, maintenant Protonotaire Apostolique de Notre-Dame de Lourdes, livra aux Religieuses de Jésus-Marie la direction des écoles paroissiales mixtes. Pendant cette première année, les classes se firent dans l'édifice actuellement occupé par les Frères de la Doctrine Chrétienne et l'ancien presbytère. Sans retard, l'administration paroissiale fit commencer la construction de l'édifice imposant connu sous le nom de Collège Notre-Dame. Ce travail fut si rapidement accompli qu'en juillet 1900, la distribution des prix eut lieu dans le nouveau local.

Une directrice et vingt-trois religieuses s'occupent des classes sous la direction de la Révde. Soeur St. Jean-Chrysostome, et sous le contrôle de l'un des vicaires de la paroisse, ayant le titre de Directeur, avec un personnel de professeurs composé de MM. les abbés J. A. Marchand et Robert.

Voici les statistiques du progrès des écoles depuis l'année 1899 :

1ère année	—	1899-1900,	950 élèves
2me "	—	1900-1901,	1030 "
3me "	—	1901-1902,	1080 "
4me "	—	1902-1903,	1100 "
5me "	}		
6me "	} 1903-1907,	1200	"
7me "	}		
8me "	—	1907-1908,	1335 "
9me "	—	1908-1909	1280 "

Ce tableau comprend les filles et les garçons.

Les élèves suivent les cours anglais correspondant à ceux des écoles publiques. Une attention spéciale est donnée à l'étude du français, aux mathématiques, à la morale et à l'étude de la religion.

———— ◄●► ————

ORPHELINAT ST. JOSEPH.

Les annales de cette institution, telle qu'elle existe aujourd'hui, sous la direction des Sœurs de la Charité de Québec, portent au 16 mai, 1890, la date de sa fondation ; mais nous savons qu'en réalité, l'œuvre des orphelins remonte à l'année 1878, presqu'à la naissance de la paroisse Notre-Dame.

Ce fut sur les instances réitérées de monsieur le curé J. A. Prévost, et du commun consentement de Son Eminence le Cardinal E. A. Taschereau, alors archevêque de Québec, et de Sa Grandeur Mgr Mathew Harkins, évêque de Providence, que les Sœurs Grises, filles de la Vénérable Mère d'Youville, vinrent prendre charge de l'Orphelinat, qui n'était alors qu'une vieille et petite maison, sise à l'endroit où s'élève aujourd'hui le magnifique Collège Notre-Dame. Elles y trouvèrent 76 enfants, garçons et filles. Le zèle actif et

entreprenant du digne fondateur, inspiré par son
ardente charité, s'aperçut bientôt que son œuvre était
appelée à grandir et que déjà le local était insuffisant.

Comptant sur la bonne Providence qui jusque là
s'était montrée si large et si naturelle pour les orphelins, disent les Annales, le comité d'administration
décida de négocier un emprunt, et le 5 novembre,
1891, on commençait les fondations de la maison
actuelle, qui fut solennellement bénite le 16 juillet
1893, et dont en ne prit possession que le 25 octobre
de la même année.   Ce fut le début d'une ère de progrès, car à partir de ce jour, le nombre des enfants
alla toujours croissant, jusqu'à 1898, où l'on fut obligé
de bâtir la maison dite St-Antoine, laquelle comprend
trois classes spacieuses et bien éclairées, une buanderie avec salle de repassage, et un appartement de
quatre pièces servant de logis à la famille du domestique.

Le nombre des orphelins s'élevait alors à trois
cents et plus, et les applications se multipliaient, en
devenant chaque jour plus pressantes ; il fallait agrandir encore, mais le terrain et les ressources manquaient.   Dans son cœur de pasteur et de père, Monseigneur Prévost trouva moyen de recevoir de nouveaux enfants pauvres ou négligés, en mettant à leur
disposition son vieux presbytère que l'on amena sur
le terrain de l'Orphelinat et que l'on convertit en dor-
toir et en classes, sous le vocable de Notre-Dame du
Sacré-Cœur.   L'inauguration de cette annexe eut lieu
en septembre 1906.

Le nombre total des orphelins est aujourd'hui de
390, dont 216 garçons et 174 filles ; il va sans dire
que le local fait encore défaut, vu les besoins toujours
plus urgents de nos pauvres familles canadiennes.
Plaise à Dieu que ce modeste grain de sénevé, jeté en

ORPHELINAT ST-JOSEPH.

terre en 1890, et qui a déjà poussé de si profondes
racines, et projeté de si puissants rameaux, prenne
bientôt des proportions nouvelles et suffisantes, pour
abriter des centaines d'autres petits malheureux abandonnés au triste sort que leur a fait la Providence,
dans les adorables desseins de son infinie sagesse.

Avec les années, l'Orphelinat St. Joseph est devenu une institution modèle sous tous les rapports ; les
enfants y jouissent d'un confort que la plupart n'a-
vaient jamais connu, et les améliorations modernes
de tous genres provoquent l'étonnement des étrangers
et des nombreux visiteurs, de même que l'ordre et la
propreté qui règnent partout excitent leur admiration.

Trente-deux religieuses donnent actuellement
leurs soins aux orphelins ; elles sont aidées par dix
sous-maîtresses séculières.

L'Orphelinat est la propriété de l'évêque de Fall-
River ; les religieuses en ont l'administration sous le
contrôle d'un comité formé de quelques-uns des plus
anciens curés du diocèse et de deux ou trois laïques,
ayant pour président Sa Grandeur Mgr. l'Evêque.

L'œuvre se soutient par elle-même et par la charité publique ; les orphelins payent une bien modique
pension, à peu près une demi-pension ordinaire ; en
retour, ils reçoivent la nourriture, l'habillement et
l'instruction. Si encore les parents étaient fidèles à
verser chaque mois cette modeste contribution, on
verrait s'éteindre bien vite la dette première.

A défaut de subvention de la part de l'Etat, la
Providence multiplie les bienfaiteurs et les généreux
amis des orphelins. L'Œuvre du Pain, établie dans
la paroisse Notre-Dame, fait un grand bien à l'institution, ainsi que la collecte hebdomadaire à domicile,
à la Flint, et chez les marchands de la ville. Nos
compatriotes des villes environnantes sont aussi très

sympathiques aux orphelins. Il nous fait plaisir de mentionner ici que Son Honneur le maire Coughlin a obtenu pour l'Orphelinat St. Joseph, comme pour les autres institution des déshérités de la ville, une réduction de cinquante pour cent sur la taxe d'eau ; ce privilège est hautement apprécié des intéressés qui gardent au digne magistrat, un souvenir bien reconnaissant.

Jusqu'aujourd'hui, l'Orphelinat a reçu et protégé 4331 enfants.

Puisse cette œuvre si éminemment chrétienne, d'une utilité qui se recommande au point d'une quasi nécessité, dont le but est d'abriter au moins et de nourrir ces pauvres déshérités, tristes orphelins qui n'ont même où aller, et dont bon nombre ignorent les tendresses d'une mère ou d'un père attentif, les vivifiantes caresses. Qui sait si l'un des nôtres, trahi par l'infortune, ne pleurera jamais une semblable fortune. Puisse-t-elle donc rencontrer partout des cœurs ouverts qui secoureront, dans leur dévouement et leur charité parfaite, ces nobles filles de la Vénérable Mère D'Youville qui, dans un mouvement sublime, ont dit au monde un adieu éternel, pour se consacrer à ces soins tout entières.

DAMES DE STE. ANNE.

La société des Dames de Ste. Anne fut fondée en mars 1879, par M. l'abbé P.-J.-B. Bédard, alors curé de cette paroisse.

Comprenant tout le bien qu'une telle société pouvait opérer au milieu de ses ouailles, le dévoué pasteur songeait depuis longtemps à former une association des mères chrétiennes ; mais il ne vit la réalisation de son grand et noble projet qu'à la date précitée. La première réception eut lieu le 23 mars de cette année—cinq ans, jour pour jour, après la fondation de la paroisse, et 128 membres s'enrolèrent sous la bannière de la sainte mère de Marie Immaculée.

Glorifier la Bonne Ste. Anne en rendant son culte plus universel et plus pratique ; faire profiter un plus grand nombre d'âmes des grâces merveilleuses que Dieu se plaît à répandre sur les dévots serviteurs de cette Puissante Patronne ; offrir aux familles un moyen plus efficace d'attirer sur elles ainsi que sur les pécheurs, les malades et les moribonds, sa bienfaisante protection ; l'invoquer dans toutes les afflictions ou nécessités spirituelles et temporelles ; s'efforçant d'imiter ses vertus, s'abstenant des mauvaises lectures et fuyant les compagnies dangereuses, tel est le but de cette société.

Ainsi, c'est une réunion de dames qui désirent grouper les familles, s'appliquer et s'exciter mutuellement à la pratique des vertus chrétiennes, et procurer à ses membres, par de sains conseils et de salutaires instructions, les moyens les plus propres à remplir, chacune selon son état, les devoirs que lui imposent la religion, la famille et la société ; et, comme les œuvres de charité sont regardées comme l'âme de toute association pieuse, cette congrégation a encore pour but de faire, chaque année, des dons aux orphelins, aux œuvres paroissiales et surtout à ses membres malades et dans la nécessité.

Placée sous la protection de Ste. Anne, la société donne à ses membres les privilèges suivants : 1o. Une messe basse, avec chant et musique, est dite tous les mois ; il y a alors communion générale ainsi qu'une assemblée dans l'après-midi. 2o. Les membres dé-

funts ont droit à un service sur corps, de première
classe, avec diacre et sous-diacre. 3o. Aussi ont-elles
droit aux fruits de quatre basses messes mensuelles
et à une grande messe qui est dite au mois de novembre.

Toute femme, pratiquant ses devoirs religieux,
peut être reçue dans la société par le directeur. Les
contributions sont de 30 centins par quartier, plus
25 centins le jour de la réception et 25 centins pour
chaque année à partir de l'âge de 40 ans inclusivement, enfin de cinq centins au décès de chaque
membre.

Les fêtes de la société sont celles de Ste. Anne,
St. Joachim, l'Immaculée Conception et St. Joseph.

La société fut agrégée à l'Archiconfrérie de Ste.
Anne de Beaupré, le 1er janvier 1901.

La célébration des noces d'argent de cette congrégation fut le motif de réjouissances et d'une grande
manifestation religieuse. Du dimanche matin — le
24 juillet 1904—au mardi soir, ce fut une succession
d'offices religieux célébrés avec une pompe et une
magnificence extraordinaires : saints sacrifices, ser-
mons, superbe musique vocale et instrumentale, banquet splendide, chaleureux discours et grand concert.
A la grand'messe, onze délégations composées d'au
moins 25 membres chacune, escortaient les heureuses
jubilaires.

Cette fête dura trois jours, et tous les paroissiens
ainsi que nombre de visiteurs goûtèrent longuement
à ce que de longs et soigneux préparatifs avaient fait
auguré. Nos mères, comme toujours, à l'agréable
avaient su joindre des jouissances plus substantielles
par leur caractère religieux ; outre la satisfaction
laccordée aux justes demandes du cœur, elles firent
large la part apportée aux soins de l'âme.

Le nom de la société des Dames de Ste. Anne est aussi inscrit au tableau d'honneur où brillent les organisations qui ont largement contribuées à l'œuvre paroissiale.

Maintenant, si la première mise en banque fut de $10.75, en mars 1879, voici un relevé des livres qui, de nécessité, est au-dessous de la vérité—services aux malades, messes, non-inclus—mais qui est déjà très significatif pourtant et témoigne éloquemment des œuvres magistrales que produisent nos organisations religieuses :

Contribués à l'œuvre paroissiale,	$1,616.01
Contribués à l'Orphelinat -	1,474.63
Dons pour services spirituels -	765.57
Propriétés - - -	540.35
Services pour 158 membres -	4,010.00
Prêts à la paroisse - -	7,410.85
Total -	$15,817.41

L'honneur d'avoir obtenu ces superbes résultats revient à toutes les Dames de Ste. Anne, mais il rejaillit surtout sur les dévoués directeurs spirituels qui se sont succédés : MM. les abbés Bédard et Laflamme et Mgr Prévost, et les dames officières, dont il est juste de nommer la présidente fondatrice, madame N. Vandal, et la présidente actuelle qui le fut pendant les derniers 20 ans, et à qui peut justement être attribuée une forte part de ses succès, madame Geo.-E. Arcand.

Qu'un dernier hommage soit rendu à madame Rampon, pour les services aussi brillants que désintéressés qu'elle prodigua à la société.

Les officières furent :

Présidentes—Mesdames N. Vandal, 1879 à 1889,

Geo.-E. Arcand, 1889 jusqu'à ce jour.

1ères vice-présidentes—Mesdames P. Corriveau, G.-E. Arcand, N. Barré, J. Larrivée, N. Marchand et J.-B. Bélanger.

2ièmes vice-présidentes—Mesdames J. M. Rampron, J. B. Bélanger, F. Marcoux, A. Morin, J. Coulombe et U. Côté.

Secrétaires—Mesdames G. Lamontagne, J. B. Chagnon, A. Lafrenière, F. Dupont, J. M. Rampron, F. Marcoux, L. Moreau, Oct. Gaudreau, A. Morin, J. Morin et C. S. Gagnier.

Trésorières—Mesdames C. B. Gagnier, F. Marcoux, J. M. Rampron, A. Allard, O. Moreau, A. Morin; A. Montmorency et L. J. Rioux.

Asst. Trésorière—Madame P. St. Laurent.

Conseillères—Mesdames J. Toupin, C. A. Casgrain, J. Tétreault, C. St. Georges, J. A. Beauchemin, S. Boivin, T. Dupont et J. Morin.

Infirmières—Mesdames G. Prichard, J. Larivière, O. Dionne, T. Picard, O. Corriveau, D. Dufresne, A. Dupont, C. Hardy.

Maîtresse de Cérémonies—Madame R. Marchand.

Directeur actuel, Rév. J. O. Sylvain.

———◄●►———

ENFANTS DE MARIE.

Le 7 décembre 1877, a été fondée la Congrégation des Enfants de Marie de Notre-Dame de Lourdes. M. l'abbé Pierre J. B. Bédard, premier curé de la paroisse, secondé par la Révde Mère Scholastique, en fut le fondateur et le premier directeur.

La première réception eut lieu le lendemain—un dimanche—et 102 jeunes filles s'enrôlèrent sous la

bannière de la Ste-Vierge. La paroisse entière fut
témoin de cette belle cérémonie, qui devait laisser,
dans le cœur de chaque congréganiste, un si beau
souvenir. Le sermon de circonstance fut donné par
M. l'abbé Pagé, alors curé à New-Bedford.

La congrégation a rapidement progressé jusqu'en
1884, alors qu'elle subit le contre-coup causé par la
mort de son vénéré et regretté directeur ; et un moment—pendant les troubles malheureux survenus à
cette date—la congrégation fut comme brisée, anéan-
tie. Pourtant, les membres se concertèrent bientôt,
afin de présenter à l'orage une attitude respectueuse,
mais ferme ; à l'avenir, un front serein, apportant
ainsi, par leurs prières et une fière expression de leurs
sentiments, leur digne quote-part au règlement de la
question en litige. Enfin, après deux années d'attente, avec l'arrivée de M. l'abbé Laflamme, le désir
général étant exaucé, nous la voyons reparaître, faible
d'abord, mais progressant bientôt en œuvres et en
nombre au point d'excellence où elle est aujourd'hui,
se distinguant toujours à côté des sociétés-sœurs, dans
les bazars, les banquets et les soirées.

Le 7 décembre 1902, cette paroisse était le théâtre d'une manifestation grandiose qui fit époque,
non-seulement dans les annales de la congrégation
des Enfants de Marie, mais aussi dans les annales
religieuses de la ville : ce fut à l'occasion du 25ième
anniversaire de la fondation de cette société.

Sous la direction de leur zélée présidente, Mlle
Lætitia Coulombe, les Enfants de Marie n'avaient
rien épargné pour donner à cette célébration un cachet
exceptionnellement distingué, et elles n'eurent qu'à
se féliciter du succès qui a couronné leurs efforts.

La célébration commença dès 7 heures du matin,
par la communion mensuelle des membres et l'exécu-

tion d'un joli programme musical. A 11 heures,
escortées de sept sociétés religieuses, elles se réunissaient pour assister à un office des plus solennels, présidé par Mgr. J. A. Prévost, alors abbé. La vaste nef
richement ornée et littéralement comble, les autels
brillamment illuminés et l'église tendue en entier de
banderolles blanc et bleu, donnait à cette dernière un
air de fête tout à fait inaccoutumé. La bénédiction
de la nouvelle bannière, remplaçant celle qui fut brûlée lors de l'incendie de la première église, donna lieu
à une imposante cérémonie ; et le sermon de circonstance, véritable bijou d'éloquence sacrée, fut prononcé
par M. l'abbé A. Bérubé, de New-Bedford. Le chœur
de chant, dirigé par M. L. Bérard, accompagné de
l'orgue et d'un orchestre, exécuta brillamment un
magnifique programme. Madame J. M. Rampron,
accompagnait à l'orgue.

Enfin, comme digne couronnement à une fête si
édifiante, un grand banquet, où s'assemblèrent audelà
de 500 convives, suivi de discours, de déclamations et
d'un concert fort goûté, vinrent unir leurs notes har-
monieuses aux accords déjà si beaux de la manifestation religieuse.

Cette florissante congrégation s'honore du fait
d'avoir été la première société fondée dans cette paroisse. Elle compte dans ses rangs—au nombre d'environ 500 membres—l'élite de nos franco-américaines
de cette partie de la ville. De plus, elle a fourni au
triomphe de la foi un grand nombre de religieuses,
dont l'une--la première présidente, Mlle Virginie
Fournier — sous le nom de Mère St. Bernard, devint
fondatrice, en septembre 1892, de la communauté des
Religieuses du Perpétuel Secours, à St. Damien de
Buckland, Canada.

Au cours de soixante-quatre réceptions, il y eut

1724 enrôlement, 223 mariages et 32 décès. Ces derniers sent célébrés d'une manière solennelle.

En œuvres religieuses, la société a fait don de $4679.00 ; en dons divers, $1948.00 ; et elle a prêté à la fabrique $4640.60. Aussi, son état financier est des plus prospères.

Les avantages sont les indulgences, le secours mutuel de prière, les frais de sépulture, avec communion et neuvaine, et le mariage solennel. Les contributions sont de 30 cents par quartier.

Son but est de former les jeunes filles par la pratique des vertus et par l'éducation et d'en faire de bonnes chrétiennes.

Comme nous pouvons le constater, cette belle congrégation se recommande hautement par un strict recrutement de ses membres, par son but élevé et par ses œuvres multiples.

Les officières furent :

Présidentes—Mlles Virginie Fournier, Cornélie Dubrule, Rosalie Thibault, Eulalie Bourbonnière, M. Elise Deschamps, Zénobia Marcoux, Lætitia Coulombe (1900-1906) et Chantal Fournier.

Vice-Présidentes—Mlles Marie Gingras, Marie Barthel, Célanie Deschamps, Elisa Desautels, Joséphine Goulet, Rosalie Thibault, Délima Barré, Augustine Guimond, Virginie Fournier, Mathilda Fecteau, Zénobia Marcoux, Lætitia Coulombe, Hélène Richard, P. Corriveau, Eugénie Dubé, Edwidge Fournier, Léonie Caron, Dalila Dumaine, Léda Bédard.

Assistantes—Mlles Malvina Paradis, Marie Drogue, Marie Langlois, Joséphine Goulet, Henriette Chagnon, Virginie Langlois, Augustine Guimond, Eulalie Bourbonnière, Chantal Fournier, Edwidge Fournier, Rosalie Thibault, M. Elise Deschamps, Hélène Richard, Philomène Corriveau, Léonie Caron, Dalila Dumaine, Rose Bisaillon.

Secrétaires — Mlles Cornélie Dubrûle, Célanise Deschamps, Rosalie Thibault, Virginie Fournier, Lætitia Coulombe, Mathilda Labonté, Anna Routhier, Adèle F. Caron, Adrienne Blanchette, Lætitia Coulombe.

Trésorières—Mlles Lydia Drogue, Emélie Brochu, Marie Langlois, Joséphine Goulet, Virginie Langlois, Eulalie Bourbonnière, Augustine Guimond, Chantal Fournier, Edwidge Fournier, M. Elise Deschamps, Sophronie Coulombe, Lætitia Coulombe, Clémence Degagné, M. Louise Gagnon.

Asst -Trésorière—Mlles Rosalie Carmel.

Conseillères—Mlles Philomène Corriveau, Rosalie Thibault, Léonie Caron, Clara Boulanger, Louise Dumaine, Marie Laplante, Anna Bernier, Marie Ouellette, Anastasie Martel, Emma Brodeur, Marie Deschesnes, Elizabeth Caisse et M. Eugénie Dupont.

Maîtresses de Cérémonies—Mlles Malvina Letebvre, Suzanne Rail, Ernestine Millotte, Hélène Boulanger.

Sacristines—Mlles Octavie Morier, Marie Francœur, Anna Bernier, Mathilda Bresseau, Elizabeth Caisse.

Portes-Bannières—Mlles Marie Durand, Dorilda Corriveau, Yvonne Corriveau, Maria Chouinard, Alphonsine Dallaire.

Directrice du Chœur de Chant—Mlle Rose-Anna Vanasse.

Directeur Spirituel—M. l'abbé J.-O. Sylvain.

LA SOCIETE ST. JOSEPH.

Cette société a été organisée en juillet 1884 par M. l'abbé J. B. Bédard, le fondateur de la paroisse Notre-Dame de Lourdes, de sainte mémoire. C'est une société de bienfaisance et d'assurance qui compte aujourd'hui plus de 400 membres. Elle comptait à la date de sa fondation une soixantaine de membres, dont M. Joseph Vandal, épicier au No. 221 rue Flint, est un des membres organisateurs. Elle est composée non-seulement de sociétaires faisant partie de la paroisse, mais aussi de membres en dehors.

Les officiers actuels sont :
Directeur spirituel, Mgr. J. A. Prévost.
Président, Joseph Vandal.
Vice-président, Jules Larrivée.
Secrétaire-archiviste, Georges Pelletier.
Adjoint, Joseph Vézina.
Secrétaire-correspondant, Hormisdas Lambert.
Adjoint, Joseph Castonguay.
Comptable, Hormisdas Raboin.
1er Commissaire-ordonnateur, Joseph Caron.
2me Commissaire-ordonnateur, Nap. Lavallée.

La Garde d'Honneur St. Joseph, qui est une organisation militaire, est entièrement sous le contrôle de la société.

LA JEUNE GARDE DU SACRE-CŒUR.

En avril 1899, la paroisse Notre-Dame de Lourdes applaudissait à l'érection d'une nouvelle société religieuse : la Jeune Garde du Sacré-Cœur. En dire le nom, c'est en faire soupçonner le but : grouper les

jennes gens autour d'une commune bannière, pour
développer leur esprit de foi et les mettre en garde
contre les dangers du premier âge, tout en travaillant
parallèlement à cultiver chez eux de vifs sentiments
de patriotisme.

A M. l'abbé Villandré était réservé d'assurer la
vitalité de cette œuvre.

Les officiers du bureau d'administration :

Chapelain, M. l'abbé Philéas Jalbert.

Président, W. H. Petit.

1er Vice-président, Alfred W. Chabot.

2me Vice-président, F. X. Desrosiers.

Secrétaire-archiviste, G. I. Gauthier

Assistant, Joseph Burns.

Secrétaire-correspondant, Emile Martel.

Trésorier, H. C. Gamache.

Collecteur-trésorier, Charles Sévigny.

1er Maître des cérémonies, Ernest Lévesque.

2me Maître des cérémonies, A. Barnaby.

3me Maître des cérémonies, Ernest Barnaby.

4me Maître des cérémonies, Arsène Fontaine.

OFFICIERS MILITAIRES :

Major, Alfred W. Chabot.

Adjudant major, F. X. Desrosiers.

Officier d'ordonnance, H. W. Petit.

Capitaine, L. Joseph Rioux.

LE TIERS-ORDRE.

La Fraternité St. François du Tiers-Ordre de
Notre-Dame de Lourdes a été fondée le 24 novembre,
1901, par le Rév. Père Jean Berchmans Marie. Elle
compte actuellement 180 membres actifs. Cette

Société est purement religieuse et se compose essentiellement d'hommes. Ses officiers sont :

Directeur spirituel, M. l'abbé Bernier.

Supérieur, Dr Casgrain.

Supérieur-adjoint, Joseph Morin.

Secrétaire, Joseph Coulombe.

Secrétaire-correspondant, François Cadoret.

Trésorier, Charles B. Fournier.

Maître de novices, O. E. Chrétien.

Régistreurs, George Clément et Joseph Toupin.

La section des femmes, fondée il y a une vingtaine d'années, compte près de 500 membres, sous la direction de Mgr Prévost, depuis le départ de M. l'abbé Valois.

Voici la liste des dignitaires actuelles :

Supérieure; Mme Israël Renaud.

Vice-Supérieure, Mme Marcoux.

Secrétaire, Mlle Ludivine Thibault.

Trésorière, Mme Chs Dansereau.

Maîtresse des Novices, Mme Elzéar Paradis.

Cette section est une des plus prospères de la ville et elle fait beaucoup de bien parmi nos compatriotes.

ÉGLISE ST-MATHIEU.

La Paroisse St=Mathieu.

Dès l'année 1885, il y avait déjà dans le nord de la ville de Fall River, dit Bowenville, un assez grand nombre de familles canadiennes-françaises. Elles appartenaient alors à la paroisse St. Joseph, qui était une congrégation catholique de diverses races. Mais, il n'y avait aucune école de langue française. Aussi, nos principaux compatriotes ne pouvaient laisser longtemps cette étrange situation nationale. Ils ne tardèrent donc pas à projeter la fondation d'une école, pour l'instruction et l'éducation religieuses et nationales de leurs enfants.

L'ECOLE ST-MATHIEU.

Après avoir mûri leur projet de fondation d'une école, nos compatriotes de Bowenville le présentèrent à leur curé, M. l'abbé B. Boylan, de la paroisse Saint-Joseph, et il l'approuva. Alors, ils se cotisèrent entr'eux et engagèrent un professeur.

M. A. E. Riopelle eut l'honneur d'être le premier professeur de l'école française de Bowenville, qui fut ouverte en septembre de l'année 1885, dans le soubassement de la troisième maison de l'angle sud-ouest des rues North Main et Weaver.

Au printemps de l'année suivante, 1886, il fallait déménager, le local étant déjà trop étroit pour recevoir le nombre grandissant des enfants, et M. Riopelle allait continuer cette première année scolaire à la salle paroissiale de St. Joseph. Environ 150 enfants fréquentaient alors cette école.

Dans le cours de la même année, les fondateurs de l'école, voyant que leur œuvre allait de succès en succès, décidèrent de bâtir une maison d'école indépendante des étrangers. Ils prélevèrent des souscriptions, qui furent bientôt assez rondes pour leur permettre de commencer les travaux de construction. L'on vit bientôt, dans la rue Clinton, s'élever une maisonnette : c'était la première maison d'école française dans Bowenville. M. Riopelle y transporta ses cours, en septembre, 1886, pour y terminer l'année scolaire.

Au nombre des patriotes qui travaillèrent le plus activement aux fondation et construction de cette première école, il faut mentionner MM. Georges Parent, Michel Boulé, Victor Blanchet, Antoine Lavoie et Alphonse Campbell.

En la même année 1886, au mois d'octobre, fut fondée l'Union Canadienne St. Jean-Baptiste. Cette première société nationale conclut bientôt des arrangements qui lui permettaient de tenir ses assemblées à la nouvelle maison d'école, à condition d'en payer les frais d'entretien.

En novembre, 1888, la maison d'école de la rue Clinton fut vendue et le soubassement de l'église St. Mathieu fut utilisé comme école.

En 1895, l'église étant déjà terminée, M. le curé J. G. Lavallée fit diviser le soubassement en classes, et Mlles Levesque, Girard, Guénette et Boulé prirent la direction des élèves.

L'année suivante, en 1896, les Sœurs Grises de l'Orphelinat de la Flint, à l'invitation de M. le curé Lavallée, remplaçaient les institutrices laïques. Ces bonnes religieuses voyageaient tous les jours de classes, entre la Flint et Bowenville, pour donner leurs leçons aux enfants de cette paroisse.

En 1905, les Sœurs Grises sont remplacées par les Sœurs de St. Joseph, de la paroisse St. Roch. Cinq de ces religieuses, assistées de trois institutrices laïques, voyagèrent elles aussi de St. Roch à St. Mathieu, en 1905, 1906, 1907 et 1908, pour donner leurs leçons aux élèves.

LE COUVENT.

En avril, 1908, le couvent étant terminé, dix Sœurs St. Joseph vinrent s'y fixer et continuèrent plus commodément à donner leurs leçons dans les classes du soubassement de notre église. La maison-mère de nos religieuses actuelles est dans la paroisse du St. Sacrement.

Actuellement, l'école St. Mathieu est fréquentée par plus de 375 enfants des deux sexes. En ces derniers mois, le nombre des élèves ayant augmenté considérablement, nos bonnes religieuses ont consenti à partager leur couvent avec les élèves les plus avancés, et elles les reçoivent dans leur demeure. Nous comptons actuellement sept classes, y comprises celles du couvent.

La Révde Sr Marie Eusèbe est la supérieure de notre couvent. Quelques notes biographiques de cette vénérable dame religieuse intéresseront sans doute ses nombreuses connaissances.

La Révde Sr Marie Eusèbe est née, le 4 août 1842, à Montfaucon, Haute-Loire, diocèse de Puy-en-Velay,

France. Elle a fait sa profession religieuse au
Puy-en-Velay, en 1865. En 1880, elle fut envoyée
en mission à Jacksonville, en Floride, puis en 1884, à
Mandarine, aussi en Floride. En 1901, elle arrivait à
Fall River, et en avril, 1908, était élue supérieure du
Couvent de St. Mathieu.

La Révde Sr Marie—Eusèbe est donc maintenant
âgée de 67 ans, après avoir été religieuse durant 44
ans. Son cinquantenaire de profession sera sans
doute bientôt célébré.

FONDATION DE LA PAROISSE.

Comme on le voit dans nos notes précédentes, en
1887 nos compatriotes de Bowenville étaient encore
desservis par M. le Curé de la paroisse St. Joseph.
Mais ils grandissaient toujours en nombre et en influence. Dès qu'ils se crurent assez forts pour se
constituer en paroisse indépendante, ils ne tardèrent
point à le manifester. Avec le concours déjà puissant
de l'Union Canadienne St. Jean-Baptiste, et après
plusieurs assemblées tenues à cette fin, ils décidèrent
de rédiger une requête et de la présenter à leur Ordinaire, Sa Grandeur Mgr M. Harkins, évêque de Providence, R. I.

MM. P. F. Péloquin et Georges Parent furent
chargés de la mission délicate de présenter la requête.
Ces deux délégués furent accueillis par Mgr Harkins.
Mais, avant d'acquiescer à leur demande, Sa Grandeur exigea le contrat d'achat d'un terrain qui devait
servir de site aux futures bâtisses paroissiales. Le
zèle et la générosité de nos compatriotes furent si
grands, qu'il ne leur fallut due quelques jours de
démarches, pour recueillir les souscriptions nécessaires et acheter le terrain requis. Celui-ci fut obtenu

de M. J. B. Huard, qui le céda à prix réduit, pour prouver son esprit religieux et national.

S. G. Mgr Matthew Harkins, ayant reçu pleine et entière satisfaction à sa demande, décréta sans retard la division de la paroisse St. Joseph, pour constituer la population française en paroisse distincte, sous le vocable de St. Mathieu : c'était le 3 décembre, 1887.

La nouvelle paroisse comprenait les catholiques français qui résidaient au nord de la rue Prospect, à l'ouest du New Boston Road, et ceux de Steep Brook et Somerset.

M. l'abbé J. A. Payan, fut le premier curé de la nouvelle paroisse de St. Mathieu. Il prit d'abord résidence dans une maison de la rue North Main, près la rue Brightman, en décembre, 1887.

Les offices religieux furent d'abord célébrés à l'église St. Joseph en attendant la construction d'une église.

En 1888, un cimetière fut acheté, pour l'usage des paroisses française de Fall River, et ainsi celle de St. Mathieu put en bénéficier comme les autres.

Dès son arrivée, M. le curé Payan commença immédiatement à travailler aux oeuvres paroissiales.

Il fit construire le presbytère et le soubassement de l'àglise actuelle. Il acheta de M. J. B. Huard, un lopin de terre voisin de l'église, et fit faire d'important-portants travaux d'amélioration sur l'emplacement paroissial.

Le 10 octobre, 1888, M. le curé J. B. Payan était nommé curé de la paroisse du Sacré-Coeur, à New Bedford, Mass.

Son successeur, M. l'abbé C. A. Casgrain, curé de St. Joseph de Haverhill, Mass., depuis 1872 à

1886, continua l'oeuvre commencée par notre premier curé.

L'EGLISE ST. MATHIEU.

En 1893, après cinq ans de séjour parmi nous, M. le curé C. A. Casgrain ayant déjà payé toutes les dettes de la paroisse, au montant de $11,800. S. G. Mgr M. Harkins, évêque de Providence, R. I., lui permit de terminer l'église dont le soubassement servait déjà au culte.

Après les démarches nécessaires, les plans de l'église furent préparés par M. L. G. Destremps, architectes, acceptés par la paroisse, et approuvés par Mgr Harkins, au mois de mai de l'année 1893.

Le contrat de construction fut donné à James Taylor, qui faisait la plus basse soumission, demandant $42,500 pour les travaux, et promettant de livrer la construction terminée, en juin, 1894, au plus tard, mais elle fut achevée en mai, un mois avant la date requise.

La bénédiction de la pierre angulaire de l'église St Mathieu fut célébrée, le 3 septembre, 1893, par sa G. Mgr Harkins, au milieu d'un grand concours du clergé et du peuple.

Neuf mois après la construction complète de l'église, M. le curé C. A. Casgrain donnait sa démission et retournait au Canada; c'était la cinquième qu'il avait fait bâtir dans l'espace de 32 ans de ministère sacerdotal : celle de St.-Louis P. Q., en 1862, au prix de $50,000; celle de St. Pamphile, P. Q., en 1870 ; une à Haverhill, Mass., en 1875, au prix de $40,000, et une autre à Hébertville, P. Q., enfin la nôtre, en 1894, au prix de $42,500.

Le 6 février, 1895, M. l'abbé J. G. Lavallé, vicaire au Précieux-Sang de Woonsocket, R. I., est nommé successeur de M. le curé Casgrain, et il arriva au milieu de nous, le 10 suivant. Notre quatrième curé continue l'oeuvre si bien commencée par son prédécesseur,

Le 20 septembre, 1896, S. G. Mgr Harkins fait la bénédiction et la dédicace de l'église St. Mathieu, avec toute la pompe et la splendeur propres à ces cérémonies.

L'ôglise St-Mathieu est un monument religieux et national, qui fait honneur à nos compatriotes de Bowenville. C'est une vaste bâtisse de briques couverte en ardoise et portant, comme sur ses larges épaules, deux solides et majestueux clochers. Une belle croix domine le toit et une statue de St-Mathieu surmonte la porte centrale. Toutes les parties de l'imposante bâtisse commandent l'admiration des visiteurs.

L'église est au complet, sous tous les rapports. Autels et chaire, ornements et vases sacrés, bancs et bénitiers, cloche et clochette, tout fait honneur à la paroisse.

Actuellement la paroisse compte une population de 600 familles ou 3,210 âmes.

Les sociétés religieuses sont les suivantes : Dames de Ste. Anne, avec 300 membres; Enfants de Marie, 175; Enfants de Ste. Philomène, 80; Ligue du Sacré-Coeur, 350; Zouaves du Sacré-Coeur, 50, et Société de St. Louis de Gonzague, 35.

LE CLERGE

Nous donnons maintenant la liste des curés et vicaires de la paroisse St. Mathieu, qui se sont succédés depuis sa fondation, et les dates de l'arrivée et du départ de chacun.

1er curé, M. l'abbé J. A. Payan, du 3 décembre, 1887, au 10 octobre, 1888.

2ème curé, M. l'abbé J. A. Casgrain, du 10 octobre, 1888, au 6 février, 1895.

3ème curé, M. l'abbé J. G. Lavallée, du 6 février, 1895, jusqu'à ce jour.

1er vicaire, M. l'abbé F. X. Casgrain, du 30 juillet, 1890, au premier mai, 1899.

2ième vicaire, M. l'abbé J. C. Bessette, de 1891 à 1893.

3ième vicaire, M. l'abbé A. Savoie, du 1er mai, 1899, au 26 décembre, 1905.

4ième vicaire, M. l'abbé Damase Robert, du 11 décembre, 1904, à juillet, 1906.

5ième vicaire, M. l'abbé L. A. Dequoy, du 26 décembre, 1905, au 18 septembre, 1906.

6ième vicaire, M. l'abbé J. E. Potvin, du 18 septembre, 1906, Jusqu'à ce jour.

7ième vicaire, F. l'abbé J. A. Gaudrault, du mois d'octobre, 1908, jusqu'à ce jour.

EXTRAITS DES ARCHIVES

Acte de la Bénédiction de la Pierre Angulaire de la Paroisse de St. Mathieu, à Bowenville, Fall River, Massachusetts.

Le trois de septembre, l'année de Notre Seigneur 1893, Nous soussigné, Monseigneur Mathieu Harkins, Evêque de Providence, Rhode Island, avons béni la première pierre de l'église paroissiale de St Mathieu de Bowenville, Fall River, Massachusetts.

Ont été présents, S. G. Mgr Mathieu Harkins, M. l'abbé Louis A. Casgrain, curé de la paroisse, M. X. Casgrain, vicaire de la paroisse, ainsi que plusieurs membres du clergé, et Messieurs Louis G. Destremps. architecte, James B. Taylor, entrepreneur, John Crowe, maître-maçon, Alphonse Campbell, Athanase Lamoureux, syndics, qui ont signé avec nous.

Fait à St. Mathieu de Bowenville, Fall River, Massachusetts, les jours et an que dessus :

MATTHEW HARKINS,
Evêque de Providence ;
L. A. CASGRAIN,
Curé de St. Mathieu ;
F. X. CASGRAIN, Ptre,
Vicaire ;

ainsi que les suivants : Louis Georges Destremps, architecte ; J. A. Payan, Ptre, J. A. Prévost, Ptre, Owen Kiernan, Ptre, J. O. Sylvain, Ptre, Bernard Boylan, Ptre, Louis J. Deady, Ptre, James B. Taylor, contracteur ; C. Hughes, Ptre, John Crowe, contracteur ; L. O. Massicotte, Ptre, Wm L. Elynn, Ptre, Alph. Dazé, Ptre, RR. PP. Sauval, Dominicain, Cormorais, Dominicain, Thérien, Dominicain, M. l'abbé Cook, Ptre, curé de St. Patrice.

BENEDICTION ET POSE DE LA PIERRE ANGULAIRE DE L'EGLISE.

Ce dimanche après-midi, 20 août, 1893, a eu lieu à St. Mathieu la bénédiction et la pose de la pierre angulaire de la nouvelle église maintenant en voie de construction. Cette cérémonie a été conduite avec toute la solennité et la grandeur propres aux fêtes du culte catholique, et a prouvé une fois de plus l'esprit de foi de nos compatriotes, de cette jeune et belle paroisse.

Depuis assez longtemps, on tenait les offices religieux dans le sous-sol de l'église, construit depuis

quelques années, et les paroissiens auront dans sept
ou huit mois, le plaisir d'entendre la messe et d'assister à tous leurs offices religieux, dans la magnifique
église de briques dont la construction sera terminée,
le premier mai, 1894.

Vers trois heures p. m., l'Union Canadienne
St. Jean.Baptiste s'est formée en procession de cent
membres, sous le commandement de M. Victor Blanchette, président de l'Union, s'est ensuite rendue à
l'église où elle a été rencontrée par les Dames de Ste-
Anne, au nombre de 180, avec Madame Alphonse
Campbell, présidente ; les Enfants de Marie, au nombre de 167, avec Mademoiselle Dion, présidente ; et
les Enfants de Jésus, au nombre de 200. De là, la
procession s'est rendue au presbytère ; Mgr Harkins
et les membres du clergé s'y sont joints et on s'est
rendu à l'église où les cérémonies ont été commencées,
vers trois heures et demie. L'Evêque récita les paroles solennelles et bénit la pierre, pendant que quatre
chantres exécutaient les litanies des saints.

La pierre fut ensuite placée à l'aide d'une truelle
d'argent, par l'Evêque lui-même. Après avoir placé
la pierre, Monseigneur, accompagné de M. l'abbé J. A.
Payan, comme diacre, et de M. l'abbé J. A. Prévost,
comme sous-diacre, et de plusieurs autres membres
du clergé, a fait le tour de l'église afin de la bénir et
de la consacrer au culte du Seigneur.

Voici les noms des membres du clergé qui accom-
pagnaient l'Evêque : M. l'abbé J. A. Casgrain, le vé-
nérable curé de la paroisse ; M. l'abbé F. X. Casgrain,
vicaire ; les RR. PP. Sauval, Cormerais et Thérien ;
MM. les abbés L. O. Massicotte, Desnoyers, Bernard
Boylan, Wm L. Flynn, Owen Kiernan, Christopher
Hughes, L. J. Deady, M. J. Cook et le Révd Père A.
Dazé.

Aussitôt que l'Evêque et sa suite furent revenus sur l'estrade, le Révd Père A. Dazé, chapelain de l'Orphelinat St. Joseph, prononça un sermon de circonstance vraiment admirable, sur la soumission à l'autorité épiscopale et la grandeur des fêtes du culte catholique. Il a dit un bon mot pour M. l'abbé J. A. Payan, fondateur de cette paroisse, et a demandé à tous d'aider, dans son travail, le vénérable pasteur de la paroisse St. Mathieu.

Après le sermon, on procéda au frappement de pierre, qui est accompagné d'une offrande, de même qu'à une bénédiction de cloche. La recette produite par cette cérémonie a été de $317.00. Plusieurs personnes ont charitablement donné des sommes considérables, entr'autres les suivantes : Dr J. B. Chagnon, $20 ; M. Athanase Lamoureux, $10 ; M. Alphonse Campbell, $10 ; M. Ls Georges Destremps, $10 ; un club, $42 ; Dames de Ste. Anne, $105, fruit de leur concours pour la truelle d'argent, qui avait été offerte au plus fort concurrent. Ces dames ont concouru avec le club sus-mentionné qui a recueilli $42.

Dans l'excavation de la pierre, ont été placés des copies de tous les journaux français et anglais de la ville, un billet d'un dollar, un dollar d'argent, une pièce de 50 cts, une de 25 cts, une de 10 cts et une de un centin. On y a aussi placé le nom du pape régnant, le nom du président actuel des Etats-Unis, ceux du gouverneur Russell et du maire Coughlin.

L'acte de bénédiction, signé des noms de l'Evêque et de tous les prêtres sus-mentionnés, plus ceux de MM. James B. Taylor, entrepreneur, John Crowe, maître-maçon, et Louis Georges Destremps, architecte, a été déposé dans la pierre, avec les articles sus-mentionnés.

Cette belle fête laissera un bon souvenir aux

trois mille personnes qui en ont été témoins, et sera un grand encouragement, pour les paroissiens comme pour les pasteurs de St. Mathieu.

BENEDICTION ET DEDICACE DE L'EGLISE ST. MATHIEU, ET BENEDICTION D'UNE CLOCHE

Ce 20 septembre, 1896, S. G. Monseigneur Harkins a fait les bénédiction et dédicace de l'église St. Mathieu.

La messe a été chantée par M. l'abbé J. A. Payan, premier curé de cette paroisse, avec M. l'abbé M. Kelley, vicaire de l'église St. Joseph, comme diacre, et de M. l'abbé M. Doran, diacre de la paroisse St. Patrice, comme sous-diacre. Au trône, S. G. Mgr Harkins présidait, avec M. l'abbé C. Hughes, curé de l'église Ste. Marie, comme prêtre-assistant, et MM. les abbés Kiernan et Bérubé, comme diacre et sous-diacre d'honneur. M. l'abbé F. X. Casgrain, vicaire de la paroisse, agissait comme maître des cérémonies.

Au sanctuaire étaient présents MM. les abbés Nap. Leclerc, curé de Ste. Anne de Woonsocket, R.I.; Eug. Lessard, curé à Manville, R. I.; J. H. Béland, de Central Falls, R. I.; J. O. Garcin, de Woodlawn, R. I.; L O. Massicotte, de St. Dominique, de Fall River; C. P. Gaboury, de New-Bedford, Mass.; et quelques autres.

La messe du Second Ton harmonisée fut chantée. Le grand chœur alternait avec le chœur des enfants. L'hon. P. F. Péloquin était le maître de chapelle en charge et M. Elz. Plante, organiste. Le chœur des enfants était sous la direction de M. le curé J. G. Lavallée, de cette paroisse. Dominateur Plante jouait le petit orgue.

M. l'abbé J. O. Sylvain, vicaire à N.-D. de Lourdes, de cette ville, a donné le sermon de circonstance.

Dans l'après-midi, à 3 heures, il y eut vêpres solennelles auxquelles assistaient S. G. Mgr Harkins et tous les prêtres présents à la messe, et quelques autres. Sur la fin des vêpres, le Révd Père Sauval, curé de l'église Ste-Anne, de cette ville, a donné un sermon, à l'occasion de la bénédiction d'une cloche, qui a été ensuite bénite par S. G. Mgr Harkins ; celui-ci donna aussi la bénédiction du T. St-Sacrement.

La journée s'est terminée par la sonnerie de la cloche par les parrains et marraines dont les noms suivent : Messieurs et Mesdames J. B. Lapointe, Olivier Paul, M. Horace Marquis et Mlle Alice Marquis, Messieurs et Mesdames Chs Létourneau, Joseph Surprenant, Joseph Allaire, M. Longchamp et Mme Vve Thibault, Messieurs et Mesdames J. B. Laforce, Edouard Thibault, Elzéar Lavoie, Nar. Giard, M. P. A. Brosseau et Mlle L. Lebœuf, Messieurs et Mesdames J. A. Arcand, David Valcour, J. A. Giard, J. Z. Brault, A. Campbell, Joseph Lemay, Victor Blanchet, Pierre Péloquin, Mme E. Pinault et son fils Xavier, Messieurs et Mesdames Nar. Lincour, J. B. Pinault, Eug. Patenaude, Jo Garon, Mme Vve Chouinard et son fils, Messieurs et Mesdames Joseph Parenteau, Joseph Landry, Guillaume Parenteau, Mme Cyrille Lecomte et son fils Georges, M. et Mme Gédéon Arsenault, M. le Dr Desnoyers et Mme Dr Chagnon, Mme Vve Moreau et son fils Hercule, Messieurs et Mesdames Chs Desmarais, Léon Gagnon, Jacob Gagné, A. Cadoret, Marcel Godbout, J. A. Marcoux, Michel Bouley, E. Stuart, Louis Péloquin, Nazaire Ratté, sr., Antoine Ducharme, Mme Fr. Maynard et son fils Nelson, Messieurs et Mesdames Solomon Lebœuf, Jacques L'Archevêque, Patrick Hanley, François Pelletier, Samuel Gaudreau, Dr S. Lebœuf, Mme

Vve Dion et son gendre, M. Onésime St-Michel, Messieurs et Mesdames Alfred Morin, Joseph Guillemette, Mme Vve B. Martel et son fils Joseph, Messieurs et Mesdames J. B. Coté, Joseph Lacroix, Louis Croisetière, Aimé Arsenault, Athanase Lamoureux, Antoine Giroux, Napoléon Lebœuf, Alfred Alexandre.

L'offrande faite par les parrains et marraines a donné le montant de $402.00.

L'Ordination de M. l'Abbe Damase Robert et Confirmation de James Wady, Converti

Le 11 décembre, 1904, un concours immense de fidèles accourus des diverses paroisses catholiques de Fall River et des alentours, s'étaient donné rendez-vous à l'église St. Mathieu de Bowenville, attirés par une fête rendue doublement imposante et solennelle, d'abord à cause de l'ordination d'un nouveau ministre du Seigneur et ensuite par la confirmation d'un nouveau converti à la foi catholique.

Le temple coquet avait revêtu un cachet d'imposante splendeur et en y entrant, on se sentait pénétré d'un profond respect et d'un bonheur presqu'inexplicable.

A 10 heures, S. G. Mgr Stang entra dans l'église, précédé des messieurs du clergé, des enfanes de chœur, de la croix et des acolytes.

Rendu dans le sanctuaire, Monseigneur prit place sur le trône improvisé pour la circonstance, accompagné de MM. les abbés Cassidy, prêtre-assistant, L. A. Casgrain, diacre d'honneur, et A. Bérubé, sous-diacre d'honneur. Il revêtit les ornements pontificaux et commença la messe. Les autres officiers étaient : diacre d'office, M. l'abbé Thomas Kelly ; maîtres des cérémonies, M. l'abbé Seagrave et le Rvd

Père Dallaire. M. le curé J. G. Lavallée accompagnait M. Damase Robert, le nouveau lévite, pendant la cérémonie de l'ordination.

Après la lecture de l'évangile, M. l'abbé J. A. Fauteux, curé de Warren, R. I., donna le sermon de circonstance. Le prédicateur prit pour texte, ces paroles du psaume 109 : "Juravit Dominus et non poenitebit eum, tu es sacerdos in æternum."

Le sermon terminé, les cérémonies reprirent leur cours.

Sa Grandeur conféra ensuite le sacrement de confirmation au nouveau converti, M. James Wady, qui avait été baptisé, quelques mois auparavant, avec M. le curé J. G. Lavallée comme parrain.

Après la messe, un somptueux banquet fut servi dans le soubassement de l'église.

Les Dames de Ste-Anne, qui étaient en charge du banquet, présentèrent à S. G. Mgr Stang, une jolie adresse, à laquelle Sa Grandeur répondit en termes émus, et un cadeau de $50 en or. M. l'abbé Damase Robert, avec quelques paroles émues et bien choisies, remercia Sa Grandeur, les membres du clergé et les autres personnes, qui avaient contribué à cette belle et grande fête.

Assistaient à la cérémonies du matin, le R. P. Dallaire, dominicain de l'église Ste-Anne ; le R. P. Pichon, jésuite de Montréal, P. Q.; MM. les abbés L. A. Casgrain, de Fall River et ancien curé de St-Mathien ; J. A. Fauteux, de Warren. R. I.; C. Hughes, de Ste-Marie de cette ville ; A. Bérubé, de New Bedford, Mass.; A. Blanchette, de N. D. de Lourdes de cette ville ; P. Desrochers, de Central Falls, R. I., M. C. Grillo, de St-Michel de cette ville ; M. Silva de Santo Christo, de cette ville ; E. E. Seagraves, de la cathédrale de Providence, R. I.; H. Béland, de Cen-

tral Falls, R. I., Jules Bigaouette, de cette ville :
R. Père Raepsact, provincial des PP. des Sacrés-
Cœurs de Picpus de Fair Haven, Mass.; Napoléon
Leclerc, de Woonsocket, R. I.; A. E. Coulombe, de
New Bedford, Mass.; James Fogarty, de St-Louis
de cette ville ; James Kelly, de St-Joseph de cette
ville, et A. Savoie, vicaire de cette paroisse.

Le chant sous l'habile direction de l'honorable
P. Péloquin, fut on ne peut mieux réussi. Le programme suivant fut rendu avec beaucoup de succès ;

Messe du 2nd ton harmonisée. "Veni Creator",
de Millard, chanté à l'offertoire. "Jesu Dei vici", à la
communion. "Salut ô Vierge Immaculée", à la sortie.

Le professeur Elzéar Plante jouait l'orgue.

L'autel et le sanctuaire étaient décorés d'une manière vraiment artistique.

A 7.30 p. m., les vêpres furent chantées par le
nouveau prêtre, M. l'abbé D. Robert, qui était accompagné de MM. les abbés Valois et Coulombe.

A la bénédiction du T. St-Sacrement, qui suivit
les vêpres, le diacre exposant était l'abbé A. Savoie.

Programme du Salut : "O Salutaris", de Verdi.
"Tota Pulcra es", de Hayden. "Tantum ergo", de
Rossi.

Après le salut, chacun se retira, emportant dans
son cœur le souvenir le plus doux des fêtes du jour,
qui étaient les premières du genre, dont on était
témoin en cette ville.

En arrivant au pied de l'autel, le nouveau prêtre,
M. l'abbé Damase Robert, commença sa première
messe, en entonnant le "Veni Creator" et tout le
monde continua en chœur.

Pendant la messe, les Enfants de Marie, sous la
direction de M. l'abbé A. Savoie, chantèrent plusieurs
jolis cantiques de circonstance.

La messe se termina par le chant du "Te Deum", et ce fut la clôture de ces fêtes à jamais mémorables dont se rappeleront toujours ceux qui ont eu le bonheur d'en être témoins.

C'est à la demande de M. l'abbé J. G. Lavallée, que M. l'abbé D. Robert fut ordonné en cette église et qu'il fut attaché à cette paroisse, comme vicaire, jusqu'en 1906.

DAMES DE STE-ANNE.

La confrérie des Dames de Ste-Anne de la paroisse St-Mathieu, fut fondée le 28 avril 1889, par M. l'abbé J. A. Payan, alors curé de cette paroisse.

Cette société a doublé le nombre de ses membres en vingt ans, et elle en compte maintenant 300.

Mme F. X. Lebœuf fut présidente de cette société, de l'an 1889 à 1892, et de 1896 à 1898. Mme Alphonse Campbell, lui succéda en 1892, lui céda sa place en 1896, pour la reprendre en 1898 et la conserver jusqu'à ce jour. Ainsi, dans une période de vingt ans, cette société n'a eu en réalité que deux présidentes distinctes. C'est ce qui prouve la popularité de Mmes Lebœuf et Campbell, qui ont alterné dans cet honneur suprême, durant deux décades.

La 21ième élection des Dames de Ste-Anne, en 1909, a donné le résultat suivant :

Présidente, Mme Pierre Auclair.

Vice-présidente, Mme Alphonse Marcoux.

Assistante, M. Philippe Gagnon.

Secrétaire, Mme Noël Morin.

Assistante, Mme Augustin Lavoie.

Trésorière, Mme Alphonse Godbout.

Assistante, Mme A. Laroche.

Maîtresses de Cérémonies, Mmes Pierre Campbell et Elzéar Ouellette.

Sacristains, Mmes Chs Caza et Calixte Poutré.

Porte-bannière, Mmes F. Savoie, J. Godbout et P. Roberge.

M. le curé J. G. Lavallée est le directeur de la confrérie.

ENFANTS DE MARIE.

La confrérie des Enfants de Marie a été fondée le 30 mai 1889, par M. l'abbé J. A. Payan, alors curé de St-Mathieu.

Voici les présidentes qui se sont succédées tour à tour durant les vingt ans d'existence de cette confrérie : Mlles Marie-Louise Rousseau, Philomène Dion, Joséphine Boulé, Philomène Gagnon, Joséphine Boulé (réélue, Marie-Louise Têtu et Marie-Louise de Tonnancour.

En vingt ans, le nombre des membres a passé de 100 à 175.

Les dernières élections, en 1909, ont donné le résultat suivant :

Présidente, Mlle Marie-Louise de Tonnancour.

Vice-présidente, Mlle Antoinette Campbell.

Assistante, Mlle Marie Lavoie.

Secrétaire, Mlle Emelda Paquet.

Trésorière, Mlle Alida Poisson.

M. l'abbé J. E. Potvin est le directeur des Enfants de Marie.

ENFANTS DE STÉ-PHILOMENE,

Après quelques années d'existence, le nombre des Enfants de Ste-Philomène est de 80 membres actifs.

Les dernières élections, en 1909, ont donné le bureau d'administration suivant :

Présidente, Mlle Cora Larivière.

Vice-présidente, Mlle Laura Parenteau.

Sacristain et trésorière, Mlle Concorde Boulé.

Conseillères, Mlles Blanche Côté et Phéma Poisson.

M. le curé J. G. Lavallée est le directeur spirituel des Enfants de Ste-Philomène.

LIGUE DU SACRE-CŒUR

La Ligue du Sacré-Cœur fut fondée en 1895, par M. le curé J. G. Lavallée.

Elle comprend deux sections, celles des hommes et celle des jeunes gens.

Le bureau des officiers, de la section des hommes, est maintenant le suivant :

Président, M. Antoine Giroux.

Vice-président, M. Etienne Giroux.

Assistant, M. Elie Ouellette.

Secrétaire-trésorier, M. Dolard Paradis.

Les officiers de la section des jeunes gens sont aujourd'hui les suivants :

Président, M. Pierre Caron.

Vice-président, M. Louis Ouellette.

Assistant, M. Joseph Lavoie.

Secrétaire-financier, M. X. Auclair.

Les sections forment un total de 350 membres.

M. le Curé est le directeur de cette ligue.

--- ◄●► ---

ZOUAVES DU SACRE-CŒUR

La Garde des Zouaves du Sacré-Cœur fut organisée en 1896, par M. le curé J. G. Lavallée.

Voici la liste des officiers actuels :

Commandant, M. Marcel Godbout.

Commissaires-instructeurs, MM. Philippe Larivière, François Perron et Ernest Campion.

Cette année, cette garde a été affiliée à la Brigade de Volontaires Franco-Américains, de la Nouvelle-
Angleterre.

La garde se compose de 50 zouaves.

M. l'abbé J. E. Potvin en est le chapelain.

--- ◄●► ---

SOCIETE DE ST-LOUIS DE GONZAGUE

La société de St-Louis de Gonzague se compose
de tous les enfants de chœur et elle a été fondée par
M. le curé J. G. Lavallée.

Cette société compte aujourd'hui 35 membres,
qui sont sous la direction de M. l'abbé J. E. Potvin.

ÉGLISE ST-SACREMENT.

La Paroisse du St=Sacrement

En l'année 1878, M. l'abbé Montaubricq, le fondateur et le premier curé de la paroisse Ste-Anne, ne jouissait plus d'une bonne santé, et les médecins lui conseillaient de prendre du repos. Il passa en France, son pays natal, mais il revint bientôt, pour se retroutrouver tout près de ses "chers Canadiens", comme il les appelait. Il se retira à No. Tiverton, où il passa quelques années, puis retourna en France, où il mourut, à Luynes, le 9 septembre, 1886.

Avant son départ de No. Tiverton, M. l'abbé Montaubricq avait songé à y créer une desserte canadienne-française et s'était promis de contribuer la somme de $6,000 à la construction d'une petite chapelle. Pour des causes diverses, ce projet fut abandonné.

M. Montaubricq fut remplacé, à la cure de Ste-Anne, par M. l'abbé Thomas Briscoe.

L'année suivante, en 1887, S. G. Mgr Harkins, évêque de Providence, R, I., confiait la paroisse Ste-Anne aux RR. PP. Dominicains, de Lewiston, Maine, qui en donnèrent la direction aux RR. PP. Mothon, Sauval et Esteva. L'église de la paroisse se trouvait alors à l'angle des rues Hunter et Hope,

LA CHAPELLE-ECOLE,

Vers la fin de l'année suivante, 1888, le R. P.
Esteva faisait construire une chapelle-école, à l'extrémité sud de la rue South Main : c'était le premier
temple de la paroisse du St-Sacrement, qui portait
alors le vocable de St-Dominique.

Cette chapelle fut d'abord desservie par le R. P.
Bellemarre qui fut bientôt remplacé par le R. P. Gillant.

LA PAROISSE,

En 1892, Mgr l'Evêque manifesta le désir de dé-
membrer la paroisse de Ste-Anne une troisième fois,
pour en détacher une nouvelle paroisse. N.-D. de
Lourdes et St-Mathieu étaient déjà sorties du sein de
la paroisse-mère (Ste-Anne), la première en 1874, et
la seconde en 1887.

Après une entente avec les RR. PP. Dominicains, Mgr Harkins plaçait M. l'abbé L. O. Massicotte
à la tête de la nouvelle paroisse.

A la chapelle déjà existante, le premier curé, M.
Massicotte, ajouta bientôt un presbytère, et la paroisse était fondée.

M. le curé Massicotte fut appelé en juillet 1901,
à la cure de St-Charles, à Providence, R. I., et M.
l'abbé D. V. Delemarre lui succédait.

L'EGLISE,

Avec l'autorisation de Monseigneur, M. le curé

Delemarre projeta bientôt la construction d'une église, qui fut dédiée au St-Sacrement.

Les travaux de l'église du St-Sacrement furent entrepris en 1902, sous les auspices de S. G. Mgr Harkins, évêque de Providence, R. I., et sous la direction de M. le curé D. V. Delemarre et des syndics, MM. E. M. Denault et Honoré Perrault.

Les cérémonies de la pose de la pierre angulaire, présidée par S. G. Mgr Harkins, eut lieu le 4 juillet 1902 ; de ce jour-là, Monseigneur annonça que le vocable de l'église serait changé et que la paroisse même porterait le nom du St-Sacrement.

Le nouvel édifice, achevé sans encombre, fut solennellement livré au culte le 24 novembre, 1904, par S. G. Mgr Wm Stang, premier évêque de Fall-River.

A cette date, M. le curé D. V. Delemarre avait pour vicaire M. l'abbé J. Monnier, celui-ci fut trans-féré ce jour-là même, à St-Mary's, et remplacé par M. l'abbé H. V. Sompele. MM. Honoré Perrault et Jos. Canuel étaient syndics, à cette date.

La paroisse compte aujourd'hui 535 familles, soit 3,170 âmes.

Voici maintenant la liste des ouvriers qui ont bâti l'église :

MM. L. G. Destremps, architecte ; L. Bolduc et Jos. Canuel, contracteurs ; J. Castagnoli, de Boston, sculpteur ; H. Lagassé, qui a placé le système de chauffage ; Albert David et Canuel Thibault, qui ont posé la peinture ; Ad. Perreault et A. Laplante, chargée de la charpente ; Jos. St-Germain et Prosser & Son., qui ont fait les portes et fenêtres et quelques autres de nom anglais.

MM. Israel Picard et Samuel Benoit ont fourni la pierre ; Zénon St-Laurent, de North Tiverton, R,

1., a fait des travaux de peintures ; H. Perreault et Isaïe Morin, de North Tiverton, ont fourni de la quincaillerie ; des Anglais ont fourni la brique, le bois, le marbre, le plâtre et la terre à modeler.

L'extérieure de l'église a couté $48,005, et l'intérieur, $16,232.38. Les aures dépenses nécessaires se montaient à $21.320.64. Prix total de l'église, $85,558.62.

BÉNÉDICTION DE L'ÉGLISE

Nous empruntons à l'*Independant*, édition du 25 novembre, 1904, les quelques notes suivantes, au sujet de la bénédiction de l'église du St-Sacrement.

"Le 24 novembre, 1904, restera une date à jamais mémorable dans les annales de la paroisse du St-Sacrement. Pasteur et paroissiens garderont vivace le souvenir de ce grand jour qui a vu l'inauguration solennelle de leur nouvelle église, un des monuments religieux les plus coquets et les plus artistique de la Nouvelle-Angleterre."

"Au pasteur vénéré qu'est M. l'abbé D. V. Delemarre, cette date rappellera la foi ardente et la générosité merveilleuse de ses chers paroissiens ; aux pieux fidèles si heureux et si justement fiers de leur curé, elle redira le zèle infatigable et le dévouement à toute épreuve du meilleur et du plus aimé des pasteurs. Chacun d'eux pourra se joindre à lui et répéter dans les mêmes sentiments de jubilation : Exegi monumentum".

"On peut dire d'ailleurs que Fall River tout entier a participé d'une façon directe ou indirecte au triomphe du St-Sacrement."

"C'est qu'aussi les cérémonies incomparables de ce grand jour sont la consécration d'une colossale entreprise qui fait autant d'honneur au vaillant curé du St-Sacrement, M. l'abbé Delmarre, qui en est à la téte, qu'aux Canadiens-Français placés sous sa direction.

"Le ciel lui-méme avait bien voulu prêter son secours à cette superbe manifestation. Au point du jour, on avait pu craindre que la neige ne vînt apporter un cortège d'ennuis et de déconvenus. D'epais nuages voilaient le firmament tout entier ; mais quand sonna l'heure des cérémonies, les nuages dépouillèrent comme par enchantement leurs noirceurs menaçantes. Du haut du ciel, le Seigneur souriait à sa chère paroisse et veillait avec un soin jaloux à ce que rien ne vint ternir l'éclat de cette grandiose célébration.

"A dix heures, S. G. Mgr Stang, revêtu des ornements pontificaux, se dirige vers la nouvelle église, précédé d'un brillant cortège réparti dans l'ordre suivant : Porte-croix, acolytes, enfants de chœur richement costumés, six frères de la Doctrine Chrétienne, membres du clergé accourus en grand nombre à la fête. L'entrée dans l'église s'effectue au chant des litanies des Saints exécuté par un chœur puissant, que dirige avec son talent bien connu M. l'abbé J. Monnier, vicaire de la paroisse.

"Les premières prières liturgiques terminées, l'évêque fait lentement le tour de la nouvelle église qu'il asperge d'eau bénite en récitant les prières prescrites par le rituel. Le nouveau temple est maintenant prêt à être livré au culte. On va l'inaugurer avec toute la pompe désirable en y introduisant le Dieu des saints autels.

"La seconde partie de la fête, nous voulons dire

la translation des Saintes Espèces dans la nouvelle église, va revêtir tous les caractères d'une grande démonstration eucharistique.

"Le cortège se reforme et se dirige, cette fois, vers l'ancienne église dont l'intérieur offre un aspect des plus impressionnants. Tous les membres des sociétés paroissiales, revêtus de leurs costumes ou portant leurs insignes, ont pris place dans la nef. Le chœur est envahi par les porte-flambeaux, thuriféraires, acolytes, membres du clergé qui, tous, se sont empressés de venir former la garde d'honneur du Dieu Eucharistique. Au dehors, les sociétés militaires, venues de toutes les sections de la ville, forment une double haie qui s'étend depuis l'entrée de l'ancienne église jusqu'au vaste perron du nouveau temple. C'est entre cette double haie que va défiler le cortège des sociétés, précédant les membres du clergé et le dais sous lequel a pris place S. G. Mgr Stang portant le Saint Sacrement. Le spectacle est magnifique. Tous les sociétaires défilent lentement entre la double rangée des militaires, en grand uniforme qui, sabre au clair, rendent les honneurs au Dieu des autels et à son royal cortège.

"En présence de plus d'un millier de pieux fidèles, la procession déroule ses longs méandres sur la route aboutissant à l'ancienne église, puis s'engage sur la vaste allée qui coupe le spacieux parterre créé avec un goût impeccable en face du nouveau temple dont il fait ressortir la majestueuse splendeur. Aux accents de la fanfare Philharmonique, qui a pris place en tête du cortège, défilent successivement :

"Les élèves de l'école paroissiale coquettement endimanchés (SS. de la Charité).

"La société Ste-Imelda. Présidente, Mlle Lafleur.

"La congrégation des Enfants de Marie. Présidente, Mlle Anne Lévesque.

"La société des Dames de Ste-Anne. Présidente, Mme Joseph Lafleur.

"La Cour St-Dominique de la société L. C. B. A. Présidente, Mme Doucette.

"La Villa Fleur de Lys, des Canado-Américains. Présidente, Mme O. Nadeau.

"La Petite Ligue du Sacré-Cœur. Président, Jos Bousquet.

"Les Canado-Américains. Président, Phil. Morin.

"La Ligue du Sacré-Cœur. Président, Joseph Gagnon.

"Le corps de tambours de la Jeune Garde du Sacré-Cœur de la paroisse Notre-Dame.

"La compagnie B. de la Jeune Garde.

"La Garde Napoléon. Capitaine, Henri Bernard.

"La Garde de la Ligue des Patriotes. Capitaine, Louis Laroche

"La Garde du Cercle Montcalm. Capitaine, Siméon Guimond.

"La Garde Notre-Dame de la société St-Antoine. Capitaine, Alix. Viens.

"La Garde d'Honneur de la société St-Joseph. Capitaine, H. Chouinard.

"La Garde de la société St-Dominique. Capitaine, Louis Bernard.

"Les membres du clergé, portant des cierges.

"Toutes les têtes se découvrent lorsque, sur le perron de l'église, apparaît sous le dais le radieux ostensoir, porté par l'évêque diocésain. A la clarté des flambeaux, qui l'entourent comme d'une auréole de gloire, on dirait une vision céleste venue épancher les trésors de ses consolations et de ses espérances dans les cœurs de milliers de fervents chrétiens, témoins de cet incomparable triomphe du Saint-Sacrement.

"Les quatre paroissiens à qui a été dévoulu l'insigne honneur de porter le dais sont MM. Georges Lévesque, Joseph Bousquet, Louis Fournier et Amable Denault. Huit membres de la Ligue du Sacré-Cœur escortent le dais ; ce sont : MM. J. B. Mercier, M. Paquet, U. Frenette, O. Boisvert, F. X. Lavallée, M. Germain, N. Morel, J. Levitre.

"Fermant le cortège :

"La compagnie A de la Jeune Garde du Sacré-Cœur de la paroisse Notre-Dame. Commandant, L. J. Rioux.

"M. le curé D. V. Delemarre.

"Les syndics de la paroisse, MM. Honoré Perrault et Joseph Canuel.

"Les architectes, MM. L. G. et L E. Destremps.

"Les entrepreneurs, MM. Léandre Bolduc, Jean Castagnoli, Adélard Perrault, A. Laplante.

"Mais déjà le Dieu Eucharistique fait son entrée dans la somptueuse demeure que lui ont érigée la foi et la générosité merveilleuses du pasteurs et des paroissiens du St-Sacrement. Du haut de la tribune où a pris place un chœur puissant dirigé par M. l'abbé Monnier, se fait entendre le joyeux chant de fête :

"Loué soit à tout instant Jésus, au St-Sacrement !" Les sons majestueux de l'orgue se marient dans un harmonieux ensemble aux voix puissantes et suaves des chantres et de l'immense auditoire qui rendent avec toute l'ardeur dont leur âme est capable l'hymne de la réjouissance. On dirait que le temple tout entier tressaille jusque dans ses fondements, lorsque le Très-Haut y fait son entrée entre les mains de son auguste ministre. Les échos des voix se répercutent sous les voûtes sonores, pendant qu'un long cantique d'actions de grâce s'élève des milliers de personnes massées dans la vaste enceinte de la nouvelle église. C'est un triomphe inouï que cette grande démonstration eucharistique, dont la paroisse du St-Sacrement est le témoin pour la première fois.

"Le sacrifice auguste de la messe va maintenant être célébré dans le nouveau temple, dont le Dieu-Eucharistique vient de prendre possession. L'évêque prend place au trône qui lui a été préparé avec tant de goût par M. l'abbé Monnier, pendant que Mgr J. A. Prévost, curé de Notre-Dame, monte à l'autel assisté dans ses saintes fonctions par MM. les abbés Fogarty et Valois comme diacre et sous-diacre. MM. les abbés Bigaouette et Savoie dirigent les cérémonies, et MM. les abbés Gaboury et Mussely assistent Sa Grandeur au trône.

"Fidèle à l'esprit de l'église traduit par son auguste Vicaire, le chœur de chant a préparé pour la circonstance une messe en chant grégorien, le plus beau et le plus majestueux de tous les chants. En maître consommé dans l'art du plein chant, M. l'abbé Monnier qui le dirige, a fait choix de la messe royale de Dumont. Exécuté avec beaucoup d'âme et le plus parfait unisson, ce chant impressionne vivement l'assistance.

"Après l'évangile, M. l'abbé Delemarre monte en chaire. Un silence religieux plane sur l'auditoire.

"Monsieur le Curé lit les annonces des offices et messes pour le reste de la semaine, et mentionne en particulier le service anniversaire des Dames de Ste-Anne pour le vendredi, 25 courant. (A ce service fut inauguré le monumental catafalque ainsi que les riches tentures de deuil offertes à l'église par la société des Dames de Ste-Anne. Les annonces terminées, M. le curé remercie en termes émus et chaleureux les belles sociétés canadiennes venues en grande tenue à la cérémonie, la fanfare Philharmonique et autres sociétés paroissiales, le clergé canadien venu de tous les points des diocèses de Fall River et de Providence, et le chœur surtout qui a exécuté le chant de la messe ainsi que celui des vêpres avec une majesté toute grégorienne.

"En son nom et au nom de la paroisse, M. le curé remercie ensuite l'architecte, M. L. G. Destremps, et les entrepreneurs, MM. Bolduc et Canuel, ainsi que l'artiste, M. J. Castagnoli, à qui revient l'honneur du décor.

Puis le digne curé fait l'offrande officielle de la nouvelle église à l'autorité diocésaine et à ses chers paroissiens.

Tout aussi belles, tout aussi impressionnantes que celles du matin, les cérémonies du soir sont le digne couronnement de cette mémorable fête.

"Dès 7 heures du soir, une demi-heure avant l'ouverture des cérémonies, on ne voit plus une seule place de libre dans la vaste enceinte du temple, qui ne tarde pas à s'illuminer de mille feux, comme sous l'influence magique d'un doigt de fée. En un clin d'œil un nombre incalculable de lampes brillent à la voûte ; l'édifice tout entier est tout ruisselant de lumière.

"C'est au sein de ce décor incomparable, que S. G. Mgr Stang et sa suite font leur apparition dans le sanctuaire. Les vêpres pontificales commencent aussitôt avec le cérémonial particulier que comporte cette circonstance solennelle. Les RR. PP. Charland et Rémy assistent l'évêque au trône. MM. les abbés Lavallée, Fauteux, Mussely et Lavoie remplissent les fonctions de chapeliers.

Le même chœur que celui du matin exécute, avec

non moins de savoir-faire et d'unisson, le chant des psaumes en faux-bourdons. Les vêpres sont rendues toutes entières en chant grégorien; l'assistance s'émeut visiblement aux délicieuses mélodies de ce chant admirable que le chœur du St-Sacrement sait rendre avec une précision et un talent à nul autre pareil.

"Le discours de circonstance est prononcé par un orateur dont l'éloquence est bien connue, nous voulons dire le T. R. P. Grolleau, curé de Ste-Anne et prieur du couvent des Dominicains. Encore une fois, le digne fils de St-Dominique, et de Lacordaire remporte un triomphe oratoire éclatant. Son geste puissant et expressif, sa parole pleine de couleurs et d'images transporte l'auditoire qui ne peut retenir les marques de son admiration et de son enthousiasme, malgré la sainteté du lieu et le caractère sacré des cérémonies.

"Dans l'éclat de ces manifestations, il est quelques braves que nous ne devons pas oublier ; si comme l'humble violette, ils se sont tenus dans l'ombre et le silence, ils n'ont pas moins travaillé de toute l'ardeur de leur âme, et mérité l'admiration de tous ceux qui ont été les heureux témoins de cette belle fête : on a nommé le comité de réception dont la besogne ne pouvait être ni mieux, ni gracieusement accomplie. Constituaient ce comité : MM. Léon Carroll, François Boudreau, J. A. Hébert, Donat Bernard, A. Laplante, collecteurs de l'église, ainsi que les membres suivants de la Ligue du Sacré-Cœur : MM. Joseph Gagnon, président ; Zotique Arsenault, Arsène Germain, Germain Lepage, Eleusippe Lemay, Chs. Lévesque, Donat Gagnon, Alfred Otis. '

"Pour être juste, nous devrions une mention spéciale à tous et chacun des paroissiens du St-Sacre-

ment. Sous la direction éclairée de leur zélé pasteur,
M. l'abbé Delemarre, tous ont contribué de leur mieux
à rehausser l'éclat de cette célébration qui constituera
un des plus beaux titres de gloire de la paroisse du
St-Sacrement.

"Le superbe monument qu'ils ont élevé restera
un souvenir impérissable de leur foi et de leur générosité, et les générations qui, une à une, s'agenouille-
ront sur ses dalles, auront une prière pour les fervents chrétiens dont la foi a fait plus que transporter les montagnes, puisqu'elle a façonné la matière et
donné une voix à la pierre et au marbre, pour chanter les louanges du Saint Sacrement.

"Quelques jours après la dédicace de la nouvelle
église, S. G. Mgr Stang offrait ses félicitations à M.
le curé Delemarre et $100 à la paroisse du St-Sacre-
ment.

L'ECOLE.

Les Religieuses Dominicaines, de la paroisse Ste-
Anne, furent les premières institutrices à l'Ecole du
St-Sacrement. Elles venaient donner leurs leçons
chaque jour, et retournaient le soir à leur couvent.

Vers 1892, les Sœurs de la Charité, de N.-D. de
Lourdes, prirent la direction des classes, en voyageant
chaque jour, de leur couvent à l'école, comme les premières. M. l'abbé L. O. Massicotte était alors le premier curé de cette paroisse.

En 1905, M. l'abbé D. V. Delemarre, deuxième
curé de cette paroisse depuis 1901, sous l'instigation
de S. G. Mgr Stang, demanda les RR. SS. de St-Joseph pour prendre la direction de l'école de cette pa-

roisse, en remplacement des SS. de la Charité.

Le 2 septembre de la même année, cinq SS. de St-Joseph se détachèrent de la colonie de St-Roch, pour se fixer dans la paroisse du St-Sacrement, où elles achetèrent bientôt la propriété, qui se trouve en face du presbytère, firent réparer la bâtisse qui y était sise, et s'en firent leur couvent. C'est depuis cette date qu'elles dirigent notre école.

L'école actuellement, se divise en 5 classes, sous la direction de 6 religieuses, qui se dévouent à l'enseignement et à l'éducation de 250 élèves.

ENFANTS DE MARIE.

La congrégation des Enfants de Marie, fondée en, 1890, par le Révd Père Gillant, fut la première de la paroisse du St-Sacrement.

Nous donnons ci-après la liste des bureaux de dignitaires qui ont été choisis depuis le commencement.

Bureau de 1890 : — Directeur, le R. P. Gillant.; présidente, Mlle Marie Dubreuil.

Bureau de 1892 : — Directeur, le R. P. Gillant ; présidente, Mlle Elodie Brault ; vice-présidente, Mlle Hermine Pelletier.

En 1893, 1894 et 1895 : — Directeur, M. l'abbé L. O. Massicotte ; présidente, Mlle Elodie Brault ; vice-présidente, Mlle Hermine Pelletier.

En 1896 et 1897 : — Directeur, M. l'abbé L. O. Massicotte ; présidente, Mlle Elodie Brault ; vice-présidente, Mlle Marie Ouellette.

Bureau de 1898 : — Directeur, M. l'abbé L. O. Massicotte ; présidente, Mlle Lucie Bergeron ; vice-présidente, Mlle Alphonsine Jodoin.

En 1899 et 1900 : — Directeur, M. l'abbé L. O.

Massicotte ; présidente, Mlle Lucie Bergeron ; vice-présidente, Mlle Claudia Rousseau.

Bureau de 1901 : — Directeur, M. l'abbé L. O. Massicotte ; présidente, Mlle Cléa Brault ; vice-présidente, Mlle Olympe Hamel.

En 1902, 1903, 1904 et 1905 : — Directeur, M. l'abbé D. V. Delemarre ; présidente, Mlle Anne Lévesque ; vice-présidente, Mlle Cordélia Desmarais.

Bureau de 1906 : — Directeur, M l'abbé D. V. Delemarre ; présidente, Mlle Cordélia Desmarais ; vice-présidente, Mlle Alphonsine Rousseau.

Bureau de 1907 : — Directeur, M. l'abbé D. V. Delemarre ; présidente, Mlle Alphonsine Rousseau ; vice-présidente, Mlle Marie Caron.

En 1908 et 1909 : — Directeur, M. l'abbé D. V. Delemarre ; présidente, Mlle Antoinette Turcotte ; vice-présidente

Les Enfants de Marie sont au nombre de 250.

DAMES DE STE-ANNE.

La deuxième société religieuse de la paroisse, les Dames de Ste-Anne, fut fondée en 1893, par M. l'abbé L. O. Massicotte.

Voici la liste des bureaux de direction depuis la date de fondation.

Bureau de 1893 : — Directeur, M. l'abbé L. O. Massicotte ; présidente, Mme J. B. Mercier ; vice-présidente, Mme C. Pelletier.

Bureau de 1901 : — Directeur, M. l'abbé D. V. Delemarre ; présidente, Mme O. A. Nadeau ; vice-présidente, Mme U. Frénette.

Bureau de 1902 : — Directeur, M. l'abbé D. V. Delemarre ; présidente, Mme U. Frénette ; vice-présidente, Mme Joseph Lafleur.

Bureau de 1903 : — Directeur, M. l'abbé D. V. Delemarre ; président, Mme Joseph Lafleur ; vice-présidente, Mme E. Hamel.

En 1906 et 1907 : — Directeur, M. l'abbé D. V. Delemarre ; présidente, Mme E. Hamel ; vice-présidente, Mme Honoré Perrault.

Bureau de 1908 : — Directeur, M. l'abbé D. V. Delemarre ; présidente, Mme Joseph Pinault ; vice-présidente, Mme F. Bodeau.

Bureau de 1909 : — Directeur, M. l'abbé D. V. Delemarre ; présidente, Mme Joseph Lafleur ; vice-présidente, Mme A. F. Lamontagne.

Les Dames de Ste-Anne sont au nombre de 300.

LIGUE DU SACRE-CŒUR.

En 1903, M. le curé D. V. Delemarre fonda trois nouvelles sociétés : La Ligue du Sacré-Cœur, la Petite Ligue du Sacré-Cœur et la Société des Enfants de Ste-Philomène.

Voici les bureaux de direction de la Ligue du Sacré-Cœur :

De 1903 à 1908 :—Président, M. Joseph Gagnon ; vice-président, M. Ferdinand Quintin.

Bureau de 1908 :—Président, M. Ferdinand Quintin ; vice-président, M. Isaïe Godue.

Bureau de 1909 :—Président, M. Alfred Landry ; 1er vice-président, M. Emile Michaud ; 2ème vice-président, M. O. A. Nadeau.

La Ligue du Sacré-Cœur compte 250 membres.

PETITE LIGUE DU SACRE-CŒUR

La Petite Ligue du Sacré-Cœur a été fondée pour recevoir les garçons âgés de 12 à 16 ans.

Voici la suite de ses présidents et leurs années

de présidence :　MM. Richard Piché en 1903, Roch
Lareau en 1904, Antoine Lévesque en 1905 ; Michel
Dubé en 1906, Armand Piché en 1907, Michel Dubé
en 1908 et'Emile Viens en 1909.

Cette ligue compte 120 membres.

ENFANTS DE STE-IMELDA

La Société des enfants de Ste-Imelda a eu trois
présidentes depuis 1903, date de sa fondation.

De 1903 à 1908, Mlle Eva Rémy ; en 1908, Mlle
Antonia Bourque, et en 1909, Mlle Marie-Louise Bérubé.

Cette société compte 120 membres.

La Paroisse St=Jean=Baptiste.

Nos frères en Jésus-Christ, les protestants anglais, ont une sérieuse prédilection pour les "Christ Church" et "Trinity Church". De leur côté, nos frères de race latine, les Irlandais catholiques, ont une remarquable tendance à fonder des "St-Patrick Church" et "St-Mary Church". Quoiqu'il en soit, la première église catholique qui fut fondée à Fall River, en 1836, portait le nom de St-Jean-Baptiste. Les annales de la ville ne nous disent pas pourquoi ce vocable fut adopté de préférence à un autre. A cette date, Fall River ne comptait qu'environ 5,000 âmes, et les catholiques n'y étaient pas encore nombreux. Saint-Jean-Baptiste pouvait alors, plus que jamais, s'écrier : "Je suis la voix qui crie dans le désert". Car, si les catholiques étaient clair-sémés dans ces parages, ses amis de langue française, n'y avaient pas encore même fait acte de présence.

M. l'abbé John Carry fut le premier curé de la première paroisse St-Jean-Baptiste. Il eut pour successeur, M. l'abbé Richard Hardy, qui fut remplacé par M. l'abbé E. Murphy.

St-Jean-Baptiste qui avait déjà été accoutumé depuis des siècles, à entendre parler la belle langue française, au Canada et en France, ne se sentait guère sans doute à son aise dans cette paroisse anglo-ir-

landaise. C'est sans doute pour cette raison qu'il
inspira à S. G. Mgr Fitzpatric, évêque de Boston,
l'idée de rayer le vocable de St-Jean-Baptiste et d'y
substituer celui de St-Mary, en 1855. Dix-neuf ans
de séjour dans une église anglo-irlandaise, c'était autant que St-Jean-Baptiste le désirait, évidemment.

Mais la voix de St-Jean-Baptiste n'avait pas crié
en vain dans le désert, elle avait été entendue jusqu'au Canada-Français. Aussi, pas plus que cinq
ans plus tard, ses amis de cœur et d'âme commençaient à suivre la voie qui leur avait été préparée par
leur saint patron. Ils venaient si vite et si dru qu'en
1869, il y en avait déjà 3,000 de rendus sur le champ
de bataille, tous prèts à combattre pour la conservation de leur religion et de leur langue, à l'ombre du
drapeau étoilé. Les annales de cette ville sont là
pour prouver que les dignes Fils de St-Jean-Baptiste
ne sont ni des renégats de leur langue, ni des apos-
tats de leur religion. Depuis leur arrivée en cette
ville, les Fils de St-Jean-Baptiste ont fondé six paroisses, douze institutions scolaires, plus de 50 con-
fréries religieuses et 91 sociétés nationales.

La cinquième paroisse française fondée à Fall-
River, porte donc un nom bien cher à tous les cœurs
vraîment français. Depuis déjà plusieurs siècles,
St-Jean-Baptiste est reconnu le patron et le grand
protecteur de la race française en Amérique. A ce
titre, cette cinquième paroisse mérite évidemment les
généreuses sympathies de tous nos compatriotes de
Fall River. Elle est encore jeune d'existence, mais
on doit se hâter de la doter de toutes les institutions
qui distinguent les grandes paroisses. Il faut que
cette seconde paroisse St-Jean-Baptiste devienne tôt
ou tard la plus belle expression de notre patriotisme,
comme de notre foi. Tous nos compatriotes aime-

ront sans doute à se réunir dans une belle et grande église St-Jean-Baptiste, pour y célébrer dignement chaque année, notre fête du 24 juin.

Pour cela, il convient que tous les patriotes de Fall River s'unissent comme un seul homme, pour ériger dans cette cinquième paroisse, une église qui sera un monument à la fois religieux et national, et notre rendez-vous favori, le 24 juin de chaque année.

DESSERTE ST-JEAN-BAPTISTE

Vers l'année 1895, nos compatriotes du sud de la ville, résidant entre les lacs Watuppa et Laurel, se sentaient déjà assez nombreux et assez forts pour former une congrégation distincte des autres. D'ailleurs, ils se trouvaient trop éloignés des églises Notre-Dame de Lourdes et du St-Sacrement, pour aller y suivre commodément les exercices religieux. Ils firent donc des démarches pour obtenir la fondation d'une paroisse dans leurs parages. Alors le R. P. Sauval, de la paroisse Ste-Anne, ayant été avisé de leur projet, se hâta de le seconder de toutes ses forces. Il s'adressa à l'autorité diocésaine et en obtint l'ouverture d'une desserte.

Nos compatriotes, enthousiasmés par leur premier succès, se hâtèrent d'acheter un vaste terrain sur le Stafford Road, près de la rue Lawton, à Maplewood. C'est là que devra s'élever plus tard l'église St-Jean-Baptiste.

LE REZ-DE-CHAUSSEE DE L'EGLISE

Les plans pour la nouvelle église furent présentés par M. Héroux, architecte, puis acceptés. La nouvelle église devait d'abord être placée sous le vocable de St-Augustin, mais le désir unanime de nos compatriotes y substitua bientôt le nom de St-Jean-Baptiste, leur patron national.

A la fin de l'année 1897, le rez-de-chaussée en pierre du nouveau temple était inauguré, pour servir de chapelle. La première messe y fut célébrée, le Jour d'Actions de Grâce de la même année.

Le R. P. Bellemarre, assistant à la paroisse Ste-Anne, eut la desserte de la nouvelle congrégation.

Mais le nombre des fidèles augmentant sans cesse, cette desserte fut bientôt changée en paroisse.

PAROISSE ET CLERGE

La nouvelle paroisse qui fut fondée en 1901, comprenait une partie de Ste-Anne et une partie de N.-D. de Lourdes.

M. l'abbé J. S. Fortin eut l'honneur d'être nommé premier curé de la paroisse St-Jean-Baptiste, par l'Evêque de Providence, R. I. Mais, l'année suivante, 1902, il était appelé à la fondation de la paroisse Ste-Famille, à Woonsocket, R. I.

En 1902, notre curé actuel, M. l'abbé H. J. Mussely, vicaire à St-Roch, succédait à M. le curé Fortin.

Au départ de M. le curé Fortin, la paroisse comptait 280 familles. Une année après, elle en avait en approchant 500. Mais la grève de 1904 la fit diminuer à 290 familles. Depuis cette date, le nombre des familles a augmenté de nouveau, de façon qu'actuellement elle compte environ 400 familles.

La paroisse possède un joli presbytère, sis sur le Stafford Road, près de la rue Tucker.

M. l'abbé A. E. Coulombe est le vicaire de cette paroisse, depuis le commencement de janvier 1908.

Nos deux pasteurs sont fort dévoués et zélés à l'endroit de nos institutions paroissiales. Avec le généreux concours des fidèles, la paroisse St-Jean-Baptiste grandira et progressera sans cesse.

L'ECOLE

L'école St-Jean-Baptiste fut ouverte en 1901, par M. le curé J. S. Fortin, dans le rez-de-chaussée de l'église ; M. et Mme Levesque, assistés de Mlle Lafleur, en furent les premiers instituteurs.

Pendant deux ans, les classes furent tenues dans ce rez-de-chaussée. Mais en 1902, M. le curé Mussely faisait bâtir une école en arrière du rez-de-chaussée, et les trois instituteurs laïques y continuaient les classes durant un an.

LES SŒURS ST-JOSEPH

En 1903, M. le curé Mussely obtenait les services de trois Sœurs St-Joseph, du couvent de St-Roch, pour prendre la direction des classes. Ces bonnes religieuses voyagèrent tous les jours, entre leur couvent et notre école, durant le mois de septembre, et le mois suivant, deux autres religieuses se joignirent aux trois premières. Ces cinq religieuses prirent d'abord résidence dans la maison sise à l'angle du Stafford Road et de la rue Lawton.

En 1907, M. le curé Mussely achetait la propriété de M. Moquin, rue Tucker, et en donnait la bâtisse aux SS. St-Joseph, pour leur servir de couvent.

Actuellement, nous comptons sept Sœurs St. Joseph dans notre paroisse, qui dirigent les 250 enfants de notre école divisée en quatre classes.

SOCIETES RELIGIEUSES

Nos deux premiers curés, MM. Fortin et Mussely, ont fondé six sociétés religieuses en cette paroisse, depuis huit ans. Les Dames Ste-Anne, les Enfants de Marie et la confrérie St-Jean-Baptiste, doivent leur fondation à M. l'abbé Fortin ; les trois autres : le Tiers Ordre de St-François, la St-Vincent de Paul et les Zouaves, sont dues au zèle de M. le curé Mussely.

DAMES DE STE-ANNE

La sociétés des Dames Ste Anne fut fondée en 1901, par M. le curé J. S. Fortin.

Les élections de juillet, 1908, ont donné le résultat suivant : Présidente, Mme Armand Lalime ; 1ère vice-présidente, Mme Henri Hébert ; 2ième vice-présidente, Mme Napoléon Dubé ; secrétaire, Mme Onésime Madore ; maîtresses de cérémonie, cette dernière avec Mme Joseph Lévesque. Chapelain, M. le curé Mussely.

Cette florissante société compte environ 80 membres.

ENFANTS DE MARIE

Cette belle société fut aussi fondée par M. le curé Fortin, en 1901.

Les élections de janvier, 1909, ont élu les dignitaires suivants :

Présidente, Mlle Rose-Alma Méthé ; 1ère vice-présidente, Mlle Lucie Plourde ; 2ième vice-présidente, Mlle Louise Fournier ; secrétaire, Mlle Anne Bazinet ; trésorière, Mlle Marie-Louise Rioux , sacristaine, Mlle Marie-Louise Madore ; maîtresses de cérémonies, Mlles Marilda Ouellette et Almaiste Talbot.

Cette société est divisée en deux sections ; celle des grandes, qui compte 60 membres, et celle des petites, 40 membres.

M. le curé Mussely est chapelain de cette société.

CONFRERIE ST-JEAN-BAPTISTE

Cette troisième organisation religieuse doit aussi sa création à M. le curé Fortin, qui la fonda aussi en 1901. C'est une organisation du genre de l'Union de Prière, que l'on trouve dans plusieurs paroisses .

Les élections de juillet, 1908, ont donné le résultat que voici : Président, M. Armand Labrie ; 1er vice-président, M. Michel Proulx ; 2nd vice-président, M. Evariste Gendron ; secrétaire-archiviste, M. Clovis Mayrand ; trésorier, M. O. G. Poilvert ; commissaire-ordonnateur, M. J. B. Cantin.

M. le curé Mussrly est le chapelain de cette organisation, qui compte 50 membres.

SOCIETE ST-VINCENT DE PAUL

En 1904, M. le curé Mussely fondait la Société St-Vincent de Paul, pour prendre soin des malades et des affligés, et elle compte 22 membres.

A part M. Oliva Méthé qui fut le premier président, les officiers suivants ont été réélus tous les ans : Président, M. J. S. Campbell ; secrétaire-archiviste, M. Clovis Mayrand ; garde-vestiaire, M. Armand Labrie.

M. le curé Mussely est le chapelain de cette société.

TIERS-ORORE DE ST-FRANCOIS

Cette société fut fondée en 1903, par M. le curé Mussely, qui en est le directeur.

Cette société compte 25 membres des deux sexes.

LES JEUNES ZOUAVES

Cette société composée de 40 jeunes gens, est aussi la création de M. le curé Mussely, et il en est le directeur. Elle fut fondée en 1904.

La Paroisse St=Roch.

Bien que la dernière fondée, la paroisse St-Roch compte déjà au nombre des belles et florissantes congrégations catholiques de Fall River, Mass.

En une période relativement courte, les catholiques de langue française s'étaient tellement multipliés, dans les paroisses Ste-Anne et Notre-Dame de Lonrdes, que l'Ordinaire du diocèse crut qu'il était opportun de les subdiviser de manière à en détacher une troisième paroisse.

PAROISSE ET CURE

Le 23 avril, 1899, la paroisse St-Roch était fondée par un décret de l'Ordinaire. Elle se composait de 704 familles disséminées dans les alentours de l'église actuelle.

Nos compatriotes apprirent cette décision de l'Ordinaire avec une joie facile à comprendre. Aussi, ils furent enthousiastes à recevoir leur premier curé, M. l'abbé J. E. T. Giguère, qui était alors attaché à la desserte de l'église St-Jean-Baptiste, de Centreville, R. I.

En attendant la construction d'une église, dont il s'était hâté de faire dresser les plans et devis, M. le curé Giguère dut célébrer les offices religieux à la salle de la Ligue des Patriotes, sise à l'angle des rues Oak et Bedford, à partir du mois d'avril jusqu'à septembre, 1899.

EGLISE ET ECOLE

Durant ces quelques mois, le zélé pasteur, sans perdre un seul instant, avait jeté les fondations de la première église. La pierre angulaire eu fut bénite, le 4 juillet, 1899, par S. G. Mgr Matthew Harkins, évêque de Providence, R. I. Ce fut une des fêtes les plus solennelles.

Les travaux de constructions de la nouvelle église furent poussés vivement, et au mois de septembre de la même année, le premier étage de la bâtisse était livré provisoirement au culte.

Avec l'activité et le dévouement qui le caractérisent, M. le Curé, tout en surveillant les derniers travaux de son église, organisait une école qui fut ouverte le 16 octobre, 1899, au premier étage déjà terminé, et des cours y furent donnés par M. et Mme Samson, Mmes Genest et Graveline, et Mlle Lafleur.

RELIGIEUSES ET COUVENT

Désireux de confier l'enseignement des enfants à des religieuses expérimentées, M. le curé fit un voyage en France en 1902, et s'adressa aux Sœurs St-Joseph, de Puy-en-Velay, (département de la Haute-Loire), pour les inviter à venir ouvrir un couvent dans sa paroisse et y prendre la charge de l'école. Le 10 août de la même année, neuf de ces religieuses arrivaient à Fall River, s'établissaient dans le couvent que M. le curé Giguère leur avait fait préparer, et prenaient la direction des classes de l'école. Ces religieuses ont depuis fondé un noviciat très prospère, dans la paroisse du St-Sacrement, en cette ville. Elles donnent actuellement une éducation soignée à 400 enfants, partagés en sept classes. Ils les considèrent comme de bonnes mères, et les entourent de la plus touchante vénération.

Les syndics actuels de la paroisse St-Roch sont MM. Henri Lagassé et Alfred Langlois.

Tous les paroissiens sont animés des meilleures dispositions. Ils font preuve de beaucoup d'esprit de foi et de générosité. Aussi le plus brillant avenir est réservé à la jeune mais déjà florissante paroisse de St-Roch.

LA FETE PATRONALE

Il n'est pas un seul Fall-Riverain qui ne se souvienne de la grandiose célébration qui a marqué le 16 août de l'année 1903. M. le curé Giguère, en souvenir de sa paroisse natale : St-Roch, de Québec, avait dédié son église sous le vocable de ce grand saint, et cette année-là, il avait eu l'heureuse idée de s'adresser à S. G. Mgr L. N. Bégin, archevêque de Québec, pour le prier de présider la fête patronale de sa nouvelle paroisse. Sa Grandeur, qui est un ami personnel de M. Giguère, accepta cette invitation avec plaisir. En ce jour-là, la paroisse tout entière était en liesse, et l'église fut trop étroite pour contenir la foule des pieux fidèles venus pour assister à la messe pontificale, chantée par S. G. Mgr Bégin.

Le 15 octobre de la même année, le Révd Père Aubin, un Oblat du Sacré-Cœur, de Swanton (Vermont), ouvrait la première retraite prêchée dans notre paroisse.

LA FETE DU ST–SACREMENT

Depuis sa fondation, la paroisse St-Roch célèbre la fête du Saint Sacrement, et c'est une manifestation religieuse qui est unique dans les annales locales. En ce grand jour, une procession solennelle a lieu en plein air, sur le terrain adjacent à l'église. Une foule

immense de paroissiens et d'étrangers ne manquent
guère d'y assister.   La bénédiction du St-Sacrement
est donnée sur un magnifique reposoir, orné de ver-
dure et de fleurs, s'élevant sur un emplacement charmant qui sépare l'église du couvent.   Les décorations
innombrables, dont le sanctuaire est embelli à cette
occasion, ainsi que les milliers de lumières, semées
au milieu des banderolles et disposées avec symétrie
jusque sur les autels, font le plus grand honneur à
l'esprit d'entreprise de M. le Curé, qui n'hésite pas à
tout mettre en place de ses propres mains.   Aussi,
les paroissiens, dont le nombre s'élève aujourd'hui à
plus de 2,900, savent-ils, de temps à autre, lui manifester leur gratitude et lui témoigner leur admiration, pour ces fêtes si charmantes qu'il leur réserve.

LES SOCIETES RELIGIEUSES

Grâce au dévouement et à l'esprit d'initiative de
notre zélé pasteur, les sociétés religieuses se sont mul-
tipliées dans notre paroisse, depuis sa fondation, et
elles sont aujourd'hui dans un état florissant.

La Ligue du Sacré-Cœur et ses trois sections ;
les Dames de Ste-Anne, les Enfants de Marie et la
Société de Ste-Philomène, furent fondées en 1899, lors
de la première retraite paroissiale, qui fut prêchée par
le R. P. Aubin.

En 1908, M. le curé Giguère organisait son fameux corps de musique dit "L'Harmonie".

LA LIGUE DU SACRE-CŒUR

La plus nombreuse de toutes nos sociétés religieuses, c'est certainement la Ligue du Sacré-Cœur,
qui compte dans ses rangs environ 375 membres et
qui est partagée en trois sections : celles de St-Joseph, de St-Roch et de St.Louis de Gonzague.

Dans la section St-Joseph il y a 120 hommes mariés ; dans celle de St-Roch, 100 garçons âgés de 16 ans et plus, et dans celle de St-Louis, 180 enfants au-dessous de l'âge de 16 ans.

Avant de nous quitter, M. l'abbé H. J. Mussely, notre premier vicaire, donna une magnifique bannière à la Ligue du Sacré-Cœur.

Dans la section de St-Louis de Gonzague, il y a une belle garde de zouaves comprenant 24 membres.

Aux élections de 1908, les sections réunis de St-Joseph et St-Roch ont donné le résultat suivant :
Directeur et trésorier, M. le curé J. E. T. Giguère ; président, M. Louis Beaudry ; 1er vice-président, M. Adélard Chagnon ; 2ième vice-président, M. Adhémar Lajoie ; secrétaire, M. W. S. L'Ecuyer ; percepteur, M. Albéric Francœur.

Les élections de 1909 ont donné le bureau suivant aux mêmes sections : Directeur et trésorier, M. le curé Giguère ; président, M. Joseph Danis, de la section St-Joseph ; vice-président, M. Albéric Francœur, de la section St-Roch ; secrétaire, M. W. S. L'Ecuyer.

Les dernières élections de la section St-Louis de Gonzague ont donné les officiers suivants : Directeur, M. l'abbé Jovite Chagnon, notre vicaire actuel ; présidente, Mlle Lorette Langlois ; vice-présidente, Mlle Lapointe.

La garde des Zouaves, de la section de St-Louis de Gonzague, a élu commandant, M. Eugène Fortin, en 1908, et l'a réélu en 1909.

L'HARMONIE

Mais la société qui donne le plus de crédit au zèle indomptable de M. le curé Giguère, c'est son corps de musique dit "L'Harmonie," qu'il organisait en 1908. Cette fameuse musique se compose de 52 membres des sections St-Joseph et St-Roch de la Ligue du Sacré-Cœur. L'Harmonie qui est au très complet, surpasse certainement, quant à la qualité et à la quantité des instruments, quant au choix de la musique et l'habileté artistique de l'exécution, tout ce que nous trouvons dans le reste de la ville de Fall River. C'est une organisation musicale qui fait l'orgueil de nos compatriotes en général, et la gloire de M. le curé et de ses fameux élèves, en particulier.

L'Harmonie a donné son premier banquet-concert, le 16 août, 1908, jour de la fête de St-Roch, patron de la paroisse, et ce fut un éclatant succès à tous les points de vue.

M. le curé Giguère est le directeur et le secrétaire-trésorier de l'Harmonie.

LES DAMES STE-ANNE

La congrégation des Dames Ste-Anne fut fondée le 15 octobre, 1899.

Nous donnons ci-après les divers bureaux de dignitaires, depuis 1900 jusqu'à nos jours.

En 1900 : Présidente, Mme P. A. Lemaire ; vice-présidente, Mme H. Desrosiers ; trésorière, Mme J. A. Langevin ; secrétaire, Mme C. Larose.

En 1901 : Présidente, Mme P. A. Lemerise ; vice-présidente, Mme Louis Beaudry ; trésorière, Mme J. A. Langevin ; secrétaire, Mme E. Lamoureux.

En 1902 : Présidente, Mme Louis Beaudry; vice-présidente, Mme P. A. Langevin ; assistante, Mme Alex. Côté ; trésorière, Mme Luc Smith ; secrétaire, Mme Joseph Lajoie.

En 1903 : Présidente, Mme Louis Beaudry ; vice-présidente, Mme Georges Fortin ; assistante, Mme Georges Foster ; trésorière, Mme Luc Smith ; secrétaire, Mme Joseph Lajoie.

En 1904 : Présidente, Mme Louis Beaudry; vice-présidente, Mme Joseph Lajoie ; assistante, Mme Georges Fortin ; secrétaire-trés., Mme Luc Smith.

En 1905 : Présidente, Mme Louis Beaudry ; vice-présidente, Mme Joseph Lajoie ; assistante, Mme Napoléon Chagnon ; secrétaire-trésorière, Mme Luc Smith.

En 1906 : Présidente, Mmes Louis Beaudry ; vice-présidente, Joseph Lajoie ; assistante, Napoléon Chagnon ; secrétaire-trésorière, Luc Smith.

En 1907 : Présidente, Mmes Joseph Lajoie ; vice-présidente, Louis Beaudry ; assistante, J. A. Langevin ; secrétaire, Joseph Joly ; assistante, Horace Lajoie ; trésorière, Ambroise Potvin.

1908 : Présidente, Mmes Joseph Lajoie ; vice-présidente, Louis Beaudry ; assistante, Ferdinand Francœur ; secrétaire, Joseph Joly ; trésorière, Ambroise Potvin ; conseillères, Mmes Alfred Lemerise, Didace Charbonneau, Eugène Vallée, Didace Bonin, J. A. Langevin, Napoléon Chagnon, Maxime Toutant, Elzéar Lizotte, Joseph Drapeau, Alphonse Bernier, J. P. Rioux ; maîtresses de cérémonie, Mmes Jules Rioux et Joseph Paul ; porte-bannière et sacristain, Mme Moïse Gamelin.

M. le curé Giguère a été le directeur spirituel, depuis son arrivée parmi nous.

Les contributions des membres sont volontaires et les fonds sont affectés aux bénéfices mortuaires et aux œuvres paroissiales. Les Dames Ste-Anne sont au nombre de 125.

LES ENFANTS DE MARIE

Deux jours après la fondation de la congrégation des Dames Ste-Anne, avait lieu celle des Enfants de Marie, le 17 octobre, 1899.

Voici la liste des dignitaires depuis la date de fondation jusqu'au 8 décembre 1907 :

Présidentes, Mlles Emma Barsalou, Amanda Tisdelle et Emma Prévost.

Vice-présidentes, Mlles Hélène Drapeau, Ernestine Drapeau, Amanda Tisdelle, Mathilda Desautels, Alice Drapeau et Philomène Boisvert.

Secrétaires, Mlles Ida Robert, Philomène Boisvert, Malvina Béland et Marie Béland.

Trésorières, Mlles Ernestine Drapeau, Alice Drapeau, Emma Barsalou, Emma Prévost et Adelaïde Prévost.

Élections du 8 décembre, 1907 : Présidente, Mlles Emma Prévost ; vice-présidente, Philomène Boisvert, assistante, Cédulie Blais ; secrétaire, Marie Béland ; trésorière, Adélaïde Prévost ; maîtresses de cérémonie, Eva Marquette, Marie-Louise Drapeau, Albina Barsalou et Eliza Truchon ; sacristains, Alice Drapeau et Marie-Louise Drapeau ; porte-bannière, Amanda Tisdelle et Alphonsine Manseau ; porte-glands, Rosanna Turgeon et Rebecca Péloquin ; porte-statue, Léa Barsalou, Elise Drapeau, Aldéa Marquis et Alexina Delisle ; portières, Joséphine Francœur et Délia Danis ; conseillères, Aurélie Desautels, Eva Marquette, Emma Fournier, Georgianna Guillemette, Amanda Leclerc, Arthémise Lafrance, Marie-Louise Drapeau, Joséphine Francœur, Marie-Anne Péloquin, Emma Delisle, Marie Béland et Marie Manseau ; organiste, M. Dominateur Plante ; directeur, M. le curé Giguère.

Les Enfants de Marie ont le privilège de prendre place dans le sanctuaire, pour la célébration de leur mariage, et d'avoir le service des lumières électriques de l'autel de la Ste-Vierge durant la messe nuptiale. Elles ont ces privilèges depuis le mois de juin 1903.

Durant la maladie, les congréganistes doivent se porter secours les unes aux autres, et à la mort d'une congréganiste, les autres doivent assister aux funérailles et faire dire une messe.

Les Enfants de Marie sont maintenant au nombre d'une centaine.

SOCIETE STE-PHILOMENE

La société Ste-Philomène fut fondée à la même date que les autres, en octobre, 1899, lors de la retraite prêchée par le Rév. Père Aubin.

C'est une société pour les jeunes filles en bas âge, et elle compte 60 membres.

Mlle Loretta Langlois est la présidente et Mlle Lapointe, la vice-présidente.

M. l'abbé Jovite Chagnon est le directeur spirituel de cette société.

LES VICAIRES

Nous donnons maintenant la liste des vicaires qui se sont succédés dans la paroisse St-Roch, depuis sa fondation.

MM. les abbés J. H. Musseley, A. E. Boilard, André Audet, Arthur Lapointe et Aristide Magnan, qui ont été appelés ailleurs. M. l'abbé Audet est maintenant décédé.

M. l'abbé Jovite Chagnon est le vicaire actuel et M. l'abbé J. E. Roy prête aussi son concours au ministère paroissial.

Les Ordres Religieux

Les ordres religieux sont des foyers de science et de vertu. Les peuples en général, et l'Eglise catholique en particulier, leur doivent une légion de savants, qui ont éclairé le monde, et une multitude de saints et de martyrs, qui l'ont protégé contre la colère du ciel.

Depuis des siècles déjà, les religieux et les religieuses, dans tous les pays du monde, ont vécu volontairement dans le détachement des biens de la terre, dans l'abnégation des plaisirs du monde, et dans la pleine et entière soumission aux commandements du Maître absolu de l'univers. C'est dans la sublime pratique des vœux de pauvreté, de chasteté et d'obéissance, qu'ils ont puisé leur force intellectuelle et morale.

Les ordres religieux sont les plus puissantes armées du ciel, contre les cohortes de l'enfer. Aussi, les ennemis du bien ou les suppots de l'enfer sont les ennemis jurés des ordres religieux, comme les démons sont les ennemis de Dieu. Au contraire, les ordres religieux trouvent leurs meilleurs amis dans les amis de Dieu ou du bien, dont Il est le principe et la source.

C'est cet amour du bien qui a inspiré notre clergé séculier, quand il a attiré au milieu de nous les ordres religieux, qui font actuellement la gloire et l'honneur de Fall River, au point de vue intellectuel et moral.

Dans ce siècle de matérialisme et de corruption morale, que nous passons au milieu des désordres qui en découlent naturellement, il fait bon, il est fort consolant, de voir notre clergé séculier se faire seconder par les ordres religieux, dans la lutte du bien contre le mal. Contre ces deux puissances réunies de la seule et vraie Eglise de Dieu, les portes de l'enfer ne prévaudront point.

Dans Fall River, nous comptons déjà plusieurs ordres religieux, et avec le concours tout à fait fraternel et sympathique du clergé séculier, ils font un bien immense à toute notre population. Ils sont certainement les meilleurs éducateurs de notre jeunesse catholique et française. Ils font chez nous non-seulement une œuvre religieuse mais nationale.

Nous avons lieu de nous féliciter de voir à la direction de nos écoles de Fall River, des éducateurs d'un dévouement sans borne et d'une expérience consommée. Les pères et mères de nos braves familles françaises peuvent vivre en paix de conscience, aussi longtemps que leurs dignes enfants puiseront dans nos écoles, non-seulement la science humaine mais aussi celle de Dieu.

Les bons principes qui sont déposés dans le cœur de la jeunesse durant la période scolaire, lui permettent de résister plus tard aux assauts de l'erreur et de l'immoralité, les deux plus grands fléaux de la civilisation anglo-saxonne de la République Américaine. Aussi, le premier et le plus grand devoir des parents vraiment catholiques et français, c'est d'envoyer leurs enfants à nos écoles paroissiales. Ils ne peuvent invoquer aucune excuse à ce sujet, car c'est la religion et le patriotisme qui le leur commandent. D'ailleurs, nos écoles sont certainement supérieures à toutes les autres institutions, puisqu'elles respectent et propagent non-seulement les principes religieux de notre religion, mais aussi ceux de notre nationalité, deux catégories de principes qui font de nos enfants de bons citoyens catholiques et français comme nous-mêmes.

Dans les articles précédents, nous avons déjà donné des notes au sujet des Religieuses Dominicaines, à la page 90, des Religieuses Jésus-Marie, à la page 140, des Sœurs de la Charité, à la page 145, des Sœurs St-Joseph, à la page 163, et des Frères de la Doctrine Chrétienne, à la page 87. Mais, nous croyons utile d'ajouter quelques paragraphes au sujet de l'Ordre des Dominicains, des Sœurs St-Joseph et des Frères de la Doctrine Chrétienne, en ce qui concerne leur origine.

L'ORDRE DES DOMINICAINS.

L'Ordre des Dominicains ou Frères-Prêcheurs fut fondé par St-Dominique, qui naquit à Castille en 1170, et qui mourut à Bologne, le 4 août 1221.

C'est en 1215 que St-Dominique et ses six compagnons prirent possession de la maison de Pierre Cellani, à Toulouse, en France, où ils adoptèrent l'habit et le règlement temporaire de St-Augustin Ce costume et ce règlement avaient été donnés par Saint Norbert, en 1121. St-Norbert qui avait fondé une communauté à Prémontré, avait voulu joindre les rigueurs de la vie monastique à la charge de la prédication et au soin des âmes. La règle de St-Norbert modifiée et rendue plus austère encore, était celle que St-Dominique avait choisie à Prouille, en 1216, et qui fut approuvée par le Pape Honorius III, dans sa bulle du 22 décembre de la même année.

L'histoire rapporte qu'après avoir fait une visite au sud de la France, St-Dominique y avait vu tant

d'hérésie (entr'autre celle des Albigeois) et d'abaisse-
ment moral, qu'il résolut de se consacrer au relève-
ment de cette partie de la France.   Mais il devait plus
tard se rendre à Rome pour y exercer son saint ministère et envoyer ses disciples à Paris et ailleurs.

Le règlement actuel est encore très sévère, cependant le supérieur de chaque couvent peut le suspendre quand il est urgent.   Ainsi le jeûne, le silence
dans le couvent, etc., sont des pratiques ordinaires.

Les religieux de cet Ordre font vœu de pauvreté,
et ils consacrent leur temps à l'étude, la prédication,
le soin des âmes, etc.

Chaque couvent est sous la direction d'un Prieur;
chaque province se compose d'un certain nombre de
couvents et possède un "Prieur provincial", et le
supérieur général se nomme maître général ("magis-
ter generalis") ou Général.

Toute charge est élective.   Le prieur conventuel
est choisi pour trois ans par les frères de chaque couvent, qui ont fait leur profession religieuse depuis
six ans.   Dans chaque couvent le Prieur est assisté
d'un conseil, dans la direction de la communauté.

Le but du fondateur de cet Ordre était de joindre
la sainteté et l'érudition à la pauvreté.   Les Frères-
Prêcheurs refusaient même les dons de biens, ils n'en
acceptaient que les revenus, dans les premiers temps.
C'est ce qui leur fit donner le nom de Frères-men-
diants.   Ils voulaient ainsi prêcher d'exemple et de
précepte et faire tous les sacrifices humains possibles,
pour assurer le salut des âmes.   Mais plus tard, l'austérité de la règle concernant les biens fut modifiée à
l'instance des Papes, des évêques et des princes.   Dès
le début, disent les historiens, leur pauvreté n'a pas
peu contribué à l'accroissement de leur influence.

Appelés par leur science à Paris, ce centre intellectuel où brillent sans cesse tant de génies, les Dominicains occupèrent une chaire d'enseignement à l'Université de France en 1228 et une autre en 1230. Les Franciscains rivalisaient de zèle et de science, et cherchaient à obtenir la suprématie. De là naquit un antagonisme entre les deux ordres. Le roi et le pape furent obligés d'intervenir en 1260, afin de mettre un terme à ces hostilités. Les deux ordres continuèrent d'envoyer à Paris leurs hommes les plus célèbres. C'est alors que commença cette lutte intellectuelle entre les deux écoles rivales de philosophie et de théologie représentées par les Dominicains et les Franciscains. Cette lutte de géants forme le fond de l'histoire de la pensée humaine au Moyen-âge.

L'ordre des Dominicains a donné à l'Eglise le célèbre St-Thomas d'Aquin, surnommé le "docteur angélique", dont les œuvres métaphysiques et théologiques eurent par le passé un si grand retentissement et jouissent encore du suprême honneur d'être considérées comme des écrits inspirées. Le pape Léon XIII a exprimé en maintes occasions sa grande admiration envers les œuvres de St-Thomas et il en a recommandé l'étude dans toutes les institutions universitaires ou autres.

St-Thomas d'Aquin était le disciple d'Albert le Grand qui est nommé le plus grand savant du XIIIe siècle. A cause de sa science profonde, le peuple le prenait pour un magicien (ou un sorcier). Ses disciples furent appelés albertistes. Il était un grand adorateur d'Aristote. Le célèbre Vincent de Beauvais était aussi un dominicain.

D'autre part, les Franciscains avaient Roger Bacon, Alexandre de Hale, Jean Don Scat et St-Bonaventure.

La prééminence des Dominicains se maintint par

la science, que St-Thomas donna aux Frères-Prêcheurs, leur direction dans les écoles de Bologne, et
la position officielle que plusieurs d'entre eux occu-
paient auprès du Saint-Siège.

Plus tard, en 1543, lors de la fondation de l'ordre
des Jésuites, les Dominicains se virent disputer la
suprématie dans le monde intellectuel.

Lors de la révolution, les Dominicains perdirent
tous leurs biens en France et en Belgique.   Ils se re-
levèrent de cette catastrophe, et ils comptent aujour-
d'hui plusieurs institutions en France et dans plu
sieurs autres pays.

De nos jours, l'ancienne gloire des Dominicains
s'est incarnée dans la personne des Lacordaire et des
Monsabré (tous deux Pères Dominicains), en France
et le Père Tom Burke qui fut pendant si longtemps
l'idole et la gloire du clergé et du peuple irlandais.

L'ordre de St-Dominique a donné à l'église un
grand nombre d'évêques et d'archevêques, 66 cardinaux, 4 papes : Innocent V, Benoît XI, Pie V et
Benoît XIII.

L'influence de l'ordre dans les beaux arts a ex-
cellé tous les autres.

Il y a aussi un Ordre dominicain de femmes fondé par St-Dominique.   Les sœurs dominicaines sont
très nombreuses, et elles ont des institutions partout.

Pour connaître les œuvres des Pères Dominicains
à Fall River, il suffit de lire l'historique de la paroisse Ste-Anne, à partir de la page 75 de ce volume.

Dans les pages 91 et 92, il est question des œuvres des religieuses dominicaines.

LES RELIGIEUSES DE ST-JOSEPH

La Congrégation des Religieuses de St-Joseph
fut fondée en 1650, au Puy-en-Velay, par un saint

religieux de la Compagnie de Jésus, le Rvd. Père J. P. Médaillon, et par un illustre prélat, le Révérendissime Seigneur de Maupas, évêque du Puy.

Son institution a un triple but : La sanctification de ses membres par la prière et l'union à Dieu ; l'apostolat par l'enseignement, et la charité par l'exercice de toutes les œuvres de miséricorde spirituelles et corporelles. C'est la vie active unie à la vie contemplative. La congrégation de St-Joseph réalise ainsi le premier plan que St-François de Sales avait conçu de l'institution des Religieuses de la Visitation. Elle est, comme le dit un pieux auteur : "La première fleur de l'esprit de ce grand saint, le fruit spontané de son cœur, et elle occupe précisément la place que les Religieuses de la Visitation laissèrent vacante en embrassant la clôture.''

Son esprit, qui en est comme le cachet distinctif, est l'esprit de l'aimable St-François de Salles : Dévouement, simplicité et humilité. Suavement, sans bruit, elle a vécu des siècles en faisant le bien. Elle a passé à travers les révolutions et les persécutions, toujours forte dans son humilité, et aujourd'hui plus florissante que jamais, elle se trouve répandue dans le monde entier, spécialement en France et dans les Etats-Unis d'Amérique.

En 1902, à la demande de M. le curé Giguère, fondateur et pasteur de la paroisse St-Roch de Fall River, Mass., une petite colonie de Religieuses de St-Joseph se détacha de la maison mère du Puy (France), pour venir prendre la direction de l'école de cette paroisse. Les religieuses au nombre de neuf, arrivèrent à Fall River, le 10 août, 1902.

Elles reçurent d'abord chez les Religieuses de Jésus Marie, l'hospitalité la plus fraternelle, la plus cordiale et la plus charmante qui se puisse imaginer, puis dans le cours du mois de septembre suivant, elles furent installées dans le petit couvent qu'elles occupent encore aujourd'hui, sur la rue Tremont, près de l'église St-Roch.

Leur nombre ayant augmenté rapidement par suite des recrues venues successivement soit de France, soit de Floride, elles se trouvèrent à même d'accepter, en 1903, la direction de l'école paroissiale de St-Jean-Baptiste, et en 1905, celles des écoles St-Mathieu et du St-Sacrement.

C'est dans cette dernière paroisse que· pour répondre au désir de S. G. Mgr Stang, elles firent en 1906, l'acquisition de la propriété Winstanley, rue South Main, à la Globe.　La résidence, qui se trouve dans ce site charmant, fut réparée et appropriée, pour devenir la maison principale de ·la petite colonie des Religieuses de St-Joseph de Fall River.

Peu de temps avant sa mort et déjà bien souffrant, S. G. Mgr Stang, de sainte et regrettée mémoire, voulut la bénir lui-même et lui donner son vocable.　Il l'appela : "Couvent de Ste-Thérèse".　Ce fut aussi sous ses bienveillants auspices qu'y fut ouvert un noviciat, où sont reçues les jeunes filles intelligentes qui, avec une solide vocation religieuse, ont de l'aptitude, soit pour les travaux domestiques.

LES FRERES DES ECOLES CHRETIENNES

L'école des garçons de la paroisse Sainte Anne est dirigée par les Frères des écoles Chrétiennes. L'Institut des Frères des Ecoles Chrétienne, comme son nom l'indique, est voué par état à l'éducation de la jeunesse.

Cet Institut fut fondé par St-Jean-Baptiste de La Salle, chanoine de l'église métropolitaine de Reims, (1651-1719),

St-Jean-Baptiste de la Salle quoique Docteur, consacra toute sa vie à l'éducation des enfants du peuple.

C'est en 1680 qu'il jeta les fondations de son Institut, puis il ouvrit des écoles gratuites, tout d'abord à Reims, sa ville natale, puis à Paris, Rouen et dans plusieurs villes de France. Le Saint fondateur mourut à Rouen, le 7 avril 1719, dans la maison de St-Yon devenue le berceau de son Institut ; à sa mort il laissait 274 frères répartis en 27 établissements.

Après la mort de son saint fondateur, l'Institut des frères des Ecoles Chrétiennes alla toujours en augmentant et afin de répondre au besoin de toutes les classes de la société, les frères ouvrirent des écoles normales, pour former des maîtres d'écoles de campagne, des écoles industrielles où des jeunes gens vinrent apprendre un métier, des écoles gratuites pour les enfants du peuple et enfin des pensionnats pour les enfants des classes aisées.

C'est au milieu de cette expansion qu'arriva en France la tourmente révolutionnaire, qui bouleversa le pays en le couvrant de ruines lamentales. Le gouvernement supprima toutes les congrégations religieuses en France, par le fameux décret du 18 août 1792. L'Institut des Frères fut aussi supprimé à l'assemblée nationale, tout en le supprimant, lui rendait cependant un hommage en disant que ''l'Institut des Frères des Ecoles Chrétiennes avait bien mérité de la Patrie''.

Cet état de choses devait durer jusqu'en 1802. La France, dit Jules Simon, attendait dans les convulsions de l'agonie, un libérateur, et ce libérateur, elle le trouva dans Napoléon Bonaparte, premier consul, qui s'occupa activement de la réorganisation de l'Eglise et des écoles en France. Dans cette entreprise il fut habilement secondé par son oncle le Cardinal Fesch. Ce prince de l'Eglise comprenant que la régénération de la France dépendait de la jeunesse, voulut avant tout rétablir les écoles chrétiennes et dans ce but, il fit un appel chaleureux à tous les anciens frères survivants de la Révolution, de se réunir et de réformer l'Institut de St-Jean-Baptiste de La Salle.

C'est à Lyon que s'ouvrit la première maison de l'Institut des Frères des Ecoles Chrétiennes, après la Révolution, et qui se répandit vite non-seulement dans toutes les villes et même les bourgades de France, mais franchissant les mers il alla ouvrir des écoles dans toutes les parties du monde.

En 1836 les frères ouvraient leur première maison au Canada, et aujourd'hui l'Institut compte au Canada plus de 800 religieux et 49 établissements. En 1848 les frères étaient appelés aux Etats-Unis. C'est New-York qui reçut les premiers disciples de St-Jean-Baptiste de La Salle; aujourd'hui l'Institut a près de 1500 religieux répartis en quatre provinces : New-York, Baltimore, St-Louis et San-Francisco, ces 4 provinces ont 97 maisons dont plusieurs des collèges renommés, tels que Manhattan College à New York, Calvers Hall College à Baltimore, La Salle College à Philadelphie, La Salle College à Chicago, La Salle College à St-Louis, St-Mary's College à Oakland, San-Francisco College à San Francisco. Au Canada les frères possèdent aussi le célèbre Collège du Mont St-Louis, à Montréal.

Aujourd'hui malgré les persécutions du gouvernement français, l'Institut St-Jean-Baptiste de la Salle compte encore dans ses rangs plus de 15,000 religieux, éducateurs répandus dans presque tous les pays du monde.

Pour ce qui concerne l'établissement des frères des Ecoles Chrétiennes à Fall River, on trouvera les détails dans un autre article de cet ouvrage qui traite des écoles de la paroisse Sainte-Anne.

Le Guide Paroissial

LES PAROISSES

Ste-Anne, fondée en 1869, . 11,500 âmes
N.-D,de Lourdes,fondée en 1874, 9,856 âmes
St-Mathieu, fondée en 1887, . 3,210 âmes
St-Sacrement, fondée en 1892, . 3,170 âmes
St-Jean-Baptiste, fondée en 1897, 2,000 âmes
St-Roch, fondée en 1899, . . 2.900 âmes

Total. 32,636

LE CLERGE ACTUEL

PAROISSE STE-ANNE

RR. PP. R. A. Grolleau, ici depuis 1901.
" J. Terrien, ici depuis 1891.
" P. V. Charland, ici depuis 1903.
M. J. H. A. Beaudé,ici depuis 1895.
Reg. Farley, ici depuis 1900.
A. Jacquemet, ici depuis 1903.
Amb. Lamarre, ici depuis 1908.
Vincent Marchildon,ici depuis 1905.
Jourdain Charron, ici depuis 1906.
V. Perrotin, ici depuis 1903.

PAROISSE NOTRE-DAME DE LOURDES

Mgr J. A. Prévost, ici depuis 1888.
L'Abbé P. L. D. Robert, ici d puis 1908.
"   P. L. Jalbert, ici depuis 1908.
"   B. Bernier, ici depuis 1902.
".   L. A. Casgrain, ici depuis 1904.

PAROISSE ST-MATHIEU

L'Abbé J. G. Lavallée, ici depuis 1895.
"   J. E. E. Potvin, ici depuis 1906.
"   J. A. Gaudrault, ici depuis 1908.

PAROISSE ST-SACREMENT

L'Abbé J. V. Delemarre, ici depuis 1901.
"   P. A. Mérendet, ici depuis 1907.

PAROISSE ST-JEAN-BAPTISTE

L'Abbé H. J. Mussely, ici depuis 1902.
"   A. E. Coulombe, ici depuis 1908.

PAROISSE ST-ROCH

L'Abbé J. E. T. Giguère, ici depuis 1899.
"   Jovite Chagnon, ici depuis 1902.
"   J. E. Roy, ici depuis 1908.

HEURES DES OFFICES

Eglise Ste-Anne, rue South Main : Messes du dimanche 6, 7, 8, 9, et 10 heures 30. Vêpres à 3 heures et catéchisme à 1 heure 30, dans le soubassement
de l'église ; cours d'instruction religieuse, à 2 heures
30, à l'église. Cérémonies du baptême, le mercredi à

7 heures 30 p. m., dans la chapelle du presbytère, et le dimanche à 4 heures 30, à l'église.

Eglise Notre-Dame, rue Bassett : Messes du dimanche à 7, 8.15, 9.30 et 10 heures 30. Vêpres à 3 heures, et cérémonies du baptême à 4 heures p. m., le dimanche et à 7.30 le mercredi soir.

Eglise St-Mathieu, rue Saint-Mary : Messes du dimanche à 7.30, 9 et 10 heures 30. Vêpres à 3 heures ; catéchisme à l'issue de la messe de 9 heures ; cérémonies du baptême à 4 heures 30 le dimanche et à 7 heures 30 le mercredi soir.

Eglise du St-Sacrement, rue South Main : Messes du dimanche à 7.15, 9 et 10.30 ; catéchisme à 2 heures et vêpres à 3 heures. Baptêmes, à 4 heures 30 le dimanche après-midi et à 7 heures 30, le mercredi soir.

Eglise St-Jean-Baptiste, Maplewood : Messes du dimanche, durant l'hiver, à 7.30, 8.30 et 10 heures 30, et durant l'été à 6.30, 8 et 10 heures. Vêpres à 3 heures p. m.

Eglise St. Roch, angle des rues Pine et Orange : Messes du dimanche à 7, 8.30 et 10.30 ; catéchisme à l'issue de la deuxième messe, et vêpres à 3 heures. Les baptêmes à 4 heures le dimanche après-midi et à 7.30 le mercredi soir.

INSTITUTIONS SCOLAIRES

Ecole Ste-Anne, fondée en 1870,   1,742 élèves
Ecole N.-D. de Lourdes, fondée en 1874, 1,280 élèves
Ecole St-Mathieu, fondée en 1885,   250 élèves
Ecole St-Sacrement, fondée en 1888,   300 élèves
Ecole St-Jean-Baptiste, fondée en 1902,   250 élèves
Ecole St-Roch, fondée en 1899,   400 élèves

4,222

CORPS ENSEIGNANTS

Religieuses Jésus-Marie, 25, ici en	1876
Sœurs de la Charité, 32, ici en	1890
Religieuses Dominicaines, 45, ici en	1891
Frères de la Doctrine Chrétiennes, 7, ici en	1895
Religieuses St-Joseph, 31, ici en	1901

Total du corps enseignants, 140.

SOCIETES RELIGIEUSES

PAROISSE STE-ANNE

Dames Ste-Anne, fondée en 1879,	1,240 mem.
Enfants de Marie, fondée en 1876,	450 mem.
Ligue du St Nom de Dieu, fondée en 1888,	325 mem.
Association St-Dominique, fondée en 1901	158 mem.
Garde d'honneur St–Dom., fondée en 1902,	25 mem.
Cercle Dramatique, fondée en 1902,	30 mem.
Tiers Ordre St-François. fondé en 1880,	456 mem.
Tiers Ordre St-Dominique, fondé en 1880,	100 mem.
Confrérie du St-Sacrement, fondée en 1880,	528 mem.
Bienheureuse Imelda, fondée en 1906,	300 mem.
Anges Gardiens, fondée en 1896,	110 mem.
Confrérie du T. St-Rosaire, fondée en 1888,	3,000 mem.
Choeur de chant des Hommes, f. en 1869,	40 mem.
Choeur de chant des femmes, f. en 1869,	60 mem.
Fanfare Ste-Anne, fondée en 1903,	32 mem.
Fanfare Ste-Cécile, fondée en 1903,	27 mem.

Total .   ,   :   .   ,   6,879

PAROISSE NOTRE-DAME DE LOURDES

Dames Ste-Anne, fondée en 1879,	1,240 mem.
Enfants de Marie, fondée en 1877,	500 mem.
Société St-Joseph, fondée en 1884,	400 mem.
Garde St-Joseph, fondée en 1901,	25 mem.
Garde Notre-Dame, fondée en 1899,	25 mem.
Jeune Garde du Sacré-Coeur, fondée en 1899,	80 mem.
T.-O., Fraternité St-Louis, fondée en 1901,	180 mem.
T.-O., Fraternité Ste-Elisabeth, f. en 1879,	500 mem.
Société St. Antoine, fondée en 1899,	200 mem.
Société des Jeunes Gens, fondée en 1884,	200 mem.
Amies du Sacré-Coeur, fondée en 1899,	200 mem.
Total, ...	3,450

PAROISSE ST-MATHIEU

Dames Ste-Anne, fondée en 1889,	300 mem.
Enfants de Marie, fondée en 1889,	175 mem.
Enfants de Ste-Philomène, fondée en 1889,	80 mem.
Ligue du Sacré-Cœur, fondée en 1895,	350 mem.
Zouaves du Sacré-Cœur, fondée en 1896,	50 mem.
Soc. St-Ls de Gonzague, fondée en 1897,	35 mem.
Total	990

PAROISSE DU ST-SACREMENT

Enfants de Marie, fondée en 1890,	250 mem.
Dames de Ste-Anne, fondée en 1893,	300 mem.
Ligue du Sacré-Cœur, fondée en 1903,	250 mem.
Enfants de Ste-Imelda, fondée en 1903,	130 mem.
Enfants Jésus, fondée en 1903,	100 mem.
Petite Ligue du S.-Cœur, fondée en 1903,	120 mem.
Total	1,150

PAROISSE ST-JEAN-BAPTISTE

Dames de Ste-Anne, fondée en 1901,	80 mem.
Enfants de Marie, fondée en 1901,	100 mem.
Coufrérie St-J.-Baptiste, fondée en 1901,	50 mem.
St-Vincent de Paul, fondée en 1904,	22 mem.
T.-O. de St-François, fondée en 1903,	25 mem.
Les Jeunes Zouaves, fondée en 1004,	40 mem.
Total	317

PAROISSE ST-ROCH

Ligue du Sacré-Cœur, fondée en 1899.,	375 mem.
Garde du Sacré-Cœur, fondée en 1908,	24 mem.
L'Harmonie, fondée en 1908,	52 mem.
Dames de Ste-Anne, fondée en 1899,	125 mem.
Enfants de Marie, fondée en 1899,	100 mem.
Soc. de Ste-Philomène, fondée en 1899,	60 mem.
Total	736

ANCIENS CURES ET VICAIRES

Curés de Ste-Anne :—L'abbé A. J. Derbuel, de 1868 à 1869 ; l'abbé Olivier Verdier, en 1869 ; l'abbé M. F. LeBreton, en 1869; R. P. L. A. de Montaubricq, 1869-1878 ; l'abbé Ths Briscoe, 1878-1887; R. Père Mothon, 1887-1888; R. P. Esteva, 1888-1889; R. P. Sauval, 1889-1901; R. P. A. C. Coté, en 1901.

Vicaires de Ste-Anne :—Les abbés Clark, Mannïng, Fogarty, Cassidy et Kennedy, de 1878 à 1887.

Les RR. PP. Cormerais, Gaffre, Bellemarre, Gillant, Lefebvre, Terrien, Percot, Maricourt, Moiard, Colin, Gouthier, Dallaire, Archambault, Bigué, Langlais, Desjardins et Dion, de 1889 à 1901.

Les RR. PP. Thériault, Boisvert, Gauvreau, Coté, Hébert, Lamarche, Brosseau et Moreau, de 1901 jusqu'à l'arrivée de ceux qui sont actuellement à Sainte-Anne.

Curés de N.-D. de Lourdes :—L'abbé P. J. Bédard, de 1874 à 1884; l'abbé E. E. Nobert, en 1884; l'abbé Henry McGee, en 1884; l'abbé Owen Clark, 1884-1885. Puis fermeture de l'église par Mgr Hendricken. L'abbé Feron, de 1885-1886; J. M. Laflamme, 1886-1888.

Vicaires de N.-D. de Lourdes :—Les abbés Tennian, Gormley et Kiernan, de 1880 à 1884; l'abbé E. J. Bachand, en 1884; l'abbé J. M. Laflamme, 1885-86; l'abbé J. A. Payan, 1886-87; l'abbé Antoine Bérubé, 1887-1890; l'abbé J. H. Béland, 1889-92; l'abbé J. T. Giguère, 1890-96; l'abbé J. O. Sylvain, 1890-97; l'abbé J. C. Bessette, 1892-94; l'abbé Théodule Blais, 1894-95; l'abbé Cyrille Samson, 1895-98; l'abbé Alfred Carrier, 1896-98; l'abbé Emile Côté, 1896-1900; l'abbé J. O. Valois, 1897-1908; l'abbé D. D. Villandré, 1898-04; l'abbé D. M. A. Magnan, 1898-02; l'abbé J. H. Roy, 1899-1900; l'abbé Ludger Desjardins, 1900-03; l'abbé Ovide Larouche, en 1901; l'abbé L. A. Marchand, 1901-06; l'abbé André Audette, en 1902; l'abbé B. Bernier, 1902-08; l'abbé J. A. Larrivée, en 1903; l'abbé L. N. Blanchet, 1903-08; l'abbé J. O. Sylvain, 1908-09; l'abbé H. V. Somple, en 1905; l'abbé L. A. Dequoy, 1906-08.

Curés de St-Mathieu :—L'abbé J. A. Payan, de 1887 à 1888 ; L. A. Casgrain, 1888 à 1895.

Vicaires de St-Mathieu :—L'abbé F. X. Casgrain, 1890 à 1899 ; J. C. Bessette, 1891 à 1893 ; A. Savoie, 1899 à 1905 ; Damase Robert, 1904 à 1906 : L. A. Dequoy, 1905 à 1906.

Curé du St-Sacrement :—L'abbé L. L. O. Massicotte, 1892 à 1901.

Vicaire du St-Sacrement ;—L'abbé Jos.Monnier,
1902 à 1904.

Curé de St-Jean-Baptiste:—L'abbé J. S. Fortin,
1901-1902.

Vicaires de St-Roch :—L'abbé H. J. Mussely,
1899-1902; l'abbé A. E. Boilard, en 1899; l'abbé André
Audette, 1899-02; l'abbé Aristide Magnan, 1902-03;
l'abbé Arthur Lapointe, 1906-08.

VALEURS IMMOBILIERES

PAROISSE STE-ANNE

Eglise,	-	$325,000	Terrain, $17,000
Hopital	-	75,000	" 18,000
Ecole de la rue Park		30,000	6,500
Ecole de la rue Hope		23,400	6,500
Ecole de la rue Tuttle		4,000	3,000
Ecole de la rue Grant		3,500	800
Ecole de la rue Lowell,		400	1,100
Totaux	-	$491,300	$ 51,900
			491,300
		Grand total,	$543,200

PAROISSE N.-D. DE LOURDES

Eglise et Ecole	-	$237,000	Terrain, $12,000
Orphelinat, etc	-	82,300	" 3,000
Collège	-	70,000	7,500
Totaux	. ,	$389,300	$22,500
			389,300
		Grand total,	$411,800

PAROISSE ST-MATHIEU

Eglise	.	.	$42,000	Terrain, $3,300
Presbytère et Couvent			17,000	

Totaux	.	.	$59,500	$3,300
				59,500

Grand total, $62,800

PAROISSE ST-SACREMENT

Eglise		.	$85,000	Terrain, $4,800
Ecole	.	.	. 12,000	

Totaux	.	..	$97,000	$4,800
				97,000

Grand total $101,800

PAROISSE ST-JEAN-BAPTISTE

Rez-de-chaussée de l'église	$8,000	Terrain,	$1,500
Ecole et salle	. 5,000		

Totaux	.	.	$13,000	$1,500
				13,000

Grand total, $14,500

PAROISSE ST-ROCH

Eglise, etc.	.	.	$15,000	Terrain,	$3,300
					15,000

Total $18,300

RECAPITULATION

6 paroisses françaises.

26 pasteurs français.

32,636 catholiques français.

12 institutions scolaires.

4,222 enfants d'école.

140 personnes enseignantes.

51 sociétés religieuses.

13,522 membres dans les sociétés.

78 anciens pasteurs français.

10 anciens pasteurs irlandais.

$1,152,400 de valeurs immobilières.

Le Mariage entre Etrangers

Un Crime Contre Dieu et une Abomination Nationale

La connaissance de la langue anglaise est utile et même nécessaire dans le commerce, l'industrie et la politique, mais elle est très dangereuse et même déplorable dans les relations par trop familières qu'elle engendre, surtout entre nos jeunes gens et les étrangers à nos mœurs, us et coutumes. De ces malheureuses relations d'amitié d'abord, et d'amour ensuite, sont sortis des mariages souvent bâclés à la légère, pour ne pas dire au mépris des principes sacrés qui font l'honneur de notre race et la gloire de notre religion.

Notre clergé et notre presse, guidés par la sagesse et l'expérience, se sont pourtant élevés très souvent et avec force, contre ces relations de nos jeunes compatriotes avec les jeunes étrangers. Cependant, il suffit de lire les journaux, pour se convaincre qu'au mépris de toutes les admonitions paternelles et fraternelles de notre clergé et de notre presse, cette sorte de mariage est en train de devenir une calamité nationale, tant il devient populaire chez notre jeunesse.

Il n'y a plus de doute que de nos jours, aux Etats-Unis, les mariages entre nos compatriotes et les étrangers ont des résultats les plus lamentables, tant au point de vue religieux que national. Ils causent généralement la ruine de nos bonnes mœurs nationales et religieuses pour engendrer une race de citoyens qui n'adorent que l'argent et le plaisir. C'est dans ces unions mal assorties, que la débauche et le divorce font leurs plus nombreuses et malheureuses victimes.

Pour faire ouvrir les yeux de ceux de nos jeunes compatriotes, qui se sentent séduits et attirés par les charmes trompeurs et les appâts criminels des étrangers, nous citerons quelques versets de nos Saintes Ecritures. Nous laissons donc maintenant la parole à Dieu lui-même, afin qu'il n'y ait plus de doute possible, dans l'esprit de notre jeunesse, au sujet des relations scandaleuses avec les étrangers

Dans le livre d'Esdras, chapître IX, nous lisons :

"Ils ont pris des filles étrangères pour eux et pour leurs fils, et c'est "un péché, c'est un crime" qui s'est élévé jusqu'au ciel".

"Ne donnez point vos fils aux filles étrangères, et ne prenez point leurs filles pour vos fils, car c'est un "grand crime."

"Ils ont "péché" contre Dieu, en prenant des femmes étrangères."

Le grand prophète Jérémie n'est guère moins clair, quand il dit à ce sujet :

"Comment dis-tu : je ne me suis point souillée, je ne suis point allée après les étrangers ? Anesse sauvage, accoutumée au désert, humant le vent à son plaisir ; et qui est-ce qui lui pourrait faire rebrousser chemin ? Nul de ceux qui la cherchent, ne se lassera après elle, on la trouvera en son mois."

"Mais tu as dit : C'en est fait. Non ; car j'aime les étrangers. Pourquoi rends-tu ainsi affectée ta contenance pour chercher des amoureux, en sorte que tu as même enseigné tes mauvaises manières de faire aux femmes de mauvaise vie. Même dans les pans de ta robe a été trouvé le sang des âmes des pauvres innocents, que tu n'avais point surpris en faute''.

''Et tu dis : Je suis innocente.; je n'ai point péché. Pourquoi te donnes-tu tant de mouvements, *changeant de race ?* Tu seras aussi confuse de la race étrangère que tu l'as été de la tienne. Tu sentiras même d'ici, ayant les mains sur la tête, parce que l'Eternel a rejeté les fondements de ta confiance, et tu n'auras aucune prospérité par les étrangers.''

Dans Néhémie, nous trouvons un langage propre à faire rentrer en eux-mêmes les plus arrogants adorateurs des étrangères :

''En ces temps-là, dit-il, j'en vis quelques-uns qui avaient pris des femmes étrangères : de sorte que leurs enfants parlaient en partie des langues étrangères, et ne savaient point parler leur langue nationale. C'est pourquoi je les repris, et les blâmai; j'en battis même quelques-uns, et leur arrachai les cheveux, et les fis jurer par le nom de Dieu, qu'ils ne donneraient pas leurs filles aux fils des étrangers, et qu'ils ne prendraient point de leurs filles pour leurs fils, ou pour eux. Salomon, le roi d'Israël, n'a-t-il point péché par ce moyen ? Quoique entre beaucoup de nations il n'y eut point de roi semblable à lui, et qu'il fut aimé de son Dieu, et que Dieu l'eut établi pour roi sur tout Israël : toutefois les femmes étrangères l'ont fait pécher. Vous accorderions-nous de faire ce grand mal, en commettant ce ''crime contre Dieu, de prendre des femmes étrangères ?''

Le livre des Proverbes est rempli de passages qui

ne laissent aucun doute au sujet de l'abomination des relations et unions avec les étrangères :

"Et afin que [l'Eternel te délivre de la femme étrangère, dont les paroles sont flatteuses, mais dont les pieds descendent à la mort et les démarches aboutissent au sépulcre.

"Eloigne ton chemin de la femme étrangère, et n'approche point de l'entrée de sa maison : de peur que les étrangères ne se rassasient de tes facultés, et que le fruit de ton travail ne soit en la maison de l'étranger ; et que tu rougisses quand tu seras près de ta fin, quand ta chair et ton corps seront consumés.

"Pour te garder de la mauvaise femme, et des flatteries de la langue "étrangère," ne convoite point en ton cœur sa beauté, ne te laisse prendre à ses yeux.

"Dis à la sagesse : tu est ma sœur, et appelle la prudence ta parente : afin qu'elles te gardent de la "femme étrangère" et de la foraine, qui se sert de paroles flatteuses.

"Comme je regardais à la fenêtre, par mes treillis, je vis entre les sots, et je considérai entre les jeunes gens, un jeune homme dépourvu de sens, qui passait par une rue, près du coin d'une certaine étrangère, et qui tenait le chemin de sa maison. Et voici, une femme vint au-devant de lui, parée en femme de mauvaise vie, et pleines de ruses; bruyante et débauchée, et dont les pieds ne demeurent point dans sa maison ; étant tantôt dehors, et tantôt dans les rues, et se tenant aux aguets à chaque coin de rue. Elle le prit et avec un visage effronté, lui dit : j'ai chez moi des sacrifices de prospérité ; j'ai aujourd'hui payé mes vœux : c'est pourquoi je suis sortie au-devant de toi, pour te chercher soigneusement, et je t'ai trouvé. Elle l'a fait détourner par beaucoup de douces paroles, et l'a attiré par la flatterie de ses lèvres. Il s'en est aussitôt allé après elle, comme le bœuf s'en va à la boucherie, et comme le fou, aux harts pour être châtié.''

''Que ton cœur ne se détourne point vers les voies de cette étrangère, et qu'elle ne te fasse point égarer dans ses sentiers. Car elle a fait tomber plusieurs blessés à mort, et tous ceux qu'elle a tués étaient forts. Sa maison est le chemin du sépulcre, qui descend aux profondeurs de la mort. Car la femme débauchée est une fosse profonde, et ''l'étrangère est un puits de détresse:'' aussi se tient-elle en embûche, comme après sa proie ; et elle multipliera les transgresseurs entre les hommes.

''Puis tes yeux regarderont les ''femmes étrangères'' et ton cœur parlera en insensé : et tu seras comme celui qui dort au cœur de la mer, et comme celui qui dort au sommet du mat.''

''La bouche des ''étrangères'' est une fosse profonde ; celui que l'Eternel a en détestation y tombera.''

Il nous semble que les Saintes Ecritures sont assez claires, au sujet de nos relations avec les étrangers, et qu'il ne nous est guère nécessaire d'y ajouter des commentaires. Après cela, il nous semble que si nos jeunes garçons et filles ont encore un tant soit peu de religion et de patriotisme dans le cœur, ils se feront un devoir et un honneur de ne point contracter des relations trop intimes avec les étrangers à notre langue et à notre race, puisque c'est Dieu lui-même qui le défend. Malheur à ceux qui méprisent les commandements de Dieu !

Biographies du Clerge

Notre Eveque et nos Pasteurs de Fall River

MONSEIGNEUR DANIEL-FRANCIS FEEHAN

M. l'abbé Daniel Francis Feehan, un homme de science, est le digne successur de Mgr Stang et le second évêque du diocèse de Fall River, Mass.

Il est né à Athol, Mass., en 1855, mais il n'était encore âgé que de trois ans, quand sa famille déménageait à Millbury, Mass.

Il fit ses premières études dans les écoles élementaire, grammaticale et supérieure de Millbury.

Il entrait ensuite au collège des Jésuites, à Montréal, P. Q., où il étudia le fiançais en même temps que le classique et la philosophie. En 1876, il y terminait son cours classique avec distinction.

Après avoir fait trois années de théologie au Séminaire St-Joseph, à Troy, N. Y., il y était ordonné prêtre le 20 décembre, 1879.

Il fut d'abord vicaire de la paroisse St-Bernard, à Fitchburg, Mass., jusqu'en 1886, puis ensuite curé à West Boylston, Mass.

En 1888, il retourne à St-Bernard de Fitchburg, pour remplacer M. le curé P. J. Carrigan, qui devenait vice-recteur de l'Université catholique de Washington.

L'année suivant. M. le curé de West Boylston était honoré par S. G. Mgr Beaven, de Sprinfield, Mass., du titre de membre du Conseil Diocésain. Il était le plus jeune prêtre promu à cette honneur, dans la Nouvelle-Angleterre. Durant 18 ans, il fut à la fois curé de St-Bernard de Fitchburg et conseiller diocésain. A Fitchburg, il fut de plus honoré membre du *Board of Trustees* de la bibliothèque publique, durant 17 ans.

Enfin, le 19 septembre 1907, quand il fut question de donner un digne successeur au regretté Mgr Stang, à Fall River, les regards populaires se jetèrent sur M. le curé de St Bernard de Fitchburg. Il fut consacré évêque de Fall River, Mass., à la cathédrale de cette ville, par S. G. Mgr Beaven, évêque de Springfield, Mass.

S. G. Mgr Feehan est un Américain de race irlandaise. Nos compatriotes du diocèse de Fall River auraient sans doute été fiers et fort honorés de voir l'un d'eux arriver à l'honneur épiscopal, mais la Divine Providence en jugea autrement. Comme le nouvel évêque parle le français et prouve ses sympathies pour les catholiques de langue française, nos compatriotes ont raison d'être satisfaits et de lui manifester à l'occasion leur estime national et leur généreuses sympathies. Aussi, depuis son arrivée parmi nous, S. G. Mgr Feehan n'a fait que grandir en popularité.

MGR J. A. PREVOST

Le trait le plus marquant du caractère de Mgr J. A. Prévost, celui dont il tire une véritable originalité, c'est l'absence totale d'amour-propre. Il n'a nul besoin de ce ressort puissant, si nécessaire aux talents

MGR. J.-A. PREVOST, Curé de Notre-Dame.

médiocres ; mais, si son extrême modestie le déprécie au coup-d'œil superficiel, il en est plus sûrement aimé et estimé par tous ceux qui ont le bonheur de l'avoir pour pasteur ou confrère, et. par conséquent ont le temps de l'observer.

Toujours prêt à s'oublier pour les autres, toujours heureux d'obliger ceux même qui sont antipathiques à sa race, il est impossible de le hair et difficile de ne pas l'aimer.

SES TRAVAUX : — Son esprit aussi juste que son cœur est droit, a prévu le développement de la nation dans la future ville épiscopale de Fall River. Il a présidé à l'érection des monuments superbes, élevés à la gloire de Dieu, pour l'instruction de la jeunesse et la protection des orphelins : monuments tels qu'à eux seuls ils peuvent couvrir de gloire et l'homme supérieur qui les crée, et les paroissiens qui secondent si généreusement leur bon curé, et la ville qu'ils embellissent et le diocèse qu'ils enrichissent.

Mais que d'inquiétudes, d'angoisses, de responsabilités, de tact pour tout surveiller, combiner, trouver les ressources, conduire l'ouvrage à bonne fin, surtout pendant les jours sombres de la grève, quand des voisins, n'ayant pas la même mentalité, parce qu'ils n'étaient pas de même nationalité, hochaient la tête en voyant les gigantesques excavations de l'église et des écoles : "Bah ! ricanaient-ils, what a big hole, will never be filled !'' Il faut un courage surhumain et de la valeur, dans pareilles circonstances ; elles étaient naturelles, chez lui, comme toutes ses autres qualités, mais elles lui valurent des démarches incessantes, des nuits sans sommeil ; il fut calme, aussi calme que dans toutes les autres actions de sa vie. Il travaillait pour Dieu et ses Canadiens. La Vierge de Lourdes ne s'était-elle pas servie d'une humble enfant pour faire ériger une des plus belles basiliques de la France catholique ?

Flint Village d'autrefois et le Flint Village d'aujourd'hui, quelle métamorphose ! Grâce à Mgr Prévost, c'est la chrysalide grossière qui est tombée en poudre, mais d'où est sorti le papillon irradié qui a déployé ses ailes d'or et d'azur, pour s'envoler vers sa patrie.

Cœur droit, son premier essor l'emporte vers le bien ; il a toujours, avec ces airs de franchise qui font le charme des vertus, ce degré précis de bonté, d'humilité qui en fait la perfection et qu'on ne peut ou dépasser ou ne pas atteindre sans se montrer faible ou vain.

Patient et souple, il se plia aux circonstances difficiles et grandit avec elles ; fort et énergique, il n'eut rien de languissant, d'inanimé, puisqu'il a créé, dans un espace de temps relativement court, avec des ressources paralysées par la dureté des temps, des institutions nombreuses qui demanderaient ailleurs plusieurs générations de curés et tout un exode de vicaires.

Dans ces communautés religieuses, ces écoles paroissiales, cet orphelinat, cette superbe église, qui a des airs de basilique, on sent palpiter une belle vie ; il est le cœur de cette vie. C'est le soleil dont le disque est immobile mais dont le foyer embrasé lance des rayons, qui ont fait germer et mûrir une riche moisson.

PATRIOTISME :—Toujours canadien dans l'âme, loyal à son pays d'adoption, qui doit plus à Mgr Prévost que Mgr Prévost ne lui doit, on ne le trouve jamais abjurant ses nobles convictions patriotiques. Mais on voudrait parfois plus de hardiesse. Il a couru, il court encore au bien de sa race, au salut de ses ouailles, semblables à ce fleuve qui s'échappant d'une source pure, (source d'où jaillit une famille d'apôtres et d'évêques, celle des Blanchet), s'en va passer sur ce beau pays du Massachusetts, jusqu'à la mer, roulant toujours, calme, serein et reflétant un morceau du ciel bleu, sans mêler jamais aucune fange à la limpidité de ses eaux.

PREDICATION :—Il possède la science des saints, car antipatique à cette éloquence sacrée, riche de figures et pauvre de pensées, éloquence qui, hélas ! fait servir au désir de plaire, le ministère d'instruire ; antipathique à cette sorte d'éloquence, Mgr Prévost en prêchant à son peuple, apparaît en vrai ministre de l'Evangile. Sa parole est toujours simple, populaire, grave, et si ses discours surtout ne sont pas toujours marqués du cachet de la recherche et de l'art, ils ont en revanche, toute la valeur du zèle, toute la force de la vérité, à l'aide desquelles il confond l'erreur, soutient la foi, fortifie la vertu, ne laissant au vice que le frémissement pour soulagement, et le repentir pour consolation. Oui, le Seigneur lui a vraîment donné la science des saints : "Dedit illi scientiam sanctorum."

Le zèle apostolique et la droiture d'intention du curé de Notre-Dame de Lourdes, se sont manifestés en lui dans toute la perfection de leur nature, dans toute la gloire de leur succès ; vrai citoyen américain, avant tout canadien, par dessus tout prêtre et pasteur, il s'est servi de la religion pour rendre la nationalité aux pionniers qui allaient sûrement la perdre et s'est servi de leur nationalité pour faire triompher la religion.

Ses travaux herculéens excitèrent, dès l'origine, le sarcasme de ces apôtres de l'assimilation, sarcasme dont la courte vue refuse aux petits moyens de

grands résultats.   Malgré la faiblesse de leurs commencements, ces travaux n'en furent pas moins la
grande machine de guerre qui tint en respect les fanatiques et battit en brêche la citadelle du despotis-
me qui régnait alors.

Tout ce que Mgr Prévost a édifié, tout ce que
nous admirons dans la Flint, ne mourra jamais.

Son œuvre laissera de lui un long souvenir, dans
le cœur de ses dévoués et intelligents paroissiens et
un sillon glorieux dans les annales du diocèse de Fall
River.

Puissions-nous tous lui donner cette espèce d'immortalité qui dépend de notre faible nature.   Puisse
ce bon curé et prélat nous communiquer quelques
étincelles de cette flamme du zèle et du patriotisme
qui soulève sa poitrine et fait battre son cœur.   A
Dieu, à Marie, il a élevé des monuments durables qui
raconteront son histoire à la postérité et le feront aimer des générations qui s'en viennent : "Agricola,
posteritati narratus et traditus superstes erit."

Car de quelque côté que nous viennent un saint
prêtre, à quelque heure que se lève un vrai patriote,
il est toujours l'objet de la vénération de l'église, de
l'amour de son troupeau ; il n'a pas besoin de l'éclat
de la pourpre, ni de la prélature qui ne saurait l'accroître.

Seigneur ! donnez-nous encore des pasteurs comme celui dont nous avons célébré les vingt années de
royal pastorat à Notre-Dame de Fall River.

T. R. PERE A. R. GROLLEAU

Le Très Révérend Père Alexis-Raymond Grolleau, des Frères Pêcheurs, est né à la Verrie, dépar-
ment de Vendée, France, le 11 novembre, 1860.

T. R. PÈRE A.-R. GROLLEAU.

Il fit ses études classiques au collège des Sables d'Alouve, et de là passa au séminaire de Luçon, où il séjourna quelques mois en qualité d'ecclésiastique. S'étant trouvé la vocation religieuse, il se détermina pour l'ordre des Frères-Prêcheurs, que l'illustre Père Lacordaire avait restauré en France, et demanda son entrée dans la province de Paris.

Les congrégations religieuses françaises subissaient alors une crise violente, qui n'était pourtant que le prélude d'orages plus terribles.

Le noviciat de la Province de France, en particulier, s'était transporté à l'étranger, et l'exil attendait les nouveaux aspirants.

C'est à Behmonte, Espagne, que le jeune Grolleau prit l'habit dominicain, le Ier février, 1882, sous le provincialat du regretté Père Chalarue. Il y fit profession, le 1er février de l'année suivante, et y étudia la philosophie pendant deux ans. Il se rendit ensuite à Corbara, en Corse, où il consacra quatre ans à l'étude de la théologie, et le 3 octobre, 1886 il était ordonné prêtre par S. G. Mgr l'évêque d'Ajaccio.

En 1894, il fit un séjour en France, au cours duquel il prêcha le carême à Châlons-sur-Saône.

En 1896, il donnait la station quadragésimale à la basilique de Québec.

L'année suivante, il succédait au T. R. Père A. L. Mothon, comme curé de la paroisse St–Pierre et St-Paul, à Lewiston, et supérieur des Dominicains de cette ville.

Le Père Grolleau signala son administration curiale par l'extinction d'une dette de plus de $60,000 et la construction d'un grand hôpital tenu par les RR. SS. de la Charité.

En août, 1901, il était appelé à remplacer le R.

P. Côté, à la cure importante de Ste-Anne, et à remplir les fonctions de Supérieur des Dominicains de Fall River, Mass.

A peine arrivé, le T. R. Père Grolleau entreprenait la construction de la superbe basilique, dont les assises avaient été posées par le R. P. Sauval, de douce mémoire.

Le 4 juillet, 1906, cette basilique, un des beaux monuments d'art religieux aux Etats-Unis, était dédié par son Excellence Mgr D. Falconio, Délégué Apostolique.

Au chevet de cette église s'élevait, quelques mois plus tard, un édifice qui s'harmonise parfaitement avec elle : je veux parler du nouveau couvent des Dominicains, dont tout le monde se plaît à louer les belles et sereines proportions, l'affinité avec la basilique dont il dépend.

En 1906, il prêchait le carême à l'église St-Jacques de Montréal, et en 1909, à la cathédrale de la Nouvelle-Orléans, en Louisiane.

Le T. R. Père Grolleau a aussi fait ériger à Fall River, d'après les plans préparés par le R. P. Charland, O. P., une immense bâtisse, l'Hopital Ste-Anne, que desservent avec dévouement les RR. SS. Dominicaines de la Présentation.

C'est encore le T. R. Père Grolleau qui a poussé l'agrandissement de l'Académie Dominicaine de la rue Park. Ce nouvel édifice, qui complète si admirablement l'ancien, a été terminé dans le cours de cette année.

Le T. R. Père Grolleau en est à son troisième terme, comme curé de Ste-Anne et Supérieur des Dominicains de Fall River.

Nous n'en finirions pas d'analyser par le menu, toutes ses autres œuvres. Disons seulement que la

REV. J.-G. LAVALLEE,
Curé de l'église Saint-Mathieu.

paroisse Ste-Anne, sous son habile direction, est arrivée au comble du progrès et fait l'admiration de tous par ses beaux édifices, non moins que par son excellent état financier.

C'est le vœu de tous les paroissiens de Ste-Anne, comme celui de tous les bons citoyens de Fall River, que le T. R. Père Grolleau demeure encore longtemps parmi nous.

Il a créé ici des œuvres qui attestent son mérite, comme elles répandent la gloire de la religion catholique et de nos compatriotes de langue française.

M. L'ABBE J.-G. LAVALLEE

M. l'abbé Joseph Georges Lavallée est né à St-Aimé-sur-Yamaska, comté de Richelieu, P. Q., le 20 juillet, 1857, de J.-M. Lavallée, marchand, et de Joséphine Dostaler.

Il fit ses études à St-Hyacinthe et au séminaire de Montréal.

Il fut ordonné à St-Hyacinte par S. G. Mgr Moreau, le 19 avril, 1885.

Il fut d'abord vicaire à Upton, de 1885 à 1886 et à Marieville, en 1886, puis professeur au petit séminaire de cette localité, jusqu'en 1888.

De 1888 à 1897, il fut vicaire à Woonsocket, R. I., après quoi il fut nommé curé de St-Mathieu de Fall River, Mass., en 1897.

Depuis son arrivée à Fall River, il a fondé un couvent des SS. St-Joseph de Puy-en-Velay, France, et plusieurs sociétés religieuses : Les Zouaves du Sacré-Cœur, en 1896 ; La Ligue du Sacré-Cœur, sections des hommes mariés et des jeunes gens ; les Enfants de Ste-Philomène, en 1896.

Il a restauré l'intérieur et l'extérieur de l'église St-Mathieu.

M. L'ABBE D. V. DELEMARRE

M. l'Abbé D. V. Delemarre, le dévoué curé de la
paroisse du St-Sacrement, à Fall River, Mass.,naquit
le 2 septembre, 1852, à St-Flour, arr. du Cantal
(France).

En 1863, il commençait ses études primaires
chez un oncle instituteur, et en 1869, il faisait sa première communion chez les Frères Maristes, à Beau-
camps (nord).

De 1870 1878, il fait ses études classiques au
Petit Séminaire d'Arras.

Il fit des études littéraires supérieures, à la Faculté des Lettres de l'Université Catholique de Lille,
de 1878 à 1880, et il y fut licencié-es-lettres.

Après des brillantes études, dans les diverses
institutions ci-dessus nommées, il est professeur d'hu-
manités et de Rhétorique, au collège Notre-Dame de
Boulogne-sur-Mer, de 1880 à 1883, après l'expulsion
des Jésuites.

Ses études théologiques étant terminées, en 1885
il est ordonné prêtre à Lille, par S. G. Mgr Monnier.

De 1885 à 1886, il est encore professeur de rhétorique, cette fois à Marcq-en-Barœul.

En 1889, il venait en Amérique visiter sa famille
qui y était immigrée depuis quelques années.

De 1890 à 1901, il est vicaire à l'église St-Jean-
Baptiste de Pawtucket, R. I., et le 1er juillet, 1901,
il devient curé de St-Dominique (maintenant St-Sacrement), à Fall River, Mass.

Il arrivait à Fall River avec la mission de bâtir
l'église. Il se mit à l'oeuvre avec entrain et dès le 10
novembre de la même année, il pouvait annoncer aux
paroissiens que S. G. Mgr Harkins avait approuvé
les plans proposés par M. L. Destremps, architecte.

REV. D.-V. DELEMARRE,
Curé de l'église Saint-Sacrement.

Les travaux de construction furent adjugés à MM. L. Bolduc et Canuel qui les commencèrent le 3 avril 1902.

Le 4 juillet de la même année, avait lieu la pose de la première pierre de l'église, qui dès lors reçut le nom de : ''Blessed Sacrement Church of Fall River.''

Au mois d'avril suivant, M.le curé fonde l'Union de Prière, avec 500 membres, laquelle dut cesser d'exister lors de la grève de l'année 1904.

M. l'abbé Monnier est nommé vicaire de la paroisse St-Sacrement, cette même année.

En 1903, il s'agissait de terminer les travaux intérieurs de l'église ; ceux de la boiserie et du plâtrage furent adjugés à MM. Bolduc et Canuel. Quant aux travail artistique du décor, les soumissions des contracteurs de la ville et du dehors étaient si élévées et d'un autre côté, devaient donner si peu et si laid, que M. le curé se résolut d'entreprendre lui-même les travaux à la journée. Il s'assura les services du sculpteur J. Castagnoli, qui se mit à l'oeuvre en novembre 1903.

L'année suivante, 1904, fut marquée par une grève terrible, qui dura 42 semaines. La paroisse perdit 150 familles qui déménagèrent ailleurs, et celles qui restèrent se virent peu à peu appauvrir et endetter. Les sociétés paroissiales, qui étaient déjà florissantes, furent réduites à leur plus simple expression. La société de l'Union de Prière ne put survivre à la grève qui ruinait tout sur son passage. Il fallut faire des quêtes pour aider à vêtir et chausser les victimes de la grève. De l'argent d'assurance fut distribué aux plus nécessiteux. Pour comble de surcroit, le diocèse fut divisé et une moitié de la paroisse fut retenue dans le diocèse de Providence, ne laissant que l'autre dans le nouveau diocèse de Fall

River. Cette malheureuse période fut appelée l'année terrible, surtout pour les paroissiens du St-Sacrement, qui venaient de se lancer dans d'énormes dépenses, pour la construction d'une église digne de leur foi et de leur patriotisme.

M. le curé Delemarre ne perdit point courage cependant, et la meilleure preuve se trouve dans le fait que le 24 novembre de cette année terrible, l'ouverture de la nouvelle église avait lieu comme un triomphe éclatant sur les formidables assauts de la grève. Mais Dame Grève avait la tête dure et l'honneur revêche. Aussi, il fallut des efforts gigantesques, de la part de M. le Curé et de ses dignes paroissiens, pour la chasser de la paroisse, armes et bagage.

En 1905, les Soeurs Grises étaient rappelées au Canada par leurs supérieures, et elles étaient remplacées par des sœurs de St-Joseph-du-Puy, qui achetèrent leur couvent dédié à Ste-Thérèse. A la fin de cette année, le nombre de familles était réduit à 284 et il y avait un déficit de $1,200 dans les comptes de la fabrique. M. le curé demanda du secours à Mgr en 1905 et 1906, mais sans guère beaucoup de succès.

Enfin, en 1907, l'aurore de la prospérité annonçait la joie générale, mais ne ramenait guère vite les familles disparues de la paroisse. La quête hebdomadaire commençait à augmenter sensiblement, et avec un grand bazar, qui eut un succès surprenant, la paroisse put faire face aux nécessités générales, mais sans pouvoir amortir le capital de la dette paroissiale. S'il en est ainsi en pleine prospérité, que sera-ce en temps de dépression et de panique ? L'année 1908 nous donne une leçon à ce sujet.

Une nouvelle société du Tabernacle commençait à bien fonctionner et ses revenus augmentaient la quête hebdomadaire, quand survint la panique de

L'ABBE HENRI MUSSELY, Curé à l'Eglise St-Jean-Baptiste (Maplewood)

1908 qui l'anéantit. Alors, nouvelles anxiêtés plus urgentes et plus poignantes. S. G. Mgr Feehan y met fin en agrandissant la paroisse dont les limites sont reculées jusqu'à la rue Slade et au ruisseau qui coule en arrière de la rue Barclay. Ainsi, 215 familles françaises rentrent dans la paroisse du St-Sacrement. Ces familles donnent un magnifique exemple de respect et de soumission, en se rendant sans retard à leur nouvelle église, ce qui double tout à coup l'assistance aux messes paroissiales et augmente d'autant les recettes de l'église.

La paroisse du Saint-Sacrement peut désormais envisager l'avenir avec plus de courage, grâce aux zèle et à la générosité du pasteur et des ouailles, qui marchent la main dans la main, pour la gloire de Dieu, l'honneur de la race et le succès de l'oeuvre paroissiale.

M. L'ABBE H. J. MUSSELY

M. l'abbé Henri-Joseph Mussely est né à Heule, dans la province de Flandre-Occidentale, en Belgique, en l'année 1852.

Il a fait ses études classiques à Courtrai, Belgique, et sa théologie à Witten, Hollande.

Il a été ordonné prêtre en 1878, et il fut missionnaire rédemptoriste en Belgique et en France, jusqu'en 1885.

De 1885 à 1891, il est missionnaire au Canada et aux Etats-Unis.

Par surcroît d'ouvrage, il fut alors contraint à un repos de quatre ans, durant lequel il a ouvert la paroisse de St-Alphonse de Musselyville, dans le comté de Bonaventure, P. Q.

En 1895, il arrivait dans le diocèse de Providence, R. I., et devenait vicaire de la paroisse du Sacré-Coeur, à New Bedford, Mass.

En 1899, il était envoyé vicaire à la nouvelle paroisse de St-Roch de Fall River, Mass.

En 1900, il devenait membre des prêtres missionnaires du diocèse, sous la direction du Revd Père Stang.

Depuis le mois de mars, 1902, il est le curé de la paroisse St. Jean-Baptiste de Maplewood, de Fall River.

M. L'ABBE J. E. T. GIGUERE

M. l'abbé Joseph-Etienne-Théodule Giguère, un des membres le plus avantageusement connu de notre clergé franco-américain, naquit à St. Roch de Québec, le 27 octobre, 1861, du mariage de J. O. Giguère, commis-marchand, avec Hermine Drouin.

Après avoir fait ses études classiques au séminaire de Québec, il entrait dans les saints ordres, le 6 septembre, 1882.

En 1884, durant ses études théologiques, il fut professeur au collège de Lévis. Deux ans plus tard, le 13 juin, 1886, il était ordonné prêtre par le cardinal Tachereau. Le 1er juillet de la même année, le nouveau prêtre était appelé à remplacer temporairement le curé de St. Basile, comté de Portneuf.

Il fut ensuite vice-préfet du Golfe-Saint-Laurent à la Pointe-aux-Esquimaux, Labrador, des 1886 à 1888.

De 1888 à 1889, il est vicaire à St-Charles de Bellechasse.

Dix mois plus tard, le 26 août, 1889, il venait exercer le ministère dans la paroisse Notre-Dame de Lourdes de Fall River, le 10 novembre de la même année, il était transféré à la paroisse du Sacré-Cœur

L'ABBÉ J. E. TH. GIGUÈRE, Curé à l'Eglise St-Roch.

de New Bedford, pour revenir à Notre-Dame de Lourdes en décembre 1890.

De 1896 à 1899, il est vicaire à Centreville, R. I.

Lors de la fondation de la paroisse St-Roch de cette ville, en 1899, l'évêque l'envoya cultiver ce nouveau champ où il a depuis accompli de grandes oeuvres.

Sous son habile administration, la nouvelle paroisse a prospéré avec une rapidité étonnante. Les sociétés religieuses y ont surgi comme par enchantement.

Non satisfait d'avoir doté la paroisse d'un presbytère et d'une jolie église, il a ouvert au premier étage de celle-ci, une école qu'il a confiée à la direction des Soeurs de St. Joseph, venues de France, qui furent installées dans un couvent sis près de l'église.

Musicien de talent et organisateur de plusieurs corps de musique, dans les diverses paroisses qu'il a desservies, M. l'abbé Giguère a fondé dans sa paroisse un choeur de chant tout à fait remarquable qu'il dirige lui-même avec une rare habileté.

Il n'hésite pas, quand il s'agit de rehausser la splendeur de quelque manifestation religieuse, à mettre la main aux décorations de son église, pour en faire un véritable bijou et partant un sujet d'admiration de tous les visiteurs.

Pour tout dire en un mot, M. l'abbé Giguère est un modèle parfait de l'homme énergique, très actif et avant tout, un apôtre rempli de zèle et un pasteur vénéré de tous ses paroissiens.

En terminant, nous devons ajouter que M. le curé Giguère, au commencement de l'année 1908, a organisé parmi les membres de la Ligue du Sacré-Cœur, un superbe corps de musique, comprenant 52 musiciens distingués, qu'il a nommé l'Harmonie. Les connaisseurs s'accordent à dire que c'est le meilleur du genre dans Fall River, à tous les points de vue.

REVEREND PERE A.-E. DION

(Curé de Ste-Anne.)

Le R. P. Ange-Emile Dion est né à St-Hyacinthe en 1873. Il fit ses premières études dans sa ville natale, puis ses parents l'envoyèrent au séminaire de Québec. Après sa philosophie, il entra au noviciat des dominicains, à St-Hyacinthe, où il fut ordonné prêtre le 22 mai, 1899.

De 1899 à 1900, il exerça le ministère dans la paroisse Notre-Dame, à St-Hyacinthe.

De 1900 à 1901, il est au ministère de la paroisse St-Jean-Baptiste, à Ottawa, et de 1901 à 1903 il est vicaire à Notre-Dame de Grâce, puis curé de la même paroisse, de 1903 à 1909, à Montréal, P. Q.

En juin dernier, le T. R. P. Raymond A. Grolleau, prieur des Dominicains et curé de Ste-Anne à Fall River, Mass., ayant été appelé à exercer le ministère à l'étranger, la cure de Ste-Anne fut confiée à la direction du R. Père Dion. Le départ du T. R. Père Grolleau causait un grand vide dans la paroisse Ste-Anne, et c'était certainement rendre honneur aux talents du R. P. Dion, que de le charger de combler ce vide. Depuis son arrivée à Ste-Anne, le nouveau curé s'est montré digne de la haute charge qui lui fut confiée.

R. PERE P.-M.-J. BELIVEAU

· Le nouveau prieur du Couvent des Dominicains de Fall River, Mass., et le digne successeur du T. R.

LE T. R PÈRE A.-E. DION,
Curé de Ste-Anne.

Père Grolleau, est un religieux distingué par la science et les vertus.

Le R. P. Marie-Joseph Béliveau est né à St-Maurice-de-Champlain, P. Q., le 4 janvier 1870, de Georges Béliveau et de Rose-de-Lima Nault. Il fit ses études classiques au Séminaire de Trois-Rivières, puis il entra chez les Dominicains de St-Hyacinthe, en 1891, où il prononça ses vœux en 1892.

Le 20 septembre 1896, il fut ordonné à Flavigny, dans le département de la Côte-D'Or, en France, où il passa deux ans.

De 1898 à 1899, il exerce le ministère à St-Hyacinthe, P. Q.; de 1899 à 1900, il est professeur chez les Dominicains, puis maître des novices, de 1900 à 1903, enfin curé de Notre-Dame, à St-Hyacinthe, P. Q., de 1903 à 1906.

En juin dernier, quand il fut appelé à remplacer le T. R. Père Grolleau, en qualité de prieur du couvent des Dominicains, il exerçait le ministère à Notre-Dame-de-Grâce de Montréal, P. Q.. depuis trois ans.

Le nouveau prieur du Couvent des RR. PP. Dominicains de Fall River est doué de tous les talents et de toutes les vertus qui distinguent un personnage de cette haute position.

PRETRES-ASSISTANTS DE STE-ANNE

RVD PERE J.-L. TERRIEN

Le R. P. Joseph-Louis Terrien est né le 5 juin 1848, à Landevant, canton de Pluvigny, arrondissement de Lorient, département du Morbihan, Bretagne, France. Fils du notaire Sieur Louis-Jean Ter-

rien et de dame Marie-Joséphine Camenen, il reçut
au baptême les noms de Ignace-Eugène-Marie, noms
qui furent changés à son entrée dans l'ordre des Dominicains, en ceux de "Frère Joseph-Louis."

Il fut confié pour ses études primaires aux Frères de la Doctrine Chrétienne qui tenaient en ce-
temps-là une excellente école à quelques milles de sa
paroisse natale, c'est-à-dire à Sainte-Anne d'Auray
(un bien doux nom pour nos oreilles), et c'est là aussi qu'il fit sa première communion.

A treize ans, il fut envoyé à Vannes au collège
Saint-François-Xavier, alors dirigé par les Pères de
la Compagnie de Jésus.   Il en sortait en 1868 pour
entrer au petit séminaire de Sainte-Anne d'Auray,
où il suivit pendant quelques mois un cours de philosophie scholastique.

Appelé à faire son service militaire—seconde
partie du contingent—comme soldat de la classe
1868, il fut incorporé au vingt-cinquième régiment
d'infanterie, et fit son service à Vannes, d'abord en
qualité de mobile, et ensuite comme secrétaire du bureau de recrutement.

Après la guerre de 1870-71, il obtint son congé,
et se remit à ses études de droit et de notariat, qu'il
avait déjà commencées avant son service à l'armée.
En 1874, au moment de passer son examen pour
le brevet, il eut la pensée d'aller faire une retraite
chez les Pères Dominicains du Couvent d'Abbeville,
et elle était à peine terminée, qu'il sollicitait déjà son
entrée dans cet Ordre.

Au noviciat d'Abbeville, il prononça ses premiers
vœux en 1875, et vint de là au couvent d'études, à
Flavigny, Côte-d'Or.   Ordonné prêtre en 1878, par
Mgr François-victor Rivet, archevêque de Dijon, il
commença cette "tournée des couvents" à laquelle

tous les religieux sont plus ou moins assujettis. Après un séjour de quelque temps au couvent d'Amiens, il est assigné à Lille, comme directeur d'une "maison de famille" tenue par des étudiants en droit et en médecine ; puis, il est nommé sous-maître des novices à Belmonte, Espagne, où les Dominicains, expulsés de France, ont cherché un refuge—expulsion pour la forme et qui, en réalité, n'atteint guère que les novices, puisque la plupart des Pères restent en France et dans leurs propres maisons.—En tout cas, le Père ne sera pas très longtemps un exilé, et il revient à Amiens, puis il retourne à Flavigny, puis il vient à Paris, puis au Hâvre, puis dernière phase de son ministère en France, il est directeur du collège d'Oullins, près Lyon, maison dirigée par les Dominicains du Tiers-Ordre enseignant. Il remplit cette charge depuis 4 ans, lorsque en 1891, à la demande du T. R. P. Provincial de France, mais de bon cœur comme tout ce qu'il fait, il s'embarque pour l'Amérique, pour Sainte-Anne de Fall River, où il réside depuis, comme chacun sait. Vraie "résidence" en effet, puisque le bon Père n'a jamais voulu prendre une vacance, même pour aller revoir un moment sa famille et sa chère Bretagne.

L'éloge du "bon Père Terrien", comme on l'appelle, est dans toutes les bouches, et non seulement la paroisse Sainte-Anne, mais toute la ville, où il est si connu, salue en lui l'homme du devoir, le prêtre zélé, infatigable, toujours aimable et souriant qui s'est fait "tout à tous" et qui n'a jamais convoité d'autre honneur ou d'autre bonheur que celui de faire du bien, à tout le monde sans distinction, et de préférence peut-être aux plus humbles et aux plus petits de la famille humaine. "Ad multos Annos!"

RVD PERE P. V. CHARLAND

Le Rvd Père Paul-Victor Charland, né à Saint-Roch de Québec, le 24 mai, 1858, de Guillaume Charland, constructeur de navires, et de Mathilde Canac-Marquis, fit ses premières études au collège de Lévis et ensuite son cours classique au séminaire de Québec. Au cours d'un voyage d'Europe en 1877, il se rendit à Lourdes, et de là à Rome, où se dessina sa vocation pour le sacerdoce. Quelques mois après son retour au Canada, il était nommé professeur de rhétorique au collège de Lévis, charge qu'il occupa de 1878 à 1886, c'est-à-dire jusqu'à son entrée chez les Dominicains. Il avait été ordonné prêtre le 31 juillet 1881, et dès 1883, le conseil du collège lui confiait la charge importante de Préfet des Etudes. Vers la fin de son professorat, il eut pour élèves des jeunes gens de grand avenir, comme par exemple, l'honorable Monsieur Adélard Turgeon, aujourd'hui président du conseil législatif de la Province de Québec, et Sir Lomer Gouin, premier ministre de cette Province.

En 1884, à l'âge de 26 ans, il publia son premier ouvrage : "Questions d'histoire littéraire (510 pages in-8), qui fut adopté de suite par plusieurs maisons d'éducation, et notamment par le Séminaire de Québec. Une seconde édition de ce livre a paru en 1899. Il s'occupait en même temps des "Annales de la Bonne Sainte Anne", dont la rédaction, partagée au commencement, finit par lui échoir tout entière. Dès lors, il amassait des matériaux pour un long ouvrage qu'il méditait et dont un premier volume a paru en 1898, sous le titre de "Madame Saincte Anne."

En 1885, à la demande des "Soirées Canadiennes", il publiait dans cette revue, sous le titre de

"Glanures", une série d'articles contenant de curieux détails sur la vie, le caractère, les traits saillants et parfois "l'intime" des gens de lettres les plus célèbres.

En 1886, l'abbé Charland entra chez les Dominicains de la Province de France, où son frère, le R. P. Vincent, l'avait précédé de quelques années déjà. C'est à Corbara, en Corse, dans le couvent où le Père Didon venait d'écrire sa "Vie de Jésus", que le Père Paul, comme on devait l'appeler désormais, fit son noviciat. Après deux ans, par dispense du Général de l'Ordre, il était transféré au Couvent de Saint-Hyacinthe, où il devait exercer le ministère paroissial jusqu'en 1891.

Au mois d'août de cette année et jusqu'à l'automne de l'année suivante, nous le trouvons en Belgique, à Louvain, où il suit les cours de l'Université, explore les bibliothèques, et travaille ferme à sa "Madame Saincte-Anne." Mais les Couvents d'Amérique demandent du renfort, et il est assigné à Ottawa. Là aussi il y a une bibliothèque, heureusement. Il y passera toutes les heures de loisir qu'on voudra bien lui laisser.

En 1894, les Dominicains de Saint-Hyacinthe veulent fonder une Revue, et il est désigné comme rédacteur principal. Mais sa santé a faibli, et après un an, ses supérieurs l'y invitant, il vient prendre quelques semaines de repos à Lewiston, Maine. Ces quelques semaines devaient durer près de huit ans, années laborieuses, partagées entre le ministère paroissial, le travail de cellule, la prédication au dehors, etc. L'année 1898 voit paraître le premier volume de "Madame Saincte Anne", (grand in-8 de 500 pages avec gravures) et le "Culte de Sainte Anne en Amérique" ; 1899 donne à la paroisse Saint-Pierre-Saint-Paul, de Lewiston, un "Album-Souvenir," joli ouvrage sur papier de luxe, orné d'une bonne centaine de gravures soignées. Il n'y met pas son nom pas plus qu'aux articles qu'il envoie de temps en temps aux journaux et revues, mais il est toujours facilement reconnu à sa manière, qui est si franche- ment personnelle. Malgré l'austérité de son état et de sa vie, le Père Charland a très souvent "le mot pour rire," et il sait toujours mêler l'agréable à l'uti- le, ou bien "vice versa," selon le vieux principe.

En même temps, et pour se distraire de la plume, le Père s'essayait au crayon ou au tire-ligne. Sans se croire architecte, il aimait à bâtir.... sur le papier, et c'est ainsi qu'il traça les plans de l'Hôpital Notre- Dame de Lourdes, et même ceux de la nouvelle et grande église que l'on rêvait alors à Lewiston.

Arrivé à Fall River en février 1903, le Père Char- land s'est occupé activement des œuvres de la pa- roisse Sainte-Anne. Il a fait les plans et surveillé la construction de l'hôpital Sainte-Anne, du nouveau presbytère, et de l'annexe au Couvent des Domini- caines sur la rue Park, etc. Sans renoncer au métier d'écrivain, il a cependant peu produit ces dernières années, du moins comparativement au passé, se con- tentant de revoir tout doucement d'anciens manus- crits qu'il affectionne de préférence et qu'il songe, dit-on, à publier bientôt pour compléter "Madame Saincte Anne". Un article de lui vient de paraître dans les journaux qui manifeste cette intention. Espérons que le public fera bon accueil au projet. Il faut cependant signaler deux opuscules, l'un en fran- çais : "La Bonne Sainte", l'autre en anglais : "The Good Saint", où il a essayé de promouvoir une dévo- tion qui lui est chère et qui est d'ailleurs selon l'ordre, surtout à Sainte-Anne de Fall River.

Le Père compte pour rien divers "écrits de cir- constance" : Comptes-rendus annuels de la paroisse

Sainte-Anne, articles à propos de fêtes et de bazars, plaquettes diverses, et il a négligé de signer la Notice qu'on a pu lire plus haut, en ce volume, sur les origines et le développement de la colonie canadienne-française de Fall River.

En 1899, sans aucune démarche de sa part, le Père Charland était élu membre de la Société Royale du Canada, et quelques mois après, l'Université Laval lui conférait le diplôme de Docteur-ès-lettres.

RVD PERE M.-J.-H.-A. BEAUDE

Le R. Père Marie-Joseph-Henri-Athanase Beaudé, né à Arthabaskaville, P. Q., le 9 septembre 1870, d'Athanase Beaudé, employé civil, et d'Elisabeth-Esther Le Prince, fit ses études à Québec ; entra chez les Dominicains à St-Hyacinthe, P. Q., en 1889 et y prononça ses vœux en 1890 ; fut ordonné à St-Hyacinthe par Mgr Decelles, le 25 mars 1895. Au saint ministère successivement à Saint-Hyacinthe, à New-York, à Lewiston, Maine, et à Fall River, Mass., depuis 1905. Officier d'académie, depuis 1907. Sous le pseudonyme de Henri d'Arles, auteur de "Propos d'Art", un volume in-8 de 122 pages (1903); de "Pastel", un volume in-8 de 197 pages (1905) ; de "Têtes d'Etude" (1906) ; de "Jérusalem" (1907).

RVD PERE R.-P. FARLY

Le R. P. Réginald Philippe Farly, fils de Olivier Farly et de Rébecca Racine, naquit à St-Barthélemy, P. Q., le 25 septembre, 1872. Il fit ses études élémentaires dans sa paroisse natale, puis son cours classique, au collège de Nicolet, qu'il termina en 1892.

Après avoir terminé ses études classiques, il entra chez les Dominicains de St. Hyacinthe, où il reçut les ordres mineurs en 1894.

Il passa ensuite à Flavigny-sur-Ozérain, Côte-d'Or (France), pour y faire quatre ans de théologie. Le 26 juin 1898, il allait à Dijon pour y être ordonné prêtre par S. E. Mgr Ouly, qui est maintenant archevêque d'Alger.

Après avoir fait ses dernières années de théologie à Flavigny, il passa six mois à Paris, puis en octobre 1900, il arrivait à Fall River, Mass., pour y demeurer. Depuis qu'il est arrivé dans la paroisse Ste-Anne, le R. P. Farly s'est fait autant d'amis que de connaissances.

Actuellement, le R. P. Farly est chargé de donner l'instruction religieuse du dimanche, à 2 p. m., à l'église Ste-Anne.

Comme la plupart des autres Frères Prêcheurs, le R. P. Farley aide au ministère local et prêche des missions à l'étranger.

RVD PERE J.-A. JACQUEMET

Le R. P. Joseph-Amédée Jacquemet est né à Evosges, département de l'Ain, en France, le 3 janvier 1867.

Il fit ses études classiques au collège de Belley (Ain), de 1878 à 1886, et sa théologie au grand séminaire de Bourg (Ain), de 1886 à 1890, puis il fut ordonné prêtre, le 20 décembre, 1890.

De 1890 à 1893, il fut professeur au collège de Belley, puis il entra dans l'ordre de St-Dominique, le 30 septembre, 1893.

De 1896 à 1899, il fut professeur au séminaire et au collège de la mission dominicaine de Mossoul, en Turquie d'Asie.

De 1900 à 1903, il demeura au couvent de Flavigny, Côte-d'Or, France, et il est arrivé dans la paroisse Ste-Anne, le 18 juin, 1903.

RVD PERE A.-A. LAMARRE

Le R. P. Antoine-Ambroise Lamarre est né à Montréal, P. Q., le 27 octobre 1872, de Hubert Lamarre et de Catherine Noël. Après avoir suivi le cours académique chez les Frères· des Ecoles Chrétiennes, il fit ses études classiques sous la direction du célèbre Professeur André, qui compte au nombre de ses élèves, le grand orateur canadien-français, Henri Bourassa.

Après quelques années passées avec ce percepteur, en 1905 il entrait chez les RR. PP. Dominicains, au couvent de St-Hyacinthe, P. Q.

S. G. Mgr Maxime Decelles, évêque de St-Hyacinthe, lui conféra les ordres mineurs à la chapelle du Précieux-Sang, et le 28 mai 1900, il l'ordonnait prêtre à la chapelle de Lorette, chez les RR. SS. de la Présentation de Marie.

Il exerça d'abord le ministère paroissial à St-Hyacinthe, puis à Ottawa. Il prêcha ensuite des missions au Canada et aux Etats-Unis.

Avec la permissions de ses supérieurs, il passa deux ans en Europe, visitant la Belgique, la Hollande, la France, l'Allemagne et l'Angleterre.

Le R. P. Lamarre passa plus d'un an en Irlande et il s'y fit de nombreux amis, dont il a gardé un bon souvenir.

A son retour de l'Europe, le T. R. P. Grolleau lui demanda de s'occuper de l'hôpital Ste-Anne de Fall River en qualité d'aumônier. Les malades de toutes les races et langues furent toujours heureux de recevoir les visites de ce bon père qui embaumait leurs jours d'épreuve, en les consolant, en les encourageant et en s'intéressant à leurs familles.

Le Père Lamarre y fut l'ami de tous ; les Juifs

et les protestants de toutes sortes n'ont que des éloges à donner à l'aumônier dont ils ont admiré la largeur de vue, la générosité de caractère et le dévouement sans borne.

A son départ de Fall River, en juin dernier, le T. R. P. Grolleau confia au populaire aumônier, la direction de la paroisse Ste-Anne, ce qui donna à nos compatriotes une nouvelle occasion d'apprécier ses talents distingués.

RVD PERE PERROTIN

Le Rvd Père Perrotin est né en France, dans le diocèse de Vannes, en Bretagne, le 29 novembre 1873.

Il a fait ses études classiques au petit séminaire de Ste-Anne d'Auray, et une année de théologie au grand séminaire de Vannes, département de Morbihan, de 1893 à 1894, puis il accomplit son année de service militaire au 116ième Régiment d'Infanterie, Vannes, de 1894 à 1895.

Il rentra ensuite au noviciat simple à Amiens, en Picardie, et y émit ses vœux, le 21 octobre 1896.

Il termina ses études théologiques au couvent de Flavigny, arrondissement de Semur, Côte-d'Or, où il a été ordonné prêtre, le 16 septembre, 1900, par Son Excellence le Nonce Apostolique de Paris, Mgr Lorenzelli.

Il a été assigné au couvent de Dijon, en 1902, qu'il a dû quitter en 1903, lors des expulsions, pour venir au couvent de la paroisse Ste-Anne de Fall River, Mass.

RVD PERE L.-V. MARCHILDON

Le Revd Père Louis-Vincent Marchildon né à Batiscan, comté de Champlain, P. Q., le 22 mai 1876, de Thomas Marchildon, cultivateur, et d'Adèle Fugère, fit ses études à Nicolet ; entra chez les Dominicains à St. Hyacinthe en 1898 et y prononça ses voeux en 1899 ; fut ordonné à Ottawa par Mgr Duhamel, le 2 février, 1903. A Ottawa, de 1903 à 1905 ; à Ste. Anne de Fall River, Mass., depuis 1905.

RV D PERE J.-D. CHARRON

Le Révd Père Jourdain-D. Charron, né à Verchères, P. Q., le 29 juin 1878, d'Octave Charron et de Philomène Lorange, fit ses études à l'Assomption; entra chez les Dominicains en 1898 et prononça ses voeux à St-Hyacinthe en 1899 ; fut ordonné à Ottawa par Mgr Duhamel, le 1 février 1903 A Notre-Dame de St. Hyacinthe, vicaire de 1905 à 1906, puis missionnaire à Ste. Anne de Fall River, Mass., en 1909.

PRETRES=ASSISTANTS DE NOTRE-DAME DE LOURDES

M. L'ABBE P.-L.-D. ROBERT

M. l'abbé Pierre-Louis-Damase Robert est né à Saint-Jean d'Iberville, le 7 janvier 1880, de Pierre Robert, menuisier, et de Régina Decelles.

Il fit ses études à St-Hyacinthe, au grand séminaire de Montréal et à Brighton, près de Boston, Mass.

Il fut ordonné à Fall River, Mass., par S. G. Mgr Stang, le 11 décembre, 1904.

Il fut d'abord vicaire à St-Mathieu de Fall River, de 1904 à 1906, puis desservant à l'église du St-Sacrement, à Fall River, et vicaire au Sacré-Cœur de New-Bedford, Mass., en 1906.

Il est actuellement vicaire à Notre-Dame, de Lourdes de Fall River.

Il est directeur du collège Notre-Dame depuis septembre 1908.

M. L'ABBE BERNARD BERNIER

M. l'abbé Bernard Bernier est né au Cap Saint-Ignace, comté de Montmagny, P. Q., le 24 juin 1839, de J.-B.-Prosper Bernier, cultivateur, et d'Eléonore Bernier.

Il fit ses études à Ste-Anne-de-la-Pocatière, et fut ordonné prêtre par S. G. Mgr Baillargeon, le 23 septembre 1866.

Il fut vicaire à St-Jean-d'Orléans, de 1866 à 1867, et à Ste-Famille d'Orléans, P. Q., de 1867 à 1868.

Il fut ensuite curé de St-Gilles, de 1868 à 1873.

Il fonda ensuite la paroisse de Saint-Narcisse-de Beaurivage, en 1873, où il bâtit une église et organisa les écoles.

De 1877 à 1890, il fut curé de St-Georges-de-Beauce, où il a construit une académie pour les filles en 1880-1881, et d'où il a fondé St-Martin-de-Bolduc en y édifiant une chapelle, durant les années 1880-1881.

De 1890 à 1902, il fut aumônier de l'asile du Bon-Pasteur à Québec.

Il réside au presbytère de Notre-Dame de Lourdes, à Fall River, Mass., depuis 1902.

Il est directeur du Tiers-Ordre, section des hommes.

M. L'ABBE P.-L. JALBERT

M. l'abbé Philéas Louis Jalbert naquit à St-Denis-sur-Richelieu, P. Q., le 22 juin, 1883. Il fit son classique au Séminaire de St. Hyacinthe.

Après de brillantes études au Canada, il alla passer trois ans à l'université catholique de Louvain, en Belgique, pour y faire sa théologie.

Il fut ordonné prêtre au Collège Américain de Louvain, par S. G. Mgr Van der Branden, archevêque "in partibus infidelium" de Tyre.

Ce jeune prêtre plein de talents est vicaire à l'église N. D. de Lourdes, à Fall River, depuis le 5 novembre, 1908.

DESSERVANT DE LA MISSION DE WESTPORT

M. L'ABBE L.-A. CASGRAIN

M. l'abbé Louis-Alphonse Casgrain est né à la Rivière-Ouelle, comté de Kamouraska, P. Q., le 3 mai 1830, de Pierre-Thomas Casgrain et d'Emilie Lacombe.

Il fut ordonné prêtre à Québec, le 23 septembre 1854. Il fut vicaire à Chicoutimi de 1854 à 1855.

Il fut ensuite successivement curé de Laterrière, comté de Chicoutimi, et de Sainte-Louise, comté de l'Islet.

De 1872 à 1873, il était vicaire à Lawrence, Mass., puis il fut le premier curé de Saint-Joseph de Haverhill, Mass. (1873-1886), où il bâtit une église. Il devint ensuite curé de Saint-Mathieu de Fall River, de 1888 à 1899, et d'Arctic, (R. I.), de 1899 à 1901. Il se retira à l'Hôpital Général de Québec en 1901 ; puis en 1904 il allait passer un an chez un confrère, M. l'abbé O'Doherty, curé à Haverhill, Mass.

A la fin de l'année 1904, il arrivait à Fall River, pour demeurer au presbytère de N. D. de Lourdes. Depuis son arrivée au milieu de nous, M. l'abbé Casgrain dessert la mission de Westport.

PRETRE=ASSISTANT DU SAINT= SACREMENT

L'ABBE P.-A. MERENDET

M. l'abbé Pierre-Augustin Mérendet est né à Annot (Basses-Alpes), arrondissement de Castellane, en France, le 7 mars 1879, de feu A. M. Mérendet et de Antoinette-Virginie Rapin.

Après avoir terminé ses études classiques au Petit Séminaire de Moûtiers, diocèse de Tarentaise, en Savoie, il dut faire une année de service militaire dans le 14ième corps d'armée, qu'il accomplit en Savoie. Il entra ensuite au Grand-Séminaire, y suivit avec succès les cours de théologie et y reçut successivement la tonsure et les ordres mineurs.

Rappelé ensuite à la caserne, en vertu de la loi de "Séparation de l'Eglise et de l'Etat", en 1905, il préféra avec le consentement de son évêque, aller se réfugier au Portugal.

Reçu à Lisbonne par le Cardinal Netto, O. F. M., il termina ses études ecclésiastiques, au palais patriarcal de cette cité, sous la direction de Son Eminence, dont il était le familier et le caudataire.

Incorporé à l'archidiocèse patriarcal de Lisbonne, il fut ordonné sous-diacre le 31 mars 1906, diacre le 22 juillet suivant, et prêtre le 22 décembre de la même année, par S. E. le Patriarche de Lisbonne, Don Joseph-Sébastien Netto.

Il officia pour la première fois, le jour de Noel, célébrant à midi, la grand'messe solennelle dans l'église de l'Enfant–Dieu, la plus ancienne de toutes les églises de Lisbonne (Portugal).

Devenu dès lors chapelain du Cardinal-Patriarche, il continua à demeurer avec le Prélat, le suivant toujours dans l'accomplissement de ses fonctions pastorales.

Nommé plus tard aumônier de l'Hospice Ste-Elisabeth des RR. SS. Franciscaines, à Bemfica, (Alfarrobeira), près de Lisbonne, il occupa ce poste jusqu'à son départ pour les Etats-Unis d'Amérique.

Autorisé à accepter du ministère dans le diocèse de Fall River, Mass., il est depuis le 30 juillet 1907, vicaire à l'église du St-Sacrement de cette ville.

Il est en même temps le directeur de la société des Enfants de Choeur et de la Petite Ligue du Sacré-Coeur, aussi chapelain de la succursale Globe des Artisans Canadiens-Français.

PRETRES-ASSISTANTS DE ST-MATHIEU

M. L'ABBE J.-E.-E. POTVIN

M. l'abbé Joseph-E.-Edmond Potvin est né à Bagotville, comté de Chicoutimi, P. Q., le 12 octobre, 1871, d'André Potvin, marchand, et de Marie Boivin.

Il fit ses études à Québec et à Chicoutimi, où il fut ordonné par S. G. Mgr Labrecque, le 17 mai, 1896.

Il fut d'abord professeur de sciences au séminaire de Chicoutimi, de 1896 à 1900, puis curé de St-Etienne-du-Saguenay, en 1900.

En 1900, il devenait vicaire à St-Hyacinthe de New Bedford, Mass.

Depuis 1906, il est vicaire de St-Mathieu de Fall River, Mass.

Il est directeur des Enfants de Marie et de Ste-Philomène. Il est aussi chapelain du Conseil Péloquin, de l'U-St-J-B-d'A., des Zouaves du Sacré-Cœur

et du 1er Régiment de la Brigade de Volontaires
Franco-Américains de la. Nouvelle-Angleterre.

L'ABBE J.-A. GAUDRAULT

M. l'abbé Joseph-Arthur Gaudrault fut ordonné
le 10 septembre, 1899.

Il fit des études à Rome, en Italie, de 1899 à 1902.

De 1902 à 1908, il fut professeur au collège de
Chicoutimi.

Il est vicaire à St-Mathieu de Fall River, depuis
le mois d'octobre 1908.

PRETRE=ASSISTANT DE ST=JEAN=
BAPTISTE

L'ABBE A.-E. COULOMBE

M. l'abbé Alfred-Edouard Coulombe, vicaire de
St-Jean-Baptiste, naquit à Lotbinière, P. Q., le 7
octobre, 1879, de Joseph Coulombe et de Virginie
de Villers.

Il fit ses études classiques au séminaire de Québec
et sa théologie au Grand Séminaire de Montréal.

Il fut ordonné prêtre à la cathédrale de Montréal,
le 19 décembre, 1903, par S. G. Mgr Bruchési.

Après avoir été vicaire de New Bedford, Mass.,
de 1904 à 1908, il devenait vicaire à St-Jean-Baptiste
de Fall River.

PRETRES=ASSISTANTS DE ST=ROCH

M. L'ABBE J. CHAGNON

M l'abbé Jovite Chagnon naquit à Varennes, P. Q., le 15 février, 1868.

Il fut ordonné prêtre, le 23 décembre, 1893.

Il fut successivement vicaire à Joliette, de 1893 à 1894; à Ste-Elisabeth de Joliette, de 1894 à 1895; à St-Michel-de-Napierville, de 1895 à 1896; à St-Lin, de 1896 à 1898, et à la Pointe-Claire, de 1898 à 1899.

Depuis le mois d'octobre, 1900, il est vicaire à St-Roch de Fall River, Mass.

Il est le directeur de la société de Ste-Philomène et de la section de St-Louis de Gonzague de la Ligue du Sacré Coeur.

M. L'ABBE J.-E. ROY

M. l'abbé Joseph-Edouard Roy est né a St-Michel-de-Bellechasse, P. Q., le 23 avril, 1851, d'Edouard Roy, boulanger, et de Marguerite Pepin-Lachance.

Il fit ses études à Québec, où il fut ordonné par S. G. Mgr Persico, le 10 octobre, 1875.

Il fut successivement vicaire à St-Pierre-d'Orléans, de 1875 à 1876, à St-Gervais, de 1876 à 1877, et au Cap St-Ignace, de 1877 à 1878.

Il fit un voyage de six mois en Europe.

Il fut ensuite vicaire de St-Georges-de-Beauce, de 1878 à 1882, et à St-Anselme, de 1882 à 1883.

Curé de St-Etienne-de-Lauzon, de 1883 à 1890, il y restaura l'église, puis il fut en repos de 1890 à 1892.

Il fut encore curé de St-Elzéar-de-Beauce de 1892 à 1894, où il a terminé l'église en 1895, et de St-

Raymond, de 1899 à 1904, où il a construit une église en 1900.

Il se retira à Québec en 1904, puis fut aumônier des enfants de l'école normale Laval de 1905 à 1906.

Il fut encore en repos à Fall River, Mass., en 1906, à Ste-Anne de Woonsocket, R. I., de 1906 à 1907, et au Précieux-Sang de la même ville, en 1907.

Il est actuellement au presbytère de St-Roch de Fall River.

FEU MGR. WM STANG.

Ancien Clerge

S. G. MGR WM STANG

S. G. Mgr Guillaume (William) Stang, 1er évêque du diocèse de Fall River, Mass., naquit dans la province de Baden, en Bavière, (Allemagne,) en 1854.

Il fit ses premières études au Gymnase Allemand, et sa philosophie à l'Université Catholique de Louvain, en Belgique, où il fut ordonné prêtre, en 1878. Il vint aussitôt aux Etats-Unis et fut vicaire à la cathédrale de Providence, R. I., sous l'épiscopat de S. G. Mgr Hendricken.

En 1884, M. l'abbé Stang devenait curé de Ste-Anne de Cranston, R. I., mais il retournait bientôt à la cathédrale de Providence, pour recevoir le titre de recteur dont il exerça les fonctions jusqu'à 1895. Il fut ensuite envoyé au Collège Américain de Louvain, pour y devenir vice-recteur et professeur de théologie.

Trois ans plus tard, il revient à Providence, pour organiser et diriger les Missionnaires Apostoliques du diocèse, qui devaient prêcher des missions dans les paroisses.

Il était curé de la paroisse St-Edouard, à Providence, lorsque les évêques de l'archi-diocèse de Boston décidèrent de diviser le diocèse de Providence, en 1903, pour former le diocèse de Fall River. Le 22 février 1904, la Propagande ratifiait la décision de ces évêques et S. S. Pie X l'approuvait, le 15 mars suivant.

M. l'abbé Stang eut l'honneur de recevoir la première nomination épiscopale du diocèse de Fall River, Mass.

M. l'abbé Stang fut consacré évêque à la cathédrale de Providence, R. I., par S. G. Mgr Harkins, le 1er mai 1904, et il dit sa première messe pontificale à l'église de St Edward, à Providence.

Le 8 mai de la même année, il chantait sa première messe pontificale à sa cathédrale de St Mary, à Fall River. Ce fut l'occasion d'une grande manifestation religieuse et internationale, car le nouvel évêque possédait la connaissance de plusieurs langues, notamment celle du français qu'il parlait comme sa langue maternelle. Aussi, pour manifester leur joie, nos compatriotes en général assistèrent avec leurs sociétés nombreuses, aux grandes cérémonies de ce jour à jamais mémorable.

Le nouvel évêque qui était déjà admiré de tous, à cause de ces grandes et nombreuses qualités, fut un des évêques les plus populaires de la Nouvelle-Angleterre. Aussi distingué par ses vertus que par ses talents, il conquit aussitôt le respect et les sympathies de tous les catholiques de son diocèse et des autres citoyens en général.

Au nombre des œuvres les plus remarquables de Mgr Stang, il faut mentionner les ouvrages suivants: "The Life of Martin Luther," "The Catholic Book-Keeper," "Pastoral Theology," "Pepper and Salt," et "Socialism."

Par malheur, il n'avait encore que trois ans d'épiscopat, quand la mort implacable vint l'arracher à l'amour des fidèles de son diocèse.

Ses funérailles ont été dignes de la vénération dont il jouissait.

L'ABBE P.-J.-B. BEDARD

M. L'abbé Pierre-Jean-Baptiste Bédard, curé-fondateur de la paroisse Notre-Dame de Lourdes et surnommé le "Prêtre Patriote," naquit à St-Rémie, comté d'Iberville, P. Q., le 6 novembre, 1842, d'une famille de cultivateur à l'aise.

Son père appartenait à ce type de franchise d'honnêteté et de jovialité, qu'on se plaît à reconnaître dans les campagnes canadiennes.

Sa mère, née Marie-Louise Parent, joignait à une grande piété, toutes les qualités qui font de la femme canadienne-française, une épouse chrétienne, une mère dévouée, et capable des plus grands sacrifices.

Le pauvre sortait toujours de leur demeure, le cœur rempli de reconnaissance, à cause de leur noble hospitalité où à la substance matérielle de l'aumône s'ajoutaient les encouragements non moins précieux des sages conseils et de la douce sympathie. Ainsi, dans cette atmosphère de vertus domestiques, avaient grandi dans leur digne enfant, la franchise, la vivacité d'esprit et la droiture du cœur, qu'il tenait de son père, pendant que sa vertueuse mère s'efforçait de tempérer son caractère, naturellement léger comme il convient à son âge, par de sages leçons qui lui étaient inspirées tant par sa piété sincère que par son amour maternel.

Le jeune Bédard était encore jeune lorsqu'il entrait au collège de l'Assomption. Il passait bientôt au collège de Montréal où il fut professeur pendant deux ans. Il fit ensuite sa théologie au Grand Séminaire de St-Sulpice, à Montréal.

Ordonné prêtre, il fut immédiatement nommé vicaire de St-Gabriel de Brandon. Ce fut dans cette paroisse que le cœur rempli de ferventes aspirations à la gloire de Dieu et à la conversion des pêcheurs, dans la pratique de toutes les vertus sacerdotales, il commença ce travail surhumain du salut des âmes, qui devait tôt ou tard épuiser sa santé, en dépit de sa forte constitution, et contribuer pour beaucoup à le conduire à une fin prématurée et déplorable sur une terre étrangère, loin de sa famille et de son pays natal.

Doué d'une voix aussi puissante que mélodieuse, d'un amour passionné pour la musique vocale et instrumentale, durant ses deux vicariats de St-Gabriel de Brandon et de N.-D.-de-Grâce (Côte des Neiges,) il consacra à cet art favori ses heures de loisir, et réorganisa les chœurs de chant de ces paroisses.

Mais, pour soustraire ce jeune et zélé vicaire aux humiliations, que se plaisait à lui infliger un supérieur à l'humeur sombre et soupçonneuse, S. G. Mgr Bourget le transféra au vicariat de St-Valentin, où il fut traité avec moins de sévérité.

La paroisse St-Valentin comme bien d'autres paroisses du Canada, était atteinte de la maladie contagieuse de l'émigration aux Etats-Unis. Un jour, ce fut avec le cœur gonflé d'amertume que M. Bédard allait reconduire, jusqu'à la gare du chemin de fer, une cinquantaine de ces paroissiens dans la force de l'âge. Son cœur de prêtre s'émut à la pensée des dangers qui menaçaient leur foi et leur patriotisme. Il pria longtemps pour eux et demanda à Dieu comme une faveur spéciale, d'être un jour missionnaire dans un grand centre américain-français. Sa prière fut bientôt exaucée, et Mgr Bourget lui permit de partir pour les Etats-Unis.

Mgr Hendricken, évêque de Providence, qui ne paraissait pas être encore imbu des préjugés que son entourage lui inspirait plus tard contre les prêtres

FEU LE REV. P.-J.-B BEDARD

canadiens-français, l'envoya à Fall River fonder la paroisse de N.-D. de Lourdes.

La joie de voir un des leurs fixé au milieu d'eux, fut telle que six semaines après son arrivée, M. l'abbé P.-J.-B. Bédard disait la messe dans une vaste chapelle, prouvant l'esprit d'entreprise et de générosité des paroissiens, ainsi que le talent d'organisation et l'énergie peu commune de leur premier pasteur.

Grâce à l'impulsion donnée et à la confiance inspirée par le généreux pasteur, ce quartier de la ville prit bientôt un rapide développement, car le devoué pasteur ne se donnait de repos que lorsque son regard protecteur avait tout examiné, coordonné et pacifié autour de lui.

Arrivait-il une famille du Canada, la première visite du chef était chez M. le Curé, qui n'était satisfait que quand tous les grands enfants étaient placés dans les filatures, et la famille logée convenablement. Reconnaissait-il dans les nouveaux venus, des aptitudes spéciales ou un genre d'industrie particulier, il usait aussitôt de toute son influence pour les caser convenablement. Ceux qui avaient construit des bâtisses dispendieuses, sans peser mûrement leurs moyens, se trouvaient-ils dans une situation embarrassante, vite ils allaient consulter M. le curé Bédard qui, d'un trait de plume ou d'un mot de recommandation, arrangeait les affaires à la satisfaction de tout le monde. Dans le quartier, s'élévait-il un différend dans les familles ou entre les individus, on allait s'expliquer devant M. le Curé, qui rendait un jugement impartial et toujours sans appel.

Il était un rêve, que caressait depuis longtemps M. Bédard, un but qu'il voulait atteindre sans retard; il soupirait après l'heureux jour où il pourrait fonder un collège français. Mais, le manque de ressources

et surtout l'opposition de son évêque étaient des obstacles formidables. La fondation d'une institution de
ce genre ne rentrait guère dans les vues de Monseigneur, qui disait : "A quoi bon ! avant dix ans,
quinze ans tout au plus, vos Canadiens-Français ne
voudront plus s'occuper de la langue française."

Pour ces Canadiens, que le Prélat de concert
avec ses conseillers et certains Anglo-Américains,
ignorants de notre histoire nationale, croyait être
une race dégénérée, issue du commerce de certains
aventuriers français avec les tribus indiennes du
Nord (superbe généalogie bâclée à l'anglaise), à quoi
bonne cette langue, qu'ils parlaient si misérablement
et qui devait tôt ou tard disparaître pour toujours
du continent américain, au dire des sus-dits francophobes.

"D'ailleurs, avait ajouté le prélat avec une pointe
d'ironie, les Canadiens ont des aptitudes si remarquables pour les idiomes étrangers, que ces modifica-
tions passeront chez eux inapperçues. La jeune génération, ajoutait-il, sera entre nos mains, comme
une cire molle que nous saurons bien façonner à notre gré."

Le curé de Notre-Dame n'était pas homme à subir l'humiliation d'un pareil raisonnement, même de
la bouche d'un évêque. Il ouvrit sous les yeux de sa
Grandeur les plus belles pages de notre histoire, où
sont enregistrés l'héroïsme, les vertus civiques et chrétiennes de nos pères, leurs luttes chevaleresques pour
conserver intact le précieux dépot de leur foi, de leur
coutumes et traditions. Il lui parla avec fierté de
notre glorieuse origine, de cette race française qui a
porté par toute la terre les lumières de notre civilisation à la fois religieuse et nationale. Et avec un
accent qui en imposa quelque peu à l'Evêque, il ajou-

tait : "Monseigneur, Dieu dans ses impénétrables desseins, permet quelquefois la déchéance des peuples. Je déplore avec vous celle de la malheureuse Irlande, votre mère-patrie, écrasée sous le talon brutal de l'Angleterre qui l'opprime depuis des siècles et qui, après avoir écrasé sa substance, a couronné son œuvre de destruction nationale, en lui arrachant sa langue, (qu'elle tirait déjà fort longue, vous le savez sans doute)."

"Quand un jour l'Anglo-Saxon, enflé de sa conquête, voulut nous infliger le même supplice à nous Canadiens-Français, savez-vous ce que nous avons fait, Monseigneur? Ils avaient de nombreux régiments, bien disciplinés et fort armés. Nous, nous n'étions qu'une poignée de paysans sans organisation, n'ayant d'autres armes que des vieux fusils de chasse, des faulx, des fourches et des bâtons."

"Eh bien ! nous n'avons point hésité un seul instant, nous avons croisé ces armes primitives avec les baïonnettes anglaises, qui ont honteusement plié devant elles à St-Denis, comme elles auraient indubitablement été anéanties à St-Charles, sans l'infâme trahison d'un lâche qui se trouvait dans nos rangs."

"C'était la violation des traités solennels ; c'était le grand danger qui menaçait notre langue, nos coutumes et nos traditions, qui triplaient la valeur de tous les nobles coeurs de nos intrépides patriotes. Plusieurs sont tombés sur le champ de bataille ; d'autres ont expié sur le gibet cette sublime folie qu'on appelle l'amour de la patrie. Exil et prison, torche incendiaire et délation, nos conquérants qui sont nos maîtres-tyrans, ont tout employé pour nous imposer le joug humiliant de l'assujettissement national. Mais ce fut peine perdue pour le tyran. Car, encore aujourd'hui, nos frères du Canada, en dépit du torrent de l'émigration qu'on a lancéà dessein dans leurs rangs, pour les inonder, les anéantir, nos frères du Canada, dis-je, sont de nos jours des Français catholiques plus fiers que jamais de leur langue nationale.''

"Et vous, prince de l'église catholique, dont la doctrine est prêchée dans toutes les langues connues, vous ne souffririez pas que l'on fondât ici, dans votre diocèse, des institutions au moyen d'esquelles notre peuple voudrait perpétuer sa langue, la langue de cette France que les Papes ont appelée si long-temps la "Fille aînée de l'Eglise !''

Ce langage patriotique n'eut aucun effet sur la détermination bien arrêtée de l'évêque. Si un peu plus tard, M. Bédard obtint l'établissement des-religieuses Jésus Marie dans sa paroisse, cette faveur fut évidemment le résultat d'une intervention secrète de quelque sommité ecclésiastique qui était favorable à notre cause. Car, à partir de ce moment, l'héroïque curé fut l'objet permanent d'une persécution qu'on ne prenait pas même la délicatesse de dissimuler. Pourtant cette guerre à coups d'épingles et de langues, l'espionnage odieux auquel il fut assujetti, ne l'affectèrent à l'égal de ce refus, qui sapait dans sa base, le beau, le grand et le patriotique projet de fondation d'un collège classique, qui devait donner un clergé national aux Canadiens-Français des Etats-Unis.

Le fait que les couvents, les écoles paroissiales, les sociétés de Dames de Ste-Anne, d'Enfants de Marie, etc., etc., n'existaient dans les paroisses desservies par des curés irlandais, que depuis l'époque de la fondation de ces sociétés par M. Bédard dans sa paroisse, semble indiquer que si ces dignes messieurs affectaient de mépriser et de vilipender cet homme de bien, ils ne dédaignaient pas cependant d'imiter quelques-unes de ses œuvres.

En 1878, éclatait à Fall River une de ces grèves, qui à courtes intervalles répandent la misère et les privations au sein de la population ouvrière. M. Bédard, sans vouloir prendre fait et cause pour les compagnies, traita ce sujet épineux au point de vue philanthropique et religieux. Il proclama ce simple principe de liberté : "Si les uns ont le droit de s'arrêter de travailler, les autres ont également le droit de travailler et ainsi de gagner le pain de la famille, surtout quand elle n'a aucun autre moyen de subsistance."

Son évêque lui enjoignit bientôt, sous les peines les plus sévères, de n'avoir en quoi que ce soit rien à faire dans le mouvement des grévistes contre les compagnies. Sa réponse fut digne, mais aussi ferme que respectueuse. Confiant dans la rectitude de sa conduite, il ne modifia en rien l'attitude modérée qu'il avait prise. Il reçut de nombreuses lettres anonymes, le menaçant même de mort. Les régistres de la paroisse furent volés, acte de vandalisme irlandais qui lui valut de la part de son tendre évêque irlandais, une lettre en termes d'une autorité absolument irlandaise, que s'il ne refondait pas les régistres disparus, il se verrait bien obligé, bien malgré lui (sic), de faire un changement dans la paroisse.

M. Bédard se laissa momentanément abattre par ce coup d'arrogance aussi foudroyant qu'arbitraire. Le cœur meurtri par l'amertume que lui causait une telle injustice, M. le Curé s'efforça le dimanche suivant, d'annoncer son départ et de faire ses adieux à sa paroisse bien-aimée. Mais ses sanglots, mêlés aux lamentations qui s'élevaient de toutes les parties de l'église, lui coupèrent la parole.

Se tournant ensuite d'un mouvement spasmodique, vers le crucifix de l'autel, on l'entendit murmurer ces paroles, avec une angoisse navrante : "Domine, ad adjuvandum me, festina !" (Seigneur, hâtez-vous de me secourir !). Puis, s'adressant à cette multitude éplorée, il leur dit simplement : "Consolez-vous, je reste."

Et il resta, pour boire jusqu'à la lie, comme son divin maître, le calice d'amertume et d'humiliation, incessamment exposé à sa vue. Il resta pour consacrer sa vie au salut de ses ouailles et asseoir sur des bases solides, les institutions et les sociétés, qu'il avait fondées à la fin de sauvegarder leur âme nationale, dans l'esprit d'entente et d'union. C'est cet esprit d'union qui devait leur être d'un si grand secours, dans les difficultés qui sont survenues dans la paroisse après sa mort.

Aussi, à partir de ce jour à jamais mémorable, la confiance spontanée des ouailles dans le pasteur ne connut plus de bornes. Elles aimaient mieux placer dans ses mains le fruit de leurs épargnes, que d'aller les déposer dans les banques.

La fête nationale, célébrée avec éclat, en cette ville en 1878, avec un succès surtout dû à ses talents d'organisateur hors ligne ; les deux grandes démonstrations de ce genre qui eurent lieu au Canada en 1876 et 1880, et auxquelles il assista avec une brillante délégation ; les discours qu'il y prononça, et les éloges qui lui furent donnés dans la presse française, achevèrent d'entourer le curé de Notre-Dame de Lourdes de ce prestige qui s'attache toujours à une existence animée de patriotisme et entièrement consacrée au bien-être de ses semblables.

Mais bientôt, vers l'année 1881, la calomnie continuant son oeuvre par d'ignobles insinuations, et la lâcheté de ses attaques de sale exploitation, de la part de ses ennemis, le coup, que lui porta une famille, dont il avait arraché le chef aux horreurs de la vie crapuleuse et débauchée de l'ivrogne, effet de la grande vertu de charité qui fut toujours l'un de ses traits caractéristiques, lui prouva enfin qu'il avait réchauffé un serpent dans son sein. Il se débattit contre cette étreinte impitoyable. Mais il était déjà trop tard, et une notable partie de sa fortune y passa. Cette nouvelle blessure, jointe aux plaies qui déjà affligeait son cœur, imprima le sceau de la mort sur cette superbe organisation physique et morale.

La réponse de l'évêque à la demande d'un assistant permanent, dont M. le Curé avait un besoin pressant, était toujours remise à plus tard. Un jour de retraite l'église était remplie de fidèles, la chaleur y était étouffante et M. le Curé était si malade qu'il ne pouvait à peine se tenir au confessionnal. Arrivèrent tout à coup quatre prêtres du Canada, comme envoyés de Dieu pour lui aider. Vite, on télégraphie à Providence pour obtenir les pouvoirs nécessaires, car les visiteurs voulaient prêter leur secours à M. le Curé. La réponse de Mgr fut un refus aussi court que catégorique. M. Bédard, tout malade qu'il était, dut seul confesser une partie de la nuit et du jour suivant.

Une telle rigueur est inexplicable, quand on considère une lettre dont nous donnons ci-après quelques fragments :

"Mon cher M. Bédard,

"Le rapport détaillé, que vous m'avez fait de votre paroisse, me donne beaucoup de satisfaction....et je sais que vous avez travaillé pour la Flynn comme un prêtre de mon diocèse ne l'a fait....En retour de

nos bons et mutuels procédés, je vous envoie naturellement les vœux de mon coeur, pour une bonne santé, le bonheur et une longue vie.''

    ''A vous très sincèrement,

TH. F. HENDRICKEN,

Evêque de Providence.''

    La correspondance établit que M. Bédard fut
toujours soumis et respectueux à l'endroit de son Ordinaire, excepté lorsque celui-ci, influencé par son
entourage francophobe, travaillant à la destruction
nationale des catholiques français, alors que l'ardent
patriote luttait avec une intrépidité incessante.

    M. le Curé fut seul à défendre les Canadiens-
Français, contre les fameux rapports du Colonel
Wright, et à forcer le maniaque Foster à rétracter
ses odieuses calomnies à leur endroit.

    Ce pasteur infatigable, alors que les intérêts de
ses compatriotes en général, et de ses paroissiens en
particulier, étaient en jeu, dirigeait plusieurs travaux
de construction et faisait des efforts pour attirer dans
sa paroisse, l'établissement d'industries diverses, afin
de parer en partie aux grèves et aux maux qui les
accompagnent.

    Il fit l'acquisition d'un terrain de 20 acres de su-
perficie, sur les bords pittoresque du lac Watuppa,
dans lequel ses compatriotes auraient pu se reposer
durant leur dernier sommeil. Mais Mgr de Providence a toujours refusé de sanctionner cette transac-
tion.

    Bientôt, la santé de M. Bédard diminuait tous
les jours. Sa noble et majestueuse structure corpo-
relle ployait peu à peu sous le poids des travaux et
des occupations multiples. Sa grande âme de prêtre
et de patriote était de plus en plus assaillie par les

inquiétudes et les préoccupations, que son grand cœur lui inspirait quant à l'avenir de son peuple chéri.

Depuis plusieurs mois, souffrant de rhumatisme, il fermait les yeux sur la gravité de son état de santé. Mais un jour, le souffle glacé de la mort vint l'avertir de se préparer. Une première fois terrassé, il reprit la force de ses membres. Il succomba une deuxième fois, et une deuxième fois les symptômes cédèrent.

Vers la fin de juillet, il fit un voyage au Canada, et il en revint au bout de quelques jours, brisé par la fatigue et cherchant vainement à cacher la blessure mortelle que l'ingratitude lui avait faite au cœur. Enfin, voyant la nécessité absolue d'abandonner le ministère de sa cure et de prendre un repos de quelques mois, il se hâta de faire ses préparatifs et d'acquiescer à la gracieuse invitation de la Rvde Mère Provinciale, qui lui offrait pour asile de repos, la charmante et paisible retraite de Sillery.

Un samedi, le 25 août, 1884, M. Bédard paraissait mieux se porter que d'habitude et il causait gaiement avec un jeune prêtre canadien, de passage en cette ville. Un grand nombre d'enfants devaient faire leur seconde communion, le lendemain, il télégraphia à Providence. Ce ne fut que vers le soir, qu'un message lui apporta la réponse qu'il lut avec une poignante émotion. En vain, voulut-il dissimuler son impression par un éclat de rire, que celui-ci la trahit dans une expression de douleur suprême. Se mettant alors au lit, il fit appeler les enfants pour en confesser le plus grand nombre qu'il pu, jusqu'à minuit. Au jeune prêtre qui le priait de se reposer, il répondit, comme autrefois Jésus : "Sinite parvulos venire at me !" (Laissez venir à moi les petits enfants !) Il sentait que c'était le dernier acte de sa vie sacerdotale, car il ne les congédia que quand ses mains devenues inertes, ne purent plus s'élever pour les bénir.   Il parut alors s'assoupir pour un instant, puis il dit à l'une de ses nièces qui, pour être plutôt prête à lui donner ses soins, s'était jetée sur un canapé, près de la porte de sa chambre :   "Va te reposer, ma fille ; je me sens si bien portant, que je n'aurai plus besoin de tes services."   Elle obéit avec une hésitation fort naturelle, et le matin suivant, quand elle entra dans sa chambre, elle le trouva couché, l'air paisible, les mains croisées sur sa poitrine et un chapelet enroulé autour des doigts.   Croyant qu'il dormait encore, elle l'appela à voix basse.   Comme il ne répondait point, saisie d'une terreur sans nom, la jeune fille le secoua fortement en s'écriant :   "Mon oncle ! Mon oncle !! Mais, il ne devait plus se réveiller.

La ville bientôt apprenait la triste nouvelle : "M. le curé Bédard est mort ! ! !

R. PÈRE C.-B. SAUVAL

Le R. P. Charles-Bernard Sauval naquit au diocèse d'Amiens, département de la Somme, en France, le 25 mars 1848.   Il fit ses études au petit séminaire de St-Riquier et fut ordonné prêtre en 1877.

Après avoir exercé le ministtre dans son diocèse d'origine, sur sa demande il fut admis au noviciat des Frères Prêcheurs. Il y fit profession et entra définitivement dans l'ordre de St-Dominique à Belmonte, en Espagne, en 1883.

Quatre ans plus tard, il fut envoyé en Amérique, arrivant à Lewiston, Maine, en 1887 ; il y passa quelques mois et de là vint à Fall River, Mass., le 22 novembre, 1887, avec les RR. PP. Estéva et Cormerais.

FEU LE T. R PÈRE SAUVAL

Les RR. PP. Dominicains prenaient cette année-là la direction et l'administration de la paroisse Ste-Anne. Ces trois RR. Pères succédèrent au fondateur de cette paroisse, M. l'abbé A. de Montaubricq, missionnaire du diocèse de Bordeaux (France), et à M. l'abbé Thomas Briscœ.

En 1891, le R. P. Sauval succédait, comme curé de la paroisse Ste-Anne, au R. P. Etienne Estéva.

C'est sous l'administration du R. P. Sauval que fut, d'accord avec les paroissiens, acheté le terrain et furent construits le nouveau presbytère et le soubassement de la nouvelle église Ste-Anne, sur la rue South Main.

Pour plus de détails au sujet des œuvres paroissiales du R. P. Sauval, le lecteur est prié de revoir les pages 75, 76, 77, 78, 79 et 80 de l'historique de la paroisse Ste-Anne.

Le R. P. Sauval est décédé à Fall River, Mass., le 1er mai, 1901. Il a laissé après lui l'inoubliable souvenir d'un prêtre et d'un apôtre selon le cœur de Dieu. La magnifique reconnaissance de ses paroissiens dit mieux que toute parole ce qu'a été le cœur du "Bon Père Sauval" et aussi quel était le cœur de ses enfants. Père et enfants étaient dignes l'un de l'autre.

Nous lisons dans "l'Indépendant", en date du 2 mai, 1901, ce qui suit:

La mort presque subite du R. Père C.-B. Sauval, curé de Ste-Anne, arrivée hier soir, a plongé dans le deuil la population catholique de Fall River. Nous pourrions dire, sans exagération, que ce triste événement a causé une profonde émotion parmi tous nos concitoyens, car celui que la mort vient de nous ravir était universellement aimé, respecté et admiré.

Depuis cinq ou six mois sa santé laissait à désirer ; il avait besoin de repos ; mais ne pouvant se faire à l'idée d'abandonner son poste quand de nombreuses occupations réclamaient tous ses instants, il resta sourd à la voix de la prudence.

On peut dire que c'est sa fidélité au devoir qui l'a conduit prématurément à la tombe. Il est mort sûr la brèche, glorieusement, en servant avec amour Celui qui l'avait appelé au nombre de ses disciples. Digne couronnement d'une vie faite de dévouement et d'abnégation.

"Felix sum, qui Deus diligo." Oui, heureux qui est aimé de Dieu ; celui-là fait converger toutes ses aspirations, ses désirs, ses pensées vers un seul objet : la gloire du Créateur et le bien de l'Humanité. Tel était le R. P. Sauval. Loin de sa patrie, la vieille France qu'il chérissait comme une mère, loin des siens et des amis de son enfance, il s'était créé ici une patrie nouvelle dans le cœur de ses paroissiens. Pour lui, la vie avait toujours un rayon de soleil, même au milieu des plus cruelles épreuves, parce qu'elle venait de Dieu et qu'elle lui laissait entrevoir l'immortalité au-delà du tombeau.

Travailleur infatigable et âpre à la besogne, il se reposait en soulageant l'infortune et en consolant les affligés. On ne saura jamais le nombre des miséreux qui perdent en lui un père et un ami ; car il était la Providence des pauvres de sa paroisse et un conseiller sûr et prudent. Jamais le nécessiteux ne frappait à sa porte sans être secouru et il avait toujours de bons conseils à donner à qui lui en demandait. Mais il faisait la charité loin des regards du monde, discrètement et avec une délicatesse qui touchait vivement ses protégés, même les plus incultes.

Son fardeau était léger parce qu'il savait le porter. "Levis fio, qui benè fero, onus."

Au physique, le P. Sauval était un bel homme, bien découplé, qui promettait d'atteindre un âge avancé. Il était aussi supérieurement doué au point de vue intellectuel, et sa réputation d'orateur sacré s'étendait au loin.

Durant les quatorze ou quinze années qu'il a passées à Fall River, il a vu se développer graduellement la paroisse de Ste-Anne, à laquelle il a consacré les plus belles années de sa vie. "Ille doceo." Il a enseigné à tous, par ses paroles et par ses actes, à mener une vie chrétienne et laborieuse. Le P. Sauval était un homme droit, honnête, bon, compatissant et d'une dignité qui imposait à tous le plus grand respect. Nombreux sont les fidèles, non seulement de la paroisse Ste-Anne mais encore de la région que nous habitons, qui le considéraient comme un saint.

Dans sa personne l'Eglise perd un apôtre dévoué, l'Ordre de St-Dominique un membre distingué, la France un fils respectueux et aimant, et les paroissiens de Ste-Anne un pasteur dont ils garderont un souvenir ineffaçable.

Requiescat in pace."

M. L'ABBE J.-M. LAFLAMME

M. l'abbé Joseph-Magloire Laflamme, ancien curé de la paroisse Notre-Dame de Lourdes, à Fall River, Mass., est né à St-Denis-sur-Richelieu, comté de St-Hyacinthe, P. Q., le 18 décembre, 1878, de Jean-Baptiste Laflamme et de Marie-Anne Vigeant.

En 1861, il entrait au Séminaire de St-Hyacinthe, pour y faire ses études classiques, avec l'idée d'entrer dans les saints-ordres. Après avoir terminé son cours d'études, il commença donc sa théologie, dans son "alma mater," puis alla les terminer au Grand Séminaire de St-Sulpice, à Montréal.

Le 27 octobre, 1872, il fut ordonné prêtre dans l'église de sa paroisse natale, par S. G. Mgr Larocque.

Il fut successivement vicaire à St-Ours, à St-Robert, à Sorel, à St-Aimé-sur-Yamaska et à Sorel encore (1872-1876.

S. G. Mgr L. Z. Moreau, successeur de Mgr Chs. Larocque, connaissant les talents, le zèle et l'énergie du jeune pasteur, le nomma en 1876, curé fondateur de Saint-Louis-de-Bonsecours, où il lui fallut tout créer. L'emplacement même de la nouvelle église se trouvait au milieu de la forêt. Mais, son esprit d'ordre, d'économie, et son zèle de missionnaire, généreusement secondés par la générosité des paroissiens, opérèrent de rapides progrès dans ce lieu d'abord presque désert.

A peine une année s'était-elle écoulée, que les paroissiens de St-Louis devaient regretter le départ de leur père spirituel. Les difficultés regrettables, qui étaient survenues dans la paroisse de St-Ephrem d'Upton, au sujet de la construction d'une nouvelle église, demandaient les talents d'un curé possédant de la discrétion, du zèle et de l'esprit de sacrifice, pour la paix des consciences et la gloire de la religion.

M. Laflamme arrivait à St-Ephrem en 1877. Par de sages ménagements, avec de la charité et du dévouement dignes des missionnaires, le nouveau pasteur ne tarda point à ramener au bercail les brebis égarées, jouant ainsi le rôle de l'Ange de la paix. En 1885, lors de son départ de St-Ephrem, M. le curé Laflamme y avait rétablit le bon ordre et fondé un couvent des Sœurs de la Présentation de Marie.

Le 12 décembre, 1885, M. Laflamme arrivait à

Fall River et devenait d'abord vicaire, puis le 21 mars, 1886, curé de la paroisse de Notre-Dame de Lourdes. Il fut reçu dans sa nouvelle paroisse, avec un empressement patriotique. Lorsque dans sa première allocution, il annonça qu'il avait plu aux autorités de le nommer à la desserte de la paroisse Notre-Dame, et qu'il espérait recevoir le concours de tous ses paroissiens, dans l'accomplissement de sa tâche difficile, l'émotion était grande dans les cœurs de l'assistance et plus d'une action de grâce s'éleva, pour remercier le ciel d'avoir placé au milieux d'eux un pasteur qui venait adoucir leurs souffrances. On avait tant souffert, dans cette paroisse, depuis quelque temps. Enfin la vérité triomphait et justice était rendue.

Il faut bien comprendre toutefois, qu'il y avait encore des animosités à calmer, des ambitions à apaiser et des ressentiments à adoucir. Le temps, la circonspection et l'esprit de conciliation ne tardèrent point à accomplir cette œuvre.

M. le curé Laflamme fit faire les réparations nécessaires à l'église et s'installa dans un presbytère qu'il dut remodeler à neuf. Il fit faire une allonge à l'académie des garçon, et plusieurs autres nécessaires au bon fonctionnement des institutions paroissiales. Il encouragea l'éducation et avec un désintéressement qui lui fait grand honneur, à cette dernière œuvre il coopéra de ses propres ressources.

Quelques mois après son arrivée au milieu de nous, M. le curé Laflamme obtint de son Ordinaire la permission de mander M. l'abbé J. A. Payan, comme vicaire de la paroisse Notre-Dame. Ainsi, la maxime qui veut que le calme succède à la tempête, trouva son application dans les affaires de cette paroisse. Car, après l'arrivée de ce paisible et doux pasteur. il n'y eut plus de dispute ni de récrimination ; on était satisfait.

Au mois de décembre, 1886, les paroissiens de Notre-Dame présentèrent à leur nouveau curé, deux belles adresses, qui furent lues par l'honorable H.-A. Dubuque et Mme Napoléon Vandal, et deux bourses bien garnies, comme témoignage de leur appréciation pour son dévouement aux intérêts si chers de la paroisse.

Le 13 juillet, 1887, M. Laflamme quittait Fall River, pour aller faire un voyage de repos. Il visita l'Angleterre, la France, la Russie, l'Italie, la Ville Eternelle et la Palestine. A Rome, Sa Sainteté Léon XIII le bénit ainsi que tous ses paroissiens de Fall River.

A son retour de voyage, en 1888, M. Laflamme fut remplacé à Notre-Dame, par M. l'abbé J.-A. Prévost, le curé actuel, qui depuis a reçu le titre de protonotaire apostolique.

Depuis son départ de Fall River, M. l'abbé Laflamme a occupé plusieurs places de confiance, au Canada. Il a été aumonier du monastère du Précieux-Sang à St-Hyacinthe, de 1888 à 1894. Il fut curé de St-Hilaire-sur-Richelieu, 1894 à 1900, ou il a restauré l'église. En 1900, il a été nommé successeur de M. le curé J.-P. Dupuy, qui venait de décédé après une longue maladie, à St-Romuald de Farnham. Depuis son arrivée dans cette belle paroisse, M. l'abbé Laflamme y a bâti, en 1906, la plus belle église du diocèse de St-Hyacinthe, pour remplacer celle qui avait été détruite par un incendie.

M. L'ABBE J.-A. PAYAN

M. l'abbé Joseph-Adélard Payan naquit à St-Ours, P. Q., le 2 novembre, 1854, et il fit ses études classiques et théologiques au séminaire de St-Hyacinthe.

Il fut ordonné prêtre, le 15 février, 1880, et nommé immédiatement vicaire à St-Marc.

Il fut transféré au vicariat de Sorel, le 12 octobre, 1882, et le 14 mai, 1886, il devenait vicaire de la paroisse Notre-Dame de Lourdes à Fall River, Mass., où il s'est acquis l'estime générale par sa douceur et son zèle apostolique.

Le 3 décembre, 1887, il devenait 1er curé de la paroisse St-Mathieu, laquelle fut nommée en l'honneur de S. G. Mgr Harkins, qui avait pour patron le grand évangéliste.

Après neuf mois de ministère à St-Mathieu, il devint curé à New Bedford, en 1888, puis à Centreville, R. I.

Bientôt sa santé lui demanda du repos, et il devint prêtre-assistant à Woonsocket, R. I.

Il a été inhumé à New Bedford, Mass.

M. L'ABBE J.-S. FORTIN

M. l'abbé Jos.-S. Fortin, le curé-fondateur de la paroisse St-Jean-Baptiste de Fall River, Mass., est né à Saint-Anicet, comté de Huntington, P. Q., le 6 février, 1859, de Herménégilde Fortin, cultivateur, et d'Elisabeth Moore.

Il fit ses études à Québec, où il fut ordonné par S. E. le Cardinal Taschereau, le 30 mai, 1885.

Il fut professeur au séminaire de Québec, de 1885 à 1886.

Il fut ensuite successivement vicaire à la Pointe-Claire, de 1886 à 1888, à Ste-Cunégonde de Montréal, de 1888 à 1890, et à New Bedford, Mass., de 1890 à 1901.

En 1901, il devenait le premier curé de la paroisse St-Jean-Baptiste de Fall River, Mass.

En 1902, il fondait la paroisse de Ste-Famille,
Woonsocket, R. I., où il a demeuré depuis.

L'ABBE L.-L.-O. MASSICOTTE

M. l'abbé Louis-Ludger-Octave Massicotte, le
premier curé de la paroisse du St-Sacrement (dite alors
St-Dominique), naquit à Vincennes, comté de Champlain, P. Q., le 30 janvier, 1861, de Ludger Massicotte et d'Elodie de Montigny, et il fut ordonné prêtre
aux Trois-Rivières, P. Q., le 5 juin, 1887. Il fut
d'abord vicaire à Centreville, R. I.

Devenu le premier curé de la paroisse du St-
Sacrement en 1892, il fut ensuite appelé à la cure de
St-Charles de Providence, en 1901.

M. L'ABBE J.-O. SYLVAIN

M. l'abbé J.-O. Sylvain, naquit au Bic, comté de
Rimouski, P. Q., le 22 mai, 1867, de Georges Sylvain,
médecin, et de Marie-Whilelmine Mercier.

Il fit ses études à Ottawa, P. Q., où il fut ordonné par S. G. Mgr Langevin, le 24 décembre, 1892.

Il fut d'abord vicaire à Notre-Dame de Fall
River, Mass., de 1893 à 1897, puis à Sandusky, Ohio,
de 1897 à 1906, au Sacré-Cœur de New Bedford,
Mass., de 1906 à 1908, et à Notre-Dame de Lourdes
de Fall River, de 1908 à 1909.

Il est vicaire à St-Hyacinthe de New Bedford,
depuis mai, 1909.

M. LABBE D.-M.-A. MAGNAN

M. l'abbé D.-M.-Aristide Magnan, né à Ste-Ursule,
comté de Maskinongé, P. Q., le 28 septembre, 1863,
fils de J.-B. Magnan, fut ordonné le 13 juin, 1886.

Il fut successivement vicaire aux Eboulements, 1887 à 1888, à la Baie St-Paul, de 1888 à 1889, et à la cathédrale de Chicoutimi de 1889 à 1890.

Il étudia ensuite au collège canadien de Rome, en Italie, de 1890 à 1893, et fut professeur au collège de Lévis, P. Q., de 1893 à 1895, puis il fut curé de Saint-Gilles, de 1895 à 1898.

Il venait ensuite exercer le ministère aux Etats. Il fut d'abord vicaire à N.-D. de Lourdes, de 1899 à 1902, et à St-Roch de 1902 à 1903, à Fall River, Mass.

Il fut ensuite curé de St-J.-B. de Muskegon, dans le Michigan, de 1903 à 1908, et de Ste-Marie de Manistee, de 1905 à 1906.

En 1906, il revenait dans l'Est, au vicariat de New Bedford, Mass.

Nous Croyons en Dieu

DES PRINCIPALES VERITES QUE CHAQUE CHRETIEN DOIT SAVOIR ET CROIRE.

Dieu n'a pas eu de commencement : il a créé de rien toutes choses, les anges et les hommes pour sa gloire. Quelques-uns d'entre les anges péchèrent peu après leur création. Le premier homme, Adam, et la première femme, Eve, de qui tous les autres hommes sont descendus, péchèrent aussi. Dieu eut pitié des hommes, auxquels il promit d'envoyer un Sauveur, pour les délivrer de leurs misères et les sauver. L'ouvrage de leur salut ne s'est accompli cependant qu'un grand nombre de siècles après leur péché. Dieu suscita pendant ce temps de saints patriarches et des prophètes pour les instruire et pour les assurer de ses promesses.

LE PECHE ORIGINEL

Tous les hommes ont péché en Adam ; et à cause de sa désobéissance, ils viennent au monde, souillés du péché originel, et sujets aux misères de la vie, à la mort et à la damnation éternelle.

Tous les hommes ont été créés pour connaître Dieu, l'aimer et le servir, et pour obtenir par ce moyen la vie éternelle.

Quatre choses sont nécessaires pour obtenir la vie éternelle : la Foi, l'Espérance, la Charité et les bonnes œuvres.

LA FOI

La Foi est une vertue surnaturelle, par laquelle nous croyons fermement toutes les vérités que Dieu a révélées à son Eglise, et qu'il nous enseigne par elle.

Les principaux mystères de la Foi, sont ceux de la Trinité, de l'Incarnation et de la Rédemption. Ces trois grands mystères sont contenus dans le symbole des apôtres.

Dieu est un pur esprit, éternel, immense, indépendant, immuable, infini, tout-poussant. Il a toujours été et sera toujours ; il est présent partout et connaît tout; c'est lui qui a créé toutes choses, et qui les gouverne toutes. Il est le Seigneur de toutes choses. Rien n'arrive que par son ordre. Il n'y a qu'un seul Dieu, et il ne peut en avoir plusieurs.

LA TRINITE

Il y a trois personnes en Dieu, savoir : le Père, le Fils et le Saint-Esprit.

Le Père est Dieu, le Fils est Dieu et le Saint-Esprit est Dieu. Il ne sont pas néanmoins trois Dieux, mais un seul en trois personnes parfaitement distinctes entre elles, et ces trois personnes sont égales en toutes choses : aussi anciennes, aussi puissantes l'une que l'autre.

L'INCARNATION

La miséricorde et la justice de Dieu ont paru d'une manière admirable dans le mystère de l'Incarnation.

Le Fils de Dieu, qui est la seconde personne de

la Sainte-Trinité, s'est fait homme. C'est un Homme-Dieu que nous appelons Notre Seigneur Jésus-Christ. C'est lui qui est le Sauveur et le Rédempteur de tous les hommes. Il a pris un corps et une âme semblables aux nôtres, dans le sein de la Sainte-Vierge sa mère, par l'opération du Saint-Esprit. Il est Dieu et homme tout ensemble. Il est né le jour de Noël.

LA REDEMPTION

Le Fils de Dieu s'est fait homme pour nous racheter de la damnation éternelle dans laquelle nous étions engagés par le péché d'Adam, notre premier père.

Il nous a rachetés de cette damnation en mourant pour nous sur la croix, en souffrant comme homme, et en donnant comme Dieu un prix infini à ses souffrances. Le troisième jour après sa mort il s'est ressuscité lui-même du tombeau où il avait été mis. Il est monté au ciel quarante jours après sa résurrection, et y est assis à la droite de Dieu son Père. Il a envoyé à son Eglise le Saint-Esprit qui descendit, sous la forme visible de langues de feu, sur les apôtres, et sur les disciples qui étaient assemblés avec eux le jour de la Pentecôte.

A la fin du monde tous les hommes ressusciteront et paraîtront devant Jésus-Christ leur juge, qui les jugera tous en général. Il juge chacun auparavant en particulier, au moment de sa mort, et il lui rend selon ses œuvres ; donnant le paradis au bons, et en envoyant les méchants en enfer, où il brûleront pendant toute l'éternité,

L'ESPERANCE

La deuxième chose nécessaire pour être sauvé, est l'Espérance.

L'Espérance est une vertue surnaturelle par laquelle nous attendons, avec une ferme confiance dans les promesses de Dieu et dans les mérites de Jésus-Christ, la vie éternelle et les secours pour y arriver.

C'est particulièrement par la prière que nous obtenons de Dieu, par Jésus-Christ, les secours nécessaires pour arriver à la vie éternelle.

La plus parfaite de toutes les prières est le Pâter et l'oraison dominicale. C'est Jésus-Christ qui nous a enseigné cette prière, et elle contient tout ce que nous devons demander à Dieu.

LA CHARITE

La troisième chose nécessaire pour être sauvé, est la charité.

La Charité est une vertu surnaturelle par laquelle nous aimons Dieu par-dessus toutes choses, et notre prochain comme nous-même pour l'amour de Dieu.

Aimer Dieu par-dessus toutes choses, c'est l'aimer plus qu'aucune créature, plus que soi-même, et vouloir plutôt mourir que de l'offenser.

La première et la plus absolue obligation de l'homme est d'aimer Dieu par-dessus toutes choses.

La marque véritable que l'on aime Dieu par-dessus toutes choses, c'est d'observer ses commandements, et d'accomplir en toutes choses sa volonté.

Aimer son prochain comme soi-même, c'est bien vouloir et lui procurer les mêmes biens que nous désirons pour nous-mêmes. Tous les hommes, même nos ennemis, sont notre prochain.

LES BONNES ŒUVRES

La quatrième chose nécessaire pour arriver à la vie éternelle, est la pratique des bonnes œuvres.

Les bonnes œuvres que nous devons faire sont marquées dans l'évangile, dans les commandements de Dieu et de l'Eglise.

Les deux principales choses que l'évangile nous ordonne, sont de fuir le mal et de faire le bien.

FAIRE LE BIEN

Le bien que nous devons faire consiste principalement dans l'exercise des œuvres de charité spirituelles et corporelles, que nous devons accomplir envers nos frères, en les secourant dans leurs besoins, et leur pardonnant les injures qu'ils nous ont faites.

L'évangile nous ordonne encore de nous fortifier, de pratiquer l'humilité, de mépriser le monde, de faire pénitence, de souffrir toutes sortes de maux avec patience, de nous conserver dans la pureté, de veiller et de prier.

FUIR LE MAL

Le mal que nous devons fuir par-dessus tous les autres maux, est le péché. Nous devons l'éviter et l'avoir en horreur comme le plus grand de tous les maux.

Le péché est une pensée, une parole, une action ou une omission contre quelqu'un des commandements de Dieu ou de l'Eglise.

Il y a sept péchés capitaux : l'orgueil, l'avarice, l'impureté, l'envie, la gourmandise, la colère et la paresse.

LES SACREMENTS

Les sacrements sont des signes sensibles institués par Notre Seigneur Jésus-Christ pour nous conférer la grâce, et nous sanctifier.

Il y a sept sacrements : le Baptême, la Confir-

mation, l'Eucharistie, la Pénitence, l'Extrême-Onction, l'Ordre et le Mariage.

LE BAPTEME

Le Baptême est un sacrement qui efface le péché
originel, nous régénère en Jésus-Christ, et nous fait
enfant de Dieu et de l'Eglise.

Sans le baptême on ne peut être sauvé.

Dans le baptême nous nous sommes engagés :

1 ° A renoncer au démon, à ses pompes, c'est-
à-dire, aux maximes et aux vanités du monde ; et à
ses œuvres, c'est-à-dire, à toutes sortes de péchés.

2 ° A vivre selon la loi de Jésus-Christ.

Pour baptiser, il faut verser de l'eau sur la tête
de la personne que l'on baptise, en disant en même
temps : "Je te baptise au nom du Père, et du Fils,
et du Saint-Esprit ; et avoir l'intention de faire ce
que fait l'Eglise.

LA CONFIRMATION

La Confirmation est un sacrement qui nous donne le Saint-Esprit, nous rend parfait chrétiens, en
nous communiquant une force particulière pour confesser constamment la foi de Jésus-Christ, pour vivre
selon son évangile, et pour résister aux ennemis de
notre salut, le démon, le monde et la chair.

L'EUCHARISTIE

L'Eucharistie est un sacrement qui contient
réellement en vérité le corps et le sang, l'âme et la di-
vinité de Notre Seigneur Jésus-Christ, sous les espèces du pain et du vin.

La sainte communion nous unit à Jésus-Christ,
augmente et affermit en nous sa grâce, et nous donne un gage de la vie éternelle.

Il faut adorer Jésus-Christ dans la Sainte-Eucharistie, puisqu'il y est réellement présent.

Pour bien communier il faut être en état de grâce, c'est-à-dire, n'être coupable d'aucun péché mortel. Celui qui se sentant coupable d'un péché, oserait communier en cet état, ferait une communion indigne, profanerait le corps et le sang de Jésus-Christ, et mangerait sa propre condamnation.

La messe est un sacrifice dans lequel Jésus-Christ s'immole mystiquement à Dieu son Père et lui offre son corps et son sang, comme victime pour nous, par le ministère des prêtres.

LA PENITENCE

La Pénitence est un sacrement institué par Notre Seigneur Jésus-Christ pour remettre les péchés commis après le Baptême.

La contrition, la confession et la satisfaction sont les trois parties à accomplir de la part des pénitents.

La contrition est une douleur et un regret d'avoir offensé Dieu, avec un ferme propos de ne le plus offenser.

Cette douleur est absolument nécessaire pour obtenir le pardon de nos péchés.

La confession est une déclaration de nos péchés, faite à un prêtre pour en recevoir l'absolution.

On doit s'y accuser de tous les péchés mortels qu'on se souvient d'avoir commis depuis la dernière confession, en sorte que celui qui en cacherait volontairement un seul, ferait une confession nulle et sacrilège, qu'il serait encore obligé de recommencer toute entière. Il faut aussi déclarer le nombre de ses péchés, et les circonstances qui en changent l'espèce.

La satisfaction est une réparation de l'injure qu'on a faite à Dieu, et au prochain par le péché.

L'on satisfait à Dieu par le jeûne, par la prière et par l'aumône.

L'EXTREME-ONCTION

L'Extrême-Onction est un sacrement institué par Jésus-Christ pour le soulagement spirituel et corporel des malades.

Il ne faut pas attendre que l'on soit à l'extrémité pour recevoir ce sacrement.

L'ORDRE

L'Ordre est un sacrement qui donne le pouvoir de faire les fonctions ecclésiastiques, et la grâce pour les exercer saintement.

LE MARIAGE

Le Mariage est un sacrement qui donne à ceux qui le reçoivent, les grâces dont ils ont besoin pour vivre dans une sainte union, et élever chrétiennement leurs enfants.

L'EGLISE

L'Eglise est la société des fidèles qui, faisant profession d'une même foi, et participant aux mêmes sacrements, sous la conduite des pasteurs légitimes, ne font tous avec eux qu'un même corps, sous un chef visible, qui est le Pape, Vicaire de Jésus-Christ.

Jésus-Christ est le chef invisible et suprême de l'Eglise. L'Eglise est toujours éclairée par le Saint-Esprit ; elle ne peut nous induire en erreur. Le Pape, chef et organe de l'Eglise, est infaillible, lorsqu'en cette qualité, il définit quelque vérité touchant la foi ou les mœurs, comme devant être crue par tous les fidèles.

Il n'y a qu'une Eglise, hors de laquelle il n'y a point de salut : c'est l'Eglise catholique, apostolique et romaine.

Il existe une union de charité entre tous les membres de l'Eglise : entre les fidèles qui sont sur la terre, les saints qui règnent dans le ciel, et les âmes qui souffrent dans le purgatoire, que les fidèles soulagent par leurs prières et leurs bonnes œuvres, et principalement par le saint sacrifice de la messe. C'est ce qu'on appelle la Communion des saints.

Les fidèles prient les saints qui sont au ciel pour obtenir leur intercession ; ils honorent leurs images et leurs reliques, sans pourtant les adorer ; car il n'y a que Dieu seul qu'on puisse et doive adorer : et les Saints intercèdent pour les fidèles auprès de Jésus-Christ, et leur obtiennent des grâces.

CONCLUSION

Ce sont là les principales vérités que l'Eglise enseigne aux fidèles, et dont vous devez souvent faire des actes de foi.—(*Extrait du Rituel Romain.*)

L'Eglise et la Presse

LES DEUX GRANDES ECOLES DE PATRIOTISME

L'histoire atteste que, toujours et partout, l'Eglise catholique a été une admirable école de patriotisme. Elle proclame que dans toutes les circonstances où les peuples ont eu à défendre leur indépendance, c'est parmi le clergé qu'elle a trouvé ses plus intrépides, ses plus indomptables défenseurs, et de ce fait indéniable l'histoire moderne nous fournit de saisissantes preuves.

Lorsqu'au XVIIIe siècle, le Canada, pays ardemment catholique, où l'influence du clergé a gravé dans les cœurs l'amour de la France, passe, par droit de conquête, sous la domination anglaise, les familles françaises qui s'y étaient établies sous Louis XIV se hâtent, pour la plupart, de partir, de regagner la mère-patrie, où elles retrouvent leurs privilèges et leurs moyens d'existence.

Ceux qui ne désertent pas, qui restent fidèles au poste, animés toujours des mêmes sentiments patriotiques, ce sont les prêtres, ce sont les moines. Ils avaient été les pionniers de la civilisation, que répand la France partout où elle plante son drapeau ; ils y deviennent les conservateurs de l'influence qu'elle y avait exercée ; ils y entretiennent malgré l'Angleterre, le culte de la langue française, les traditions

françaises, et c'est à eux que les français fixés au Canada doivent encore aujourd'hui, cent cinquante ans
après la conquête, de pouvoir croire qu'ils y sont toujours chez eux.

Ce qui grandit la beauté du sacerdoce, c'est qu'il
n'impose, à ceux qui en reçoivent la charge redou-
table et sacrée, aucun devoir religieux qui ne puisse
s'accorder avec leurs devoirs de patriote.

L'admirable organisation de l'Eglise, les doctri-
nes qu'elle prêche, les exemples qu'elle donne, ont fait
au patriotisme la part à laquelle il a droit.   Elle a
toujours respecté la nationalité de ses enfants ; elle
leur enseigne l'amour du sol natal, le culte des ancêtres, celui des tombeaux, la grandeur de la famille,
le respect des pouvoirs établis et, en un mot, tout ce
qui constitue pour chacun de nous le devoir patriotique.

Et il n'est pas moins vrai que tout homme qui
aime le Catholicisme et en observe les lois, puise dans
cet amour celui de sa patrie, car l'Eglise catholique,
on ne saurait trop le répéter, a été, dans tous les
temps, et encore dans tous les pays, la plus féconde
et la plus noble école de patriotisme qui ait jamais
existé.—ERNEST DAUDET.

Dans ces quelques lignes, M. Daudet rend justice
à l'Eglise et à notre valeureux clergé français de
l'Amérique.   En effet, quand les dominateurs anglais
se sont mis dans la tête que les Canadiens-français
devaient cesser de parler le français, ce sont justement les prêtres et les religieux qui ont été les premiers à se dresser avec noblesse et fierté contre cet
attentat aux droits et libertés des premiers pionniers
du pays.

Pour prouver aux usurpateurs qu'il n'entendait
guère badiner au sujet de la conservation de la langue

française, le clergé canadien-français s'est empressé de dresser ces importantes forteresses de l'intelligence qu'on appelle les collèges classiques. De ces institutions supérieures sont sortis, armés de pied en cap, nos orateurs de la chaire, nos tribuns politiques et nos braves journalistes. Ce sont tous ces doctes et braves patriotes qui, tour à tour dans la suite des temps, ont fait trembler le lion anglais, quand il voulait détruire notre âme nationale en cherchant à abolir la langue française. Il est indubitablement vrai que ce sont les collèges classiques qui ont sauvé la nation, et grâce en soit rendue à leur très sage fondateur, le clergé.

C'est justement parce que nous croyons aussi fermement au patriotisme qu'à la religion de notre clergé national, que nous tenons si fortement à le voir sans cesse et partout au milieu de nous. Les prétendus troubles de Fall River et de Danielson en sont des preuves frappantes, car ils n'étaient en réalité que des manifestations enthousiastes de notre patriotisme alors exaspéré. En effet, les abus révoltants de certains prélats étrangers, plutôt soucieux de leur marotte anglo-saxonne que du salut des âmes, étaient bien de nature à déchaîner les vents de la tempête sur l'océan d'ordinaire si calme et si pacifique de notre patriotisme.

Nos compatriotes désiraient des pasteurs de leur patriotisme et de leur religion tout à la fois, parce qu'ils tenaient à faire honneur à leurs traditions nationales et religieuses tout à la fois. Et ils les ont obtenus, malgré l'opposition malheureuse de ces prélats entêtés, qui furent finalement désavoués par l'autorité suprême de l'Eglise.

Dans ces deux cas, il est constant que l'Eglise catholique a scellé de son approbation notre patriotisme, contre l'apostasie nationale et tyrannique de nos lâches agresseurs.

Tout ce qui précède nous donne une excellente preuve de l'importance indéniable de notre presse, dans les phases plus ou moins tourmentées de notre vie nationale au milieu des prévaricateurs étrangers. Car, comme l'Eglise, elle est une puissante école de patriotisme.

Comme l'Eglise catholique, sa mère, sa protectrice et son sublime modèle, notre presse est toujours noble d'aspiration et féconde de hauts faits, quand il s'agit de donner une protection intrépide et indomptable aux droits et libertés de l'Eglise et de la nation.

Notre presse est la fille naturelle de l'éducation classique, qui a toujours fait la force et la gloire de l'Eglise. Cette fille fut d'abord frêle et fluette, mais peu à peu elle s'est développée, avec les bons soins et les délicates attentions de la grande et noble famille française d'Amérique, pour devenir bientôt une nouvelle Jeanne d'Arc, mais une Jeanne d'Arc que les Anglais et leurs esclaves n'ont jamais pu brûler sur un infâme bûcher.

De nos jours, la presse est certainement devenue la plus importante et la plus puissante de nos institutions nationales, surtout aux Etats-Unis où elle en est la récapitulation entière, en sus des autres attributs de force qui lui sont propres.

Au Canada, la masse du clergé est sympathique aux nobles principes français que la presse propage avec courage et fierté. Au Canada, la bonne presse trouve toujours une bienfaisante protection dans le clergé et en retour elle applaudit généreusement à toutes ses grandes œuvres, comme elle sait prendre vigoureusement la défense de ses droits et libertés quand ils sont menacés. Le clergé et la presse du Canada sont unis, et cette union fait leur force.

Mais, aux Etats-Unis, notre clergé français se trouve dans une singulière position nationale. Il ne lui est point aussi facile qu'au Canada de prêter son puissant concours à la presse, dans les questions nationales, notamment celle de l'éducation française. Car, sur ce point vital, qui est la base fondamentale de notre presse, notre sympathique clergé français se trouve en flagrante contradiction de pensée et d'action, avec la plupart de ses supérieurs et confrères anglo-irlandais.

D'un côté, la bonne intelligence et l'amour de la paix invitent notre clergé à ménager la susceptibilité chatouilleuse de certains prélats, qui ont perdu le sens national avec la langue maternelle. D'un autre côté, notre clergé ne peut guère facilement étouffer la puissante voix de sa conscience nationale, quand il peut à peine, après de très pénibles efforts, l'empêcher de retentir comme un clairon fulminant, aux oreilles suspectes des pauvres renégats de la langue de St-Patrice. Nos annales nationales nous donnent de consolants renseignements à ce sujet.

Notre presse n'a pas été lente à bien saisir son étrange situation, et elle a dû en tirer le meilleur parti qui était à sa disposition. Aussi, ce qu'elle aurait pu recevoir de secours d'un clergé complètement libre de le lui donner généreusement, elle s'est efforcée constamment de compenser cette sérieuse lacune, en redoublant de courage, de travail et de stratégie. C'est certaiuement dans ce redoublement de labeur, que notre presse a doublé et redoublé sa force passive et active, dans ses nombreuses luttes contre l'ennemi de nos destinées providentielles. Ainsi, ce que l'ennemi croyait devoir ruiner notre presse, n'a fait que lui donner plus de résolution et plus de vigueur, car elle se vit obligée de jouer un double rôle national, celui du clergé et le sien propre.

Comme notre clergé, notre presse prêche la religion de nos ancêtres, et comme nos sociétés, elle stimule le patriotisme dans les cœurs. Comme nos écoles et nos collèges, elle répand l'éducation française. Aux Etats-Unis, plus que partout ailleurs, elle joue tous les rôles du patriotisme. C'est une véritable encyclopédie nationale, mais une encyclopédie vivante. Elle est la plus populaire éducatrice de la nation. Sa voix puissante et incontrôlable se fait entendre dans tous les coins et recoins de la terre.

Evidemment, la presse est une puissance formidable pour nos ennemis, et une protection inestimable pour nos compatriotes, quand elle est fidèle à ses devoirs religieux et nationaux. Alors, aucune autre de nos institutions ne saurait lui être comparable, puisqu'elle les représente toutes à la fois et que, dans l'accomplissement de son œuvre gigantesque, elle n'est limitée ni dans l'espace, ni dans le temps. L'électricité qui ne connaît pas de maître en ce monde, est son humble servante. Tout ce que le génie de l'homme à pu inventer de secours matériels, est à la disposition de la presse. Les plus grands hommes que la terre a portés depuis le commencement du monde, revivent avec leur science et leur génie, dans la presse qui reproduit leurs meilleures pensées et leurs plus sages enseignements.

Mais, c'est surtout quand il s'agit d'abattre la morgue hautaine des ennemis de la nation, que notre presse apparaît dans toute sa formidable puissance. Elle devient alors une mitrailleuse qui balaye tout sur son passage et jette la terreur panique dans les cohortes ennemies.

Nos braves compatriotes de Fall River ont su comprendre l'importance de la presse française, pour marcher fièrement et sûrement dans la voie du succès national. Ils savent par l'expérience du passé, qu'ils ne peuvent guère compter sur la presse étrangère, pour la protection de leurs intérêts. C'est pourquoi, plusieurs journaux français ont été fondés en cette ville. Les uns ont duré aussi longtemps que les combats qu'ils devaient livrer et terminer ; les autres ont survécu à des luttes héroïques, pour en rappeler constamment le souvenir édifiant aux fils et petit-fils de nos vétérans, disparus après une vie remplie. Les uns et les autres ont fait leur devoir et ils méritent partant le culte de notre respect et de notre reconnaissance. C'est pourquoi, nous allons tous les passer en revue d'honneur, en suivant l'ordre chronologique de leur succession. Nous connaîtrons ainsi les principaux champions des droits et libertés des citoyens américains-français et catholiques de Fall River.

UN OBSERVATEUR.

Notre Presse de Fall River

L'ECHO DU CANADA

L' "Echo du Canada", le premier journal français de Fall River, fut fondé en 1873, par MM. le Dr Alfred Mignault et H. Beaugrand. Dès lors l'on vit nos compatriotes s'occuper plus activement de la naturalisation et de l'organisation de nos sociétés. La colonie française devenait déjà nombreuse, et il fallait se réunir, pour se connaître, se compter et se concentrer pour l'action. Le journal était certainement le plus puissant moyen d'accélérer et de fortifier le mouvement du patriotisme dans les rangs.

Après le départ de M. Beaugrand pour St-Louis, Missouri, où il fonda un autre journal, M. Chs de Gagné devient rédacteur et administrateur de l' 'Echo du Canada' Mais peu de temps après, il était remplacé par MM. Archambault et Boisseau. Un peu plus tard, M. H. R. Benoit devenait propriétaire du journal, puis le fusionnait avec son "Ouvrier Canadien", en 1875.

M. H. Boisseau, venu de St-Hyacinthe, P. Q., fut le premier typographe français en service à Fall River et aux ateliers de l' "Echo du Canada."

LE CHARIVARI

En 1874, un nouveau journal faisait son apparition à Fall River. C'était une feuille d'annonces, moitié française et moitié anglaise. M. H. R. Benoit,

le fondateur, faisait la rédaction française. Ce journal ne répondait guère aux aspirations patriotiques
de nos compatriotes, et il n'eut qu'une courte existence.

L'OUVRIER CANADIEN

L'"Ouvrier Canadien", un troisième journal
hebdomadaire, parut en 1875. M. H. R. Benoit ache-
ţa bientôt l'"Echo du Canada", pour diminuer la
compétition, et le fusionna avec son journal, mais
au bout de quelques mois, cette fusion ne fut guère
heureuse, car ces deux journaux disparaissaient pour
toujours.

LE PROTECTEUR CANADIEN

En 1876, un quatrième journal hebdomadaire,
le "Protecteur Canadien", succédait à l'"Echo du
Canada", qui avait donc existé trois années. Ce nouveau journal était rédigé en collaboration. La même année malheureusement, la collection et les ateliers disparaissaient dans un incendie. Un nouveau
matériel fut acheté et la publication continuée. Le
nouveau-né avait plus de force et de vigueur que
tous ses prédécesseurs, puisqu'il vécut près de vingt
ans. En 1892, nous le trouvons sous la direction de
M. H. Boisseau, puis de 1892 1895, sous l'administra-
tration de M. A. Lafond. Les premiers succès de ce
journal engagèrent les propriétaires à en faire un
quotidien. Mais son champ d'action étant déjà par-
tagé par un autre journal depuis dix ans, il dut lui
céder sa place et se retirer de l'arène en 1895, après
être redevenu hebdomadaire.

LA REPUBLIQUE

M.H. Beaugrand, le fondateur-associé de l'"Echo
du Canada" étant revenu de l'Ouest, vers 1877, fon-

da le cinquième journal français de Fall River, qu'il appella la "République". M. Narcisse Cyr fut le rédacteur de ce nouvel hebdomadaire, qui ne vécut que deux ans, laissant alors le champ libre au "Protecteur Canadien", qui avait déjà de grandes envies de vivre.

LE CASTOR

En 1882, un sixième journal naissait dans Fall River. M. Henri Boisseau et Cie en étaient les fondateurs, avec M. A. E. Thivierge comme rédacteur. Les affaires allaient bien dès les premiers mois, puisque le journal fut successivement agrandi. L'année suivante, M. P. U. Vaillant devenait le rédacteur en chef et le co-propriétaire avec M. Boisseau. Ce journal rendit de grands services à nos compatriotes, surtout dans la cause de Notre-Dame de Lourdes, lorsque les journaux anglais nous étaient hostiles, comme le "Herald", ou qu'ils refusaient de s'occuper de la question, comme le "News".

En 1885, le "Castor" passa en la possession de M. Antoine Houle & Cie. Ils changèrent le nom du journal, pour l'appeler l'"Indépendant", dont la première édition parut le 27 mars, 1885.

L'INDEPENDANT

Le septième journal de Fall River, l'"Indépendant", ne pouvait manquer d'envisager l'avenir avec calme et sans crainte, car un septième est généralement un privilégié de la fortune, s'il faut en croire un axiome fort populaire dans nos nombreuses familles. Toujours est-il que ce septième journal a vécu jusqu'à ce jour, et loin de perdre sa vigueur en vieillissant, il semble au contraire marcher de plus en plus alertement dans la voix du succès.

En 1885, M. P. U. Vaillant se retirait de la rédaction et M. Rémi Trembley, traducteur des débats à Ottawa, le remplaçait.

En 1889, M. O. Thibault achetait l'"Indépendant", et le 13 octobre 1893, il en faisait un quotidien.

Le 6 septembre, 1894, M. Godefroy de Tonnancour remplaçait M. Rémi Tremblay, à la rédaction de ce journal.

Depuis 1902, ce journal est la propriété de la Cie de Publication de l'"Indépendant", dont M O. Thibault est à la fois le trésorier et le gérant.

L'"Indépendant" est un de nos meilleurs journaux français de l'Amérique. Ses nombreux lecteurs y trouvent à la fois la quantité et la qualité de la matière à lire. Le choix de la matière, le style et l'apparence générale du journal, tout prouve un vétéran de notre presse.

LE BULLETIN DU DIMANCHE

Un huitième journal parut à Fall River en 1885, mais il ne dura que quelques semaines. Il fut fondé par M. Narcisse Cyr, ancien rédacteur de la "Répuque" qui était disparue en 1878, après deux ans d'existence.

LE CITOYEN

En 1886, M. P. U. Vaillant, qui avait été rédacteur du "Castor" et de l'"Indépendant", fondait le "Citoyen" un hebdomadaire et le neuvième journal français de Fall River. Le nouveau-né ne dura que trois ans, mais il eut un successeur.

LE BOURDON

Un an après la disparition du "Citoyen", M.

Henri Boisseau fonda le "Bourdon", qui était le dixième journal français de cette ville. C'était encore un hebdomadaire, mais comme tous les bourdons, il ne vécut qu'une saison.

LE FOYER CANADIEN

En 1894, parut le onzième journal de Fall River, fondé par M. A. E. Lafond, qui venait de pleurer la mort de son "Protecteur Canadien". Etant arrivé à la onzième heure, cette fois, il fallut retourner au foyer conjugal, après quelques mois d'un travail peu rénumérateur.

LE BULLETIN

Cinq ans plus tard, en 1899, MM. Gagnon & O'Reilly fondaient le douzième journal français de Fall River, un hebdomadaire intitulé : "Le Bulletin". C'était un journal de famille et rempli de matière intéressante. Mais, il ne dura que trois ans, les propriétaires désirant alors se livrer exclusivement à d'autres travaux d'impressions.

LE DIMANCHE

En 1889, le "Dimanche", un nouvel hebdomadaire, paraissait pour donner de la lecture à ceux qui ont des loisirs, le jour du Seigneur. Mais c'était un treizième journal, et le nombre 13 lui fut évidemment fatal, bien qu'il eut une salutaire mission à remplir le dimanche. Après deux ans de travail ardu, M. John Durand avait la douleur de perdre son premier-né.

LE JOURNAL

En 1901, un nouveau quotidien faisait son entrée triomphale dans notre population. C'était un jour-

nal bien fait, dont M. Edmond Coté était le propriétaire et M. J. L. K. Laflamme le rédacteur. Mais, il
peut se faire que ce journal avait des tendances politiques trop personnelles, puisque le public ne voulut
le lire que durant quelques mois, après quoi il le laissa
disparaître bien tranquillement, sans secousses vio-
lentes. C'était le quatorzième journal français de
Fall River, et il disparaissait.

L'ECLAIREUR

L'"Eclaireur", un hebdomadaire bien fait et
fort intéressant pour les amateurs de bonne lecture,
venait jeter sa lumière dans nos foyers de Fall River
en 1902. Durant deux ans, sa bienfaisante lumière
brillait une fois par semaine, mais on la vit bientôt
paraître tous les jours. Mais la lumière coûtait sans
doute trop cher, pour les profits qu'elle rapportait,
et elle s'éteignit un jour comme un astre qui a terminé sa course. Ce fut une douloureuse surprise
pour tous ceux qui appréciaient l'"Eclaireur", mais
M. Gagnon avait décidé de ne plus s'occuper que de
ses autres travaux d'impressions. C'était le quin-
zième journal français fondé à Fall River.

LE PETIT COURRIER

Le "Petit Courrier," comme son nom l'indique,
est une petite feuille, mais elle n'en est guère moins
charmante pour tout cela. M. Chs de Gagné, qui
en est le rédacteur-propriétaire, est un vétéran de la
presse française de Fall River, et les secrets du journalisme ne lui sont point étrangers. Il sait servir à
ses lecteurs une matière choisie qui ne manque guère de les intéresser. Le "Petit-Courrier" est un
journal humoristique, mais il a souvent des allures

sérieuses qui lui donnent une place choisie dans nos familles, qui aiment tous les genres de bonne littérature.

Ce cadet de notre presse de Fall River est le seizième journal fondé au milieu de nous depuis 1873.

Il a déjà sept ans de vie et il paraît assez bien portant pour atteindre un âge patriarcal, tout en restant bien attendu le "Petit Courrier", qui est le favori de nos joyeux compatriotes.

Le "Petit Courrier" est publié à l'imprimerie Gagnon, rue South Main, no 402.

Notre Ideal National

Il h'y a pas de doute que de nos jours surtout, notre idéal national se résume dans la conservation de notre langue maternelle. C'est afin de mieux faire connaître et aimer l'objet sublime de cet idéal, que nous reproduisons le magistral discours sur la langue française, qui a été prononcé par feu l'Honorable Honoré Mercier, au XVIIIe Congrès des Canadiens-Français des Etats-Unis, à Chicago, le 24 août, 1893. C'est une pièce d'éloquence et de patriotisme qui mérite d'être conservée et méditée par tous nos compatriotes.

LA NECESSITE DE LA LANGUE FRANÇAISE

Mesdames et Messieurs,

Vous m'avez demandé de parler sur ce sujet : "L'Utilité de la Langue Française". Permettez-moi de ne point me rendre à votre désir. Ce n'est point sur l'utilité de la langue française que je veux parler ce soir, mais bien sur sa NECESSITE. Pour moi la langue française n'est pas seulement utile, elle est nécessaire parce que c'est la langue de vos pères, que c'est la plus belle langue du monde, que c'est l'idiome de votre race et que tous les peuples civilisés la reconnaissent pour la langue diplomatique.

I

LA LANGUE DE NOS PERES

Tout ce qui nous rappelle la patrie doit nous être cher ; tout ce qui nous rappelle nos ancêtres doit nous être sacré.

La patrie pour nous, c'est la France, c'est le Canada ; la belle France, cette terre toujours chère à nos cœurs, qui fut témoin des grands faits d'armes, des luttes séculaires pour la liberté, qui donna de nobles défenseurs à l'Eglise et à l'état des savants, des littérateurs, des poètes et des musiciens dont la célébrité est de tous les siècles.

La langue française a été parlée par tous ces grands hommes et a donné toutes ces grandes choses. On en retrouve la trace partout ; C'est dans cette langue que les vieux Gaulois chantaient leurs chansons guerrières et s'excitaient entre eux à repousser les vainqueurs de Rome. Et malgré que la langue romaine fût, pendant quelques siècles, la langue dominante dans les grandes villes de la Gaule, la langue celtique, qui devint plus tard la langue française telle que nous l'avons aujourd'hui, resta la langue des campagnes et des paysans.

Guillaume le Conquérant l'imposa à l'Angleterre, lors de la conquête, et les premières lois de pays furent édictées en français ou en latin et on en retrouve encore, sur les armes de la maison royale, les mots : "Dieu et mon droit". C'est en prononçant les mots : "Honni soit qui mal y pense", qu'un roi d'Angleterre créa une des plus anciennes chevaleries, l'Ordre de la Jarretière.

C'est dans cette langue que les cahiers des anciens Etats Généraux de France étaient écrits et présentés au roi ; c'est dans cette langue que la déclaration des Droits de l'homme fut faite ; c'est dans cette langue que la révolution de 1789 fut proclamée et que la nouvelle constitution fut donnée au peuple français ; c'est dans cette langue que les discours des grands orateurs de la Révolution furent prononcés, discours qui décidèrent le peuple de la France à se faire soldats pour repousser l'invasion des armées des coalisés ; c'est dans cette langue que les proclamations de Napoléon Ier furent faites, dans sa marche triomphale à travers l'Europe et que furent enregistrées sous les yeux du monde entier, les conquêtes des anciennes capitales.

C'est en français que Jacques Cartier demanda au roi François Ier les navires nécessaires à la découverte du Canada et c'est en prononçant les noms de Dieu et la France qu'il fit la conquête de cet immense pays, patrie de notre naissance ; c'est dans cette langue française que furent écrits pendant plus de deux siècles les édits et ordonnances contenant les lois politiques et administratives du Canada ; c'est dans cette langue que la capitulation de Québec et de Montréal et que le traité de Versailles furent écrits ; c'est dans cette langue française que la cause de nos droits politiques foulés aux pieds par l'oligarchie anglaise fut défendue par nos grands patriotes dans les assemblées populaires ou législatives et c'est dans cette belle et éloquente langue que Papineau prononça, à St-Charles, en '37, ce discours mémorable en présence de l'assemblée des six comtés, qui devait rallier tous les Fils de la Liberté et les entraîner dans un noble enthousiasme à défendre la cause sacrée du peuple ; c'est dans cette langue que les patriotes de '38 et '39 prononçaient leurs dernières paroles, quand l'Angleterre, injuste et barbare, leur faisait expier le crime d'avoir trop aimé leur pays ; comme c'est dans cette langue que DeLorimier s'écriait en mourant : "Vive la liberté, vive l'indépendance du Canada !"

C'est dans cette langue que les lois françaises du Canada sont écrites et resteront comme un monument éternel du patriotisme de nos ancêtres et de la sagesse de nos législateurs ; c'est aussi dans cette langue que nous avons appris la religion de nos pères et que le dimanche, assemblés dans l'église de la paroisse natale, nous avons entendu la parole de Dieu et les vieux cantiques chantés en français ; c'est dans cette langue que vous nous avez adressé la parole, chers compatriotes, quand vous nous avez rencontrés sur cette terre américaine et c'est en la parlant et en la chantant souvent, dans ce pays, que vous conserverez les vieilles traditions de la patrie absente et que vous resterez catholiques et Français.

Cette langue qui nous dit tant de grandes choses, qui va droit au cœur quand nous l'entendons et qui nous rappelle les souvenirs de la famille, quand la mère nous berçait sur ses genoux, en disant les vieux refrains d'autrefois, est non seulement utile, mais nécessaire : nécessaire à la conservation de notre nationalité, nécessaire à notre cœur. Nous sommes Français d'origine et nous restons Français de cœur, et nous devons parler français, parce que c'est l'idiome de nos pères, c'est l'emblème de notre nationalité et c'est la condition indispensable de la conservation de notre race. Les Canadiens qui ne parlent plus le français : ce sont des Anglais. Conséquemment pour rester Français, il faut parler français.

II

C'EST LA PLUS BELLE LANGUE DU MONDE

Cette assertion est vraie et je veux le démontrer;

mais naturellement, elle rencontre beaucoup de condicteurs par ici, j'en suis sûr, même ailleurs, au sein des autres nationalités qui trouvent que leur langue est la plus belle du monde, et je suis loin de leur faire un crime de cet orgueil national : tout homme bien né trouve sa mère belle et la trouve supérieure à toutes les autres femmes; c'est naturel et conséquemment légitime.

Le seul moyen de juger de la beauté des différents idiomes modernes, c'est de les comparer aux anciens dont ils dérivent et ceux qui s'en rapprochent le plus sont les plus parfaits et conséquemment, les plus beaux. Or, la langue française est une des langues celtiques et eut son origine primitive dans le sanscrit.

Tous les auteurs s'accordent à dire que la langue gauloise se rapproche considérablement de cette origine, malgré le mélange de roman et de teuton. Ces auteurs ont trouvé de grandes analogies, de grandes ressemblances et ont su, dans des études remarquables, remonter aux racines les plus pures du sanscrit. D'ailleurs notre langue présente des richesses aussi variées que délicates et elle sait dire ce que l'orateur veut dire, en des mots aussi délicats que variés et concis.

Quelle est la langue moderne qui a produit des chefs-d'œuvres comparables à ceux de Racine et de Corneille, Bossuet et Fénélon, Mirabeau. Lamartine, Châteaubriand et Victor Hugo ? Dans quelle langue moderne a-t-on pu donner aussi bien les sentiments patriotiques que l'on trouve dans la Marseillaise et dans quel langage plus sublime a-t-on pu rendre la pensée du Christ que dans ces paroles : ''Notre Père qui êtes aux cieux''? Dans quelle langue autre que la langue française, dites-le moi, Mirabeau aurait pu

dire aussi bien ces paroles sublimes : "Allez dire à
votre maître que nous sommes ici par la volonté du
peuple et que nous n'en sortirons que par la force des
baïonnettes"? Pouvez-vous trouver une langue qui
disent mieux les sentiments de la mère à l'égard de
son fils qu'elle berce sur ses genoux ? et dans quelle
langue le fils pourrait-il mieux rendre ses premières
amours à la mère qu'il chérit?

Y a-t-il quelque chose de plus beau que le chant
des cantiques sacrés que nous entendons dans les
jours de fête, dans nos vieilles églises canadiennes ?
Y a-t-il bien des nations qui pleurent comme la nôtre,
quand les chants nationaux font vibrer les cordes les
plus sensibles du cœur ?

Rappelez-vous toutes ces choses : les chants d'une
mère chérie, les cantiques de nos églises, les paroles
éloquentes de nos orateurs et nos hymnes nationaux
dans nos jours de fête et dites-moi si quelque chose
de plus beau peut être dit ou chanté sur la terre.

J'aime la France et j'ai pour elle une profonde
vénération et chaque fois que je la revois je me sens
remué jusqu'aux entrailles. Je trouve sa langue si
belle, quand elle est bien parlée, que souvent, à Paris,
je passais des heures, aux Champs Elysés, à entendre,
ravi, les conversations des passants, de ces charmants
causeurs et causeuses qui ne se trouvent que là ou
dans les salons de Paris.

Je me suis souvent demandé s'il y avait une langue au ciel ; cette question m'a toujours embarrassé
et je suis resté avec des doutes, bien légitimes, à cet
égard.

Mais s'il·y a une langue au ciel, je ne dis pas
qu'il y en ait une, remarquez-le bien ; mais s'il y en a
une, ce ne doit être ni l'allemand, ni l'anglais, c'est
trop dur ; ce ne peut être, non plus, l'italien ou l'es-

pagnol, car ce ne sont pas des langues pures, trop d'éléments hétérogènes les composent ; ce ne peut être le russe, car il est trop froid, et encore moins le grec qui est peu parlé, maintenant. C'est le français qui serait la langue officielle du paradis et il me semble que les anges doivent parler à Dieu cette langue de nos pères et que c'est en français qu'ils chantent les hymnes éternels qui ravissent les saints élus.

La langue française est la langue des amoureux, parce qu'elle dit mieux et en peu de mots les sentiments de l'âme attendrie. Comment voulez-vous faire l'amour en anglais ou en allemand? Vous aurez la mâchoire disloquée avant d'avoir fini votre premier acte et vous serez, par conséquent, incapable de commencer le second. Mesdames, qui m'écoutez, conservez bien la langue française avec plus de soins que vous donnez à votre toilette et continuez à nous dire dans la langue de vos mères ces jolies choses dont vous avez le secret et qui nous remuent tant, nous, les hommes, vos esclaves. D'ailleurs vous ne sauriez point faire l'amour dans une autre langue et vous priveriez vos admirateurs de leur plus grande et de leur plus douce consolation. Vous-mêmes, mesdames, seriez malheureuses, car vous ne pourriez jamais savoir parfaitement comment nous vous aimons et combien nous tenons à vous rendre heureuses.

Oui, la langue française est une belle langue, conservons-la pieusement et parlons-la avec orgueil. Elle est grande et belle comme notre nationalité, elle est puissante et vivace comme notre race, elle est mâle et généreuse comme nos cœurs sont mâles et généreux.

III

C'EST LA LANGUE DIPLOMATIQUE

C'est un fait connu de tous, et les ennemis de notre race l'ont appris depuis bien des siècles et sont forcés de l'admettre aujourd'hui.

La langue française est encore la langue diplomatique parce qu'elle est la plus concise et la plus claire de toutes les langues modernes. C'est pour cela que tous les traités entre les différentes nations sont écrits en français. Il n'y a pas de lois internationales qui le veulent, qui l'ordonnent ainsi ; mais la chose s'est imposée d'elle-même et quand Louis XIV et Napoléon Ier ou Napoléon III faisaient des traités avec les nations ennemies ou amies, ils les faisaient dans la langue française. Les archives du monde entier sont là pour prouver cette assertion d'une manière indiscutable.

Lors de mon premier voyage en Europe, j'ai pu traverser tout le continent et même voyager en Angleterre, en parlant la langue française et à Londres, au grand hôtel Metropole, je fus reçu par le premier commis de l'hôtel qui me dit en excellent français : "Comment vous portez-vous, monsieur ?" C'était un Allemand qui m'adressait ainsi la parole et cette surprise que j'eus à ce sujet dans les Iles Britanniques fut répétée partout sur le continent. En Italie, surtout, tous les voyageurs, Allemands, Anglais, Américains ou Russes, parlent le français, ne sachant pas l'italien, et il n'y a point un fonctionnaire public qui ne le comprend point et qui ne répond point dans la même langue.

L'universalité de la langue française est indiscutable. Elle est la langue officielle politique ; elle est la langue intermédiaire entre les différentes nations de l'Europe, dans les relations sociales, politiques ou commerciales. Elle est donc non-seulement utile, mais nécessaire.

Si dans ce pays où la grande majorité est anglaise d'origine, vous êtes obligés de transiger les affaires commerciales en anglais, faites comme les peuples d'Europe, amusez-vous en français.

Que la langue de vos pères soit parlée dans vos familles, dans les relations sociales et surtout quand vous vous réunissez dans vos temples, comme hier, pour demander à Dieu de bénir les travaux que vous faites pour conserver votre nationalité.

Je crois avoir prouvé ma thèse : la langue française est non-seulement utile, mais nécessaire.

Vous serez respectés en la parlant, en la faisant parler à vos enfants ; vous serez méprisés si vous faites le contraire.

Devenez citoyens américains, c'est votre devoir, et conservez la langue de vos pères. Parlez-la où vous le pourrez avec un noble orgueil, c'est encore votre devoir.

Ceux d'entre vous qui, dans cette grande République américaine, ne parleront que l'anglais, cesseront d'être Français. Ceux qui, comme vous, conserveront leur langue, la parleront partout où ils pourront, resteront Français, tout en devenant citoyens américains.

Pour moi, sans vouloir me donner comme exemple, je suis loin d'avoir cette prétention, j'ai parlé le français toute ma vie : je l'ai parlé quand j'étais jeune, je le parle maintenant que je suis vieux, je l'ai parlé à la Chambre des Communes du Canada, quand j'étais un de ses membres, je le parle au Palais, je le parle sur les hustings, je le parle dans l'Assemblée Législative et quand Dieu me permettra de réaliser mon grand œuvre et de voir l'indépendance du Canada, j'ai l'espoir que l'acte qui proclamera cette indépendance sera écrit en français afin que les conditions de notre émancipation soient claires, concises et faciles d'interprétation, de manière à bien faire respecter les droits de ma race, de la langue et des croyances de mes pères.

M. GODEFROY DE TONNANCOUR

Nos Journalistes

G. DE TONNANCOUR

M. Godefroy de Tonnancour, rédacteur-en-chef de "L'Indépendant", de Fall River, Mass., depuis plus de quatorze ans, naquit à St-François-du-Lac, P. Q., il y a environ 45 ans.

Il fit des études au Canada et aux Etats-Unis, puis se voua au journalisme.

Il n'avait encore atteint que sa dix-huitième année d'existence, quand il débutait, à la rédaction de "L'Echo", à Manchester, N. H. Aussi, il est aujourd'hui le premier pionnier du journalisme franco-américain.

En avril 1886, il remplaçait au "Travailleur", de Worcester, Mass., ce bouillant polémiste, ce brillant écrivain et ce franc patriote que fut feu Ferdinand Gagnon.

Près de deux ans plus tard, de 1887 à 1889, il fut successivement rédacteur du "Défenseur" et de "L'Annexionniste, à Holyoke, Mass.

Ce fut à son passage en cette ville, qu'il soutint cette longue polémique au sujet de l'annexion, contre Joseph Tassé, alors rédacteur de la "Minerve", de Montréal.

De 1891 à 1892, il est rédacteur de "L'Espérance", à Central Falls, R. I., et en 1893, il est associé à la rédaction du "Daily News", à Pawtucket, R. I.

Depuis le mois de septembre 1894, M. de Tonnancour est rédacteur de "L'Indépendant", un quotidien qui fait honneur à nos compatriotes de Fall River, comme à notre presse des Etats-Unis en général.

Entre temps, il fut nommé au commissariat des incendies, par le maire Grimes, position qu'il n'avait point recherchée, mais qu'il remplit quand même consciencieusement en 1903 et 1905.

A cause de son dévouement à la cause franco-américaine, le ministère de l'instruction publique de France lui conférait en 1901, le titre d'Officier d'Académie. Ceux qui connaissent la plume finement taillée et toujours alerte de M. de Tonnancour, savent que ce titre était bien mérité. M. de Tonnancour occupe une place distinguée dans le journalisme français en Amérique, à cause de la lucidité de ses pensées et la limpidité de son style, jointes à une profonde connaissance de notre situation nationale, le tout agrémenté des dons précieux d'un caractère doux et conciliant, mais ferme et courageux tout à la fois.

Républicain convaincu, il n'a cessé de prêcher à nos compatriotes loyauté et fidélité aux principes politiques, qui seuls dans son opinion, produiront chez nous des progrès rapides et nous permettront d'atteindre, parmi les autres races, à une position digne de notre force numérique et de nos qualités nationales.

Il est membre du comité exécutif du Club Républicain Français du Massachusetts, au succès duquel il se dévoue généreusement.

Collaborateur de diverses revues (magazines), il y a à peine quelques mois, il contribuait au "New England Magazine," un article fort bien écrit, au sujet de son Excellence Aram J. Pothier, actuellement gouverneur de l'état de Rhode Island.

CHARLES DeGAGNE,
Evaluateur et propriétaire du
"Petit Courrier"

Dans la fameuse affaire de Danielson, Conn., comme il s'agissait de la conservation de notre langue nationale, il a élévé la voix avec une respectueuse mais virile fermeté, et les ennemis de notre cause nationale ont dû bon gré mal gré battre en retraite. Il n'était pas le seul combattant, mais il était certainement un des plus braves et vaillants généraux, dans cette revendication enthousiaste au sujet de la conservation de notre langue même à l'église. D'accord avec nos chefs les plus éclairés et les plus distingués, il prétend que toute notre question nationale se réume dans la conservation de notre langue française. Aussi, dès que l'ennemi se remet en guerre contre notre langue, M. de Tonnancour est généralement le premier à lui faire face.

CHARLES DE GAGNE

Le portrait qui précède cette esquisse biographique représente une des figures les plus connues à Fall River. C'est un compatriote qui demeure ici depuis près de trente-sept ans et qui a rempli un rôle important dans l'histoire de notre colonie canadienne-française.

M. DeGagné est né aux Eboulements, comté de Charlevoix, P. Q., mais Rimouski, P. Q. est le lieu où se sont écoulées les plus belles années de sa jeunesse, car il était encore enfant lorsque ses parents allèrent s'établir dans cette ville.

Après avoir fréquenté les écoles de cet endroit pendant plusieurs années, il fit ses études classiques au nouveau séminaire de Rimouski qui fut ouvert en 1862. Il suivit le premier cours donné dans cette maison d'éducation et eut l'honneur d'en être un des plus brillants élèves.

Il était doué surtout de rares aptitudes pour l'art oratoire et ceux qui l'ont connu alors se rappellent encore les nombreux éloges que lui valurent les discours qu'il prononça en diverses occasions, surtout aux examens publics qui avaient lieu tous les ans afin d'attirer l'attention des citoyens de ce comté sur cette institution naissante.

En sortant du collège il voulut étudier le droit, mais des revers de fortune qu'éprouva sa famille l'en empéchèrent. Il se vit alors obligé de se livrer à un travail quelconque afin de gagner sa vie et aider ses parents qui lui avaient donné l'instruction.

Cette épreuve brisa du coup ses espérances de jeune homme. Il se trouva alors presque découragé et sans ambition pour entreprendre ce qu'on appelle le ''struggle for life''.

C'est alors qu'il résolut de venir aux Etats-Unis où il espérait avoir une meilleure rétribution de son travail et retrouver un peu de son énergie au milieu de la grande activité qui règne dans nos villes américaines.

Lorsqu'il nous arriva en 1872, il était jeune, mais il eut de la difficulté à se faire à cette vie nouvelle. Il regrettait aussi d'avoir quitté son pays qu'il aimait toujours, malgré tout ce que le sort avait eu de contrariant pour lui.

Tous ces contretemps ont eu pour effet de nuire à son avancement et ont semblé, pendant quelque temps, peser lourdement sur sa vie. Mais il n'en a pas moins continué à suivre en tout et partout le vrai sentier du devoir et si sa carrière n'a pas été aussi brillante qu'elle aurait pu l'être, elle a été, au moins, bien remplie.

M. DeGagné a été pendant de longues années employé comme commis ou comptable dans des éta-

blissements de commerce de plusieurs genres. Il a
anssi été à l'emploi de la compagnie du "Central Vermont" dans un de ses bureaux à Worcerter, Mass.

Depuis qu'il est ici, il s'est intéressé à nos sociétés et sous ce rapport il a accompli un travail considérable. Il a fait partie de plusieurs de nos associations locales, il a contribué à leurs progrès et a été,
en même temps, le fondateur de plusieurs cercles littéraires et dramatiques.

En 1875, avec le concours de quelques amis, il
fonda la Société des Commis-Marchands ; en 1881, le
club dramatique appelé Club Fréchette ; en 1882, le
Cercle de Salaberry, une institution littéraire et dramatique, et en 1890, le Cercle Lamartine qui fut exclusivement dramatique.

A plusieurs reprises, il a été président ou directeur théâtral de ces sociétés. Comme acteur il possédait des talents et aurait pu, sur la scène, obtenir
de beaux succès.

Il fut aussi au nombre de ceux qui fondèrent le
Cercle Montcalm en 1877, la Société des Jeunes Gens
de Fall River, en 1879, et le Club Politique Fianco-
américain en 1887.

Ces sociétés ont cessé d'exister, mais elles ont
opéré beaucoup de bien parmi nous, surtout sous le
rapport de la conservation de notre langue française.

M. De Gagné a été président de la Ligue des Patriotes, la plus importante de nos sociétés de secours
mutuel, de 1894 à 1897 et de 1902 à 1903, et durant
les premiers termes de son administration il a réglé
des questions très importantes pour la société, à la
satisfaction des membres dont il a su mériter la confiance.

A ses heures de loisir M. De Gagné s'est occupé
de littérature. Il a écrit plusieurs articles dans nos

journaux et ceux du Canada, sur des sujets intéressants.   Sous un nom de plume, il a collaboré à plusieurs feuilles locales et a pris part à des polémiques
en diverses occasions.   Ses écrits ne manquaient pas
de verve et son style était parfois caustique et mor-
dant.

Dès les premiers temps de notre colonie où tout
était, pour ainsi dire, à créer au milieu de nous, M.
De Gagné a été un de ceux qui ont le plus travaillé à
améliorer la position des Franco-américains de cette
ville.   Dans toutes les œuvres entreprises pour l'intérêt et le progrès des nôtres, il était toujours au premier rang et donnait généreusement son temps et
son travail.

Dans nos sociétés, dans nos assemblées, partout
où son devoir semblait l'appeler, il s'est toujours empressé de défendre les bonnes causes avec intégrité.

Sa parole était éloquente, persuasive, et ne manquait jamais de trouver un écho sympathique dans
le cœur de ses compatriotes.   Un de ses meilleurs
discours fut celui qu'il prononça au parc public en
1878, lors de la première grande célébration de notre
fête nationale, devant un auditoire de plusieurs milliers de personnes.

Il s'est d'abord efforcé d'engager les nôtres à conserver le souvenir de l'ancienne patrie, à garder toujours le culte de nos traditions, mais d'un autre côté
il a compris qu'il était de leur intérêt de devenir citoyens des Etats Unis et il s'est dévoué de toutes ses
forces à la grande cause de la naturalisation.

Il a compris, en même temps, qu'après avoir
donné notre allégeance à cette belle république, cette
terre de liberté où tous les déshérités du globe peuvent trouver un asile, notre devoir était d'y rester
fidèles. Aussi, a-t-il prêché, avec tout l'enthousiasme

de sa jeunesse, l'obéissance aux lois qui nous régissent, la loyauté à ce pays de notre adoption et le respect au drapeau étoilé qui protège nos destinées.

Depuis 1900, M. De Gagné s'est consacré entièrement au journalisme. Il a été pendant quelque
temps à l'administration du "Journal" de Fall River,
une feuille quotidienne, et depuis il publie le "Petit
Courrier," un journal hebdomadaire qui est devenu
très populaire à Fall River. M. De Gagné est aussi
un des membres du bureau des évaluateurs de notre
municipalté. C'est un emploi important dans une
ville aussi populeuse que Fall River. Il a été nommé à cette position par le maire John T. Coughlin,
pour trois ans, et son terme d'office devra expirer en
février 1911.

En politique M. De Gagné est démocrate. Il a,
en plusieurs occasions, déployé beaucoup d'activité
pour l'intérêt de ce parti, notamment en 1904, lors
de l'élection du gouverneur Douglass.

Dans cette lutte politique, qui intéressait vivement la classe ouvrière, il fut au nombre de ceux qui
adressèrent la parole à nos compatriotes dans plusieurs villes de l'Etat.

Lorsqu'il s'agit de nos élections municipales M.
De Gagné est indépendant, car il est d'avis que la
politique n'a rien à faire dans l'administration d'une
ville.

Depuis qu'il est ici, il a appuyé indistinctement
la candidature de citoyens républicains ou démocra-
tes aux élections municipales. A nos campagnes
électorales de ce genre, il a pris une part très active,
depuis un bon nombre d'années, Il a surtout travaillé fortement en faveur du maire John T. Coughlin qui a été réélu pour un troisième terme l'automn-
ne dernier.

M. De Gagné a certainement contribué beaucoup , aux brillants succès remportés par le maire dans toutes ses élections, car pour y parvenir, il fallait à ce dernier l'appui de notre élément, et M. De Gagné est un de ceux qui ont le plus fait afin de lui assurer les suffrages des Franco-Américains.

Il a lutté énergiquement pour le maire non seulement par la parole mais aussi par les écrits qu'il a publiés et dans lesquels il s'est efforcé de repousser les attaques de ses adversaires.

Le "Petit Courrier" que publie M. de Gagné depuis 1901, est un journal humoristique. Le style en est donc léger, parfois ironique ou railleur, et il ne manque jamais d'amuser et faire rire ses lecteurs, mais d'un autre côté, on y trouve souvent des articles sérieux, littéraires ou politiques qui peuvent intéresser, instruire et être utiles à bien des gens.

M. De Gagné, comme nous venons de le voir, est un homme de courage, d'énergie, qui a su se rendre utile à ses compatriotes et ses concitoyens en général, et nous devons ajouter que la popularité de bon aloi dont il jouit est une preuve évidente que ses mérites ont été reconnus et appréciés.

PROF. J.-L.-J. DUPUY

Après vingt ans de service actif dans notre presse américaine-française, le Prof. J.-L.-J. Dupuy est aujourd'hui le doyen des journalistes français qui sont nés aux Etats-Unis.

Il naquit à East Douglass, Mass., le 23 mai, 1860, de François Dupuy et de Marguerite Bourbonnière, et fut baptisé à l'église St-Paul de Blackstone, Mass., par M. le curé I. S. Sheridan.

A peine âgé de 9 ans, il perdait son père et sa mère, à Ste-Hélène-de-Bagot, P. Q.., et était confié

PROF J.-L.-J. DUPUY.

aux soins de son oncle, M. l'abbé J.-B. Dupuy, alors curé de St-Sébastien-d'Iberville, et aujourd'hui en repos au Précieux-Sang, à St-Hyacinthe. M. l'abbé J.-P. Dupuy, un autre de ses oncles, qui fut successivement curé de N.-D.-de-Bonsecours-du-Richelieu, de St-Grégoire-le-Grand et de Farnham, où il mourut en 1900, le prit ensuite sous sa protection et lui fit faire des études commerciales, classiques et théologiques.

Il fit son cours classique partie au Petit Séminaire de Monnoir, partie au Séminaire de St-Hyacinthe, puis il étudia la théologie au Grand Séminaire de Montréal et au Scholasticat des Oblats à Ottawa.

Il fut professeur de français et d'anglais au Petit Séminaire de Monnoir, puis professeur de chant grégorien au Grand Séminaire de Montréal.

En 1890, il commençait sa vie de journaliste à la "Patrie", de Cohoes, N. Y.

Il fut ensuite successivement employé à divers journaux.

En 1891 et 1892, il était collaborateur de "l'Espérance" de Central Falls, avec bureau à Woonsocket, R. I., et en 1893, rédacteur du "Progrès" hebdomadaire, à Manchester, N. H. Il fut ensuite collaborateur de "l'Indépendant" de Fall River, avec bureau à New Bedford, Mass., en 1893 et 1894. Puis il passait quelques mois en repos à la Nouvelle-Orléans, en Louisiane, chez des parents;

En 1895, il était reporter à la "Presse" de Montréal, puis prenait quelques mois de repos à Sherbrooke, P. Q., chez des parents.

En 1896, il était encore collaborateur à "l'Espérance" de Central Falls, puis reporter et rédacteur de la "Tribune", à Woonsocket, R. I.

Après avoir été rédacteur du "Jean-Baptiste", à

Pawtucket, R. I., en 1897 et 1898, il était collaborateur à "l'Etoile", à Lowell, puis rédacteur du "Courrier National", à Lawrence, Mass., en 1900.

En 1900 et 1901, il fut successivement rédacteur du "Connecticut", à Waterbury, et du "Canado-Américain", à Norwich, dans le Connecticut, ainsi que collaborateur de la "Presse", à Holyoke, de "l'Echo du Congrès", à Springfield, du "Sprinfield Union", du "Hatford Times" et du "Courrier du Connecticut", à Hartford, Conn.

En 1903, il fondait "l'Americain", à Springfield, Mass., un hebdomadaire illustré et de 16 pages, puis il en vendait ses intérêts à son associé.

De 1904 à 1907, il fut collaborateur de plusieurs journaux canadiens-français.

En 1908, il fondait à Willimantic, Conn., la "Liberté", un hebdomadaire illustré et de 16 pages, mais il dut bientôt en discontinuer la publication, à cause de la crise commerciale et industrielle qui persistait à battre son plein dans notre république.

Actuellement, il est le compilateur du "Guide Français" de Fall River, publié par la Cie de Publication Gagnon, rue South Main, 402.

Ceux qui désirent connaître les principes du Prof. Dupuy, sont priés de vouloir bien consulter les journaux ci-dessus mentionnés, car l'espace ne nous permet point d'entrer dans les détails à ce sujet. Qu'il nous suffise de déclarer ici, que le Prof. Dupuy s'est toujours appliqué à écrire plutôt pour instruire et éclairer le public, que pour le louanger et s'en faire admirer. L'amour et le respect du bon et du bien l'ont toujours guidé dans ses écrits. La vérité et la justice sont ses seules directrices, toujours et partout.

P. U. VAILLANT

ANCIEN JOURNALISTE

M. Pierre-U. Vaillant fut le pionnier du journalisme professionnel à Fall River. Quelques notes biographiques à son sujet intéresseront sans doute nos lecteurs.

Pierre-U. Vaillant naquit le 19 octobre 1830, à l'Achigan, maintenant l'Epiphanie, comté de l'Assomption, P. Q., Canada.

Il fit une partie de ses études au collège de l'Assomption. Il fut instituteur pendant sept ans, à Ste Hélène-de-Bagot, dont il fut aussi le maître de poste et l'un des premiers colons.

Il devint successivement rédacteur du "Courrier de St. Hyacinthe", professeur de langue française pendant deux ans, à l'Académie de Swanton Falls, dans le Vermont, et au collège de Bourbonnais, dans l'Illinois, avant l'administration des Frères de St-Viateur.

Pendant trois ans, il travailla comme charpentier, à la construction des premières manufactures de Fall River.

Il fut l'un des premiers correspondants des deux premiers journaux français des Etats-Unis : le "Protecteur Canadien" et l'"Etendard National."

Il assista à la naissance de l'"Echo du Canada," journal fondé en cette ville par M. H. Beaugrand, et dont il fut l'un des principaux correspondants.

Il partit de cette ville en 1873, pour aller fonder une colonie canadienne-française dans Chesham, l'un des cantons de l'Est de la province de Québec, qui fut subséquemment nommée Vaillantbourg et dont il fut le premier maître de poste et le premier juge de paix.

En 1881, il fonda à Holyoke, Mass., de société avec M. J.-M. Authier, alors de' Cohoes, N. Y., le "Progrès".

En 1883, il devint co-propriétaire du "Castor," fondé en cette ville par M. H.-A. Dubuque, avocat distingué de cette ville.   Deux ans plus tard, il vendit ses intérêts à la société de publication de l'"Indépendant", actuellement le grand journal quotidien de Fall River.

En 1885, il publia les "Notes Biographiques", sur M. l'abbé P.-J.-B. Bédard, brochure de 50 pages qui possède entre autre mérite celui d'avoir rendu justice à la mémoire d'un patriote distingué, et d'avoir été écrit, typographié et même broché, par un seul homme (lui-même), à ses débuts dans ces deux arts si difficiles.

En 1886, il fonda dans le village Flint (à Fall River), le "Citoyen" petit journal hebdomadaire, dont il fut le rédacteur et le propriétaire.   Dans le cours de la même année, il eut l'honneur d'être nommé juge de paix du comté de Bristol.

M. Vaillant fut un des présidents du "Club de Naturalisation" du Village Flint, qui avait été fondé en décembre 1882, quelques temps après la dissolution de la société St-J.-Baptiste de la paroisse Ste-Anne, à laquelle l'abbé Briscoe avait refusé l'usage du soussol de l'église, pour ses assemblées.   Il s'intéressa également à toutes nos œuvres nationales.

Ecrivain distingué et patriote infatiguable, il fut le modèle du Canadien-Français.

Après son départ de Fall River, il a voyagé et travaillé, et il a conservé toujours et partout, jusqu'à sa mort, cet ardent amour des traditions de nos ancêtres.

HON. H.-A. DUBUQUE. Procureur de la ville.

Nos Principaux Avocats

HON. H.-A. DUBUQUE

L'Honorable H.-A. Dubuque, est né à St-Hugues, P. Q., le 3 novembre 1854. Il fit ses études au Séminaire dé St-Hyacinthe. En 1870, il arrivait aux Etats-Unis.

Il habita Troy, N. Y., où il fut employé en qualité de commis dans un magasin de chaussures. Quelques mois après il arrivait à Fall River et travaillait d'abord dans une épicerie, ensuite dans une pharmacie.

En 1874 il se livra à l'étude du droit et suivit ses cours à l'université de Boston, qui lui conféra le dégré de bachelier en loi (L. L. B.), le 8 juin 1877, En novembre de la même année, il fut admis au barreau devant la cour suprême, qui siégeait à New Bedford sous la présidence du juge Colt. Il entra en société avec son précepteur, sous la raison sociale de Coffey & Dubuque. En 1879, il fut nommé président de la deuxième convention du Massachusetts, à la demande de feu Ferdinand Gagnon. Il fut chargé, à titre de président du comité exécutif, de préparer la troisième convention qui eut lieu à Fall River, en 1881. Le 25 octobre de la même année, il fut chargé de conduire une enquête devant le colonel Wright.

Depuis 1878 jusqu'à la fondation du "Castor", en 1882, il collabora à la rédaction du "Travailleur." C'est ainsi qu'il consacrait tous ses loisirs.

En 1883, il devint l'associé de M. Edward Higginson sous le nom de Dubuque & Higginson.

En 1885, il fut spécialement invité d'assister à la première convention nationale du Connecticut, à Willimantic. En 1886, il ne put se rendre à celle de Meriden ; mais en 1888, il prit part aux délibérations de la convention de Putnam.

M. Dubuque a pris part à un grand nombre de conventions et il a donné des conférences sur des sujets nationaux, dans la plupart des centres français de la Nouvelle-Angleterre.

En 1883, il fut invité à donner une conférence sur les émigrés, à la salle de "La Patrie", à Montréal, P. Q.

M. Dubuque a pris une part active au mouvement national des Etats-Unis. En 1883, il écrivit dans les journaux au sujet d'un clergé national. Il publia une brochure intitulée : "Les Canadiens-Français de Fall River" (notes historiques), pour le bénéfice de la veuve du Chevalier de Lorimier. Le père du sujet de cette biographie, Moise Dubuque, était un patriote de 1837. La même année, 1883, lorsque F. K. Foster calomniait notre race, à Washington, M. Dubuque écrivit aux principaux dignitaires de Washington, etc., pour répondre aux avancés de Foster.

Plus tard, il fit paraître sur la question de clergé national, plusieurs articles dans "Le Travailleur", Le Canadien des Etats-Unis", (alors publié à New-York), et "L'indépendant".

En 1885, il fit paraître dans le "Boston Herald", une correspondance, pour réfuter les calomnies d'un nommé Pidgeon contre nos compatriotes.

En 1886, il fut chargé de lire l'adresse présentée

à S. E. le Cardinal Taschereau, au ñom des Franco-Américains.

M. Dubuque fait partie du bureau des écoles, depuis 1883, et il est le secrétaire et l'un des syndics de l'hôpital public de Fall River.

Il s'est toujours occupé de naturalisation et d'éducation. Il a beaucoup écrit et parlé sur ces deux sujets.

En 1887, il a été nommé vice-président de l'association des membres de la presse franco-américaine. Il a fait partie de la rédaction du "Castor" et de l'"Indépendant", durant plusieurs années après leur fondation.

En 1884, lors du décès de M. l'abbé Bédard, qui avait été curé de Notre-Dame de Lourdes durant dix ans, M. l'abbé Nobert, ayant décliné la charge de cette paroisse, elle fut confiée à M. l'abbé McGee, un prêtre irlandais. M. l'abbé Brisco, avait nommé, en 1878, curé de Ste-Anne, la première paroisse française de Fall River, qui avait été fondée en 1869.

M. l'abbé McGee, bien que parlant le français, trahissait son origine exotique dans son accent ; souvent même, ses expressions prêtaient au ridicule, même dans la chaire. C'est pourquoi nos compatriotes de Notre-Dame de Lourdes firent des démarches auprès de S. G. Mgr Hendricken, évêque de Providence, R. I., (Fall River dépendant alors de ce diocèse,) afin d'obtenir un curé capable de représenter dignement une paroisse entièrement française.

En ce temps-là, l'épiscopat irlandais de la Nouvelle-Angleterre s'obstinait à croire à la disparition prochaine de nos compatriotes comme groupe distinct, et il caressait l'espoir de voir bientôt la langue française éliminée pour toujours de leur milieu. Il donnait pour prétexte que la diversité des langues unissait à la bonne administration, et au prestige de l'Eglise, aux Etats-Unis. Ceci ressortait de leurs opinions, exprimés en maintes circonstances, et des articles de journaux catholiques aux allures anglomanes.

Pour toute réponse à sa demande, la délégation de la paroisse N.-D. de Lourdes reçut les paroles suivantes de S. G. Mgr Hendricken : "Pourquoi voulez-vous un prêtre franco-américain ? Dans dix ans, tout le monde parlera l'anglais dans vos églises". On lui fit remarquer que l'Eglise n'avait pas été instituée pour trancher les questions philologiques et ethnographiques ; que le miracle des langues avait été fait pour les desservants et non pas pour les desservis ; que le français était pour les nôtres une sauvegarde de la foi, et indispensable dans le moment, pour le salut des âmes. L'évêque ne voulut rien comprendre. La cause fut alors portée à Rome. On sait que finalement, en 1886, nos compatriotes obtinrent ce qu'ils demandaient.

Ce fut M. Dubuque qui prépara tous les documents, plaidoyers, dispositions, etc., de cette cause célèbre. Il fut aussi le principal orateur de réunions populaires qui se tenaient dans la paroisse Notre-Dame, une, deux ou trois fois par semaine. Ces réunions avaient lieu à la salle St-Jean-Baptiste, rue Jencks au nord de la rue Pleasant. Comme cette salle ne pouvait contenir que 600 à 700 personnes, les femmes et les jeunes filles assistaient aux assemblées, de 7 à 8 p. m., et les hommes, le reste de la soirée. Au cours de ces réunions, l'orateur faisait l'historique de la colonie franco-américaine, prouvait la nécessité de conserver la langue maternelle, tout en faisant valoir les justes revendications de nos compatriotes.

C'est ainsi que pendant deux ans, M. Dubuque

réussit à empêcher plus de 5000 Franco-Américains de fréquenter leur église irlandaisée. "Allez aux autres églises catholiques, disait-il, mais pas à celle-là".

Il y avait un conseil de cinq syndics, pour diriger le mouvement, et il se réunissait au bureau de M. Dubuque. Celui-ci fut aussi chargé de la correspondance des syndics avec leur délégué à Rome, M. Narcisse R. Martineau, et leur canoniste engagé pour la circonstance.

Ce fut une des périodes les plus difficiles de notre histoire. Si la résistance patriotique de cette époque n'avait pas réussi, nos paroisses nationales et partant l'usage de la langue française auraient probablement disparu à courte échéance. Ce fut donc le sujet de la présente biographie qui joua le rôle important dans la revendication de nos droits paroissiaux. Il fit une campagne de presse dans le "Castor" et l'"Indépendant" de Fall River, et dans d'autres journaux.

Plus tard, on le voit voler à la défense de nos écoles et de nos sociétés de langue française.

En 1886, alors que la paix fut rétablie au sein de notre colonie de Fall River, M. Dubuque s'occupa plus activement de naturalisation. Son action n'était pas limitée à Fall River ; il se transportait partout dans nos centres des Etats de l'Est, où il était appelé, soit pour fonder une société, une paroisse, un club ou célébrer une fête patriotique, soit pour assister à l'un de ces congrès généraux ou régionaux, destinés au maintien ou à l'extention de nos sociétés, de nos journaux et de nos paroisses.

A la demande de Ferdinand Gagnon, il présida le congrès de Worcester, Mass., en mars, 1879.

Il était l'exemple du désintéressement, et l'on se demandait comment il pouvait faire le sacrifice de

tant de déplacements.   Le secret était qu'il donnait
son temps et son argent, sans compter ni l'un ni
l'autre.   Il consacrait ses loisirs à l'étude de nos
questions nationales.   Il sentait qu'il lui incombait
un devoir spécial, à cause de ses aptitudes à manier
la plume et à porter la parole, les orateurs étant alors
clair-semés   parmi nos compatriotes ; et ils étaient
encore moins nombreux ceux qui consentaient à né-
gliger leurs affaires et leur repos domestique, pour
la cause commune.

En 1888, M. Dubuque prépara la matière historique du ''Guide Canadiens-Français de Fall River'',
publié par M. Edmond-T. Lamoureux, qui contient
de précieux renseignements sur notre colonie française de cette ville, etc.   La même année, il donnait
le discours de circonstance, au congrès franco-américain de Nashua, N. H.

L'enquête devant M. Carroll D. Wright, chef du
Bureau des Statistiques du Travail, à Boston, Mass.,
citée plus haut, était plutôt une protestation contre
les assertions contenues dans le rapport officiel de ce
bureau, lesquelles déclaraient que les Canadiens-
Français étaient les Chinois de l'Est.   Les ouvriers
de langue anglaise, dans les fabriques, redoutaient la
concurrence de nos compatriotes, à cause de leur
assiduité au travail, de leur sobriété, de leurs habitu-
des d'économie et de leur abstention du mouvement
favorisant les syndicats ouvriers.   La différence de
langue y était pour une bonne part, dans cette atitu-
de ménaçante des autorités.   M. Dubuque et ceux
qui comparurent devant M. Wright n'eurent guère
de difficulté à démontrer la fausseté des assertions du
rapport en question.   Ils établirent irréfutablement
que nos compatriotes plaçaient leurs économies dans
les caisses d'épargnes, achetaient des immeubles et

devenaient citoyens quand il leur était possible. C'est ce qui fit dire plus tard à M. Wright· et au sénateur Hoar que nos compatriotes avaient sauvé d'une rui- ne complète les industries de la Nouvelle-Angleterre.

En 1888, M. Dubuque fut élu député du 11ième district de Bristol, comprenant les quartiers 6, 7, 8 et 9 de la ville de Fall River, et les municipalités ru- rales de Somerset et de Swansea. Il entra dans ses fonctions de député, en janvier, 1889. C'est alors que la grave question des écoles paroissiales vint sur le tapis.

Nos compatriotes avaient des écoles où le fran- çais était enseigné de pair avec l'anglais. Un projet de loi fut présenté à la fin de mettre sous le contrôle des autorités scolaires des municipalités, nos écoles paroissiales qui ne recevaient aucune subvention de l'Etat. On prétentait que nos écoles paroissiales de Haverhill et d'ailleurs enseignaient trop de français, etc. La question fit le sujet d'une enquête mémora- ble, devant le comité de l'éducation.

L'archevêque Williams, de Boston, était repré- senté par l'avocat Chs. A. Donnelly, de Boston, tan- dis que les adversaires des écoles catholiques, à la tête desquels se trouvait le Dr A. A. Miner, ministre uni- versaliste très en vue à Boston, avaient pour avocat John D. Long, ancien gouverneur de l'Etat. M. Du- buque voulant se réserver le droit de parler en cham- bre, suivant le règlement officiel, ne se présenta point comme avocat devant le comité, mais comme simple assistant de M. Donnelly. Aussi il fut appelé com- me témoin et fut questionné et requestionné pendant une journée entière. Cependant le comité fit un rap- port favorable au projet de loi qui devait proscrire les écoles catholiques et françaises ou du moins en paralyser l'existence. Car le comité concluait à contrôler ·l'examen des instituteurs et la direction des études.

En chambre, M. Dubuque fit un discours à la fin de faire amender le projet de telle sorte que les écoles confessionnelles ne fussent tenues que d'enseigner les mêmes matières que les écoles publiques. Il demanda aux législateurs de reconnaître la liberté d'enseignement dans la ville même de Boston, qui avait proclamé la liberté politique et consacré le principe que personne ne devait être gouverné sans son consentement. Bref, scn discours lui valut les félicitations de ses collègues, et il remporta la victoire sur les fanatiques qui voulaient détruire nos écoles. L'archevêque de Boston, par l'intermédiaire de son chancelier, lui adressa des remerciements et des félicitations.

Cette lutte mémorable, pour la liberté de l'enseignement et la conservation de langue française, fut signalée à notre congrès de Manchester, N.H., quand le Dr L.-J. Martel, de Lewiston, Maine, déclara qu'elle rappelait les grands débats parlementaires du Canada, durant lesquelles les champions de notre race conquirent nos libertés politiques et firent reconnaître les droits de notre langue.

Plus tard, en 1895, vint le tour des sociétés.

Un projet de loi fut présenté à la législature de Boston, pour empêcher la formation de nouvelles sociétés de bienfaisance ou de secours mutuels sans l'adhésion d'au moins 500 membres, et il contenait d'autres mesures restrictives qui faisaient beaucoup de tort à nos sociétés. Celles-ci, entr'autres la Ligue des Patriotes de Fall River, s'assurèrent les services de M. Dubuque qui fit dévier le coup fatal de ce projet, par un amendement qui statuait que ces dispositifs ne s'appliqueraient pas à une société locale, sauvegardant ainsi les intérêts de nos nationaux.

En 1897 et 1898, M. Dubuque fut encore député à Boston. En 1889, 1897 et 1898, il fit aussi partie du comité judiciaire, le plus important de la chambre, et il prit une part active aux débats. D'après les témoignages du gouverneur Bates, alors président de la chambre, et de M. Clark, secrétaire .du club "Home Market", de Boston, et plusieurs fois député, M. Dubuque était au nombre des chefs de la députation.

En 1897, alors qu'il était député, M. Dubuque fut invité, par le président de la chambre, M. John C. Bates, qui fut plus tard élu gouverneur du Massachusetts, à souhaiter la bienvenue aux délégués de l'Union Postale Universelle, qui était composée des représentants de tous les pays en relations postales avec les Etats-Unis, c'est-à-dire de tous les pays du monde civilisé C'était à l'occasion d'une visite de ces délégués au Palais Législatif (State House) de Boston M. Dubuque improvisa alors en français, la langue officielle de l'Union Postale, une allocution qui fut chaleureusement accueillie par les délégués de cette union. C'est après cette séance, que le représentant de la France lui donna une cordiale poignée de main, en disant : "Je vous félicite et vous remercie, monsieur. Je n'ai pas entendu si bien parler le français, depuis que j'ai quitté Paris". Alors les députés, collègues de M. Dubuque, vinrent à leur tour le remercier et lui dire combien ils avaient été fiers de voir l'un des leurs parler une langue comprise des envoyés de tous les peuples de la terre.

En 1897, M. Dubuque rédigea en Anglais la partie historique de l'ouvrage intitulée : "Art Work of Fall River", or "Fall River Illustrated." Il écrivit aussi les notes franco-américaines, dans l'histoire du comté de Bristol qui comprend la ville de Fall River.

En 1900, M. Dubuque fut élu, par le conseil municipal, au poste de procureur de la cité de Fall River, pour 3 ans. A l'expiration de son terme, en 1903, il fut réélu par le maire G. Grime, en vertu d'un amendement à la charte municipal, puis en 1905 encore réélu pour deux ans par le même maire. En 1907 et 1909, il fut continué dans la même fonction par le maire John T. Coughlin. En qualité d'avocat de la cité, le titulaire est l'aviseur légal des différents bureaux de l'administration municipale. Il agit comme avocat dans toutes les causes qui concernent la cité ou ses fonctionnaires ; il représente la cité devant les commissions de l'Etat ou du corps législatif, etc. Ce fut sous son administration qui furent règlées les causes en dommages résultant de l'expropriation immobilière qui avait été ordonnée pour la protection sanitaire du réservoir de notre aqueduc. Il plaida lui-même les causes résultant de l'abolition des traverses à niveau du chemin de fer de la Cie N. Y., N. H. & H., en cette ville. Sous son administration aussi, un grand nombre de lois spéciales, passées dans l'intérêt de la ville, furent rédigées, expliquées et défendues par lui devant les comités législatifs.

En 1905, le gouverneur Douglas nomma M. Dubuque membre de la commission que l'Etat avait chargée d'élever un monument à Chevalier de St. Sauveur, le premier soldat français tué à Boston dans la guerre de l'indépendance.

En 1907, le gouverneur Guild le nomma délégué de l'Etat au congrès international, tenu à Columbus, Ohio, et chargé d'étudier la question de l'impôt, au point de vue économique. La même année, le gouvernement français le nommait Officier d'Instruc-

tion Publique, après avoir été décoré despalmes acadé-
miques quelques années antérieures, par la République Française. Il fit partie de l'Alliance Française
aux Etats-Unis, dès le début, et il fit tous les efforts
pour répandre, conserver et faire aimer notre langue
maternelle.

Un jour le Dr Omer LaRue et M. Dubuque, lors
d'un congrès franco-américain, et des délégués du
Canada, hommes éminents dans le journalisme et la
littérature, causaient tous ensemble. L'un d'eux dit
à l'autre : "Ils n'ont pas besoin des hommes du
Canada, les Canadiens des Etats-Unis, quand ils ont
des hommes de la valeur de ces deux-là". Ce n'est
pas trop de dire que M. Dubuque est un tribun populaire, qui sait remuer les foules, et qu'il est très
estimé comme orateur de circonstance. Un jour le
Dr L.-J. Martel, de Lewiston, Maine, un autre orateur populaire, disait de lui : On devrait le conserver pour les grandes circonstances" Et comme l'on
considérait que chaque événement était de grande
circonstance, on ne ménageait pas ses forces.

Il publia une monographie historique, en 1907,
intitulée : "Fall River Indian Reservation", qui
contenait des documents inédits sur la colonie indienne, les us et coutumes des indigènes des environs des
Fall River. Ce qui fit dire au sénateur Henry Cabot
Lodge, un historien lui-même, que M. Dubuque lui
avait fait connaître une page inconnue de l'histoire
du Massachusetts.

On sait que M. Dubuque est l'un des fondateurs
et anciens présidents de la société Historique Franco-
Américaine et qu'il lui a lu un travail adressé à St.
Jean de Crèvecœur, l'auteur de "Letters of an American Farmer" un ancien soldat de Montcalm et plus
tard un habitant des Etats-Unis.

Le 4 juillet 1907, il fit à Champlain, N. Y., le discours de circonstance pour l'inauguration de la statue de Samuel de Champlain. La collection de ses discours et conférences serait intéressante et instructive. Plusieurs ont paru dans les journaux. Il fut l'un des collaborateurs du "Travailleur", le journal publié à Worcester, Mass., par le regretté Ferdinand Gagnon. C'est par la plume et la parole que depuis plus de trente ans, M. Dubuque a pris part à tous les mouvements qui avaient pour fin l'avancement de nos compatriotes des Etats-Unis.

Fn 1890, il a publié un article dans la plus importante revue de droit des Etats-Unis, intitulé : "The Duty of Judges as Constitutional Advisers" (vol. 20 American Law Review, 369. Ce travail est cité par tous les auteurs écrivant sur le droit constitutionnel américain. Récemment le président du tribunal le plus éminent des Etats-Unis, la cour suprême, de Washington, le citait au cours d'un jugement, dans la cause de Leeds & Cattin Co., vs Victor Talking Machine Co., en avril, 1909. Un jurisconsulte américain de renom, feu James Bradley Thayer, professeur de droit à l'Université Harvard, et auteur d'ouvrages de jurisprudence, écrivit une lettre élogieuse à M. Dubuque, et signala constamment cet ouvrage à ses élèves.

Nous ne parlerons pas de ses succès dans le barreau. Depuis la fondation de l'Association du Barreau de Fall River, il est l'un des cinq conseillers ou syndics de cette importante société. Qu'il nous suffise de rappeler que plusieurs des causes où il a primé, sont des précédents souvent cités. Entr'autres la cause de Pain vs la Société St. Jean-Baptiste de Fall River, où il fut décidé que la société a le droit de limiter les secours pour invalidité, même après la maladie commencée ; la cause de la Cie Providence, Fall River and Newport vs la cité de Fall River où il fit maintenir la constitutionnalité d'un statut spécial, rédigé par lui-même et rélatif à l'abolition des traverses à niveau. Il fut nommé d'office par la cour supérieure, pour défendre Angles Snell, un Anglo-Américain accusé d'homicide au premier dégré. Le procès eut lieu en septembre, 1904, à New Bedford, et la direction de la cause lui attira des éloges de la part des avocats et du public. Son client fut condamné ; mais il en appela au gouverneur et à son conseil, et la peine capitale prononcée contre le client, fut commuée, en 1905, en un emprisonnement à vie. A cette occasion, un débat très animé eut lieu sur des questions de droit, entre M. Dubuque et Herbert Parker, le procureur général ; et M. Dubuque les autorités en mains, demontra le bien fondé de ses assertions, à savoir, que le privilège d'accorder la grâce à un détenu n'est pas régi par les mêmes principes fixes que les tribunaux, mais peut s'exercer à la discrétion du gouverneur et de son conseil, pouvant différer d'opinion même avec les tribunaux. M. Parker soutenait le contraire sans citer d'autorités. L'opinion de M. Dubuque prévalut.

En plusieurs autres circonstances, il écrivit des lettres dans les journaux américains, pour défendre ses compatriotes contre des attaques qui leur étaient lancées.

Il fut choisi à l'unanimité pour présider la réception donnée, à l'Académie de Musique, à S. G. Mgr Feehan, nommé au siège épiscopal de Fall River, le 22 septembre, 1907.

Le 15 juin 1908, il fit une conférence anglaise sur "Les Fondateurs de la Nouvelle-Angleterre", devant les élèves de la B. M. C. Durfee High School de Fall River.

Le 29 novembre, 1906, lors du banquet donné à l'occasion de la dédidace de la nouvelle église de N. D. de Lourdes, il donna une conférence sur les Etats-Unis, exposant la situation de nos compatriotes.

Le 7 juillet 1909, il eut l'honneur de faire le discours de circonstance, à Plattsburg, N. Y., à l'occasion du tricentenaire de la découverte du lac Champlain par Samuel de Champlain.   Ce discours eut du retentissement dans toute la presse de l'Amérique.

Bref, son dévouement pour le bien et l'avancement de ses nationaux n'a jamais fait défaut, et ses sacrifices pour la cause commune n'ont jamais été surpassés.

Me. JOSEPH MENARD

Me. Joseph Ménard, avocat, naquit à l'Ange Gardien, comté de Rouville, P. Q., le 6 septembre, 1868. Ses parents étaient cultivateurs.

Il étudia d'abord au collège de Farnham, puis termina ses études à St. Laurent, près de Montréal. Mais, avant de terminer son classique, il dut faire un premier voyage aux Etats-Unis, afin d'économiser dans son travail l'argent nécessaire. Ce qui prouve la lutte pleine de courage et de mérite qu'il dut soutenir pour arriver à son but.

Après avoir fait tout son classique, il suivit les cours de l'Université Laval, à Montréal, puis continua ses études du droit à Holyoke, Mass.

Admis à la pratique, à Springfield, Mass., en novembre, 1892, il y exerça sa profession jusqu'en juillet 1896, puis il venait s'établir à Fall River.

En arrivant en cette ville, il entra au bureau de Maître H. A. Dubuque, pour y passer une couple d'années.   Alors, nous le trouvons portant tout son

M JOSEPH MENARD

attention aux soins que réquiert la triple fonction
d'avocat, de notaire et de juge de paix.

Il s'intéressa à nos sociétés. Il devint membre
de la Ligue des Patriotes et de l'Association Politi-
tique de Fall River. Il fut aussi président du club
Frémont.

En 1904, le maire Coughlin le nomma enrégis-
trateur des votants, position qu'il occupe encore maintenant.

D'un caractère franc et loyal, Maître Ménard se
fait remarquer surtout pour une modestie qui le
pousse à cacher son véritable mérite. Mais tous s'accordent à reconnaître quand même chez lui un cœur
généreux et affable. On peut dire de lui ce qui ne
peut être dit de tous : c'est un homme de devoir et
de conscience en tout et partout. Sa principal ambition est de faire honneur à sa profession et d'être
un bon père de famille.

Me. W. E. JANSON

Wilfrid E. Janson est le digne fils de M. Bénoni
Janson, un de nos premiers compatriotes établis à Fall
River, et il pratique actuellement le droit en cette
ville.

Il est né à Warren, R. I., le 25 février 1879.

Il fit d'abord un cours commercial au collège Ste
Croix, de Farnham, P. Q., puis vint continuer ses
études à la B. M. C. Durfee High School de Fall
River, où il fut diplomé avec honneur. Tout en suivant les cours de cette institution, il était agent d'assurances et d'immeubles, en compagnie avec son
père, sous la raison sociale de B. Janson & Fils.

Mais ses goûts le portaient à l'étude du droit, et
il quitta bientôt cette ville pour aller à Chicago se
livrer corps et âme à son étude favorite. Il fit son

cours de droit au "Chicago-Kent College," une institution affiliée à la "Lake Forest University." A force
de travail et de persévérance, il put faire face aux
dépenses nécessaires et arriver avec honneur au terme de ses études.

En 1905, il était admis au barreau de Chicago et
s'y faisait aussitôt remarquer par ses talents et son
honnêteté.

Après deux ans de pratique fructueuse à Chicago, il revenait à Fall River pour se fixer au milieu
de ses nombreuses connaissances.

Maître Janson étant un Américain de naissance
et ayant été élevé dans notre République, possède
une connaissance approfondie de la langue anglaise
et des mœurs du pays. De plus, les quelques années
passées au Canada, lui ont donné l'occasion d'étudier
la belle langue française ainsi que les bonnes mœurs
de ses ancêtres. De sorte qu'à tout considérer, il est
un avocat doué de toutes les qualités qui peuvent lui
assurer un brillant succès, dans les hautes fonctions
de son état. Il n'y a pas de toute qu'un avenir des
plus heureux sera la couronne méritée de ses efforts
et de ses travaux.

Bien connu et très estimé du public en général,
à cause de son caractère affable, ses manières distinguées et ses grands talents, il est bien ce qu'on appelle en anglais : "a self made man", "un propre
fait homme" ou un maître de ses œuvres.

WILFRID-E. JANSON

Nos Editeurs

M. ONESIME THIBAULT

Le succès est généralement la récompense du talent, du travail, de l'ordre et de l'économie. Nous en trouvons une preuve vivante dans la personne du digne propriétaire de l'"Indépendant", aujourd'hui le journal français le plus florissant des Etats-Unis.

Il y a quinze à vingt ans, le journal français n'était guère une corne d'abondance pour le propriétaire, surtout dans notre république de langue anglaise. Pour s'en convaincre, il suffit de lire l'histoire de notre presse américaine-française et de compter les nombreux journaux qui n'ont pu survivre à la dure épreuve des temps. Ici même, à Fall River, le centre français le plus populeux de la République, deux seuls journaux ont pu survivre dans une famille de seize nouveau-nés : l'"Indépendant" de M. Onésime Thibault et le "Petit Courrier" de M. Chs De Gagné.

On nous objectera peut-être que l'"Indépendant" n'a pas été l'œuvre exclusive d'un seul homme. C'est vrai ! Mais, il ne faut point oublier que dans toute entreprise, il y a toujours une tête dirigeante, qui en est l'âme vivifiante. C'est en vertu de ce principe que Napoléon Bonaparte a été le héros des victoires des armées françaises.

Sus un certain point de vue, M Onésime Thibault a été le Napoléon de la presse française de Fall

River.   Comme Napoléon, il a eu le talent d'intéresser à son œuvre des hommes capables d'en assurer le
succès.   Comme le grand héros français, M. Thibault
a su diriger le mouvement général avec talent, travail, ordre et économie.   Ce fut la clef du succès.

Nos lecteurs aimeront sans doute à lire quelques notes au sujet de l'âme dirigeante du journal
qui fait tant d'honneur à notre colonie française de
Fall River, Mass.

Onésime, fils de Charles Thibault et de Virginie
Boucher, est né à Lévis, P. Q., le 23 avril, 1862.

Il fit ses études, partie au collège de Montmagny, partie au collège de Ste-Anne-de-la-Pocatière,
P. Q.

En 1881, M. Thibault arrivait à Fall River pour
s'y établir.   Il fut d'abord employé deux ans à la
pharmacie du Dr Dufort.   Il fut ensuite artiste au
crayon jusqu'à son entrée à l'hebdomadaire dit : "Le
Castor", en 1884.

Au printemps de l'année suivante, 1885, il était
employé à l'administration de l'"Indépendant," le
nouveau titre que les nouveaux propriétaires du
"Castor", MM. Houle & Cie, venaient de donner à
leur journal.   Ici, le lecteur est prié de relire les
pages 321 et 322 de ce guide, au sujet de l'"Indépendant."

En septembre, 1888, M. Onésime Thibault avait
l'honneur d'épouser Mlle Anna Duval, de New York.
Cet événement des plus heureux ajouta une nouvelle
chance de succès à l'œuvre de M. Thibault.   Car, à
part les charmantes qualités qui distinguent nos
gentilles Françaises, Mme Duval-Thibault possédait
des talents littéraires qui ne tardèrent point à fleurir
et à embaumer les colonnes de l'"Indépendant."   Les
œuvres littéraires de Mme Duval-Thibault sont assez

LOUIS J. GAGNON

bien connues du public, pour nous permettre que de les noter en passant.

Depuis sa fondation la publication de l'"Indépendant" n'a été interrompue qu'une journée, pendant la grande grève de l'année 1895.

Le journal est aujourd'hui assis sur des bases inébranlables et dans une grande prospérité, grâce à l'habile et sage administration de la Cie de Publication de l'"Indépendant" dont M. Onésime Thibault est à la fois le trésorier et le gérant.

M. Thibault fut de plus l'un des fondateurs de la Ligue des Patriotes, en 1885, une société qui fait honneur à ses fondateurs, et à tous nos compatriotes en général. Il fut élu assistant-secrétaire-archiviste, dans le premier bureau de cette grande société, le 31 janvier 1886.

M. Thibault est un brave patriote, un sincère citoyen américain et un important propriétaire d'immeubles.

Dans ses relations intimes, sociales et commerciales, M. Thibault fait honneur à toutes les qualités qui distinguent notre charmante civilisation française.

M. L.-J. GAGNON

Louis-Joseph, fils d'Etienne Gagnon et de Luce Coulombe, est né à Chicoutimi, P. Q., le 26 juillet, 1870. L'année suivante, sa famille déménageait à Windsor Mills, près de Sherbrooke. Il y perdit son père en 1876. Deux ans plus tard, la mère déménageait à Sherbrooke avec ses enfants.

Le jeune Louis-Joseph étudia aux écoles de Windsor Mills et au collège de Sherbrooke.

Il était âgé de 15 ans, quand il commença à apprendre le métier de typographe aux ateliers de l';"Ami du Peuple", à Sherbrooke, lequel journal a été remplacé depuis par le "Progrès de l'Est."

En 1890, il arrivait aux Etats-Unis. Il travailla aux ateliers du "National" de Lowell, Mass., puis retourna au Canada travailler aux ateliers du gouvernement fédéral, à Ottawa. Après être revenu passer quelques mois au "National" de Lowell, il venait se fixer permanemment à Fall River, Mass., en 1893.

Il fut d'abord employé aux ateliers de l'"Indépendant," puis le 26 novembre 1898, il ouvrait une imprimerie à son compte, à la rue Mason (Flint). En société avec M. Henri O'Reilly il fonda bientôt le "Bulletin," un journal hebdomadaire. Plus tard ce journal fut agrandi et publié sous le nom de l'"Eclaireur." Quelques temps après, M. Gagnon devint seul propriétaire et déménagea ses ateliers au centre de la ville, rue Borden, pour y publier son "Eclaireur" tous les jours. Mais le succès n'ayant pas répondu à son attente, M. Gagnon déménagea au no 402, rue South Main. C'est à cette dernière adresse, que M. Gagnon exécute les travaux d'impressions que ses nombreuses pratiques lui confient.

Le 3 septembre, 1896, M. L.-J. Gagnon allait à L'Avenir, P. Q., épouser Mlle Marie-Ophelia Dionne, une charmante et gentille Canadienne-Française.

M. Gagnon est un patriote tout à fait dévoué à nos œuvres nationales et religieuses.

Au printemps de l'année 1896, avec le concours du Dr F. de B. Bergeron, il implanta l'Ordre des Forestiers Catholiques en cette ville, en y fondant la cour Ste-Anne, no 604, et il en fut le Chef Forestier. durant les trois premières années.

Le 25 mai, 1907, de concert avec M. Napoléon Beauparlant, il organisait le premier conseil (Garneau) de l'Union St-Jean-Baptiste d'Amérique, en cette ville, et il en est le percepteur depuis la fondation.

En mars 1908, il organisait le conseil Bernadette, section des femmes, de la même union. La première installation des dignitaires de ce conseil fut la plus belle et la plus solennelle, dans les annales sociétaires de cette ville.

M. Gagnon possède de plus tous les secrets de la typographie et de l'administration des ateliers d'une imprimerie.

Par ses talents et son travail, il s'est monter une excellente imprimerie et bâti une jolie résidence.

Son honnêteté et son expérience dans les affaires ne laissent rien à désirer.

M. Gagnon est infatiguable de dévouement, quand il s'agit du succès et du progrès de nos sociétés nationales et religieuses, il ne ménage ni son temps, ni son argent, à ce sujet.

D'un caractère doux et affable, brave patriote et honnête citoyen, il compte autant d'amis que de connaissances, dans toutes les classes de citoyens de Fall River.

Nos Principaux Medecins

W.-J.-B. CHAGNON, M. D.

Wenceslas-Jean-Baptiste Chagnon, médecin, fils de Antoine Chagnon et Marie-Anne Bernard, naquit à St-Jean-Baptiste de Rouville, P. Q., le 28 décembre, 1837. Il fit ses études classiques au Séminaire de St-Hyacinthe et à l'Assomption. Il étudia la médecine à l'Université de la cité de New-York, où il fut diplômé docteur en médecine, en 1860. En 1861, il était diplômé docteur en médecine à l'Université McGill, de Montréal. Il étudia quatre mois à Paris, France, en 1889. Il visita l'Europe en 1896 et 1907, les divers ports de la Méditerranée, la Terre-Sainte et l'Egypte.

En juin, 1861, à St-Jean-Baptiste de Rouville, il épousait Victorine Desnoyers, qui lui donna 13 enfants, puis mourut en 1882. En 1885, à Biddeford, Maine, il épousait en seconde noce, Marie-Anne Gigault (veuve depuis 9 ans de sieur Désiré Phaneuf, marchand de St-Damase), qui mourut en 1895, et en 1898, il épousait Isabel Ballou.

Il 'pratiqua à St-Dominique, de 1861 à 1867 ; à St-Pie, de 1867 à 1879, puis à Fall River depuis.

Médecin à l'hopital Good Samaritan (Fall River), depuis 1890. Médecin consultateur de l'hôpital Ste-Anne et de l'Asile St-Vincent, Fall River. Sa pratique se réduit maintenant à la consultation.

Président honoraire de l'Union Médicale de Fall River.

Membre honoraire de la Société Hystologique de Paris, de la Société Médicale du Massachusetts, de la Société Médicale de Fall River, de la Société Médicale de South Bristol, etc.

Juge de paix au Canada durant 10 ans ; sergent-major de la milice canadienne, de 1868 à 1878, et dans l'invasion Fénéenne en 1870. Membre du conseil de la cité de Fall River, en 1884. Président de la Banque coopérative Lafayette, directeur de la "Fall River Herald Pub. Co.", etc. Collaborateur au "Journal Médical de Montréal. Réside à 1231, rue Robeson, Fall River, Mass.

NAPOLEON BEAUDET, M. D.

Le Dr Napoléon Beaudet est né à St-Louis de Lotbinière, le 9 mai, 1859.

Il fréquenta d'abord les écoles élémentaire et modèle de sa paroisse natale, puis ses parents pour lui faire continuer ses études, le placèrent sous la tutelle de M. N-.T. Bérard, notaire et professeur bien versé dans la connaissance des langues française, latine et grecque. C'est ainsi qu'il commença son cours classique qu'il allait terminer en 1875, après quatre ans d'études au collège St-Laurent, des RR. PP. Ste Croix.

Admis à l'étude de la médecine l'année suivante, il suivit alors les cours de l'Ecole Victoria, maintenant absorbée dans l'université Laval, de Montréal. Il n'avait encore atteint sa majorité, en 1878, quand il obtint ses dégrés de bachelier en médecine et se fit inscrire dans le rôle des médecins pratiquant la médecine dans la Province de Québec.

Il ouvrit un bureau à St Grégoire le-Grand, comté d'Iberville, P. Q., où ses talents reçurent la reconnaissance du public. Six ans plus tard, attiré par la perspective d'un champ d'action plus vaste, le Dr Beaudet vint s'établir à Fall River.

Il s'identifia à plusieurs de nos organisations nationales et le 30 mai, 1887, il était chargé de présenter une magnifique adresse à S. G. Mgr Harkins, à l'occasion de la bénédiction des drapeaux de la Ligue des Patriotes, puis il présidait au banquet donné le même soir.

Consciencieux et de commerce agréable, le Dr Beaudet pratiqua avec succès jusqu'en 1892, alors que le besoin de repos se faisant sentir impérieusement, il alla à Marieville, P. Q., ouvrir une pharmacie qu'il vendit trois ans plus tard, et revint à Fall River se livrer de nouveau à la pratique de sa profession pendant une couple d'années. Mais, la maladie le condamnant encore au repos, il ouvrit de nouveau une pharmacie dans un édifice de la rue Pleasant. En 1903, se sentant parfaitement rétabli, il y transféra ses intérêts et se livra à sa profession qu'il pratique depuis.

Il fait partie de plusieurs de nos sociétés et s'intéresse toujours à leur avancement.

F.-de-B. BERGERON, M. D.

François-de-Borgia, fils de Josaphat Bergeron et de Emilie Gélinas, est né à Montréal, P. Q., le 10 octobre, 1870.

Il fit des études commerciales à l'école Montcalm, cinq ans de classiques au collège des Jésuites, à Montréal, puis les trois dernières années du cours au collège de St Laurent, terminant en 1890.

Il retourna ensuite à Montréal, pour y faire ses études médicales à l'université Laval, terminant en 1894, avec le dégré de docteur en médecine.

Après un mois de vacances, le Dr Bergeron arrivait à Fall River en juin, 1894, pour s'y fixer.

Le 30 août, 1897, notre distingué compatriote épousait à l'église Ste-Anne, Mlle Marie-Louise Gamache, de cette ville.

Le Dr Bergeron s'est gagné une excellente clientèle, avec ses talents, son travail et ses charmantes qualités.

Il appartient à l'Union Médicale de Fall River, dont il est le secrétaire, et à la "Fall River Medical Society.

Il est très populaire dans nos sociétés nationales. Il est membre du Conseil Garneau de l'Union St Jean-Baptiste d'Amérique, de la Ligue des Patriotes, de la cour Maisonneuve dont il est le médecin-examinateur, de la cour Ste-Anne des Forestiers Catholiques dont il est un des fondateurs et le médecin examinateur depuis sa fondation.   Il est de plus un des huit inspecteurs médicaux des écoles publiques et paroissiales, sous la direction du bureau de l'hygiène.

ADELARD FECTEAU, M. D.

Au nombre de nos médecins en vue de cette ville, il faut nommer le Dr Fecteau.

Adélard Fecteau, fils de Théodule Fecteau et de Hermine Cloutier, naquit à St-Barnabé, comté de St-Hyacinthe, P. Q., le 30 décembre, 1870.

Il commença ses études au Séminaire de St-Hyacinthe ; sa famille vint s'établir à Haverhill, Mass., puis il les termina en 1890.

Il fit ses études médicales à l'Université Laval de Montréal, où il reçut ses degrés le 17 avril, 1895.

Le 30 avril de la même année, il passait avec distinction, à Boston, ses examens à la pratique dans le Massachusetts, et le 15 mai, 1895, il venait s'établir

ADELARD FECTEAU, M. D

P. T. CRISPO, M. D.

à la Flint, en cette ville, où il s'acquit bientôt une nombreuse clientèle.

En 1900, le maire Abbott le nommait médecin de l'assistance publique et le bureau de l'hygiène lui donnait la charge d'expertise pour les maladies contagieuses ; après quatre renominations à cette dernière charge, il est le seul médecin qui ait reçu cet honneur en cette ville. L'expérience qu'il a acquise dans cette dernière charge, lui a valu le titre de spécialiste dans les maladies contagieuses et de la peau.

Le Dr Fecteau est intéressé dans la politique et les sociétés. Il fait partie de l'Union Médicale Franco-Américaine et de la "Fall River Medical Society." Il appartient aussi au Conseil Bédard de l'Union Saint-Jean-Baptiste d'Amérique, à la Société St-Jean-Baptiste de la Flint, à la Cour Ste-Anne des Forestiers Catholiques, aux Artisans Canadiens-Français et à la cour "Ingraham" des Forestiers Indépendants.

Le Dr Fecteau jouit d'une popularité qui lui fait beaucoup d'honneur.

P.-T. CRISPO, M. D.

Pierre-Timothé Crispo, médecin, fils de Timothé Crispo et de Louise Fisette, est né à Havre-au-Boucher (Antigonish), dans la Nouvelle-Ecosse, le 19 novembre, 1871. Le père était d'origine espagnole et la mère, acadienne. Avec du sang espagnol et du sang français dans les veines, le fils peut être fier à juste titre de la noblesse de son origine. Car les Espagnols et les Français se sont toujours distingués dans le monde par la noblesse de leurs principes et la grandeur de leurs aspirations.

Le jeune Crispo étudia d'abord dans les écoles

de sa paroisse natale, puis il entra au Petit Séminaire de Québec.

Après avoir terminé de brillantes études classiques, en 1891, il passa ses examens au brevet avec grand succès, à l'Université Laval de Québec, puis y suivit le cours médical durant quatre ans. En 1895, il recevait avec distinction le titre de docteur en médecine.

Il s'établit ensuite à Sandy Bay, P. Q., en 1895, et y pratiqua là médecine jusqu'en 1899. Trois ans avant son départ de Sandy Bay pour Fall River, en 1896, il épousait Mlle Marie Caron.

En 1899, il arrivait à Fall River, passait ses examens devant le collège des médecins et chirurgiens du Massachusetts, avec grand succès, et se fixait en cette ville. En quelques mois de pratique, ses talents et autres qualités lui assurèrent une clientèle nombreuse et de premier choix.

Le Dr Crispo appartient à la "Fall River Medical Society", à la "Massachusetts Medical Society" et à l'"American Medical Society," qui prouvent sa compétence professionnelle.

Il appartient aussi au Conseil Garneau de l'Union St-Jean-Baptiste d'Amérique, une preuve de ses sympathies pour nos aspirations nationales françaises.

DR J.-E. MERCIER

Joseph-Euclide, fils de Anastase Mercier et de Arthémise Laforce, est né à Gracefield, comté d'Ottawa (Canada), le 13 septembre, 1875.

En 1880, le père mourut avec quatre de ses enfants. L'année suivante, la mère partit avec les deux autres enfants, pour aller demeurer à St-Aimé, chez sa propre mère, Mme F.-X. Laforce, où elle mourut deux ans plus tard. Enfin, Alphonse, l'un des au-

J. E. MERCIER, M. D.

tres enfants, mourut lui aussi, un mois après sa mère, de sorte que Joseph-Euclide resta le seul vivant de la famille de Anastase Mercier.

Le Seigneur Masson, de St-Aimé prit le jeune Joseph-Euclide Mercier sous sa protection, après la mort de Mme Anastase Mercier, et lui fit donner un cours d'études commerciales, à l'Académie de St-Aimé, qui était dirigée par les FF. de Ste-Croix.

Messire Godard, alors curé de St-Aimé, prit ensuite le jeune Joseph-Euclide sous sa protection et l'envoya au Séminaire de St-Hyacinthe en 1889. Mais en 1893, ayant terminé ses belles-lettres, M. Joseph-Euclide Mercier dut sortir du Séminaire pour cause de maladie.

M. Joseph-Euclide Mercier vint ensuite passer quatre ans à la pharmacie de son oncle maternel, le Dr E.-D. Laforce, alors à Farnumsville, Mass., mais actuellement à Paris, (France), où il suit un cours d'études des maladies d'yeux, de gorge, de nez et d'oreilles.

En 1896 et 1897, M. Joseph-Euclide Mercier suivit les cours de médecine de la "Vermont University", à Burlington," et après deux autres années d'études à l'Université de Baltimore, il recevait son diplôme de docteur en médecine, le 13 avril, 1899.

Le Dr J.-E. Mercier, fut admis à la pratique dans le Massachusetts, à Boston, le 15 novembre, 1899. Il pratiqua d'abord pendant cinq mois, à North Tiverton, R. I., puis vint se fixer permanemment à Fall River, où il s'est créé par ses talents, son travail et ses remarquables qualités, une excellente clientèle.

Le Dr Mercier a épousé, à Woonsocket, R. I., le 30 juin 1903, Mlle Marie-Frances Fontaine, qui lui a donné un garçon et deux filles, qui font la joie de leur père.

Le Dr Mercier fait partie de l'Union Médicale de Fall River, Mass., et de la "Fall River Medical Society". Il est aussi membre de la Cour St-Sacrement, no 42, de l'Association Canado-Américaine, dont il est le médecin examinateur. Il est aussi le médecin-examinateur de la Villa Fleur de Lis des Canado-Américains, de la Garde Napoléon, de la Cour Sauval des Forestiers Catholiques, de l'Union St-Joseph du Canada (bureau de Tiverton), et de la "Metropolitan Life Insurance" pour la Globe.

Le Dr Mercier est citoyen américain depuis huit ans, et il jouit d'une grande popularité à Fall River.

J.-A. ARCHAMBAULT, M. D.

Joseph-Arthur, fils de Camille Archambault et de Rose de Lima Wilhelmy, est né à St-Paul l'Ermite, comté de l'Assomption, P. Q., le 11 octobre 1875.

Après avoir suivi les classes de l'école de sa paroisse natale, il entrait au collège de l'Assomption, en 1888, et en 1894 il obtenait avec honneur le degré de bachelier ès lettres. De 1894 à 1896, il faisait son cours de sciences au collège de Ste-Thérèse-de-Bienville.

Ayant été bachelier en rhétorique et inscrit en philosophie, il pouvait étudier la médecine sans subir de nouveaux examens. Il entra à l'Université Laval, en 1897 et en 1901, après de brillantes études médicales, il était admis à la pratique, à Montréal, le 10 juin.

Toutes ces années d'études lui valaient bien un peu de repos, et il vint visiter son frère, M. F.-X. Archambault, agent d'assurances, à Fall River, Mass., et se décida de s'établir en cette ville. Il retourna à Montréal pour unir sa destinée avec une charmante Canadienne-Française. Le 30 juillet 1901, il épousait Mlle Marie-Claire Bélanger, et revenait à Fall River,

J·A ARCHAMBAULT, M. D

A.-O DEMERS, M. D.

Depuis le 10 août de cette même année, il pratique la médecine en cette ville, avec grand succès. Quelques mois plus tard, en mars 1903, il subissait ses examens à Boston, et il était admis à la pratique dans le Massachusetts.

Le Dr Archambault est membre actif de l'Union Médicale de Fall River et de la "Fall River" Medical Society. Il est aussi membre du Conseil Garneau de l'Union St-Jean-Baptiste d'Amérique.

Actuellement, le Dr Archambault est l'heureux père de cinq enfants.

Notre distingué compatriote est très populaire à Fall River, tant à cause de ses talents remarquables qu'à cause de ses qualités sociales et nationales.

A.-O. DEMERS, M. D.

Adélard-Olivier Demers, fils de Vincent Demers et de Mélina Fortier, est né à Montréal, P. Q., le 19 janvier 1875. Il fit ses études primaires et commerciales au collège du Sacré-Cœur, à Montréal, puis son cours classique au Séminaire de Ste-Thérèse-de-Bienville, P. Q., d'où il sortit en 1897.

La même année, il passait l'examen d'admission à l'étude de la médecine, exigé par le gouvernement de la Province de Québec, puis entrait à l'Université Laval, où il reçut ses degrés avec honneur, en 1901.

Il pratiqua durant deux mois, à Montréal, puis désirant pratiquer la médecine aux Etats-Unis, il venait passer l'examen d'admission à la pratique dans le Rhode Island, à Providence.

Le 23 mars 1903, il était admis à la pratique dans le Massabhusetts, et venait s'établir à Fall River.

En 1901, le Dr Demers avait épousé à Montréal, P. Q., Mlle Sara Michaud, qui lui a donné quelques enfants.

Le Dr Demers possède une clientèle considérable et il est en train de se créer une excellente réputation de praticien pour la médecine en général.

Il est médecin-examinateur de la L. C. B. A., et appartient à l'"Union Médicale Franco-Américaine de Fall River."

Il est aussi membre du Conseil Garneau de l'Union St-Jean-Baptiste d'Amérique, de la Garde Napoléon Ier et de la Cour Ste-Anne des Artisans Canadiens-Français.

A. BERTHELOT-CARON, M. D.

Amable, fils de feu Onésime Caron, avocat, et de Marie Berthelot d'Artigny, est né à St-François-du-Lac, comté d'Yamaska, P. Q., en 1876.

Il était encore en bas âge, quand il commença à recevoir des leçons privées chez un de ses oncles, M. Faucher de St-Maurice, homme de lettres. A l'âge de cinq ans, l'hon. Chapleau, un ami de sa famille, lui donna des leçons de déclamation.

Après avoir fait un cours commercial complet, il entra au séminaire de Québec pour y suivre tous les cours.

Il étudia la musique sous le prof. Desrochers, la peinture sous les prof. Lefebvre et Roullet, l'aquarelle, le dessin et le chant sous le prof. Clark ; le dessin à la plume et la sculpture sous le prof. Ledieu. Il fit sa littérature sous M. Faucher de St-Maurice et sa rhétorique sous S. G. Mgr Bégin, archevêque actuel de Québec.

Il fit ensuite un an d'études médicales au Laval de Québec et trois ans au Laval de Montréal, puis il suivit les cours privés des prof Janot, Brennan et Lemieux. Le prof. Levesque lui enseigna la chimie pharmaceutique, à Montréal.

AMABLE CARON, M. D.

Le Dr Caron eut l'honneur de remporter le premier prix pour l'art oratoire.

Après avoir subi tous les examens nécessaires à la pratique de la médecine, le Dr Caron s'est établi en permanence à Fall River, Mass., en 1901. Il pratique la médecine générale et la chirurgie, avec la spécialité des maladies des femmes et enfants.

Le Dr Caron appartient à une famille très distinguée. Son père, Onésime Caron, était avocat ; son grand-père, Amable Berthelot, était un patriote de 1837 ; N.-H.-E. Faucher de St-Maurice était son oncle et Sir Hippolyte Lafontaine, son grand-oncle. Le juge Berthelot, de Montréal, le dernier descendant des Berthelot-d'Artigny et le dernier héritier direct de la Seigneurie Berthelot de Québec, est un de ses parents.

Le Dr Berthelot-Caron est allié aux familles de Blois, Asselin, Houle et celles qui ont donné au Canada des personnages comme Sir L.-H. Mercier et Sir A.-P. Caron. Son oncle, Faucher de St-Maurice était ancien capitaine de l'armée française, chevalier de la Légion d'Honneur, politique et homme de lettres.

J.-D. BEAUPARLANT, M. D.

Joseph-David, fils de J.-O. Beauparlant et de Marie Giguère, est né à St Guillaume-de-Bagot, P. Q., le 16 mars, 1870.

En 1873, il arrivait à Fall River, Mass., avec sa famille, pour y demeurer. Cette famille était une précieuse acquisition pour notre colonie de Fall River, car elle était vraiment digne de notre belle et noble race. Voici la liste de ses membres actuels : Marie Beauparlant ; Clotilde, épouse de Georges Michaud (de Arctic Centre, R. I.,) Emma, épouse de Hormisdas Rinfret (de Arctic Centre); Rose Beauparlant ; Clémentine, épouse de L. Normandin ; Dr J.-D. Beau-

parlant ; Antonia, épouse de James Jenning, et Régina Beauparlant.

Le jeune Joseph-David étudia d'abord aux écoles locales, puis au Séminaire de St-Hyacinthe, P.Q.,
de 1884 à 1889, où il obtint le dégré de bachelier ès
lettres. De 1889 à 1891, il termina son cours
classique au Petit Séminaire de Monnoir, à Marieville, comté de Rouville. De 1891 à 1894, il étudia
la théologie au Grand Séminaire de Baltimore.

Il fit ses études médicales au ''Baltimore Medical College'' et fut admis à la pratique dans le Massachusetts en 1904, puis il se fixa à Fall River.

Le 4 mai, 1896, il épousait Mlle Victoria Plante,
qui mourut le 25 février, 1908, après lui avoir donné
un garçon. Le 12 mai, 1909, il prenait en secondes
noces, Mlle Joséphine Pelletier, une gentille et charmante femme.

Le Dr Beauparlant est membre de l'Union Médicale de Fall River et de la ''Fall River Medical Association.'' Il est aussi membre du Conseil Garneau de
l'Union St-Jean-Baptiste d'Amérique.

Il est citoyen américain et propriétaire.

Avec ses talents et son travail, le Dr Beauparlant s'est acquis une clientèle qui lui permet d'envisager l'avenir avec calme et confiance.

A.-J.-U. DUFAULT, M. D.

Albini-Joseph-Uldéric, fils de Uldéric-Joseph Dufault et de Marie Robidoux, est né à Fall River, le 5
juin, 1882.

Il suivit d'abord les classes de l'école N.-D. de
Lourdes, puis il entra au Petit Séminaire de Québec
en 1895, pour y passer cinq ans, et au collège de Lévis en 1900, pour y terminer son cours en 1901, avec
le titre de bachelier-ès-lettres.

Il fit ses études médicales au Laval de Québec, de 1901 à 1905, y recevant le titre de docteur en médecine, le 19 juin, avec le 1er prix Morin, qui était offert aux deux élèves remportant les plus grands succès aux examens.

Il passa ensuite ses examens à la pratique, le 11 juillet, 1905, à Boston, pour le Massachusetts ; le 11 octobre de la même année, à Providence, pour le Rhode Island, et le 4 novembre suivant, à Hartford, pour le Connecticut.

Après avoir été diplomé pour le Canada et trois Etats, le Dr Dufault se fixa à Fall River, Mass.

Le 28 octobre, 1907, le Dr Dufault épousait à l'église N.-D. de Lourdes, Mlle Amarilda Beauchemin, qui lui a donné un héritier.

Le Dr Dufault est membre de l'Union Médicale de Fall River et de la "Fall River Medical Society". Il appartient à la succursale N.-D. des Artisans Canadiens-Français, à la cour N.-D. des Eorestiers Catholiques, au Conseil Bédard de l'Union St-Jean-Baptiste d'Amérique, à la Société St-Jean-Baptiste de la Flint, à la cour Ingraham des Forestiers Indépendants. Il est médecin-examinateur de toutes ces sociétés, celle de St-Jean-Baptiste de Flint exceptée.

Le Dr Dufault est très populaire dans sa ville natale où il compte autant d'amis que de connaissances.

A.-E. PERRON, M. D.

Albert-E., fils de Alexandre Perron et de Rose-Anne Giguère, est né à Fall River, Mass., le 12 juin, 1884.

Il étudia d'abord à l'école Borden de sa ville natale, puis fit deux ans au collège Ste-Croix de Farnham, P. Q., et deux autres années au collège du

Mont St-Bernard, à Sorel, P. Q., où il fut diplomé en 1901.

Il suivit ensuite les cours du "Baltimore Medical College", dans le Maryland, où ses examens lui donnèrent la mention honorable le 21 mai, 1907. Il passa ensuite ses examens à la pratique, dans le Massachusetts et le Rhode Island, avec succès.

Le Dr Perron, comme on le voit, est un enfant de Fall River. Il connaît les mœurs et les coutumes du pays, chose très utile même dans la pratique de la médecine. Aussi, il a devant lui un avenir souriant. Son bureau se trouve, rue Eagle, numéro 221.

P.-A.-A. COLLET, M. D.

(DECEDE)

Au cours de sa carrière, l'une des figures les mieux connues de Fall River et des alentours, le Dr P.-A.-A. Collet naquit à St-Henri de Lauzon, comté de Lévis, P. Q., le 19 mai, 1847, de Pierre Collet et de Marie Couture.

Il passa ses premières années au sein de la famille, suivant pendant quelques années les classes de l'école de son village, puis il entrait au petit séminaire de Québec pour y passer quatre ans. Il s'y fit remarquer par ses talents et son amour du travail. Après deux ans passés au collège de Ste-Anne de la Pocatière, il terminait ses études classiques.

Entré à l'Université Laval, il suivit les cours de médecine et chirurgie, et y obtint ses brevets, le 30 juin 1870.

Le 1er janvier 1881, le Dr Collet arrivait à Fall River avec sa famille. Il se fit aussitôt remarquer par sa science et sa bonté envers ses patients. Aussi ses conseils et prescriptions étaient-ils toujours suivis à la lettre. Il prit beaucoup d'intérêt à notre population française qui n'était encore alors qu'à son début, et il se dévoua généreusement à son avancement social et national.

En 1894, le Dr J. W. Coughlin, alors maire de Fall River, le nommait médecin-en-chef du Bureau d'Hygiène, position qu'il remplit durant trois ans. Il fut aussi président de l'Union Médicale, membre des bureaux de direction de l'ancien "Emergency Hospital" et du "Seaside Home." Dans les sociétés françaises, il fut membre de la Ligue des Patriotes et des Forestiers Catholiques.

Outre la pratique de la médecine, le Dr Collet s'occupa de pharmacie, et vers l'an 1886, il achetait de société avec M. C. F. Marcotte, la pharmacie du Dr J. B. Chagnon, alors sise en face de l'hotel des postes, rue Bedford. Cet établissement fut transféré à l'angle des rues Borden et South Main, puis ensuite à côté de l'église Ste-Anne, où il vendit ses intérêts à son associé.

A partir de 1897, le Dr Collet se livra de nouveau à sa profession, mais bientôt l'ex-maire Grimes pendant qu'il était à l'hôtel de ville, le nomma membre du Bureau d'Hygiène, Le printemps suivant, une épidémie de variole se déclarait en cette ville, et ce fut alors que furent appréciés les sages conseils et le dévouement sans borne du distingué praticien.

J.-F. Coughlin, le maire actuel lui fit l'honneur de le retenir encore à l'hôtel de ville, position qu'il occupait, ainsi que la présidence de la faculté de l'Hôpital St-Anne, à la date de sa mort, le 22 mai, 1907.

Cet éminent citoyen, frappé par cet implacable mort qui n'a de respect ni pitié pour personne, alors qu'il était encore en pleine activité et dans une carrière féconde, se fit remarquer à chaque phase de sa vie, par beaucoup de science et autant d'humilité.

Il fut compté au nombre des citoyens les plus marquants de cette ville, et des médecins les plus estimés parmi les meilleurs de la Nouvelle-Angleterre.

Il aimait les petits et les humbles, et trouvait, dans le dévouement et la générosité à l'endroit de sa famille, de ses amis et de ces concitoyens, les joies les plus pures de sa vie.

On remarquait chez lui la souplesse attique de la phrase, comme les qualités primesautières de l'esprit. Il avait surtout la faculté de raconter une anecdote avec ce sel gaulois, qui ne manquait jamais de nous rappeler les meilleures de nos vieux auteurs canadiens-français.

Sa mort a laissé un grand vide dans notre population, et on conservera toujours le souvenir de ce patriote sincère et de cet homme qui a passé en faisant le bien. Il est allé dormir du dernier sommeil, à l'ombre du clocher de son village natal, dans ce coin du cimetière où reposaient déjà sa mère et son père, sa première épouse et quelques-uns de ses enfants.

M. ARMEL L. AUDET.

Nos Principaux Notaires

A.-L. AUDETTE, N. P.

Armel-L. Audet est né à la Baie St-Paul, comté de Charlevoix, P. Q., en 1875. Son père était un cultivateur.

Le jeune Armel suivit les classes de l'école paroissial du village natal.

En 1882, la famille Audet, composée de 6 fils et 4 filles, vint s'établir à Fall River, Mass., où le jeune Armel continua ses études à l'école publique jusqu'en 1890. Il fut alors envoyé au collège de St-Aimé, P. Q., où il passa deux ans, puis au collège de Valleyfield, où il passa aussi deux ans, y terminant ses études commerciales en 1895.

De retour à Fall River, il passa sept ans en service dans un bureau d'avocat, puis ouvrit un bureau de courtage qui aujourd'hui est un des plus florissants de la ville. Il est tout à la fois financier, courtier, agent d'immeubles et d'assurances, juge de paix et notaire public, faisant honneur à toutes ces fonctions avec un succès rare.

Il fut nommé juge de paix, le 21 mars, 1897, et admis à la chambre des notaires du Massachusetts, le 10 juillet, 1900.

Il fut un des principaux promoteurs de la Cie Co-Opérative des Trente-Deux Associés, qui fut fondée en 1901.

Il appartient à divers clubs et sociétés, entr'au-

tres à la société St-Jean-Baptiste, aux Forestiers Catholiques, au Cercle de la Boucane, au Club Laurier,
dont il fut le secrétaire, et au "Salmon Fishing
Club."

Il organisa le Cercle Fréchette en 1894, qui exista jusqu'en 1902 ; puis il organisa aussitôt la Comédie Française qui joua plusieurs bons drames.

M. Audet est marié et il est propriétaire d'une
jolie résidence.

A.-N. BESSETTE, N. P.

Arthur-Napoléon, fils de Félix Bessette et de
Octavie Beïque, est né à Marieville, comté de Rouville, P. Q., le 29 avril, 1877.

Il étudia au Petit Séminaire de Monnoir, dans sa
paroisse natale, et après y avoir fait son cours commercial et deux ans de classique, il sortait du collège, en rhétorique, et arrivait à Fall River, Mass., en
1895.

Il fut d'abord commis quatre ans chez le marchand de hardes Rocheleau, puis assistant-surintendant de la Cie d'assurance sur la vie la Métropolitaine pendant quatre ans.

En 1903, à Boston, il obtenait le diplôme de no-
taire-public pour le Massachusetts. Il ouvrit aussitôt un bureau de notaire à Fall River, pour s'occuper aussi de transactions d'immeubles, d'assurances
et de courtage.

M. Bessette est marié depuis le 28 juin, 1908.

Il est membre de l'Union Canadienne St-Jean-
Baptiste et du Club Laurier (organisateur politique).

M. Bessette, grâce à ses talents, son travail et sa
persévérance, s'est fait une excellence position dans
le monde professionnel et commercial de Fall River.

A N. BESSETTE

A.-J. BOUVIER

Son bureau se trouve à rue South Main, no 130, chambre 16.

A.-J. BOUVIER, N. P.

Albert-Joseph, fils de J.-B. Bouvier et de Célina Mathieu, est né à Fall River, Mass., le 23 janvier, 1876.

Il étudia d'abord à l'école de N.-D. de Lourdes, de 1886 à 1890, puis au collège de Farnham, P. Q., de 1890 à 1893.

Après son cours académique, il pratiqua la pharmacie avec son frère, J.-A.-W. Bouvier, puis en 1893 il travailla comme monteur au service de la "Boston Hand Lasting Machine Co."

Avec le fruit de ses épargnes, il se lança dans le commerce de papeterie et librairie en 1896. Il ouvrait un magasin au no 1597, rue Pleasant et au bout de quelques mois, les affaires étaient si florissantes qu'il dut louer un local plus vaste, au no 1635 de la même rue. En 1908, l'augmentation des affaires et des pratiques l'engagea à ouvrir un second magasin, au no 1380 rue Pleasant.

Son affabilité, sa courtoisie et son habilité financière lui ont créé une des plus belles positions commerciales de Fall River.

Le 14 juillet, M. Bouvier épousait à l'église Ste-Anne de Fall River, Mlle Marie-Albertine Bouchard.

Notre brave compatriote a été reçu notaire avec succès, il y a quelques années, et il fait honneur à la profession.

Il appartient au "Benevolent Protective Order of Elks," à la cour J. N. Fay, no 424 des Chevaliers de Colomb, à la cour no 8, des Forestiers d'Amérique et au "Fraternal Order of Eagles, Aerie 570.

Ses amis se comptent par milliers dans toutes classes de la société.

E.-V. DOMINGUE, N. P.

Edmond-Victor, fils de Victor-Edmond Domingue et de Marie-Rose Richard, vit le jour à Taftville, Conn., le 10 avril 1887.

En 1890, il arrivait à Fall River, Mass., avec sa famille pour y demeurer.

Il suivit d'abord les classes de l'école Davenport, puis celle de l'école Ste-Anne.

Après avoir suivi les cours de sténographie et de clavigraphie, il entrait au bureau des avocats Lincoln & Hood, en 1902, pour y exercer ces doubles fonctions.

En 1908, il était admis à la pratique du notariat.

M. Domingue est un compatriote de talent, et son assiduité au travail lui assure un brillant avenir.

M ALFRED PLANTE

Juge de Paix

ALFRED PLANTE

M. Alfred Plante vit le jour à St-Valentin d'Iberville, P. Q., le 30 août, 1850. En compagnie de son frère, il émigra à Sandy Hill, N. Y., en 1868. En 1872 il se rendait passer un an à Manchester, N. H., puis venait se fixer permanemment à Fall River, Mass.

Il avait été journalier depuis sa jeunesse, quand en 1877 il se mit en société avec son beau-frère, Louis Picard, pour ouvrir une épicerie sur la rue Montaup. Il y firent commerce pendant quinze ans, puis vendirent leurs intérêts.

De 1892 à 1907, M. Alfred Plante fut agent de la Cie d'assurance la Métropolitaine. Mais, en septembre 1907, il reprenait de nouveau le commerce d'épices, etc.

M. Plante est juge de paix depuis 22 ans, office qu'il avait recherché pour mieux servir la cause de la naturalisation. Depuis plus de dix ans il est officier rapporteur de votation.

Le choix des citoyens l'avait fait assistant-géolier de la prison nouvelle, qui fut bientôt fermée en vertu du "Probation Act."

M. Plante a toujours déployé un grand zèle pour notre cause nationale. Il a rendu des services signalés à nos compatriotes de Fall River, en contribuant à leurs succès de toutes ses forces.

Il a été président du Club de Naturalisation du Centre, membre-fondateur de la Ligue des Patriotes, du Club de Salaberry, et du Club Franco-Américain dont il fut le président durant six ans.

En politique il a montré beaucoup d'activité et de constance, dans les intérêts de son parti.

L.-G. DESTREMPS Architecte

Louis-Gonzague Destremps naquit à Berthier, P. Q., le 9 mai, 1851. Après avoir étudié à l'école paroissiale, il alla faire quelques années d'apprentissage chez un voturier de Sorel.

En 1870 il arrivait aux Etats-Unis, passait un an à Woonsocket, R. I., puis exerçait le métier de menuisier à Fall River durant un an.

En 1872 et 1873, M. Destremps suivit les cours d'architecture aux classes du soir, à Fall River.

En 1874, il retournait aux Canada. Il passa huit ans à St-Jean d'Iberville, P. Q., durant lesquels il construisit un grand nombre de bâtiments de toutes sortes, tout en continuant de se perfectionner dans son art, en étudiant les meilleurs auteurs français et anglais.

En 1882, il se rendait à New York pour y suivre les cours réguliers de l'école d'architecture, et en 1885, il y obtenait son diplôme d'architecte et venait se fixer permanemment à Fall River, Mass.

Depuis son arrivée au milieu de nous, il a construit plusieurs résidences où le confort se dispute le bon goût du dessin. Il a fait les plans et surveillé les travaux de construction du couvent Jésus-Marie, de l'église Notre-Dame de Lourdes. Il a aussi fait les plans de l'église St-Mathieu, de l'église St-Sacrement et de plusieurs autres grands édifices de Fall River.

LS.-G. DESTREMPS.

Sa renommée se répandit bientôt dans tous les centres des environs.

A Woonsocket et Newport, R. I., à Southbridge, Mass., et dans un grand nombre d'autres centres, il s'est distingué par ses talents d'architecte et de contracteur, dans les diverses entreprises qui l'ont rendu célèbre.

M. Destremps est un franc patriote et un homme d'honneur. Il est le fils de ses œuvres. Par son assiduité à l'étude et au travail, il s'est acquis une réputation qui lui a valu des succès toujours croissants.

M. J.-C -E PANNETON.

Nos Principaux Pharmaciens

J.-C.-E. PANNETON

Joseph-Casimir-Emery, fils de André Panneton et de Marion Gordon, est né à Montréal, P. Q., le 13 août, 1861. Il fit d'abord des études chez les Frères des Ecoles Chrétiennes, puis un cours commercial au "Business College," dans sa ville natale.

A l'âge de 17 ans, il commença sa cléricature de pharmacien. Il travailla un an dans une pharmacie de Montréal et un an dans une de Lewiston, Me., puis retourna à Montréal faire six mois d'études au collège de pharmacie. Il se mit ensuite en société avec le Dr J.-L. Martel pour ouvrir une pharmacie à Lewiston, Maine. Après un an de société à Lewiston, il passa cinq ans de cléricature dans une pharmacie de Boston, se fit diplômé pour le Massachusetts en 1886 et fit trois ans de pratique dans une autre pharmacie bostonnienne.

Il arrive à Fall River en 1889. Il fait quelques mois de pratique à la pharmacie Coté, puis entre en société avec M. Euclide Bachand. Au bout d'un an, il achète les intérêts de son associé, devenant ainsi le seul propriétaire de la pharmacie de la rue Pleasant, No 1265. Après 17 ans de succès, il vend cette pharmacie avec profit.

Le 23 février, 1892, il épouse à l'église Ste-Anne, Mlle Victoria-Rachel Chagnon, une des charmantes filles du Dr J.-B. Chagnon, laquelle lui a donné depuis quatre garçons et une fille.

En avril 1908, il ouvrait sa pharmacie actuelle, rue County, No 301.

M. Panneton est citoyen américain depuis plus de 25 ans, et propriétaire d'immeubles depuis une douzaine d'années.

M. Panneton est membre de la "Fall River Druggists' Association," de la loge Fall River des Chevaliers de Colomb, des "Fall River Elks," de la cour Ingraham des Forestiers Indépendants et de la loge Mt Vernon des Chevaliers de Pythie.

A.-S. LETOURNEAU

Alfred-Stanislas Létourneau est né à St-Sébastien, comté d'Iberville, P. Q., le 24 avril, 1864. Après avoir suivi les classes de l'école paroissiale, il fit quelques années d'études commerciales au Petit Séminaire de Monnoir, à Marieville, et classiques au Séminaire de St-Hyacinthe, puis commença son cours pharmaceutique à Montréal, qui lui valu bientôt son diplôme, après avoir subi de brillants examens devant le bureau provincial.

Après avoir fait deux années de cléricature, il arrivait à Fall River, Mass., en 1886. Après trois autres années de cléricature, en cette ville, il était licencié pharmacien pour la pratique dans le Massachusetts.

Il pratiqua d'abord à la pharmacie du Dr Collet, puis se mit en société avec son beau-père, M. Guillaume (William) Corneau, pour la gérance de la pharmacie de l'angle des rues Pleasant et Corneau.

Plus tard la société fut dissoute, et M. Létourneau ouvrit, rue Pleasant, no 105, la pharmacie populaire que tout le monde connaît.

M. ALFRED-S LETOURNEAU.

M. A. J. BRUNELLE.

Il fut élu président et vice-président de chacun des clubs sociaux Lamartine et de la Boucane ; directeur et vice-président de la Banque Lafayette, et trésorier des Vingt-Cinq Associés et de la Cie commerciale de I. Renaud & Cie. En mars 1906, le maire Coughlin le nommait syndic de la bibliothèque publique. Il est aussi membre de l'association des pharmaciens du Massachusetts.

M. Létourneau est tout à la fois, un professionnel distingué, un politicien clairvoyant, un homme d'affaires de renom, un brave patriote et un bon chrétien. Ses talents variés, son caractère affable, ses manières distinguées, son honnêté dans les affaires et son assiduité au travail, lui ont valu l'excellente situation dont il jouit à Fall River. Il fait honneur à notre république, à notre race et à notre religion.

A.-J. BRUNELLE

Albert-J. Brunelle est né à St-Marcel, comté de Richelieu, P. Q., le 22 février, 1876. Il étudia d'abord à l'école paroissiale de son village natal, puis s'en vint demeurer à Manville R. I., avec sa famille, en 1889.

Il étudia alors à l'école publique de Manville, puis fit des études pharmaceutiques partie à Providence, R. I., et partie à Boston, Mass. Il n'avait que 21 ans, quand il fut diplômé pharmacien.

En 1898, il pratiqua quelques mois à New Bedford et l'année suivante, il venait se fixer à Fall River, ouvrant une pharmacie en société avec le Dr Lanoie. Bientôt après, celui-ci se retira et M. Brunelle resta seul propriétaire. M. Brunelle a épousé Mlle Eva Prévost, en 1902.

J.-A.-M. RICHARD

Josesph-Antoine-Magloire Richard est né à St-Aimé, comté de Richelieu, P. Q., le 17 février, 1868.

Il fit d'abord quelques années d'études au collège des Frères Ste-Croix, à St-Aimé, puis fut successivement commis à Sorel, St-Aimé et St-Germain de Grantham.

En 1885, M. Richard arrivait à Fall River et entrait à la manufacture. Mais il ne tarda pas a en sortir, pour prendre le travail plus rénumérateur de menuisier. A l'âge de 20 ans, l'habile ouvrier avait déjà la main droite mutilée par une machine, et il dut se lancer dans une carrière moins dangereuse.

Il entra à la pharmacie Buron et quatre ans plus tard, après avoir étudié la pharmacie et subi de brillants examens à Boston, il était diplômé pharmacien, en 1898.

Quelques années plus tard, il devenait propriétaire de la superbe pharmacie qu'il administre encore avec un succès croissant.

M. Richard est le chef d'une heureuse famille, ayant épousé une gentille compatriote, le 27 septembre, 1896.

Notre distingué compatriote appartient à plusieurs sociétés, entr'autres celle de St-Jean-Baptiste.

Politicien à ses heures de loisir, M. Richard a des chances de parvenir, car il a des talents et une foule d'amis prêts à le seconder.

O.-G. POILVERT

Onésime G. Poilvert est né à Cany, Seine et Oise, France, le 19 août, 1862 ; il étudia au collège des Frères Eudistes.

En 1882, sa famille émigra à Québec, et il étudia à l'Ecole Commerciale, de 1872 à 1877.

J.-A.-MAGLOIRE RICHARD

M O -G   POILVERT.

Ensuite il demeura à Berlin, N. H., à Waterbury, Conn., et à Lowell, Mass., où il s'établit en affaires.

Il fut employé à l'"Indépendant," de 1895 à 1901, et depuis il est propriétaire-pharmacien, à Maplewood.

M. Poilvert s'est crée de fort belles relations dans le monde commerdial.

ROCH LAVAULT

Roch, fils d'Edouard Lavault et de Esther Parent, naquit à Yamaska, P. Q., le 20 avril, 1871.

Il étudia d'abord pendant un an au collège de St-Aimé, puis trois ans au collège de Sorel.

Il fut ensuite commis à Sorel.

En février 1889, il arrivait à Turner's Falls, Mass., et en avril suivant, à Fall River.

Il fut commis-épicier pendant sept ans chez U. Lassalle, de la rue Corneau, Jos. Parenteau et Jos. Girard de Bowenville. Ensuite, en société avec Milton Mercure, il fut propriétaire de l'épicerie à l'angle des rues Rodman et Third, dont il vendit ses intérêts à son associé, plus tard.

En juin 1897, M. Lavault ouvrait la pharmacie actuelle à North Tiverton, en société avec P.-A. Brosseau. Depuis huit ans il est le seul propriétaire de cette pharmacie.

Il fut diplomé pharmacien à Providence, en mai 1901.

Le 12 octobre 1896, M. Lavault a épousé, à Fall River, Mlle Adelina Marcoux.

Il fut trésorier de la Cour Sauval, des Forestiers Catholiques, et secrétaire-financier de la Cour Saint-Sacrement, des Canado-Américains, dont il est actuellement le vice-président.

Il est membre de la "National Retail Druggists' Association" et de la "Fall River Druggists' Association.

J.-A. BOLDUC

Joseph-Alexandre, fils de Léandre Bolduc et de Philomène Bergeron, est né à St-Ovide de Napierreville, P. Q., le 30 novembre 1882.

En 1886 il immigrait avec sa famille, à Danbury, Conn. Il fit ses premières études à l'école St-Patrick de cette ville.

En 1897, il arrivait à Fall River, Mass., avec sa famille. Il y étudia à l'école publique, puis au collège de pharmacie de Boston.

Le 6 juin 1905, il était diplomé pharmacien, à Providence, pour le Rhode Island ; le 26 du même mois, à Boston, pour le Massachusetts, et le 6 juillet, à Montpellier, pour le Vermont.

Il passa ensuite sept ans en service à la pharmacie de son père, puis en devenait le propriétaire, en 1906.

Le 24 avril 1906, il a épousé Mlle Eugénie Lavoie, à l'église Ste-Anne de cette ville.

Il est membre de la "Fall River Druggists' Association" et de la Cour Sauval des Forestiers Catholiques.

Sa pharmacie, qui est fort populaire, se trouve à l'angle des rues East Main et Globe.

PROF. J.-B. PARISEAULT

Jean-Baptiste, fils de Didace Pariseault et de Vitaline Mathieu, est né à St-Henri-de-Mascouche, comté de l'Assomption, P. Q., en avril, 1854. Il était à peine âgé de sept ans, quand il perdit son père et sa

M. ROCH LAVAULT

mère. L'un de ses oncles, J.-B. Pariseault, l'adopta.

Il fit d'abord cinq ans et six mois d'études au collège de Terrebonne. Il eut pour professeur l'honorable Taillon qui était alors ecclésiastique. Oscar Martel, de l'Assomption, fut son premier professeur de violon.

En sortant du collège, il dut songer à gagner sa vie. Il fut d'abord commis-marchand à Montréal, puis continua ses études de la musique et la pratique du violon et du piano.

Il épousa bientôt, à Montréal, Mlle Marie-Louise Goulet, qui après trente ans de ménage, mourut à Fall River, Mass., en 1901, après lui avoir laissé un héritier.

Après son départ de Montréal, il fut dix ans organiste à l'église St-Basile, comté de Chambly.

Après avoir subi de sérieuses pertes d'argent prêté, il dut quitter St-Basile, pour venir refaire fortune aux Etats-Unis.

Le 14 avril 1886, il arrivait à Fall River, Mass. N'étant pas connu comme musicien, dans Fall River, il dut faire un travail quelconque pour gagner sa vie, en attendant de se faire une nouvelle clientèle. Aussi, pendant douze ans, il fut menuisier, tout en affectant ses loisirs à la pratique de son art favori.

Dès que la paroisse St-Jean-Baptiste fut fondée, en 1897, le R. Père Sauval ne tarda guère à remarquer les talents du Prof. Pariseault, et il lui confia la direction de la musique vocale et instrumentale de la nouvelle paroisse. M. Pariseault se montra digne de la confiance du R.P. Sauval et de ses successeurs. Dans l'espace de quelques mois, un chœur de chant était organisé à la satisfaction de tous les intéressés. En 1908, il fondait l'Orchestre Indépendant dont il est le directeur. Avec ses réels talents d'artiste et une ardeur infatigable, le Prof. Pariseault a doté la paroisse St-Jean-Baptiste d'une organisation musical qui lui fait grand honneur.

Il y a quelques années, le Prof. Pariseault fit l'heureuse connaissance de Mlle Marie-Eugénie Beauchemin, de St-Hyacinthe, P. Q., alors qu'elle était en visite à Lewiston, Maine. Cette demoiselle, tout a fait digne de la haute distinction dont jouit la famille Beauchemin de St-Hyacinthe, plut tellement au Prof. Pariseault, qu'il l'a demanda en mariage. Ils furent bientôt mariês à l'église Ste-Anne de Fall River, pour vivre dans une paix et un bonheur qui n'ont fait que s'accroître depuis.

Le Prof. Pariseault a fait partie du comité de visites de la Ligue des Patriotes, et il est actuellement le secrétaire de la Société de St-Vincent de Paul.

Il est citoyen américain depuis le 18 octobre 1898, et propriétaire d'immeubles depuis une quinzaine d'années.

Le Prof. Pariseault est un fervent catholique, un brave patriote, un citoyen d'une excellente respectabilité et un musicien qui fait honneur à la profession.

THEODULE JALBERT

Au mois de janvier, 1888, les voix presqu'unanimes du quartier 6 de Fall River, Mass., élisait M. Théodule Jalbert à la charge importante de conseiller municipal. A cette époque, c'était un honneur qu'on donnait rarement à un Franco-Américain.

Théodule Jalbert naquit à Ste-Brigitte, P. Q., en 1848. Dix ans plus tard, ses parents immigraient aux Etats-Unis.

Les débuts du jeune Jalbert furent d'abord assez difficiles. Il n'eut jamais honte d'avouer qu'il avait commencé à pratiquer la musique sur un violon de 25 cts et que son premier salaire fut de $5.00 par semaine, dont il fallait déduire $4.50 pour payer sa pension.

Son amour de l'étude et son application à la pratique le firent bientôt remarquer de ses patrons, qui montèrent graduellement son salaire.

En juillet 1869, il épousait à Providence, R. I., Mlle F. Fisher, une jeune Anglo-Américaine d'éducation et de qualité. Heureusement, il eut le bonheur de la convertir au catholicisme et à l'amour pratique de notre belle langue française, en leur donnant au moins une amie de cœur et d'âme.

Ce fut en 1876, qu'il vint s'établir à Fall River. Il entra d'abord au service de MM. F.-X. Dussault et Victor Geoffrion, épiciers. Plus tard, grâce à son énergie et à un travail opiniâtre, il arrivait à la tête d'une épicerie qui lui a survécu jusqu'à ce jour.

De concert avec Mme Rampron, il organisa le chœur de chant de N.-D de Lourdes, sous le ministère curial du regretté M. Bédard, et il fonda le premier orchestre de cette paroisse.

M. Jalbert fut longtemps considéré l'un des meilleurs musiciens de Fall River. Il s'est toujours fait un devoir de rehausser l'éclat de nos fêtes religieuses et nationales, en leur donnant généreusement le concours de ses talents artistiques.

Il jouait également bien le cornet, le trombone, la flute et le fifre, mais le violon était son instrument favori. C'est celui-ci qu'il savait faire vibrer à l'unisson de son âme ardente, sensible et éprise du beau.

Bien qu'arrivé très jeune aux Etats-Unis, il a appris et toujours parlé le français avec fierté, donnant ainsi le bon exemple à sa propre famille, comme à tous nos compatriotes. Il était doué d'un cœur charitable, et il ne laissait jamais passer en vain une occasion de faire le bien.

Mais, le 31 octobre, 1907, notre colonie française avait la douleur de perdre ce musicien distingué, qui avait répandu tant d'harmonie dans son sein.

F.-N. COTE, Dentiste

François-N. Coté naquit à Rouses Point, N. Y., le 21 décembre, 1856. Il fit ses études dans les écoles publiques.

Le 10 mars 1877, il entrait au bureau du dentiste Taylor, à Malone, N. Y., où il y fit trois ans d'études.

Le 1er septembre 1880, il venait se fixer à Fall River et un mois après il entrait au bureau des dentistes Walton & Chivers, pour y passer trois ans.

Depuis 1883, il a ouvert un bureau à son compte.

Il est licencié du conseil d'examen et d'enrégistrement des dentiste de l'état du Massachusetts.

Il appartient à plusieurs de nos sociétés nationales.

J.-A.-W. BOUVIER.

Nos · Politiciens

Celui que les électeurs du 11ième district de Bristol honoraient de leur mandat à la législature de l'état du Massachusetts, le 3 novembre, 1908, M. Joseph-Arthur-Wilfrid Bouvier, naquit à St-Hughes de Bagot, P. Q., le 27 décembre, 1868, de J. B. Bouvier, charpentier et cultivateur.

La famille Bouvier immigra ici en novembre, 1869, mais le père mourant sept ans après, elle retourna sur la terre qu'elle possêdait à St-Hughes.

Le jeune Bouvier suivit bientôt les classes du collège de St-Aimê, sous la direction de l'Ordre Ste-Croix, puis alla terminer son cours commercial à Farnham, P. Q. La culture ne répondant pas aux aspirations éveillées du futur député, il retourna au collège de St-Aimê pour y faire la classe. Il profita de ce séjour de trois ans, pour y étudier le latin sous le frère Donatien, alors supérieur du collège et maintenant secrétaire privé de l'évêque de Sherbrooke.

En mars 1888, il revenait à Fall River et se livrait bientôt à l'étude de la pharmacie sous Frank Brown et I.-M. Wood, puis M. G. E. Arcand le fit gérant de la pharmacie.

M. Bouvier fut licencié pharmacien en septembre 1892, obtenant en juillet 1893, le même degré du "National Institute of Pharmacy" de Chicago, pour l'Etat de l'Illinois. Il ouvrit aussitôt une pharmacie au no. 1715 de la rue Pleasant, puis 4 ans plus tard, dans son local actuel, à l'angle sud-ouest de la rue Pleasant et de l'avenue Eastern.

Il est membre de la St-Jean-Baptiste (de Flint), de la Ligue des Patriotes dont il a été le secrétaire-archiviste, des Chevaliers de Colomb, des Elks, des Eagles, de la A. O. U. W. et du Bowling Green Club ; il est trésorier du Club Union, membre du Citizen Social Club, du Club Union (de Globe), du Club Franco-Américain de Boston, de l'Union St-Jean-Baptiste d'Amérique et de quelques autres.

Le 21 septembre 1908, M. Bouvier fut nommé candidat républicain à la législature locale, avec le résultat que l'on sait et qui peut être attribué à la popularité que lui méritent sa droiture de caractère et son énergie bien dirigée.

Nous osons prédire que parmi les chefs de l'Etat, M. Bouvier fera bonne figure. Il n'y a pas de doute qu'il remplira sa position dignement et à l'honneur de notre race et des citoyens en général.

Fils de ses œuvres, il offre à ses nationaux un exemple frappant de ce que peut faire un homme d'énergie, d'intelligence et de caractère. Il doit la belle position qu'il occupe, à ces qualités, qui d'ailleurs sont toujours au service de ses compatriotes et concitoyens.

HON. P.-F. PELOQUIN

Patriote convaincu et plein de foi dans la destinée de notre race ; orateur de grande sincérité et de conviction profonde, sachant enthousiasmer et convaincre son auditoire ; doué d'une intelligence qui en faisait un guide remarquable, et d'une probité qui invitait la confiance publique ; un citoyen intègre et un bon catholique ; également respecté dans l'arène

FEU L'HON. P.-F. PELOQUIN.

publique et dans sa vie privée ; possédant de grandes qualités intellectuelles et morales ; évidemment bon, toujours dévoué et libéralement charitable, courtois, calme et loyal, tel fut celui dont nos compatriotes de cette ville en particulier, le 11 juillet 1907, pleuraient la mort soudaine, comme celle de l'un de leurs chefs reconnus, respectables et respectés.

Pierre-Félix Péloquin était né à Sorel, P. Q., le 26 mai 1851. Les premières années de sa vie furent passées au sein de la famille, où il puisa ces sentiments de rectitude, cette ferveur, la conscience du devoir, qui constituent l'éducation de la famille.

Il fréquenta les classes du collège des FF. des Ecoles Chrétiennes, dans sa ville natale, puis il suivit les cours au séminaire de St-Sulpice, à Montréal. Il fut ici le confrère de classe de S. G. Mgr Bruchési, et il y fit de brillantes études. Tel il s'est révélé plus tard : un modèle de franchise, de loyauté et de noblesse, telle fut sa vie de collège ; ce qui lui valut de solides amitiés et le respect de ses confrères, qui l'élisaient à la présidence du conventum de la classe terminant en 1874, et qui fut tenu à Fall River en 1890, avec les réjouissances propres à ces agapes de confraternité. Il se proposait d'entrer dans la carrière du droit, mais la Divine Providence en disposa autrement. Il arrivait à Fall River à l'âge de vingt ans, pour s'y fixer et faire fortune.

Il entra d'abord au service de M. P. S. Janson, puis devint teneur-de-livres chez M. Napoléon Lebœuf. Six ans plus tard, en société avec M. Mailhot sous la raison sociale de Péloquin & Mailhot, il ouvrait une épicerie et charcuterie, rue Bedford. Après quelques années de société, ayant acheté les intérêts de son associé, il développa ce genre de commerce alors que la fortune lui souriait. Son succès le transportait bientôt au no 21 de la rue Rock, pour l'y fixer.

Il donna à son commerce toute son attention, qui avec son assiduité, sa courtoisie et surtout sa probité, l'ont conduit au succès et lui ont permis de se bâtir une résidence princière dans le nord de la ville, avenue Highland.   Bien que fixé au milieu des Anglais, M. Péloquin se faisait toujours un devoir et un honneur de faire flotter à la brise, les jours de fête, le tricolore à côté du drapeau étoilé. Ce fait n'est qu'un faible indice du caractère viril et patriotique de cet homme.

L'une de ces premières œuvres publiques, où il s'est montré l'homme de discipline que nous devions admirer plus tard, fut la fondation de la Fanfare de Fall River, en 1874.   Dans une quinzaine d'années, sous la haute protection de M. le curé Bédard, cette fanfare fut portée à un haut degré de perfection. C'est ainsi que des délégations, en 1874, 1880 et 1884, pouvaient, musique en tête, aller revoir la mère-patrie et en rapporter des succès artistiques fort honorables. En 1878, 1879, 1881 et 1886, cette fanfare remporta des succès éclatants, aux Etats-Unis.

En 1874, il était l'un des fondateurs de l'Association des Commis-Marchands, dont il fut le président plusieurs fois.   Il fut membre de la société St-Jean-Baptiste de N.-D. de Lourdes, membre-fondateur de la Ligue des Patriotes et de l'Union St-Jean-Baptiste de Bowenville.   Il fut longtemps président de ces deux dernières, et sous sa sage direction, elles connurent des ères de prospérité.   En reconnaissance de ces services la Ligue des Patriotes le créait officier d'honneur et plaçait son portrait au mur de sa salle. L'Union St-Jean-Baptiste honorait aussi sa mémoire en dévoilant dans sa salle, en présence de sa famille,

de ses intimes et confrères, le portrait de ce patriote.
Cette touchante scène se déroulait le 8 décembre
1907, alors que des discours furent prononcés, passant en revue les points saillants de la vie, les qualités et les vertus de ce patriote disparu.

Il possédait des intérêts dans la "National Laun-
dry Co.," la "Fall River Ice Co.," et il était trésorier
de la "San Rock Gold Mining Co.," de l'Arkansas.

En 1888, il était nommé juge de paix par le gouverneur Ames.

En qualité de délégué, il a assisté à un grand
nombre de congrès nationaux.

Il fut aussi président du Club Politique Français
et au moment de sa mort, il était président de la Banque Lafayette, syndic de la paroisse St-Mathieu, où
depuis dix ans, il était de plus directeur du chœur de
chant.   Triste coincidence, le 16 juin 1902, en cette
qualité, il chantait le service funèbre d'un ancien
compagnon, J.-B. Nadeau, une autre figure mar-
quante, et quatre semaines plus tard, à la même heure et au même endroit, on s'inclinait devant son propre cercueil.

En 1896, alors qu'il brillait pour la première fois
le suffrage populaire, M. Péloquin était élu membre
de la commission scolaire, charge qu'il remplit jusqu'en 1902.   A la même date, presque par acclama-
tion, il était une première fois élu député à la législature de l'Etat de Massachusetts.   Il reçut encore cet
honneur les quatres années suivantes, et il se préparait à entrer dans une arène plus élevée, quand il
tomba victime de l'une de ces surprises souvent cal-
culées, non toujours honorables, de l'une de ces surprises d'autant plus grande qu'elle avait été perfide-
ment tramée au sein de son propre parti politique.
Cette malheureuse défaite, suite d'une perfide décep-

tion, lorsqu'il posait sa candidature à la charge de commissaire de police, ébranla la fibre vitale de son cœur et affecta terriblement sa robuste constitution. L'humiliation causée par la coupable indifférence des uns, alliée à la trahison des autres, le conduisirent prématurément à la porte du tombeau.

Né dans la province de Québec, il avait conservé pour la 'patrie, l'amour et la vénération que tout coeur bien né donne à sa mère. Mais il avait aussi compris les devoirs qu'impose le civisme américain, et il fit y toujours honneur avec fidélité. Homme de caractère fortement trempé, il ne transigea jamais avec ses principes religieux, nationaux et politiques. Catholique, français et républicain, il fut fidèle à tous les principes que comportent ces diverses titres ; aussi possédait-il l'estime et la confiance de tous.

Il fut créé officier de l'instruction publique par le gouverneur français, en octobre 1901.

Il est disparu au moment où le chef de l'Etat devait, dit-on, le nommer à la charge d'inspecteur des poids et mesures, pour le comté de Bristol.

Les funérailles de l'honorable Péloquin, comme le digne couronnement d'une vie bien remplie, furent solennelles et grandioses. Toutes ses connaissances, sans distinction de race, de croyance et de politique, voulaient jeter un dernier regard sur ces traits si populaires, mais que la mort avait quand même rendus immobiles. On voulait verser une larme sur le cadavre d'un homme de bien, d'un patriote distingué et d'un bon chrétien. Il est mort, mais son souvenir vivra toujours dans nos cœurs.

M.-J. DESAUTELS

Moïse-Joseph, fils de Christophe Desautels et de Flavie Poulin, est né à Charlotte, Vermont, le 7 août 1869. Il était âgé de onze ans, quand sa famille déménagea à Winoski, Vt., où il fit quatre ans d'études commerciales, au couvent St-Louis.

Après avoir fait son cours commercial, il travailla trois ans dans une manufacture de laine, puis se décida d'apprendre un bon métier. Il passa cinq ans dans l'apprentissage, d'abord à Shelburne, puis à Burlington, Vt.

Devenu un maître expert dans son métier, il ouvrit une boutique dans son village natal, puis une autre à New Haven, Vt.

Après neuf ans de forgeage, ses talents, ent'autres son affabilité et ses manières distinguées, le portèrent à se livrer à un travail qui devait bientôt lui créer une situation plus en rapport avec ses facultés intellectuelles.

En 1903, il devenait agent de la Cie d'Assurances la Métropolitaine, à Burlington. Au bout de neuf mois et demi, grâce à ses succès, il fut promu à la charge importante d'assistant-surintendant. Mais ses talents et son assiduité au travail le signalèrent à l'attention de ses patrons, et après quatre ans et demi de nouveaux succès, il fut élevé à la plus haute charge locale, celle de surintendant, que la compagnie lui confia en le plaçant à Fall River, Mass., le 4 novembre, 1907.

Depuis son arrivée à Fall River, le grand succès de la Métropolitaine a été dû aux rares talents d'administrateur de M. Desautels, qui a su s'entourer d'assistants et agents capables de profiter de sa sage direction.

Le 22 septembre 1891, M. Desautels épousait à Burlington, Vt., Mlle Agnès-Delphine Duhamel qui lui a donné huit enfants dont cinq sont vivants.

Il fut trésorier en 1906, et secrétaire-financier en 1907, des Chevaliers de Colomb, à Burlington, Vt.

Aujourd'hui, il est membre du Conseil Bédard, de l'Union-St-Jean-Baptiste d'Amérique, et de la Garde Napoléon ; du Conseil Fall River, des Chevaliers de Colomb, et des Elks, loge no 118.

M. Desautels fait honneur à sa race et à sa religion, en remplissant consciencieusement tous ses devoirs d'état.

Nos Societes Nationales

C'est le patriotisme et la religion qui ont engendré nos sociétés nationales, qui les ont fait grandir et prospérer dans le passé, et qui leur conserveront l'existence dans l'avenir.

Les fondateurs comme les membres de nos premières sociétés nationales étaient non seulement des catholiques, mais aussi des patriotes de cœur, d'esprit et d'action. Ils étaient les dignes fils de ces valeureux Français qui ont découvert le Canada et les trois quarts des Etats-Unis.

Après avoir perdu sous la domination anglaise, la libre possession du sol de la nouvelle patrie, nos ancêtres se sont attachés davantage à ce qui leur restait encore de patrimoine national : la religion, la langue et les traditions. Mais ils s'attachèrent surtout à la langue, parce qu'ils savaient qu'elle était l'âme de la nation et qu'en l'abandonnant, ils perdraient infailliblement tout ce qui faisait l'honneur et la gloire de la race française.

Afin de conserver plus sûrement leur langue, et se protéger mutuellement contre les assauts de leurs ennemis, ils se groupèrent ensemble pour se fortifier dans l'union, et ils fondèrent des sociétés qui furent tout à la fois des organisations de bienfaisance, des foyers de patriotisme et de religion. Car, dans les

premiers temps des coloniers françaises d'Amérique,
qui disait "Français" disait aussi "Catholique."

Quant à la conservation et la propagation de
notre religion, nos sociétés nationales n'étaient point
absolument nécessaires, car nous avons toujours eu
d'autres sociétés exclusivement religieuses, qui pouvaient parfaitement répondre à toutes les nécessités
de ce genre.   C'était donc au seul point de vue de la
conservation et de la propagation de la langue française, que nos sociétés nationales étaient absolument
nécessaires.

La question de la langue française, dans nos sociétés nationales, sera donc toujours de première importance, aussi longtemps que nous aurons d'autres
sociétés exclusivement religieuses.

Le mot "national," chez nous, veut dire "français" non seulement de race mais aussi de langue.
Nous pouvons même affirmer que pour nous, qui
sommes nés en Amérique, la question de langue prime la question de race, dans nos sociétés nationales.
En réalité, ces sociétés sont de langue française ou
rien du tout, au point de vue purement national.

Chez tous les autres habitants de l'Amérique, à
l'exception d'une grande masse d'Irlandais, le mot
"national" a conservé le même sens que chez nous.
Les Anglais (dits Américains,) les Allemands, les
Italiens, les Polonais, etc., ont des sociétés vraiment
nationales, et elles ont été fondées pour la conservation de la langue maternelle, en Amérique.

Les Irlandais en perdant leur langue maternelle,
ont également perdu le vrai sens du mot "national".
Ils ont fondé des sociétés anglaises, et ils les appellent naïvement des sociétés irlandaises.   Ces sociétés
sont pourtant si peu irlandaises, que la plupart de
leurs membres ne comprennent pas même dix mots

de la langue irlandaise, celle de leurs ancêtres. C'est bien triste n'est-ce pas ? cependant c'est bien la pure vérité.

Dans la suite des temps jusqu'à nos jours, d'abord au Canada puis aux Etats-Unis, il se fonda chez nous beaucoup de sociétés nationales, sous divers noms, mais toutes pour le même motif. Ce sont ces sociétés qui ont conservé chez nous la langue et les traditions nationales, avec le puissant concours de notre dévoué clergé et de la voix retentissante de notre presse. Car, le prêtre et le journaliste ont toujours été chez nous, des modèles du plus pur patriotisme et partant des propagateurs infatiguables de notre langue et de nos traditions.

A notre époque, nous comptons aux Etats-Unis comme au Canada, un grand nombre de sociétés nationales ou de langue française. Considérées dans la grande masse de leurs membres, nos sociétés sont encore des foyers de patriotisme ou des conservatrices et propagatirces de la langue française.

Depuis quelques années cependant, il semble qu'un esprit étranger se soit introduit peu à peu dans quelques-unes de nos sociétés, avec l'admission de certains compatriotes aux idées et aspirations plutôt simoniaques que patriotiques. Les principes nationaux plus ou moins neutres, qu'ils ont semés dans nos rangs, ont peu à peu miné par la base cet amour de la langue française, qui a donné la naissance et la force à nos sociétés, et qui sera toujours leur seule et unique source de vie nationale. Il y a certainement quelque chose d'anormal dans quelques-unes de nos sociétés, au point de vue national, et il est grand temps d'y appliquer le remède, avant que nous n'ayons à y déplorer tôt ou tard une épidémie aussi destructive que ruineuse.

Comment se fait-il donc que l'on rencontre aujourd'hui des membres et même des officiers de nos sociétés, lesquels s'occupent de la langue française comme de l'an quarante ? Comment se fait-il donc que certains prétendus patriotes, qui se disloquent la mâchoire dans de grands discours, à nos assemblées et conventions, n'ont point le sens national, ni le courage de pratiquer chez eux, ce qu'ils prêchent avec tant de véhémence chez les voisins ? Il nous semble que le patriotisme bien ordonné, comme la charité, doit commencer chez soi. Comment se fait-il donc que vous trouvez, à la résidence de certains patriotes, une épouse et des enfants qui ne comprennent point le français ? Est-ce que tous les membres et surtout les officiers de nos sociétés ne devraient pas être des modèles, des exemples vivants de patriotisme pour les autres citoyens ? Tout compatriote qui ne respecte point la langue française au moins dans sa vie privée, ne mérite ni d'entrer, ni de rester dans une société de langue française. Car, nos sociétés nationales doivent être des foyers de patriotisme, de ce patriotisme qui se résume dans la conservation et la propagation de la langue française, surtout dans la famille, la grande source nationale.

On affirme et on répète en certains lieux, et avec beaucoup de vérité, que nos jeunes gens abandonnent la langue française pour ne parler que l'anglais. A qui la faute ? Il est facile de le savoir. Un certain nombre de nos compatriotes, avant d'entrer dans nos sociétés, avaient déjà étouffé leurs aspirations nationales, notamment l'amour de la langue française, en se mariant avec des personnes étangères à notre race et à notre langue. Naturellement, leurs enfants n'aiment guère le français.

Quelques autres de nos compatriotes sont entrés

dans nos sociêtés, sans en connaître la fin principale et essentielle. A leurs yeux, nos sociétés ne sont que des organisations fondées pour fournir des bénéfices, pour s'amuser, pour porter un beau costume et une belle insigne, mais surtout pour parader dans les rues, les jours de fête, afin de se faire admirer par les étrangers. La fin principale de nos sociétés, celle qui les distingue des sociétés étrangères :—la conservation et la propagation de la langue française"—ils semblent ne point la connaître, ou s'ils la connaissent, ils ne s'en occupent guère en pratique. Il suffit qu'un certain nombre de ces faux patriotes s'introduisent dans nos sociétés, pour que leur influence en change peu à peu le caractère national, en attendant qu'ils finissent par y faire dominer un esprit plus ou moins préjudiciable à notre destinée nationale.

Il est certain que les enfants généralement ne sont guère plus patriotes que leurs parents, et si ceux-ci ne s'occupent pas de notre langue, leurs enfants ne s'en occuperont guère davantage.

Si les vrais patriotes, les fiers amis de la langue française, ne voient pas immédiatement à la pureté nationale et française de nos sociétés, nous ne répondons guère de leur existence aux Etats-Unis. L'expérience de la masse des Irlandais est là pour nous instruire à ce sujet.

Les premières sociétés irlandaises n'admettaient dans leurs rangs que des Irlandais de langue. Plus tard, elles se contentèrent d'accepter des Irlandais qui ne parlaient que l'anglais. ˙On sait ce qui est arrivé. Presque toutes les sociétés d'Irlandais ne sont plus de nos jours, que des organisations anglaises de langue, en Amérique.

Il nous faut donc faire une réforme dans le code d'admission des membres dans nos sociétés nationales.

Il faut exiger des aspirants la promesse explicite qu'ils travailleront de toutes leurs forces à la conservation de la langue française, au moins au toit paternel, afin de préparer ainsi de nouvelles recrues pour nos sociétés, et de dignes successeurs pour la continuation de notre œuvre nationale aux États-Unis.

Nos compatriotes de Fall River ont déjà fondé un grand nombre de sociétés. Ils ont fait preuve d'un patriotisme admirable à tous les points de vue. Ils ont tenu à donner le bon exemple à tous les autres centres français des États-Unis, comme il convenait de le faire à la métropole française de notre Républi-.que.

S'il y a matière à réforme dans nos sociétés locales, au sujet de la pureté nationale ou de la question de langue, nous sommes certains que nos braves compatriotes ne manqueront point d'y donner toute leur attention, pour le bon exemple des autres centres et le plus grand succès de la cause nationale en général.

Que les milliers de membres qui font l'honneur et la force de nos sociétés, s'efforcent de plus en plus à travailler pour la conservation et la propagation de la langue française, et ils seront de plus en plus sûrs de commander le respect des autres citoyens. Car, ne pouvant manquer de connaître quand même la langue anglaise, ils auront ainsi avec leur langue française un double avantage ou deux chances de succès, et c'est ce que nous leur souhaitons de grand cœur, en récompense de leur patriotisme.

Pour le plus grand honneur de nos compatriotes, nous devons maintenant faire l'historique de toutes les sociétés qu'ils ont fondées depuis une quarantaine d'années. Nous les passerons en revue, les unes après les autres, en suivant l'ordre chronologique des dates de fondation.

UN OBSERVATEUR.

LA SOCIETE ST-JEAN-BAPTISTE

La Société St-Jean-Baptiste a été la première organisation de langue française fondée à Fall River,
Mass. Elle précéda même la fondation de la première
paroisse française, celle de Ste-Anne. Elle a été la
mère de toutes nos autres institutions. Elle a donné
l'exemple du patriotisme. Tous les amis de la cause
nationale lui doivent de la reconnaissance. Car elle
lutta avec constance et vigueur dans les premiers
temps, à cette époque tourmentée de notre colonie de
Fall River. Durant plusieurs années, elle fut le seul
point de ralliement de nos nationaux.

La date de fondation de la société St-Jean-Baptiste est incertaine.

Les uns prétendent qu'elle fut fondée en 1868,
alors qu'il y avait déjà une centaine de familles de
langue française dans Fall River. Le R. P. Ant.-J.
Derbuel était prêtre-assistant à l'église St-Mary, qui
était alors la seule église catholique de la ville.

D'autres assurent que la première assemblée de
la fondation eut lieu dans le rez-de-chaussée de la
maison alors occupée par une dame Murray, à l'angle
des rues Ferry et Mulberry, dans le ''Petit-Canada'',
en l'année 1869. M. l'abbé Olivier Verdier venait de
succéder au R. P. Derbuel, comme prêtre-assistant
de l'église St-Mary, et en sa qualité de prêtre français
il se serait mis à la tête de ce mouvement patriotique.

Il paraît que Samuel·P. Janson a été le premier
président de cette première organisation française de
Fall River.

D'après d'autres informations, la société St-Jean-
Baptiste aurait été fondée en mai de l'année 1871, par
M. l'abbé Paul-Romain-Louis-Adrien de Montaubricq,
qui avait fait bâtir la première église française, celle

de Ste-Anne, à l'angle des rues Hope et Hunter, au printemps de l'année précédente. Cette société comptait d'abord environ 45 membres et elle était de secours mutuels.

Des élections d'officiers eurent lieu en mai et juillet de la même année (1871). Voir le tableau synoptique, à la fin de cet article, pour connaître les principaux officiers de la société.

L'élection de M. Richer à la présidence, en juillet 1871, ayant déplu à M. l'abbé de Montaubricq, elle fut dénoncée en chaire le dimanche suivant, et ce fut la cause de la dissolution temporaire de la société.

REORGANISATION

Cinq mois plus tard, le 23 décembre 1871, la société fut réorganisée avec de nouveaux règlements et secours mutuels, mais sans la coopération de M. l'abbé de Montaubricq.

Il y eut élections d'officiers le 23 décembre 1871, et en juillet des années 1872, 1873 et 1874. Voir le tableau synoptique, pour la liste des principaux officiers.

Quelques-uns prétendent que Napoléon Lebœuf fut élu président et Bénoni Janson vice-président, aux élections de 1874. On croit même que F.-X. Poitras, J.-B. Dion, S.-P. Janson et Louis Benoit ont été élus présidents en ces quatre premières années. Mais, il n'y a rien de très certain, dans un cas comme dans l'autre.

DISSOLUTION ET REORGANISATION

La société fut dissoute en septembre 1874, après la convention nationale de New-York, et tout son mobilier fut remis à un nommé Richot, qui le transporta à M. le curé J.-B. Bédard, de la paroisse N.-D. de Lourdes. Mais, au printemps suivant, en 1875,

M. le curé Bédard réorganisait la société dans sa paroisse, comme organisation purement nationale et sans aucun bénéfice.

Il n'est pas certain cependant que cette société tenait ses assemblées régulièrement à cette époque. Il paraît qu'on se réunissait à l'approche des fêtes, pour y faire bonne figure.

C'est cette société qui a dû figurer dans la procession de la St-Jean-Baptiste, le 24 juin 1878. Elle portait alors le nom de Société St-Jean-Baptiste de N.-D. de Lourdes ou de la Flint.

NOUVELLES DISSOLUTION ET REORGANISATION

La société fut encore dissoute, quelque temps après la fête St-Jean-Baptiste, mais elle fut de nouveau réorganisée, l'automne suivant (1878), par M. le curé Bédard, avec l'intention d'en faire trois sections, parce que la population française devenue considérable, était fort disséminée par toute la ville.

La première section, celle de l'Est ou de N.-D. de Lourdes, fut organisée le 28 novembre 1878, dans le rez-de-chaussée de l'église N.-D. de Lourdes.

La deuxième section, celle du Nord ou de la paroisse St-Joseph de Bowenville, fut fondée au commencement de 1879 ; celle du Centre ou de la paroisse Ste-Anne, quelques semaines plus tard.

PREMIERE CONSTITUTION

Lors de l'assemblée du 28 novembre 1878, une constitution fut adoptée et l'élection générale des officiers faite, avec M. le curé Bédard comme chapelain.

Comme il n'est nullement fait mention, dans aucun ouvrage à ce sujet, des officiers des deux autres sections de la société, il paraît au moins probable que les officiers élus le 28 novembre 1878, représentaient les trois sections et formaient le bureau central de la direction générale.

ORGANISATION DEFINITIVE

Le 12 janvier 1879, un comité fut chargé de reviser la constitution, et la revision fut adoptée à la séance du 9 février suivant, avec l'aide efficace de M. le curé Bédard. Mais, c'est à proprement parler du 1er février 1879 que date l'organisation définitive de la société actuelle, car dans les comptes du trésorier, les contributions et les entrées datent de ce jour.

Le 27 avril 1879, nouvelles élections d'officiers. Durant ce terme, plusieurs officiers donnèrent leur démission, et ils furent remplacés.

NOUVEAUX REGLEMENTS

Dans l'automne de 1879, les nouveaux règlements de la sociétés sont imprimés. Ils ont pour titre : "Constitution et Règlements de la Société St-Jean-Baptiste de Fall River, fondée le 24 décembre 1871, réorganisée en 1878 et 1879.

A cette date, la société était encore purement nationale et sans aucun bénéfice.

Le 3 avril 1881, on adopta de nouveau une revision de la constitution.

Le 25 avril 1880, élections des officiers dont plusieurs résignent et sont remplacés durant ce terme. Les uns désiraient des secours mutuels et les autres ne s'en souciaient guère. Aussi, le 21 mai 1889, il se fonda une seconde société dans la paroisse Ste-Anne, dont nous parlons plus loin.

Le 8 mai 1881, nouvelles élections d'officiers.

Le 15 janvier 1882, la société décide de devenir une organisation de secours mutuels.

Le 2 avril suivant, la constitution accordant des

^secours mutuels est adoptée, et de nouveaux officiers sont élus.

Le 1er octobre 1882, élections de nouveaux officiers, et quelques semaines plus tard, un comité est chargé de reviser la constitution.

Le 1er avril 1883, nouvelles élections d'officiers.

Le 7 octobre 1883, nouvelles élections d'officiers.

L'INCORPORATION

Le 21 mars 1884, la Société St-Jean-Baptiste de Fall River, Mass., est incorporée comme société de bienfaisance et de secours mutuels.

EDIFICE NATIONAL

Aux élections d'officiers du 1er avril 1884, la société décide d'acheter un terrain de la rue Jencks, pour y construire un édifice national, et le 6 juillet suivant, elle en fait la solennelle inauguration.

Le 30 septembre 1890, un comité est nommé à la fin d'organiser une garde d'honneur. Durant ce mois, la société fait réparer et agrandir son édifice.

Le 12 mai 1891, on décide d'acheter des uniformes pour les gardes d'honneur, au coût de $966.

En mars 1893, révision et impression des règlements et statuts de la société.

Depuis 1893, la société St-Jean-Baptiste étant déjà assise sur des bases solides, a continué à faire honneur à notre religion et à notre nationalité.

EVENEMENTS NOTABLES

Le 24 juin 1874, la société assistait en corps à la célébration de la St-Jean-Baptiste, à Montréal, P. Q. Elle était accompagnée par la Fanfare Canadienne, dont P.-F. Péloquin était le directeur. A la parade de ce jour, elle était précédée par un drapeau tricolore, un drapeau étoilé et une bannière qui avait été peinte par le Dr J.-N.-O. Provencher. Cette bannière est encore aujourd'hui la propriété de la société.

Les 7 et 8 septembre suivant, Nap. Lebœuf et Alex. Lagarde représentaient la société à la dixième convention nationale de New York.

Le 30 mai 1876, la société prenait part à la Décoration des Tombes, au cimetière Oak Grove, à Fall River.

Le 20 juin 1880, l'abbé J.-B. Bédard et Jules Marchand sont nommés délégués de la société à la convention de Québec.

Les 3, 4 et 5 octobre 1881, la société est représentée par trois délégués à la convention de Fall River.

Le 24 juin 1882, plusieurs membres assistaient à la fête St-Jean-Baptiste, à Woonsocket, R. I.

En juin 1884, les membres souscrivirent $111.50 en faveur de la Fanfare Canadienne qui prit part cette année-là à la célébration du 24 juin, à Montréal.

Le 24 août 1884, la société pleure la mort de M. le curé J.-B. Bédard, son chapelain.

En septembre 1885, Chs-B. Fournier, P.-F. Péloquin et N. Lebœuf représentent la société à la convention de Holyoke, Mass.

Le 4 mai 1886, la société adopte des résolutions de condoléances, à l'occasion de la mort de Ferdinand Gagnon.

Le 24 juin 1886, la société prend part à la grande célébration de la ville de Providence, R. I.

Le 5 juillet 1887, U.-J. Dufault, P.-F. Péloquin et A.-O. Marien sont nommés pour représenter la société à la convention de Southbridge, Mass., qui eut lieu les 9, 10 et 11 août.

Le 8 mai 1888, le Dr de Grandpré, U.-J. Dufault

et Jos.-E. Amiot sont nommés pour représenter la société à la convention de Nashua, N. H.

Le 19 septembre 1888, la société présente une adresse et une montre en or à son chapelain, M. le curé Laflamme, à son départ pour le Canada.

LISTE DES PRINCIPAUX OFFICIERS :

1871—Présidents, l'abbé Montaubricq, J.-B. Richer, Alex. Lagarde ; secrétaires-archivistes, Toussaint Brault, Luc Marchessault ; trésoriers, M. Arnold, Jos. Parenteau.

1872—Prés., Alphé Arcand ; sec.-arch., Jos. Hauselman ; trés., L. N. Maynaed.

1873—Prés., Dr Mignault ; sec.-arch., Jos. Hauselman ; trés., L.-N. Maynard.

1874—Prés., Alex. Lagarde ; sec.-arch, Jos. Hauselman ; trés., Nap. Milotte.

1876—Prés., N. Clément ; sec.-arch., Nap. Milotte ; trés., F.-X. Gamache.

1878—Prés., Isr. Gamache, T.-L. Desaulniers ; sec.-arch., Nap. Milotte, C.-B. Fournier ; trés., F.-X. Gamache, Jos. Dubrule.

1879—Prés., Cam. Roussin ; sec.-arch., C.-B. Fournier ; trés., Jos. Dubrule.

1880—Prés., Geo. Arcand ; sec.-arch., A. Veronneau ; trés., Ed. Normandin.

1881—Prés., Magl. Mailloux ; sec.-arch., C.-B. Fournier ; trés., Max. Pineau.

1882-83-84—Prés., C.-B. Fournier ; sec.-arch., Théo. Dupont ; trés., Geo Arcand.

1885-86—Prés., C.-B. Fournier ; sec.-arch., U.-J. Dufault ; trés., Geo. Arcand.

1887—Prés., U.-J. Dufault ; sec.-arch., Théo. Dupont ; trés., H. Raboin.

1888—Prés., U.-J. Dufault ; sec.-arch., Théo. Dupont ; trés., J.-E. Amiot.

1889—Prés.. G.-T. Desjardins ; sec.-arch., Théo. Dupont ; trés., Alex. Lessard.

1890—Prés., L.-G. Destremps, G.-T. Desjardins; sec.-arch., Théo. Dupont, L.-P. Brault ; trés., J.-E. Amiot.

1891—Prés., G.-T. Desjardins, P.-R. Picard; sec.-arch., L.-P. Brault ; trés., C.-B. Fournier.

1892—Prés., P.-R. Picard ; sec.-arch., C.-O. Gaudreau, J. Coulombe ; trés., C.-B. Fournier.

1893—Prés., P.-R. Picard ; sec.-arch., J. Coulombe ; trés., C.-B. Fournier.

1894—Prés., P.-R. Picard ; sec.-arch., Omer Richard ; trés., C.-B. Fournier.

1895—Prés., G.-T. Desjardins ; sec.-arch., F.-X. Thibault ; trés., C.-B. Fournier.

1886—Prés., P.-R. Picard ; sec.-arch., Gédéon Ménard ; trés., C.-B. Fournier.

1897—Prés., J.-H. St-Laurent ; sec.-arch., Jos. Coulombe ; trés., C.-B. Fournier.

1898—Prés., Arthur Fournier ; sec.-arch., H. Thériault ; trés., C.-B. Fournier.

1899—Prés., C.-B. Fournier ; sec.-arch., P.-R. Picard ; trés., G.-T. Desjardins.

1900—Prés., Hub. Thériault ; sec.-arch., Jos. Morin ; trés., G.-T. Desjardins.

1901—Prés., C. J. Picard ; sec.-arch., J.-H. Richard ; trés., G.-T. Desjardins.

1902—Prés., J.-H. Raboin ; sec.-arch., J.-H. Richard ; trés., G.-J. Amiot.

1903-04—Prés., J.-H. Raboin ; sec.-arch., J.-H. Richard ; trés., G.-T. Desjardins.

1905-06-07—Prés., G.-T. Desjardins ; sec.-arch., J.-H. Richard ; trés., U.-J. Dufault.

1908-09—Prés., G.-T. Desjardins ; sec.-arch., J.-H. Richard ; trés., J.-A.-M. Richard.

Cette société comptait 65 membres en 1882, 110 en 1885, 250 en 1887, 315 en 1890, et 568 membres en 1892.

FANFARE CANADIENNE

La Fanfare Canadienne fut la deuxième société fondée à Fall River, Mass., en 1873.

Ce corps de musique fut organisé par P.-F. Péloquin, qui en fut le directeur et l'âme durant quinze ans.

Ce fut cette musique qui sous sa direction et la protection du curé Bédard, remporta des succès éclatants lois des grandes fêtes de Montréal, P.-Q., en 1874 et 1884, et de Québec en 1880. Cette même musique prit part à nos fêtes de 1878-79, et à la convention de 1881, de même qu'à la grande célébration de Providence, R. I., en 1886.

Cette société n'a pas survécu à son fondateur.

FILS DE JACQUES CARTIER

Une troisième société fut fondée à Fall River, en 1874. Elle portait le nom de "Fils de Jacques Cartier". Mais ses archives n'ont pas été conservées, de sorte que nous ne pouvons donner aucun détail à son sujet. On sait seulement que c'était une société littéraire qui ne dura que peu de temps.

SOCIETE DE BIENFAISANCE

La "Société de Bienfaisance" fut probablement la quatrième fondée à Fall River. La première assemblée eut lieu le 26 avril 1874, et fut présidée par Adolphe Morin avec H.-Rémi Benoit, en qualité de secrétaire-archiviste.

Le but de cette société était de fonder une caisse de secours mutuels pour nos compatriotes de Fall River, Mass.

Les principaux règlements de la société furent adoptés à la première assemblée. L'élection des officiers devait avoir lieu tous les six mois.

Le 3 mai suivant, un _comité composé de Rémi Benoit, P.-A. Morin, Ls Benoit, Narcisse Parenteau, Armand Mondor, Pierre Lagassé, H. Beauparlant et Misaël Palardy, fut choisi à la fin de rédiger des règlements, dont on fit la lecture le 10 mai, et ils furent adoptés.

Le 17 mai, les officiers suivants furent élus : Président, P.-A. Morin; vice-président, Pierre Lagassé ; secrétaire-archiviste, Rémi Benoit ; secrétaire-correspondant, Hercule Beauparlant ; curateurs, Armand Mondor, Paul Pelletier et Narcisse Parenteau ; trésorier, Armand Mondor ; assistant-trésorier, Narcisse Parenteau ; commissaire-ordonnateur, Misaël Palardy.

Le 14 juin, le Dr Allard, N. Parenteau et Pierre Lagassé furent choisis pour représenter la société à la convention de Montréal, P. Q.

La "Torrent Hall" et la "Spinner's Hall" furent successivement louées en juillet, pour y tenir les assemblées.

Le 6 septembre, P. A. Morin. le président, annonçait aux membres de la société qu'il retournait au Canada, et il fut remplacé temporairement par le vice-président, Pierre Lagassé.

Les secondes élections eurent lieu le 13 décembre 1874, avec le résultat suivant : Rémi Benoit, président ; Pierre Lagassé, vice-président ; Moise Poutré, secrétaire-archiviste ; P. F. Péloquin, secrétaire-correspondant ; Napoléon Lebœuf, trésorier ; Armand Mondor, commissaire-ordonnateur.

Cette société ne dura qu'un an, sa dernière séance ayant été tenue le 25 avril 1875, à la salle de la Fanfare Canadienne.

CHAMBRE DE COMMERCE

En 1875, il se fondait une cinquième société dite : "Chambre de Commerce", dont le but était de permettre aux hommes d'affaires de s'entr'aider mutuellement et de se réunir à différentes intervalles, dans des banquets et autres sortes de réunions.

La chambre de commerce se ferma au bout de quelques mois, pour rester close.

SOCIETE DES COMMIS-MARCHANDS CANADIENS

Les négociants ayant fondé une société, leurs commis se hâtèrent de suivre leur exemple. Le 22 mai 1875, ils fondèrent la "Société des Commis-Marchands Canadiens de Fall River, Mass.", la sixième organisée en cette ville.

La fondation de cette société fut en grande partie l'œuvre de M. Chs de Gagné, aujourd'hui propriétaire du "Petit Courrier" de cette ville.

A la première assemblée étaient présents Achille Monty, P.-F. Péloquin, L. Mailhot, Chs de Gagné, H. Marcoux, Camille Laurent, F.-X. Lebœuf, Adélard Dubois, C. Lagassé, Noé Hamelin, P. Phénix, Franklin Reeves, Louis Cadoret, Joseph Pelletier, N.-E. Traversy et G.-E. Arcand.

Des règlements furent rédigés, adoptés et imprimés dans le mois de juillet 1875,

Les assemblées furent d'abord tenues à la salle

de la Fanfare Canadienne et ensuite au bureau de l'"Echo du Canada."

Les élections eurent lieu tous les trois mois.

Au mois de mai 1877, un comité fut nommé pour faire la révision des règlements.

Le 24 juin 1877, la société donna un grand banquet, pour célébrer la St-Jean-Baptiste.

En avril 1878, la société décida d'organiser des soirées dramatiques et Chs de Gagné fut choisi directeur théâtral.

En juin de la même année, les membres de cette société, au nombre de 40, formèrent une cavalcade qui fit bonne figure dans la grande procession de la St-Jean-Baptiste.

Le 26 juillet 1878, la société remporta un succès, avec son excursion à Rocky Point, R. I.

Le 1er janvier 1879, la société donna un grand bal à la salle "Temple."

Quelques semaines plus tard, la société était dissoute, après avoir duré quatre ans.

Voici les divers bureaux d'officiers qui se sont succédés pendant les quatre ans d'existence de la société :

1875—Présidents, A. Monty, G. Lavoie ; vice.-présidents, A.-D. Dubois, Jos. Pelletier ; secrétaire, Chs de Gagné ; assistant-secrétaire, A.-E. Traversy ; trésorier, P.-F. Péloquin ; commissaire-ordonnateur, C. Laurin.

1876—Prés., A. Monty, P. F. Péloquin, L. Lessard ; vice.-prés., L. Nadeau, L. Lessard, C. Laurin; sec., A. Dubois, G. Lavoie, L. Nadeau ; ass.-sec., C. Laurin, Jos. Pelletier, F.-X. Lebœuf ; trés., P. Phénix, A.-E. Traversy, N. Hamelin ; com.-ord., N. Hamelin, A. Monty, Jos. Pelletier.

1877—Prés., Chs de Gagné, A.-E. Traversy ;

vice.-près., L. Mailhot, A. Mauger ; sec., G. Lavoie ; ass.-sec., A. Dubois ; trés., P.-F. Péloquin, F.-X, Leboeuf, A. Monty ; com.-ord, L. Phênix, N. Hamelin, P. Phênix.

1878—Prés., P.-F. Péloquin, Chs de Gagné; vice.-prés.,L.-E. Paré, E. Mauger, L. Mailhot ; secrétaire, Chs de Gagné, P.-F. Péloquin ; ass.-sec., L.-N. Mailhot, F.-X. Lebœuf, J. Poisson, trés., F.-X. Lebœuf, J. Poisson, A.-E. Mauger; com.-ord-, A -E.Traversy, L. Pouliot, O.-L. Leboeuf.

1879—Chs de Gagné ; vice.-près., Jos. Pelletier; sec., P. F. Péloquin ; ass.-sec., J. Poisson ; trés., G. Lavoie ; com.-ord., F. Patenaude.

CROISES DE NOTRE-DAME

Dans le "Fall River Directory", édition de l'année 1877, il est fait mention d'une société intitulée : "Croisés de Notre-Dame."

A cette époque, M. l'abbé J.-B. Bédard était curé de Notre-Dame de Lourdes, et il est probable qu'il fut l'organisateur des "Croisés de Notre-Dame".

Voici la liste des officiers de cette société, telle que donnée dans le sus-dit "Directory" :

Président, J.-A. Guillet; vice-président, Alphonse Thériault ; trésorier, Auguste Desrochers ; secrétaire-archiviste, Patrick Driscoll; secrétaire-financier, John O'Donnell.

Cette société comptait cinquante membres.

Dans les autres éditions du sus-dit "Directory", nous ne trouvons rien autre chose au sujet de cette societé. Il peut se faire que la grande grève de 1878, à Fall River, ait été la cause de la dissolution de cette société, qui fut la septième fondée à Fall River.

CERCLE MONTCALM

Le Cercle Montcalm fut fondé le 11 novembre 1877, par les anciens membres de la Chambre de Commerce. Ce fut la huitième société fondée à Fall River, et la seconde organisation littéraire.

Chs de Gagné, Dr A. Mignault, H. Beaugrard, N. Lebœuf, Guillaume Corneau, T. Beaugrand, V. Geoffrion, P.-L. Gagnon, H. Grandmont, P. Palardy, A.-B. Bruneau, L. Reeves, H. Demers, Jos. Prévost, B.-C. Larouche, Oswald Messier, F. Lefebvre, S.-O.-E. Lebœuf, F.-X. Bertrand, M.-A. Benoit, F.-X.-T. Lebœuf, Alex. Perron, J. Pelletier, P.-F. Péloquin, Joseph Lagarde et Jules Gourd, furent les fondateurs de cette société.

Dès la première séance, l'on fit les élections suivantes : Président, H. Beaugrand; vice-président, Dr A. Mignault; secrétaire, N. Lebœuf; trésorier, Guillaume Corneau; enseigne, T. Beaugrand.

"Pro Deo et Patria" (Pour Dieu et la Patrie) fut la devise choisie par le Cercle.

En 1878, le Cercle Montcalm donna une soirée littéraire et musicale à la salle "Concert". L.-H. Fréchette, le poète canadien, y donna une conférence patriotique. L'hymne du Cercle Montcalm fut composée pour la circonstance. Un septuor sous la direction du Dr Mignault, fut chargé de la partie musicale du programme. M. Fréchette fut alors élu membre honoraire du Cercle. Lorsqu'en 1880, les "Fleurs Boréales" et les "Oiseaux de Neige" furent couronnés par l'Académie Française, le Cercle Montcalm envoya une lettre de félicitations à M. Fréchette. Celui-ci répondit en termes remplis de sympathie fraternelle

Le cercle, après avoir suspendu ses séances durant quelques mois, fut réorganisé en 1880. Cependant, nous ne pouvons donner les bureaux d'officiers que depuis l'année 1898, tels que nous les trouvons dans le "Fall River Directory" de cette année-là et des suivantes.

1898—Président, F. Normandin; secrétaire-archiviste, C. Ménard; trésorier, Jos. Joubert.

1900—Prés., C.-A. Pelletier; sec.-arch., O. Paradis; trés., J.-W. Bouvier.

1901—Prés., F. Normandin; sec.-arch., C. Maynard; trés., J.-W. Bouvier.

1902-03—Prés., Ls. Caron; sec.-arch., Alf. Landry; trés., J.-W. Bouvier.

1904—Prés., Ls Caron; sec.-arch., F. Blanchette; trés., J.-W. Bouvier.

1905-06-07—Prés., Jos. Brien; sec.-arch., C. Maynard; trés., J.-W. Bouvier.

1908—Prés., S. Guimond; sec.-arch., H. Ménard; trés., Ths Lavoie.

1909—Prés., H. Chenard; sec.-arch., A. Lavoie; trés., Ths Lavoie.

HYMNE DU CERCLE MONTCALM

PAROLES PAR H. BEAUGRAND.   MUSIQUE DE A. MIGNAULT, M. D.

Enfants d'une même patrie !
Français par le cœur et le sang !
Travailleurs !   Fils de l'industrie,
Fiers du labeur et de son rang.
Parmi les preux de notre histoire,
Nous avons choisi pour patron :
Montcalm ! son étendard de gloire,
Son héroisme et son grand nom.

II

Héros de sanglantes batailles,
Défendant l'honneur du drapeau,
Il succomba, et les murailles
De Québec furent son tombeau.
Nos voix glorifient sa mémoire
Inscrite au temple de renom,
Montcalm ! nous célébrons ta gloire,
Ton héroisme et ton grand nom.

III

Gardons sur la terre étrangère
Le culte des traditions,
Et que chacun de nous révère
L'histoire de nos légions.
Chantons ! la sublime victoire
Du défenseur de Carillon,
Montcalm ! son étendard de gloire,
Son héroisme, et son grand nom.

SOCIETE SAINT VINCENT DE PAUL DE NOTRE-DAME

Une société de St-Vincent de Paul a existé de l'année 1878 à l'année 1887, dans la paroisse de Notre-Dame de Lourdes. Mais, nous n'en connaissons que les bureaux d'officiers que nous trouvons dans le guide anglais.

Dans cette société il y eut de 80 à 100 membres.

Nous donns ci-après les bureaux d'officiers, année par année:

1878—Président, Edouard Auger : 1er vice-président, Israël Gamache ; 2e vice-président, Edouard Balthazar ; secrétaire, Lucien Carignan ; trésorier, J.-A. Guillet ; garde-vestiaire, Bénoni Janson ; concierge, Noël Ménard ; directeur spirituel, M. le curé Bédard.

1880—Président, Adolphe Véronneau ; 1er vice-prés.; Israël Gamache ; 2e vice-prés., Edouard Balthazar ; secrétaire, Lucien Carignan ; trés., J.-A-Guillet ; garde-vestiaire, Bénoni Janson ; concierge, Noël Ménard ; directeur spirituel, M. le curé Bédard.

1882—Prés., Edouard Auger, 1er vice-prés., Régis Bérard ; 2e vice-prés., Jules Marchand ; sec., et trés., Hippolyte Martel ; garde-vestiaire, Benoni Janson ; concierge, Jos, Dulude ; directeur spirituel, M. le curé Bédard.

1884—Prés., Edmond Auger ; 1er vice-prés., Régis Bérard ; 2e vice-prés., Jules Marchand ; sec., et trés., Jos. Dubrule ; directeur spirituel, M. le curé Bédard.

1885—Prés., Louis L'Heureux ; 1er vice-prés. J.-B. Richard ; 2e vice-prés., Jos. Dubrule ; sec., et trés., Hippolyte Martel ; garde-vestiaire, Damase Bourbonnière ; concierge, Jos. Dubrule.

1887—Prés., Louis L'Heureux ; 1er vice-prés., J.-B. Richard ; 2e vice-prés. et concierge, Jos. Dubrule ; sec., Damase Bourbonnière ; trés., Hippolyte Martel.

SOCIETE DES JEUNES GENS

Nous lisons ce qui suit, dans le Guide Français de 1888, au sujet de cette société :

"En 1877, il fut fondé au village Flint, une société sous le nom de "Société des Jeunes Gens de Fall River," qui devait se composer exclusivement de membres célibataires.

"Procurer tous les amusements propres à la jeunesse, était son but.

"Elle se soutint jusque vers 1883, sous la direction de M. l'abbé Bédard, curé de N.-D. de Lourdes, qui fut son vénéré chapelain et protecteur ; en effet ce prêtre patriote prouva à la société toute sa sympathie, qu'il lui vouait par de nombreux dons.

"La première période de son existence fut toute de progrès ; mais à peine avait-elle atteint le but qu'elle s'était promis avec une légitime ambition, la dissetion fatale, dont trop souvent les sociétés sont victimes, vint arrêter l'impulsion qu'elle avait prise à son début. Et sous le choc de discussions orageuses suscitées par des idées à parti pris, on la vit sombrer sous les yeux même d'un public qui lui accordait tant de sympathie.

"Son premier président avait été Léon Pouliot et le dernier en fut Joseph Vandal."

Dans le Guide des Sociétés, de 1893, nous lisons ce qui suit, au même sujet :

"La Société des Jeunes Gens, de Fall River, fondée en juin 1879, au village Flint. Premiers officiers:

Chs de Gagné, président ; Edmond Dupré, sec.-trés. ;
L. Pouliot, com. ord."

Le "Fall River Directory" nous donne ce qui
suit, dans son édition de l'année 1882 :

"Pres., Jos. Patenaude ; vice-prés., Pierre
Adam ; sec., François St-Martin ; trés., Joseph Vincent ; maréchal, J.-F. Beauchamp."

En 1880, cette société était représentée à la fête
nationale de Québec, P. Q.

L'UNION COMMERCIALE

.   Une onzième société fut fondée en 1880, sous le
nom de Union Commerciale. Nos compatriotes qui
étaient dans le commerce, voulaient se protéger mutuellement, et c'est à cette fin qui fondèrent la sus-
dite union.

Nous n'avons pu trouver aucun détail au sujet
de cette union, qui n'a pas dû vivre longtemps, ap-
paremment.

UNION COOPERATIVE FRANCO-CANADIENNE

En 1880, il surgit une nouvelle société, la 12ième
dans Fall River. Elle fut organisée dans le but d'exploiter le commerce d'épicerie, de charcuterie, etc.
Un grand magasin fut ouvert à l'angle des rues Mason et Pleasant, et J.-L. Audet en fut nommé le gérant. Les biens de l'Union lui furent cédés après quelques années. Cette union avait réalisé de bons profits. C'est tout ce que nous connaissons de cette
union.

SOCIETE ST-JEAN-BAPTISTE DE ST-ANNE

La société St-Jean-Baptiste de la paroisse Ste-
Anne fut fondée le 21 mai 1880, par E.-J. L'Hérault.

Alfred Plante, Nap. Lebœuf, L. Goyette, Dr A. Mignault, M. Hébert, J. Charland, A. Goyette, N.-P. Bérard, etc.

Le but immédiat de cette société était de participer à la grande célébration St-Jean-Baptiste à Québec.

Les premières assemblées eurent lieu dans le rez-de-chaussée de l'église Ste-Anne (au Petit Canada).

Les premières élections donnèrent le résultat suivant : Président, Napoléon Lebœuf ; secrétaire, Ed.-J. L'Hérault; trésorier, Augustin Goyette; secrétaire-correspondant, Dr A. Mignault.

Un an après, avait lieu les deuxièmes élections qui furent aussi les dernières, avec le résultat suivant : Prés., Alfred Plante ; vice-prés., Louis Goyette ; sec.-arch., Louis Picard, trés., Napoléon Graveline.

Cette société parut dans un état prospère durant près de deux ans, mais dans l'automne de 1882, elle commença à se dissoudre, quand M. l'abbé Thomas Briscoe, le curé irlandais de la paroisse Ste-Anne, ferma poliment au nez des sociétaires, la porte du rez-de-chaussée de l'église, où la société avait toujours tenu ses assemblées.

Cet incident mit la discorde parmi les membres, et la société fut dissoute une couple de mois après.

Les membres se réunirent dans le magasin de Frédéric Graveline, rue Eighth, et divisèrent entre eux les fonds de la société.

Et la treizième société avait cessé d'exister.

CLUB FRECHETTE

Le Club Fréchette fut fondé en 1881, par Chs de Gagné. C'était une organisation dramatique et littéraire. C'était la 14ième fondation, et elle ne vécut qu'un an. Mais de ses cendres, il surgit une autre

organisation un peu plus vivace : "Le Cercle Salaberry."

CERCLE DE SALABERRY

La plupart des membres du défunt Club Fréchette furent les organisateurs du Cercle Salaberry,
la 15ième société fondée en cette ville.

La première assemblée de ce Cercle eut lieu le 26
mars 1882, dans l'édifice Borden, angle des rues So.
Main et Pleasant. Il y avait neuf ou dix membres à
cette assemblée. On loua une salle pour les assemblées régulières et l'on organisa des concours oratoi-
res et des discussions. C'était un Cercle littéraire,
dramatique et musical.

Les fondateurs du Cercle furent Chs de Gagné,
F.-X. Lebœuf, Chs Lebœuf, E.-A. Robillard, J.-I.
Robillard, E.-J. L'Hérault, Alex. Perron, Adélard
Perron, J. Pelletier, A.-E. Thivierge et E.-F. Lamou-
reux.

Le premier volume des archives ayant été perdu,
nous n'avons aucun détail sur les deux premières années d'existence du Cercle.

Les élections avaient lieu tous les six mois.

Le 18 mars 1884, on décide de former une galle-
rie de portraits des hommes célèbres du Canada.

Le 3 juin 1884, une souscription fut faite pour
aider à la Fanfare Canadienne, qui se proposait d'aller assister à la célébration de la St-Jean-Baptiste, à
Montréal, P. Q.

Le 29 du même mois, le Cercle donne une grande soirée au théâtre "Academy."

Au mois d'août suivant, H.-A. Dubuque, P.-F.
Péloquin et Chs Blanchard représentent le Cercle à
la grande convention de Albany, N. Y. Le même

mois, le Cercle assiste en corps aux funérailles de M. le curé Bédard.

Le 13 février 1885, le Cercle donne une représentation, au théâtre "Acadamy", laquelle rapporte $200.

Le 24 mars, H.-A. Dubuque ayant fait un excellent discours sur la nécessité de parler le français, il est bientôt décidé qu'aucune autre langue ne serait tolérée à la salle du Cercle.

Le 23 juin suivant, inauguration de la salle du Cercle, au milieu d'un grand concours d'invités. Il y eut banquet et discours.

Le 30 juin, le Cercle organise des exercices de musique.

Le 8 septembre suivant, H.-A. Dubuque, F.-X. Lebœuf et P.-H. Maynard sont nommés pour représenter le Cercle à la convention de Holyoke, Mass.

Le 8 décembre, le Cercle offre l'usage gratuit de sa salle à la Ligue des Patriotes, qui est en voie d'organisation.

Le 5 janvier 1886, on rescinde la motion règlementaire qui limite à 50 le nombre des membres du Cercle.

Le 9 mars suivant, le drame des "Jeunes Captifs" est joué avec succès.

Le 12 avril, organisation de la bibliothèque du Cercle. Le même mois, le Cercle donne une représentation dramatique au bénéfice de l'œuvre paroissiale de St-Mathieu.

Le 9 décembre 1886, on décide d'affecter tout l'argent du coffre, excepté $100, à l'achat des livres de la bibliothèque. Le même mois, le Cercle donne une autre représentation dramatique.

Durant l'hiver de 1886-87, le Cercle assiste à plusieurs bazars des sociétés-soeurs.

Le 13 avril 1887, grand banquet à la salle du Cercle.

Le 29 décembre suivant, le Cercle joue le drame du "Médecin des Pauvres", à l'Academie de Musique.

Le 31 janvier, 1888, le Cercle adopte un costume avec insigne.

Le 26 avril 1888, le Cercle joue le drame de "l'Expiation."

Le 15 mai suivant, H.-A. Dubuque et F.-X. Leboeuf sont nommés délégués à la convention de Nashua, N. H.

Le 22 du même mois, $300 sont payés pour acheter des uniformes.

Le 7 octobre 1888, grand bazar du Cercle à la salle "Concert."

Le 3 janvier 1889, soirée dramatique.

Le 1er février, achat des insignes pour les officiers.

Le 17 mars, le Cercle assiste à la fête de St-Patrick.

Le 11 juin suivant, soirée du Cercle au profit de la fête du 24 juin.

Le 24 juin, le Cercle est dans la grande parade de la St-Jean-Baptiste.

Le 16 juillet, H.-A. Dubuque et F.-X. Leboeuf représente le Cercle à la convention de Spencer, Mass., et ce dernier est aussi délégué à la convention militaire de Worcester, Mass.

Le 3 septembre, une nouvelle constitution est adoptée.

Le 11 janvier 1890, il est décidé que les assemblées régulières auront lieu tous les mardis soir, au lieu des 2ième et 4ième mardis de chaque mois.

Le 3 juin, nouveaux articles ajoutés à la constitution.

Le 24 juin, le Cercle assiste en corps à la fête St-Jean-Baptiste, à Woonsocket, R. I.

Le 1er juillet, le Cercle déménage à sa nouvelle salle de la bâtisse Troy.

Le 16 septembre 1890, F.-X. Lebœuf est élu directeur du Cercle, après la représentation du drame des "Deux Orphelines".

Le 4 avril 1901, bal et banquet du Cercle, à sa salle.

A parti du 1er septembre suivant, les assemblées régulières ont lieu les 2ième et 4ième mardis du mois, comme autrefois.

Le 29 mars 1893, les assemblées commencent à avoir lieu tous les lundis soir.

Le Cercle cessa d'exister vers l'année 1895.

TABLEAU SYNOPTIQUE DES PRINCIPAUX OFFICIERS

1882—Président, Chs de Gagné; secrétaire-archiviste, A.-E. Thivierge; trésorier, Alex. Perron.

1884—Prés., F.-X. Lebœuf; sec.-arch., F. St-Louis; trés., A.-F. Brunelle.

1884-85—Prés., F.-X. Lebœuf: sec.-arch., T. Tétrault; trés., J.-J. Charland.

1885—Prés., F.-X. Lebœuf; sec.-arch., J.-D. Thibault; trés.. S. Laleune.

1886—Prés., F.-X. Lebœuf; sec.-arch., J.-D. Thibault; trés., A. Lamoureux.

1887—Prés., F.-X. Lebœuf; sec.-arch., A.-E. Cadieux; trés., A. Lamoureux.

1888—Prés., F.-X. Leboeuf; sec.-arch., A.-E. Cadieux; trés., J.-D. Thibault, Antoine Viau.

1889--Prés., F.-X. Leboeuf, J.-D. Thibault ; sec-ach., Léonidas Pouliot, C.-E. Péloquin ; trés., Antoine Viau, J. A. Girard.

1890—Prés., J.-D. Thibault, sec.-arch., Jos. Martel ; trés., J.-A. Girard.

1890-91—Prés., F.-N. Patenaude ; sec.-arch., J.-A. Guilbault ; trés., J.-A. Girard.

1892—Prés., J.-D. Thibault ; sec.-arch., J.-A. Guilbault; trés., J.-A. Girard, D. Lord.

1893—Prés., J.-D. Thibault ; sec.-arch., J.-A. Guilbault ; trés., David Lord.

1894—Prés., J.-D. Thibault ; sec.-arch., Arthur Blanchet ; trés., J.-A. Sanguinet.

1895—Prés., J.-D. Thibault; sec.-arch, Alex. Audet ; trés., G. Bergeron.

CLUB DE NATURALISATION

Le Club de Naturalisation, de la paroisse Ste-Anne, fut la seizième organisation fondée à Fall River, Mass. C'est le 10 décembre 1882, quelques semaines après la dissolution de la société St-Jean-Baptiste de la paroisse Ste-Anne, qu'eut lieu la première assemblée régulière de ce club, à la salle du Cercle de Salaberry.

Napoléon Leboeuf présida la première assemblée et le secrétaire élu, A.-E. Thivierge étant absent, M. H.-A. Dubuque le remplaça temporairement. Nap. Dubé fut nomme trésorier. Ces mêmes officiers restèrent en fonctions durant toute l'existence du club.

Le Club comptait environ 160 membres.

Pour quelques autres détails au sujet de ce club, le lecteur est prié de relire les pages 26, 41 et 42 du présent guide.

SOCIETE ST-JOSEPH

Au sujet de la Société Saint-Joseph, nous lisons ce qui suit dans le Guide des Sociétés Canadiennes Françaises de Fall River, à la date de 1893 :

"Cette société fut fondée en 1884, par M. le curé Bédard.   Elle est maintenant une association de secours mutuels.   Elle s'occupe des fêtes religieuses et diverses autres organisations paroissiales.

"Elle est composée de deux branches ou sections : celles des Chefs de Famille et celle des Jeunes Gens.

"Son genre n'entraîne pas autant d'activité et de combats que celui des autres sociétés canadiennes. Protégée par le clergé sous la direction duquel elle se trouve placée, et s'occupant plus d'affaires religieuses que d'autres choses, elle n'est pas sujette à rencontrer les mêmes difficultés que les autres sociétés de secours mutuels.

"Le premier président de cette société fut Jos.-L. Audet.   Il est impossible de se procurer les noms des autres officiers, du moins au complet.

"Quelque temps après la fondation de la société, M. l'abbé Bédard mourut, la laissant sans directeur. La société organisa une grande démonstration à l'occasion de ses funérailles auxquelles elle assista en corps.

"Cette mort porta un coup fatal à l'existence de la société, qui se désorganisa aussitôt qu'un curé irlandais fut nommé pour remplacer M. Bédard.

"Elle demeura à l'état latent durant toute cette époque d'agitation et de troubles.

"Après la nomination de M. l'abbé Laflamme à la cure de Notre-Dame de Lourdes, en 1888, elle fut réorganisée par le curé, M. Chs B. Fournier et plusieurs des membres de l'ancienne société.

"Chs-B. Fournier en fut nommé président, et l'on reconstitua le bureau des officiers.

"Elle organisa plus tard des démonstrations solennelles à l'occasion de la grande retraite prêchée par le R. Père Mauzelé, durant le pastorat de M. le curé Laflamme. Depuis cette époque rien d'important n'est venu troubler la monotonie des affaires, si ce n'est la réception à M. l'abbé Prévost, successeur de M. Laflamme en 1889.

"Le 16 juillet 1893, M. le curé Prévost confia à la société St-Joseph l'organisation de la bénédiction solennelle de l'Orphelinat St-Joseph. Un comité fut nommé par la société à cet effet.

"Les messieurs suivants formaient ce comité (en 1893) :

"M. l'abbé J.-A. Prévost, chapelain ; G.-T. Desjardins, président ; Oct. Gaudreau, secrétaire ; Chs Audette, trésorier ; et Jos. Vandal, L. O. Paradis, H. Rabouin, Michel Francoeur, Jacques Petit, Odilon Jolivet, Louis Beaudry, H. Martel, Charles B. Francoeur.

"Les officiers de la société St-Joseph, section des chefs de Famille, sont (en 1893) :

"Jos. Vandal, président ; commissaires-ordonnateurs, Charles Chandonnet, H. Rabouin, Chs Robin.

"Ceux de la section des Jeunes Gens sont (en 1893) :

"L'abbé J.-E.-T. Giguère, chapelain ; Nazaire Lafond, président ; François Asselin, secrétaire-archiviste.

"Les deux sections de cette belle société sont aujourd'hui (1893) très prospères et le bien qu'elles ont fait et qu'elles font encore, ne peut manquer d'être apprécié par notre population française si dévouée à sa religion et à son clergé."

Les officiers de la société en 1893, étaient :

Chapelain, M. l'abbé Prévost ; président, Jos. Vandal ; vice-président, Hippolyte Martel; secrétaire-archiviste, Chs-B. Fournier ; assistant-secrétaire-ar-

chiviste, Geo.-T. Desjardins ; commissaires-ordonnateurs, Chrysologue Chandonnet et Chs Robin.

En 1893, la section des chefs de famille comptait
261 membres, et la section des jeunes gens, 68 membres, en tout, 289 membres. En 1909, la société
compte plus de 400 membres.

Pour quelques autres détails, le lecteur est prié
de relire la page 157 du présent guide.

SOC. C.-F. DE TEMPERANCE ET DE S.-M.

Le 7 septembre 1884, il se fonda à la Globe (alors
dans la paroisse Ste-Anne), une organisation dite :
"Société Canadienne-Française de Tempérance et de
Secours Mutuels". C'est ce que nous apprend le
"Guide des Sociétés Canadiennes-Françaises de Fall
River". Nous n'avons pu trouver, nulle part ailleurs,
aucun détail. Dans tous les cas. c'était la 18ième so-
ciété fondée à Fall River.

LIGUE DES PATRIOTES

Dans un noble mouvement de patriotisme et de
fierté nationale, en un jour à jamais mémorable, il
s'éleva de la colonie française de Fall River, Mass.,
une clameur puissante, superbe et formidable. Un
peuple était outragé dans ses droits et libertés. On
voulait l'empêcher de vivre ou de marcher sur les
traces salutaires de ses glorieux ancêtres ; on voulait
l'empêcher de conserver, à l'ombre du drapeau de la
liberté, les accents purs de sa langue, la blancheur
immaculée de sa foi et les traditions vénérées de ses
ancêtres. Cette clameur retentissante suscita une
organisation connue sous le nom caractéristique de
la Ligue des Patriotes.

Cette nouvelle organisation française, la dix-
neuvième à surgir dans Fall River, Mass., fut fondée

THOMAS LAVOIE,
Président de la Ligue des Patriotes.

le 6 décembre 1885. Rémi Tremblay, ancien rédacteur de "L'Indépendant" (1885), et H.-A. Dubuque, avocat, en furent les principaux fondateurs. Par leurs écrits et leurs discours, ils en assurèrent l'existence.

Le but de la Ligue, lors de sa fondation, est ainsi expliqué dans "L'Indépendant" du 11 décembre 1885 :

"Depuis quelque temps, en présence des attaques incessantes, des injustices criantes commises au détriment de la race française en Amérique, des sorties furibondes des journaux francophobes qui nous menacent d'une guerre d'extermination (c'était à l'époque du meurtre de Régina), les patriotes se demandaient s'il n'y aurait pas moyen de réunir en un seul faisceau toutes les forces vives de la nation, non dans un but d'agression, mais dans le but d'opposer un front solide à ceux qui menacent de nous anéantir.

"Tous s'accordaient sur le but à atteindre.

"Aucun plan n'avait été mûri, lorsque la lettre adressée à Faucher de St-Maurice par M. Hemerdinger, secrétaire de la ligue française, (celui-ci suggère de créer dans la Province de Québec un comité de la Ligue des Patriotes de France) à fait cesser les hésitations, du moins en ce qui concerne la population française de cette ville. Les Canadiens de Fall River ont voulu être les premiers à saisir cette main loyale.

"Notre association a pour but : 1e D'offrir à tous les Canadiens-Français l'occasion de cultiver leur intelligence et leurs forces physiques sans être obligés de s'affilier à des clubs étrangers. 2e De cultiver cet esprit militaire et cet amour-propre national qui font les peuples forts. De préparer, avec le temps, une génération courageuse. forte, vaillante, virille."

Pour jeter les bases de la société, un comité provisoire fut choisi, qui se composait des personnes suivantes :

Rémi Tremblay, H -A. Dubuque, Nazaire Pinze, P.-F. Péloquin, N.-R. Martineau, G.-E. Arcand, Alf. Plante, Olivier Dumas, C.-B. Fournier, Victor Geoffrion, F.-X. Larivière, Simon Fontaine, Napoléon Leboeuf, P.-S. Janson, J.-L. Audet, Elie Hébert, Bénoni Janson, Israël Renaud, Jules Marchand, Frédéric Roy, Théodule Jalbert, Denis Dion, Stanislas Quintin, F.-X. Leboeuf, Onésime Thibault, Dr N. Beaudet, Philippe Pratte, Dr P.-A.-A. Collet, P.-U. Vaillant, P.-H. Maynard, C.-O. Monast, Georges David, Athanase Lamoureux, N.-P. Bérard, Ls. Paradis, M. Desrosiers et E. Reeves.

Ce comité tint des réunions les 8, 13, 20, 27 décembre 1885, les 3, 10 et 17 janvier 1886. A cette dernière date, Rémi Tremblay fit lecture de son poème ''Restons français,'' mis en musique par Calixa Lavallée, qu'on adopta comme chant officiel de la Ligue et qui parut en musique dans l'''Indépendant'' du 5 février 1886.

A la même assemblée, on adopta les statuts tels que lus par le secrétaire, et on décida que les membres du comité provisoire composeraient le comité directeur, en vertu des nouveaux règlements.

La première assemblée, à la salle de l'édifice Keith, en arrière de l'hôtel de ville, eut lieu le 31 janvier 1886, où furent élus les premiers officiers. Nous donnerons plus loin les principaux officiers des divers bureaux choisis jusqu'à ce jour.

A la séance suivante, le 7 février, Rémi Tremblay chanta ''Restons Français'' pour la première fois, devant les membres réunis en assemblée.

Plus de 160 membres furent inscrits dans les archives de la Ligue, en décembre 1885, et en janvier 1886.

Le 18 février 1888, Rémi Tremblay quitte Fall River pour retourner au Canada. H.-A. Dubuque le remplace, pour continuer son œuvre et présider à ses destinées jusqu'au mois d'avril 1888, où elle fut constituée en corps politique.

Le 27 juin 1886, H.-A. Dubuque fait un éloquent discours, pour proposer que la Ligue soit changée en société de secours mutuel. Le but purement patriotique, national et politique, ne suffisait plus à maintenir l'enthousiasme de nos compatriotes, les grandes luttes ayant enfin pris fin, la question des bénéfices pécuniaires devenait opportune. On comprit la justesse des remarques de M. Dubuque, et un comité fut immédiatement chargé de la révision des règlements, qui fut adoptée le 26 septembre suivant.

La Ligue entrait alors dans une nouvelle phase.

Le 6 février 1887, les statuts revisés furent acceptés.

En 1888, la Ligue fut incorporée comme société de secours mutuel.

SITUATION FINANCIERE

Le 1er mai 1893, elle comptait déjà 660 membres auxquels elle fournissait les soins gratuits d'un médecin et les remèdes, dans la maladie. Elle possédait des valeurs au total de $23,050, réparties comme il suit : En caisse, environ $1,000 ; une bâtisse dégrevée de toute hypothèque, $15,000 ; insignes, costumes, etc., $6,350 ; drapeaux, $200 ; mobilier, etc, $500.

Depuis la date de son incorporation légale (1888) jusqu'au 1er juillet 1908, la Ligue a payé $53,875 pour dotation mortuaire, $54,765 pour secours de maladie, \$41,341.59 pour dépenses générales, soit un total de \$149,981.59. Les recettes ayant été de \$155,241.56, il restait donc à cette date un surplus de \$5,259.97 dans la caisse.

Les valeurs que la Ligue possédait à la sus-dite date, se partageaient ainsi ;   Argent en banque, \$5,259.97 ; propriété sans hypothèque, \$15,000, immeuble, \$1,000, soit un total de \$21,259.97.

Les syndics de la Ligue, à la même date, étaient MM. J.-A. Girard, A.-A. Cardin, Amable Chouinard, N.-P. Bérard, Jos. Paquet, Ths. Lavoie, Sigefroy Girard et Eusèbe Cloutier.

La Ligue des Patriotes est dans un état de grande prospérité.

EVENEMENTS NOTABLES

Le 28 décembre 1885, le concert donné par la Ligue au bénéfice de la famille Riel, rapporte \$103 de profit clair.

Le 10 août 1886, première excursion annuelle de la Ligue à Rocky Point.

Le 24 juin 1886, la Ligue est représentée à la grande fête de Providence, R. I.

Le 1er septembre 1886, la Ligue loue une salle dans la bâtisse à l'angle des rues South Main et Borden.

Le 7 mars 1887, Paul Deroulède, de France, est nommé vice-président honoraire de la Ligue.

Le 30 mai 1887, bénédiction des drapeaux de la Ligue par S. G. Mgr Harkins, à l'église Notre-Dame de Lourdes.

Le 4 avril 1888, la Ligue demande ses lettres patentes. Elle achète 100 uniformes au coût de \$1,362, ayant payé en tout \$2,994.74. Impression des nouveaux règlements adoptés à la réunion du 4 du même mois.

Le 25 novembre 1890, la Ligue décide d'acheter un édifice au prix de $9,000 dont $4,000 sont payés comptant.

Le 1er février 1892, la Cie Militaire de la Ligue des Patriotes est fondée par J.-H. Lafond, qui en devient le capitaine. Nous parlerons de cette compagnie dans un article spécial.

A la séance du 1er décembre 1892, on adopte une révision des statuts et un rituel contenant le cérémonial propre à l'initiation des membres et à l'installation des officiers.

Le 12 janvier 1893, H.-A. Dubuque préside à la première installation des officiers d'après le nouveau rituel.

Le 7 juin 1874, la constitution est revisée.

Le 20 septembre 1894, la Ligue décide d'affecter gratuitement sa salle aux assemblées ouvrières, durant la crise qui sévit en ville.

Le 1er novembre 1894, des résolutions de condoléances sont adressées à la famille de feu Honoré Mercier.

Le 4 avril 1895, la Ligue fournit sa quote-part des frais de voyage de l'avocat H.-A. Dubuque, qui plaide devant la législature de Boston, contre un projet de loi propre à porter le coup de mort à un grand nombre de nos sociétés.

Le 12 août 1895, une délégation représente la Ligue à la fête nationale qui a lieu à Crescent Park, R. I.

Le 4 décembre 1895, le bazar de la Ligue et de sa garde rapporte $862.34 de profit.

Le 30 juillet 1896, excursion annuelle à Crescent Park, R. I., à bord du vapeur "King Philip".

Le 19 mai 1896, la Ligue assiste au bazar d'inauguration de la salle de l'Union Franco-Américaine.

Le 21 mai 1896, la Ligue vote $25.00 aux fonds du bazar de nos compatriotes de Danielson, Conn., pour leur aider à obtenir un prêtre selon leur désir.

Le 7 juin 1896, invitation acceptée d'assister en corps à la bénédiction d'une croix, au cimetière français.

Le 18 juin 1896, dissolution de la Compagnie Militaire de la Ligue des Patriotes.

Le 6 août 1896, élection du premier comptable de la Ligue ; Cyprien Brouillet occupe encore cette position.

Le 20 août 1896, révision de la constitution.

Le 5 novembre 1896, organisation d'une nouvelle garde d'honneur.

Le 4 mars 1897, le bazar de la Ligue donne un profit net de $418.26.

Le 1er juillet 1897, Rémi Tremblay, d'Ottawa, Canada, fait un discours devant la Ligue dont il est le fondateur, et celle-ci lui vote des remerciements.

Le 5 août 1897, excursion annuelle à Crescent Park, R. I.

Le 19 août 1897, la Ligue assiste en corps à la réception donnée au R. P. Grolleau, à son arrivée de l'Europe.

Le 4 novembre 1897, la Ligue approuve le projet d'union de nos sociétés nationales du Massachusetts.

Le 23 décembre 1897, la Ligue prête son drapeau français à l'association irlandaise, pour la réception de Maud Gonne.

Le 5 mars 1898, la Ligue approuve le projet de célébrer la fête St-Jean-Baptiste, chaque année, à l'église Ste-Anne, le 1er dimanche suivant le 24 juin.

Le 7 août 1898, une délégation représente la Ligue à la translation des dépouilles mortelles de M. l'abbé J.-B. Bédard.

Le 15 septembre 1898, la Ligue et sa garde d'honneur assistent en córps à la réception des sol- dats américains, à leur retour de la guerre de Cuba.

Le 10 août 1899, excursion annuelle de la Ligue à Rocky Doint, R. I.

Le 20 avril 1899, la Ligue accorde l'usage gra- tuit de sa salle à la nouvelle paroisse de St-Roch, pour les offices du dimanche, en attendant la construction d'une église.

Le 4 juillet 1899, la Ligue assiste à la bénédiction de la pierre angulaire de l'Eglise St-Roch.

En 1900, révision de la constitution.

Le 24 juin 1900, le Cercle Montcalm, la société St-Jean-Baptiste de Bowenville et la Garde Napoléon assistent à la fête patronale de la Ligue.

Le 5 mai 1901, la Ligue assiste en corps à la translation des dépouilles mortelles du R. P. Sauval, son regretté chapelain

Le 16 mai 1901, l'"Indépendant" est accepté comme organe officiel de la Ligue.

Le 1er août 1901, la Ligue achète un portrait, grandeur naturelle, du R. P. Sauval, qui orne enco- re la salle.

Le 7 novembre 1901, la dotation mortuaire de la Ligue est fixée au montant de $500.

Les 22, 23 et 24 juin 1902, C.-E. Boivin est le dé- légué officiel de la Ligue et de la Garde d'honneur, à la célébration St-Jean-Baptiste de Québec, P. Q.

Le 22 juin 1902 et 1903, célébration locale de la fête St-Jean-Baptiste.

Le 6 juin 1907, la Garde d'honneur est dissoute.

Le 1er juillet 1908, la Ligue comptait dans son sein 532 membres actifs.

Depuis sa fondation jusqu'au 1er juillet 1908, la mort a enlevé 92 membres de la Ligue.

LISTE DES OFFICIERS DEPUIS LA FONDATION

Chapelains :—R. P. Estéva, élu le 4 avril 1888 ; R. P. Sauval, 7 avril 1892 ; R. P. Côté, 2 juillet 1901 ; R. P. Grolleau, 2 janvier 1902 ; l'abbé Omer Valois, 2 janvier 1903.

Présidents : Nazaire Lavoie, élu le 3 octobre 1886 ; P.-F. Péloquin, 5 octobre 1887 ; Chs de Gagné, 5 juillet 1894 ; J.-D. Thibault, 1er juillet 1897 ; Chs de Gagné, 1902 ; C.-E. Boivin, 2 juillet 1903 ; G.-T. Desjardins, 11 juillet 1907 ; Ths. Lavoie, 2 avril 1908. F.-H. Patenaude a fini le terme commencé par feu P.-F. Péloquin en 1887.

Vice-Présidents : Cyprien Brouillet, A. Plante, Dr N. Côté, Chs de Gagné, Sigefroy Girard, E. Ross, F.-H. Patenaude, Chs Péloquin, C.-E. Boivin, Arthur Duhamel, Nap. Langlois, J.-B. Pariseau, F.-A. Forest, Phil. Desruisseaux, Geo. Le Bel, Dr. H. Bisaillon, Geo. Dumas, Eusèbe Cloutier, Ths. Lavoie.

Secrétaires-Archivistes et Assistants :—Chs de Gagné, V. Geoffrion, G.-T. Desjardins, J.-D. Thibault, Geo. David. N. Plante, J.-Buron, L. Dumont, J.-W. Bouvier, J.-T. Martin, Nap. Langlois, C.-Ed. Boivin, M. Thibodeau, David Lefebvre, J.-E. Jalbert, Wilfrid Benoit, H. Côté, Joseph Bouchard.

Trésoriers et Assistants—A. Plante, A. Lamoureux, N. Asselin, N.-P. Bérard, J.-A. Girard, Aimé-A. Cardin, J.-A. Beauchemin, F.-A. Forest, N.-P. Codaire, Joseph Ménard (avocat), Dr H. Bisaillon.

Comptable—Cyprien Brouillet a été le seul comptable depuis l'inauguration de cette charge.

Secrétaires-Correspondants et Assistants—H.-A. Dubuque (avocat), Dr P.-A.-A. Collet, A. Plante, Chs

Pariseau, P. Fortin, L. Pouliot, A. Couture, J.-A. Guilbault, J.-U. Arcand, C.-E. Boivin, S. Leblanc, C. Brouillet, E. Ross, Alph. Lamoureux, G. Lanoie, Dr F. de B. Bergeron, J. Paquette, Dr S.-J. Kelly, Thomas Lavoie, J. Ouellette, P. Fortin, E. LeBel, A. Bérubé, J.-P. Rioux, A.-J.-P. Vézina, Donat Béliveau, Nap. Aubin.

Percepteurs et Assistants—A. Lamoureux, S. Girard, S. Quintin, L.-G. Destremps, C. Brouillette, N. Asselin, Ulric Gauvin, Albert Rémy, J.-D. Thibault, J.-X. Gervais, G.-T. Desjardins, Isaac Guillemette, A. Plante, O. Sauvageau, Donat Béliveau, Wilfrid Marois, Hilaire Bisaillon, Horace Pelletier.

Commandants et Assistants—A.-B.-C. Delauney, Y. Blais, Eugène Côté, A. Gauthier, Médard, Lemaire, F. Crépeau, Jos. Bérard, J.-H. Lafond, Jos. Baudrault, P. Mathieu, Antoine Rivard, A. Dupuis, M. Thibodeau, Jos. Bousquet, Arsène Bonneau, A. Bouchard, Chs Levesque, Joseph Blanchette, P. Boulay, I. Ouellette, E. Antaya, Adolphe Bouvier, Jos. Guay, E. Parent.

Maîtres de Cérémonies—N. Daudelin, Geo. Blais, Omer Legendre, S. Caron, Ant. Rivard, M.-J. Lassalle, Ant. Langelier, P. Mathieu, Art. Lamarre, J.-B. Desrosiers, Guillaume Collard, O. Roy, E. LeBel, Geo. LeBel, Ths Lavoie, Adolphe Bouvier, J. Bergeron, Eustache Girard.

Officiers honoraires—Rémi Tremblay, H.-A. Dubuque (avocat), Dr S.-J. Kelly, N.-P. Bérard, Léonidas Pouliot, Chs de Gagné, Cyprien Brouillet. De leur vivant, Calixa Lavallée (pianiste) et P.-F. Péloquin étaient officiers d'honneur. Lorsqu'ils appartenaient à la Ligue, J.-H. Buron et C.-E. Boivin étaient aussi officiers d'honneur.

MEMBRES DEFUNTS

Le nombre des membres défunts étaient de 92, le 1er juillet 1908 ; en voici la liste officielle :

1890—janvier, Théodule Dion,		$335.00
" novembre, J.-O. Rémy,		385.00
1891—juillet, Jos. Blanchette,		493.00
" août, Ed. Pelletier,		502.00
" octobre, Chs McClure,		546.00
" novembre, Alfred Lavoie,		556.00
" novembre, P. Houde,		556.00
" décembre, L.-J. Harbec,		551.00
" " S. Poutré,		549.00
1893—avril, F.-X. Lefebvre,		660.00
" juillet, U. Garant,		672.00
" octobre, N. Asselin,		721.00
" décembre, Simon Fontaine,		733.00
1894—février, Jos. Ménard,		736.00
1895—mai, Chs Gagné,		714.00
" juin, Adolphe Bellefeuille,		719.00
" juillet, G.-E. Arcand,		718.00
" août, G.-E. Lanoie,		715.00
" novembre, Alphonse Ouellette,		699.00
1896—avril, Evangéliste Duhamel,		726.00
" mai, Joseph Chaput,		723.00
" juillet, Alfred Lanneville,		724.00
1897—avril, Hormisdas Boudreau,		724.00
" novembre, Joseph Roberge,		735.00
1898—janvier, Godefroy Tremblay,		740.00
" mars, Adolphe Richard,		744.00
" avril, Charles Bourgeois,		743.00
" mai, Narcisse Minville-Deschesnes,		742.00
" juin, Aimé Barré,		741.00
" juillet, Cyrice Gagnon,		727.00
" septembre, Henri de Montigny,		723.00
" octobre, Narcisse Delisle,		714.00

1899—mars,	Chs-T. Matte,	689.00
"	avril, Dr V. St-Germain,	684.00
"	juin, Guillaume Duhamel,	683.00
"	juillet, L.-N. Lavoie,	682.00
"	octobre, Alex.-A. Lavigne,	680.00
"	novembre, Narcisse Plante,	681.00
"	décembre, Henri Stuart,	677.00
1900—février,	Joseph Rochefort,	675.00
"	avril, Vital Violette,	669.00
"	juillet, Wilfrid Larose,	655.00
"	août, Narcisse Proulx,	656.00
"	septembre, Alex. Blanchette,	655.00
"	octobre, Chs Longchamp,	653.00
"	novembre, Misaël Stuart,	649.00
1901—avril,	Napoléon Leduc,	633.00
"	mai, Joseph St-Germain,	633.00
"	juillet, Simon Auclair,	618.00
"	août, Dieudonné Saindon,	617.00
"	septembre, Moïse-N. Lemaire,	616.00
"	octobre, Sosthène Caron	617.00
"	novembre, Georges Carold,	594.00
"	décembre, Aimé Hébert,	593.00
1902—novembre,	J.-B. Ruest,	500.00
1903—mars,	F.-X. Chagnon,	500.00
"	avril, David Lefebvre,	500.00
1904—février,	Alexis Croteau,	500.00
"	mars, J.-B. Bourgeois,	500.00
"	avril, Emile Gagnon,	500.00
"	juillet, Camille McDonald,	500.00
"	août, Théodore Bibeau,	500.00
"	octobre, Albert Rémy,	500.00
1905—mars,	Aug. St-Amant,	500.00
"	avril, Joseph Lambert,	500.00
"	mai, Sévère Mailhot,	500.00
"	juin, Georges David,	500.00

1905—juillet, Chs Gagnon,	500.00
" août, Laurent Boulay,	500.00
" novembre, Adélard Marois,	500.00
1906—février, Elzéar Goulet,	500.00
" mars, Léon Gauthier,	500.00
" avril, Joseph Thibault,	500.00
" mai, Adélard Dupuis, fils,	500.00
" juin, Aug. Bellavance,	500.00
" juillet, Frédéric Thibault,	500.00
" août, Elzéar Dubé,	500.00
" novembre, Cyprien Ross,	500.00
1907—mars, Raphaël Robidoux,	560.00
" mai, Joseph Moreau,	500.00
" juin, Isidore Asselin,	500.00
" juillet, Ernest Gagnon,	500.00
" août, J.-B. Nadeau,	500.00
" septembre, P.-F. Péloquin,	500.00
" novembre, Louis Doucet,	500.00
" décembre, Damase Desrochers,	500.00
1908—février, Pierre Beaupré,	500.00
" mai, Pierre Lauzon,	500.00
" juin, Dosité Gaudreau,	500.00
" juillet, Philéas Goyette,	500.00
" août, Eugène Côté,	500.00

Total $53,875.00

CHANT OFFICIEL DE LA LIGUE DES PATRIOTES

Paroles de Rémi Tremblay   *Musique de Calixa Lavallée*

I

Le ciel est noir, l'orage s'amoncèle
Et la discorde allume ses brandons ;
Pour étayer un pouvoir qui chancèle,
Le fanatisme arme ses mirmidons.
Assouvissez la rage des sectaires,
Frappez, frappez, plats valets des bourreaux
Un peuple entier maudit vos caudataires
Et vos gibets font surgir des héros.

Quand l'oppresseur (*bis*) veut nous forger des chaînes,
De son courroux méprisons les accès ;
Et, fiers du sang qui coule dans nos veines,
        Restons Français (*bis*).

II

Restons Français ! tenons tête à l'orage ;
Consolidons l'œuvre de nos aïeux,
En burinant une nouvelle page
Au livre d'or d'un passé glorieux.
Aux préjugés opposant une digue,
Notre jeunesse, espoir du lendemain,
De la défense orgauise la ligue :
Malheur à qui sur nous porte la main !

Quand l'oppresseur, etc.

III

Groupés autour du drapeau tricolore,
Francs Canadiens, préparons l'avenir.
L'horrible affront que notre orgueil dévore
Grave en nos cœurs un cruel souvenir.
Serrons les rangs : notre mère la France
Pour la revanche aguerrit ses soldats :
Elle nous offre un rayon d'espérance
Et ses ligueurs nous ont ouvert leurs bras.

Quand l'oppresseur, etc.

IV

Nous t'acclamons, Ligue des Patriotes,
Aux champs d'honneur nous suivrons nos aînés.
Les Canadiens ne sont pas des ilotes ;
Nul ne saurait les tenir enchaînés.
Forts de nos droits, laissant l'intolérance
S'empoisonner du suc de ses ferments,
Nous resterons Français par la vaillance,
Français de cœur, Français de sentiments.

Quand l'oppresseur, etc.

CLUB DE NATURALISATION DE LA FLINT

Le Club de Naturalisation du Village Flint fut fondé en 1886 par L.-G. Destremps, J.-F. Paquin, F.-X. Larivière, I. Renaud, P.-U. Vaillant, J.-H. St-Laurent, Is. Picard et P.-R. Picard.

Les premières élections donnèrent le résultat suivant : Président, P.-U. Vaillant ; secrétaire, J.-H. St-Laurent ; trésorier, Is. Picard.

Cette association, sous la présidence de P.-U. Vaillant, a travaillé sérieusement à l'avancement politique de nos nationaux. Il y eut au cours de ses séances des discussions sur des sujets historiques et politiques. P.-U. Vaillant, L.-G. Destremps, J.-F. Paquin et plusieurs autres se firent remarquer par leur dévouement à cette cause si louable de la naturalisation.

Le club tenait une assemblée par mois, dans l'ancienne boulangerie de F.-X. Larivière, rue Mason.

Cette 20ième société de Fall River fut de courte durée, car les archives n'en mentionne rien autre chose que ce qui précède.

SOCIETE DE SEC. MUTUEL DES JEUNES GENS

"La Société des Jeunes Gens de la Paroisse Notre-Dame", composée de membres célibataires, fut réorganisée sous le nom de "Société de Secours Mutuel des Jeunes Gens de Fall River". Quelques fils de nos meilleures familles, au dévouement généreux, à l'âme grande et noble, la reconstituèrent le 11 juillet 1886. Ils se proposaient de conserver et d'accroître, entre les membres, les principes religieux et l'attachement à l'Eglise catholique ; ils désiraient se pénétrer de l'amour de la patrie, de notre langue et de nos traditions.

La séance de réorganisation fut présidée par Achille Lamontagne.

Les élections générales des officiers furent fixées au premier jeudi de mars et de septembre.

Une nouvelle constitution et de nouveaux règlements furent rédigés et mis en vigueur. Ils comportaient que la société serait de secours mutuel, qu'elle paierait à chaque membre malade $5.00 par semaine, qu'au décès d'un membre elle paierait un service de 1ère classe et sortirait en corps pour les funérailles, et que chaque membre paierait un dollar aux héritiers du défunt.

Cette société comptait 76 membres et avait en banque $1,186 ; elle faisait une recette annuelle de $400 à $450, pour faire face à $300 de dépenses.

Son pique-nique à la Station Hemlock, en 1887, lui rapporta un profit de $200, et son bazar, quelques mois plus tard, une recette de $1,025.

Le 30 mai 1887, elle assistait en corps à la bénédiction des drapeaux de la Ligue des Patriotes.

Le 19 juin suivant, elle faisait chanter une grand'messe, pour célébrer la fête de son patron, St-Louis de Gonzague.

Le 4 juillet de la même année, elle déléguait douze de ses membres au pique-nique de la St-Jean-Baptiste de Bowenville.

Ses assemblées eurent lieu les 1er et 3ième jeudis du mois.

Achille Lamontagne fut élu président le 11 juillet 1886 ; A.-E. Fournier, en septembse 1886 ; Jonas Vandal, eu mars 1887 ; J.-C. Lavoie, en janvier et mars 1888.

Les autres officiers en 1888, étaient : Vice-président, Ths Marois ; secrétaire-archiviste, Alf. Renaud ; ass.-sec.-arch., Télesphore Montminy ; sec.-corr., A.-

B. Vanasse; trésorier, Omer Barré; collecteur-trés., Joseph Marchand; ass.-coll.-trés., Chs Bouchard, et garde-vestiaire, Jules Lamontagne.

En 1889, les principaux officiers étaient : Président, Jonas Vandal; vice-président, Ed. Lalime; secrétaire, Néré Marchand ; secrétaire-correspondant, J.-L. Lavoie; trésorier, Omer Barré.

En 1890, les principaux officiers étaient : Président, J.-C. Lavoie; vice-président, Ths Marois; secrétaire, Alfred Renaud; secrétaire-correspondant, Auguste Simard; trésorier Jonas Vandal.

Cette société, bien que florissante dans ses débuts, n'a pas dû vivre plus que quatre ou cinq ans, car on n'en trouve aucune mention, nulle part, après l'année 1890.   C'était la 21ième société fondée à Fall River, parmi les nôtres.

LE CLUB NATIONAL

Nous empruntons ce qui suit du Guide Canadien-français de 1888 :

"Le Club National a été fondé le 1er décembre 1886, dans le but de réunir les jeunes gens pour se récréer par des amusements honnêtes, et s'instruire par la lecture de bons livres.   Il est établi dans cet endroit de la ville qui se nomme le Petit Canada (French Village), territoire borné au nord par le terrain des filatures dites "American Linen Mills", à l'est par le Broadway, au sud par le parc public et à l'ouest par la baie Mount Hope.

"C'est là que les premières familles canadiennes allèrent se fixer.

"Le bureau de ce club est composé comme suit : Président : Cyprien Bérard; vice-président, A. Doucet; secrétaire, E. Doucet; ass.-sec., Médard-N. Lemaire;

trésorier, Alfred-A. Laneville; ass.-trés., A. Bourassa; comm.-ord., H. Couture.

"Ce club possède 25 membres actifs. Les assemblées ont lieu tous les dimanches, à une heure de l'après-midi, à son lieu de réunion, au no 101, rue Division, dans la maison Fontaine.

"Le 31 mai 1887, une délégation de douze membres prit part à la bénédiction du drapeau de la Ligue des Patriotes. Cette délégation marchait dans les rangs de la procession, qui eut lieu à cette occasion.

"Nous encourageons tous les jeunes Canadiens du Petit Canada à appartenir à cette société. Ces sociétés sont des centres d'union qui produisent toujours de bons résultats."

Nous ne connaissons aucun autre détail au sujet de ce club, qui fut la 22ième organisation française de Fall River, et qui ne dura probablement que deux ou trois ans.

UNION CANADIENNE ST-JEAN-BAPTISTE

L'Union Canadienne St-Jean-Baptiste fut fondée dans le nord de la ville (Bowenville), le 4 septembre 1886. La première assemblée eut lieu à l'école paroissiale de St-Joseph, un an avant la fondation de la paroisse St-Mathieu. La masse de nos compatriotes de Bowenville y assistait. Elle fut présidée par P.-F. Péloquin, avec A.-E. Riopel comme secrétaire et Geo. Parent, trésorier. C'est à cette assemblée qu'un comité de treize membres fut choisi pour rédiger une constitution.

Le 3 octobre suivant, à la deuxième assemblée, le comité de la constitution fait son rapport et le premier bureau d'officiers réguliers est élu. Après les élections, les membres suivants signent la constitution : P.-F. Péloquin, A.-E. Riopel, Geo. Parent,

Nap. Lebœuf, Delphis Brissette, Zéphirin Brault, Victor Blanchet, Maxime Lincourt, Dr J.-A. Langevin, Alex. Perron, Julien Rémillard, Antoine Lavoie, L.-P. Parent, Arcade Moffette, Pierre Caisse, Jean Roy, Fénélon Brabant, Amable Dupuis, Edouard Plourde, Napoléon Pelletier, J.-B. Desjardins, Chrysologue Trudeau, Félix Poutré, Alex. Lavallée.

Comme on le voit, à la page 162 du présent guide, Georges Parent, Michel Boulé, Victor Blanchet, Antoine Lavoie et un nommé Alphonse Campbell, furent les premiers zélateurs de l'œuvre nationale française dans le nord de la ville. Ils organisèrent d'abord une école, en 1885, puis vint ensuite la fondation de l'Union, qui fit toutes les démarches de fondation de la paroisse St-Mathieu.

Deux mois après les deuxièmes élections d'officiers, les 5 et 12 juin, la révision des règlements fut commencée, et le 26 du même mois, on en faisait la lecture et décidait de les faire imprimer.

Le 4 juillet, le premier pique-nique de l'Union, au bocage Boomer, était un beau succès.

En août 1887, la constitution revisée est imprimée, acceptée et distribuée aux membres.

Le 4 décembre 1887, M. l'abbé J.-A. Payan, premier curé de la paroisse St-Mathieu, est nommé chapelain de l'Union, qui lui souhaite en même temps la bienvenue.

Le 26 décembre, l'Union achète deux drapeaux, au prix de $100, et des insignes.

Le 29 avril 1888, bénédiction solennelle des drapeaux de l'Union, par S. G. Mgr Harkins, évêque de Providence, R. I. A.-E. Riopel et J.-B. Lapointe étaient les porteurs des drapeaux.

Les 24 et 25 juin, l'Union prend part à la célébration locale de la fête St-Jean-Baptiste, et le 4 juil-

C.-F. BERGERON,
Président de L'Union Canadienne St-J.-B.

let elle parade dans les rues.

Le 3 septembre, un nouveau succès, avec le pique-nique sur le terrain boomer.

En janvier 1889, grand bazar de l'Union ; toutes les autres sociétés y assistaient. Ce fut un succès.

Le 11 janvier, achat d'un immeuble au prix de $378, et le 19 du même mois, le comité suivant est choisi pour reviser les règlements : L'abbé L.-A. Casgrain, A.-E. Riopelle, J.-E. Parent, Nap. Maynard, J.-B. Huard, Antoine Lavoie, Jean Côté, Geo. Parent, Bruno Bouthillier, Alphonse Campbell et Victor Blanchette.

Quelques semaines plus tard l'Union décide de bâtir une salle ; un comité ne onze membres est nommé pour s'occuper de la construction dont le contrat est donné à Alphonse Marcoux, au prix de $2,900.

Le 20 avril 1889, l'Union décide de se constituer en corps politique ; une assemblée préliminaire a lieu et la requête d'usage est signée à cette fin. Elections des nouveaux officiers et approbation des nouveaux règlements, ainsi que reconnaissance officielle de toutes les personnes déjà membres de l'Union.

Le 30 mai suivant, inauguration de la salle de l'Union : soirée magnifique, éloquents discours des abbés Casgrain et Bessette, de Dubuque, De Grandpré et autres. Le Club Excelsior donne une belle représentation à une foule nombreuse.

Le 19 août, il est proposé et adopté que l'Union se fasse faire un sceau officiel, portant l'inscription : "Union Canadienne St-Jean-Baptiste, de Fall River, fondée en septembre 1886, incorporée en juin 1889.

Le 25 novembre, ouverture d'un autre grand bazar.

Le 7 avril 1890, organisation d'exercices militaires, devant être faits à la salle de l'Union.

A l'assemblée du 1er septembre, le quorum de l'Union est réduit de 25 à 15.

Le 1er décembre, l'Union perd un de ses membres, Alex. Lavallée.

En janvier 1891, l'Union perd sa cause, dans la poursuite de l'un de ses membres, Norbert Trudel, qui réclamait des bénéfices.

En juin, l'Union décrète que dorénavant les élections auront lieu en juin et décembre. Nouvelles élections, le 14 de ce mois.

Le 1er octobre suivant, un autre grand bazar et beau succès.

En octobre 1892, bazar de l'Union au bénéfice de la paroisse St-Mathieu, lequel rapporte $2,525.

Le 17 mars 1893, l'Union permet à ses jeunes membres d'organiser une garde d'honneur. A cette date l'Union avait déjà déploré la mort de cinq membres : Alex. Lavallée, Dr Girouard, Jean Roy, Ed. Trudeau et Adolphe Audette.

Le 7 août, l'Union vote $165 à la fin de payer un châssis colorié de l'église St-Mathieu.

Le 18 septembre, on décide de faire un bazar, afin de pouvoir acheter des costumes pour les gardes d'honneur.

Le 3 décembre 1894, la salle est offerte gratuitement à l'usage des réunions paroissiales de M. le Curé.

Le 1er avril 1895, l'Union vote sa quote-part des dépenses de l'avocat Dubuque, chargé par nos sociétés de défendre leurs droits, contre le projet de loi d'Etat qui menaçait leur existence.

Le 17 juin, l'Union paye $1,440 pour les costumes de la Garde d'Honneur.

Le 5 octobre 1896, amendement de la constitution, permettant d'accorder treize semaines de bénéfices par année aux membres malades.

Le 5 avril 1897, amendement de la constitution, au sujet du partage des fonds.

Le 6 décembre, amendement à la constitution pour permettre de faire les élections d'officiers annuellement.

Le 2 octobre 1899, motion de condoléances adoptée à l'occasion de la mort de l'abbé J.-A. Payan, premier chapelain de l'Union et premier curé de Saint-Mathieu.

Le 4 décembre, amendement de la constitution, pour permettre à l'Union de fixer le bénéfices mortuaires à la somme de $200.

Le 22 octobre 1902, 56 membres de l'Union approuvent une dépense de $2,350 pour les réparations de la salle et en donne le contrat à J.-A. Marcoux.

Le 22 décembre, J.-B. Lapointe est nommé secrétaire-archiviste d'honneur pour la vie.

Le 3 avril 1905, l'Union accorde l'usage gratuit de sa salle à M. le Curé de St-Mathieu, pour les offices paroissiaux et séances scolaires.

Le 2 juillet 1906, l'Union autorise la Garde d'Honneur de s'amalgamer avec la Brigade de Volontaires Franco-Américains de la Nouvelle-Angleterre.

Le 4 septembre, l'invitation de la Garde Nationale à la Garde d'Honneur est acceptée par l'Union et référée à sa garde.

Le 15 octobre, l'Union décide de faire chanter, dans la première semaine de novembre, un service pour ses membres défunts.

Le 19 novembre, l'Union donne une grande partie de whist à son bénéfice et avec succès.

Le 4 février 1907, un comité de trois membres est chargé de rédiger des condoléances au sujet de la mort de S. G. Mgr Stang, premier évêque de Fall River, Mass.

Le 15 juillet, condoléances offertes à l'occasion de la mort d'un confrère, l'hon. P.-F. Péloquin, premier président de l'Union.

Le 16 septembre, l'Union contribue une somme de $20.00 pour payer une partie des dépenses des délégués qui allaient à Rome démontrer la force et l'influence de nos sociétés nationales.

Le 8 décembre, dévoilement du portrait de feu l'hon. P.-F. Péloquin, à la salle de l'Union, et discours de plusieurs orateurs, au milieu d'une foule de parents, d'amis et de membres.

Le 3 février 1908, l'Union décide d'acheter un chemin de croix pour l'église St-Mathieu.

Le 16 mars, à une demande d'affiliation à l'Union St-Jean-Baptiste d'Amérique, l'Union Canadienne St-Jean-Baptiste de Bowenville répond qu'elle ne se sent pas encore tout à fait prête à faire ce grand changement.

EVENEMENTS NOTABLES

Le 30 mai 1887, l'Union assiste en corps à la bénédiction des drapeaux de la Ligue des Patriotes, et elle y fait bonne figure.

Le 18 août, elle prend part à l'excursion de la Ligue des Patriotes.

Le 20 mai 1888, M. le curé Payan, Nap. Lebœuf et A.-E. Riopelle sont nommés délégués à la convention de Nashua, N. H.

Le 3 mars 1889, l'Union assiste en corps au grand carnaval de l'église Ste-Anne, et le 19 du même mois, elle prend part à la grand parade de St-Patrick.

Le 25 juin, elle prend part à notre grande démonstration nationale.

Le 4 juillet, elle assiste à la fête populaire de la République.

Le 5 août, Victor Blanchet, président de l'Union, est délégué à la convention de Spencer, Mass.

Le 9 septembre, Victor Blanchet, A.-E. Riopelle et Léon Charland sont délégués à l'assemblée tenue à la salle de la Ligue des Patriotes, à la fin de discuter le projet de fédération de toutes les sociétés.

Le 3 mars 1890, elle est dans les rangs de la parade de St-Patrick.

Le 16 juin suivant, Victor Blanchet représente l'Union aux fêtes de Woonsocket, R. I.

Le 24 du même mois, l'Union accepte l'invitation d'assister aux fêtes de Central Falls et Pawtucket, R. I.

Le 24 juin 1891, l'Union assiste en corps à Central Falls, à la fête St-Jean-Baptiste.

Le 19 mars 1892, elle prend part à la parade de St-Patrick.

Le 4 avril suivant, elle visite le bazar du Cercle Jacques Cartier, à Warren, R. I.

Le 30 mai, elle assiste en corps à la bénédiction de la pierre angulaire de l'église N.-D. de Lourdes.

Le 3 septembre 1893, elle assiste en corps à la bénédiction de la pierre angulaire de l'église Saint-Mathieu.

Le 24 juin 1895, la Garde d'Honneur représente l'Union à la fête St-Jean-Baptiste de Woonsocket, R. I.

Le 26 février 1899, P.-F. Péloquin et Victor Blanchet représentent l'Union à la convention de Holyoke, Mass.

Le 5 septembre, l'Union reçoit un délégué qui lui parle de fédération.

Le 6 mai 1901, Victor Blanchet, Alphonse Boulay et Jean-Baptiste Lapointe, sont nommés délégués à la fête St-Jean-Baptiste de Maplewood,

Le 19 août suivant, l'Union décide d'envoyer une délégation à la convention de Springfield, Mass.

Le 18 juin 1906, il est voté que le président C.-F. Bergeron se procure un cheval, pour représenter l'Union dans la cavalerie de l'état-major de la parade du 4 juillet.

SITUATION FINANCIERE

A part les nombreux dons faits aux œuvrés paroissiales et autres, l'Union a payé de $13,000 à $14,000 de bénéfices à ses membres, de 1887 à 1907.

Les valeurs de l'Union à la date du 1er janvier 1908, sont comme il suit :

Immeubles,	$5,500.00
Meubles,	583.50
Fonds mortuaires	480.00
Fonds de secours,	2,127.75
Fonds généraux,	264.29
Total,	$8,955.54
La dette,	250.00
Surplus,	$8,705.55

L'Union compte environ 300 membres actifs.

LISTE DES PRINCIPAUX OFFICIERS :

1886—Président, P.-F. Péloquin; secrétaire-archiviste, A.-E. Riopelle; trésorier, Nap. Lebœuf.

1887—Président, Nap. Lebœuf ; sec.-arch.,A.-E. Riopelle ; trés., Victor Blanchette.

1888—Prés., Nap. Lebœuf, J.-B. Lapointe ; sec.-arch.,J.-E. Parent ; trés., Victor Blanchet.

1889—Prés,, Victor Blanchette, A.-E. Riopelle : sec.-arch., J,-E. Parent, Léon Charland ; trés. 'J.-B, Huard, Nap. Ménard.

M HENRI BERNARD
Echevin "At Large" Quartier Un, et Président de la Garde Napoléon Ier.

1890-91—Prés., Geo. Parent; sec.-arch., J.-B. Lapointé ; trés., Nap. Ménard.

1892-93—Prés., Victor Blanchette ; sec.-arch.*, J.-B. Lapointe ; trés., Nap. Ménard.

1894—Prês., Victor Blanchette ; sec.-arch., J.-B. Lapointe ; trés., A. Lomoureux.

1895 à 1899—Prés., Victor Blanchette; sec.-arch., J.-B. Lapointe ; trés., A. Boulay.

1900—Prés., H.-B. Thériault ; sec.-arch., Jos. Morin ; trés., G.-T. Desjardins.

1901 à 1903—Prés., Victor *Blanchette ; sec.-arch., J.-B. Lapointe; trés., Alph. Boulay.

1904—Prés., Victor Blanchette ; sec.-arch., C.-F. Bergeron ; trés., Alph. Boulay.

1905—Prés., C.-F. Bergeron ; sec.-arch., Victor Blanchette ; trés., Alph. Boulay.

1906 à 1909—Prés., C.-F. Bergeron ; sec.-arch., Chs. Moisan ; trés., Alph. Boulay.

GARDE NAPOLEON 1er

La Garde Napoléon 1er fut fondée en 1887, par quelques compatriotes de Fall River, sous la direction de L.-J. Harbec et Louis Picard, les promoteurs.

Le 20 mars 1887, 1er assemblée et 1ères élections d'officiers.

La fondation de la Garde fut annoncée dans l'"Indépendant" et le "Citoyen," de Fall River, l'"Avis du Peuple," de New Bedford, et dans quelques autres.

Le 27 mars, lecture et adoption de la constitution.

Le but de la société était comme il suit, dans la susdite constitution : Formation d'une compagnie militaire, propagation de l'idée française, encouragement de la littérature, des amusements dramatiques et autres.

Le 27 mars, la salle de Flint est louée pour la tenue des assemblées.

Le 24 avril, la Garde décrète que pour être admis dans ses rangs, il faut être catholique-romain.

Le 4 juillet 1887, premier pique-nique de la Garde.

En septembre, la Garde déménage à la salle Harris, et tient dorénavant ses assemblées les mardis au lieu des dimanches.

Le 4 septembre, la clause accordant des secours mutuels est retranchée de la constitution.

Le 27 septembre, une motion décide que les exercices militaires donnés par M. Brenier, de New Bedford, chaque dimanche, ne le seront plus que deux fois par mois. Le quorum de 15 fut réduit à 7.

Le 8 novembre 1887, il est décrété que les personnes dépassant l'âge de 45 ans, ne seront plus admises membres de la Garde.

Le 15 janvier 1888, l'uniforme actuel de la Garde est adopté.

En mai, la Garde présente à son capitaine-instructeur, M. Brenier, une épée de $35.

Le 18 juin, sur motion de Louis Picard, la Garde décide de se passer de chapelain.

Vers la fin d'août, première excursion et un succès.

Le 11 septembre, il est décrété que les officiers militaires sont élus à perpétuité.

Le 8 janvier 1889, un comité est chargé de faire faire les uniformes.

En avril, la garde déménage à la salle St-Jean et y tient son premier bazar.

En juin, on lit une révision de la constitution,

qui est adoptée ainsi que la prière et la question : "Etes-vous catholique-romain?" qui en avaient été enlevées et qu'on y avait insérées de nouveau.

En septembre, reprise des exercices militaires. La Garde possède $8.50 de surplus.

En avril 1890, nouvelle révision de la constitution.

En juin, excursion à Taunton.

Les archives ne font pas mention des élections d'automne, en 1890.

Le 30 mai 1891, excursion à New Bedford, Mass.

Le jour de Noël au soir, grand souper de la Garde ; les sociétés de la ville et des alentours y assistent.

En janvier 1893, la Garde devient une société de secours mutuels, et on revise la constitution à cette fin.

Le 24 juillet, sixième excursion annuelle à Crescent Park, R. I.

Le 23 juin, la Garde remporte une victoire, à Marlboro, Mass., dans un concours.

Le 20 juillet, le bazar de la Garde rapporte $1,655.17 dont $691.12 de dépenses, soit $964.15 de profit.

Le 10 décembre, la constitution revue et corrigée est lue et acceptée.

Le 17 juin 1894, premier bénéfice pour maladie payé à Philippe Durand, soit $20 pour quatre semaines.

La Garde visite la société St-Jean-Baptiste de Central Falls, R. I., et remporte le 1er prix du tournoi organisé à cette occasion, le 14 septembre 1895.

Le 7 juillet 1896, la Garde prend une assurance de $1,000 pour ses uniformes et chapeaux.

Le 15 juin 1897, achat de drapeaux français et américain, à Boston. .

Le 21 décembre, on vote $10 pour le bazar de l'église Ste-Anne.

Le 17 février 1898, le bal de la Garde rapporte $152.60.

Le 15 avril 1899, la Garde visite la société St-Jean-Baptiste de Centreville, R. I.

Le 26 mars, la Garde assiste aux funérailles de Léon Dorval, le premier membre défunt depuis la fondation.

Le 18 avril 1899, la Garde commence à préparer une excursion pour l'été suivant.

Le 5 septembre, la Garde refuse d'entrer dans la confédération des sociétés.

Le 17 décembre, un comité est chargé de préparer un carnaval pour les jours Gras. Ce carnaval rapporta $325.

Le 2 janvier, 1900, un comité est chargé d'organiser un festival.

Le 8 mai 1900, la somme de de $5.00 est affectée à des messes, pour le repos de l'âme du R. P. Sauval.

Le 6 août 1901, la Garde organise un bazar.

Le 3 septembre, le comité du bal remet $50 à la Garde. Le capitaine H. Bernard fait cadeau à la Garde d'un portrait de Napoléon 1er.

Le 1er novembre, le prix de $10 est donné à H. Patenaude, parce qu'il a fait entrer plus de membres que les autres concurrents.

Le 18 février 1902, la Garde organise un bazar.

Le 18 mai, le bazar rapporte la somme de $173.77

Le 3 juin, la Garde vote encore $2.00 de messes pour le repos de l'âme du R. P. Sauval.

La Garde envoie un comité marchander les prix des uniformes, à New York.

Le 20 avril 1903, grand banquet de la Garde ; un beau succès. Les $820 de profits sont affectés aux costumes neufs de la garde militaire.

Le 10 mai, la Garde fait bénir ses uniformes à l'eglise Ste-Anne. Elle se rend à l'église, musique en tête.

Le 21 ʼjuillet, à l'occasion de la mort de Léon XIII, le drapeau de la Garde flotte à mi-mât.

Le 18 août, une médaille en or est donnée au capitaine H. Bernard, qui avait conduit la Garde à la victoire et gagné un drapeau, dans le tournoi de N.-D. de Lourdes.

Le 15 septembre, la Garde gagne un cadre à l'église de Maplewood, pour ses exercices militaires.

Le 16 août 1904, la Garde décide de donner des danses le samedi soir pour venir en aide aux grévistes, et elle vote $25 à cette fin.

Le 6 décembre, un comité est choisi pour rédiger un rituel d'installation d'officiers.

Le 29 mai 1905, la coupe d'argent gagnée par nos militaires dans un tournoi, est présentée à la Garde.

Le résultat des élections de juillet 1905, manque dans les archives.

Le 5 février 1907, la Garde vote ses condoléances, à l'occasion de la mort de Mgr Stang.

Le 12 avril, le bazar de la Garde rapporte $400.

Le 5 janvier 1908, la Garde souscrit $5 pour l'orphelinat St-Joseph, à N.-D. de Lourdes.

Le 7 janvier, les Vingt Associés, la Cour Sauval, l'Assemblée Chapleau et les Conseils de l'U.-St-J.-B. d'A., sont invités à l'installation prochaine des officiers de la Garde Napoléon 1er.

EVENEMENTS NOTABLES

Le 30 mai 1886, une délégation de la'Garde assiste à la bénédiction des drapeaux de la Ligue des Patriotes.   C'est la première apparition publique de la Garde.

En juin suivant,la Garde parade insigne en tête, dans les rues de New Bedford.

Le 27 juin, la Garde avec un corps de musique, assiste à la fête de Nashua, N. H.

Le 4 juillet, la Garde figure dans la parade de Fall River.

Le 25 juin 1885, première sortie en corps de la Garde, à la célébration locale de la St-Jean-Baptiste.

Le 24 octobre, la Garde portant ses uniformes neuf prend part au concours de ce jour.

Le jour d'Actions de Grâce 1890, la Garde assiste en corps au bazar des Zouaves de New Bedford.

Le 25 janvier 1891, elle assiste en corps au bazar de l'église St-Dominique ou Ste-Anne, puis se rend à Worcester, Mass., assister à un concours d'exercices militaires.

Le 24 juin 1891, célébration de la St-Jean-Baptiste et grand banquet, à Central Falls, R. I.,où la Garde figure.

Le 22 août, 1892, la Garde figure avec honneur aux grandes fêtes de Québec, P. Q.

Le 17 mars 1893, elle célèbre la fête locale de St-Patrick avec les sociétés irlandaises.

Le 4 juillet, elle figure à la fête de Warren, Rhode Island.

Le 10 avril 1893, elle assiste au bazar du Cercle Jacques-Cartier, à Warren, R. I., où elle sort vainqueur du concours du jour.

Le 11 juillet 1903, la Garde assiste en corps à la

bénédiction solennelle de l'orphelinat St-Joseph de Notre-Dame de Lourdes.

Le 20 juillet, la Garde se fait de nouveau admirer à Warren, R., par ces exercices militaires.

Le 18 mars 1894, deux délégués de la Garde assistent à la grande soirée du Club National.

Le 6 février 1894, la Garde remporte le 1er prix dans un concours donné par la société St-Jean-Baptiste de Central Falls, R. I., qui fut suivi d'un bal.

Le 8 février 1895, nouveau succès de la Garde dans un grand concours, au bazar de l'orphelinat St-Joseph de N.-D. de Lourdes.

Le 30 mai, elle assiste à la fête de la Grande Armée Américaine, et s'y fait admirer par sa bonne tenue.

Le 24 octobre, elle assiste en corps au bazar de Notre-Dame de Lourdes, au bénéfices de l'œuvre paroissiale.

Le 11 février 1896, elle assiste en corps à la soirée de la Garde Militaire de Flint.

Le 11 avril 1896, la Garde assiste en corps au bazar de l'Union Franco-Américaine.

Le 30 mai, elle figure à la bénédiction d'une croix érigée en l'honneur des prêtres et religieuses de la paroisse Notre-Dame de Lourdes.

Le 4 juillet, la Garde fait encore bonne figure à la fête du jour.

Le 19 octobre 1897, la Garde assiste en corps à la soirée militaire du Cercle Montcalm.

Le 30 mai 1898, elle paraît en corps à la fête du jour, célébrée par la Grande Armée de la République.

De 26 novembre 1898, elle fait bonne figure à la grande fête des Zouaves de New Bedford.

Le 8 février 1899, le capitaine H. Bernard représente la Garde à la fête de l'arsenal de Fall River.

Le 3o mai, elle paraît en corps à la fête du jour.

Le 25 juin, elle figure à la fête religieuse des Po-lonais de Fall River.

Le 28 août, elle assiste à la fête des Gardes d'Honneur, à Providence, R. I.

Le 9 novembre, elle sort victorieuse d'un con-cours, au bazar du Cercle Montcalm, en cette ville.

Le 5 décembre, la Garde choisit son président, Georges Moreau, pour la représenter à la fête du Cercle Fréchette.

Le 2 janvier 1900, le président et le capitaine de la Garde assistent à l'installation des officiers des Zouaves de New Bedford.

Le 12 mai 1900, la Garde assiste à la soirée de la St-Jean-Baptiste de Pawtucket, R. I.

Le 30 mai, nouvelle sortie de la Garde, à la fête des soldats.

Le 5 juillet, la Garde accepte l'invitation de con-courir pour un sabre de $50, à New Bedford.

Le 29 juillet, la Garde assiste à la fête de la so-ciété St-Antoine de Notre-Dame de Lourdes.

Le 24 décembre, assistance en corps à l'installa-tion des officiers de l'Union Canadienne St-Jean-Bap-tiste, à Bowenville.

Le 11 mai 1901, nouvelle assistance de la Garde au bazar des Zouaves de New Bedford.

Le 30 mai, nouvelle fête des soldats, en cette ville, et la Garde y prend part.

Le 23 juin, fête de St-Jean-Baptiste de Maple-wood; la Garde y assiste.

Le 20 août, la Garde délègue Louis Bernard et Georges Moreau à la convention de Springfield, Mass., pour s'entendre avec les autres sociétés et prendre les moyens de faire respecter nos droits religieux et nationaux.

Le 7 novembre, la Garde prête son concours à la fête paroissiale de St-Roch.

Le 23 du même mois, elle assiste en corps au bazar de Notre-Dame de Lourdes.

Le 30 mai 1902, nouvelle célébration de la fête des soldats; la Garde y prend part.

Le 3 juin, la Garde accepte l'invitation de la Garde d'Honneur de la Ligue des Patriotes de Fall River.

Le 12 juillet, la Garde accepte l'invitation de prêter son concours à l'œuvre paroissiale de Sainte-Anne.

Le 19 août, la Garde accepte de prêter son concours à l'œuvre de l'orphelinat St-Joseph.

Le 23 octobre, la Garde assiste à la fête des Chevaliers Jacques Cartier de Warren, R. I.

Le 26 octobre, la Garde gagne le 1er prix du concours, au bazar de St-Roch.

Le 24 octobre, bazar de la Garde d'Honneur de la Ligue des Patriotes ; la Garde Napoléon 1er y assiste.

Le 11 novembre, elle figure à une fête de l'église Ste-Anne.

Le 7 janvier 1903, la Garde prend part à une fête de la Garde Lafayette de Warren, R. I.

Le 17 juin, Paul Fiola gagne les $10 offerts à celui qui ferait entrer le plus grand nombre de membres dans la Garde en six mois ; il en fit entrer 27 sur un total de 49.

Le 17 février, la Garde choisit le capitaine H. Bernard et le 1er lieutenant W. Baraby délégués à la grande soirée de la Garde d'Honneur de la Ligue des Patriotes.

Le 17 avril, elle assiste au bazar de l'église du Saint-Sacrement.

Le 28 mai, la Garde prend part au grand festival de l'église Ste-Anne.

Le 17 octobre, bazar de la Garde Richelieu, à Woonsocket, R. I.; la Garde Napoléon 1er s'y fait représenter par sa garde militaire.

Le 19 novembre, bazar de Ste-Anne; la Garde y assiste.

Le 3 janvier, 1904, la Garde Militaire figure à la fête des Artisans.

Le 4 février 1905, délégation de la Garde Militaire à la fête de la société du Sacré-Cœur de la paroisse Notre-Dame de Lourdes.

Le 17 octobre 1905, grand banquet du Club des Vingt Amis ; Arthur Talbot y représente la Garde et ses militaires.

Le 17 mai 1906, la Garde figure au bazar de la paroisse du St-Sacrement.

Le 30 mai, la Garde est dans les rangs de la parade de la fête des soldats.

Depuis 1906, la Garde Napoléon 1er fait partie de la Brigade de Volontaires Franco-Américains de la Nouvelle-Angleterre.

SITUATION FINANCIERE

Le 7 avril 1907, la Garde avait en banque la somme de $1,885.81, et elle possédait des meubles et immeubles au montant de $2,300.

LES PRINCIPAUX OFFICIERS

Présidents, de 1887 à 1909 :—P.-J. Harbec, Cyrille Chabot, Nazaire Lavoie, P.-H. Viau, J.-D. Thibault, Georges Moreau, W. Baraby, Louis Bernard, Louis Bélanger, Arthur Talbot, N. Gendreau.

Secrétaires-archivistes, de 1887 à 1909—F.-J. Catudal, Narcisse Plante, Ferdinand Crépeau, Georges

Moreau, P.-J. Brault, N. Ross, Elzéar Fournier, Cyrille Gendron, Louis Cormier, Louis Bernard, Jean Raiche, Ed. Béland, Joseph Frédette, E. Gagnon, Oscar Gagnon, Joseph Parent, A. Tremblay, C. Pelletier, A. Blanchet, L Bélanger, W. Baraby.

Trésoriers, de 1887 à 1909—Louis Picard, Ph. Durant, Napoléon Paquin, Elzéar Fournier, A. Bérubé, H. Ledoux.

Commandants en Chef, de 1887 à 1909—L.-J. Harbec, Dr W. Trudeau, E.-M. Denault, A. Bérubé, A. Côté, A. Callard, A. Talbot, A. Mailloux.

Assistant Commandant en 1903--Magloire Bérubé.

Capitaines, de 1887 à 1909—Louis Picard, Fab. Monast, P. Fiola, H. Bernard, J.-D. Parent, A. Talbot, W. Baraby.

Iers Lieutenants, de 1888 à 1908—N. Delisle, U. Lavoie, Chs Moreau, E. Paquin, H. Bernard, P. Bouchard, W. Baraby, A. Blanchet, E. Dion, J. Michaud, J. Primeau.

2ièmes Lieutenants, de 1888 à 1908—N. Delisle N. Lavoie, P.-H. Viau, Elisée Paquin, Jos. Lévesque, Georges Moreau, G. Carrière, N. Antaya, A. Blanchet, A. Bouchard, F. Thibault, S. Mailloux.

3ième Lieutenant—N. H. Viau, en 1890.

Sergents-Majors, de 1887 à 1908—E.-M. Denaud, P. Métras, P.-J. Brault, Chs Moreau, Jos. Lévesque, Jean Raiche, P. Fiola, Louis Bernard, O. Gagnon, A. Talbot, A. Tremblay, J. Michaud, A. Mailloux, E. Gervais.

Sergents-Fourriers—P. Monast, N. Antaya, Chs Moreau, Georges Moreau, Georges Corriveau, N. Lavallée, E. Gagnon, A. Blanchet, J. Parent, O. Renaud, L. Gagnon, J. Michaud, J. Simard, H. Patenaude, A. Chauvin.

1ers Caporaux—F. Crêpeau, L. Dubeau, Chs Moreau, Ernest Doucet, Georges Moreau, Paul Fiola, H. Bernard, P. Bouchard, O. Gagnon, A. Côté, H. Boutin, L. Gaguon, A. Pelletier, A. Canuel, O. Bouchard et J. Valois.

2ièmes Caporaux—J. Marchand, N. Lemaire, John Kane, Ernest Doucet, Jos. Lévesque, E. Paquin, Geo. Corriveau, N. Antaya, N. Lavallée, Louis Cormier, X. Fiola, J. Dufresne, A. Moreau, E. Gagnon, J. Métras, J. Michaud, J. Simard, L. Blanchet, J. Pelletier, C. Palardeau.

3ième Caporal—J. Lévesque, en 1904.

Aides-de-Camp—Elzéar Fournier, H. Frédette, F. Bouchard, Louis Blanchet et A. Mongeau.

Assistant-Aide-de-Camp—A. Lanoue, en 1900.

Eclaireurs—Uld. Lasalle, Ph. Durant, Alfred Larocque, Arthur Callard, E. Gagnon, J. Lévesque, A. Deslauriers, L. Rémy et A. St-Germain.

Officier Conducteur—E. N. Denault, 1889-90.

Clairons—A. Deslauriers, en 1995, et J.-B. Thibault, en 1907.

Porte-Drapeau—Alfred et Adelard Pelletier, en 1904. H. Gagnon et L. Blanchet, en 1905. J. Lévesque et D. Bélanger, en 1906. L. Bérubé et A. Laberge, en 1907. Adelard et Adrien Laberge, en 1908.

Chirurgiens—Dr Giguère, en 1897, et le Dr A. Poirier, en 1900.

CERCLE DE SEVIGNE

En sus de ce que nous avons publié, à la page 54 du présent guide, nous trouvons dans le guide anglais, édition de 1888, ce qui suit au sujet du Cercle de Sévigné :

Présidente, Mlle M. Larose ; vice-présidente,

Mme A. Coulard ; secrétaire, Mlle E. Girard, et trésorière Mlle M. Chagnon.

Ce cercle n'a probablement existé que deux ans.

GARDES IMPERIALES

Le lecteur est prié de relire les quelques notes publiées à la page 55 du présent guide, au sujet des Gardes Impériales.

Voici maintenant ce que nous trouvons dans le Guide Canadiens-Français de Fall River, édition de 1888 :

"Les Gardes Impériales sont une société uniquement militaire. But : Former les jeunes Canadiens au maniement des armes et leur enseigner les exercices militaires. Fondée le 3 décembre 1887. Président et instructeur, capitaine Narcisse Daudelin, né à St-Barnabé, Canada, le 1er avril, 1865 ; lieutenant et secrétaire-trésorier, J.-B. Gamache, né à St-Cyprien, Canada. Les assemblées et exercices ont lieu les mardi et jeudi de chaque semaine. Le nombre des membres est de 16. La salle des exercices est au no 70 rue Jencks. Les armes de la compagnie sont le fusil et le sabre de cavalerie. Le costume adopté par la compagnie est copié sur celui porté en France, sous l'Empire. Tous les membres sont naturalisés."

Cette société n'a eu qu'une courte existence.

CLUB POLITIQUE FRANCO-AMERICAIN

Ce club fut fondé en septembre 1887, alors qu'un comité provisoire fut chargé de rédiger une constitution.

Le 20 octobre suivant, le comité faisait son rapport et donnait lecture de la constitution, qui fut acceptée après quelques changements nécessaires, demandés par le président, P.-F. Péloquin.

Le club devait s'occuper des questions politiques du jour et de la naturalisation de nos compatriotes. Les citoyens américains seuls pouvaient faire partie de ce club.

A cette assemblée du 20 octobre, les premières élections des officiers eurent lieu avec le résultat sui-vant : Président, P.-F. Péloquin ; vice-président. Alfred Plante ; secrétaire-archiviste, Chs de Gagné ; ass.-sec.-arch., Jos.-E. Amiot ; sec.-corr., P.-H. May-nard ; trésorier Bénoni Janson ; ass.-trés., F.-D. Mé-nard ; sergent d'armes, Ludger Rinfret. Directeurs : du centre, Napoléon Asselin ; de Flint, S. Quintin et I. Picard ; de Globe, Ed.-M. Denault et Anatole Généreux ; du Petit Canada, Simon Fontaine et P.-S. Janson ; de Bowenville, Athanase Lamoureux et Joseph Dion.

Les premières assemblées furent tenues à la salle de la Ligue des Patriotes, et elles eurent lieu les 27 octobre, 3, 6, 10, 13, 15, 20, 24 et 27 novembre. C'était alors la veille des élections municipales, et le club donna son adhésion au parti républicain.

Le 10 novembre, le club s'engage de supporter la candidature de H.-A. Dubuque à la mairie.

Le 20 décembre suivant, dix personnes furent inscrites dans la liste des directeurs : Pour la Flint, P.-U Vaillant et N.-R. Martineau ; pour le centre, H. Beauparlant et H.-A. Dubuque ; pour la Globe, Gédéon Gagnon et L. Thibault ; pour Bowenville, Victor Blanchette et J.-B. Huard ; pour le Petit Ca-nada, Léonidas Pouliot et J.-F. Paquin.

Ce club demeura ensuite dans l'inactivité com-plète, jusqu'au 24 avril 1890. A cette date, P.-F. Péloquin présida à une assemblée qui fit les élections suivantes : Président, P.-F. Péloquin ; vice-prési-dent, Hercules Beauparlant ; sec.-arch., J.-H. Buron ; sec.-corr., Chs de Gagné ; trés., N.-P. Bérard ; sergent-d'armes, Alfred Plante. Directeurs : Nap. Lebœuf, E.-M. Denault, P.-H. Maynard, Nap. Ménard, G.-T. Desjardins, Louis Picard, Simon Fontaine, William Corneau, Chs.-C. Senay et Stanislas Quintin. `

Chs de Gagné donna lecture des statuts du Club et H.-A. Dubuque, de la loi de naturalisation,qui fut affichée dans la salle pour l'instruction du public. H. A. Dubuque, Dr V. St-Germain et Chs de Gagné por tèrent la parole.

A la séance du 27 avril 1890, le nombre des directeurs fut porté de 10 à 15, avec les cinq suivants qui furent élus : Sigefroy Girard, Ovila Perron,Olivier Bergeron, Jos.-E. Amiot et Bénoni Janson. Les Drs De Grandpré, St-Germain et Beaudet, ainsi que H.-A. Dubuque et Chs de Gagné, portèrent la parole.

A la séance du 18 mai suivant, un rapport annonçait que l'œuvre de la naturalisation faisait des progrès dans notre population. Chs de Gagné, H.-A. Dubuque et le Dr De Saint-Germain portèrent la parole.

La séance du 17 août 1890 fut la dernière rapportée dans les archives du Club.

Cependant, quelques jours plus tard, eut lieu un concert organisé par H.-A. Dubuque, Drs Saint-Germain et De Grandpré, L. Pouliot, N.-P. Bérard, B. Janson, V. Blanchette, E.-M. Denault, S. Quintin, H. Beauparlant et J.-E. Amiot.

A la séance du 17 août 1890, des discours furent prononcés par P.-F. Péloquin, Avila Bourbonnière (de Lowell, Mass), J.-E. Amiot, Bénoni Janson, Jos. D. Thibault, Eugène Boulle et le Dr V. de Saint-Germain.

Le Club ne fut point dissout, mais il cessa de

rendre ses comptes, demeurant ainsi dans une existence purement passive.

Nous trouvons dans le guide anglais de Fall River, les bureaux d'officiers suivants :

En 1887 : Président, P.-F. Péloquin ; vice-président, Alfred Plante ; secrétaire, Chs dé Gagné ; trésorier, B. Janson.

En.1889 : Prés., P.-F. Péloquin ; vice.-prés. L. G. Destremps ; sec., Chs Pariseau ; trés., Bénoni Janson : sergent d'armes, Ludger Rinfret.

En 1890 : Prés., P.-F. Péloquin , vice.-prés., A. Plante ; sec., Chs Pariseau ; trés., Bénoni Janson ; serg.-d'armes, Ludger Rinfret.

En 1891 : Prés., P.-F. Péloquin ; vice.-prés., H. Beauparlant ; sec.-cor., Chs Pariseau ; sec., J.-H. Buron ; trés., N.-P. Bérard.

En 1892 : Prés., P.-F. Péloquin , vice.-près., H. Beauparlant ; sec.-corr., Chs de Gagné ; sec., J.-H. Buron ; trés., N.-P. Bérard.

En 1893 et 94 : Piés., P.-F. Péloquin ; vice-prés., Chs de Gagné ; sec., J.-H. Buron ; trés., N.-P. Bérard.

En 1895-96-97 : Prés., Chs de Gagné ; sec.-cor., J.-M. Arcand ; sec., J.-H. Buron ; trés., Jos. Girard.

GARDES ROYALES

Les archives des Gardes Royales n'ont pas été conservées. Dans le Guide Français de 1886, on ne fait aucune mention des Gardes Royales. Dans le Guide des Sociétés, de 1893, on ne fait qu'en mentionner le nom. Nous n'avons pu obtenir aucun renseignement nouveau à ce sujet. Elles ont existé entre 1886 et 1893.

CLUB EXCELSIOR

Le Club Excelsior devait être une organisation sociale et d'amusements. Les Guides Français de 1886 et 1893 ne donnent guère de renseignements au sujet de ce club, les archives ayant été perdues. Il est cependant certain que ce club a existé entre 1886 à 1893. Car, le 30 mai 1889, il donnait une belle représentation, à l'inauguration de la salle de l'Union Canadienne St-Jean-Baptiste.

CLUB CREMAZIE

C'était sans doute un club littéraire, comme l'indique son nom. Le Guide des Sociétés, de 1893, ne donne que le nom du Club Crémazie, et les personnes que nous avons consultées à ce sujet, n'ont pu nous donner aucune information à son sujet. Il est probable qu'il a existé vers l'année 1888 ou 1889.

SOCIETE DES COMMERCANTS CANADIENS

Dans le Guide des Sociétés, de 1893, nous voyons que la Société des Commerçants Canadiens de Fall River, Mass., a été fondée en septembre 1890 ou en octobre 1891.

Dans le guide anglais de Fall River, nous trouvons que la société a été incorporée en 1891, et il donne les officiers suivants dans ses élections de 1892 et 1893 : Président, Israel Renaud ; trésorier Joseph Lefrançois, et secrétaire-général, J.-H. Buron.

CERCLE LAMARTINE

Le Cercle Lamartine fut fondé, le 5 novembre 1890, par Chs de Gagné, Arthur Collet, A.-S. Létourneau, H. Lafond, J.-O. Lapointe, Philippe Gendreau,

Jos. Taillefer, N. Lapointe, Arthur Corneau, Honorius Sorel et N.-E. Cadieux.

Les premières élections donnèrent le résultat suivant : A.-S. Létourneau, président ; Joseph Taillefer, vice-président ; A.-E. Frégeau, secrétaire ; N.-E.
Cadieux, trésorier ; Chs de Gagné, directeur théâtral ; Arthur Collet, régisseur des scènes, et S. Laleune, assistant-regisseur des scènes.

Tous les mêmes membres ent été réélus aux élections subséquentes, excepté A.-E. Frégeau qui après
avoir résigné comme secrétaire, fut remplacé par
J.-O. Lapointe.

Le Cercle avait pour fin l'étude de la littérature,
de l'art dramatique et de la déclamation.

Le 14 avril 1891, le Cercle donnait sa première
représentation à l'Académie de Musique de Fall River, et la répétait à New Bedford, le 26 mai suivant.
Les recettes de Fall River furent données à l'école
de la paroisse Ste-Anne, et celles de New Bedford à
la paroisse dont M. l'abbé Payan était le desservant,
à New Bedford. "Le Château des Sept Tours" était
le titre du drame qui fut joué en ces deux occasions,
avec un succès éclatant.

Le 18 février 1892, le Cercle donnait "La Ven-
detta ou la Fiancée Corse," avec nouveau succès, à
l'Académie de Musique. Ce drame fut répété plus
tard à N.-D. de Lourdes et les recettes en furent remises à l'Orphelinat St-Joseph.

Le Cercle Lamartine allait de succès en succès,
mais pour une raison ou pour une autre, il cessa
bientôt son œuvre, qui plaisait pourtant beaucoup au
public.

GARDE D'HONNEUR DE LA SOCIETE SAINT-JEAN-BAPTISTE

La Garde d'Honneur de la Société Saint-Jean-Baptiste fut fondée le 17 mai 1891, par les membres de cette société.

Ses règlements furent adoptés par la Société St-Jean-Baptiste le 2 juin 1891. Le but de la Garde est d'instruire ses membres dans l'art militaire et d'accompagner la Société dans ses sorties où de la représenter.

La Garde doit recruter ses membres dans la Société.

Les élections des officiers de la Garde ont lieu tous les deux ans, le premier jeudi d'octobre.

Les fonds de la Garde sont la propriété de la Société.

Voici la liste des fondateurs de la Garde : A.-P. Métras, J.-N. Fontaine, Célestin Picard, Hughes Morin, L.-J. Rioux, Edouard Côté, David Pagé, L. Bachand, Joseph Talbot, Alfred Renaud, L.-N. Normandin, Basile Thibault, J.-D. Thibault, Thadée Thibodeau, Magloire Richard, Edmond Côté, Louis Vanasse, Joseph Robidoux, Joseph Lavallée, Placide Hamel, E. Caron, Jean Raiche, Emile Lebel et J.-B. Gagnon.

Le 6 juin 1891, premier concert de la Garde, à la salle St-Jean-Baptiste.

Le 18 juin, bénédiction solennelle des costumes de la Garde, à l'église N.-D. de Lourdes, quelques jours après l'adoption des règlements par la société.

Le 24 juin, la Garde accompagne la Société en corps, à la célébration de la St-Jean-Baptiste, à Central Falls, R. I.

Le 29 décembre snivant, grand concert de la

Garde, à l'Académie de Musique.   Mlles Eugénie Tessier et LeBouthillier prêtent leur concours artistique.

Elle donna, dans un court espace de temps, des bazars et concerts qui furent fort appréciés par le public.

Le 29 janvier 1893, grand bazar; les 12, 13 et 14 février, grand carnaval, et le 5 avril, délicieux banquet aux membres du comité du bazar et aux demoiselles qui leur avaient prêté leur concours.

Les costumes de la Garde coûtent $41.00 chacun. En 1893, les costumes et insignes représentaient une somme de $900.00.

Les premières élections de la Garde, en 1891, donnèrent les résultats suivants : Capitaine, A.-P. Métras; lieutenant, J.-N. Fontaine; sous-lieutenant, Célestin Picard; sergent-major, H. Morin; sergent-fourrier, L.-J. Rioux; 1er caporal, Edmond Côté; 2nd caporal, David Pagé; éclaireur, L.-N. Normandin; porte-drapeau, J.-B. Gagnon et Emile Lebel.

Pour plus de détails au sujet de cette garde, lisez les notes de la Société St-Jean-Baptiste, la première fondée à Fall River, Mass..

C'est la 34ième société française fondée à Fall River.

CIE MILITAIRE DE LA LIGUE DES PATRIOTES

La Compagnie Militaire de la Ligue des Patriotes fut fondée le 1er février 1892, par J.-H. Lafond, qui en fut le premier capitaine.

Les membres de la Compagnie étaient recrutés dans les rangs de la Ligue et devaient suivre les règlements de l'une et l'autre organisation.

Elle avait pour but :

1o L'étude de l'art militaire,

2o De rehausser par l'entrain et la bonne discipline qui y règneront, le prestige national.

3o Par son action morale, intellectuelle et vigilante, apprendre à ses membres les beautés de l'histoire de leur race et à leur inculquer des principes d'honneur et de devoir.

4o Réunir en une seule et même famille tous ceux des Patriotes qui feront la promesse solennelle de se conformer à la majorité, en tant que celle-ci conservera l'intégrité du devoir et maintiendra haut et ferme le drapeau, le nom, la langue et l'honneur de la patrie, en se ralliant au mot d'ordre :

"Pro patria semper."
Pour la patrie toujours.

5o Créer, au moyen d'une salle de réunion, une intimité plus grande entre les membres et leur inspirer à tous des sentiments de fraternité, de charité et d'union.

6o Inculquer aux membres des principes de respect et d'obéissance à leurs chefs en général et à la société de la Ligue des Patriotes en particulier.

Elle a pour devise : "Fidèles aux drapeaux", et pour mot de ralliement : "Canada".

Les six paragraphes ci-dessus sont extraits des Règlements et statuts qui furent imprimés en janvier 1893, lors de la revision de la Compagnie.

Tout membre de la Ligue pouvait y être admis sur versement de $40, pour le paiement de son uniforme.

L'instruction militaire y était donnée en deux périodes.

La première période (de mai à octobre) était consacrée aux mouvement de tactique française, et les exercices avaient lieu sur le terrain enclos, nommé Rover's Ground, situé près de la rue Bedford.

La seconde période (d'octobre à mai) était consacrée aux mouvements élémentaires de l'instruction militaire : maniement des armes, instruction théorique, exercices d'assouplissement et de gymnastique. Ces exercices avaient lieu à la salle de la Ligue, angle des rues Bedford et Oak, les mardi et vendredi de chaque semaine, de 7.30 à 10 p. m.

Un ouvrage militaire de tactique (école du soldat de section et de compagnie), préparé par le Capitaine J.-H. Lafond, et enregistré à Washington en 1892, était mis à l'usage du militaire. Le 1er janvier 1893, cet ouvrage fut revisé par le Capitaine Lafond et accepté par la Compagnie.

Les assemblées régulières avaient lieu à la salle de la Ligue, le premier mardi du mois.

Un corps de quatorze clairons et six tambours faisait partie de la Compagnie, qui ainsi comptait un effectif de 100 membres, en 1893. Une section de gymnastique fut adjointe à la Compagnie l'hiver suivant.

La Compagnie ne payait aucune contribution, et son organisation définitive était close le 1er janvier 1893, lors de la revision des règlements.

Le 15 mai 1893, la Compagnie avait $2,000 en banque et $150 de marchandises.

Les 78 uniformes, qui étaient semblables à ceux des hussards français, avaient coûté $3,000.

En 1893, l'état-major se composait de P.-F. Péloquin, président-honoraire, chef de corps et officier-général de la Compagnie.

N.-P. Bérard, premier aide-de-camp.

Edmond Côté, second aide-de-camp.

J.-H. Lafond, capitaine, fondateur, organisateur, officier-supérieur et commandant en chef de la Cie.

Dr L.-V. Cabana, chirurgien major.

Dr Camiré, aide-chirurgien.

Henri Panneton, intendant.

Lieutenants--O. Legendre, chef de peloton; J.-D. Thibault, chef du 2ième peloton; Chs Madore, sous-lieutenant, 2ième section; A. Bérard, sous-lieutenant, 4ième section; F. Côté, adjudant, 3ième section; L. Chouinard, sergent-major, 4ième section; A. Guilbault, éclaireur-caporal-sapeur; F. Crépeau, adjudant de place; L. Normandin, éclaireur.

Le corps de manœuvre, cinq sergents—P. Mathieu, 3ième section; E. Pelletier, 2ième; Arthur Lamarre, 1ère; I. Guillemette, 4ième, et P. Poirier, sergent-fourrier.

Neuf caporaux—A. Bérard, 1ère demi-section; A. Bérubé, 2ième demi-section; J. Ouellette, 3ième demi-section; A. Bonneau, 4ième demi-section; J. Messier, 5ième demi-section; J.-B. St-Pierre, 6ième demi-section; M. Godbout, 7ième demi-section; S. Giasson, 8ième demi-section; Chs Senay, caporal-fourrier.

48 soldats—J. Arsenault, Chs Bazinet, P. Beaupré, O. Bouchard, J. Bruneau, J. Charbonneau, J. Chaput, G. Clément, L. Corriveau, A. Canuel, Aug. Dumont, J. Dion, E. Dubé, G. Fortin, C. Fauteux, A. Gamelin, Arthur Janelle, A. Gendron, A. Gourd, L. Giroux, P. Jalbert, U. Labrèche, H. Larocque, U. Langlois, N. Lafrance, Al. Messier, H. Messier, J.-A. Ménard, N. Marchand, Ph. Messier, P. Madore, J.-B. Parisault, E. Pelletier, Th. Petit, A. Roussel, J. Ross, S. Roy, J. Sirois, Ol. Salvas, E. St-Amand, O. Tremblay, Ph. Viens, E. Lachapelle, J.-A. Audette, Ph. Durant, Jos. Bélanger, Olivier Cloutier et A. Duhamel.

Formant un effectif de 78 membres, soit : 19 membres hors cadre, 59 en manœuvre. Donnant 15 hommes par section, pour les 1ère et 2ième, et 14 pour les 3ième et 4ième.

En juillet 1893, P.-F. Péloquin fut réélu président de la Compagnie. C'est sous son administration que la Ligue a fait l'acquisition de son magnifique édifice.

De l'année 1885 à 1893, la Ligue des Patriotes a fait des recettes au montant de $30,767.76, et des dépenses au montant de $29,466.58.

Le 4 juin 1893, eut lieu à l'église Ste-Anne, une grand'messe militaire et bénédiction des uniformes et fanions de la Compagnie Militaire de la Ligue. La cérémonie fut imposante. Une grande foule y assistait. La Ligue des Patriotes, précédée de la Compagnie Militaire, assistait en corps.

La Compagnie Militaire fut dissoute le 18 juin 1896, et réorganisée le 5 novembre suivant.

Le 6 juin 1907, la Compagnie Militaire fut encore dissoute. Mais elle fut réorganisée l'année dernière, sous le nom de Garde d'Honneur et avec Antoine Rivard, comme capitaine, et A. Lamarre, E. Lebel, Ls Laroche, O. Ste-Marie, Eugène Lavoie, Em. Gagnon, A. Bouvier et A. Dupuis, comme aides.

C'est la 35ième société française fondée à Fall River.

UNION OUVRIERE

La date de fondation de l'Union Ouvrière n'est pas certaine. Tout ce qu'on sait à ce sujet, c'est qu'elle existait avant l'Union Franco-Américaine. Cette dernière fut fondée le 29 novembre 1892, sous le nom de Union Ouvrière. Mais, trois mois plus tard, en février 1893, les fondateurs ayant découvert qu'il existait déjà une autre société de ce nom, nommèrent la leur Union Franco-Américaine.

C'était la 36ième société française fondée à Fall River.

UNION FRANCO-AMERICAINE

L'Union Franco-Américaine fut fondée au Village Globe, le 27 novembre 1892.

Louis Picard fut le premier à l'œuvre, et en quelques semaines il avait pu réunir quelques compatriotes pour organiser cette nouvelle société nationale.

Les premières séances furent tenues les dimanches après-midi, au magasin de J. Bouffard, rue Aetna.

Vers le milieu de novembre suivant, Chs-E. Boivin se joignit à Louis Picard pour pousser l'organisation.

Louis Picard nomma d'abord cette société "L'Union Ouvrière," et ce nom fut accepté par les 25 membres qui furent enrolés dès la première séance, qui fut présidée par Alfred Plante, avec Alexandre Thuot comme secrétaire.

A la séance du 4 décembre suivant, 36 membres furent enrolés, et à la suivante, 29 autres.

Le 11 décembre, les premières élections donnèrent le résultat suivant : Le R. Père Sauval, chapelain; A.-E. Fournier, président; C.-E. Boivin, vice-président; Chs-G. Viau, secrétaire-archiviste; H.-L. Thuot, secrétaire-correspondant; J.-B. Bouffard, trésorier; Napoléon Bouffard, collecteur-trésorier; Alfred Plante, ass.-coll.-trésorier; Ls Picard, commandant.

En 1893, l'Union commença à tenir ses séances à la petite salle Rivard, rue East Main.

Un comité fut bientôt nommé pour organiser un grand carnaval qui s'ouvrit le dimanche-gras, à la salle Lincoln, par une séance littéraire et musicale. Des discours furent prononcés par H.-A. Dubuque,

Dr St-Germain, P.-F. Péloquin, Chas-E. Boivin et J.-C. Lavoie. Un grand banquet fut donné à la même salle, le mardi-gras.

En février 1893, un comité composé de MM. Picard, Lavoie, Plante, Bouffard, Boivin et Viau, fut nommé pour reviser la constitution, qui fut lue en deux ou trois séances consécutives, et finalement adoptée le 26 mars.

Le 12 mars, M. Boivin avait proposé de changer le nom de la société et de la nommer l'Union Franco-Américaine, parce qu'une autre société portait déjà le nom de Union Ouvrière. Ce changement fut approuvé.

Les élections du 2 avril 1893 donnèrent le résultat suivant : Rev. Père Sauval, chapelain; A.-E. Fournier, président; Aquilas Lamontagne, vice-président; C.-E. Boivin, secrétaire-archiviste; H. Lamoureux, ass.-sec.-arch.; Alex. Thuot, secrétaire-correspondant; J.-B. Bouffard, trésorier; Napoléon Bouffard, collecteur-trésorier; Alfred Plante, ass.-coll.-trésorier; D. Bouffard, commandant.

Après ces élections, un comité composé de J.-C. Lavoie, Aquilas Lamontagne et Alfred Plante fut nommé pour faire incorporer l'Union.

L'Union décida bientôt d'acheter le terrain situé à l'angle des rues East Main et Palmer, au prix de $2,200, et de faire une salle de réunion dans la bâtisse qui s'y trouvait sise.

La première assemblée légale de l'Union incorporée eut lieu le 2 mai 1893, au bureau de l'avocat H.-A. Dubuque, sous la présidence de A.-E. Fournier et le secrétaire-archiviste temporaire C.-E. Boivin.

On procéda ensuite à l'adoption de la constitution et des règlements.

A la même séance du 2 mai 1893, les officiers

vants furent élus : A.-E. Fournier, président; A.-F. Lamontagne, vice-prés.; C.-E. Boivin, sec.-arch.; A. Thuot, sec.-corr.; Jos. Bouffard, trésorier; Nap. Bouffard, coll.-trés.; H. Lamoureux, ass.-coll.-trés.; Désiré Bouffard, commandant.

Le 9 mai 1893, la société tenait sa première assemblée à la nouvelle salle, et le 26 suivant, elle recevait sa charte d'incorporation.

Le 20 juin, Louis Picard remplaçait D. Bouffard, commandant démissionnaire.

Le 16 juillet, A.-E. Fournier, C.-E. Boivin, J.-B. Bouffard, Ls Picard et Théophile Lebel représentaient l'Union à la bénédiction de l'orphelinat St-Joseph.

Le 1er août, l'Union recevait et acceptait sa constitution.

Le 18 juillet, J.-C. Lavoie remplaçait A.-F. Lamontagne, à la charge de président, et N. Plante et J.-B. Pelletier remplaçaient Alex. Thuot et M. Plante, aux charges de sec.-corr. et d'ass.-coll.-trésorier.

Le 11 avril 1896, l'Union donnait un grand bazar.

Voici quelques bureaux d'officiers:

En 1899—Prés., Ls Picard; secr., V.-N. Côté; trés., J. Durand.

1900—Prés., Ls Picard; secr., V.-N. Côté; trés., Jos. Gagnon.

1901—Prés., Ls Cormier; secr., V.-N. Côté; trés., Olivier Méthé.

1902-3-4-5-6-7-8—Prés., Ls Picard; secr., V.-N. Côté; trés., Olivier Méthé.

1909—Prés., Ls Picard; secr., V.-N. Côté; trés., Pierre Côté.

C'est la 37ième société fondée à Fall River.

GARDE D'HONNEUR DE L'U. CAN. ST-J.-B.

Le 17 mai 1893, l'Union Canadienne St-Jean-

Baptiste accordait à ses jeunes membres la permission de former une garde d'honneur sous la dépendance de l'Union, pour la représenter ou l'accompagner dans les parades.

Quelques jours plus tard la Garde d'Honneur était organisée, puis des uniformes et insignes étaient achetés.

Voici la liste des officiers fondateurs de cette garde, en 1893 :

Capitaine, Philéas Lapointe; lieutenant, Narcisse Lapointe; sous-lieutenant, Avila Delorme; sergent-major, Willie Lapointe; sergent-fourrier, Philippe Larivière; caporaux, Pierre Gagnon, Chs Patenaude; officier éclaireur, Ths Provençal.

Ces officiers commandaient les soldats suivants : Philippe Dorion, François Côté, Henri Pratte, Ths Ménard, Paul Banville, Stanislas Bouthiller, Antoine Delorme, Adélard Lapointe, Joseph Roy, J.-B. Bellemarre, Napoléon Lacroix, Edouard L'Archevêque, David Lapointe, Magloire Tanguay, Alexandre Charette, Omer St-Germain, Rémi Delorme, Charles Moisan, Napoléon Desmarais.

Les successeurs du Capitaine Lapointe sont les suivants : Michel Benjamin, P. Dorion, Henri Lafond, Chs Patenaude, Chs Lacroix, Alexandre Lavoie, J.-B. Caron, Philippe Larivière, Marcel Godbout.

Henri Lafond est le capitaine de la Garde en 1909, Georges Parent, fils, assistant-secrétaire-archiviste et secrétaire-correspondant.

La Garde d'Honneur de l'Union Canadienne St-Jean-Baptiste est la 38ième société fondée à Fall River et elle est majeure à tous les points de vue.

Pour plus de détails, prière de relire les notes de l'Union Canadienne précédemment publiées dans ce guide.

CLUB LAFAYETTE

D'après les informations reçues, le Club Lafayette aurait été fondé à Bowenville, vers l'an 1893. C'était un club politique indépendant.

Une salle avait été ouverte dans le haut de la rue North Main, et tout marchait on ne peut mieux dans les premières années. Mais en 1900, la division se mit dans les rangs au sujet d'une salle de poule, et plusieurs membres se retirèrent, pour fonder le Club Mercier qui existe encore, comme on le verra plus loin.

Le Club Lafayette fut réorganisé vers 1906, pour durer jusqu'à nos jours.

En 1906, Edouard Gagné en était le président.

En 1908, le bureau se composait des officiers suivants : Président, Edouard Gagné; secrétaire, Mastaï Gascon; trésorier, Alfred Gagnon.

Voici le bureau de 1909: Président, Edouard Gagné; secrétaire, Arthur Lemaire; trésorier, François Perron.

La salle du club se trouve, rue Wellington, no 53.

C'est la 39ième société fondée à Fall River.

CERCLE UNION

Le Cercle Union fut fondé en février 1894.

Voici ses bureaux d'officiers, année par année, jusqu'à nos jours.

En 1894—Président, A.-E. Fournier ; sec., C.-J. Viau ; trés., J.-B. Bouffard.

1895–96—Prés., Alexis Lessard ; sec., Jos. Marchand ; trés., Israël Picard.

1897—Prés., Alexis Lessard ; sec., Jos. Ledoux; trés., Israël Picard.

1900–01—Prés., L.-G. Destremps ; sec., C.-J. Picard ; trés., Israël Picard.

1905—Prés., C.-J. Picard ; sec., Arthur Fournier ; trés., U.-J. Dufault.

1906-07—Prés., C.-J. Picard ; sec., Léo. Pouliot; trés., U.-J. Dufault.

1908—Prés., C.-J. Picard ; sec., Léon Pouliot ; trés., N.-V. Charron ; collecteur, Ths Pinault.

1909—Prés., L.-S.-B. Pouliot ; sec., Alfred Lizotte ; trés., J.-A.-W. Bouvier : coll., Edéas Delisle.

En juillet 1909 : Prés., Hubert Thériault ; vice-prés., G.-T. Desjardins ; sec., J.-E. Amiot ; trés., C.-J. Picard ; percepteur, E.-J. Delisle ; comptable, A. Fournier ; membres du comité, Gonzague Boyer, U.-J. Dufault et Z. Caron.

Il a été décidé de tenir dorénavant les assemblées régulières le premier mercredi du mois, au lieu du lundi.

C'est la 40ème société nationale fondée à Fall River.

CLUB LA BOUCANE

Le Club La Boucane fut fondé en 1895 et dissout en 1897, réorganisé en 1902 et désorganisé en 1904.

C'était un club social, littéraire et d'amusements.

Les fondateurs étaient l'avocat H.-A. Dubuque, le pharmacien A.-S. Létourneau, le Dr A. St-Georges, Hubert Légaré, A.-L. Audet, les Drs Lavoie et Roy.

De 1895-97, il tint ses assemblées dans la bâtisse Hudner, et de 1902 à 1904, dans la bâtisse de la pharmacie Létourneau.

Le plus grand nombre de ses membres fut de 150.

Voici quelques bureaux de ses officiers :

1902-03—Prés., Dr A. St-Georges ; vice-près., M.-L. Lizotte ; sec., J.-A. Létourneau; trés., E. Boissonnault.

1904—Prés., M.-L. Lizotte; vice-prés., J.-A. Lé-

tourneau; sec., Antoine Viau; trés. E. Boissonnault.
C'était la 41ème société nationale de Fall River.

ARTISANS CANADIENS-FRANCAIS

SUCCURSALE FALL RIVER, NO 19

La Succursale Fall River, No 19, des Artisans
Canadiens-Français, fut fondée le 9 septembre 1897.

Voici quelques-uns des bureaux d'officiers :

En 1903-04-05—Prés., W. Roy; sec.-arch., A.-
D. Viens; trés., O.-E. Chrétien.

1906-07—Prés., F. Cadoret; sec.-arch., A.-D.
Viens; trés., O.-E. Chrétien.

1908—Prés., Alfred Meunier; sec.-arch., A.-D.
Viens; trés., F. Cadoret.

1909—Prés., Wenceslas Roy; sec.-arch., A.-D.
Viens; trés., F. Cadoret.

Depuis la fondation, 330 membres ont été admis
dans cette succursale.

Les recettes totales ont été de $26,321.86, dont
$17,000 ont été payés en bénéfices mortuaires et $5,-
174.92, aux malades.

BUREAU CENTRAL

Pour démontrer la force de la société des Artisans
Canadiens-Français, il suffit d'étudier les statistiques
suivantes:

Les recettes totales, depuis la fondation de la
Société jusqu'au 31 décembre 1907 sont comme il suit :

Pour dotations,	$2,411,925.56
Pour malades,	940,934.59
Droits d'entrée et intérêts,	380,924.92
Recettes totales,	$3,733,785.07

Les dépenses dans la même période sont comme
il suit :

Payés aux héritiers,	$1,823,040.50
Payés aux malades,	915,908.92
Dépenses totales,	$2,738,949.42
Recettes totales,	$3,733,785.07
Dépenses totales,	2,738,949.42
Surplus,	$994,835.65

Le 31 décembre 1900, un surplus de $82,001.83 a été transféré au fonds de réserve.

Au mois de septembre 1908, le nombre total des membres s'élevait à 35,221, et le surplus total d'argent à $1,098,528.72.

Plus de 47,000 réclamations ont été payées.

Les directeurs proclament avec raison que la Société des Artisans Canadiens-Français est actuellement la plus puissante organisation française en Amérique.

Nous donnons plus loin des notes au sujet de la Succursale Globe, No 156, qui fut fondée à Fall River, en juillet 1903.

CERCLE CHAMPLAIN

Le Cercle Champlain fut probablement organisé en 1897. C'était un cercle dramatique et littéraire.

Les fondateurs étaient A.-G. Pez, Chs Viau, U. Côté, Ph. Rioux et O. Massé.

Le premier bureau se composait des officiers suivants : Prés., G.-T. Desjardins; directeur dramatique, A.-G. Pez; vice-près., Mlle Duquenin; secr., Adjutor Fournier; chapelain, l'abbé Villandré; directrice de la musique, Mlle Eugénie Durocher, devenue depuis Mme Joseph Rioux.

Le Cercle joua à l'Académie de Musique, en 1899, les "Cloches de Corneville", et les répéta en 1901.

Le Cercle Champlain fut ensuite dissout, et ses principaux membres organisèrent le Cercle Fréchette, dont les notes historiques sont publiées plus loin.

CLUB FREMONT

Une organisation politique qui a joué un rôle important, à Fall River, Mass., c'est le Club Frémont. Durant quelques années, il fut le château-fort du républicanisme français de cette ville.

Il fut fondé en novembre 1898, par l'avocat H.-A. Dubuque, pour réunir en un faisceau toutes les forces républicaines françaises de Fall River, à la fin de faire donner à nos compatriotes la part des honneurs politiques, qui était due à leur influence sans cesse grandissante. C'est grâce à cette puissante organisation, si quelques-uns des nôtres les plus distingués ont pu prendre part au partage des honneurs, durant quelques années. Les effets de son œuvre se font encore sentir de nos jours.

Le Club tenait ses assemblées à la salle de La Ligue des Patriotes, durant lesquelles des débats fort importants eurent lieu, pour le grand succès de la cause républicaine française.

Voici les bureaux d'officiers que nous avons pu recueillir :

En 1901–02—Prés., F.-A. Forest ; sec., C.-E. Boivin; trés., Ed Côté.

1903–04—Prés., J.-E. Lanoie, M. D.; sec., C.-E. Boivin; trés., Ed Côté.

Dans le temps, "L'Indépendant" a publié les règlements de ce club, ainsi qu'une foule d'informations à son sujet.

GARDE DU CERCLE MONTCALM

La Garde Militaire du Cercle Montcalm a dû être

organisée en 1897, car nous en avons le bureau suivant des officiers:

Capitaine, F. Normandin; 1er lieutenant, H. Frève ; 2nd lieutenant, S. Guimond ; sec., J. Cluet ; trés., J. Joubert.

Cette garde existait encore en 1904, car dans le rapport de ''L'Indépendant'' au sujet de la bénédiction de l'église du St-Sacrement, il est dit que la Garde Militaire du Cercle Montcalm était dans la procession et commandée par le capitaine S. Guimond.

CERCLE MONTPELLIER

Une société qui joint l'agréable à l'utile, qui amuse et instruit tout à la fois, qui flatte la délicatesse de nos goûts français et la douceur de nos mœurs catholiques, une telle société merite notre franche admiration et notre généreux patronage. C'est le secret des brillants succès du Cercle Montpellier.

Dans un pays où le théâtre prêche la grossièreté des goûts anglais et la brutalité des mœurs saxonnes il fait bon d'assister de temps à autre à des représentations françaises qui parlent tout à la fois à notre esprit et à notre cœur.

Le drame français, même le moins prétentiéux, comporte toujours dans le fond des principes qui plaisent aux goûts et aux mœurs d'une nation vraiment civilisée. C'est que, voyez-vous, nos auteurs dramatiques ont tous assez d'intelligence et de talents pour pouvoir intéresser le peuple sans avoir recours à des scènes qui ne plaisent qu'aux apaches et aux sauvages. L'auteur français est toujours au moins un artiste, tandis que l'auteur anglais n'est généralément qu'un charlatan et un baise-la-piastre. C'est là toute

M. ARTHUR TALBOT,
Directeur du Cercle Montpellier

la différence qui place les deux auteurs en sens opposés.

Le Cercle Montpellier a été fondé le 25 juin 1898. Le but du Cercle est l'étude de la littérature, notamment l'art dramatique et la déclamation.

Les membres fondateurs sont : Arthur Talbot, Benoit Cyr, Ernest Lavoie, Wilfrid-C. Gamache, Emile Lavoie, Olivier Marchand, Arthur Lebeau, Camille Marchand, Dolor Paradis, Joseph Lebeau, Albéric Ménard, Georges Parent (fils), et Mlles Valentine De Champlain et Julie De Champlain.

L'assemblée de fondation eut lieu à la résidence de Arthur Talbot, rue Palmer, no 107, ainsi que la première élection des officiers, Les bureaux d'officiers sont donnés à la fin de cet article.

La constitution fut adoptée à l'assemblée régulière du premier lundi de septembre 1898.

Les membres suivants se sont joints aux fondateurs, quelque temps après la date de la fondation : Thomas Lavoie, Hormisdas Gatineau, Albert Doucet, Amédé Lamontagne, Abel Dupéré, Joseph Paradis, Thomas Boisvert, Onésime Hébert, Hugues Hébert, H. Paradis, Télesphore Rondeau, Léon Thériault, Albias Gendreau, et Mlles Rose-Anna Lavoie, Emilie Poirier, Edwilda Lacaillarde, Blanche Leduc, Philomène Doucet, Blanche Marois, Marie-Louise Marois, Eugénie Lavoie et Imelda Gamache.

Le 25 juin 1899, les Cercle débutait, en donnant à la salle Ste-Anne, au bénéfice des œuvres paroissiales, le fameux drame ''L'Etrangleur'' de Paris, qui fut répété le dimanche suivant, au même bénéfice.

Le 7 juin 1900, le Cercle donnait, à la même salle et au même bénéfice, la traduction d'Ernest Voisard, dite : ''Les Exilés de Sibérie.''

Le 8 février suivant, à l'Académie de Musique, le Cercle répétait "L'Etrangleur" de Paris.

Le 25 novembre suivant, "Le Courrier de Lyon" fut joué à la salle Ste-Anne.

Le 13 avril 1901, "Le Docteur Noir" était joué avec succès à l'Académie de Musique.

Le Cercle célébrait le troisième anniversaire de sa fondation, en juin 1901, en donnant une grande fête champêtre.

Le 18 août 1901, à l'Académie Ste-Anne, le Cercle, jouait au profit de l'œuvre paroissiale, le drame de "La Mère du Condamné".

Le 24 novembre suivant, au profit de l'œuvre paroissiale, le Cercle jouait à l'Académie Ste-Anne, "Le Dompteur", qui fut répété le 1er décembre, à l'église St-Jean-Baptiste de Maplewood.

Le 7 janvier 1902, représentation de "Monte-Cristo", à l'Académie de Musique.

Le 9 février suivant, répétition du "Dompteur", à la salle St-Joseph de la paroisse N.-D. de Lourdes, au bénéfice des orphelins.

Le 6 mai suivant, répétition des "Exilés de Sibérie", à l'Académie de Musique.

Le 9 mai, à l'Académie Ste-Anne, représentation du drame intitulé : "Carnot", au profit des œuvres paroissiales.

"L'Espionne" fut donnée, le 14 janvier 1903, à l'Académie de Musique.

Le 14 mai suivant, représentation du grand drame du "Casque de Fer", à l'Académie de Musique.

Le 9 septembre, le Cercle accepte la constitution telle que révisée par le comité autorisé.

Le 10 novembre, représentation de "Kléber", à l'Académie de Musique.

"La Petite Mionne" est représentée à l'Académie

de Musique, le 27 décembre, pour l'œuvre paroissiale.

Le Cercle accepte ensuite l'invitation d'assister en corps à l'installation des officiers des Artisans Canadiens-Français, qui eut lieu le 3 janvier 1904.

Le 27 avril suivant, le Cercle donnait une très bonne composition dramatique intitulée : "La Puissance du Crucifix", due à la plume d'Arthur Talbot et Ernest Lavoie, deux membres du Cercle.

Le 22 janvier 1905, à New Bedford, Mass., répétition de "La Puissance du Crucifix", à la salle et au bénéfice de la fédération des sociétés.

A New Bedford, le 21 mai suivant, répétition du "Courrier de Lyon", à la salle de la Fédération.

Le 17 juin, répétition de ce dernier drame à l'Académie Ste-Anne, et sous les auspices des Frères de la Doctrine Chrétienne.

Le 22 novembre, répétition de "Carnot", à l'Académie de Musique.

Le 18 avril 1906, grande soirée de famille, donnée par le Cercle à ses auxiliaires, aux salle du Club Herbette.

Le 25 juin, grande fête champêtre donnée à l'occasion du 8ième anniversaire de la fondation du Cercle, chez Thomas Lavoie, avenue Highland.

Le 11 octobre suivant, le "Martyre du Cœur" est interprété au théâtre Savoy.

Le 7 janvier 1907, "La Porteuse de Pain", au théâtre Savoy.

Le 3 mai suivant, "Tête Folle" et "Le Rêve" sont représentés au profit de l'église du St-Sacrement.

Le 15 mai, au Savoy, représentation du "Pendu."

"Jeanne la Maudite" est représentée au théâtre Savoy, le 24 octobre.

Le 19 février 1908, "L'Aveugle" tient l'affiche au Savoy.

Le 31 mai, à la salle St-Jean-Baptiste, "La Mort du Duc de Reichtadt" et "Tête-Folle" sont repétées pour le bénéfice du nouveau couvent.

Le 21 juin, à l'Académie Ste-Anne, répétition de la soirée du 31 mai, au profit de l'hôpital Ste-Anne.

Le 9 novembre, les "Aventuriers" tiennent l'affiche de l'Académie de Musique.

Le 8 janvier 1909, à l'Académie de Musique, représentation de "Jack l'Eventreur".

Le 11 mai, à l'Académie de Musique, de Fall River, et le 13 suivant, à la salle des Francs-Tireurs de New-Bedford, représentation de la "Belle Limonadière," qui fut deux succès.

Officiers nonoraires :—Président, Dr J.-N. Normand ; vice.-près., J.-B. Gaudreau.

Membres actuels du Cercle :—Ernest Lavoie, Arthur Talbot, Emile Lavoie, Ths Lavoie, Albéric Ménard, Dollard Paradis, Albias Gendreau ; Mme E. Laccaillarde-Talbot et Mlle Blanche Marois.

Bureaux d'officiers :—En juin 1898, janvier et juillet 1899 :—Président, Ernest Lavoie ; directeur-dramatique, Arthur Talbot ; gérant et trésorier, Benoit Cyr ; assistant-direteur-dramatique, Dollard Paradis ; secrétaire, Joseph Lebeau.

Le 1er janvier 1900, les mêmes officiers sont réélus à l'exception du trésorier, qui fut remplacé par Wilfrid Gamache.

Le 7 juillet 1900 :—Les mêmes officiers réélus, excepté le secrétaire qui fut remplacé par Emile Lavoie.

Le 7 janvier 1901 : Président, Ernest Lavoie, réélu ; vice.-prés., Mlle Imelda Gamache ; dir.-dram., Joseph Paradis qui fut remplacé plus tard par A. Talbot ; gérant, Benoit Cyr, réélu ; ass.-dir.-dram., Dollard Paradis ; sec., Olivier Marchand ; trés., Wilfrid

C. Gamache, réélu ; régisseur des scènes, Emile Lavoie.

L'installation des officiers de ce bureau eut lieu
le 21 janvier, chez Wilfrid C. Gamache, rue Division,
Thomas Lavoie agissant comme président installa-
teur.

En juillet 1901, tous les officiers de janvier furent élus, à l'exception du gérant qui fut remplacé
par Ths Lavoie, et du trésorier, par Benoit Cyr.

Le 6 janvier 1902, réélection du bureau de juillet
1901, exceptés le régisseur et le vice-président, qui furent remplacés le premier par Camille Marchand, et
le second, Mlle Emilie Poirier.

Le 3 février, installation du bureau de janvier, à
la salle de la Garde Napoléon, par Emile Lebel et
Onésime Hébert.

Le 8 juillet 1902 :—Président, Ernest Lavoie,
réélu ; vice-prés., Mlle Emilie Poirier, réélue ; dir.-
dram., Arthur Talbot, réélu ; gérant, Ths Lavoie,
réélu ; ass.-dir.-dram., Dollard Paradis, réélu ; secrétaire, Olivier Marchand, réélu ; trésorier, Albéric
Ménard ; régisseur des scènes, Onésime Hébert.

Le 13 janvier 1903, réélection du bureau du 8
juillet 1902, excepté le régisseur qui fut remplacé par
Télesphore Rondeau.

Le 23 février, installation solennelle des officiers
du bureau de janvier, à la salle de la Garde Napoléon
1er, par le Dr J.-N. Normand et J.-B. Gaudreau, offi-
ciers-installateurs.

Le 6 juillet, réélection des officiers du bureau de
janvier, excepté le régisseur qui fut remplacé par
Emile Lavoie.

En janvier 1904, réélection des mêmes officiers,
avec l'élection d'un assistant régisseur, Albert Doucet.

Le 11 janvier, installation publique des officiers, à la salle de l'Union Franco-Américaine, par A.-J. Brunelle et Emile Lebel.

Le 11 juillet, tous les officiers de janvier sont réélus, ainsi que le 2 janvier 1905.

Le 22 février 1905, installation publique des officiers, aux salles du Club National, par Camille Marchand et Hormisdas Gatineau.

Le 3 juillet, tous les officiers de janvier sont réélus, excepté le secrétaire qui est remplacé par Alexandre Bisaillon.

Le 8 janvier 1906, mêmes officiers réélus, exceptée la vice-présidente qui est remplacée par Mlle Edwilda Lacaillarde-Talbot.

Le 2 juillet, mêmes officiers réélus, exceptés l'assistant-régisseur et le secrétaire qui furent remplacés, le premier par H. Paradis, et le second par Abel Dupéré.

Le 9 janvier 1907, tous les officiers sont réélus.

Le 1er juillet suivant, mêmes officiers réélus. excepté le secrétaire qui est remplacé par Mlle Blanche Marois.

Le 6 janvier 1908, tous les officiers sont réélus.

Le 27 février, installation publique des officiers, à la salle des Chevaliers de Colomb, par Alexandre Bisaillon et Arthur Fournier.

Le 6 juillet 1908 et le 6 janvier 1909, les mêmes officiers sont tous réélus.

Le Cercle Montpellier de Fall River, Mass., est un des plus populaires de la Nouvelle-Angleterre. Sa dernière représentation, celle de la "Belle Limonadière," fut un grand succès sous tous les rapports, notamment quant à la pureté de l'accent français et à la clarté et netteté de la prononciation des mots, deux qualités qui manquent trop souvent chez nos amateurs d'Amérique. Nos compatriotes de ce cercle n'ont qu'à continuer dans la voie qu'ils suivent déjà, et ils cueilleront de nouveaux lauriers.

CIE COOPERATIVE DES 32 ASSOCIES

La Compagnie des 32 Associés fut organisée par A.-L. Audet, P.-L. Péloquin, H.-A. Dubuque, Joseph Nadeau, C.-E. Péloquin et le Dr S.-J. Kelley.

La Compagnie tirait son nom du nombre de ses membres qui était fixé à 32.

Le but de cette compagnie était de faire des prêts d'argents à ses membres, qui déposaient d'abord en caisse $500 chacun, en entrant dans la compagnie, afin de fournir immédiatement un fonds de $17,000. Chaque mois, un nouveau dépot d'argent devait être fait par chaque membre, pour augmenter ou du moins maintenir le premier capital.

Les premières élections d'officiers eurent lieu en janvier 1902, pour trois ans, avec le résultat suivant: Président, Victor Blanchette ; trésorier, Chs Péloquin ; secrétaire, A.-L. Audet ; procureur, H.-A. Dubuque. Directeurs : A.-J. Brunelle, Dr J.-A. Barré, Dr S.-J. Kelly, Omer Denault et Chs Letendre. Syndics : Elzéar Fournier, pour un an ; J.-A. Girard, pour deux ans, et Albert Cadoret, pour trois ans.

En 1903, Roch Lavault remplace Albert Cadoret comme syndic, et occupe cette position durant trois ans.

En 1904, A.-J. Hébert et J.-U. Gagnon remplacent Omer Denault et Chs Letendre, comme directeurs ; C.-F. Bergeron succède à Victor Blanchet dans la charge de président ; Joseph Nadeau, Roch Lavault et J.-H. Gendron sont élus syndics.

En 1905, A.-L. Audet achète tous les intérêts de la Compagnie, et il en a fait depuis un brillant succès.

LA COMEDIE FRANCAISE

La Comédie Française fut fondée en 1902, par A. L. Audet.   Elle succéda au Cercle Fréchette.

Pendant quatre ans, cette organisation dramatique fut très populaire.   Elle donna plusieurs soirées dramatiques qui furent fort appréciées.

Voici les principales pièces qu'elle joua: Les Vacances du Mariage ; les Trois Chapeaux de Femme ; la Consigne est de Ronfler ; la Chambre à Trois Lits; un Monsieur qui Prend la Mouche.

GARDE ST-DOMINIQUE

A la page 109 du présent guide, nous donnons le dernier bureau des officiers de la Garde St-Dominique.

Nous pouvons ajouter qu'elle fut fondée en 1902 et qu'elle fait partie de la Brigade de Volontaires Franco-Américains, depuis 1906.

Cette garde fait honneur à l'Association St-Dominique dont elle est dépendante.   .

SUCCURSALE GLOBE, No 156

La Succursale Globe, No 156, des Artisans Canadiens-Français, fut fondée à Fall River, en juillet 1903.

Elle a célébré plusieurs fêtes avec beaucoup de succès et a marché dans la voie du progrès depuis sa fondation.

En 1905, Narcisse Fournier était son président, et en 1906-7 et 8, c'était Auguste Lozier qui occupait cette place.   Louis Bélanger en a été le secrétaire et le trésoier, en 1905-6-7-8.

Pour des détails au sujet des Artisans Canadiens-Français, on est prié de relire les notes déjà publiées sur la Succursale Fall River, No 19.

COUR ST-SACREMENT, No 42

La Cour St-Sacrement, No 42, des Canado-Américains, fut fondée le 2 mars 1903, par l'organisateur général, Joseph Francœur, à North Tiverton, R. I., qui se trouve sur la limite méridionale de Fall River.

Près de quarante membres entrèrent dans la cour, dès la première assemblée, et les officiers fondateurs suivants furent élus : Prés., H. Lord; vice-près., H. Clermont; ex-prés., J. Gagnon; sec.-arch., A.-V. Brault; sec.-fin., J.-D. Bernard; trés., O.-A. Nadeau; chapelain, l'abbé D.-V. Delemarre.

Le bureau des officiers de 1909 se compose comme il suit : Prés., Philibert Morin; vice-près., Israël Desmarais; ex-prés., Joseph Gagnon; sec.-arch., Ferdinand Quintin; sec.-fin., A.-V. Brault; trés., A. Nadeau; 1ère garde, Joseph Lepage; 2nde garde, X. Lévesque; sentinelle externe, Arsène Germain; sentinelle interne, Alfred Otis; 1er syndic, A. Pèlerin; 2ième syndic, Eugène Roussin; 3ième syndic, H. Pratte; chapelain, l'abbé D.-V. Delemarre.

La Cour St-Sacrement compte actuellement plus de 150 membres.

VILLA FLEUR DE LYS, No 41

La Villa Fleur de Lys, No. 41, de l'Association Canado-Américaine, fut fondée à North Tiverton, R. I., le 26 mars 1903.

Cette cour de femmes offre tous les avantages des cours d'hommes. Elle paye 15 semaines de bénéfices pour maladie, de $100 à $1,000 d'assurance à la mort.

En 1904, la Villa Fleur de Lys assistait en corps à la bénédiction de l'église du St-Sacrement de Fall River, Mass.; Mme O. Nadeau en était alors la présidente.

Les assemblées régulières ont lieu les 1er et 3ème mercredis du mois.

Les élections d'officiers sont faites au mois de décembre.

Le bureau des dignitaires de 1908, était comme il suit : Présidente, Mlle Anne Lévesque ; vice-prés., Mme Clément MacDonald; ex-prés., Mme A. Belisle; sec.-arch., Mme F. Mercier ; sec.-fin., Mlle Marie Louise Brault ; trés., Mlle Cléa Brault.   Syndics : 1er, Mlle Elisabeth Rousseau ; 2ème, Mlle Elise Levesque 3ème, Mlle Eva Couture.   Gardes : ıère, Melle Alice Lévesque ; 2ème, Mlle Imelda Bouvier. Sentinelles : Externe, Mlle Varina Quintin ; interne, Mlle C. Quintin. Chapelain, l'abbé D.-V. Delemarre ; médecin, Dr J.-E. Mercier,

Voici maintenant quelques notes sur l'Association Canado-Américaine, dont la Cour St-Sacrement et la Villa Fleur de Lys dépendent.

ASSOCIATION CANADO-AMERICAINE

Cette importante association fut fondée à Manchester, N. H., le 28 novembre 1896.

Le siège officiel de l'Association est Manchester, où la haute cour est restée en permanence depuis sa fondation.   Manchester est aussi le siège du diocèse du même nom, le seul à qui revient l'honneur d'avoir à sa tête un évêque canadien, S. G. Mgr Georges-Albert Guertin.   L'avènement du premier évêque canadien-français aux Etats-Unis, créa un enthousiasme général parmi nos compatriotes, et donna lieu à deux faits remarquables dans les annales de l'Association Canado-Américaine.   D'abord, celui d'avoir contribué par souscriptions volontaires, le montant le plus élévé pour l'achat d'une superbe crosse présentée à S. G. Mgr Guertin.   Ensuite la fondation de la 1ère cour, le 28 novembre, 1896, sous le nom de St-Georges, patron de notre premier évêque canadien-français.

L'Association fut reconnue par l'état de New Hampshire, comme Association Volontaire, le 14 mai 1897.

La première convention de l'Association fut tenue à Manchester, N.-H., du 28 août au 7 septembre 1898. Le nombre des membres était alors de 466. C'est à cette convention que la première constitution fut adoptée et que le 1er bureau général fut choisi comme il suit : Chapelain général, l'abbé J.-H.-C. Davignon ; prés.-gén., T.-G. Biron ; vice-prés.-gén., Imogène Desrosiers ; sec.-gén., F.-H. Auger ; trés.-gén., Alfred Narbonne ; méd.-gén., Dr P.-G. Laberge. Directeurs généraux, Guillaume Bergeron, Joseph Gosselin, Vital Fortier, L.-S. Boivin et Norbert Descoteaux.

La deuxième convention eut lieu à Manchester, N.-H., le 21 juin 1899. Elle comptait 28 délégués, y compris les officiers de la haute cour. Michel Lussier fut alors élu secrétaire-général. L'Association comptait alors 8 cours et 628 membres.

Le 21 mai 1900, fut organisée la première villa composée de femmes, sous le nom de Villa Marie Antoinette, No 1, à Manchester, N. H.

Le 26 juin 1900, s'ouvrait la troisième convention, avec 29 délégués et 11 officiers de la haute cour. Il y avait 16 cours et 4 villas, comprenant 1436 membres dont 1301 hommes et 135 femmes.

Le 25 juin 1901, quatrième convention annuelle, composée de 57 délégués et 15 officiers de la haute cour. L'Association comptait alors 2126 hommes et 981 femmes; soit 3107 membres en tout, partagés en 24 cours et 23 villas.

Les 8, 9 et 10 juillet 1902, avait lieu la cinquième convention, avec 111 délégués et les officiers de la haute cour. Il y avait alors 38 cours et 37 villas comprenant 3749 hommes et 2152 femmes, soit un total de 5901 membres.

Le 2 mars 1903, institution de la Cour St-Sacrement, No 42, à North Tiverton, R. I., et le 26 du même mois, la Villa Fleur de Lys est instituée dans la même localité.

Le 22 mai suivant, l'Association obtient le droit de faire des affaires légales dans le Michigan.

Les 19 et 20 juillet 1904, sixième convention, à Franklin Falls, N. H., avec 111 délégués. Il y avait alors 45 cours et 45 villas, avec 306 membres dans le Michigan, 660 dans le Rhode Island et 4948 dans le New Hampshire. Les cours comptaient 3359 membres les villas 2412 et les succursales 143, soit un total de 5914 membres. A cette convention, Calixte Morin fut élu secrétaire général par la haute cour.

Le 8 septembre 1905, l'Association obtient le droit de faire des affaires légales dans le Connecticut.

En août 1906, septième convention, à Keene, N. H., avec 141 délégués et les officiers de la haute cour. L'Association comptait 8803 membres.

Au 1er juillet 1908, l'Association Canado-Américaine comptait 7535 membres dans le New Hampshire, 1441 dans le Rhode Island, 478 dans le Michigan, 257 dans le Connecticut et 1125 dans la Province de Québec, soit un total de 10,836 membres.

L'Association compte un total de 144 cours et villas réparties comme il suit : 75 dans le New Hampshire, 21 dans le Rhode Island, 12 dans le Michigan, 5 dans le Connecticut, Etats-Unis, et 31 dans la Province de Québec.

Le total des recettes, de juillet 1906 à juillet

1908, a été de \$193,214.02, et les dépenses ont été de \$185,222.38.

Depuis sa fondation, l'Association a reçu pour assurance, bénéfices de maladie et frais mortuaires, la somme de \$429,390.03, et elle a payé pour les mêmes causes, la somme de \$413,389.39.

Voici la liste des officiers de la Haute Cour de l'Association Canado-Américaine, en octobre 1908 :

Chapelain général, l'abbé E. Lessard, Manville, R. I.; chapelain général honoraire, l'abbé J.-H.-C. Davignon, Manchester, N. H.; assistant-chapelain général, l'abbé J.-L. Brodeur, Berlin, N. H.; président général, Dr A.-A.-E. Brien, Manchester, N.-H.; ex-président général, T.-G. Biron, Manchester, N. H.; 1er vice-président général, Dr J.-D.-N. Dubeau, Providence, R. I.; 2nd vice-président général, Dr Z. Vadnais, Marquette, Michigan; 3ième vice-grésident général, Dr Chs Amiot, Asbestos, P. Q.; secrétaire général, Calixte Morin, Manchester, N. H.; trésorier général, J.-A. Boivin, Manchester, N. H.; médecin examinateur général, Dr Damase Caron, Franklin, N. H.; directeurs généraux : J.-E. Bernier, Manchester, N.H.; W.-G. Dupont, Berlin, N. H.; Dr N. Létourneau, Laconia, N. H.; Alfred Ferland, Providence, R. I.; J.-B.-A. Guertin, Nashua, N. H.; Vertume Dufault, Exeter, N. H.; Dr Emile St-Hilaire, Québec, P. Q.

Au 1er novembre 1908, l'Association comptait 11,065 membres actifs.

CLUB MUSSELY

Le Club Mussely fut fondé vers l'année 1904, sous le patronage de M. l'abbé Mussely, curé de la paroisse St-Jean-Baptiste de Maplewood.

Arthur Laliberté en fut le premier président et M. le curé Mussely, le premier trésorier.

C'était un club littéraire, et il ne dura que quelque temps.

CLUB JACQUES-CARTIER

Le Club Jacques-Cartier fut fondé à Bowenville, le 2 mai 1904.

Il tient ses assemblées les 1er et 3ème mardis de mois.

Le Club Jacques-Cartier eut des débuts fort modestes, comme d'ailleurs toutes les organisations du genre. Les obtacles à surmonter ont été nombreux, mais grâce à l'esprit d'initiative et à l'activité persévérante de ses membres, il a grandi et prospéré.

S'instruire tout en se récréant, en d'autres termes, joindre l'utile à l'agréable, tel était le double but à atteindre. Ce double but, nous le constatons avec plaisir, a été atteint amplement. Qui ne se rappelle les nombreuses conférences et les célèbres réunions politiques, données sous les auspices du Club Jacques Cartier? Qui n'a pris part aux fameux dîners aux moules de nos clubistes les Jacques Cartier ?, etc.

Le nombre des clubistes est limité à vingt membres actifs et à sept membres honoraires. Le club a ses quartiers-généraux sur les bords toujours enchanteurs de la rivière Taunton, au pied de la rue Essex. Sa maisonnette a été construite par les membres dans leurs heures de loisir.

Un membre du club fait partie du comité républicain de la ville. Quelques-uns des membres ont, tous les ans, pris part aux conventions politiques soit d'Etat, soit de ville. Un membre faisant aussi partie du bureau général de la Brigade de V. F. A. N.-A. La popularité du club va sans cesse grandissante.

Les officiers qui président actuellement aux destinées du club Jacques Cartier sont les suivants :

Prés., Geo. Parent, fils; vice-prés., J. Bilodeau; sec.-arch., T. Grenier; sec.-corr., S. Grenier; trés., P. Dorion; percepteur, W. Lapointe; directeurs, J. Lavoie, P. Forbes et E. Parent.

Comité Politique—P. Dorion, prés.; P.-M. Rioux, sec.; A. Lapointe, J. Lavoie, A. Lavoie.

Membres actifs—Geo. Parent, fils, Joseph Lavoie, Philippe Dorion, Alphonse Lavoie, Ernest Parent, Joseph Bilodeau, Alphonse Boucher, Isidore Lavoie, Willie Lapointe, Adélard Lapointe, Joseph Forbes, Télesphore Grenier, Joseph Audet, Stanislas Grenier, Achille Thibault, Pierre Forbes, Philippe-M. Rioux, Philéas Gaudreau, Asidace Delorme, Cyprien Côté.

UNION MEDICALE

L'Union Médicale de Fall River fut fondée en 1905. La première assemblée eut lieu le 27 janvier. Etaient présent à cette assemblée, les docteurs P.-A. Collet, Napoléon Beaudet, J.-E. Mercier, J.-N. Landry, J.-S. Leboeuf, J.-A. Barré, J.-P.-A. Garneau, P.-T. Crispo, A. St-Georges, J.-E. Huard, Adélard Fecteau, J.-A. Archambault, F. de B. Bergeron, J.-E. Lanoie, J.-N. Normand, A. Maynard, Guillaume Blanchette et un nommé S.-J. Kelly.

A la seconde assemblée le 15 février 1905, la constitution fut adoptée.

Les assemblées régulières eurent lieu d'abord le 1er mercredi du mois, au bureau du Dr St-Georges ; mais depuis 1907, elles sont tenues, chaque saison, à la salle de la "Fall River Medical Society."

Voici le but de cette société :

Avancement scientifique et étude des questions d'intérêt personnel ; donner à ses membres l'avantage de se connaître et d'établir entr'eux une solidarité propre à dissiper les préjugés et la défiance, qui sont toujours si préjudiciables aux intérêts généraux des professionnels.

Les seuls médecins diplomés, enrégistrés et de langue française sont admis dans l'Union.

La première élection des officiers, le 27 janvier 1905, eut le résultat suivant : Président-honoraire, Dr J.-B. Chagnon ; président actif, Dr P.-A. Collet ; 1er vice-prés., Dr J.-E. Huard ; sec.-trés., Dr F. de Bergeron. Le 15 février suivant, le Dr J.-N. Landry fut élu bibliothécaire.

Deuxième élection, le 20 décembre 1905, pour six mois : Président, Dr S.-J. Kelley ; 1er vice-prés. Dr J.-A. Barré ; 2nd vice-prés., Dr J.-S. Leboeuf ; sec.-trés., Dr F. de B. Bergeron ; ass.-sec.-trés., Dr J.-P.-A. Garneau ; bibl., Dr J.-A. Landry.

Troisième élection, le 20 juin 1906 : Prés.-hon., Dr S.-J. Kelly ; près.-actif, Dr J.-A. Barré ; 1er vice-prés., Dr P.-A. Crispo ; 2nd vice-près., Dr Guillaume Blanchette ; sec.-trés., Dr F. de B. Bergeron ; ass.-sec.-trés., Dr J.-N. Normand ; bilb., Dr J.-E. Huard.

Quatrième élection, le 7 janvier 1907 : Prés.-hon., Dr J.-A. Barré ; prés.-actif, Dr P.-T. Crispo ; vice-prés., Dr J. N. Normand ; sec.-trés., Dr F. de B. Bergeron ; ass.-sec.-trés., Dr J.-E. Mercier ; bibl., Dr Guilaume Blanchet.

Cinquième et sixième élection, en 1908 et 1009 : Prés-hon., Dr P.-T. Crispo ; prés.-actif, Dr J.-N. Normand; vice.-prés., Dr Guillaume Blanchet ; sec.-trés., Dr F. de B. Bergeron ; ass.-sec.-trés., Dr J.-E. Mercier ; bibl., Dr A. St-Georges.

CERCLE FRECHETTE

Le Cercle Fréchette fut fondé en 1899, par A.-L.

Audet, qui en fut le directeur jusqu'à sa dissolution, en 1902.

C'était un cercle littéraire et dramatique. Les drames suivants furent représentés avec grand succès : Le Doigt de Dieu, Le Chapeau de Paille d'Italie, Nos Intimes, de Victorien Sardou; La Closerie des Janets et quelques autres.

Plusieurs de ses membres avaient appartenu au Cercle Champlain, dissout en 1899.

CLUB SOCIAL DU CITOYEN

Le Club Social du Citoyen, du 6ième quartier ou Flint, a dû être fondé vers 1898 et devait être politique. Nous n'en pouvons donner que les bureaux d'officiers suivants :

En 1899—Prés., G.-T. Desjardins; secr., J.-H. Raboin; trés., N. Marchand.

1900—Les mêmes officiers avec A.-J. Roy comme collecteur.

1901—Prés., G.-T. Desjardins; sec. et coll., A.-J. Roy; trés., N. Marchand.

1902—Prés., J.-H. Raboin; sec., A.-J. Roy; trés., N. Marchand; coll., E. Cournoyer.

1903—Prés., J.-H. Raboin; sec., A.-J. Roy; trés., N. Marchand; coll., L. Trépanier.

1904—Prés., F.-X. Patenaude; vice-prés., Eug. Morrissette; sec., A.-J. Roy; trés., N. Marchand; trés., E. Cournoyer.

1905—Prés., L. Pouliot; vice-prés., J.-A. Barthe; sec., A. Lizotte; trés., N. Marchand; coll., D. Raboin.

1906-7—Prés., J.-E. Amiot; vice-prés., H. Thériault; sec., A. Lizotte; trés., N. Marchand; coll., L. Trépanier.

1908—Prés., J.-H. Raboin; vice-prés., A. Raymond; sec , J.-A. Paradis; trés., N. Marchand; coll., L. Trépanier.

JEUNE GARDE DU SACRE-CŒUR

Nous avons déjà donné des notes sur cette Garde à la page 157 de ce guide. Nous leur ajouterons ce qui suit :

Cette Garde fait partie de la Brigade de Volontaires Franco-Américains, depuis 1906.

Elle est commandée par le capitaine L.-J. Rioux, de la rue Massasoit, no 39, Fall River, Mass.

GARDE NOTRE-DAME

La Garde Notre-Dame fut fondée le 13 octobre 1899. Elle fait partie de la Brigade de Volontaires Franco-Américains depuis 1906.

A son assemblée régulière, tenue en juillet 1909, ont été élus et installés les officiers suivants :

Commandant en chef, J.-N. Gendreau; officier-éclaireur, Albert Gendreau; capitaine, E.-J. Gendreau; 1er lieutenant, Anatole Caron; sergent-major, E.-L. Gendreau; sergent-fourrier, W.-D. Desprez; capitaine-instructeur, L.-J. Rioux.

CLUB MERCIER

Le Club Mercier, organisation de politique indépendante, fut fondée vers l'année 1900, à Bowenville.

Il tient son assemblée mensuelle, le 1er mardi du mois, et fait ses élections d'officiers en janvier et juillet.

Le Club Mercier se composa d'abord de quelques membres du Club Lafayette, quand la division entra dans ses rangs, au sujet d'une salle de poule (pool).

Il compte maintenant 30 membres, qui possèdent une jolie salle, rue North Main, No 2053.

En juillet 1909, les officiers suivants furent élus : Président, J.-B. Bellavance; sec.-arch., A. Rousselle; trés., M. Dugast; collecteur, B. Charest.

CLUB LAURIER

Le Club Laurier a été fondé vers l'année 1901, pour fin de naturalisation.

Voici les bureaux d'officiers :

En 1901—Prés., Chs Letendre; sec., J.-D. Lincourt; trés., A. Lamoureux.

1902—Prés., Chs Letendre; sec., J.-B. Belisle; trés., A. Lamoureux.

1903—Prés., S. Quintin; sec., J.-B. Belisle; trés., A. Lamoureux.

1904—Prés., S. Quintin; sec., P.-E Larivière; trés., A.-L. Audet.

1905-6-7—Prés., S. Quintin ; sec., C.-F. Bergeron ; trés., Jospeh Girard.

1908-9—Prés., Chs Letendre ; sec., J.-D. Lincourt ; trés., Jos. Gagnon.

Le Club Laurier tient ses assemblées chaque dimanche, rue Brightman, no 139.

ASSOCIATION ST-DOMINIQUE

Nous n'avons que quelques notes à ajouter aux pages 106--7-8 et 9, que nous avons déjà publiées au sujet de l'Association.

Nous avons trouvé les deux bureaux d'officiers suivants dans le guide anglais :

En 1903 : Prés., Benoit Cyr ; vice-près., Philéas Proulx ; sec., Roméo Fournier ; trés., le R. Père Henri Thériault.

1904 : Prés., Philéas Proulx ; vice-prés., Pierre Boulanger ; sec., Arthur Blanchet ; tiés., Zénon Ratté.

Le R. Père Doyon, arrivé à Ste-Anne à la fin d'août, a été chargé de la direction spirituelle des membres de l'Association.

GARDE D'HONNEUR ST-JOSEPH

La Garde St-Joseph dépend de la société Saint-Joseph dont nous avons déjà donné des notes, page 157 de ce guide.

Cette garde fut fondée le 8 mars 1901, et elle fait partie de la Brigade de Volontaires-Franco-Américains depuis 1906.

Elle est sous le commandement du capitaine Joseph Caron, de rue Choate, no. 75, Fall River.

CLUB HERBETTE

Voici les bureaux d'officiers du Club Herbette :

En 1901—Prés., A.-J. Brunelle ; vice-près., Philippe Desruisseaux; sec.-arch., Arthur Lord; sec.-fin., P. Campbell ; trés., R.-P. Parenteau.

1902—Prés., et trés., A.-J. Brunelle ; sec.-arch., E. Gadoury ; sec.-fin., P. Campbell.

1903—Prés., et trés., A.-J. Brunelle ; sec.arch., Oscar Hamel ; sec.-fin., Amable Denault ; collecteur F.-X. Boisseau.

1904—Prés. et trés., A.-J. Brunelle ; sec.-arch., Oscar Hamel; sec.-fin., A. Denault; coll., A. Lozier.

1905—Prés. et trés., A.-J. Brunelle; sec.-arch., V. Paquette; sec.-fin., A. Denault; coll., A. Lozier.

1906-7—Prés. et trés., A.-J. Brunelle; sec.-arch., O. Hamel; sec.-fin., J. Gagnon; coll., A. Lozier.

1908—Prés. et trés., A.-J. Brunelle; sec.-arch., O. Hamel; sec.-fin., H. Fournier; coll., A. Lozier.

1909—Prés. et trés., A.-J. Brunelle; sec.-arch., O. Hamel; sec.-fin., H. Fournier; coll., A. Corbin.

Le Club Herbette tient ses assemblées régulières, rue South Main, no 1923, les 1er et 3ième mardis du mois.

FANFARE STE-ANNE

A la page 117 du présent guide, nous avons déjà publié des notes sur la Fanfare Ste-Anne. Voici quelques autres détails à son sujet :

La fanfare Ste-Anne fut organisée par le R. Père Grolleau, sous le nom de Fanfare St-Dominique, vers l'année 1903.

Le premier directeur de la Fanfare St-Dominique fut le Prof. Proulx; le deuxième, le Prof. H.-L. Thuot, et le troisième, le Prof. Wm. Hollison.

En 1906, elle était réorganisée sous le nom de Fanfare Ste-Anne, et le Prof. Spirlet, de New Bedford, en fut alors le directeur. Le Prof. L. Sicotte succéda au Prof. Spirlet, et depuis mai 1908, elle est dirigée par le Prof. Chs Métayer.

Les 28 membres qui la composent maintenant tiennent leurs assemblées à la salle Ste-Anne, tous les mercredis soir.

Oliva Ste-Marie en est le président depuis la réorganisation; Philéas St-Denis a remplacé Joseph Marois, en janvier 1909, en qualité de secrétaire-archiviste et trésorier.

L'uniforme de la fanfare est au complet.

En janvier 1907, la Fanfare Ste-Anne a donné un grand concert, à son profit, à la salle Ste-Anne.

Elle a figuré à toutes les grandes fêtes de la paroisse Ste-Anne et à plusieurs autres célébrations locales.

GARDE LASALLE

La Garde Lasalle fut organisée le 6 octobre 1905. Louis Bernard est le capitaine actuel de cette garde.

La Garde Lasalle fait partie de la Brigade de Volontaires Franco-Américains, depuis 1906.

CLUB DES MONTAGNARDS

Le Club des Montagnards fut organisé en septembre 1905, par Arthur Fournier, Luc Chassé, Stanislas Bergeron, Delphis Frenette, Auguste Hébert, Georges Desrochers, Evariste Desrochers, Adélard Boissonnault, Arthur Lauzier et Sévérin Laliberté.

C'est un club littéraire, politique et social.

Les élections d'officiers ont lieu en juillet et en décembre, et les assemblées régulières, les 1er et 3ième mercredis du mois.

Il compte 40 membres et tient ses assemblées dans une salle de la rue King Philip.

. Officiers de 1909—Président, A.-J. Fournier; secrétaire, Luc Chassé; trésorier, Evariste Desrochers.

CERCLE TOURAINE

Le Cercle Touraine, une organisation sociale et d'amusements, fut fondée en 1905 et dissout en 1908.

Le nombre des membres était fixé à 30.

Sa salle se trouvait au-dessus de la pharmacie Gaudreau, rue Pleasant, no 1508.

Il donna plusieurs banquets et parties de whist.

En 1908, dame discorde mit fin à ce cercle, qui avait pourtant remporté de jolis succès.

Officiers de 1903—Prés., J.-C. Roy; sec., A. Thibodeau; trés., E.-E. Côté.

En 1906 et 1907, Eugène Morissette, président.

1908—Prés., O.-J. Rousseau; sec., J.-A. Montigny; trés., J.-A Baudin; coll., J.-E.-E. Amiot.

GARDE NATIONALE INDEPENDANTE

La Garde Nationale Indépendante a été organisée le 20 décembre 1905, à la Flint.

Le 12 août 1909, elle a fait une parade dans Fall

River, à l'occasion de son "Flag Party", qui a eu lieu à la salle St-Joseph, rue Bassett.

En novembre 1908, elle est entrée dans le 1er régiment de la Brigade de Volontaires Franco-Américains.

Officiers de 1909—Major, J. Parent; capitaine, E. Parent; 1er lieutenant, C. Béland; 2nd lieutenant, E. Lavoie; sergent-quartier-maître, P. Béland; sergent de couleur, W. Joly; 1er sergent, A. Boivin; 2nd sergent, A. Côté; 1er caporal, H. Bazinet; 2nd caporal, J. Lavallée; clairon, Antonio Parent.

CLUB DES 20 ASSOCIES

Tout ce que nous savons au sujet de ce club, c'est que le 17 octobre 1905, il donnait un grand banquet. Arthur Talbot, président de la Garde Napoléon Ier, représentait sa Garde à ce banquet. En 1908, il assistait à l'installation des officiers de la Garde Napoléon Ier.

FANFARE ST-ANTOINE

La Fanfare St-Antoine est composée des membres de la Jeune Garde de ce nom. C'est un corps de fifres et de tambours, qui a été organisé en 1909.

Voici la liste de ses officiers :

Prés., A. Biron; vice-prés., W. Fahey; trés., L. Lacroix; sec., O. Biron; 1er fifre, W. Fahey; 1er tambour, A. Biron; directeur, M. Després; major, A. Biron.

ORPHEON FRANCO-AMERICAIN

L'Orphéon Franco-Américain fut fondé au printemps de 1909, par le Prof. H.-L. Thuot, organiste et maître de chapelle de Ste-Anne.

Les 50 voix d'hommes du chœur de chant de Ste-Anne en sont les membres.

Une répétition par mois a lieu au magasin du directeur, H.-L. Thuot.

Le but de l'Orphéon est de rehausser les offices religieux de nos paroisses.

L'Orphéon se fit entendre au concert des Sœurs Dominicaines, qui fut donné lors de la conférence sur le Labrador, à l'Académie de Musique.

Trois semaines plus tard, il prêta son concours au concert de l'Union St-Jean-Baptiste d'Amérique, à l'Académie de Musique.

Il fit aussi de la musique à la partie de whist de la Cour Ste-Anne, C. O. F.

CERCLE LYRIQUE ET DRAMATIQUE

Le Cercle Lyrique et Dramatique, comme son nom l'indique, est une organisation littéraire, musicale et dramatique.

Voici ses principaux dignitaires : Directeur dramatique, A.-G. Pez; directeur musical, E. Plante; pianiste accompagnateur, Prof. D. Plante; soprano, Mlle A. Massé; contralto, Mlle A. Côté; tenor, L. Lévesque; baryton, J.-A. Paradis; 1ère basse, H. Côté; 2nde basse, A. Massé.

Ses principaux acteurs sont : N. Goulet, J.-A. Paradis, L.-R. Bouchard, A. Côté, E. Guimond, A.-G. Pez, C. Gamache, L. Boulé, Mme J.-A. Paradis et Mlles B. Béliveau, M.-A. Beaulieu et L. Bérubé.

Le 27 mai 1909, le Cercle Lyrique et Dramatique a donné à l'Académie de Musique, et avec beaucoup de succès, "Les Boulinards", la comédie en 3 actes Ordonneau, Valabrègue et Kéroul.

UNION DES CHARPENTIERS ET MENUISIERS

Napoléon Lauzon eut le premier l'idée de fonder une union française des charpentiers de Fall River,

Mass. Il fut bientôt secondé par plusieurs des plus importants de ses confrères.

Le 1er juin 1891, l'Union des Charpentiers et Menuisiers était fondée par les membres français de l'union anglaise. La première élection eut lieu le même mois, et N. Mailloux fut élu président.

En janvier 1892, Louis Cormier remplaçait N. Mailloux, à la charge de président, et au mois de juillet 1893, il donnait sa résignation. Les autres officiers à cette dernière date, étaient les suivants : Vice-prés., Paul Saucier; sec.-fin., Hippolyte Richard; sec.-arch., Alphonse Lavallée; conducteur ou directeur, Joseph Caron ; gardien, Joseph Brodeur ; syndics, Arthur Perrault, F. Lemieux et J. Ruel.

Le 12 avril 1893, à la salle des peintres, angle des rues Pleasant et Third, une assemblée fut tenue à la fin de recruter des membres et d'organiser une réclame d'augmentation de salaire. Des orateurs prononcèrent des discours à cette fin.

L'Union tenait ses assemblées deux fois par mois.

Les bénéfices de l'Union étaient comme il suit : Les malades ou estropiés recevaient $3.50 par semaine, jusqu'au moment du rétablissement complet. A la mort, elle donnait $100 au membre qui avait été six mois dans l'Union, $200 s'il y avait été douze mois, $300 pour deux ans, $400 pour trois ans, et $450 pour quatre ans.

De l'année 1893 à 1908, l'on ne trouve rien au sujet de cette Union. Mais, en 1909, nous trouvons l'Union des Charpentiers et Menuisiers, No 1305, avec le bureau d'officiers suivants : Sec.-arch., C. Leduc ; sec.-fin., Jos. Castonguay; trés., J.-B. Carrière.

Il est probable que la nouvelle Union n'est que la réorganisation de l'ancienne, mais sous la dépendance du président de l'Union anglaise, car ce dernier bureau ne contient pas de président français.

L'Union des Charpentiers et Menuisiers, no 1305, tient ses assemblées régulières les mercredis soir, rue Pleasant, no 16.

Bureau de 1909 : Sec.-arch., C. Leduc; sec.-fin., Jos. Castonguay; trés., J.-B. Castonguay.

BANQUE COOPERATIVE LAFAYETTE

Le 9 avril 1909, "L'Indépendant" de Fall River, Mass., publiait ce qui suit, au sujet de la Banque Coopérative Lafayette :

"Il y a 15 ans aujourd'hui, le 9 avril 1894, la Banque Coopérative Lafayette était organisée par un groupe de nos concitoyens et constituée légalement deux jours plus tard. Elle commençait ses opérations le 2 mai de la même année, et a prospéré en s'affermissant depuis cette époque.

"Ce sont des hommes d'affaires franco-américains qui ont lancé cette entreprise financière, qui l'ont dirigée avec le concours de capitalistes américains et qui sont aujourd'hui en majorité dans le contrôle de ses opérations. La Banque Coopérative Lafayette, recommandée par les commissaires des banques, est tout au crédit des nôtres.

"Le bureau actuel de direction se compose de:

"Prés., Jean-B. Huard; vice-prés., Alfred-S. Létourneau; sec. et trés., Wm-F. Winter. Directeurs: Antoine Giroux, Arthur S. Phillips, Frank H. Borden, Reuben C. Small, Jr., Chas. E. Péloquin, Dr Omer Barré, Nathan Miller, Arthur B. Brayton, William Marshall, A. S. Furtado, Edmond Côté, Dr Joseph E. Huard, Edmond P. Talbot, James C. Brady. Comité de sécurité : Jean-B. Huard, Nathan Miller, Charles E. Péloquin. Comité des finances : Reuben C. Small Jr., Frank H. Borden, Edmond

P. Talbot. Auditeurs : Leonard N. Slade, Joseph D. Lincourt, Louis Letendre. Procureur :Arthur S. Phillips, 22 rue Bedford.

L'UNION ST-JEAN-BAPTISTE D'AMERIQUE

L'Union St-Jean-Baptiste d'Amérique est une société de secours mutuel qui s'adresse exclusivement aux catholiques franco-américains. Elle a été fondée à Woonsocket en l'an 1900 et elle compte aujourd'hui près de 20,000 membres, avec une encaisse d'environ $200,000.00.

Holyoke peut à bon droit se proclamer le berceau de cette société, vu que c'est dans cette ville qu'à eu lieu la convention préliminaire où l'on a jeté les bases de l'Union St-Jean-Baptiste d'Amérique.

Cette société a eu des débuts très modestes, pour ne pas dire laborieux. Sa marche n'a pas été par bonds prodigieux, mais une marche constante, sans interruption ; c'est un arbre planté dans un sol fertile, arrosé de dévouement et de patriotisme, qui grandit plein de sève et de force et produit déjà des fruits sains, aux chairs savoureuses et réconfortantes.

Dans toutes les conventions nationales tenues par les Canadiens-français des Etats-Unis depuis 1865, on avait insisté sur le fait que nos sociétés locales devraient se fédérer en une seule et grande société nationale.

On avait vu surgir tour à tour des sociétés fédératives telles que les Ligues des Patriotes de Fall River et New Bedford, les Chevaliers de St-Louis du Connecticut, les Chevaliers de Jacques-Cartier du Rhode-Island, l'Association Canado-Américaine du New-Hampshire, l'A.-C.-F.-A. dans l'ouest, etc., mais aucune de ces sociétés ne répondit à l'attente générale.

En 1898, la société St-Jean-Baptiste de Holyoke

convoqua en congrès les diverses sociétés franco-américaines, afin de discuter la situation et de prendre des moyens pratiques pour donner une vie nouvelle à nos sociétés, qui déjà souffraient d'anémie et voyaient la jeunesse franco-américaine s'enrôler par centaines et par milliers dans les sociétés de langue anglaise au détriment de notre nationalité. Ce congrès eut lieu à la salle de la société St-Jean-Baptiste à Holyoke, le 26 février 1899. Il y avait 103 délégués présents.

Un bon nombre de sociétés avaient répondu à cet appel. Tout le monde admettait que le mouvement était opportun, mais diverses opinions étaient émises quant aux moyens à prendre et aux plans à adopter pour concilier les intérêts particuliers de chacune de ces sociétés, pour faire disparaître l'esprit de clocher, les vieux préjugés, les jalousies qui nous divisaient et paralysaient nos plus nobles efforts.

A ce congrès, un comité fut chargé de préparer un plan de fédération qui serait soumis aux sociétés. Ce comité se mit sérieusement à l'œuvre, quelques-uns des membres surtout faisant preuve d'un dévouement infini. Le comité n'avait aucun revenu à sa disposition et les membres payèrent de leurs bourses les dépenses nécessaires. MM. Edouard Cadieux, de Holyoke, Charles E. Boivin de Fall River et Philippe Boucher de Woonsocket, président, secrétaire, et trésorier de comité méritent une mention toute spéciale et une reconnaissance sans bornes.

Après un an de travail ardu, après avoir recueilli, à droite et à gauche les renseignements de toutes sortes, après avoir consulté l'histoire et les statistiques des autres sociétés de secours mutuel, faisant affaires en ce pays, le comité soumit un plan qui fut approuvé par un bon nombre de sociétés, et un nouveau congrès, qui fut réellement le premier congrès de l'Union St-Jean-Batiste d'Amérique, fut alors convoqué.

Dix-huit sociétés seulement se rendirent à l'invitation. Le congrès eut lieu à la salle de la Société St-Jean-Baptiste de Woonsocket le 27 mars 1900 ; 76 délégués étaient présents.

Les grandes lignes du plan de fédération furent adoptées et un bureau de direction fut élu, ayant pour mission de parachever le travail. Ce bureau de direction était composé comme il suit :

Directeur Spirituel, le Rév. M. Nap. Leclerc, Woonsocket, R. I.; prés.-Edouard Cadieux, de Holyoke, Mass. ; vice.-près., E. M. Poitevin, Boston, Mass.; sec., J.-Ad. Caron, New-Bedford, Mass.; trés., l'hon. Philippe Boucher, Woonsocket, R. I.; médecin-reviseur, Dr J.-H. Boucher, Woonsocket, R. I.; sergent d'armes, A.-M. Potvin, Holyoke, Mass.; sertinelles, C.-A. Douville, Greenfield, Mass., et Ed. Bourbeau, Amesbury, Mass.; syndics, Dr A.-H. Bellerose, Rutland, Vt.; Félix Gatineau, Southbridge, Mass.; Henri Pouliot, Woonsocket, R. I.

Plus tard M. Potvin, de Holyoke, résigna et fut remplacé par M. Daniel Proulx, aussi de Holyoke.

Les directeurs se mirent résolument à l'œuvre et complétèrent les règlements. Le 7 mai 1900, l'Union St-Jean-Baptiste d'Amérique recevait sa charte civile de l'état de Rhode-Island et le 31 octobre 1900 elle enrôlait ses 770 premiers membres, en fédérant la société St-Jean-Baptiste et l'Institut-Canadien-Français de Woonsocket. Un mois plus tard, la société St.-Jean-Baptiste de Harrisville, R. I., et celle de Manville, R. I., faisaient la même démarche, de sorte qu'au premier janvier 1901, lors du premier rapport officiel fait par la société, il y avait 1025 membres et un actif de $1828.91.

En février et mars 1901, les sociétés du Massachusetts qui avaient donné leur adhésion au plan de fédération purent [s'affilier, l'Union ayant été reconnue alors officiellement par le commissaire d'assurance de cet état.

Au premier mai 1901, l'Union St-Jean-Baptiste d'Amérique ouvrit des bureaux permanents à Woonsocket, le travail devenant de plus en plus sérieux et la propagande de plus en plus encourageante. L'A. C.-F.-A., ayant son siège social à Chicago, s'affilia à l'Union en juin 1901.

Le deuxième Congrès de l'Union fut tenu à Southbridge, Mass., les 22 et 23 juillet 1902. Les progrès avaient été marquants ; les rapports officiels établissent qu'à cette époque le nombre des membres était de 3,712 et la réserve en caisse, de $11,475.90.

Le fait remarquable à ce congrès fut l'adoption des taux du Congrès Fraternel. Les directeurs de l'Union comprirent qu'il fallait asseoir la société sur des bases financièrement solides et suivre une méthode raisonnée. Cette mesure eut l'avantage d'intéresser les hommes d'affaires et ceux qui comprennent la valeur des chiffres.

L'Union continua de grandir avec un regain de force et de vigueur.

Les officiers élus au second congrès sont les suivants : Directeur Spirituel, Rêv. F.-X. Chagnon, N.-Y.; prés., Félix Gatineau, Southbridge, Mass.; vice-près., A.-L, Granger, Kankakee, Ill., Dr J.-F. McIntosh, No. Grosvenordale, Conn.; sec., J.-Ad. Caron, Woonsocket. R. I.; médecin-reviseur, Dr J.-H. Boucher, Woonsocket; inspecteurs des comptes, Jos.-D. Goddu, Holyoke, Mass.; Jos. Dupré, Brockton, Mass.; Ulric Leclair, Winooski, Vt.; J.-B.-S. Brazeau, Pawtucket, R. I.

Le troisième congrès eut lieu en septembre 1904, à Willimantic, Conn. Par les rapports officiels des directeurs, on constate que l'Union comptait alors 7,346 membres, avec une réserve de $38,296.74. Le fait le plus notoire de ce congrès fut l'adoption du drapeau Carillon-Sacré-Cœur comme drapeau officiel de la Société.

Les officiers élus à ce congrès sont comme il suit: Directeur-Spirituel, Rév. F.-X. Chagnon, Champlain, N.-Y.; prés., Félix Gatineau, Southbridge, Mass.; vice-prés., Elie Vézina, Chicago, Ill., J.-B.-S. Brazeau, Pawtucket, R. I.; trés., Philippe Boucher, Woonsocket, R. I.; médecin-reviseur, Dr J.-H. Boucher, Woonsocket, R.-I.; inspecteurs des comptes, Alphonse Chagnon, Willimantic, Conn.; N.-F. Balthazar, Hudson, Mass.; J.-E. Parent, Manchester, N.-H.; A.-J. Lachance, St-Johnsbury, Vt.

Le quatrième congrès eut lieu en septembre 1906 à Woonsocket, R. I., et les rapports officiels indiquent que la société comptait alors 12,344 membres et possédait une réserve de $85.250.84.

Les résolutions les plus importantes adoptées à ce congrès furent l'approbation donnée à l'association du Denier de St-Pierre et à l'association des journalistes franco-américains, ainsi que l'établissement d'une caisse centrale des malades et l'adoption des taux pour les certificats de soixante et cent-vingt cotisations.

Ce fut l'un des congrès les plus intéressants et les plus importants qu'ait encore tenus la société.

Les officiers élus à ce congrès sont les suivants : Directeurs spirituels, le Rév. F.-X. Chagnon, Champlain, N.-Y., et le Rév. Eug. Lessard, Manville, R. I.; prés., Félix Gatineau, Southbridge, Mass.; prés-hon., Edouard Cadieux, Holyoke, Mass.; vice.-prés., Elie

Vézina, Chicago, Ill.; Jos. Voyer, Lewiston, Me.; Nap. B. Bissonnette, Bridgeport, Conn.; secrétaire, . J.-Ad. Caron, Woonsocket, R. I.; trés., Philippe Boucher, Woonsocket, R.-I., médecin-revisseur, Dr J.-H. Boucher; Woonsocket, R.-I.; inspecteurs des comptes : A.-J. Lachance, St-Johnsbury, Vt.; Siméon C. Dupré, Brockton, Mass.; Zéphirin Vincent, Auburn, Me.; Dr. A.-G. Pelletier, Winchendon, Mass.; maître des cérémonies, Douglas P. Auclair, Jewett City, Com.

Le dernier congrès de l'Union St.-Jean-Baptiste d'Amérique a eu lieu à Holyoke, Mass., les 8 et 9 septembre 1908. Il y avait 263 délégués présents. Les rapports des officiers ont été reçus avec enthousiasme. Ces rapports indiquent qu'au 1er juillet 1908, l'U. St.-J.-B. d'A. comptait 18,963 membres répartis dans 230 conseils. Neuf autres conseils ont été institués du 1er juillet au 8 septembre, de sorte qu'au moment du congrès la société beaucoup plus que 19,000 membres. L'actif de la société au 1er juillet, était de $204,162.05.

Plusieurs amendements ont été adoptés au dernier congrès. Ainsi les membres ont maintenant le privilège de payer leurs cotisations de cinq manières différentes, soit : Payer un taux fixe toute leur vie; payer un prix spécial durant cinq ans, ou dix ans, ou vingt ans, ou jusqu'à l'âge de 70 ans. Les aspirants ont le choix de ces diverses manières.

Les officiers bu bureau général sont maintenant les suivants : Directeur-spirituel, l'abbé G.-A. Rainville, de Salem, Mass.; sous-dir.-spi., l'abbé C.-E. Laramée, Redford, N.-Y.; près.-hon., Edouard Cadieux, président, Hon. Félix Gatineau, Southbridge, Mass.; vice-prés., Elie Vézina, Chicago, Ill., Joseph Voyer, Lewiston, Maine, et l'hon. N.-P. Bissonnette, Bridge-

port, Conn.; sec., J.-A. Caron, Woonsocket, R. I.;
trés., Hon. Philippe Boucher, Woonsocket, R. I.;
inspecteurs des comptes, A.-J. Lachance, St-Johnsbury, Vt., S.-C. Dupré, Brockton, Mass., Dr J.-H.
Riopelle, Saginaw, Mich., Odilon Moreau, Holyoke,
Mass.; maître de cérémonies, J.-B. Paulhus, Willimantic, Conn.

Malgré ses débuts pénibles et surtout très modestes, l'Union St-Jean-Baptiste d'Amérique compte
maintenant pour quelque chose. Son influence se fait
sentir en certains milieux. C'est une force avec laquelle il faut maintenant compter.

Au milieu des luttes incessantes que nous devons
soutenir pour conserver à notre élément son caractère distinctif et lui assurer la part d'influence qui lui
revient de droit, il est nécessaire que nous ayons un
signe de ralliement, un foyer commun d'énergie où
nous puissions retremper notre courage et raviver
notre patriotisme, deux forces émoussées trop souvent, hélas ! par les obstacles nombreux semés sur
notre route. En effet, le Franco-Américain, réellement soucieux du devoir national, qu'il habite à l'Est
ou à l'Ouest, rencontre partout les mêmes obstacles,
se trouve partout en face des mêmes combats à livrer.

Il importe donc que nos efforts soient inspirés
par le plus profond sentiment de solidarité ; il importe que nous soyons unis.

L'influence d'une organisation nationale sur l'a-
venir de notre élément n'est pas douteux; refuser de
reconnaître cette influence, c'est répudier l'œuvre immense et belle, accomplie depuis un demi-siècle par
nos sociétés franco-américaines.

Et si ces sociétés, malgré les circonstances difficiles où elles sont nées, au milieu desquelles elles ont
vécu, ont été capables d'opérer une aussi grande som-

me de bien, combien heureuse devrait être l'iufluen-
ce d'une oaganisation s'étendant à tous les centres,
comprenant tous les groupes, ralliant autour de
l'idéal commun nos compatriotes les plus éclairés, réunissant dans une admirable communion d'idée toutes
les énergies et les bonnes volontés !

Unissons donc nos efforts ; appliquons-nous, surtout, à soustraire la jeunesse franco-américaine à l'influence des sociétés saxionisantes. Et quel meilleur
moyen d'atteindre ce but que d'offrir à nos jeunes
gens une société qui soit vraiment leur, qui leur assure pour eux et leurs familles une protection efficace ?

Nous ne prétendons pas que l'organisation de
l'Union St-Jean-Baptiste d'Amérique soit dès maintenant parfaite. Nous nous contentons de dire et de
prouver qu'elle est à la tête du petit nombre de sociétés de secours mutuel, qui de nos jours, consentent
à respecter et le bon sens et les chiffres. Nous voulons associer à cette œuvre tous les patriotes vrais
qui ont foi dans l'avenir de notre race.

Le but principal de l'Union St-Jean-Baptiste
d'Amérique est d'établir, entre les Franco-Américains
disséminés ça et là, plus de cohésion, une solidarité
plus étroite. qui les protège contre les influences délé-
tères auxquelles ils sont trop souvent exposés.

Notre jeunesse des deux sexes s'enrôlent par
milliers dans les organisations, de langue anglaise.
Or ces organisations, qui peuvent être bonnes en
elles-mêmes, n'ont aucune sympathie vraie pour
l'élément franco-américain, quand elles ne lui sont
pas tout à fait hostiles. De plus l'expérience dé-
montre que ces sociétés sont de puissants agents
de saxonisation à outrance, des grandes voies par lesquelles notre jeunesse s'éloigne des traditions de fa-

mille et perd irrémédiablement les caractères distinc-
tifs de notre nationalité. Quelques-unes de ces sociétés ont délà été condamnées par l'Eglise et d'autres le seront tôt où tard.

Tous les Franco-Américains sans exception ad-
mettent qu'une société entièrement, contrôlée par les
nôtres et offrant de sûres garanties de stabilité financière, exercerait une influence pour notre avancement
religieux, social et politique.

Nous croyons que l'U. S. J. B. A. réunit les
qualités requises et mérite la confiance des Franco-
Américains.

L'inévitable écueil qui a vu le naufrage de tant
de sociétés de secours mutuel, n'est autre que le manque d'un système financier solidement et rationnel-
lement établi sur des bonnes bases. Forts de l'expérience acquise par le monde mutualiste depuis plus
d'un demi-siècle, et guidée par des spécialistes de renom, les organisateurs de l'U. S. J. B. A. ont tâché
de donner à ce problême une solution pratique.

Cette société donne de $100 jusqu'à $2000 au décès de ses membres et paie de $5 à $10 par semaine
de bénéfices au cas de maladie. Elle a le mérite d'a-
voir été la première à adopter les taux du Congrès
Fraternel, taux qui sont adoptés aujourd'hui par une
trentaine de sociétés. Sa réserve est de $30.00 par
$1000 d'assurance, ce qui est un résultat splendide,
surtout si l'on considère qu'il n'y a que trois sociétés
qui aient une réserve par $1000 qui soit un peu plus
considérable et ces trois sociétés existent depuis plus
longtemps que l'U. S.-J.-B. A;. de sorte qu'elles ont
eu l'avantage de profiter plus longtemps de leurs intérêts composés.

Voici maintenant les conseils qui ont été fondés
à Fall River, Mass :

Conseil Garneau, No. 209, fondé en 1907 ; Conseil Bédard, No. 210, en 1907 ; Conseil Bernadette, No. 227, en 1908 ; Conseil N.-D. de Lourdes, No.231, en 1908 ; Conseil Ste Claire, No. 233, en 1908 ; Conseil Péloquin, No. 235, en 1908 ; Conseil St-Roch No. 243, en 1909.

CONSEIL GARNEAU, No. 209.

Le Conseil Garneau tient ses assemblées à la salle Franco-Américaine, rue East Main, les 1er et 3ième mercredis de chaque mois.

Principaux officiers du bureau de 1907 : prés-, Nap. Gendreau ; sec., H. St- Denis ; trés. Nap. Beauparlant ; perc., L.-J. Gagnon.

1908—Prés., Philippe Rioux ; sec., Emile Cousineau ; trés., Napoléon Beauparlant ; perc., L.-J. Gagnon.

1909—Prés. hon., Louis Picard; doyen, Nap.-A. Gendreau; Prés., Horace Ledoux ; vice-prés., J.-E. Bergevin; sec., Geo.-E. Lemerise ; sec.-adj., J.-O. St-Denis; trés., Aldéi Goyette; perc., L.-J. Gagnon.

CONSEIL BEDARD, NO. 210

Le Conseil Bédard tient ses assemblées à la salle N.-D. de Lourdes, rue Avon no. 98, les 1er et 3ième mardis du mois.

En 1908, H.-B. Thériault était le président.

1909—Prés., Jos. Danis; sec., W. Roy; trés., Rév. P. Jalbert; percep., Rod. Moreau; doyen, G.-T. Desjardins.

CONSEIL BERNADETTE; No. 237

Le Conseil Bernadette tient ses assemblées à la salle Anawan, les 1er et 3ième mercredis du mois.

Principales dignitaires en 1908—Présidente, Mme

M. NAPOLEON A. GENDREAU,
Premier président du Conseil Garneau, de
l'Union St-Jean Bap. d'Am. et ex-prés.
de la Garde Napoléon Ier.

V. Cousineau ; secrétaire, Mlle R. Bergeron ; trésorière, Mme N. Gendreau; percep., Mme L.-J. Gagnon.

1909—Doyenne, Mme A. Dussault; présidente,
Mme Merilda Dionne; vice-présidente, Mlle D. Bergeron; secrétaire, Mlle R. Bergeron ; trésorière, Mme
Nap. Gendreau; perceptrice, Mlle C. Couillard; directeur spirituel, Rev. V. Marchildon.

CONSEIL N.-D. DE LOURDES, No. 231

Le Conseil N.-D. de Lourdes tient ses assemblées
à la salle N.-D. de Lourdes, les ıer et 3ième jeudis du
mois.

Principales dignitaires en 1908—Présidente, Mlle
M.-L. Renaud ; secrétaire, Mlle Georgianna Gagnon;
trés., Mlle Louise Rioux.

1909—Directeur spirituel, Mgr J.-A. Prévost;
prés. hon., Mme Morin; doyenne, Mme F. Poirier;
prés., Mme V.-E. Desaultels; vice-près., Mlle C. Morais; sec., Mlle C. Laferrière; trés., Mme J. Chamber-
land; perc., Mme M.-L. Goyette.

CONSEIL STE-CLAIRE, NO. 263

Le Conseil Ste-Claire fut fondé le 14 juin 1908, et
il compte 45 membres.

Les assemblées sont tenues à la salle St-Jean-
Baptiste, rue Wellington, les 2ième ét 4ième mercredis du mois.

Bureau des dignitaires, en 1908—Chapelain, l'abbé J.-G. Lavallé ; doyenne, Mme Julie Lavoie ; prés.-
hon., Mme A. Parent ; prés.-active, Mme B. Bergeron ; vice.-prés., Mme E. Lebœuf; sec., Mlle M.-L.
Tétu ; sec.-arch., Mme A. Campbell ; perceptrice,
Mme A. Dorion ; trés., Mme C. Surprenant ; maîtresse de cérémonies, Mlle Maria Dionne ; 1ère ord.,
Mlle Léontine Rousselle ; 2ième ord., Mlle Amanda

Parent ; inspecteurs des comptes, Mlles M.-L. Letendre et Marie Lavoie.

L'installation publiques de ces dignitaires a été
présidée par M. Caron, du conseil général.

Les nouvelles initiées ont été conduites par l'équipe du Conseil Bernadette, sous la direction de Mlle
Rébecca Bergeron.

Les installatrices étaient : Mlle M.-L. Renaud,
doyenne ; Mme Gendreau, vice-prés. ; Mme Cousineau,
prés.-hon. ; Mme Brillon, (de Woonsocket, maîtresse
de cérémonies.

A la première assemblée, a lieu l'organisation
d'une équipe et d'un chœur de chant.

A la 4ième assemblée, Joseph Rioux est nommé
délégué à la convention.

A la 8ième assemblée, on décide de donner une
partie de whist au bénéfice du Conseil.

A la neuvième assemblée, on décide d'acheter
des insignes pour tous les membres actifs.

CONSEIL PELOQUIN, NO. 235

Ce Conseil fut organisé par Joseph Cousineau, le
2 avril 1908, en mémoire de feu l'hon. P.-F. Péloquin, un compatriote distingué de Bowenville.

L'élection des officiers de 1908 eut lieu dans le
sous-sol de l'église St-Mathieu, sous la présidence de
Joseph Danis, et Joseph Cousineau, l'organisateur
du Conseil, agissait comme secrétaire.

Bureau des officiers de 1908—Dir.-spi., l'abbé J.-
E. Potvin ; doyen, Alex. Corriveau ; prés.-hon-, J.-
S. Hébert : prés., Alphonse Campbell ; vice.-prés.,
Alex. Lafond ; sec., Dollard Paradis; sec.-adj., Jos.
Lecomte ; percep., Abel Martel ; méd.-exa., les Drs
Blanchette, Marcoux et Lebœuf ; inspecteurs des
comptes, Alph. Lecomte, O. Laviolette et N. Morin ;

maître de cérémonies, Olivier Thibault ; comm.-ord., Antoine St-Germain.

L'installation de ces officiers eut lieu le 17 août, à la salle St-Jean-Baptiste, rue Wellington, sous la direction des officiers du conseil suprême. Ce fut une belle séance. La charte fut bénite par l'abbé Edmond Potvin, vicaire à St-Mathieu. Des discours de circonstance furent prononcés par le R. P. Marchildon de Ste Anne et l'abbé Dequoy de N.-D. de Lourdes, l'abbé Magnan de New Bedford, Norbert Decelles et J.-A.-Z. Chenette de Woonsocket. La séance fut égayée par un programme musical.

CONSEIL ST-ROCH, NO. 243

Le Conseil St-Roch fut organisé dans la paroisse St-Roch, au commencement de l'année de 1909.

Directeur spirituel, Rev. J. Chagnon; doyen, N. Hêtu; prés., F. Francœur; vice-prés., Alf.-J. Bérubé; sec., Alf., Labrecque; sec.-adj., Alf. Dupuis; trés., Jules Bérubé; perc., Pierre Potvin; près.-hon. Geo.-T. Raymond.

FORESTIERS FRANCO-AMERICAINS

L'Ordre des Forestiers Franco-Américains prit naissance à Woonsocket, R. I., en septembre 1905, fut organisé à Springfield, Mass., le 23 octobre suivant, et reçut sa charte actuelle, le 10 mars 1906.

Ses fondateurs, de vrais patriotes, avaient été outragés dans leur fierté nationale, par les chefs de l'Ordre des Forestiers d'Amérique. Après avoir rompu les liens qui les attachaient à cet ordre d'Anglais fanatiques et prévaricateurs, et ainsi prouvé leur attachement indissoluble à la langue française, ces braves compatriotes peuvent se dresser aujourd'hui comme des héros de bravoure nationale.

Pour assurer son existence, l'Ordre des Forestiers d'Amérique avait, par de fallacieuses promesses, rangé sous ses drapeaux des citoyens de diverses
races, entr'autres une foule de nos compatriotes. Une
fois ses bases solidement assises, il enlevait le mas-
que de l'hypocrisie et montrait ses cornes anglaises,
en septembre 1905, en défendant de faire imprimer,
en aucune autre langue que l'anglais, les documents
officiels de ses cours.   Bien que prévue par nos nationaux, cette mesure arbitraire tomba dans leurs
cours comme un fléau destructeur.   L'on vit alors
une panique épouvantable parmi les membres de
l'Ordre des Forestiers d'Amérique.   Des cours entières et fort nombreuses s'enfuirent de terreur à la vue
de la peste anglaise qui menaçait d'empoisonner leur
existence nationale.

La Cour Lafontaine, de Woonsocket, R. I., fut
la première à battre le tambour de la liberté et à faire
face aux lâches agresseurs, en s'incorporant brave-
ment sous le nom vengeur de "Forestiers Franco-
Américains".

Ce premier débordement de la fontaine (Lafontaine) de Woonsocket entraîna dans ses ondes protec
trices les meilleurs chantiers (cours) des Forestiers
d'Amérique, pour les sauver des flammes tyranniques
qui menaçaient de les carboniser (noircir) à l'anglaise.

C'est ainsi, que la Cour Iberville de Springfield,
Mass., forte de la protection de sa vaillante sœur de
Woonsocket, se dégageait de l'étreinte meurtrière
des Forestiers d'Amérique et lançait une proclama-
tion de liberté à toutes les cours françaises du Massachusetts, les invitant cordialement à se réunir en convention, à Springfield, le 23 octobre suivant.

La Cour Lafontaine se hâta d'envoyer des délégués qui exposèrent, devant cette mémorable conven-

tion, les travaux salutaires déjà accomplis dans le Rhode Island. Sur 13 cours représentées à la convention, une séule osa refuser de se joindre au grand mouvement qui devaient toutes les sauver.

Des officiers furent aussitôt autorisés de jeter les bases solides d'une nouvelle organisation, qui devait s'étendre. par tout le pays. Au mois de mars 1906, ces officiers réunissaient sept cours en convention à Woonsocket. On y formula les règlements et rituels nécessaires au besoin du nouvel Ordre, et on l'incorpora de nouveau, mais avec des pouvoirs plus étendus. En un mot, ce fut en ce 10 de mars 1906, que l'Ordre des Forestiers Franco-Américains fut porté sur les fonds du baptême national.

Depuis cette importante date, l'Ordre s'est prodigieusement developpé, comprenant déjà, actuellement, 39 cours subordonnées, avec un effectif de 7,000 membres qui pour la plupart, ont été arrachés aux griffes de l'assimilation anglaise.

Il paraît évident que la fondation de l'Ordre des Forestiers Franco-Américains est un événement d'une importance exceptionnelle dans notre histoire nationale des Etats-Unis. C'est la conclusion pratique du grand principe national, que nous prêchons un peu partout depuis plusieurs années, et le couronnement des efforts que nous faisons pour le faire bien comprendre à nos compatriotes. En effet, ce principe se résume à ceci : Le plus grand de nos devoirs nationaux, celui qui prime tous les autres, c'est "la conservation de la langue française et sa transmission à nos descendants." Ce devoir est aussi important, au point de vue national, que la foi pratique, au point de vue religieux. Or, nos compatriotes de l'Ordre des Forestiers Franco-Américains ont prouvé qu'ils comprenaient très bien ce principe, puisqu'ils ont aimé mieux perdre tout l'argent qu'ils avaient déjà donné à l'Ordre des Forestiers d'Amérique, que de s'exposer à perdre leur langue française. Ils ont donc fait un acte de patriotisme presque sans précédent dans nos annales nationales. S'ils s'étaient trompés, en confiant leur destinée nationale à des étrangers, ils ont plus que réparer leur erreur, en faisant un acte d'héroïsme qui servira d'exemple à la postérité.

Nous avons donc maintenant dans notre armée nationale, un renfort de 7,000 Forestiers Franco-Américains, formant 39 cours ou corps d'armée. Ce sont des soldats qui déjà ont fait face aux assimilateurs anglais, et qui naturellement les connaissent très bien, tant au physique qu'au moral. Ils connaissent très bien ces individus qui osent se proclamer les seuls Américains, tout en travaillant de toutes leurs forces à la destruction des éléments qui composent actuellement la grande masse et la plus noble partie du peuple américain. Dans leur jalousie et leur morgue, ils s'acharnent surtout à détruire la langue française, l'âme de cette race généreuse qui a versé son sang et son argent pour la cause de la liberté américaine. Comme des vipères, ils cherchent à dévorer le sein qui leur a donné la vie nationale avec le lait de la liberté et de l'indépendance. Ils sont des traîtres et les pires ennemis de la République. Ils se servent de leur titre d'Américains afin de se donner du ton et de l'autorité dans leur œuvre anti-nationale. Ils prostituent l'honneur et la grandeur de la République, en la rabaissant au rang d'une colonie anglaise et en la constituant de nouveau le marchepied du peuple britannique. Ils se servent de leur liberté américaine, pour se vautrer plus librement dans la fange de l'esclavage anglais, dont ils semblent fort s'ennuyer depuis surtout un demi-siècle, tant ils s'acharnent à abolir la langue française, qui leur rappellent pourtant les meilleurs amis de Washington et de la liberté américaine.

L'Ordre des Forestiers Franco-Américains est de secours mutuel, offrant tous les avantages des sociétés complètes à tous les points de vue. Il répond au besoin de la classe ouvrière, par la modicité de ses taux et la solidité de son système.

Le but et le droit d'existence de cette organisation vraiment nationale, se dégagent tellement à chaque moment de son histoire, qu'ils se passent naturellement de commentaires.

OFFICIERS DE LA COUR SUPREME

Avant la clôture du congrès des Forestiers Franco-Américains, tenu à Manchester, N. H., en 1909, les officiers suivants ont été élus pour les prochains deux ans :

Ex-chef suprême, A. Tourigny, de Gardner, Mass.; chef suprême, l'avocat J.-H. Guillet, de Lowell, Mass.; sous-chef suprême, l'avocat O.-F. Moreau, de Manchester, N.-H.; trésorier suprême, T. Desrosiers, de Woonsocket, R. I.; sec.-fin. sup., G.-T. Lamarche, de Springfield, Mass.; sec.-arch. sup., Dr P.-E. Bouvier, de Whittinsville, Mass.; 1ère garde sup., A. de Montigny, de Nashua, N. H.; 2e garde sup., J.-P. Pelletier, de New Bedford, Mass.; 1ère sentinelle sup., J. Soulière, de Holyoke, Mass.; 2e sent. sup., F.-X. Rivet, de Lowell, Mass.; 1er syndic sup., H. Daniel, de Webster, Mass.; 2e syndic sup., H. Desmarais, de Attleboro, Mass.; doyen sup., S.-D. Martelly, de Arctic Centre, R. I.; chapelains, Revds Campeau, O.M.I., de Lowell, Mass., et J.-E. Bourgeois, de Centreville, R. I.

COUR MAISONNEUVE, NO 27

Nous avons l'honneur de compter, au nombre de nos sociétés de Fall River, une cour de Forestiers Franco-Américains, la Cour Maisonneuve, Nò 27, qui fut fondée le 16 décembre 1907. Les officiers suivants ont été en charge depuis la fondation :

Chef forestier, W. Bonenfant; sous-chef for., A. Fournier; sec.-fin., A. Courville; sec.-arch., A. Gagnon; trés., J. Belisle; 1er garde-malade, C. Levesque; 2nd garde-malade, E. Ouellette; 1ère sentinelle, J. Dumas, 2nde sent., J. Mothon; doyen, J. Tremblay; syndics : 1er D. Bouchard, 2me J. Paradis, 3me Oct. Desrosiers.   Le R. P. Marchildon est le chapelain.

Les assemblées sont tenues à la salle de la Ligue des Patriotes, les 1er et 3ième lundis du mois.

La Cour Maisonneuve compte 75 membres.

NOUVELLE ASSOCIATION DE PRETS

La Nouvelle Association de Prêts a été organisée en 1908, par quelques-uns de nos hommes d'affaires.

Comme son nom l'indique, cette association à pour fin de faire des prêts à bonnes conditions sur bonnes garanties.

Elle se compose de trente membres, ni plus ni moins, qui ont payé $10 d'entrée chacun et $5 par mois, pour faire les fonds.

Les assemblées régulières ont lieu en février, mai août et novembre.

Les élections d'officiers sont annuelles et en août. Les premières et dernières élections, 1908-9, ont donné les mêmes résultats, à l'exception du président qui fut J.-A. Brunelle en 1908, et Samuel Laleune en 1909. Voici les autres officiers qui ont été réélus en août dernier :   Trésorier, Louis Letendre ; secrétaire, M. Joseph Ménard. Directeurs: Amable Chouinard, Omer Goulet et le Dr J.-R. Garneau. Auditeurs : Dr J.-E. Mercier et Roch Lavault.

HORACE LEDOUX,
Chef-Ranger de la Cour Ste-Anne, O. F. C.

Autres Societes de Secours Mutuel

ORDRE DES FORESTIERS CATHOLIQUES

La Cour Ste-Anne, No 604, de l'Ordre des Forestiers Catholiques, fut fondée à Fall River, Mass., le 26 juillet 1896, par le Dr F. de B. Bergeron et L.-J. Gagnon. Cette cour eut pour premiers officiers des hommes dévoués aux intérêts des Forestiers dans le Massachusetts.

Le premier bureau se composait des officiers suivants : C. R., L.-J. Gagnon; V. C. R., Jos. Paradis; P. C. R., C.-U. Janson; sec.-arch., A. Thuot; sec.-fin., E. Dupont; trés., A. Gamache; syndics : F. Gamache, J. Bérard, G. Carrier; conducteurs, C. Carrier et L.-A. Ouellette; sentinelles, A. Labrecque et J. Gamache; médecin, Dr F. de B. Bergeron.

Ces officiers furent installés par Jérémie Jeannotte, député haut chef forestier, de Montréal, P. Q., et sous leur direction, la Cour Ste-Anne a marché dans la voie du succès. Durant les quatre années de leur direction, la cour est arrivée au second rang, dans le Massachusetts, quant au nombre de membres actifs.

Fondée avec 25 membres, la Cour Ste-Anne a admis 560 membres en douze ans; elle en compte encore maintenant 365 dans Fall River.

La caisse des malades a fait beaucoup de bien aux

membres qui étaient en besoin de secours. Car, comme société de secours mutuels, la Cour a payé des milliers de dollars à ses malades.

Voici la liste des chefs forestiers, depuis la fondation de la Cour : L.-J. Gagnon, de 1896 à 1900; Eugène Lapalme, 1901 ; S.-J. Lauzon, 1902–3; Eugène Brunelle, 1904; Nap. Beauparlant, 1905; Eugène Lapalme, 1906–7; Arthur Blanchet, 1908; Horace Ledoux, 1909.

Plusieurs des membres de cette Cour font partie de la Cour d'Etat, entr'autres M. l'abbé Alfred Carrier, chapelain; J.-A. Dauphinais, syndic, et Eugène Lapalme, conducteur.

Le bureau d'officiers de 1909 est le suivant : Chapelain, R. Père Lamarre; C. R., Horace Ledoux; V. C. R., Oswald Boivin; P. C. R., Eugène Lapahne; sec.-arch., W.-C. Gamache: sec.-fin., Arthur Talbot; trésorier, Hugues Hébert; médecin, Dr F. de B. Bergeron; syndics, F. Gamache,
conducteurs, Aldéi Goyette et Paul Rioux; sentinelles, Aimé Fisette et France Rémy; visiteurs, Aimé Fisette et Arthur Morin.

Tous les dûs de la Cour sont payés sans retard. La Cour a en caisse un montant de $1,800 pour venir en aide à ses membres.

Les Forestiers Catholiques sont au nombre de 3,320, dans le Massachusetts, après seulement 13 ans d'existence.

Le R. Père Dallaire fut le deuxième chapelain de la Cour Ste-Anne, et le chapelain de la Cour d'Etat pendant deux ans.

Voici les bureaux d'officiers de la Cour Ste-Anne de Fall River, à part ceux précités :

En 1902—C. R., S. Lauzon; sec.-arch., A. Thuot; trés., M.-A. Thuot.

1903 et 1904—C. R., E. Brunelle; sec.-arch., E. Gadoury; trés., M. Thuot.

1905—C. R., N. Beauparlant; V. C. R., F. Labrie; sec.-fin., G.-F. Bergeron; sec.-arch., E. Lapalme; trés., H. Ledoux; chap., R. Père J.-A. Dallaire.

1906 et 1907—C. R., E. Lapalme; V. C. R., A. Blanchet; sec.-fin., G.-F. Bergeron; sec.-arch., W.-C. Gamache; très., H. Ledoux; chapelain, R. Père J.-A. Dallaire.

1908—C. R., A. Blanchet; V. C. R., F. Labrie; sec.-fin., N. Beauparlant; sec.-arch., W.-C. Gamache; trés., H. Ledoux; chapelain, R. Père B. Percot.

Elle tient ses assemblées à la salle Columbian, les 2ième et 4ième lundis du mois.

COUR ST-MATHIEU

Nous n'avons pu nous procurer plus de détails au sujet de la cour St-Mathieu de Fall River, C. O. F.; et en voici quelques bureaux d'officiers.

En 1898 et 1899—C. R., P.-A. Brosseau ; S.-A., J.-A. Boisclair ; trésorier J.-C. Picard.

1900—C. R.; P.-A. Brosseau ; trés., Alexandre Messier.

1902—C. R., C.-F. Bergeron ; S.-A., J.-A. Boisclair ; trés., Alex. Messier.

COUR NOTRE-DAME, NO 1163

La Cour Notre-Dame, no 1163, des Forestiers Catholiques, a dû être fondée en 1902.

Elle tient ses assemblées à la salle Amiot, rue Bassett, les 1er et 3ième mardis du mois.

Voici les bureaux des officiers, depuis 1902 à 1909 inclusivement :

En 1902—C. R., W. Roy; P. C. R., J. Marchand;

sec.-arch., N. Bibeau; sec.-fin., A. R. Bélanger; trés., O. Corriveau.

1903—C. R., A. Simon; V. C. R., P. Lavoie; P. C. R., W. Roy; sec.-arch., N. Bibeau; sec.-fin., L Trépanier; trés., O. Corriveau.

1904—C. R., A. Simon; V. C. R., P. Lavoie; P. C. R., W. Côté; sec.-fin., L. Trépanier; trés., O. Corriveau.

1905—C. R., N. Bibeau; V. C. R., E. Breton; P. C. R., F.-X. Dubé; sec.-arch., J.-B. Gaudreau; sec.-fin., A. Simard; trés., O. Corriveau ; directeur spirituel, l'abbé O. Valois.

1906-7-8-9—C. R., N. Bibeau; V. C. R., E. St-Laurent; P. C. R., F.-X. Dubé; sec.-fin., J.-B. Gaudreau; sec.-arch., A. Simon; trés., O. Corriveau.

Directeurs spirituels—L'abbé Omer Valois, en 1906 et 1907; l'abbé N. Blanchet, en 1908 et 1909.

COUR SAUVAL, NO 1311

La Cour Sauval, no 1311, des Forestiers Catholiques, fut fondée en 1903.

Elle tient ses assemblées régulières, les 1er et 3ièmes mercredis du mois, à la salle de la rue King Phillip, no 776.

Voici quelques bureaux d'officiers :

En 1903—C. R., A. Létourneau; P. C. R., Philippe Desruisseaux; sec.-arch., A.-F. Lamontagne ; trés., R. Lavault.

1904—C. R., V. Plamondon; V. C. R., A. Moreau; P. C. R., A. Létourneau; sec.-fin., A. Denault; sec.-arch., L. Fournier; trés., N. Fournier; chapelain, l'abbé D.-V. Delemarre.

1905—C. R., V. Plamondon; V. C. R., W. Janson; P. C. R., P. Desruisseaux; sec.-fin., A.-F. Lamontagne; sec.-arch., J.-A. Létourneau; trés., E. Michaud; chapelain, l'abbé D.-V. Delemarre.

1906 et 1907—C. R., P. Desruisseaux; V. C. R., W. Janson; P. C. R., V. Plamondon; sec.-fin., A.-F. Lamontagne; sec.-arch., J.-A. Létourneau; trés., E. Michaud; chapelain, l'abbé D.-V. Delemarre.

1908—C. R., V. Dion; V. C. R., W. Janson; P. C. R., V. Plamondon; sec.-fin., A.-F. Lamontagne: sec.-arch., J.-L. Fournier; trés., E. Michaud; chapelain, l'abbé D.-V. Delemarre.

1909—C. R., J. Bouchard; P. C. R., V. Plamondon; sec.-fin., A.-F. Lamontagne; sec.-arch., J.-L. Fournier; trés., E. Michaud; chapelain, l'abbé D.-V. Delemarre.

LIGUE UNION FRATERNELLE

La Ligue Union Fraternelle est une ésocité de bienfaisance et de protection mutuelle.

Elle émet des certificats de $250, $500, $750 et $1000 aux membres des grades 1 et 2, avec des bénéfices pour infirmités; et des bénéfices pour maladie et accident, aux montants de $2.50, $5.00, $7.50 et $10.00 par semaine, durant dix semaines par année, aux membres du grade 2.

La constitution et les lois générales, le rituel et les autres publications, sont en français et en anglais.

L'administration des affaires en général suit les meilleures méthodes connues dans le monde social.

Voici d'ailleurs quelques notes qui méritent considération :

1. Incorporée conformément aux lois du Massachusetts, lesquelles exigent toujours de la part des associations qui se forment régulièrement, les meilleurs principes comme base fondamentale.

2. Les femmes sont admises aux mêmes con-

ditions que les hommes. Nous sommes d'avis que les femmes assurées sont des risques désirables, et nous les admettons avec un sentiment tout fraternel. Leur présence parmi nous ne peut qu'ajouter une influence de bon aloi à notre Ordre.

3. Les indemnités pour maladie, accident, incapacité de travail ou décès sont comprises dans un seul certificat au prix régulier. On ne requiert le paiement de cotisations que dans chaque branche locale, pour le maintient de celle ci, ce qui exempte de la nécessité de se joindre à plusieurs autres sociétés pour obtenir les bénéfices, protéger les membres de l'Ordre pendant leur vie et assurer l'existence de leurs familles ou d'autres personnes dont on peut avoir la charge après la mort.

4. Les certificats que nous délivrons sont pour des sommes au sujet desquelles l'Ordre ne peut éprouver aucun embarras ou donner lieu à des démarches intéressées ou à des difficultés quelconques.

5. Nos tables de taux et bénêfices sont établies sur une base moderne et scientifique, réunissant des bénéfices nombreux et distincts pour l'un et l'autre sexe et formant le meilleur système de protection fraternelle et le plus complet.

6. Le but de cet Ordre qui a pour base le grand et noble principe de protection mutuelle contre l'adversité, est de réunir les contributions d'un grand nombre pour aider quelques membres qui peuvent se trouver dans l'incapacité de travailler.

7. Le système de la Ligue Union Fraternelle est universellement reconnu comme absolument sûr, substantiel et économique ; ses règles concernant la protection personnelle et celles dès familles sont particulièrement engageantes pour la masse des personnes qui travaillent à salaire. En payant de petites

primes, chaque membre obtient la continuation d'un certain revenu, lorsqu'il est incapable de travailler par suite d'accident ou de maladie, et change en certitude ce qui autrement serait incertain.

8. "Le Bulletin", l'organe officiel de l'Ordre, publié tous les deux mois et contenant tous les détails sur les opérations et les assemblées de l'Ordre, est fourni gratuitement.à chaque membre.

9. Le fait d'être membre de la Ligue Union Fraternelle constitue une aide mutuelle dans les moments où l'on peut en avoir besoin sans être obligé de faire appel à la charité ; chaque membre, homme ou femme, maintient son indépendance dans les jours de peine, sans se voir contraint ni l'un ni l'autre à demander des faveurs spéciales.

10. L'Ordre ayant passé le temps nécessaire à son établissement et à l'essai de son fonctionnement, n'a jamais été trouvé en défaut ; il a fait face promptement à toutes ses obligations ; il est digne de toute la confiance et du patronage de ceux qui, voulant se prémunir contre l'adversité, désirent participer à une fraternité progessive et honnêtement conduite.

LE CONGRES SUPREME

Le Congrès Suprême est chargé de la direction générale des affaires de la Ligue. Il est choisi parmi les délégués des assemblées locales, lequel est éligile dans les grandes assemblées d'Etat ou de district. Le bureau actuel de la Ligue se trouve dans la bâtisse Brown, rue Summer, no. 185, à Boston, Mass.

Nous donnons ci-après la liste des officiers suprêmes, avec leurs adresses.

OFFICIERS SUPREMES

John Merrill, président suprême, Boston, Mass. ;

William McKeever, ex-vieux président, Lynn, Mass.;
T.-A. Paradis, ex-jeune président, No. Grosvenordale,
Ct.; Philéas-J. Tétrault, 1er vice-président, Holyoke,
Mass.; Joseph-E. Pèlerin, 2nd vice-président, Manchester, N. H.; James-F. Reynolds, secrétaire-suprê-
me, Somerville, Mass.; John-C. Barthelmes, trésorier
suprême, Brockton, Mass.; J.-P. Roulier, M. D., directeur médical suprême, Salem, Mass.; Ed.-J. Daily,
M. D., médecin-examinateur suprême, Somerville,
Mass.; John-P. Leahy, conseiller suprême, Dorches-
ter, Mass.; W.-S. James, M. D., sergent-d'armes suprême, Cleveland, Ohio; John-S. McGowan, instructeur suprême, Somerville, Mass.; L.-P. Beaudet, M.
D., portier suprême, New Market, N. H.; T.-H. Hayes,
sentinelle suprême, Boston, Mass.

ASSEMBLEE CHAPLEAU

L'Assemblée Chapleau de la Ligue Union Fraternelle, fut fondée en 1896; elle compte donc déjà treize
ans d'existence, à Fall River, Mass.

Cette société est incorporée dans le Massachusetts
et la Province de Québec.

Les huit premières années de son existence, l'Assemblée Chapleau ne se fit guère remarquer par de
grands progrès. Mais en 1904, Mme L. Desmarais,
députée de New Bedford, vint réorganiser l'Assemblée et la mettre dans la voie du succès.

A une séance tenue le 1er juin 1904, vingt nou-
veaux membres furent admis et les officiers suivants
furent élus : Présidente; Mme C. Côté; vice-prés.,
Mlle Mathilde Morrissette; secrétaire, R.-A. Roberge;
trésorière, Mme E. Charbonneau; sergent-d'armes,
Mme P. Métayer; instituteur, P. Bossé; médeçin, Dr
P.-A. Garneau; portier, J. Charbonneau; sentinelle,
Mlle M. Rouleau,

Mme C CHARBONNEAU, Députée Suprême de la Ligue Union Fraternelle

Le 27 janvier 1906, trente nouveaux membres furent admis, grâce au zèle de Mme E. Charbonneau, qui en retour reçut l'insigne de député-suprême, le 18 février, à Central Falls, R. I.   Depuis cette date jusqu'à ce jour, Mme Charbonneau a organisé cinq autres assemblées.

Lors du grand bazar de la paroisse du St-Sacrement en 1906, sous la présidence de Mme D. Renaud, l'Assemblée Chapleau prit part aux grand concours des sociétés paroissiales et réalisa la somme de $300.

Avec le vigoureux travail de la députée et des membres, 137 nouveaux membres étaient admis, le 25 janvier 1908.

A cette dernière date, eut lieu l'installation des officiers suivants : Ex-président et présidente, P. Dorion et Mme D. Renaud ; président, H. Gagnon ; vice-président, P. Bossé ; secrétaire, Mlle G. Pelletier ; trésorière, Mme E. Charbonneau ; médecin, Dr P.-A. Garneau ; institutrice, Mlle E. Charest ; sergents-d'armes, A. Laliberté et Mme T. Stacom ; portier, J.-C. Charbonneau, sentinelles, J. Michaud et A. Quintin.

Les officiers ci-dessus ont donné une soirée, le mardi-gras, au profit de la paroisse Ste-Anne, et les recettes claires furent de $182.

Au mois d'août suivant, l'Assemblée Chapleau prit part au bazar de la paroisse St-Jean-Baptiste, et elle y réalisa la somme de $150.

Le 6 septembre suivant, l'Assemblée assistait en corps à la fête champêtre de la paroisse St-Mathieu.

Le 19 du mois suivant, elle assistait au bazar de la paroisse Ste-Anne.

Aux assemblées qui eurent lieu plus tard, le nombre total des membres parvint au chiffre de 344.

COUR INGRAHAN, No. 4507

La Cour Ingraham, no. 4507, des Forestiers Indépendants, fut organisée vers l'année 1905.

Nous avons les trois bureaux d'officiers suivants:

1905—C. R., Ernest Côté ; sec., Guillaume Paquin.

1908—C. R., O.-G. Poilvert ; sec.-arch., J.-A. Paquin ; sec., E.-E. Côté ; trés., A.-J.-U. Dufault.

1909—C.-R., A. Fecteau ; sec.-arch.; J.-A. Paquin ; sec., E.-E. Côté ; trés., A. J.-U. Dufault.

La Cour Ingraham tient ses assemblées, le dernier mardi du mois, à la salle Amiotte, rue Mason.

ANCIEN ORDRE DES FORESTIERS D'AMERIQUE

COUR ROCHAMBEAU, NO. 8164.

La Cour Rochambeau, no. 8164, de l'Ancien Ordre des Forestiers d'Amérique reçut sa charte d'incorporation le 14 juillet 1892.   L'institution, l'initiation des candidats, l'élection des officiers et leur installation eurent lieu le même soir, à la salle Grattan, rue North Main. Ferdinand Crépeau, Dr L.-P. DeGrandpré et Ed. Normandin en furent les organisateurs.

A la première séance, 14 juillet, 92 membres furent admis, puis les élections suïvantes eurent lieu dans l'ordre suivant : Député, O. Fecteau; P. C. R., Arthur Paradis ; C. R., F. Crépeau ; S. C. R., Cyr. Chabot ; S. F., P.-H. Maynard ; trés., J.-H. St-Laurent ; sec.-arch., C. Vohl ; S. W., Ed. Normandin ; J. W., François Servant ; S. B., G.-S.Gélinas ; J.B., Adélard Allaire ; médecin, L.-P. De Grandpré. Syndic pour 6 mois, A. Gingue ; pour un an et 6 mois, W. Lavigne, et pour deux ans, Louis Maynard.

Les assemblées ont d'abord eu lieu les 1er et 3ième lundis du mois.

Au mois de janvier 1893, un comité composé de F. Crépeau, Z. Granger, G.-S. Gélinas et L. Melançon firent traduire et imprimer en français la constitution de la cour.

A la séance du 5 septembre 1892, J.-N. St-Laurent résigne comme trésorier et membre de la Cour, et Zéphirin Granger le remplace.

La deuxième élection eut lieu le 16 décembre 1892, avec le résultat suivant : P. C. R., F. Cpépeau ; C. R., Z. Granger ; S. C. R., L. Melançon ; sec.-fin., P.-H. Maynard ; trés., Eugène Boulle ; sec.-arch., Arthur Fournier ; S.-W., Ed. Normandin ; J. W., Fr. Servant ; S. B., P. Poirier ; J. B., O. Moreau ; médecin, L.-P. De Grandpré. Syndics, C. Rivard, J.-H. Lafond, et Eusèbe Cloutier. Ces deux remplacent Ls Maynard et W. Lavigne, démissionnaire. L'installation de ces officiers eut lieu le 2 janvier 1893.

Le 10 avril 1893, bal et banquet de la Cour, à la salle de la Ligue des Patriotes. A cette grande fête, le grand chef forestier, F. Crépeau, reçut de la Cour un insigne, emblême de l'ordre, et un certificat de G. C. F., en récompense de ses services rendus à la Cour, comme organisateur.

Le 20 mars 1893, furent élus délégués à la convention des Forestiers du Massachusetts, qui eut lieu à Fitchburg le 22 mai suivant : P. C. R., F. Crépeau ; C. R., Z. Granger et P. H. Maynard. Substituts Dr L.-P. De Grandpré, C. Chabot et Eusèbe Cloutier.

A cette convention, qui dura trois jours, les délégués obtinrent la permission d'avoir à leur usage des rituels en français. Ainsi, tout en appartenant à une société anglaise, la cour pouvait faire ses procédures et cérémonies en français.

La Cour Rochambeau avait $1,000 en banque et comptait 275 membres, en 1893. A la même date, l'ordre des Forestiers comptent dans le Massachusetts, 105,000 membres dont 2,500 de race française.

Le 23 août 1893, la Cour Rochambeau prenait part à l'inauguration de la bâtisse des Forestiers, où elle a tint ses assemblées régulières.

Voici les bureaux d'officiers :

En 1894—Trés., Hercule Beauparlant ; sec., Arthur Fournier.

1895—C. R.; F. Crépeau ; trés., H. Beauparlant ; sec.-arch., A. Fournier ; sec.-fin., A.-F. Paré.

1896—C. R., A. Fournier; trés., A.-E. Fournier ; sec.-arch., J.-A. Gagnon ; sec.-fin., A.-F. Paré.

1897—C. R., J.-A. Létourneau; trés. ; A.-E. Fournier ; sec.-arch., J.-A. Gagnon ; sec.-fin., A.-F. Paré.

1898—C. R., H.-B. Thériault ; trés., A.-E. Fournier ; sec.-arch., J.-A. Gagnon ; sec.-fin., A. Fournier.

1899 à 1903—C. R., O. Sauvageau ; trés., F.-A. Forest ; sec-arch., J.-A. Gagnon ; sec.-fin., H.-A. Audet.

1903—C. R., Eugène Brunelle ; trés., F.-A. Forest ; sec.-arch., Ths. Hudon ; sec.-fin., Ovila Sauvageau.

1904—C. R., François Canuel ; trés., Eugène Brunelle ; sec.-arch., Alfred Britland ; sec.-fin., R.-A. Collier.

1905-6 et 7—C. R., François Canuel ; trés., Alf. Gingras ; sec.-fin., Ovila Sauvageau.

Cette cour fut dissoute, en décembre 1907.

FORESTIERS D'AMERIQUE

COUR ROCHAMBEAU, NO 78

Tout ce que nous avons pu trouver au sujet de la Cour Rochambeau, No 78, des Forestiers d'Amérique, c'est le bureau d'officiers de 1902, que voici :

C. R., Eugène Brunelle; trés., F.-A. Forest; sec.-arch., Thos Hudon; sec.-fin., Ovila Sauvageau.

Cette cour n'a pas dû durer longtemps, puisqu'on en trouve aucune autre information.

COUR DE SALABERRY, NO 136

Au sujet de la Cour Salaberry, no. 136, des Forestiers d'Amérique, nous trouvons les trois bureaux d'officiers suivants :

En 1898—Chef-forestier, Hubert Thériault ; S. C. F., J.-S. Campbell ; trés., Adélard Vanasse ; sec.-arch., Ernest Desrosiers ; sec.-fin., Arthur Fournier.

1899—C. F., Hubert Thériault ; S. C. F., J.-S. Campbell ; trés., Adélard Vanasse ; sec.-arch., Léon Trépanier ; sec.-fin., A.-F. Fournier.

1900—C. F., Hubert Thériault ; S. C. F., Jos. Dudevoir ; trés., Adélard Vanasse ; sec.-arch., Léon Trépanier ; sec.-fin., Arthur Fournier.

ASSOCIATION DE BIENFAISANCE DES DAMES CATHOLIQUES

NOTES SUR L'ASSOCIATION

L'Association de Bienfaisance des Dames Catholiques fut fondée dans l'état de Pennsylvanie, Etats-Unis, en 1890. C'était la première organisation du genre aux Etats-Unis.

Ses fondatrices étaient des irlandaises catholiques du nord-ouest de la Pennsylvanie, de l'ouest de l'état de New York et de l'est de l'Ohio.

Le but est l'instruction morale, intellectuelle et sociale des femmes, la protection mutuelle avec tous ses avantages.

La constitution fut adoptée, en avril 1890, dans une grande assemblée tenue à Titusville, Pennsylvanie, par des déléguées des divers centres des sus-dits états.

La nouvelle association eut d'abord un grand succès.   Environ 1,350 femmes de ces trois états entrèrent dans l'Association.   Le succès continua, et bientôt elle se répandit dans les autres états au point qu'elle devint en quelques années l'association de femmes la plus nombreuse de la République.

Elle compte actuellement plus de 125,000 membres et dispose d'un fonds de réserves de $1,091,500 avec $200,000 de fonds mortuaires.   Elle a déjà payé $6,000,000 aux héritiers de ses membres.

C'est une association catholique, mais sous le contrôle irlandais, comme l'indique d'ailleurs assez clairement le conseil suprême suivant, qui a été choisi pour le terme de 1907 à 1910 :

Directeur spirituel en chef, S. G. Mgr B.-J. Mc-Quaid, évêque de Rochester, N. Y.

Sénatrices en chef, Mmes F.-M. Mayer, Ellerslie, Md.; Kate Woods, Youngstown, O.; Katherine J. Dowling, Rochester, N. Y.

Présidente en chef, Mme E.-B. McGowan, avenue Lancaster, no 174, Buffalo, N. Y.

1ère vice-présidente en chef, Mme Mary A. Flanagan, rue South Beech, no. 301, Syracuse; N. Y.

2nde vice-présidente en chef, Mlle Frances McGee, avenue Pittston, no. 2116, Scranton, Penn.

Archiviste en chef, Mme J.-A. Royer, rue West 11th, no. 443, Erie, Penn.

Trésorière en chef, Mme F. Girardot, ru̇e Fort, no. 1072, Detroit, Mich.

Maréchal en chef, Mme A.Cottringer,rue Whirl-pool, no. 2245, Niagara Falls, N. Y.

Maréchal de droite en chef, Mme Katherine Gillen, angle des rues Wood et Elm, Youngstown, O.

Maréchal de gauche en chef, Mme Mary Ryan, Susquehanna, Penn.

Garde en chef, Mlle Mary O'Neill, Titusville, Penn.

Garde de droite en chef, Mlle Mary Shields, Wilkesbarre, Penn.

Garde de gauche en chef, Mlle Helen Kinnucan, rue 6 th, no. 149, Detroit, Mich.

Syndics en chef-ex-officio : Le président en chef est le président du bureau ; l'archiviste en chef, secrétaire du bureau.

Dignitaires élues : Mlle Margaret F. Gallagher, de Port Jarvis, N.-Y.; Mlle Katherine Gaughran, Cleveland, O.; Mme J.-W. Clingen, Chicago, Ill.; Mlle Kate Mahoney, Troy, N. Y., Mlle Elisabeth Burns, New York, N.-Y., Mme A.-J. Brady, Pittsburg, Penn.; Mme M. Quinn, Newark, N.-J.; Mlle Bertha McEntee, Pittsburg,Penn.; Mlle Mary Early, Brooklyn, N. Y.

Auditeurs en chef : Présidente en chef, Mme M. H. Murphy, Buffalo, N. Y.; Mlle Margaret Kelly, Cleveland, O., et Mlle Elisabeth Rowan, Pittsburg, Penn.

Examinateur médical en chef, Dr Jane W. Carroll, avenue Ashland, no. 285, Buffalo, N. Y.

Rédacteur de l'organe officiel, Mlle Alicia Blaney, rue 14th, no 145, Buffalo, N. Y.

SUCCURSALE NOTRE-DAME, NO. 671

La succursale Notre-Dame, no. 671, de l'Association de Bienfaisance des Dames Catholiques, fut organisée à Fall River, Mass., en 1900, par Mme A. Montmigny, députée suprême.

La succursale compte 164 membres.

Voici les bureaux d'officiers que nous avons, mais dont les dates ne sont pas certaines :

1905—Président, Mme A.Montminy ; 1er vice-prés., Mme W. Landry ; 2nde vice-prés., Mme E. Côté ; sec.-arch., Mme L. Rioux ; sec.-fin., Mme M. St-Laurent ; trés., Mme M. Larivière.

1907—Prés., Mme A. Montminy ; 1ère vice.-prés., Mme E. Côté ; 2ième vice.-près., Mme E. Dufresne ; sec.-arch., Mme L. Rioux ; sec.-fin., Mme M. St-Laurent ; trés., Melle Dalila Dumais.

1909—Prés., Mme A. Montminy ; 1ère vice-pré., Mme N. Côté ; 2ième vice.-près., Mme N. Dufresne ; sec.-arch., Mlle Claudia Benoit ; ass.-sec.-arch., Mme L. Kennedy ; sec.-trés., Mme St-Laurent, trés., Mlle D. Dumaine ; chancelière, Mlle Léonie Caron ; maîtresse de cérémonies, Mlle Elisa St-Laurent ; sentinelle, Mlle I. Vigeant ; syndics, Mmes R. Thibault, J.-A. Beauchemin et E. Corriveau.

SUCCURSALE ST-MATHIEU, NO 676

La Succursale St-Mathieu, No 676, de l'Association de Bienfaisance des Dames Catholiques, fut fondée à Fall River, Mass., le 22 avril 1901, par Mme Danis, de Woonsocket, R. I.

Elle tient ses assemblées les 2ième et 4ième lundis du mois.

Depuis la fondation jusqu'à 1908, M. le curé J.-G. Lavallée en a été le chapelain et le Dr J.-L. Lebœuf, le médecin.

Premier bureau de dignitaires : Présidente, Mme D. Bergeron; 1ère vice-prés., Mlle G. Côté; 2nde vice-prés., Mme Parent; sec.-arch.; Mme E.-A. Lebel; sec.-fin., Mme Dorion; trés., Mme Quintin; sentinelle, Mlle Claudia Côté.

En 1905, Mme Dorion est nommée présidente, Mme Bergeron ayant résigné pour cause de santé.

En 1907, Mme Allaire est nommée présidente.

En juillet 1904, Mme E. Lebœuf fut déléguée de la Succursale à la convention de St-Paul, Minnesota.

Bureau des dignitaires de 1908 : Présidente, Mme Allaire; 1ère vice-prés., Mme Parent; 2nde vice-prés., Mme Benjamin ; sec.-arch., Emma Leboeuf ; ass.-sec.-arch., Mme P. Rioux ; trés., Mme D. Bergeron; sec.-fin., Elisa Parent ; comm.-ord., Claudia Côté ; sentinelle, Mme Ouellette; syndics, Mmes Potvin, Quintin, Lebœuf, Delorme, et Gagnon.

Commission des finances, Mme Paquette, Mlles Dion et E. Côté.

La succursale compte 48 membres.

SUCCURSALE ST-DOMINIQUE

La succursale St-Dominique, de l'Association de Bienfaisance des Dames Catholiques, a dû être fondée vers l'année 1902.

Dans tous les cas, nous n'avons pu trouver que les quatre bureaux suivants de ses officiers :

En 1902 et 3—Président, Ovide Nadeau ; 1er vice-présidente, Eugénie Lavallée ; 2nde vice.-prés., Olympe Hamel; sec.-arch., Corinne Desruisseaux; sec.-fin., Marie Cayer, trés., Sophronie Lavallée.

1904—Présidente, Mme V.-M. Joncas; 2nde vice-prés., Rose Dupré ; sec.-arch., Mme Phi. Desruisseaux; trés., Elisa Beauregard.

1905—Prés., Mme V.-M. Doucette; 2nde vice-prés., Rose Dupré ; sec.-arch., Mme C. Delisle ; trés., Albertine Champagne.

Pour les détails au sujet de l'Association, veuillez relire les ʼnotes de la Succusale Notre-Dame, que nous avons publiées précédemment.

La Succursale St-Dominique assistait à la bénédictian de l'église du St-Sacrement, le 24 novembre, 1904.

COUR ST-JEAN-BAPTISTE, L. C. B. A.

En 1903, il existait une cour St-Jean-Baptiste de l'L. C. B. A.

Voici la liste de ses officiers, en 1903 : Prés., Mme Duhamel ; vice.-prés., Mme Laliberté, sec., Mlle Mercier ; trés., Mme Laplante ; Perceptrice, Mme Langlais : Directrices, Mmes Mercier, Saucier et Ross.

CLUB CONCORDE, DE ST-ROCH

Le Club Concorde, de la paroisse St-Roch, fut fondé en 1900. C'était un club d'amusements et comptait 30 membres en 1903.

Voici le bureau de 1903 : Présidente, Mlle Concorde Béliveau ; vice.-prés., Mlle Emma Delisle, sec., Mlle Amanda Leclerc ; trés., Mlle Délia Blais ; ass.-trés., Mlle Mathilda Colin. Syndics, Mlles Amanda Blais, Laura Arel, Hermine Colin et Cordélia Durette.

CLUB POLITIQUE

Le Club Politique des Jeunes Gens du Quartier 6 fut fondé en 1900 et comptait 75 membres en 1903.

Voici le bureaux des officiers en 1903 : Prés., J.-B. Carrier ; vice.-près., Napoléon Tessier ; sec., William Baraby ; trés., Pantaléon Chamberlain ;

percep., Sévère Richard ; ass.-percep., Cyprien Castonguay. Syndics, Osias Larocque, Albert Roy et Arthur Couette.

COUR NOTRE-DAME, NO. 6,

La Cour Notre-Dame, No. 6, de la C. M. B. A., fut fondée en 1901 et comptait 22 membres en 1903.

Bureau de 1903 : Chapelain, Mgr J.-A. Prévost ; chancelier, Dr C.-A. Casgrain ; Plés., F. X. Gamache ; 1er vice.-prés., J.-D. Castonguay ; 2nd. vice.-prés., Arthur Guertin ; sec.-arch., l'abbé O. Valois ; trés., Mgr J.-A. Prévost ; sec.-trés., C.-B. Fournier ; comm.-ord., P.-Z. Gamache. Sentinelle, Onésime Leclerc. Syndics, C.-B. Fournier, P.-Z. Gamache, Albert Massé, Narcisse Lefrançois et Onésime Leclerc.

CLUB FRONTENAC

Le Club Frontenac fut fondé dans la paroisse St-Roch, en 1901. C'était une organisation politique qui comptait 69 membres, en 1903.

Voici le bureau de 1903 : Présidents honoraires, H.-A. Dubuque et P.-F. Péloquin. Prés., C. E. Péloquin ; vice.-prés., F. Francœur ; sec., Edmond Larochelle ; ass.-sec., Léonard Parent ; sec.-corr.. J.-L. Beaudry ; trés., N.-P. Coderre ; percep, F.-X. Lachance.

CLUB VILLA CHEZ NOUS

Le Club Villa Chez Nous fut fondé en 1902 et possédait une magnifique villa à Portsmouth R. I., en 1903.

Bureau de 1903 : Prés., Charles Boivin ; sec., M.-L. Lizotte ; trés., Joseph Rocheleau.

CLUB PAPINEAU

Une organisotion politique, de naturalisation et d'amusements, fut fondé dans la paroisse Ste-Anne, en février 1903, sous le nom de Papineau.

Bureau de 1903 : Prés., Eusèbe Cloutier ; vice-prés., Louis Picard ; sec., Aldaı Goyette; ass,, Ulric Côté ; trés., P.-N. Côté ; percep., Nap. Gendreau ; ass., Jos. Gagnon.

CLUB DRAMATIQUE PAPINEAU

Le Club Dramatique Papineau fut fondé en 1903, avec les officiers suivants ·

Prés., Achille Côté ; vice-prés., Eugène Lavoie ; sec., Adaï Goyette ; ass. sec. ; Léon Fournier ; trés., Georges Lebel ; régisseur des scènes, Ulric Côté ; directeur, Emile Lebœuf.

BRIGADE DE VOLONTAIRES FRANCO-AMERICAINS

La Brigade de Volontaires Franco-Américains de la Nouvelle-Angleterre, fut fondée le 12 août 1906.

C'est une puissante organisation militaire. Elle compte déjà dans ses bataillons, un grand nombre des gardes françaises et catholiques de la Nouvelle-Angleterre et si rien ne vient entraver son action, elle finira sans doute par toutes les absorber, pour la gloire de Dieu et l'honneur de la nation.

Président, W. H. Wellen, de Brockton; 1er vice-prés., Noé Caouette, New-Bedford ; 2nd vice.-près., P.-M. Rioux, Fall River ; sec.-arch., A.-D. Viens, Fall River ; ass.-sec., O.-J. Cloutier, Brockton ; sec.-fin. et corr., S.-J. Gagnon, Salem ; trés., A. Berge-ron, Lowell ; auditeurs, U. de Grandpré, Salem; Al.

Laguë, New Bedford, Arthur Mailloux, Fall River ; 1er maître de cérémonies, François Lemieux, Fitchburg ; 2ème m-d.c., Horace Désilets, Lowell ; 1er sen., Joseph Perraz, New-Bedford ; 2ème sen., Art. Martin, Taunton.

Etat-Major de la Brigade.—Général, J.-B. Larivière, Fitchburg ; Lieut.-gén., Alf. Laguë, New-Bedford ; major-gén., A.-J. Mandeville, Brockton ; bri.-gén., S.-J.Gagnon, Salem ; col., U. de Grandpré, Salem ; lieut.-col,, Michel Benjamin, Fall River ; Adj.-major, Albert Bergeron, Lowell ; chi.-major, A.-H. Querry, Fitchburg ; chapelain, l'abbé O.-J. Plasse, Manville, R. I.; chi.-d'état-major, H.-T. Renault, Worcester, Mass.; offi.-d'ord., E.-J. Renaud, Indian Orchard ; aide-de-Camp, Alex. Thivierge, Marlboro.

Etat-major du 1er Régiment, Fall River.—Colonel, Arthur Mailloux ; lieut.-col., J.-N. Gendreau ; major, N.-H. Bérard ; adj.-major, Alfred Marchand; chef du régiment, A.-W. Chabot ; chapelain, l'abbé J.-E. Potvin ; chirurgien-major, Dr A. St-Georges ; offi.-d'ha., P.J. Bousquet ; aide-de-camp., A.-J. Levesque ; porte-drapeau, Georges Dufresne.

1er Bataillon du 1er Régiment.--Major, Ph. M. Rioux ; adj.-major, Arsène Rémy ; chef de bataillon, Pierre Lévesque ; cap.-trés., cap. W. Baraby.

2nd Bataillon du 1er Régiment.—Major, Joseph Vandal ; adj.-major, Albert Gendreau ; chef de bataillon, F.-X. Desrosiers ; cap.-trés., Cap., A.-D. Viens.

Gardes de la Brigade de V.-F.-A. Nous donnons les noms des gardes selon la date de la fondation, en commençant par les plus vieilles.

Les Zouaves Pontificaux, de Marlboro, Mass., fondée le 7 janvier, 1887; capitaine, Alex. Thivierge.

Garde Napoléon 1er, de Fall River, fondée le 20 mars 1887; capitaine Guillaume Baraby.

Garde d'Honneur de la Fédération Franco-Américaine, de New Bedford, fondée le 10 février, 1889; capitaine Louis Caron.

Garde d'Honneur de l'Union Canadienne St-Jean-Baptiste, de Fall River, fondée en mars 1893; capitaine, Henri Lafond.

La Jeune Garde du Sacré-Cœur, de Fall River, fondée le 19 avril 1899; capitaine, L.-J. Rioux.

Garde Notre.Dame, de Fall River, fondée le 13 octobre 1899; capitaine, A.-D. Viens.

Garde d'Honneur, de Brockton, fondée le 8 octobre 1900; capitaine, A.-J. Mandeville.

Garde d'Honneur St-Joseph, de Fall River, fondée le 8 mars 1901; capitaine, Joseph Caron.

Garde Nationale Indépendante, de New-Bedford, Mass., fondée le 3 mars 1901; capitaine, Alf. Lague.

Garde des Francs Tireurs, de New Bedford, fondée le 5 juin 1901; capitaine, Georges Bernier.

Garde d'Honneur de l'Uunion St-Joseph, de Fitchburg, fondée le 16 mai 1902; capitaine, J.-B. Larivière.

Garde Nationole, Cie A., de Worcester, fondée le 28 septembre 1902; capitaine, H.-T. Renault.

Garde St-Dominique de Fall River, fondée en novembre 1902; capitaine Louis Bernard.

Garde St-Louis de Gonzagne, de Indian Orchard, fondée le 10 juillet 1904; capitaine, Héliodore Roberge.

Garde des Hussards Canadiens, de Lawrence, fondée le 21 octobre 1905; capitaine, E.-J. Desruisseaux.

Garde d'Honneur Indépendante, de Taunton, fondée le 5 mars 1905; capitaine Arthur Martin.

Garde militaire du 20ème Chasseur, de Salem, fondée le 12 octobre 1905; capitaine, J.-A. Pelletier.

Garde Nationale, de Salem, fondée en novembre 1905; capitaine, Octave Lebel.

Garde Lasalle, de Fall River, Mass., fondée le 6 octobre 1905; capitaine Louis Bernard.

Garde d'Honneur St-Jean-Baptiste de Fitchburg, fondée le 27 mai 1906; capitaine Georges Frégeau.

Garde Wilfrid Laurier, de Lawrence, Mass., fondée en mai 1907; capitaine Alfred Lacroix.

Garde Frontenac, de Lowell, fondée le 28 avril 1907; capitaine, Albert Bergeron.

Garde d'Honneur du Saint Sacrement, de Fall River, fondée en 1907; capitaine Joseph Renaud.

Garde Florimond de l'U. St. J.-B. d'A., de Willimantic, Conn., fondée le 1er janvier 1908; capitaine J.-B. Paulhus.

Garde d'Honneur St-Louis, de Newburyport, fondée le 23 février 1908; capitaine T.-A. Blanchard.

Garde d'Honneur du Conseil St-Georges des Canado-Américains, de Manchester, N.-N., fondée en 1909; capitaine A. Ferland.

Garde Champlain, de Claremont, N. H., fondée en 1909; capitaine J.-A. Touchette.

A part ces 27 gardes de la Brigade, il y en a encore au moins 38 dans la Nouvelle-Angleterre, qui finiront par s'adjoindre aux autres.

La Naturalisation

La naturalisation est l'acte par lequel un aubain devient citoyen de la république américaine. La demande est faite au moyen d'une requête présentée à un tribunal compétent,—soit une cour de juridiction supérieure ayant un protonotaire et des régistres.—Le postulant doit justifier d'un séjour aux Etats-Unis de cinq ans ou plus ; il doit avoir fait une déclaration exprimant son désir de devenir citoyen, au moins deux ans antérieurement ; il doit être majeur et jouir d'une bonne réputation ; être attaché à la Constitution et observateur des lois des Etats-Unis ; ne pas être anarchiste ou nihiliste, posséder une idée générale de la forme du gouvernement et de la constitution de la République. La prestation du serment se fait en présence du tribunal et comporte une formule en vertu de laquelle le candidat à la naturalisation renonce à toute allégéance étrangère, et s'engage d'ores et déjà, d'être fidèle à la Constitution et aux lois de la République Américaine.

Né à l'étranger, il abjure le ciel d'être témoin de son pacte d'allégeance avec sa nouvelle patrie ; il aspire à devenir l'égal, au point de vue politique, de celui qui est né au pays, en participant au renouvellement et au fonctionnement de son gouvernement.

La naturalisation est donc un acte solennel qui opère un changement radical dans l'état politique de l'individu. Personne ne peut s'abstenir de remplir les devoirs du citoyen sans perdre de vue ses propres intérêts et ceux de ses co-nationaux. Il n'est pas d'être qui existe qui ne ressente l'action du gouvernement ou des forces économiques, tantôt entravées, tantôt stimulées par les lois ou la politique fiscale ou administrative. A titre de consomateur ou de producteur des biens de ce monde, chaque individu est intéressé au bon fonctionnement de la chose publique.

Partout, il participe au bien-être, ou il souffre de l'absence de prospérité des institutions financières ou industrielles du pays. C'est un fait indéniable que la taxe ou l'impôt se paye, en dernière analyse, par le producteur ou le consommateur, et que si le propriétaire ou le fabricant, en premier lieu, paye l'impôt, il le fait payer ensuite au locataire ou à l'ouvrier qui ne reçoit son salaire qu'après que les charges fixées—au nombre desquelles se trouve la taxe—ont été soldées. En étant naturalisé, un homme né à l'étranger, est plus qu'une quantité négative négligeable, plus qu'un simple zéro avant un chiffre, il a une voix délibérative, et il est sur un pied d'égalité avec ceux qui ont revendiqué leur qualité civique ; il est plus qu'un homme puisqu'il a le titre de citoyen, et qu'alors il forme partie de l'électorat, source du pouvoir politique souverain. Il a donc acquis un grade supérieur à celui qu'il avait précédemment. Au lieu d'être le jouet des autres, de voguer au gré des vagues, sans voile ni rame, une simple machine ambulante, ou un être réduit à une existence purement végétative, il prend sa propre cause en mains, il s'arme d'une puissance nouvelle qui décuple sa force ; bref, il forme partie du conseil souverain des citoyens. De gouverné il devient gouvernant ; au lieu d'obéir seulement, désormais il commande. C'est un des at-

tributs de la liberté civile que de choisir ses gouver-
nants.

Le riche et le pauvre, l'ignorant et le savant sont
égaux devant le scrutin. Le suffrage, sans être une
panacée universelle, n'en est pas moins de nos jours,
un moyen efficace de protéger, de défendre ou de revendiquer ses droits, de mériter le respect et la confiance de ses concitoyens et d'accroître notre influence. Ce devrait être l'orgueil bien légitime de tous les
hommes de se dire au moins les égaux des autres. Il
ne peuvent le faire tant qu'ils restent indifférents
sous le rapport civique.

Le congrès seul peut déclarer la guerre ; et chaque citoyen en votant pour un membre de ce corps
législatif peut exprimer son opinion sur cet important
sujet. A-t-il des scrupules d'aller au régiment ?
Croit-il que la guerre est injuste ? Il peut voter pour
un représentant au congrès qui est d'accord avec son
opinion. Il est naturel chez tout être de vouloir exprimer ses vues, de désirer approfondir une question
qui affecte tout le monde également ; en un mot,
d'avoir droit au chapitre et de vivre de cette vie col-
lective où se concentre l'âme de la nation. Pour cela
il faut être citoyen.

La qualité de citoyen donne au Franco-Américain une arme nouvelle pour se défendre contre ses
adversaires ; il peut alors, placé sur un terrain également avantageux, revendiquer pour les siens, à armes égales des privilèges qu'on lui refuserait n'étant
pas naturalisé. L'exercice des prérogatives du citoy-
en est un devoir impérieux dans l'intérêt de la famille, comme dans celui de la société. Tout homme
doit quelque chose à sa famille et à sa nation, qui est
aussi une autre famille. En devenant Américain, au
point de vue politique, le Français ou le Canadien-

français, entre dans la famille américaine, sans cesser pour cela, de faire encore partie de la famille française et canadienne à laquelle il appartenait antérieurement, de même que le fils ne cesse pas d'être attaché au foyer paternel parce qu'il se crée, par le mariage, un nouveau foyer. Si son affection se porte plus directement à celui-ci, il ne s'ensuit pas qu'il doive oublier celui-là. Français et Canadiens-français d'origine, soyons non seulement des hommes, mais encore des citoyens. Nous sommes trop orgueilleux pour être satisfaits d'être sans valeur morale au point de vue politique, nous avons trop de cœur pour ne pas compter dans les destinées de la République qui nous accueille et nous donne la protection, après avoir reçu de notre race le baptême du sang. Nous avons trop d'intérêts économiques sociaux et ethniques pour être indifférents et impuissants lorsque le moment arrive de compter comme des hommes de valeur, de mérite et de patriotisme. Ne pas exercer les droits que le civisme américain nous confère, si nous sommes pour demeurer aux Etats-Unis en permanence, c'est descendre au rang des esclaves et des parias, qui, dans tous les pays, ont été les hommes de peine, les souffre-douleurs; sans droits, sans respect, sans ambition et sans considération, individuellement et collectivement.

Cette absence de protection et d'intérêt envers ceux qui ne comptent pas en politique, se traduit d'une façon bien manifeste dans les quartiers habités par eux dans les villes. Malgré qu'ils soient propriétaires d'immeubles ou contribuables, on ne favorise pas les travaux publics ou les améliorations dans leur région. On néglige l'entretien de la voie publique, les travaux d'égouts, la pose des tuaux d'aqueduc, l'éclairage, les précautions sanitaires, etc. On fait ainsi sentir son dédain, en réservant l'emploi des fonds publics de préférence pour les endroit où résident les électeurs, détenteurs du pouvoir qui choisit les fonctionnaires municipaux. Les emplois publics ne sont accessibles aussi, qu'à ceux qui justifient de leur qualité d'électeur. Par la naturalisation donc, une nouvelle voie est ouverte avx nôtres dans l'administration de la municipalité, de l'Etat et des Etats-Unis. Le Rhode Island nous a fait l'insigne honneur de choisir M. A. J. Pothier gouverneur en 1908. Cet honneur rejaillit sur tous les nôtres ; car nous sommes solidaires à cause de notre communauté ethnique et historique.

Etre satisfait d'une situation qui ne nous accordait pas ces triomphes du civisme américain, serait indigne d'un peuple, comme le nôtre, issu d'une race qui a été et qui est encore à la tête de la civilisation. Celui qui a du sang français dans les veines oublierait son origine et le passé de sa race, il serait digne aussi de la grande nation américaine qui a droit à notre reconnaissance et à notre fidélité, elle qui jouit des bienfaits et des élans généreux des nationaux de Lafayette, s'il négligeait d'aspirer au premier rang du civisme américain qu'occupent ses concitoyens d'autre origine. Ses besoins présents et ses espoirs futurs lui en font une obligation impérieuse ; sa situation économique et les aspirations légitimes de nos groupes, de même que l'intérêt du milieu social où il vit, un devoir inéluctable.

Nul n'a le droit de se soustraire à des responsabilités aussi graves, sans encourir la censure de tous les hommes intelligents qui voient au-delà de l'horizon exiguë des êtres imprévoyants et aveugles.

H.-A. DUBUQUE,

Fall River, Mass., le 22 mai 1909.

Nos Vieillards

De nos jours, un homme âgé de 70 ans est déjà un vieillard. Mais il n'en fut pas toujours de même. Dans les quinze premiers siècles de l'humanité, par exemple, 70 ans ne devaient pas être l'âge de la vieillesse, et la Genèse nous renseigne correctement à ce sujet. Voici d'ailleurs les âges des premiers hommes, de père et fils, à partir d'Adam jusqu'à Noé : Adam, 930 ans; Seth, 912; Enos, 905; Kénan, 910; Mahalalée, 895: Jered, 962; Hénoc, 365; Méthusela ou Mathusalem, 969; Lémec, 777, et Noé, 950. Adam était âgé de 130 ans, quand son fils, Seth, vint au monde, et Noé avait déjà atteint sa 500ième année quand son fils, Sam, vit le jour. Evidemment, à l'âge de 70 ans, ces premiers hommes ne devaient être encore que des jeunes gens.

Rien n'arrive en ce monde sans la permission de Dieu, pas même la vieillesse, qui est généralement une première récompense des hommes craignant Dieu et marchant dans ses voies. Voici d'ailleurs ce que nous donnent les Saintes Ecritures à ce sujet :

"Honore ton père et ta mère, afin que tes jours soient prolongés sur la terre que l'Eternel, ton Dieu, te donne."—(Exode, 2. 12.)

"Tes cheveux blancs sont une couronne d'honneur, et elle se trouvera dans la voie de la justice."—(Proverbes, 16.31.)

Le verset suivant (le 6ième du 17ième chapître des Proverbes), devrait être encadré et placé dans tous les foyers chrétiens, car il praclame une double vérité :

"Les enfauts des enfants sont la couronne des vieilles gens; et l'honneur des enfants ce sont leurs pères."

Du temps de Noé, du moins avant le déluge, les descendants de Seth, appelés les "fils de Dieu", s'étaient laissés séduire par la beauté des filles de la race de Caïn, qui avait été maudite par Dieu. De ces mariages sortit une race de géants dont toute l'imagination des pensées et les penchants du cœur n'étaient que le mal en tout temps. Alors, dit la Genèse, l'Eternel se repentit d'avoir fait l'homme sur la terre, et il décida non-seulement de l'exterminer par le déluge, mais de réduire sa vie à 120. "Mon esprit, dit l'Eternel, ne plaidera point toujours avec les hommes, car aussi ils ne sont que chair, mais "leurs jours seront six vingts ans." Et l'Eternel tint parole, car après le déluge la vie de l'homme commença à diminuer. Et dès la huitième génération de Noé, nous voyons que Nacor meurt à l'âge de 148 ans. Abraham, qui était de la dixième génération, mourut à l'âge de 175 ans, et Ismaël, un de ses fils, à l'âge de 137 ans. Et la moyenne de l'âge des hommes fut bientôt de 120 ans, et elle diminua toujours à cause de la méchanceté des hommes, jusqu'à nos jours, où elle n'est plus que de 60 à 70 ans tout au plus.

Une longue vie a toujours été, généralement, la récompense d'une bonne vie, en ce monde, et une nembreuse postérité, qui en est la conséquence naturelle, est la précieuse couronne de la vieillesse.

Or, une longue vie de nos jours, est de 70 à 90 ans, et nous avons raison d'admirer et de respecter tous ceux de nos compatriotes qui ont le bonheur de passer d'aussi nombreuses années sur cette terre et d'y recevoir la couronne d'une nombreuse postérité, car l'un et l'autre prouvent généralement une bonne vie ou l'accomplissement du devoir.

Dans Fall River nous trouvons actuellement plus de 160 de nos compatriotes qui ont déjà atteint l'âge remarquable de 70 à 90 ans.

Comme nous le verrons plus loin, nous trouvons en cette ville, un vieillard de 90 ans, un de 88, deux de 87, un de 86, deux de 85, un de 84, trois de 83, trois de 82, trois de 81 et deux de 80 ans, en tout 19 de 80 à 90 ans.

Nous croyons faire honneur à notre race et rendre justice à ces braves vieillards, en publiant quelques notes biographiques de chacun. Car, ils sont les pères de 182 enfants et les grands-pères de près de 500 petits enfants.

HILAIRE BERGERON

M. Hilaire Bergeron, de la rue Jencks, no. 319, est probablement le plus âgé de nos compatiotes de Fall River. Sa belle et riche chevelure argentée, sa longue barbe blanche, tout son extérieur, nous font penser aux patriarches dont il est fait mention dans l'Ancien Testament. Ses 90 ans semblent être une preuve qu'il a accompli le commandement de Dieu :

Père et mère honoreras
Afin de vivre longuement.

S'il nous fallait raconter les événements qui se sont succédés dans la longue vie de ce vieillard, ce volume en entier ne serait pas trop gros pour eu donner les détails. Mais l'espace nous manque, et nous devons nous limiter à quelques notes générales.

Hilaire, fils de Hubert Bergeron et de Marguerite Hamel, est né à St-Grégoire de Nicolet, P. Q.,, le 19 octobre 1819. Ses parents étaient des braves cultivateurs et de bons catholiques.

Le jeune Hilaire fut d'abord cultivateur durant
quelques années, puis se fit maçon pour le reste de
ses jours de travail. Ses travaux de maçonnerie que
l'ont trouve encore dans diverses paroisses de la Province de Québec, attestent de ses nombreuses années
d'énergie et de talent.

En 1836, il épousait, dans sa paroisse natale, Rose-Délima Gaillardet, qui lui donna treize enfants,
dont sept sont encore vivants. Il perdit son épouse
vraîment chrétienne, à Fall River, le 2 mai 1886,
après cinquante ans de ménage.

M. Bergeron quittait le Canada en 1869, et venait
passer trois ans à Weymouth, Mass. Depuis trente-
sept ans, il demeure à Fall River. Il a été témoin de
tous les principaux événements nationaux de cette
ville, et il en garde encore un très bon souvenir, car
sa mémoire est excellente.

Voici la liste de ses enfants vivants :

Agnès, Mme Cyrille Bourque, de Weymouth, qui
est mère de deux enfants.

Adeline, Mme Philippe Désilets, de Fall River,
mère de quatre enfants.

Delphine, Mme Napoléon Fournier, de Fall River,
mère d'un enfant.

Georgianna, Mme Joseph Chaput, de Fall River,
mère de quatre enfants.

Joseph, marié et résident en cette ville.

Philippe, de cette ville, père de trois enfants.

Rose, Mme Arthur Fournier, de cette ville, mère
de cinq enfants.

Une autre de ses filles, Mme Alphonse Campbell,
a laissé un enfant.

Un de ses fils, Hilaire, est décédé, laissant deux enfaucs.

Ce vénérable vieillard, malgré les assauts de l'erreur qui l'entoure dans sa vieillesse, au milieu des siens, est un catholique convaincu.

EDOUARD COULOMRE

Un autre octogénaire, qui fait honneur à notre race, c'est M. Edouaad Coulombe, de la rue Jencks, no 178.

Edouard, fils de Louis Coulombe et de Marie-Louise Proulx, est né à St-Thomas de Montmagny, P. Q., le 13 octobre, 1821. Ce fut un fils de cultivateurs.

Dans sa paroisse natale, à l'âge de 33 ans, il épousait Marie Gendron, qui lui a donné 10 enfants dont sept sont vivants.

Il demeura successivement au Cap St-Ignece et à Ste-Luce de Rimouski. Après 14 ans passés en cette dernière paroisse, il arrivait à Fall River, il y a 18 ans.

Voici la liste de ses enfants vivants :

Joseph, de Claremont, N. H., père de 4 enfants.

Albert, de cette ville, père de 7 enfants.

Cléophas, de Montmagny, père de 4 enfants.

Lilliose, Mme Joseph Bossé, de cette ville, mère de 5 enfants.

Mlles Laetitia, Estelle et Eva, qui demeurent au toit paternel.

Philomène, Mme Alphonse Malenfant, est décédée en cette ville, laissant 3 enfants.

Depuis 6 ans, ce vénérable vieillard souffre d'un chancre, qui lui a déjà rongé le nez jusqu'à la racine. Du reste, il est bien portant pour son âge de 88 ans.

ADOLPHE ROCHEFORT

Un compatriote qui porte bien son nom, c'est M. Adolphe Rocheford, de la rue Tuttle, no. 247. Après avoir été le père de 20 enfants, que lui donnèrent ses deux fidèles épouses, il est encore fort comme une roche contre les intempéries du temps et de la vie.

Fils de Augustin Rochefort et de Modeste Tremblay, il est né aux Eboulements, comté de Charlevoix, P. Q., en octobre 1822. Fils d'un cultivateur, il fut cultivateur lui-même.

A l'âge de 25 ans, il épousait Proxède Gauthier, qui lui donna 11 enfants, dont 8 sont vivants :

Délima; Mme Jean Girard, de St-Irénée de Charlevoix.

Alexis, des Eboulements, père de 8 enfants, dont 4 vivants.

Charles, de St-Hilarion de Charlevoix, 9 enfants dont 7 vivants.

Adolphe, aussi de St-Hilarion, 6 enfants vivants.

Arsène, de la même paroisse, 6 enfants dont 4 vivants.

Ferdinand, du Sault Ste-Marie, 2 enfants vivants.

François, de Levesqueville, P. Q., 10 enfants vivants.

Tobie, de la même paroisse, 11 enfants vivants.

Deux ans après la mort de sa première femme, en 1867, il épousait, aux Eboulements, Angélique Dupéré, qui lui a donné 9 autres enfants dont 6 sont vivants :

Joseph, résidant aux Eboulements, père de 7 enfants dont 5 vivants.

Mlle Marie, qui demeure au toit paternel.

Philomène, Mme François Gauthier, de South Manchester, Conn., mère de 5 enfants dont 3 vivants.

Anna, Mme Arsène St-Pierre, de cette ville, 6 enfants, dont 4 vivants.

Arthur, de cette ville, père de 2 enfants.

Mlle Rosanna, qui demeure au toit paternel.

En 1899, M. Rochefort vendait sa terre, quittait les Eboulements et venait demeurer à Fall River. Il est journalier depuis son arrivée ici.

Il est borgne depuis 34 ans, mais il travaille encore comme un brave patriote et un bon catholique. Il est âgé de 87 ans.

NAZAIRE GUILLOTTE

Nazaire, fils de Noël Guillotte et de Angélique Bellerose, est né à Sorel, P. Q., le 26 février 1822 ; il est âgé de 87 ans.

Il fut navigateur une grande partie de sa vie, comme un bon Sorelois.

A l'âge de 32 ans, il épousait à Sorel, Marguerite St-Michel, qui lui donna 8 enfants dont 6 sont vivants:

Clara, Mme Damase Martin, de Sorel, 14 enfants dont 6 vivants.

Nazaire, célibataire, de Sorel.

Edmond, célibataire, de Fall River.

Horace, de cette ville, père de 3 enfants.

Bernadette, Mme Charles Gaudreau en première noce, et Mme George Soucy, seconde noce.

Philéas, qui demeure avec le père, rue Cross, no 74, en cette ville, pas d'enfant.

M. Nazaire Guillotte demeure à Fall River depuis 30 ans. Il a perdu sa femme en 1902.

Il fait honneur à notre race et à notre religion.

THOMAS COTE

Thomas, fils de Thomas Côté et de Angèle Gagnon, est né à la Baie St-Paul, P. Q., au printemps
de 1823. Il est âgé de 86 ans.

A l'âge de 27 ans, à St-Irénée de Charlevoix, P.Q.,
il épousait Adrienne Audette, qui mourait de con-
somption, après 20 ans de ménage.

En 1872, il prenait en seconde noce, à la Baie
St-Paul, Alphonsine Boivin, qui lui a donné 5 enfants
dont 4 sont vivants :

Oliva, Emilie et Trefflé, qui demeurent avec le
père, rue Wilbur, no 107, et Phidime, de Maplewood.
Celui-ci est père de 2 enfants dont 1 vivant.

Au Canada, il était cultivateur. Pendant les
nombreuses années qu'il a déjà passées en cette ville,
il a fait divers travaux.

LOUIS BISSON

Louis Bisson est né à Maskinongé, P. Q., le 15
avril 1824. Il appartenait à une famille de 12 enfants.
Il n'avait qu'un an quand la famille déménageait à
St-Guillaume d'Upton, P. Q.

A l'âge de 23 ans, il épousait Mérence Lacourse,
qui lui donna 11 enfants dont 7 sont vivants.

En 1869, il arrivait à Baltic, Conn., où il fut
bûcheron, et en 1871 il venait demeurer à Fall River.
Durant les 28 ans déjà passés en cette ville, il a été
journalier.

Voici la liste de ses enfants vivants :

Charles, qui eut pour 1ère épouse Béatrice Girard. Celle-ci est décédée il y a 13 ans. Il se remaria
avec Victorine St-Pierre. Il est père de 11 enfants
dont 6 vivants. Il demeure à Fall River.

Pierre, père de 3 enfants ; Cléophas, veuf, 3 enfants dont 2 vivants; Narcisse, 7 enfants dont 3 vivants; tous trois demeurent à Fall River.

Georgianna, Mme Léonard Smith, de Natick, R. I., 7 enfants.

M. Bisson est bien portant pour son âge, 87 ans. Il demeure rue Fourth, no 265.

EDOUARD GENDRON

Edouard, fils de Jacques Gendron et de Marie-Anne Ruel, est né à St-François de Montmagny, le 17 octobre 1824, et âgé de 85 ans. Il était le 17ième et dernier enfant de la famille, et aujourd'hui il en est le seul vivant.·

Il étudia à l'école du village natal, puis passa trois ans et demie au collège des Frères des Ecoles Chrétiennes, à St-Thomas de Montmagny.

Il acheta ensuite une terre à St-Hugues de Bagot, et s'y établit. En 1848, il y épousait Dorothée Kamler dit Laflamme. Deux ans plus tard, il obtenait le titre de huissier provincial.

En 1872, il venait passer 8 ans à Nashua, N. H., où il fut mécanicien d'usine.

Hrrivé à Fall River, en 1880, il se fait marchand de foin. En 1886, son établissement passa au feu. Alors il va s'acheter un lopin de terre à New Bedford et y passe de 6 à 8 ans à faire du jardinage et à élever des volailles.

Il passa le reste du temps à Fall River, chez sa fille, Mme Joseph Messier, rue Elsbree, no 92, s'y occupant du jardinage, etc.

Il perdit sa femme à Fall River, en 1900, qui lui laissa les cinq enfants suivants :

Georges, inspecteur de la police de New Bedford, père de 4 enfants du second lit, la 1ère femme ne lui en ayant donné aucun.

Dorothée, Mme Louis Lamontagne, de Bowenville, mère de 8 enfant dont 4 vivants.

Alphonse, de New Bedford, père de 8 enfants
dont 5 vivants.

' Albina, Mme Joseph Messier, de la rue Elsbree,
no 92, mère de 7 enfants dont 3 vivants.

Marie, Mme Vve Georges Moore, qui voyage
comme gouvernante, avec une famille riche, et qui
est mère d'une fille.

M. Edouard Gendron jouit d'une bonne santé.
Il appartient à plusieurs sociêtés religieuses et il est
un très bon catholique.

JOSEPH SALVAS

M. Joseph Salvas, employé au bureau de M. Alphonse Larivière, rue Pleasant 185, est sans doute le
plus vieux commis de Fall River.   Fils de Delphis
Salvas et de Jeanne Houle, il naquit à St-Michel
d'Yamaska, le 23 octobre, il y a 84 ans.

Il était en bas âge, lorsque sa famille déménagea
à St-Aimé. Ses parents étaient cultivateurs et le jeune Joseph se livra aux travaux de la terre dès qu'il
fut en force.   En 1846, il était âgé de 21 ans, quand
il épousa sa petite cousine, Emilie Salvas.

Il achetait bientôt une terre à Ste-Victoire, pour
la cultiver durant 13 ans.   Durant ce temps, la paroisse de St-Robert était bientôt détachée de Ste-Victoire et M. Salvas en devenait un des paroissiens.

Il quitta plus tard St-Robert et venait passer
cinq ans à Natick, R. I.   En 1865, il y perdait sa
femme, qui lui avait donné onze enfants dont neuf
sont encore vivants.

Il retourna ensuite passer onze ans sur sa terre
de St-Robert, où cinq ans après son arrivée, il épou-

sait en seconde noce Adelaïde Salvas, sœur de sa première femme ; elle lui donna deux enfants.

En 1887, il arrivait à Fall River, avec sa famille. Il fut d'abord commis chez M. Béliveau, puis chez feu Antoine Leblanc, tous deux épiciers de la rue Eighth.

Depuis dix ans, il est employé au bureau de M. Larivière, entrepreneur de pompes funèbres de la rue Pleasant.

En 1902, il avait la douleur de perdre sa seconde femme, qui avait déjà atteint un âge fort avancé.

Voici la liste de ses enfants du premier lit :

Mathilde, Mme Narcisse Auger, de Woonsocket, R. I. ; elle est décédée en 1908, laissant neuf enfants.

Olivier, de cette ville ; il est père d'un enfant et veuf.

Joseph, de la rue Bank, père de 6 enfants dont 4 vivants.

Jean-Baptiste, de Bowenville, père d'un enfant.

Ezilda, Mme Delphis Dussault, de la paroisse St-Jean-Baptiste de Maplewood, père de deux enfants dont un est décédé.

Agnès, Mme Georges Foster, de la rue Corneau, mère de 4 enfants dont un est décédé.

Georges, célibataire, de Fall River.

Bruno, de Natick, R. I., n'a pas d'enfant.

Daniel qui demeurent dans l'Ouest Américain depuis 21 ans.

Les deux enfants du second lit sont Ovide et Gracia, qui demeurent au toit paternel, rue Corneau, no 91.

M. Joseph Salvas porte alertement ses 84 ans, et il est un bon catholique.

EDOUARD ANTAYA

Edouard, fils de Michel Antaya et de Josephte

Dupré, est né à Sorel, P. Q., le 10 février 1826. Ses 4 frères et ses 5 sœurs sont tous décédés.

Il passa 40 ans dans sa paroisse natale, où il fut cultivateur. En septembre 1851, il épousait à Sorel' Séraphine Corneillé, qui mourut à Fall River, en septembre 1882, après lui avoir donné 12 enfants dont 10 vivent encore.

De Sorel, il vint passer 4 ans à Braman, près de Millbury, Mass., où il fut chauffeur et mécanicien à la fabrique.

Il arrivait à Fall River en 1870. Durant le 39 ans passés en cette ville, il fut chauffeur 9 ans à la manufacture "American Linen", et 10 ans à la "King Philip", et il fut bedeau de la chapelle Ste-Anne, sous le ministère de l'abbé Briscoe.

Il est membre de la société St-Sacrement, depuis 15 a 16 ans.

· Il est fort bien portant, pour un vieillard de son âge.

Voici la liste de ses enfants :

Marie, Mme Georges Moreau, de la Flint, mère de 5 enfants.

Adeline, Mme Vve Chs Moreau, du Petit Canada, mère de 2 enfants.

Edouard, père de 2 enfants ; Michel, aussi 2 enfants ; Olive, Mme Abraham Gauthier, mère de 3 enfants ; tous demeurent dans la même maison que leur père, rue Mulberry, 164.

Pierre, père de 3 enfants, au Petit Canada.

Georges, père de 3 enfants, à la Flint.

Julie, Mme Georges Boulé, du Petit Canada, 6 enfants.

Malvina, Mme Joseph Sévigny, un enfant, de cette ville.

Séraphine-Clara, Mme Jean Daunais, du Stafford Road, 3 enfants.

Ses enfants lui ont donné 33 petits enfants.

Mme Chs Moreau, sa fille, a un garçon qui est père de 3 enfants, qui sont les arrière-petits-enfants de M. Edouard Antaya, sr.

Ce vénérable vieillard est encore bien portant.

F.-X. DURANT

François-Xavier, fils de Louis Durant et de Geneviève Baril, est né à St-Cuthbert, P. Q., le 15 novembre 1826. Il n'avait que 7 ans, quand ses parents déménagèrent à Lanoraie. Dix ans plus tard, il commençait à travailler à bord des navires charroyant du bois.

Vers l'année 1850, il épousait à Sorel, Lucie Paul qui mourut en 1869, lui laissant 8 enfants dont 5 sont encore vivants.

Marie, qui demeure au toit paternel, rue Irving, no 87.

Jean-Baptiste, de la Flint, père de 3 enfants.

François-Xavier, père de 2 enfants, demeure avec son père.

Angélina, Mme Vve Chas Matte, mère de 6 enfants, à Fall River.

Adèle, Mme Wilfrid Goulet, de Worcester, mère de 7 enfants.

Il arriva à Fall River, il y a 40 ans. Il fut bûcheron, excepté durant quelques mois passés sur une terre, à Taunton.

Il est membre de la Société St-Joseph, bon catholique, et grand ami du jeu de dames, malgré ses 83 ans.

CHARLES VIENS

Dans la même maison, avenue Eastern, no 587,

nous trouvons deux couples d'octogénaires : M. et Mme Chas Viens et M. et Mme Jean Grenier. Donnons d'abord quelques notes au sujet du premier, le plus âgé de ces deux patriarches.

Charles, fils de Désiré Viens, est né à St-Mathias du Richelieu, P. Q., le 2 juin 1826. Il fut cultivateur.

A l'âge de 20 ans, à Ste-Marie de Monnoir, il épousait Elmire Ducharme, qui mourut à Fall River, en 1891, après lui avoir donné 6 enfants dont une seule vit encore : Georgianna, Mme Napoléon Lajoie, mère de six enfants et résidente de New Bedford, Mass.

Il demeura successivement à St-Jean-Baptiste, St-Hilaire et dans les Cantons de l'Est, P. Q., où il s'occupa de culture, avant de venir s'établir à Fall River.

Il y a une trentaine d'année, il venait demeurer ici, et depuis son arrivée il a été charpentier.

En 1893, deux ans après la mort de sa première épouse, il convolait en seconde noce avec Mme Vve Ménard, née Marie-Angélique Nadeau, qui était déjà la mère de 9 enfants, dont 7 vivants et demeurant à la Flint :

Louis Noel, père de 9 enfants ; Joseph Noël, 3 enfants ; Pierre Noël, 5 enfants ; F.-D. Noël, 6 enfants ; Marie, Mme Adolphe Bombardier, 6 enfants; P.-H. Noël, 6 enfants, et A.-T. Noël, 8 enfants.

M. Chas Viens est membre de la Société St-Joseph. Il est encore bien portant pour travailler, ainsi que sa digne épouse, qui est âgé de 82 ans.

C'est un beau couple de catholiques, qui mènent une vie exemplaire, à l'ombre des clochers de l'église N.-D. de Lourdes.

JEAN GRENIER

A quelques pas au sud du presbytère de N.-D. de

Lourdes, avenue Eastern, no. 587, nous trouvons un bon et vénérable vieillard, qui depuis 20 ans pratique la cordonnerie, en causant du bon vieux temps avec sa digne épouse, qui est âgée de 86 ans et assez bien portante pour faire les travaux du ménage. Nous voulons parler de M. et Mme Jean Grenier.

Jean, fils de Pierre Grenier et de Marie-Anne Boursier, est né à Châteauguay, P. Q., le 16 mars 1827.

Il était déjà cordonnier, à l'âge de 17 ans et l'a toujours été depuis.

En 1853, ses parents vendent leur terre de Châteauguay et en achètent une à St-Louis de Gonzague, comté de Beauharnois-

Le 18 février 1856, il épousait, à St-Isidore, Claire Bazinet. Il demeura 25 ans à St-Louis, où il s'occupa d'agriculture, puis il passa une couple d'années à Ste Philomène et 10 mois à Brunswick.

M. Jean Grenier est arrivé à Fall River, la même année que Mgr Prévost en, 1888.

Durant les 21 ans passés à Fall River, ce bon vieillard a toujours travaillé sans relâche et il travaille encore. Toute la paroisse connaît le bon vieux cordonnier de l'avenue Eastern.

Il eut six enfants dont cinq sont décédés. Le seul survivant de la famille, Pierre-Hormisdas, est âgé de 51 ans et ses parents n'ont pas eu de ses nouvelles depuis trois ans ; ils ne savent point ce qu'il est devenu.

M. et Mme Jean Grenier sont de braves catholiques, dans toute la force du mot.

F.-X. LAVIGNE

La colonie française de Fall River a l'honneur de compter dans ses rangs un parent de Napoléon Ier, dans la personne de F.-X. Lavigne, un vénérable vieillard de la rue Eighth, no 90. En effet, la grand'mère de la mère de M. Lavigne était la tante et la marraine du grand Bonaparte. Cette bonne dame mourut âgée de 111 ans, à la Baie-du-Fèvre, P. Q., où elle s'était réfugiée après la chute de Napoléon.

François-Xavier, fils de François Lavigne et de Marguerite Surenne dit de Loyala, est né à Gentilly, P. Q., le 12 avril 1827.

Il fut voiturier 39 ans dans son village natal. En 1854, il épousait à Gentilly, Célina Beaudette, qui mourut à Fall River, le 6 septembre 1903, après lui avoir donné 15 enfants dont 4 vivent encore, à savoir :

Célina, Mme J.-T. Martin, de la rue Eighth, no 90. M. Martin est un entrepreneur de pompes funèbres très connu en cette ville.

Sara, demeure à New York.

Louisa, Mme Athanase Boucher, de St-Guillaume d'Upton, P. Q.

De Gentilly, M. Lavigne alla passer 5 ans à Horton City, sur le lac Supérieur, et 3 ans à Centreville, R. I.

Il demeure à Fall River depuis 36 ans. Pour se donner une idée du travail qu'il a accompli, comme entrepreneur de pompes funèbres, il suffit de savoir qu'il a conduit en terre 11,000 personnes.

Il fut aussi peintre et ouvrier durant plusieurs années.

M. F.-X. Lavigne est encore frais et vigoureux malgré ses 82 ans.

PIERRE DESROCHERS

Pierre Desrochers est né à Ste-Croix-de-Lotbinière, P. Q., le 18 juillet 1827, de Augustin Desrochers et Angélique Martel.

A l'âge de 9 ans, il devenait orphelin de père et de mère, avec ses six frères et sœurs. Le jeune Pierre demeura alors six ans chez son oncle, Joseph Legendre, de Ste-Croix. A l'âge de 15 ans, il allait passer 7 ou 8 ans en apprentissage à St-Antoine, chez un cordonnier nommé Cyrille Rousseau. Il travailla ensuite la cordonnerie à Québec, P.Q., et à Troy, N.Y., puis retourna à St-Antoine, P. Q.

Il tint ensuite hôtel et écurie de louage à Warwick, P. Q., pendant 45 ans. En 1857, il y épousa Cédulie Garneau, qui lui donna 6 enfants dont 5 sont vivants ; elle mourut à Fall River, en 1904, à l'âge de 72 ans.

De Warwick, il vint passer trois ans à Lawrence, Mass., puis retourna à Warwick y vendre sa terre, et vint s'établir à Fall River, qu'il habite depuis 27 ans.

Voici la liste de ses enfants vivants :

Elzéar, boulanger à Central Falls, R. I., et père de 3 enfants.

Sylvia, Mme Achillas Lamontagne, qui héberge son vénérable père, rue Benjamin, no. 47.

Joséphine, qui s'est chargée du soin du ménage de M. le curé Carrier, à Taunton, Mass.

Lydia, épouse de Georges Vézina, marchand de thé de la rue South Main.

Edmond, célibataire, de Fall River.

M. Desrochers est sourd depuis trois ans, mais du reste il porte bien ses 82 ans.

TOUSSAINT MENARD

Toussaint, fils de Charles Ménard et de Angélique Benjamin, est né à St-Grégoire-le-Grand, comté d'Iberville, P. Q., le 23 septembre 1828. Il appartenait à une famille de 14 enfants dont 9 vivent encore

Il fut cultivateur comme ses parents, durant son séjour au Canada.

A l'âge de 23 ans, il épousait dans sa paroisse natale, Julie Guillotte, qui lui donna 9 enfants dont 5 sont vivants.

En 1883, il vendait sa terre de St-Grégoire et venait se fixer à Fall River. Durant les 15 premières années passées en cette ville, il fit divers travaux. Depuis la mort de son épouse, arrivée en 1898, il fait le ménage de la maison, pendant que le dernier de ses fils, Adélard, qui demeure avec lui, rue Brightman, no. 189, vaque à ses occupations.

Ses autres enfants sont :

Marie, Mme Vve J.-B. Nadeau, de Bowenville, mère de 4 enfants.

Justine, Mme Vve Octave Dextraze de Waterbury, Conn., mère de 7 enfants.

David, de Ansonia, Conn., père de 6 enfants.

Délima, Mme Joseph Vadnais. de Meadow Pic, Alberta, Canada, mère de 6 enfants.

M. Toussaint Ménard est âgé de 81 ans et un bon citoyen.

OCTAVE LEPAGE

Père de 14 enfants dont 10 vivants, et grand père de 120 dont 77 vivants, M. Octave Lepage, de la rue South Main, no. 2645, est une preuve vivante que la race française d'Amérique n'est guère encore en train de disparaître.

Octave, fils de Honorat Lepage et de Julienne Parent, est né à Rimouski, P. Q., le 9 juin, 1828.

A l'âge de 22 ans, dans son village natal, il épousait Flore Paquet, qui lui donna 14 enfants dont 10 vivent encore.

A l'âge de 45, il achetait une terre, à St-Ulric (Rivière Blanche), P. Q., et s'y établissait.

Il demeure à Fall River depuis plusieurs années, s'y occupant à divers travaux.

Voici la liste de ses dix enfants vivants :

Amable, père de 10 enfants dont 7 vivants, demeurant dans le Nouveau-Brunswick, Canada.

Jean-Baptiste, de la rue Flint, père de 13 enfants dont 11 vivants.

Joseph, de la rue So Main, no 2647, père de 6 enfants dont 4 vivants.

Florinda, Mme Louis Cantin, de North Tiverton, R. I., mère de 17 enfants dont 10 vivants. '

Aurore, Mme Narcisse Dupont, de North Tiverton, R. I., mère de 13 enfants dont 7 vivants.

Octave, de la Flint, père de 12 enfants, dont 9 vivants.

Caroline, Mme Joseph Bernier, de North Tiverton, mère de 11 enfants dont 4 vivants.

Germain, de No. Tiverton, père de 6 enfants dont 3 vivants.

Philomène, Mme Guillaume Gallant, de Sandy Bay (Rimouski), mère de 14 enfants dont 8 vivants.

Léda, Mme Donat Gagnon, de South Main, no. 2645, mère de 6 enfants dont 2 vivants.

Marie, Mme Sévérin St-Laurent, qui est décédée à St-Ulric de Rimouski, le 23 décembre 1907, à laissé 12 enfants.

Nous devons conclure, à l'honneur de ce vénérable vieillard, que sa famille est probablement la plus nombreuse de Fall River, et des alentours peut-être. De nos jours, aux Etats-Unis, un grand-père de 120 enfants dont 77 vivants, ne se trouve guère souvent. La famille Lepage est donc une gloire pour notre race et notre religion. Il est âgé de 81.

PROSPER PLOURDE

Prosper, fils de François Plourde et de Prescille Beaulieu, est né à Trois-Pistoles (Témiscouata), P. Q., le 24 septembre 1828.

Le 17 janvier 1862, dans sa paroisse natale, il épousait Elisabeth Belisle qui lui donna 13 enfants dont 10 sont décédés. Après 17 ans de ménage, il perdit son épouse. Un an après, il épousait, à St-Simon de Rimouski, Louise Lamarre.

Après s'être livré 10 ans à l'agriculture, dans St-Simon, il venait se fixer à Fall River, il y à 16 ans; il a été journalier depuis son arrivée en cette ville.

Voici les trois enfants du 1er lit :

Hélène, religieuse du St-Rosaire, à Rimouski, P. Q.

Marie, mariée et résidente près de Québec.

Auguste, père de 2 enfants, demeure avec son père, rue Jencks, no. 249.

M. Prosper Plourde est un brave catholique. Il est âgé de 81 ans.

OLIVIER CASAVANT

Olivier, fils de François Casavant, et de Charlotte Lachapelle, est né à St-Jean-Baptiste de Rouville, P. Q., le 29 novembre 1829, d'une famille de cultivateurs.

En 1849, il épousait, dans sa paroisse natale Emilie Thuot, qui lui donna 6 enfants dont 3 sont vivants. Après 15 ans de ménage, elle mourut.

En 1866, il se mariait en seconde noce avec Zoé Beaulac, à St-Jean-Baptiste. Il vendit bientôt sa terre de St-Jean-Baptiste et alla passer quelques années à Saint-Pie.

En 1872, il arrivait à Fall River, puis retournait

à St-Pie, au bout de quelques mois. Il est revenu à Fall River, le 26 août 1908, pour y demeurer.

Voici ses trois enfants du 1er lit :

Médérise, Mme Edouard Guay, du Lac St-Jean, mère de 12 enfants dont 5 vivants.

Délima, Mme Vve P. Casavant, de Nord Dakota, E. U., mère de 12 enfants dont 10 vivants.

Louise Mme F.-X. Corriveau, de la rue William, no 553, mère de 13 enfants dont 2 vivants. Il demeure avec cette dernière, et il est bien portant. Il est âgé de 80 ans.

HENRI PELLANT

Henri, fils de Pierre Pellant et de Angélique Harnois, est né à Berthier, P. Q., le 3 janvier 1829.

En juillet 1858, il épousait à Berthier, Léocadie Pellant, sa cousine au 3ième degré ; elle lui donna 15 enfants dont 8 sont vivants, et elle mourut à Fall River, en 1901.

Il demeura à Fall River depuis 20 ans.

Voici la liste de ses enfants vivants, qui demeurent tous en cette ville :

Olivier, marié mais sans enfant ; Ovide, père de 3 enfants dont 2 vivants ; Emile, père de 2 enfants ; Joseph, père de 4 enfants et demeurant avec son père, rue Healy, no. 221 ; Achilles, père de 3 enfants ; Alexandre, célibataire ; Cordelie, Mme Octave Brisson, mère de 7 enfants, et Marie, Mme Joseph Boudreau, mère de 6 enfants.

M. Henri Pellant est âgé de 80 ans et jouit d'une bonne santé, pour son âge.

M   BENONI JANSON.

Un Pionnier de Fall River

M. BENONI JANSON

M. Bénoni Janson est né le 15 mars 1848, à Ste-Rosalie, comté de St-Hyacinthe, Canada. Il avait à peine huit ou neuf ans quand sa famille vint s'établir à Slatersville, R. I., où elle devait demeurer une dizaine d'années. En 1866, elle retournait à Sainte-Rosalie, mais le jeune Bénoni avait trop aimé les Etats-Unis pour ne pas songer à y revenir. De fait, après six mois, il prit son parti et vint seul, cette fois, tenter fortune ici même à Fall River. Il avait alors dix-huit ans.

Que ferait-il ? Peut-être ne s'était-il pas tracé de programme, mais il avait ce qui vaut mieux qu'un programme, c'est-à-dire de l'énergie, du goût pour le travail, de l'endurance au combat de la vie. Il réussit très bien du premier coup, si bien que sa famille, encouragée par de douces espérances, revint bientôt le rejoindre, son père en tête, Pierre Janson, et tous ses frères : Joseph, Saul, Samuel, Etienne, Misaël, sans parler des sœurs.

Le petit groupe, l'un des tout premiers parmi nos plus anciennes familles françaises de Fall River, s'établit sur la rue William, à l'endroit où sont encore aujourd'hui les propriétés de M. Saul Janson. Le succès grandissait toujours et rapidement, à preuve que, dès l'année suivante, le jeune Bénoni songeait déjà à....certain sacrement des vivants, idée très substantielle, très concrète, et non un vain rêve, puisque

le 17 novembre 1867, à l'âge de 19 ans, il épousait
Denise Giroux, une personne de hautes qualités, qui
était née la même année que lui, à Champlain, N.-Y.,
et qui résidait à Fall River depuis quelque temps.
A cette date lointaine, la paroisse Ste-Anne n'existait
pas encore, du moins officiellement, ou canoniquement (comme disent les hommes d'Eglise), et le
mariage fut célébré à St-Mary, par M. l'abbé Edward
Murphy. De nombreux enfants devaient venir prouver, l'un après l'autre, que cette union avait été bénie
de Dieu, deux et trois fois bénie. Nous les retrou-
verons tout à l'heure.

Monsieur Janson a toujours été, dans la force du
terme, un homme de travail. Quels que soient les
divers emplois qu'il a faits de son énergie—car il l'a
exercée de plusieurs manières,—il a toujours eu pour
devise "l'Excelsior," qu'on peut appeler "américain," mais qui est bien mieux que cela, puisqu'il est
avant tout "chrétien". Monter toujours un peu plus
haut : il le voulait, non par un sentiment de vaine
gloire, mais parce que c'est la loi dictée par Dieu
même à tout homme, et surtout au père de famille,
lui qui n'a pas qu'une vie à soutenir, mais plusieurs,
celles de ses enfants.

D'abord charpentier-menuisier ou bâtisseur ; plus
tard agent d'immeubles ou député-shérif de la ville,
place qu'il occupa plusieurs années, il sut non seulement pourvoir aux frais d'éducation de ses enfants,
frais très considérables puisque, en certaines années, il
en avait jusqu'à 5 ou 6 en même temps aux écoles,
couvents et collèges ; mais il put s'acquérir, argent
comptant, plusieurs propriétés, notamment sur la rue
Melville, sur la rue Pleasant, sur la rue Peckham où
il réside aujourd'hui, à Warren, R. I., etc.

M. Janson était un patriote dans la bonne acception du mot, et nul ici n'oubliera ce qu'il a fait pour la cause nationale. Il a été l'un des fondateurs de la société St-Jean-Baptiste et de la Ligue des Patriotes ; il ne se tenait pas une assemblée, un "caucus," une réunion quelconque de compatriotes, qu'il n'y arrivât le premier et très souvent n'y adressât la parole, recommandant toujours le travail, le courage, la fidélité aux vieilles traditions, la persévérance, l'espérance en l'avenir.

Il est le premier de nos compatriotes de Fall River qui se soit fait naturaliser citoyen américain, et c'était son bonheur de servir de témoin pour tous ceux des nôtres qui voulaient suivre son exemple.

Nul n'eut plus à cœur que lui l'établissement et le développement des écoles paroissiales, et il prêcha d'exemple en se faisant un devoir d'y envoyer tous ses enfants, en attendant l'éducation supérieure qu'il devait leur faire donner dans les couvents, collèges et "High Schools".

Il était d'ailleurs un homme de forte conviction religieuse. Quand la notice sur la paroisse Ste-Anne, qu'on a pu lire plus haut, parle d'un jeune homme, "marié de la veille, qui faisait sa lune de miel d'enseigner le catéchisme aux enfants," c'est M. Janson lui-même qu'elle désigne sans oser le nommer. C'est lui aussi qui entreprit la collecte pour l'achat des ornements d'église, dont il est question dans le même article. Quand l'abbé Verdier venait à Fall River pour visiter les familles de nos compatriotes et, comme on dit, "s'enquérir de leur situation," c'est lui encore qui lui offrait, le premier, l'hospitalité, pieux devoir que M. Pierre Adam devait remplir après lui.

Du mariage de M. Bénoni Janson sont nés :

J.-B. Isidore, né en janvier, 1869. Il passa plusieurs années au collège de la Flint, sous le profes-

seur Viens, avant l'arrivée des Frères. Il épousa Julie Roussin, de Lowell, Mass., en juin 1885 ; il fait
le commerce de quincaillerie.

Marie-Rose-Ida, née en octobre 1870, reçut son
éducation chez les sœurs de la Flint, et se maria en
1889 avec Wilfrid Lavigne, propriétaire.

Jean-M., né en juillet 1872, fut élève des Frères
de la Flint ; se maria en 1894 avec Aglaé Thuot, fille
de Clovis Thuot, et fait le commerce de quincaillerie
à New-Bedford.

Clara-Eugénie, née en mars 1874, reçut son éducation à Jésus-Marie de la Flint et épousa, en 1891, H.-
L. Thuot.

F.-X.-Arthur, né en décembre 1875, fit huit ans
de collège ; il est au bureau de poste, dans le département des mandats-postaux, depuis 14 ans, et inspecteur des bureaux postaux de Fall River depuis deux
ans ; il a épousé en avril 1899, Miss Gertrude Hill, de
cette ville.

Wilfrid-Elzéar, né en février 1874, fut élève du
collège Ste-Croix, à Farnham, P. Q., du "Durfee
High School," et plus tard de "Lake Forest University" de Chicago, où il étudia le droit. Avocat depuis
1905, il a épousé, le 31 mai de cette année (1909), Ro-
se-Emma Sicotte, de cette ville.

Marie-Léa, née le 6 mars 1881, d'abord élève des
sœurs de Ste-Croix à l'école Ste-Anne, puis à St-Laurent, P. Q., elle remporta chaque année tous les prix
et obtint son diplôme de "Graduée" en 1897 ; elle
étudia ensuite à "Durfee High School ;" fut la première au concours du service civil en 1900, et entra
au bureau des assesseurs de la ville où elle demeura
trois ans ; depuis quelques années, elle étudie la médecine et la chirurgie à New-York.

Léontine, née en février 1883, fut élève des

Sœurs de Ste-Croix à St-Laurent, P. Q., et en 1907, épousa Hector Leclair, de Southbridge, Mass.

Joseph-Eugène-Léon, né en septembre 1887, fut élève à l'école Ste-Anne, et au collège de l'Assomption. Il était dessinateur à "l'Americain Printing Co." quand il mourut le 25 mai 1907.

Retiré des affaires depuis quelques années, M. Bénoni Janson trouve maintenant, dans les succès divers de ses nombreux enfants, la récompense de son travail, de sa foi et de son patriotisme.

M. P.-S JANSON

Le Doyen de nos Marchands

P.-S. JANSON

Le premier marchand et le premier propriétaire d'immeubles, dans notre colonie française de Fall River, Mass., c'est M. -P.-S. Janson, ce charmant vieillard que tout le monde connaît en cette ville. M. Janson est un homme remarquable à divers points de vue, comme on le voit dans les quelques notes biographiques que nous donnons ci-après.

Pierre-Samuel, fils de Pierre Janson et de Angélique Duhaime, est né dans la bonne paroisse canadienne de Ste-Rosalie-de-Bagot, P. Q., le 4 juillet, 1834. Il est l'aîné d'une famille de onze enfants dont neuf sont encore vivants. Son père était forgeron, mais les goûts du jeune Pierre le portèrent à se faire charcutier, dès qu'il eut terminé ses études à l'école de sa paroisse natale.

A l'âge de 22 ans, se voyant en état de faire vivre une femme, il épousait Marie-Louise Provençal, qui lui donna douze enfants dont quatre vivent encore.

En 1868, M. P.-S. Janson arrivait avec sa famille à Fall River, Mass., qu'il n'a point quittée depuis. Il ouvrit d'abord une épicerie dans la rue Ferry, no 54, qu'il vendit à Côté & Salvail, cinq ans plus tard, pour ouvrir un magasin de marchandises sèches dans la rue South Main, lequel occupait le site du magasin actuel de McWhirr. Cinq ans plus tard, il vendait son magasin à deux de ses frères, pour s'occuper exclusivement du commerce d'immeubles.

Il commença par s'acheter un emplacement pour se bâtir une résidence, dans le Petit Canada. C'était en 1870, et les descendants français n'étaient guère nombreux à cette date, dans Fall River.

M. Janson ne tarda guère à s'apercevoir qu'il était tombé au milieu d'une classe de citoyens anti-pathiques à notre race.. En effet, il avait déjà élevé une partie de sa maison quand un bon matin, il vit que ses travaux avaient été ruinés durant la nuit. Ce travail de destruction continua quelque temps Des Anglais ou Irlandais détruisaient durant la nuit la construction que M. Janson avait élevée durant le jour. Il fut obligé d'engager des gardiens armés pour tenir en respect les francophobes qui s'acharnaient à détruire la première maison que bâtissait un "French-man" dans Fall River.

M. Janson continua à bâtir quand même et si bien, qu'en quelques années il devenait propriétaire de plusieurs maisons, ainsi que plusieurs autres com-patriotes qui vinrent d'année en année, augmenter notre colonie française.

Il fut le premier à demander la construction de la première église française et le promoteur de la seconde, et il ne fut pas le dernier à payer sa géné-reuse quote-part.

M. Janson s'occupa aussi de sociétés nationales. Il fut membre de la société St-Jean-Baptiste, de la Ligue des Patriotes et de la Fanfare Canadienne, dont P.-F. Péloquin était le directeur. Il prêta même $1,700 pour l'achat des instruments et $1,200 pour les costumes de cette fanfare ; il n'a pas encore tout recouvré ces argents, mais il en a fait généreusement le sacrifice, par patriotisme.

En 1900, M. Janson visita l'exposition universelle de Paris, puis les principales villes de la France, de l'Italie, de la Belgique et des Iles Britanniques.

En 1904, M. Janson avait la douleur de perdre sa première femme. Pour prouver son amour à la digne compagne qu'il pleurait, il lui fit élever un superbe charnier qui lui coûta $2,000.

En 1905, M. Janson a épousé en seconde noce, Mlle Alphonsine Alix, qui n'a pas eu de famille.

Voici la liste de ses enfants, du 1er lit :

Marie P., Mme F.-X. Richard, mère de 3 enfants.

Mathilda, Mme Basile Michaud, mère de 3 enfants.

Joseph-Alphonse, père de 5 enfants.

David H., père de 7 enfants.

Tous ces enfants résident en cette ville.

Nous donnons maintenant les noms des frères et soeurs de M. P.-S. Janson.

Etienne E. Janson, marchand, décédé à Woonsocket, R.-I.

Jos.-C. Janson, de New-Bedford, Mass.

Bénoni G. Janson, père de l'avocat Janson, de cette ville.

Saul Janson, rentier de la rue William.

Misaël J. Janson, acrobate, décédé à Philadelphie

Philomène, Mme François Mercier ; Adéline G., Mme Onésime Lambert ; Philomène M., Mme Ernest Yale ; Ludovine V., Mme Vve François Bourassa. et Emma, Mme J.-E. Amiot, tous de Fall River.

Nos Hommes d'Affaires

A Fall River, Mass., nous trouvons une population française de 35,000 âmes. Au point de vue commercial, cette population se partage en deux classes : Les hommes d'affaires ou les vendeurs et le public ou les acheteurs.

Les sympathies nationales qui existent naturellement entre tous les citoyens de même langue, se manifestent généralement jusque dans les relations commerciales, entre vendeurs et acheteurs.

De fait, cette manifestation patriotique ne fait pas défaut chez notre public ; il est naturellement porté à favoriser de son patronage nos hommes d'affaires plutôt que les étrangers.

Si le favoritisme de notre public français n'est pas toujours très apparent, aux yeux de quelques-uns de nos hommes d'affaires, ce n'est pas une raison pour eux de lui jeter la pierre sans mûre réflexion.

Les solliciteurs d'annonces, qui ont passé une partie de leur vie dans ce genre d'occupation, ne sont pas très disposés à blâmer notre public, après avoir discuté cette importante question avec ceux de nos hommes d'affaires qui se plaignent le plus généralement.

Ceux-là mêmes qui blâment notre public, qui l'accusent de manquer de patriotisme pratique, sont les premiers à réfuter leurs paroles par leurs actions. En réalité, ces hommes d'affaires ont tellement confiance dans le patronage de notre public, qu'ils se croient sûrs de l'obtenir sans la moindre annonce.

La confiance est sans doute une bonne chose en soi, même en affaires. Cependant, elle ne suffit point, pour réussir. Ce ne sont pas ceux qui ont le plus de confiance dans la nourriture, qui engraissent le plus et qui obtiennent une meilleure santé ; mais ce sont ceux qui savent l'utiliser en temps et lieu, avec discernement et sagesse.

Il en est de même du patronage public, qui est la nourriture nécessaire au succès du commerce. 1o Il faut donc avoir confiance en notre public français. 2o Il faut savoir cultiver cette confiance de manière à lui faire rapporter la fortune qu'elle porte dans son sein généreux.

La confiance dans le public français, elle existe chez tous nos hommes d'affaires qui ont encore leur cœur français à la bonne place. Mais, le moyen de cultiver et de faire fructifier cette confiance, c'est l'annonce, cette voix puissante qui retentit dans tous les foyers, pour annoncer que vous êtes encore vivant et dans le commerce, et que vous avez de belles et bonnes choses à vendre aux conditions d'un honnête homme et d'un brave patriote.

Nous avons remarqué, avec beaucoup de peine, que quelques-uns de nos hommes d'affaires sont de véritables calomniateurs de notre public français. Ils pensent se vanter sérieusement, en proclamant avec une malheureuse arrogance, que le patronage du public français ne vaut rien et qu'ils n'en veulent point. Ce sont des individus de ce calibre-là qui, à force de calomnies, ont fini par faire dire la même chose à quelques marchands étrangers. Ces individus sont indignes du patronage de notre public, et ils ne l'ont point, pour leur perte et leur pénitence. Ils sont les exceptions qui confirment la règle générale. Car, la plupart de nos hommes d'affaires sont aussi respectables et intelligents, qu'ils respectent et comprennent l'excellence de notre public français ; et la longue liste de nos annonceurs est là pour le prouver à l'évidence.

Nous ne prétendons point blâmer tous les hommes d'affaires qui ne figurent point comme annonceurs dans le "Guide Français" de Fall River. Non ! car ce serait une criante injustice contre un grand nombre de nos compatriotes, qui n'ont pu le faire, pour certaines raisons fort plausibles, se réservant d'ailleurs le plaisir de se répandre plus tard, lors de notre seconde édition.

Mais, par esprit de justice pour les patriotes généreux, nous tenions à faire remarquer au public en général, que quelques-uns de nos hommes d'affaires ont profité du passage de notre solliciteur d'annonces, pour calomnier le public français, pensant ainsi donner une bonne raison de s'abstenir d'annoncer. Nous recommandons ces calomniateurs aux bonnes prières de nos braves compatriotes, afin qu'ils se repentent et méritent ainsi le pardon de leur crime de lèse-patriotisme.

A tous ceux qui ont bien voulu prêter leurs généreux concours à notre œuvre nationale, nous offrons du fond du cœur nos plus sincères remercîments, et nous prions le public de leur donner le généreux patronage qu'ils méritent.

Nous donnons ci-après quelques notes historiques sur quelques-uns de nos principaux hommes d'affaires. Si nous n'avions eu qu'à ne considérer que le mérite de nos annonceurs, nous aurions pu donner un plus grand nombre de biographies. Mais, il fallait nous limiter, l'espace nous manquant, cette fois. Nous espérons qu'une seconde édition nous permettra de donner satisfaction à tous ceux que nous devons cette fois passer sous silence, mais avec la résolution de nous reprendre plus tard, à l'occasion favorable.

ISRAEL RENAUD

ANCIEN NEGOCIANT

.M. Israël Renaud est un des doyens de nos négociants français de Fall River et une de nos per- sonnalités les plus sympathiques de notre colonie.

Il est né le 6 octobre 1842, dans cette partie de la paroisse de Chambly qui forme aujourd'hui St-Basile-le-Grand. Ses parents étaient de braves culti- vateurs.

En 1858, la famille Renaud arrivait à Natick, R. I., y passait trois ans, puis retournait passer deux ans à Chambly; c'était à l'époque de la guerre de Sécession aux Etats-Unis.

En 1863, la famille Renaud revenait dans le Rhode Island et se fixait à Anthony. C'est alors que le jeune Israël commence son apprentissage de maçon, à Cranston, puis se met bientôt à son compte. Il épouse bientôt après, Ezilda Trudeau, originaire de Chambly, mais alors résidente de Compton, R. I. Après six ans de travail dans cette partie du Rhode Island, M. et Mme Renaud arrivent à Fall River, en 1870.

C'est en 1871, que M. Renaud abandonnait le métier de maçon pour se livrer au commerce. Il fit d'abord le commerce en gros des pommes de terre (patates), vendant au char. Mais il y renonça en 1886, pour ouvrir un magasin de comestibles : épices et provisions, dans l'édifice Pocasset, rue Pleašant, qu'il administra avec succès durant dix ans.

En 1896, son commerce augmentant sans cesse,

M. ISRAEL RENAUD

M ATHANASE DUSSAULT

il déménagea son magasin à la rue Fourth, no 49, où il se trouva encore maintenant. Mais cette importante maison de commerce est, depuis janvier 1909, la propriété d'une corporation dont MM. J.-F. Carignan, L. Mélançon, A.-S. Létourneau et Louis Letendre sont officiers.

M. Renaud possède aussi des intérêts dans le "Riverside Trotting Park", un hippodrome dont il fut l'organisateur avec MM. N.-P. Bérard et Simon Fontaine.

Il a pris une part active au mouvement national de Fall River. Il fut l'un des fondateurs et le premier président de la Ligue des Patriotes. En politique, il fut aussi actif, mais n'a jamais voulu en accepter aucune charge d'honneur. Il fut aussi un des officiers de la corporation régissant les biens qui ont été cédés à la paroisse N.-D. de Lourdes, et un des syndics de l'Orphelinat St-Joseph.

M. ATHANASE DUSSAULT

M. Athanase Dussault est un compatriote qui s'est créé une situation fort enviable, avec des talents remarquables, de l'énergie et de l'habileté au travail et de l'ordre dans les affaires, qualités qui en ont fait un contracteur de bâtisses de haute réputation.

Athanase, fils de Godefroy Dussault et de Angèle Roy, est né à St-Henri de Lauzon, P. Q., le 11 juin 1851. Trois ans plus tard, sa famille quittait St-Henri, pour aller passer 15 ans à St-Isidore.

A l'âge de 13 ans, il commençait son apprentissage de charpentier, qui dura quatre ans. A peine âgé de 17 ans, il était déjà à l'œuvre qui devait le conduire au succès. Il préparait des plans de bâtisses, se mettait à la tête d'une équipe et les faisait exécu-

ter.   Il bâtit d'abord un magasin et le presbytère de
Ste-Agathe.

En 1871, il venait passer deux ans à Fall River
et s'y mariait avec Zoé Leclerc, qui lui donna 12 enfants dont 9 sont vivants.

Il demeura ensuite un an à Tobyhanna, en Pennsylvanie, puis retourna au Canada, à St-Anselme.
De là, il fut chef d'équipe sur le chemin de fer Lévis-
Kennebec.   Il construisit ensuite l'église et le presbytère de St-Pierre de la Patrie, où il demeura le
temps nécessaire à ces constructions.   Ces travaux
terminés, il passa neuf ans à Sherbrooke, pour y
construire l'édifice du "Pionnier," une allonge à l'é-
glise St-Patrick et quelques autres bâtisses.

En 1892, il quittait Sherbrooke, pour venir se
fixer à la Globe, dans le sud de la ville, où il érigea
en quelques années un grand nombre de belles résidences et bâtisses, entr'autres l'édifice de l'Union
Franco-Américaine, à l'angle des rues Palmer et East
Main.

· Entre temps, il pouvait s'occuper de construction à Schenectady, N.-Y., où il possède encore des
biens.

Aujourd'hui, M. Dussault pourrait s'arrêter,
dans sa course de vie active, et jouir pendant de longues années sans doute, avec la confiance du devoir
accompli et les fruits d'une vie de labeurs et de prospérité.   Après avoir semé pendant de nombreuses
années de travail, il est maintenant en train de récol-
ter, entouré de ses neuf enfants qui sont sa couronne
d'honneur, la gloire et l'espérance de ses vieux jours.

Voici la liste de ses enfants :

Léontine, Mme Joseph Dupuis, de la rue Branch,
mère de 8 enfants.

ANDRE-P. METRAS,
Marchand de Thé.

Elzéar, de Schenectady, N. Y., père de 5 enfants dont 4 vivants.

Joséphine, Mme Ludger Fiala, de la Abbott Place, mère de 4 enfants.

Antonia, Mme Adélard Lanoue, mère de 3 enfants, et Octave, père de 3 enfants, tous deux de la rue Osborn.

Alice, qui demeure au toit paternel, rue Osborn, no 195.

Ernest, qui demeure à New York.

Arthur et Yvonne, qui demeurent aussi au toit paternel.

M. Athanase Dussault est propriétaire et citoyen.

A.-P. METRAS

Une maison de commerce qui fait honneur à notre colonie de Fall River, c'est celle de M. A.-P. Métras. Son magasin de thé et café, rue North Main, no 54, est certainement le plus considérable et le plus important de la ville. Ceux qui connaissent notre compatriote, savent que ses brillants succès sont dûs à son assiduité au travail, à son amour de l'ordre, à ses talents extraordinaires et ses manières distinguées, qualités qui font la gloire et l'honneur de notre civilisation française et qui dans tous les pays du monde, sont des gages de succès.

André-Philippe Métras est né à St-Pie de Bagot, P. Q., le 26 mars 1865. Il fit ses études chez les Frères de la Doctrine Chrétienne, à Montréal. En sortant du collège il se lança dans la carrière commerciale, pour laquelle il était bien préparé. Il fut d'abord commis chez Beauchamp, marchand de marchandises sèches de la rue Notre-Dame, à Montréal.

Se sentant bientôt des attraits pour la typographie, il entrait aux ateliers de "La Minerve", alors

le grand organe du parti conservateur, dans la Pro
vince de Québec.   Après deux ans d'apprentissage,
il quittait Montréal et faisait quelques mois de service aux ateliers de la "Daily Gazette" de Sherbrooke,
P. Q., où il put se perfectionner dans la connaissance
de la langue anglaise, qui devait lui servir plus tard.

Ses talents variés lui permettaient bientôt de
tenter le succès dans un nouveau genre d'occupation,
et il entrait commis dans une épicerie de Windsor
Mills, près de Sherbrooke.

Après avoir acquis de l'expérience dans ces diverses occupations, il arrivait à Fall River, en 1885.
Dans les quatre années suivantes, il fut commis-épicier chez François Dussault, à la Globe, et son successeur, Edouard-M. Denault.   De 1889 à 1890, il était
successivement au service de Barthélemy Bergeron
et de Denault & Côté.   Enfin il se décida de choisir
le commerce des thé et café, qui devait le conduire
au succès.

Après avoir passé sept ans dans le commerce de
son choix, chez N.-V. Charron, à la Flint, il était prêt
à tirer profit de son expérience.

En 1897, il se mettait en société avec M. Vézina,
qui travaillait avec lui chez M. Charron, et ouvrait
un magasin de thé dans la bâtisse Barré, à la Flint.
A la même époque, il ouvrait un autre magasin, le
"White Shoe Store", sur la rue Pleasant, qu'il vendit
plus tard à Ludger Rivard.

En 1899, désirant élargir le cercle de leurs affaires, les deux associés déménageaient leur magasin à
la rue South Main.

Dix ans avant ce déménagement, en 1889, M.
Métras avait épousé à l'église Ste-Anne, Mlle Olivine
Perron, qui lui a donné 6 enfants dont 4 sont vivants.

Le 1er novembre 1908, M. Métras a acheté les

M JOSEPH LACROIX.

intérêts de son associé, et il est depuis le seul propriétaire du populaire magasin de la rue North Main,
no 54, en plein centre de la ville.

M. Métras s'est aussi occupé d'exploitation mi-
nière. Il fut un des principaux promoteurs de la
"Granite State Mining Co.", de cette ville, dont il fut
un des présidents.

JOSEPH LACROIX

M. Joseph Lacroix se distingue non-seulement
comme marchand, mais surtout par son génie inventif. Le génie n'est pas dû à tout le monde, et quand
on le rencontre on doit s'incliner devant lui.

Joseph Lacroix, fils de bons parents, est né à
Plattsburg, N. Y., le 30 mai 1859. Il connut à peine
la tendresse d'une mère et les soins paternels, car il
perdit ses parents alors qu'il n'avait que trois ans.
Mais, il avait en lui des talents et du génie, qui devaient bientôt lui permettre de se suffire dans le combat de la vie. Aussi, avait-il atteint l'âge de neuf
ans, que déjà il pouvait gagner sa subsistance et son
nécessaire. Trois ans plus tard, il commençait, à
St-Jean d'Iberville, son apprentissage dans la cordonnerie, qui devait être l'occupation régulière d'une
partie de sa vie.

A l'âge de 15 ans, il revenait au pays natal et se
fixait à Burlington, Vermont, pour un an.

En 1875, il arrivait à Fall River, pour y demeurer. Il entra d'abord chez Preble Bros., puis en 1886,
il ouvrait le magasin de chaussures qu'il tient encore,
rue North Main, no 1590.

Il y a vingt-huit ans, à Fall River, il épousait
Mlle Malvina Ménard, qui lui a donné onze enfants
dont six sont vivants.

Corrine-Amélie, épouse de Shipley Fry, docteur-

ès-sciences et recteur, à l'université de Cincinnati.
Mme Fry connut son époux au conservatoire de Cincinnati où elle prenait des leçons de violon.   Elle est
mère d'un enfant.

Ses cinq autres enfants : Marie-Anne, Joseph,
Yvonne, Léo et Albert, demeurent au toit paternel.
Joseph tient un dépot de journaux et restaurant, à
la gare de Bowenville.

M. Lacroix a fait des études françaises et anglaises privées, puis il suivit les cours de l'Ecole Textile
de New Bedford, pour se mettre en état de mieux
utiliser son génie inventif.

S'il fallait détailler les 200 inventions qui sont
dues à son génie, ce serait trop long, pour l'espace
que nous avons à notre disposition.   Qu'il nous suffise
de classifier les suivantes qu'il a fait breveter :

25 styles de chaussures, répondant à tous les besoins de l'humanité, en ce genre.

7 navettes perfectionnées pour le tissage en général.

7 perfectionnements de machines de fabriques.

7 ustensiles de cuisine.

3 mécanismes de sauvetage, en usage dans les
incendies.

2 autres mécanismes qui remplacent les roulettes
des meubles.

2 régulateurs de tuyau à gaz, qui empêchent les
pertes de gaz et l'accumulation de l'air dans le tuyau.

2 freins d'automobiles.

Un gril de poële.

Un "suçon" ou bec de biberon, qui ne ruine point
les poumons du bébé parce qu'il ne cesse jamais de
fonctionner.

Une multitude d'autres inventions, qu'il n'a pas

M J.-F CARIGNAN

fait breveter, mais qui rendent quand même de grands services à l'humanité.

Pour exploiter la plus importante de ses inventions, M. Lacroix a organisé une corporation intitulée : "The Double Spring Shuttle Co.," dont il est le président et le gérant, avec un bureau central à New Bedford.

M. Lacroix a déjà été auditeur des comptes et dans les comités d'enquête et de visites de l'Union Canadienne St-Jean-Baptiste.

M. Lacroix fait honneur à notre race par sa gentillesse et son honnêteté, comme par son génie.

J.-F. CARIGNAN

M. J.-F. Carignan, actionnaire, directeur et agent-général de la corporation de I. Renaud & Cie., est un de nos très populaires concitoyens de Fall River, Mass.

Joseph-Félix, fils de F.-X. Carignan et de Philomène Brais, est né à Winchester, Mass., le 24 février 1870. Il était âgé de 7 ans quand sa famille quittait Winchester, pour aller demeurer à St-Pie de Bagot, P. Q.

A l'âge de 19 ans, il entrait au collège de St-Césaire, pour en sortir avec son diplôme de cours commercial, en 1891.

A sa sortie du collège, il vint se fixer à Providence, R. I. Il y fut d'abord teneur-de-livres, puis associé avec J.-P. Moranville, dans l'administration d'une épicerie, durant plus de six ans. Il fut ensuite huit ans en société avec la "American Pickling Co."

Malgré ses occupations commerciales, à Providence, il fonda la Succursale St-Charles-Borromée des Artisans Canadiens-Français, le Cercle Littéraire, le Club Dramatique et le Club de Naturalisation.

De mai à novembre 1900, M. Carignan fit un voyage dans les vieux pays, pour se reposer de ses nombreuses occupations. Il visita les principaux centres de la Belgique, de la France, de l'Espagne, de la Corse, de la Sardaigne et de l'Italie ; il s'arrêta à Monte Carlo, passa en Palestine et revint par la Suisse, l'Allemagne et l'Angleterre.

Il arrivait à Fall River, en 1907, en qualité de gérant local de "l'American Pickling Co.," de Providence, R. I.

En janvier 1909, de concert avec quelques-uns de nos hommes d'affaires, il organisait la Corporation, qui est maintenant la propriétaire de la grosserie de I. Renaud, de la rue Fourth. Nos 47 et 49, dont il est maintenant un des directeurs et l'agent général. Le 1er octobre 1909, il a ouvert à New Bedford une succursale de la Corporation, dont il est le gérant local.

Le 19 mai 1898, M. Carignan allait à Webster, Mass., épouser Mlle Perle-Adèle Deslauriers qui, depuis, lui a fait cadeau d'un héritier.

M. Carignan, malgré ses occupations, a trouvé le temps de s'occuper de politique et de naturalisation.

LEONIDAS MELANCON

M. Léonidas Mélançon, le secrétaire-gérant de la corporation I. Renaud & Cie., est un compatriote qui a déjà fait sa marque dans le monde bureaucratique et commerciale.

Léonidas, fils de Emmanuel Mélançon et de Sophie Vincent, est né à St-Guillaume d'Upton, P. Q., le 13 mai 1865. Après avoir étudié à l'école de son village natal, il fit un cours commercial au collège de St-Aimé, terminant en 1882.

Il fut d'abord assistant-chef de gare à St-Guillaume durant un an, puis agent du télégraphe à la gare

LÉONILAS MELANÇON

de Yamaska durant trois ans. De ce dernier poste, il fut ramené à St-Guillaume, où il fut chef de gare jusqu'en 1890. C'est de là qu'en 1887, il allait à St-David, épouser Mlle Elmina Paulhus, qui lui a donné onze enfants dont sept sont vivants.

Il arrivait à Fall River en 1890, pour entrer en fonctions de teneur-de-livres à la grosserie de M. I. Renaud. Il occupa cette importante position jusqu'au 1er janvier 1909. Depuis cette date, son expérience et son honnêteté dans les affaires lui ont valu de remplir les hautes fonctions de secrétaire et gérant de la corporation de I. Renaud & Cie., dont il est un des fondateurs et actionnaires.

M. Mélançon est un des membres distingués de la succursale des Artisans Canadiens-Français.

Voici la liste de ses enfants, qui constituent déjà une précieuse couronne paternelle :

Alice, âgée de 19 ans; Léon, 17 ans; David, 15 ans; Antonia, 12 ans; Léonie, 10 ans; Armand, 7 ans; et Jeannette, 5 ans.

Avec une aussi jolie famille, M. et Mme Mélançon prouvent qu'ils sont des parents vraiment chrétiens, et ils font honneur à notre race et à notre religion.

Ils demeurent rue Osborn, no 173.

J.-N. GENDREAU

Il n'y a que très peu de citoyens, dans Fall River et les centres environnants, qui ne connaissent pas M. J.-N. Gendreau, le populaire marchand de meubles de la rue Pleasant, no 304. Aussi, ses nombreuses connaissances seront sans doute heureuses de lire quelques notes biographiques à son sujet.

Joseph-Napoléon, fils de L.-P. Gendreau et de Marguerite Fortier, est né à Montmagny, P. Q., le 2 novembre 1876. Il fit des études au Collège des Frères de sa paroisse natale.

En 1892, il arrivait à Fall River avec ses parents et il est un des nôtres depuis cette date.

Il fut d'abord employé dans un magasin de meubles de la Flint, puis dans une manufacture.

En 1905, il achetait le magasin de Maurice Zundell, rue Pleasant, 304, et c'est là qu'en société avec son beau-frère, M. A.-E. Théberge, il a réussi à se faire une des plus précieuses clientèles de Fall River dans le commerce des meubles et garnitures.

M. Gendreau est aussi très populaire dans nos sociétés nationales. Il est le vice-président de la Succursale no 19 des Artisans Canadiens-Français, les trésorier et major de la Garde Notre-Dame, et lieutenant-colonel dans le 1er Régiment de la Brigade de Volontaires Franco-Américains de la Nouvelle-Angleterre.

Le 1er juin 1909, M. Gendreau a uni sa destinée avec Mlle Marie-Blanche Tremblay, une gentille et charmante compatriote.

M. Gendreau est un homme d'affaires qui se distingue par l'honnêteté et la gentillesse dans toutes ses transactions.

A.-E. THEBERGE

Les nombreux clients de la populaire maison de J.-N. Gendreau & Cie, de la rue Pleasant, no 304, connaissent très bien le gérant qui se dévoue corps et âme au succès grandissant de ce célèbre magasin de meubles. M. A.-E. Théberge compte autant d'amis que de connaissances, à Fall River.

Aristide-Emile, fils de Joseph Théberge, M. D., et de Aurélie Michon, est né à Montmagny, P. Q., le 17 juin 1872.

M. J.-N. GENDREAU.

M. A E. THÉBERGE.

Il fit d'abord un bon cours commercial au Collège Dufresne, de Montmagny, puis il fut commis dans son village natal et à Québec. Il passa ensuite quelques années dans le journalisme.

A Montréal, il fut comptable au journal "Le National" jusqu'en 1892. Plus tard, nous le trouvons rédacteur local du journal "La République", de Lewiston, Maine, où il passe deux ans.

En 1895, il épousait Mlle Ina Rouillard, fille du propriétaire de "La République", de Lewiston, Me. Deux ans plus tard, il avait la douleur de perdre son épouse.

Il arrivait à Fall River, au printemps de 1898. Il passa quelques années dans les assurances sur la vie, puis dans le commerce de meubles.

Ses talents variés, son honnêteté et son expérience, lui ont valu la gérance des affaires de la populaire maison J.-N. Gendreau, et depuis quatre ans il en assure le succès.

En 1901, il épousait, en seconde noce, Mlle Marie-Louise Gendreau, la digne sœur de son associé, M. J.-N. Gendreau.

M. Théberge a de plus l'honneur de la présidence de la Succursale no 19 des Artisans-Canadiens-Français. Il appartient aussi à la Société St-Joseph et à la "Fall River Trade and Industrial Association".

M. Théberge est certainement une personnalité distinguée, dans le monde commercial de notre colonie de Fall River.

PIERRE PICARD

M. Pierre Picard est un de nos jeunes compatriotes de la Flint qui semble déjà marcher sûrement dans la voie du succès, comme marchand d'articles de toilette pour hommes.

Pierre, fils de Edmond Picard, est né à 'Fall River, le 19 juillet 1883.   Il étudia à l'école paroissiale de Notre-Dame de Lourdes.

Fût commis six ans dans le commerce de hardes, chez O. Corriveau et Wordell & McGuire.   Après ces années d'expérience commerciale, il était en état de faire son avenir.

En mars 1909, il ouvrait un magasin d'articles de toilette pour hommes, rue Pleasant, no 1259, qu'il administre encore avec succès.

Le 16 août 1909, à l'église St-Roch, il a épousé Mlle Alice Rioux, une gentille compatriote.

Il est membre du Club Social de la Flint.

Nos compatriotes ne manqueront point de donner leur patronage à M. Pierre Picard, car il en est tout à fait digne.

LOUIS LETENDRE

Chez le cœur bien né, la valeur n'attend pas le nombre des années, voilà un axiome que nous trouvons bien vivant dans la personne de M. Louis Letendre.

Fils de Louis Letendre et de Marie Larochelle, il est né à Fall River, le 10 juin 1879.   Après avoir étudié à l'école paroissiale de sa ville natale, il fit un bon cours commercial au collège de Farnham, P. Q.

Il était âgé de 18 ans, quand il se lança dans la vie active du commerce, et il en a déjà fait un succès.

En 1897, il ouvrait son épicerie actuelle, rue Ferry, no 399, en société avec son frère, Joseph Letendre; depuis 1900, il en est le seul propriétaire.   Il est aussi le propriétaire de la boulangerie de la rue Ferry, no 408.   En septembre 1909, il a acheté l'épicerie de Chs Auclair, de la rue East Main, no 380, de société avec Chs Auclair.   Ces diverses transactions

M. PIERRE PICARD.

M. LOUIS LETENDRE.

prouvent que M. Letendre est dans la large voie du succès.

De plus, il est le vice-président de la Corporation de I. Renaud & Cie, un des directeurs de la Banque Lafayette, trésorier de la Nouvelle Association de Prêts et membre de la Cie Trousseau.

Il appartient à l'Union St-Jean-Baptiste d'Amérique, à l'Union Canadienne St-Jean-Baptiste et à la Ligue Union Fraternelle.

Le 25 juillet 1904, M. Letendre a épousé Mlle Eva Marcoux, à l'église St-Mathieu de Bowenville, et il est maintenant l'heureux père de deux enfants.

M. Letendre a un brillant avenir devant lui et il ne manquera pas d'en profiter, comme il a su tirer bon parti du passé.

ADELARD MENARD

M. Adelard Ménard, le co-propriétaire de la populaire buanderie de la rue Wellington, à Bowenville, a fait un tel succès de son entreprise, que dans le court espace de deux ans, il a placé son établissement au-dessus de tous les autres du genre en cette ville.

Adelard, fils de Toussaint Ménard et de Julie Guillotte. est né à St-Athanase d'Iberville, P. Q. Il fit un cours commercial au collège des Frères Maristes, dans son village natal.

Il y a 21 ans, il arrivait à Fall River, avec sa famille, pour y demeurer. Ici, il fréquenta l'école publique, puis le collège de Notre-Dame. Il fut ensuite barbier durant onze ans.

En 1907, de société avec M. J.-W. LeComte, il achetait le terrain et bâtissait la grande buanderie, qui constituent le plus considérable établissement du genre à Fall River.

M. Ménard est membre de l'Union Canadienne

St-Jean-Baptiste, du Club Laurier, des "Fall River Eagles", du "Fall River Yacht Club" et du "Weetamore Yacht Club."

J.-W. LECOMTE

Si le succès d'un homme d'affaires est une preuve de ses talents, M. J.-W. LeComte, le digne associé de M. Adélard Ménard, peut se vanter d'être fort bien doué en ce sens, car la buanderie de la rue Wellington est arrivée, en deux ans, à la tête de tous les établissements du même genre à Fall River.

Joseph-Wellestane, fils de Cyrille LeComte et de Wilhelmine Blanchette, est né à Stanfold, P. Q., le 13 août 1879. Il fréquenta l'école du village durant un an, puis il arrivait à Fall River, avec sa famille, en 1889. Il continua ses études à l'école St-Mathieu et à l'école publique.

Pendant onze ans, il servit le pain dans les familles, au service de Alexandre Perron.

En 1907, il entre en société avec M. Adelard Ménard, achète le terrain de la rue Wellington et y bâtit la buanderie qui est aujourd'hui la plus considérable et la plus importante de Fall River.

Pour se perfectionner dans la science commerciale, M. LeCompte suivit, durant deux hivers, les classes privées du collège Thibodeau.

Il est membre de l'Union Canadienne St-Jean-Baptiste, du Conseil Péloquin de l'U. S. J. B. A. et du Club Laurier.

JOSEPH JETTE

M. Joseph Jetté est probablement le doyen des photographes franco-américains de Fall River, et à ce titre il mérite quelques notes biographiques.

Joseph, fils de Nazaire Jetté et de Cordélie Larocque, est né à St-Grégoire-le-Grand, comté d'Iber-

M. JOSEPH W LECOMPTE.

F.-J. LEVESQUE,
Barbier.

ville, P. Q., le 19 décembre 1859. Il fit des études à l'école modèle de son village natal.

Il était âgé de dix ans, quand son père vendit sa terre, pour aller tenir hôtel à St-Athanase d'Iberville.

En 1875, il arrivait à Woonsocket, R. I., avec ses parents, où il commença ses études de la photographie qu'il termina à Providence.

Depuis plus de 30 ans, il tient ses ateliers de photographie, rue Pleasant, no 171.

En 1879, â Fall River, il épousait Mlle Béloin, qui lui a donné 8 enfants dont les 6 suivants sont vivants :

Eva, Mme Albert Lawton, de Westport, et mère de 2 enfants.

Auguste, célibâtaire et photographe au service de son père.

Adelard, phòtographe de Providence, et sans enfant.

Rock et Joseph, célibataires et photographes au service de leur père.

Mlle Florida demeure au toit paternel, rue Fifth, no 253.

F.-J. LEVESQUE

M. F.-J. Levesque est un de nos meilleurs et plus populaires barbiers-coiffeurs de Fall River, et ses nombreux amis seront sans doute heureux de lire ses notes biographiques.

François-Joseph, fils de Joseph Levesque et de Justine Bonenfant, est né à la Rivière-Ouelle, comté de Kamouraska, P. Q., le 22 septembre 1868.

Il passa neuf ans aux écoles de sa paroisse natale, puis à l'âge de 14 ans, il arrivait à Fall River avec ses parents.

Il passa d'abord un an ou deux en service dans une fabrique, puis décida de devenir barbier-coiffeur.

En 1888, ayant terminé son service d'apprentis-sage, il ouvrait avec un associé la boutique de la rue Pleasant, no 103, dont il est le seul propriétaire de-puis vingt ans. Il est devenu si populaire qu'il doit employer trois hommes à son service tout le temps.

Il fut membre du Club La Boucane, et il fait partie du Conseil Garneau de l'U. S. J. B. d'A., du "Fall River Yacht Club" et de la "Barber Association."

Il est le 4ième fils d'une famille de dix enfants, dont voici les autres noms :

Joseph, père de 4 enfants.

Marie, Mme Noël Goyette, mère de 4 enfants.

Aimée, Mme Amédée Fournier, modiste de robes chez McWhirr, de la rue South Main, et mère de deux enfants.

Les Revdes Sœurs Ste-Dorie èt Ste-Léonie, chez les religieuses de Jésus-Marie, à New York.

Philippe, barbier, père de quatre enfants.

Anne, Mme Pierre Tremblay, de Kamouraska, P. Q., mère de trois enfants.

Eugénie, Mme Charest, mère de deux enfants.

Alexis, barbier, à Wood Hole, Mass.

M. F.-J. Levesque est célibataire et un zélateur de la propagation de la langue française.

I.-F. MORIN

M. I.-F. Morin est le marchand le mieux connu et le plus populaire de North Tivorton, R. I.

Isaïe-François, fils de François Morin et de Julie Nolin, est né à St-Alexandre d'Iberville, P. Q., le 14 février 1865.

Il fit des études aux écoles de sa paroisse natale. Mais en 1876, il dut quitter le Canada, pour suivre sa famille, qui vint demeurer à Bowenville (Fall River). De 1877 à 1880, ils demeurent à Westport, Mass.,

M. I. F. MORIN

puis arrivent à North Tivertom, R. I., pour s'y fixer.

A North Tiverton, il exerça d'abord le métier de barbier, quelque temps, puis il fut agent-voyageur de machines à coudre, albums et bijouteries. Depuis 12 ans il est dans le commerce de meubles, pianos, etc, etc, avec un succès sans cesse grandissant, grâce à son travail, à son amour de l'ordre et à sa bonne conduite.

Il appartient à l'Union Franco-Américaine de Fall River, au Canado-Américains de North Tiverton et aux Chevaliers Jacques Cartier de Warren, R. I.

RUE SOUTH MAIN ET VUE DE L'HOTEL-DE-VILLE (au centre)

Notes et Statistiques

L'esquisse historique que nous donnons au commencement de ce volume, n'embrasse que la période qui s'étend de 1803 à 1889. Dans les vingt dernières années, la ville de Fall River a presque doublé sa population et sa somme de progrès. De sorte que les statistiques de 1889 ne sont plus d'actualité. C'est afin de donner une plus juste idée de l'importance actuelle de la Reine de l'Industrie du Coton, que nous donnons des notes supplémentaires et ses dernières statistiques officielles.

SON IMPORTANCE

Quant à l'industrie du coton, Fall River est la ville la plus importante du globe. En population, elle est la troisième du Massachusetts, la quatrième de la Nouvelle-Angleterre, la cinquante-cinquième des Etats-Unis et la trois-centième des 40,000 localités de la terre.

En étendue, elle tient la quatrième place et en évaluation, la sixième, dans le Massachusetts. Son port occupe la sixième place, sur les bords de l'Atlantique, quand à l'importance du tonnage des navires qui le fréquentent. Comme centre de chemin de fer et de tramways électriques, elle est aussi classée parmi les grandes villes américaines. Son évêché lui donne encore un titre important parmi les centres catholiques de la République. Elle peut aussi se glorifier de posséder la plus haute cheminée de l'Amérique.

SA SITUATION

Elle se trouve dans le sud-est de la Nouvelle-Angleterre et dans le comté de Bristol de l'Etat de Massachusetts, à 49 milles au sud de Boston, 183 milles au nord-est de New-York, 17 milles au sud de Taunton, 18 milles au sud-est de Providence, 14 milles à l'ouest de New-Bedford et à 18 milles au nord de Newport, R. I.

Elle est bornée au nord par la commune de Freetown, à l'est par le lac Watuppa, au sud par la commune de Tiverton, R. I., et à l'ouest par la baie Mount Hope.

Sa situation est très avantageuse. La baie Mount Hope, avec ses eaux vastes et profondes, forme un des plus beaux ports de la Nouvelle-Angleterre, pour les navires qui voyagent entre cette ville et les autres ports de l'Atlantique. Aussi des paquebots, véritables palais flottants, font le service chaque jour entre Fall River, Providence, Newport et New-York. Car, la baie Mount Hope, qui reçoit du nord les eaux de la rivière Taunton, n'est que le bras droit de la baie Narragansett, qui baigne la ville de Providence, R. I., et étend le bras gauche au nord-est jusqu'à Woonsocket et Worcester, sous le nom de rivière Blackstone.

La rivière Taunton, qui baigne la ville du même nom, à 17 milles au nord de Fall River, est un cours d'eau assez large et profond pour servir à la transportation des marchandises et productions de toutes sortes dans les centres riverains.

SON SITE

Le site de Fall River est idéal. Elle est répandue sur une colline verdoyante et ombragée qui s'élève, en ondulations successives, de l'ouest à l'est, entre

la baie Mount Hope et le lac Watuppa, jusqu'à une
hauteur de 250 à 300 pieds au-dessus du niveau de la
mer.   Elle forme ainsi un amphithéâtre charmant,
en offrant, à la vue des visiteurs qui arrivent de
l'ouest durant le jour, la variété de ses bâtisses échelonnées et rangées en bon ordre, et le soir, la multitude de lumières de toutes sortes, qui se mirent dans
l'immense glace des eaux claires et limpides de la
baie Mount Hope.

Cette élévation du site de la ville, qui s'étend
jusqu'au lac Watuppa, permet d'en utiliser les eaux
pures et fraîches, qui se présentent comme une source de richesse aux manufacturiers comme aux autres citoyens de la ville.

Le lac Watuppa est d'une longueur de sept milles, sur une largeur moyenne de trois quarts de mille, et il est divisé en deux parties presqu'égales, par
une tranchée fermée qui le traverse de l'est à l'ouest.
La partie du nord fournit l'eau de l'aqueduc, et une
des meilleures et des plus salubres de l'Amérique.
La partie du sud alimente de ses eaux une grande
partie de nos nombreuses manufactures.

C'est la rivière Quequechan qui déverse l'eau du
lac South Watuppa dans la baie Mount Hope.   Ce
précieux cours d'eau, d'une longueur de huit milles,
n'est d'abord qu'un enchaînement d'étangs d'une
largeur moyenne de 3-4 de mille.   Mais, à 1-4 de mille
avant d'aller se perdre dans la Baie, ses eaux sont
resserrées entre les bords solides de son lit de granit
et sont précipitées en cascades écumantes, en passant
au centre de la ville, pour franchir les 127 pieds de
chute qui les mettent au niveau de la mer.   C'est
cette chute qui a valu à notre ville le nom de Fall
River, ou Rivière à la Chute.   Cette rivière coule ainsi de l'or plein ses bords, comme pouvoir hydrauli-

que qu'elle donne à des manufactures produisant des millions de verges de coton par année.   •

Le lac Laurel, qui a environ deux milles de circuit, est encore pour nos industries, un avantage du site de la ville. Il baigne les quartiers sud de la ville et déverse lui aussi ses eaux généreuses dans la baie Mount Hope. La petite rivière qui lui sert de déversoir, est bordée de fabriques sur tout son parcours.

Les carrières qui se trouvent çà et là par toute la ville, sont un avantage du site merveilleux de cette ville. Ces carrières de granit sont des mines d'argent, pour les propriétaires, les contracteurs en maçonnerie et leurs employés.

SA TOPOGRAPHIE

Avec tous ses avantages de situation et de site, Fall River ne pouvait manquer de devenir un grand centre industriel, à cause de l'esprit d'entreprise et de la fièvre du travail, qui caractérisent tous ses habitants depuis son origine.

Aussi, depuis sa date de fondation, 1803, mais surtout depuis celle de son incorporation, 1854, la ville de Fall River s'est développée prodigieusement. Pour s'en convaincre, il suffit de connaître sa topographie actuelle, que nous donnerons dans les classifications suivantes, que nous ferons suivre de quelques notes sur les plus importantes.

La ville de Fall River compte actuellement dans ses limites, 10 villages, 9 quartiers électoraux, 718 rues, avenues et ruelles; 3 parcs importants, 8 beaux cimetières ; un aqueduc excellent et bon système d'égouts ; 5 garf de chemin de fer et 23 quais ; 9 tramways, qui rayonnent dans tous les quartiers de la ville, et 5 autres qui s'étendent aux villes voisines, ainsi que 2 chemins de fer ; des systèmes d'éclairage à l'électricité, au gaz et à l'huile de pétrole ; 4 systèmes de télégraphe et téléphone; 18 stations de pompes et 194 cloches d'alarme ; 8 théâtres et 54 salles publiques ; 19 bureaux de poste et une douane ; toutes les bâtisses municipales d'une grande ville ; 75 églises, 132 écoles et des maisons de charité ; toutes sortes de maisons industrielles et commerciales, avec une population d'au moins 116,000 habitants de diverses races et nationalités.

Dans des articles sépéciaux, nous donnerons des notes sur les principaux sujets mentionnés.

SES VILLAGES

Fall River renferme dix villages dans ses limites, comme il suit :

Bowenvillé, qui se trouve à 3-4 de mille au nord de l'hôtel de ville.

Brookville, qui comprend le Stafford Road, au nord de la rue Lawton.

Copicut ou l'extrême nord-est de la ville.

Flint ou la rue Pleasant à l'est de la rue Quequechan.

Globe, à un mille et demi au sud de l'hôtel de ville.

Mechanicsville, au nord de la gare de Bowenville.

Mount Hope, près du village Globe.

New Boston, la partie nord-est de la ville.

Oak Grove, à l'est de la carrière Beattie, entre le New Boston Road et la rue Locust.

Steep Brook, extrême partie nord-ouest de la ville.

SES QUARTIERS

La ville de Fall River est partagée en neuf quartiers électoraux, comme il suit :

Le quartier 1, qui comprend tout le sud-est de la ville, est borné au nord par une ligne partant de la South Main et suivant les rues Middle, Manchester, Warren et Quequechan jusqu'à la rivière de ce nom ; à l'est par le lac South Watuppa, au sud par la commune de North Tiverton, et à l'ouest par le lac Laurel et une ligne partant de la rue Wilbur et suivant les rues Dwelly, Kilburn, Globe et South Main jusqu'à la Middle.

Le quartier 2, qui comprend la partie sud-ouest de la ville, est borné au nord par la rue Middle, depuis le bord de la baie Mount Hope jusqu'à la rue So. Main ; à l'est par le quartier 1 ; au sud par la commune de North Tiverton, et à l'ouest par la baie Mount Hope.

Le quatier 3 qui se trouve au nord du quartier 2, est borné au nord par une ligne partant de la Baie et suivant les rues Elm, Green et Bank jusqu'à la North Main ; à l'est par une ligne partant de la rue Bank en suivant les rues No. Main, So. Main, Columbia, Hunt et South Main, jusqu'à la Middle ; au sud par le quartier 2, et à l'ouest par la baie Mount Hope.

Le quartier 4, qui se trouve au nord du quartier 1 et à l'est de la partie sud du quartier 3, est borné au nord par une ligne partant de la rue Canal et suivant les rues Columbia, Rodman, Plymouth jusqu'à la rivière Quequechan ; au nord-est et à l'est par la sus-dite rivière ; au sud par le quartier 1, et à l'ouest par le quartier 3.

Le quartier 5, qui se trouve au nord de la partie-est du quartier 4, est borné au nord par une ligne droite partant de l'angle des rues Franklin et Linden et se dirigeant vers l'est jusqu'au commencement de la rue London, puis par celle-ci jusqu'à la rue Haf-

fard ; à l'est par les rues Haffard, County et Quequechan jusqu'à la rivière de ce nom : au sud-ouest par
la même rivière, et à l'ouest par une ligne partant
de cette rivière et se dirigeant en droite ligne vers le
nord, pour passer dans les rues Seventh et North
Seventh, jusqu'à la Franklin.

Le quartier 6, qui se trouve dans l'est de la ville,
est borné au nord par une ligne partant de la rue
Haffard en suivant la London vers l'est jusqu'au
bout, puis continuant en ligne droite jusqu'au lac
Watuppa; à l'est par le même lac ; au sud par le lac
Watuppa et la rivière Quequechan jusqu'au pont de
la rue de ce nom ; à l'ouest par le quartier 5.

Le quartier 7, qui se trouve au centre de la ville,
est borné au nord par une ligne partant de la Baie et
suivant la rue Walnut jusqu'à la Grove ; à l'est par
les rues Grove, North Seventh, Seventh et la partie
de Plymouth qui s'étend entre la rivière Quequechan
et la rue Rodman ; au sud par la rue Rodman ; et à
l'ouest par les rues South Main et North Main jusqu'à la Bank, puis les rues Bank, Green, Elm, et la
Baie.

Le quartier 8, qui comprend le nord-ouest de la
ville, est borné au nord par la commune de Somerset ; à l'est par le lac North Watuppa ; au sud par
les quartiers 6, 5 et 7, et à l'ouest par la baie Mount
Hope et une ligne partant de cette baie et suivant
la rue Baylies, les avenues Lincoln et Highland, et
les rues Pearse et Robeson.

Le quartier 9 se trouve dans le nord-ouest de la
ville, entre le quartier 8, à l'est et au sud, et la baie
Mount Hope, à l'ouest.

SES VOIES PUBLIQUES

Nous trouvons dans Fall River, 684 rues, 11 avenues, 4 chemins, 12 places publiques, 6 cours d'habitation et une ruelle. Elles forment une longueur 144 milles et elles sont pavées sur 15 milles de longueur.

Les tuyaux d'aqueduc forment une longueur de 108 milles, avec 8,121 embranchements. Les tuyaux d'égouts donnent une longueur de 70 milles, avec 5810 embranchements.

Il y a 9,600 maisons d'habitation, à part des centaines d'édifices publics.

L'entretien et l'amélioration des rues coûtent à la cité environ $60,000 pour les travaux et $12,000 pour les salaires des officiers municipaux, chaque année.

Le nettoyage des rues coûte environ $3,000 par année, et le soin des arbres, $600.

Les machines et outils de toutes sortes, que la cité possède et utilise pour les travaux des rues, représentent un capital de $55,000.

Les rues sont éclairées par 1452 lumières, dont 823 électriques, 409 au gaz et 220 à l'huile de pétrole.

SES PARCS

Il y a quatre principaux parcs à Fall River, à savoir :

South Park, de 54 arpents carrés, valant $504,-500 et se trouvant en face de l'église Ste-Anne.

North Park, de 26 arpents carrés, valant $175,-000 et se trouvant à l'angle des rues North Main et Hood (Bowenville).

Ruggle Park, de 23 arpents carrés, valant $4,500 et se trouvant à l'angle des rues Pine et Linden.

Cambridge Green, de 13 arpents carrés, valant $1,500 et se trouvant dans le quartier 1.

L'entretien des parcs coûte par année $15,000

pour les travaux et $6,500 pour les salaires des officiers municipaux.

LES CIMETIERES

Fall River compte huit cimetières, portant les noms suivants :

Oak Grove Cemetery, propriété de la Cité, se trouve en haut de la rue Prospect, dans le quartier 1. Il est évalué à $17,364 , il coûte pour l'entretien $26,679 et il rapporte $23,135 environ par année, selon le dernier rapport.

North Burial Grounds, une autre propriété de la Cité, se trouve à l'angle des rues North Main et Brightman ; il est évalué à $4,315 ; les dépenses d'entretien ont été de $2,992 et les recettes de $1,681 selon le dernier rapport.

Friends Cemetery (protestant), au pied de la rue Hood, à Bowenville.

St-John Cemetery (anglais), sur la rue Brightman.

St-Patrick Cemetery (irlandais), sur l'avenue Robeson, en haut de l'avenue Highland, au nord.

St-Mary Cemetery (irlandais), angle des rues Laurel et Unity, au sud.

Cimetière Notre-Dame, pour toutes nos paroisses française, sur le Stafford Road, à Maplewood.

Jewish Cemetery, à l'angle de l'avenue Rhode Island et de l'avenue Amity, au sud.

SON AQUEDUC

L'eau de la ville est fournie par le lac North Watuppa, qui est d'une superficie de 3,478 arpents carrés et se trouve à 129 pieds au-dessus du niveau de la mer.

L'eau est pompee du lac dans quatre réservoirs,

à une hauteur de 300 pieds au-dessus de la mer. Voici les noms de ces réservoirs :

Townsend Hill, d'une capacité de 1,161,488 gallons.

Bedford Street North, d'une capacité de 1,389,-
976 gallons.

Haskell Street, capacité de 1,365,153 gallons.

Bedford Street, d'une capacité de 1,389,976
gallons.

En tout, 5,306,593 gallons dans ces quatre réservoirs.

Les trois pompes actuelles fournissent 14,000,-
000 de gallons par 24 heures et une quatrième pompe qui fournira bientôt encore 10,000,000 de gallons.
Aussi il y aura bientôt 24,000,000 de gallons pour sa-
tisfaire à une consommation de 5,000,000, que dépense chaque jour la population de la ville.

Le réseau de l'aqueduc comprend 1268 tuyaux
de conduite centrale et 8121 tuyaux de distribution,
donnant une longueur totale de 108 milles ; 1237 ro-
binets à feu et 1530 de sûreté ; 96 siphons d'arrosoir,
22 bornes-fontaines et 7,961 compteurs hydroliques.

L'administration de l'aqueduc coûte environ
$115,000 par année et les revenus sont environ de
$204,788. La cité seule dépense de l'eau au montant
de $30,339 par année. Les salaires des directeurs
forment un total de $13,975 environ par année.

La valeur totale des terrains et bâtisses est de
$2,012,900.

La cité paye $51,850 d'intérêts par année pour
$1,450,000 qu'elle a empruntés.

SON DEPARTEMENT DES INCENDIES

La cité possède 18 stations de pompes, 18 brigades de pompiers, comprenant 139 pompiers et leurs

chefs, 18 cloches et 194 boîtes d'alarme; 20,000 pieds de boyaux, 5 pompes à vapeurs et 3 appareils chimiques, 4 échelles de sauvetage, 13 voitures à boyaux et 15 autres voitures, ainsi que 65 chevaux.

Le service des employés réguliers côûte à la cité la somme de $118,451 par année, et les autres dépenses sont au total de $27,662 par année.

Les terrains, bâtisses et dépendances représentent une valeur totale de $387,324.

SES RRIGADES DE POMPIERS

Voici les noms des brigades des pompiers de la ville.

"Engine No. 1 and Hose No. 1", angle de la rue Prospect et de l'avenue Highland.

"Engine No. 4 and Hose No. 4," angle de l'avenue Plymouth et de la rue Warren.

"Engine No. 5 and Hose No. 5," rue Freedom.

"Engine No. 7 and Hose No. 7,", angle des rues Pleasant et Rocliffe.

"Engine No. 9 and Hose No. 9," rue Pleasant, no 1847.

"Hook and Ladder No. 1," angle des rues Second et Pleasant.

"Hook and Ladder No. 2," angle de l'avenue Plymouth et de la rue Warren.

"Hook and Ladder No. 3," angle des rues North Main et Brownell.

"Hook and Ladder No. 4," angle des rues Pleasant et Rocliffe.

"Hose No. 2," angle des rues Pocasset et Third.

"Hose No. 3," angle des rues Second et Pocasset.

"Hose No. 6," angle des rues North Main et Brownell.

"Hose No. 8," rue South Main, no 384.

"Hose No. 10," angle des rues South Main et Howe.

"Chemical No. 1," rue South Main, no 384.

"Chemical No. 2," rue Pleasant.

"Chemical No. 3," rue Pocasset.

"Auxiliary Squad A," rue South Main, no 384.

Les stations de pompes et de police, avec leurs dépendances sont évaluées à la somme de $295,200.

SYSTEME D'ALARME

Dans Fall River, il y a 194 cloches d'alarme dont nous donnons les numéros et les adresses, plus loin.

Le maintien de ce système a coûté $5,957, l'année dernière, et il représente une valeur de $50,000.

LES GARES

Il y a cinq gares de chemin de fer en cette ville.

"Fall River Station", angle des rues North Main et Baylies, à Bowenville.

"Ferry Street Station", angle des rues Ferry et Water.

"Flint Village Station", rue Quequechan, près de la fabrique Wampanoag.

"Wattuppa Station", avenue Plymouth, près de la rue Pleasant.

"Steep Brook Station," à l'angle de la rue North Main et du Wilson Road.

SES QUAIS

Il y a 23 quais en cette ville, dont voici les noms et locations :

Anthony, au pied de la rue Hathaway. Bowen, rue Davol, no 56. Bowenville à Bowenville. Brayton, angle des rues Davol et Central. City, vis-à-vis le no 556 de la rue Davol. Chase, au pied de la rue Middle. Dyer, au pied de la rue Ferry. Derrick, près de la gare de Fall River. Fall River Iron Works au pied de la rue Anawan. Globe, au pied de la rue Shaw. Lindsay, au pied de la rue Central. Linen Mills, au pied de la rue Ferry. Marine Railway, près des Fall River Iron Works. Massasoit, rue Davol, no 156. Mechanics' Mills, à l'ouest de la fabrique Mechanic. Morgan, rue Davol, no 310. New York Pier, au pied de la rue Turner. New York Steamboat, côté sud de la gare Fall River. Pardee & Young, rue Davol, no 104. Pocasset, rue Davol, no 264. Providence Steamboat, près de la gare Fall River. Rodman, rue Davol, no 404. Thomas, rue Davol, no 504.

LES TRAMWAYS

Il y a dix tramways qui font le service dans la ville, comme il suit :

Lignes de la rue North Main, de l'avenue Highland, du New Boston Road, de la rue Winter, de la rue Bedford, de la rue Pleasant, de la rue Rodman, du Stafford Road, de la rue South Main, de la rue Bay.

Il y aussi cinq tramways qui relient Fall River à Providence, Taunton, Somerset, New Bedford et Newport.

LES CHEMINS DE FER

La ligne de Boston à Newport relie cette ville à tous les centres du nord et du sud.

La ligne de Providence, qui est maintenant un tramway, relie cette ville aux centres de l'ouest.

La ligne de New Bedford relie cette ville aux centres de l'est.

TELEGRAPHES ET TELEPHONES

Il y a deux compagnies de télégraphe et deux de

téléphone, qui ont des bureaux en cette ville, comme il suit :

"Postal Telegraph Cable Co., rue N. Main, no 1.

"Western Union Telegraph Co.," rue North Main no 7·

"Fall River Automatic Telephone Co.," rue Bank, no. 217.

"Southern Mass Telephone Co.," rue Bank, no 171.

LES THEATRES

Il y a huit théâtres publics en cette ville, à savoir:

Fall River Academy of Music, bâtisse Borden, rue South Main; Savoy, rue North Main ; Bijou, rue North Main ; Premier, rue Rock ; Sheedy, rue Plea-sant ; Star, rue Pleasant, (Flint) ; Scenic, rue So. Main ; Puritan, rue Second.

LES SALLES PUBLIQUES

Il y a aussi 54 salles publiques, comme il suit :

Alpine, rue Pleasant; American Mechanics, rue Redford ; Anawan, rue Anawan ; Bay View, rue Bay ; Beaudet, rue Seventh ; Brightman, rue North Main ; Campbell, rue South Main ; Columbian, rue South Main ; Foresters, rue South Main, Franco-Américaine, angle des rues E. Main et Palmer ; Gar-field, angle de Pleasant et Fourth ; Grand Army, rue Bedford ; Garde Napoléon, rue East Main ; Hiber-nian, rue Pleasant; Hibernian, rue So. Main, Hiber-nian, rue So. Main ; Higgins, rue So. Main ; Janson, rue Howard ; Knights of Columbus, rue So. Main ; Knights of Columbus, rue Pleasant ; Knights of Honor, angle de Pleasant et Flint ; Knights of Py-thias, rue No. Main ; Laurier, rue Brightman ; Li-gue des Patriotes, angle de Bedford et Oak; Lincoln, rue Palmer ; Loomfixers, rue Bedford; Lyric, rue

No. Main , Maplewood, angle de Rodman et Powell ; Masonic, rue Franklin; Massasoit, angle de Bedford et Main ; Metacomet, rue Bedford ; Music, rue Franklin ; Notre-Dame, rue Avon ; Oak Grove, rue Locust ; Odd Fellows, bâtisse Borden ; Robert Emmet, rue Pocasset ; Robin Hood, rue Pleasant ; Royal Arcanum, rue Bank ; Ste-Anne, rue Hope; St-George, bâtisse Troy ; St-George, rue Suffolk ; St-Jean-Baptiste, rue Jencks ; St-Jean-Baptiste, rue Wellington: St-John, rue Third ; St-Mark, angle de Second et Pleasant ; St-Michael, rue Brightman; St-Patrick, rue Slade ; Sarsfield, rue Middle ; Social Hour, rue Cherry ; Spinners, rue South Main ; Stevens. rue Rodman ; Temple, angle de Pleasant et Fourth ; Touraine, rue Fountain ; Union Franco-Américaine, rue E. Main; Waverly, bâtisse Borden ; Westgate, rue South Main.

LES EDIFICES PUBLICS

Voici la listes des édifices publics de Fall River, avec l'adresse et la valeur totale de chacune.

Bureau de Poste et Douane, angle des rues Bedford et Second, $600,000.

Arsenal, angle des rues Bank et Durfee, $190,000.

Palais de Justice du comté de Bristol, angle des rues North Main et Maple, $186,200.

Prison (fermée), rue Bay, au bout de la rue Woodman. $94,500.

Cour du 2ième district du comté de Bristol, rue Rock, $125,000.

B. M. C. Durfee High School, angle des rues Rock et Locust, $500.000.

Hôtel de Ville, angle des rues South Main et Market, $410,000.

Bibliothèque Publique, angle des rues North

Main et Elm, \$300,000. Elle contient 78,548 volumes.

Hopital de la Cité, rue Stanley, \$82,000.

Hôpital des Vieillards, angle des rues Highland et Florence, \$32,500.

Cour de Police, Court Square, \$55,000.

Station Centrale de Police, rue Pocasset, no 332, \$76,000.

Bradford Durfee Textile School, angle de Bank et Durfee, \$167,900.

Bâtisse des Pompes de l'Aqueduc, près du lac North Watuppa, \$115,000.

Union Hospital, angle de Prospect et Hanover, \$175,300.

Sea Side Home, River View, no 17, \$6,000.

Y. M. C. Association, angle de North Main et Pine, \$92,000.

Pont de Fall River et Somerset, sur la rivière Taunton, \$860,000.

SEANCES DES TRIBUNAUX

La cour supérieure, ou civile, tient ses séances régulières avec jurés, à Fall River, le 2nd lundi de janvier, le 1er lundi d'avril et le 3ième lundi de septembre ; sans juré, le 1er lundi de janvier et le 4ième lundi de mars.

La Cour Supérieure, au criminel, tient sa séance régulière et annuelle, à Fall River, le 1er lundi de novembre.

La Cour des Tutelles tient ses séances à Fall River, une fois par mois.

SES ECOLES PUBLIQUES

A part de la Durfee High School, nous trouvons à Fall River, 55 écoles publiques réparties comme il suit : 13 de grammaire, 21 intermédiaires, 13 primaires, 3 suburbaines et 3 jardins de l'enfance.

Voici les noms de ces écoles avec la valeur de la bêtisse et de l'emplacement de chacune, que nous donnons dans l'ordre alphabétique.

Anawan, St.,	$16,000	Healy, H. T.,	34,000
Aldrich, St.,	33,000	Highland,	43,500
Borden, St.,	60,000	Indian Town,	500
Border City,	34,000	June St.,	8,000
Bowen St.,	4,400	Laurel St.,	13,000
Broadway,	15,000	Lincoln St.,	90,000
Bayton av.,	37,600	Linden St.,	15,000
Brown,	42,000	Lindsey, St.,	12,000
Brownell, St.,	15,000	Longfellow, S. B.,	56,000
Buffiington St.,	8,000	Lower, N. B.,	1,800
Cambridge St.,	16,000	Mount Hope Av.,	12,000
Canal St.,	4.000	N. B. Borden,	60,000
Chace,	9,750	North N. B.,	600
Columbia St.,	9,500	North Steep Brook,	5,000
Connell,	46,500	Osborn St. (Nor-	
Capicut,	400	male),	48,000
Coughlin.	46,500	Pine St.,	15,000
Covel St.,	12,500	Robeson,	57,500
Danforth St.,	13,000	Ruggles,	38,000
Davenport,	80,000	Slade,	58,500
Davis,	60,000	Spring and Canal	
Davol,	47,200	Sts.,	5,900
Eastern av.,	17,500	Steep Brook,	4,250
Ferry Lane,	12,500	Stone, G. B.,	40,900
Foster Hooper,	13,500	Third St.,	2,100
Fowler Orin,	37,000	Tucker St.,	6,500
Fulton St.,	13,000	Turnpike,	16,000
Grinnell and Lap-		Watson,	83,500
ham Sts.,	32,500	Westall,	84,000

Ces écoles représentent une valeur de $1,549,000. Les enfants d'école sont au nombre de 22,122 dont 16,280 fréquentent les écoles publiques et 5,842 les écoles paroissiales.

Elèves de l'Ecole Supérieure,	786
Elèves de l'Ecole Normale,	350
Elèves des Ecoles de Grammaire, Intermédiaires et Primaires,	14.941
Elèves des Suburbaines,	88
Elèves des Jardins de l'Enfance,	127

Voici le nombre d'instituteurs, dans chaque classification : Ecole Supérieure, 27 ; Normale, 7 ; de Grammaire, 86 ; Intermédiaires, 93 ; Primaires, 202 ; Suburbaines, 5, et Jardins de l'Enfance, 6, en tout 429 instituteurs des deux sexes.

Les salaires payés pour les classes du jour forment une somme de $282,751, avec dépenses d'entretien de $25,120; salaires des classes du soir, total de $10,418,avec dépenses de $573. Grand total,$318,863.

Les concierges ou gardiens des écoles, avec dépenses pour charbon, lumière, réparations, prennent encore $47,840 par année, avec d'autres dépenses au montant de $44,320. Grand total de $92,160.

L'instruction purement laïque coûte donc plus que $400,000 par année, aux citoyens de Fall River ; ce n'est certainement pas une instruction qui ne coûte rien.

BUREAUX DE POSTE

Dans Fall River, il y a 19 bureaux de poste, dont un central, à l'angle des rues Bedford et Second, et 18 aux adresses suivantes : Rue Pleasant, no 1367 ; South Main, 1414 ; North Main, 1509 ; South Main, 754 ; Stafford Road, 127 ; Bedford, 971; Pleasant, 1739; Rodman, 1121 ; Fourth, 473; Columbia, 91 ; Main Road, 4, North Tiverton ; South Main, 165 :

Stafford Road, 1083 ; William, 73 ; North Main, 2 ; North Main, 856; Locust, 623; New Boston Road, 210.

Les employés du bureau central se repartissent comme il suit : 1 maître et 1 assistant, 19 clercs et 3 substituts, 47 facteurs et 9 substituts, 3 facteurs du service spécial et 1 concierge.

Heures du Bureau Central: de 7 a. m. à 9 p.m., sur semaine, et de 9 à 10 a. m., le dimanche, pour poste-restante (general delivery). Le guichet des facteurs est ouvert de 8.30 à 10 a. m., et de 6 à 7.30 p. m., le dimanche. Le bureau des mandats est ouvert de 8 a. m. à 6 p. m., seulement sur semaine, et celui de l'enrégistrement, de 8 a. m. à 7 p. m., seulement sur semaine.

Parmi les employés du bureau de poste, nous remarquons les noms français suivants : A.-F. Janson, clerc ; C.-B. Fournier, P.-R. Picard, E.-J. Delisle et Pierre Renaud, facteurs.

LA DOUANE

Les bureaux de la douane se trouvent au-dessus du bureau de poste, et ils sont ouverts de 9 a. m. à 3 p. m.

Les employés sont au nombre de quatre : Un collecteur et un assistant ; un inspecteur des poids et mesures, et un concierge.

LES INSTITUTION PAROISSIALE

Nous avons déjà donné les détails concernant nos institutions paroissiales de langue française, aux pages 229 et 230, 234, 235 et 236.

Nous nous occuperons maintenant des autres institutions catholiques.

Les Anglo-Irlandais ont les institutions suivantes :

L'établissement des religieuses "Holy Union of

Sacred-Heart", rue Prospect, no 466, comprend un noviciat, un orphelinat et une académie, le tout valant $125,700, bâtisses et terrains. Le personnel se compose de 28 religieuses, 18 novices et 70 élèves.

Le "St Vincent's Orphan Asylum", de la rue North Main, au bout de la rue Baldwin, évalué à $77,000, comprenant 8 religieuses et 135 orphelins.

Le couvent "Holy Ghost", de la rue Second, no 194, évalué à $76,000, et comprenant sept religieuses

Le couvent "Mount St Mary", angle des rues Second et Middle, évalué à $20,350, et comprenant 13 religieuses.

Les six écoles suivantes sont aussi anglo-irlandaises :

"St-Mary," 12 religieuses et 650 élèves ; $73,350 pour bâtisse et terrain.

"St-Louis," 4 religieuses et 200 élèves ; $62,650 pour bâtisse et terrain.

"St-Joseph," 5 religieuses et 250 élèves ; $33,000 pour bâtisse et terrain.

"Sacred Heart", 10 religieuses et 600 élèves ; $16,000 pour bâtisse et terrain.

"Immaculate Conception," rue Thomas et County," $6,300 pour bâtisse et terrain.

"St-Patrick," 6 religieuses et 400 élèves ; $2,000 pour bâtisse et terrain.

Ces dix institutions anglo-irlandaises comprennent 80 religieuses et 2,305 élèves, et sont évaluées au total de $372,000.

Les Polonais ont une école dite St-Stanislas, rue Rockland, avec 4 religieuses et 200 élèves, et valant $11,500 avec les terrains.

Ainsi, l'Eglise Catholique compte en cette ville, 23 institutions scolaires, 224 religieuses et 6,727 enfants d'école.

LES EGLISES

Il y a 75 églises se partageant en 51 protistantes, 3 juives et 21 catholiques.

Les églises protestantes se divisent en 7 baptistes, 7 épiscopaliennes, 6 méthodistes-épiscopaliennes, 5 congrégationales, 5 méthodistes, 3 chrétiennes, 3 presbytériennes, 2 "friends", une unitarienne, une "New Jerusalem", une "reorganized church of J. C. of better day saints", une chrétienne adventîste, une chrétienne-scientiste, une spiritualiste, une "reserve mission", une armée-du-salut, une catholique schismatique et 4 autres.

Parmi les églises protestantes, il y en a trois pour les Nègres, une française, une italienne, une polonaise et une portugaise.

Les juives se partagent en vieux et nouveau rites.

Les 21 églises catholiques se partagent comme il suit : 6 françaises, 9 anglo-irlandaises, 3 portugaises, une italienne, une polonaise et une russe orthodoxe du rite grec.

Nous avons déjà donné des notes sur les églises françaises, de la page 57 à la page 236. Nous allons maintenant nous occuper des autres.

D'abord, les églises anglo-irlandaises, avec le nom, l'adresse et la valeur de chacune (bâtisse et terrain), comme il suit :

"St-Mary", angle des rues Spring et Third, $94,000.

"St-Patrick", angle des rues South Main et Slade, $74,000.

St-Joseph, angle des rues North Main et Weetamoe, $69,000.

St-Louis, angle de Bradford et Coyle, $46,350.

"Sacred Heart", angle de Pine et Linden, $46,200.

"Immaculate Conception", angle de County et Thomas, $17,700.

"St-William", angle de Stafford Road et Chicago, $9,000.

"SS. Peter and Paul", angle de Lowell et Snell, $7,200.

"St-Stephens Mission", angle de South Main et Hicks, $4,500.

Les églises et sites des Anglo-Irlandais représentent une valeur totale de $388,550.

Voici les noms, les adresses et les valeurs des églises des Portugais.

"Santo Christo," angle des rues Columbia et Canal, $32,000.

"St-Michael" (pas terminée), angle de Essex et Wellington, $6,600.

"Espirito Santo," rue Alden, no 253, $3,200.

Ces églises et leurs sites représentent une valeur totale de $41,800.

L'église italienne dite "Madonna de Rosario," se trouvant rue Beattie, est évaluée à $5,100.

L'église polonaise dite "St-Stanislas," se trouve rue Rockland et représente une somme de $9,500.

L'église russe orthodoxe du rite grec est évaluée à $1,500.

Les églises et les institutions scolaires, avec leurs sites, représentent une somme totale d'environ $1,982,350, partagée comme il suit: pour les catholiques français, $1,152,400 ; pour les Anglo-Irlandais, $760,550 ; pour les Portugais, $41,800, pour les Polonais, $21,000 ; pour les Italiens, $5,100, et pour les Russes, $1,500.

LES SOCIETES

Il y a environ 455 sociétés de toutes sortes, dans

Fall River, se partageant en 155 sociétés françaises et 300 autres qu'il serait trop long d'énumérer.

Pour nos sociétés religieuses françaises, le lecteur peut revoir les pages 230, 231 et 232 de ce guide, et pour nos sociétés nationales, de la page 419 à la page 572.

LES INDUSTRIES

Nous donnons par ordre alphabétique les diverses industries de la ville, avec le nombre d'établissements de chacune :

Architectes, 4; artistes, 17; assurances (agents), 81, avocats, 58; banquiers, 15; billard (salles, 11; bois de sciage (march.), 7; Bois et charbon (march.), 49; boulangers, 69; brasseurs, 3; buanderies, 54; chapeliers, 17; cigares (march.), 29; charpentiers, 46; chaussures (march.), 39; clergé (membres), 94; confiseurs, 52; constructeurs, 28; cordonniers, 123; courtiers, 57; coton (fabriques), 43, dentistes, 30; écuries de louage, 28; encanteurs, 10; épiciers, 386; ferronnerie (march.), 18; fleuristes, 19; foin et paille (march.), 16; forgerons, 48; hardes (march.), 35; immeubles (agents), 27; imprimeries, 23; journaux, 17; librairies, 6, machines à coudre (march.), 5; maçons, 28; marchandises sèches (march.), 71; médecins, 118; meubles (march.), 30; modistes de chapeaux, 40; modistes de robes, 141; musique (professeurs), 60; orfèvres, 18, peintres, 47; pensions, 43; perruquiers, 130, pharmaciens, 67; plombiers, 36; pompes funèbres (entrep.), 19; provisions (march.), 92; relieurs, 2; restaurants, 80: tailleurs, 57; teinturiers, 5, vaisselle (march.), 17; voituriers, 12.

Ces 57 industries représentent 2666 établissements dont 800 sont tenus par des citoyens de langue française.

LES MANUFACTURES

Il se manufacture à Fall River toutes sortes de tissus en coton, le plus fin comme le plus gros, le plus délié comme le plus serré. Ses manufactures filent, blanchissent, tissent et impriment des tissus de toutes qualités, des étoffes plissées et croisées, des satinades et des linons, des tissus de goût, des soies, des étoffes à robes, de fines mousselines, des rideaux en dentelle, des brodés et les piqués de Marseilles.

Il y a aussi des manufactures de machines à coton et autres; des tissus en fil, laine et piuche ; des couvre-pieds piqués; des bottes et souliers, des chapeaux en feutre, etc, etc.

Fall River est la première ville du Globe, quant à manufacture de tissus en coton. Il y a 44 compagnies et 1o2 manufactures de coton, contenant 3,39o,-7o3 broches et 82,658 métiers, représentant un capital de $26,525,ooo. Plus d'un septième de toutes les broches des Etats-Unis et près d'un quart des broches de la Nouvelle-Angleterre se trouvent dans Fall River, et plus des trois quarts des indiennes y sont manufacturées. Il se manufacture plus de coton dans cette seule ville que dans tous les états du sud réunis

Si toutes les pièces de coton, qui sont manufacrées en un seul jour en cette ville, étaient étendues et mises bout à bout, elles formeraient une longueur de plus de 1,5oo milles.

Environ 33,4oo personnes travaillent dans nos manufactures de coton, et $245,ooo sont payés à ces employés chaque semaine.

Chaque année, ces manufactures emploient 418,-4oo ballots de coton, dépensent 3o4,631 tonnes de charbon, 316,ooo gallons d'huile et 3,627,5oo livres d'empois, par année.

Il y a 1o roues hydrauliques et 1o8 chaudières à vapeur, qui représentent une force total de 1o1.173 chevaux-vapeur, dans les seules manufactures de coton de Fall River.

La plus importante de nos manufactures de coton, c'est la "American Print Works," et elle produit un plus grand nombre de verges d'indienne que n'importe quelle autre du globe. Ce qu'elle en produit en une seul année de temps, pourrait cercler la terre trois fois, avec un surplus de verges formant une longueur de 1o,ooo milles.

Fall River possède encore 21 autres corporations représentant un capital de $29,2o6,3oo.

STATISTIQUES DU COTON

Dans le tableau suivant, nous donnons le nom, le nombre de manufactures, l'adresse et le capital de la corporation; le nombre d'employés, la somme des payes hebdomadaires et le jour de la paye de chacune de ces corpo-rations :

* American Linen Co., 2; rue Ferry, $8oo,ooo; 9oo employés, $6,7oo; jeudi.

* Ancona Co., 1; Globe, $3oo,ooo; 37o employés, $2,4oo; vendredi.

* Arkwright Mills, 1; rue Quequechan, $45o,ooo, 5oo employés, $4,ooo; samedi.

Barnaby Mfg Co., 2; rue Quequechan, $35o,ooo; 6oo employés, $5,ooo; samedi.

* Barnard Mfg Co., 2; rue Quequechan, $495,ooo; 6oo employés, $4,ooo; jeudi.

* Border City Mfg Co., 3; rue Quequechan, $1,ooo,ooo . 1,125 employés' $8,ooo; jeudi.

Bourne Mills, 3; Laurel Lake, $1,ooo,ooo; 6oo employés; $5,5oo; vendredi.

* Chace Mills, 4; rue Rodman et Vt, $900,000; 1,000 employés, $5,500; vendredi.

Conanicut Mills, 2; rue Bay, $300,000; 275 employés, $2,800; vendredi.

* Cornell Mill, 1; rue Alden, $400,000; 400 employés, $3,000; samedi.

Davis Mill, 1; rue Quequechan, $500,000 ; 500 employés, $3,000; jeudi.

Davol Mills, 2; rue Hartwell, $400,000; 450 employés, $3,500; samedi.

* Durfee Mills, 3; rue Pleasant, $500,000; 1,100 employés, $9,400; mercredi.

Estes Mills, 2; Stafford Road, $250,000; 390 employés, $3,000; jeudi.

F. R. Iron Works Co., 7; rue Ferry, $2,000,000; 5,000 employés, $35,000; jeudi et vendredi.

* Flint Mill, 1 ; rue Alden, $580,000; 500 employés, $3,500; samedi.

Globe Yarn Mills, 2; Globe; 1,000 employés, $7,000; vendredi.

* Granite Mills, 3; rue Twelfth, $1,000,000; 1,150 employés, $9,200; vendredi.

* Hargrave Mills, 2; rue Jefferson, $800,000; 1,200 employés, $7,500; samedi.

Kerr Thread Co., 2; rue Kerr; 650 employés, $4,400; vendredi.

King Philip Mills, 4; rue Kilburn, $1,500,000; 1,200 employés, $8,800; samedi.

* Laurel Lake Mills, 2; Broadway, $300,000; 500 employés, $4,000; jeudi.

Lincoln Mfg Co., 1; rue Jefferson, $600,000.

* Luther Mfg Co., 2; rue Hartwell, $350,000; 400 employés, $3,500; samedi.

Massasoit Mfg Co., 2; rues Davol et Eddy, $150,-000; 350 employés, $2,500; jeudi.

* Mechanics Mill, 1; rue Davol, $750,000 ; 550 employés, $4,000; jeudi.

* Merchants Mfg Co., 3; rue Fourteenth, $800,-000; 1,350 employés, $8,500; jeudi.

* Narragansett Mills, 2; rue North Main, $400,-000; 450 employés, $3,300; mercredi.

* Osborn Mills, 2; rue Tower, $750,000; 650 employés, $5,000; vendredi.

Parker Mills, 2; rue Jefferson, $800,000; 900 employés, $5,500; samedi.

* Pocasset Mfg Co., 5; rue Pocasset, $600,000; 1,500 employés, $8,000; mercredi et jeudi.

* R. Borden Mfg Co., 2; rue Rodman, $800,000; 775 employés, $6,300; jeudi.

* Sagamore Mfg Co., 2; rue North Main, $900,-000; 850 employés, $5,800; jeudi.

Sanford Spinning Co., 2; Globe Mills; 600 employés, $4,900; vendredi.

* Seaconnet Mills, 2; East Warren, $600,000; 600 employés, $4,500; vendredi.

* Shove Mills, 3; Shove, $550,000; 750 employés, $5,000; jeudi.

* Stafford Mills, 3; rue County, $1,000,000; 800 employés, $6,500; samedi.

Stevens Mfg Co., 3; rue Russell, $700,000; 700 employés, $6,500; samedi.

* Tecumseh Mills, 3; rue Hartwell, $750,000; 600 employés, $4,700; vendredi.

* Troy C. & W. Mfg Co., 2; rue Troy, $300,000; 600 employés, $3,100; jeudi.

* Union Cotton Mfg Co., 3; rue Pleasant, $1,-200,000; 830 employés, $7,200; jeudi.

* Wampanoag Mills, 3; rue Quequechan, $750,-000; 800 employés, $5,700; jeudi.

* Weetamoe Mills, 1; rue Davol; $500,000; 400 employés, $3,100; jeudi.

Totaux : 43 compagnies et $26,475,000 de capital; 33,315 employés et $245,000 de paye par semaine; 3,390,703 broches et 82,658 métiers.

Dans le tableau précédent, le signe * indique que la compagnie produit du coton à indienne. Ces 28 fabriques produisent 256,700 pièces de cette sorte de coton, par semaine.

DIVERSES CORPORATIONS

A part les 43 corporations précédentes, il y a encore en cette ville au moins 43 autres de divers genres de productions et qui représentent un capital total de $28,102,300.

Nous ne nous occuperons que des plus importantes, qui sont au nombre de 21 et que nous donnerons selon l'ordre alphabétique. Nous donnons successivement le nom, l'adresse et le capital de chaque corporation.

Ackotish Piano Co., rue Pocasset, 114 ; $125,000.

Algonquin Printing Co., Brook, 20; $500,000.

American Cableway Co., Anawan, 95; $125,000.

American Printing Co.; Water et Anawan; $750,000.

Arctic Ice & Cold Storage Co., Fourth, 178; $260,000.

Atwater W. C. & Co., Bedford, 6 ; $100,000.

Borden & Remington Co., Anawan, 115; $99,900.

Boston & Philadelphia SS. Co., quai Derrick; $712,000.

Caldwell & Gildard Co., Hartwell, 110; $100,000.

Crystal Spring Bl. & Dy. Co., E. Warren ; $125,000.

Darmouth & Westport Str. Ry. Co.; $150,000.

F. R. Auto Telephone Co., Bank ; $135,600.

F. R. Bleachery, au pied de la Lawton ; $600,000.

F. R. Electric Light Co ; Hartwell, 62; $600,000.

F. R. Gas Works Co., No. Main, 62 ; $635,000.

Granite State Mining Co., So. Main, 130: $235,000.
Massasoit Mftg Co., Davol, 156; $150,000.
Old Colony R. R.; $13,000,000.
Old Colony Steamboat Co.; $1,200,000.
Old Colony Str. Railway Co.; $5,777,000.
U. S. Bobbin & Shuttle Co.; $2,000,000.

L'"Algonquin Printing Co" imprime 40,000 pièces d'indienne par semaine, avec 12 presses.

L'"American Printing Co." fabrique 75,000 pièces d'indienne, et imprime 100,000 pièces par semaine avec ses 29 presses.

LES BANQUES

Il y a 13 banques, dans Fall River, soit 4 nationales, 4 d'épargnes, 4 coopératives et une de sûreté. En voici la liste avec le capital, les fonds ou la réserve :

Fall River National Bank, capital,	$400,000
Massasoit-Pocasset N. B., capital,	650,000
Metacomet National Bank, capital,	750,000
First National Bank, capital,	400,000
Total	$2,200,000
Fall River Savings Bank, fonds,	$403,000
Citizen Savings Bank, fonds,	226,862
Fall River Five Cents Savings Bank, fonds,	255,000
Union Savings Bank, fonds,	78,000
Total :	$962,862
Troy Co-Operative Bank, réserve,	$28,843
People Co-Operative Bank, réserve,	9,766
Fall River Co-Operative Bank,	16,774
Lafayette Co-Operative Bank, réserve,	4,326
Total :	$59,705

B. M. C. Durfee Safe Deposit & Trusts Co., capital $400,000.

Ces banques représentent donc un total de $3,622,
569 de capitaux, fonds ou réserves.

LA POPULATION

Depuis 100 ans, la population de Fall River s'est accrue comme il suit, à tous les 25 ans : En 1810, 1296 âmes ; en 1835, 5,000 âmes ; en 1870, 13,240 âmes ; en 1885, 56,863, et en 1909, 116,000 âmes.

Quant à la race et à la religon, les 116,000 habitants de Fall River se partagent comme il suit :

	Catholiques	Non-Cath.
Français,	33,000	2,000
Anglo-Irlandais,	30,000	5,700
Portugais,	17,700	200
Anglais,		15,000
Juifs,		5,000
Polonais,	3,500	5,00
Italiens,	1,500	500
Nègres,		800
Allemands,	50	150
Russes,	75	25
Arméniens,	100	
Grecs,	75	25
Chinois,		75
Japonais,		25
Totaux,	86,000	30,000
	30,000	

Population totale : 116,000 habitants.

EVALUATION, TAXES ET DETTES

D'après le rapport des répartiteurs de Fall River,

pour l'année 1909, l'évaluation totale de la ville est de $88,279,138.33 1-2.

Voici quelques détails de ce rapport :

Actions de banques de résidents, évaluées à $1,439,388.33 1-3; taxes, $27,204.4395.

Propriétés personnelles, évaluées à $33,564,150.; taxe, $634,555.08.

Propriétés immobilières, évaluées à $53,275,600 ; taxe, $1,006,733.80.

31,080 taxes personnelles à $2 chacune, $62,160.

Actions de banques de non résidents, au total de $1,439,611.66 2-3 ; taxe, $27,208.6605.

Taxe d'Etat régulière, $109,665.

Taxe d'Etat pour passages à niveau, $18,474.83.

Taxe de comté, $120,757.43.

Taxe de ville, $1,469,250.

Excédent, $12,506.0595.

Total des taxes perçues par la ville, $1,757,-861.98.

Le total des dépenses de la ville, en 1908, étaient de $2,276,139.47.

La dette totale de la ville, en 1909, est de $3,939,-096.97.

En 1909, la capitation ou la taxe personnelle a été payée par 31,080 citoyens dont environ 7,800 de nos compatriotes.

L'abolition des licences, en 1909, a diminué de $150,000 les recettes de la ville.

LES NOMS INDIENS DE NOS PARAGES

Dans Fall River et les alentours, il y a un certain nombre de noms indiens dont il est bon de connaître la signification.

Algonquin, nom de quelques tribus indiennes de la Province de Québec,

Annawan veut dire un Capitaine.

Canonicus était le nom du chef des Narragansetts, des indiens.

Canonicut est le nom indien d'une île de la baie Narragansett.

Corbitant était le nom d'un chef de la tribu des Pocassets.

King Philip était le nom anglais de Métacomet, le dernier-né d'un chef indien nommé Massasoit.

Massasoit était le nom d'un chef des tribus indiennes de nos parages.

Metacomet, nom indien de King Philip.

Montaup, veut dire *La Tete* ; les Indiens appelaient ainsi la baie Mount Hope.

Narragansett veut dire A la Pointe, et c'était le nom d'une tribu indienne.

Niantic, veut dire A la Pointe de la Rivière, et c'était le nom d'une petite tribu indienne.

Pocasset, veut dire A l'Entrée du Détroit, et c'était le nom indien de Fall River et Tiverton.

Quequeteant veut dire La Place de la Chute d'Eau, et c'était le nom indien de Fall River.

Quequechan veut dire Il Saute ou Bondit, et c'est le nom de la rivière rapide qui relie le lac Watuppa à la baie Mount Hope-

Sagamore veut dire Un Chef.

Seaconnet veut dire A l'entrée de la Mer ; c'était le nom indien de Little Compton.

Tecumseh, c'était le nom d'un chef des Shawnees.

Wampanoag, veut dire Terriens ou Pionniers de l'Est ; c'était le nom des Indiens demeurant à l'est de la baie Narragansett, jusqu'à la baie Mount Hope.

Wamsutta était le nom indien de Alexandre, fils aîné et successeur de Massasoit.

Watuppa, un mot signifiant Bateau ou Place des

Bateaux, est le nom des lacs qui bordent la ville à l'est.

Weetamoe. veut dire Sage, Rusée, Maline; c'était le nom de la fille de Corbitant, qui fut chef des Pocassets. Elle résidait à Fall River, et elle se noya dans la baie à la traverse dite Slade's Ferry.

Gouvernement de la Cite

Nous donnons ici les noms des fonctionnaires de la cité, pour l'année 1909, avec le salaire de chacun.

LE MAIRE

John T. Coughlin, $3,000.

LES ECHEVINS

Président, James Sinclair.
Vice-Président, J. J. Sullivan.

"AT LARGE"

Terme expirant le 1er lundi de janvier, 1910.
Quartier 1, E. E. Sullivan.
    " 3, H. M. Clifford.
    " 5, J. E. Cockcroft.
    " 7, W. E. McLane.
    " 9, G. S. Wiley.

DES QUARTIERS

Terme expirant le 1er lundi de janvier, 1910.
Quartier 1, Wm. Booth.
    " 2, J. H. Kay.
    " 3, J. L. Shea.
    " 4, J. T. Kenney.
    " 5, J. C. Crawford.
    " 6, Hubert Thériault.
    " 7, G. F. Johnson.
    " 8, J. S. H. Lannigan.
    " 9, Wm Westell.

"AT LARGE"

Terme expirant le 1er lundi de janvier 1911.
Quartier 2, W. C. Gray,
"   4, James Howarth.
"   6, J. R. Fleet.
"   8, C. E. Péloquin.

DES QUARTIERS

Terme expirant le 1er lundi de janvier, 1911.
Quartier 1, Ths. Abbott.
"   2, R. L. Manley.
"   3, A. F. Ogden.
"   4, J. J. Sullivan.
"   5, J. A. Donnely.
"   6, W. N. Côté.
"   7, James Sinclair.
"   8, Spencer Borden.
"   9, Wm. B. Ling.

Clerc de la chambre des Echevins, John Crowther.

Les 27 échevins reçoivent un salaire total de $5,374.54 par année.

COMITES PERMANENTS

Comptes—Les échevins Shea, Manley, E. E. Sullivan, Côté et Kenney.

Réclamations—Les échevins Johnson, Wiley, Manley, Péloquin, Côté, Howarth, Ogden, Abbott et Cockcroft.

Compensation—Les échevins Booth, Gray, Clifford, Kenney, Crawford, Thériault, McLane, Lannigan et Ling.

Finances—Les échevins Sinclair, J. J. Sullivan,

Gray, McLane, Cockcroft, Péloquin, Shea, E. E. Sullivan et Westell.

Voierie—Les échevins Kay, Johnson, Booth, Clifford, Howarth, Lannigan, Crawford, Thériault et Ling.

Licences—Les échevins J. J. Sullivan, Johnson, Kay, Ogden et Crawford.

Ordonnances—Les échevins Borden, Gray, Abbott, Howarth, Shea, Cockcroft, Johnson, Côté et Westell.

Immeubles—Les échevins McLane, Booth, Ogden, Thériault et Ling.

Secours des Soldats et Marins—Les échevins Clifford, Manley, Wiley, Côté et Kenney.

Egoûts—Les échevins Wiley, Fleet, Manley, Abbott, Kenney, Lannigan et Donnelly.

Eclairage—Les échevins Fleet, Manley, Abbott, Kenney, Lannigan et Donnelly.

Aqueduc—Les échevins Borden, Kay, J.-J. Sullivan, Clifford et Donnelly.

OFFICIERS DE LA CITE

Greffier—John Crowther, $2,850.

Assistant-Greffier—J.-F. Delahanty, $1,500.

Trésorier—C.-P. Brightman, $2,600.

Collecteur—C.-G. Albert, $2,300.

Auditeur—H.-W. Clarke, $2,600.

Ingénieur—P.-D. Borden, $3,500.

Surintendant des Rues—F.-A. Thurston, $3,000.

Solliciteur—H.-A. Dubuque, $2,000.

Messager—F.-O. Dwelley, $400.

Clerc des Comités—F.-O. Dwelley, $1,200.

Secrétaire du Maire—Michael Reagan, $1,200.

Surintendant des Cimetière Oak Grove—Egbert Lawton, $1,199.25.

Surintendant du North Burial Grounds—Michael O'Brien, $954.13.

Surintendant des Edifices Publics—D.-H. Shay, $2,000.

Surintendant des Alarmes—J.-J. McGuire, $1,200

Surintendant des Fils Electriques—W.-C. Davol.

Inspecteur des Fils Electriques—E.-W. Buffington, $500.

Inspecteur du Plombage—J.-H. Lynch, $1,500.

Inspecteur du Pétrole—P.-H. Sullivan.

Agent des Secours des Soldats et Matelots—F.-F. Sullivan, $550.

Inspecteur du Lait—Henri Boisseau, $900.

Inspecteur des Brutes—T.-E. Maloney, $500.

Scelleur des Poids et Mesures—George Staincliffe, $700.

Gardien du Port et des Quais—M.-F. Gallagher, $600.

Garde-Forestier—William Byard, $400.

Géolier—R.-B. Hilliard.

Surintendant des Balances à Foin—I.-B. Bullock.

REPARTITEURS DES TAXES

Président—E.-A. Doherty, terme expirant le 1er lundi de février 1912, $1,500.

G.-H. Eddy, terme expirant le 1er lundi de février 1910, $1,500.

Charles DeGagné, terme expirant le 1er lundi de février 1911, $1,500.

Clerc—J.-A. Brownell, $1,300.

COMMISSAIRES DU FONDS D'AMORTISSEMENT

C.-B. Cook et E.-E. Hathaway, termes expirant le 1er lundi de février 1910.

A.-J. Fletcher et H.-W. Clarke, termes expirant le 1er lundi de février 1911.

N.-T. Hudner et Edmond Côté, termes expirant le 1er lundi de février 1912.

Le trésorier de cette commission reçoit $175 par année et le secrétaire, $75.

COMMISSAIRES DES ECOLES

Président, E.-S. Adams.

Surintendant, E.-B. Durfee, $3,000.

Il se compose de neuf autre membres dont trois femmes.

BUREAU DE L'AQUEDUC

Président, D.-J. Sullivan. Surintendant, Patrick Kieran, $2,500. Clerc et enrégistreur, J.-J. Kirby, $1,700. Il se compose de trois membres.

SYNDICS DE LA BIBLIOTHEQUE

Présidente, Leontine Lincoln; secrétaire, G.-W. Rankin; bibliothécaire, G.-W. Rankin, $2,280.

Il y a neuf syndics.

ENREGISTREURS DES VOTES

Président, T. R. Burrell, terme expirant le 1er mai 1910; D.-J. Dennis, en 1911; C.-J. Leary, en 1912; J.-N. Fontaine, en 1913.

Ils reçoivent $1,800 par année.

BUREAU DE LA POLICE

Président, R.-W. Bassett ; clerc, J.-R. Rostrum, $1,000. Il se compose de trois membres.

BUREAU DE LA CHARITE

Président, John-T. Coughlin. Surintendant de

l'hospice, A.-J. Dolan, $799.96 ; agent et clerc, Edward Plummer, $2,000 ; visiteur, W.-A. Fletcher, $1,450; agent du magasin, T.-E. Frost, $1,200 ; pharmacien, G.-E. Thackery, $1,200.

Il se compose de cinq membres.

DEPARTEMENT MEDICAL

Medecin, A.-C. Lewis, $1,200 ; assistants, Adélard Fecteau et E.-A. McCarthy, $2,000.

BUREAU DE L'HYGIENE

Président, A.-C. Lewis, ex-officio ; Inspecteur sanitaire, S.-B. Morriss, $1,350; Clerc, Ths Wiseman $1,100.

Il se compose de trois membres.

COMMISSION DES RESERVOIRS

Elle se compose du maire, de l'ingénieur de la cité et de F.-J. McLane, Ths Taylor et D.-J. Sullivan.

COMMISSAIRES DES INCENDIES

Président, C.-B. Woodman ; secrétaire, D.-F. Sullivan ; ingénieur-en-chef, W.-C. Davol, $2,500 ; député-ingénieur, Joseph Bowers, jr, $1,300 ; assistant-ing., E.-P. Carey, $750. Il y a trois commissaires.

DEPARTEMENT DE LA POLICE

Maréchal, R.-B. Hilliard, $1,900; ass.-maréchal, John Fleet, $1,400 ; clerc, S.-B. Gardner, $1,100 ; cinq capitaines, $6,000 ; trois inspecteurs dont Adélard Perron, $3,300 ; six lieutenants, $6,600 ; neuf régisseurs, $6,754-82 ; cent-sept patrouilles dont J.-D. Dufresne, J.-C. Martin et A.-J. Laviolette, qui reçoivent le total de $102,503.17 par année ; onze officiers de réserve, $7,942; deux matronnes, $1,051.07; 347 constables dont 43 français : Philippe Bergeron, Alphonse Blanchette, A.-J. Bourassa, Gonzague Boyer, V.-N. Coté, Joseph Cyr, A.-V. Dubois, Albéric Forcier, W.-S. Forest, Pierre Fournier, Abraham Gagnon, Napoléon Gagnon, O.-C. Goulet, Narcisse Hétu, Mathieu Houle, Edgar Talbot, Magloire Lacroix, William Lambert, A.-L.-N. Lapointe, H.-P.-A. Lavoie, J.-B. Leblanc, Napoléon Lebœuf, Emile Léger, Auguste Lauzier, L.-S. Marcoux, J.-C. Martin, J.-A. Montminy, David Morrissette, Félix Noiseux, Joseph Parenteau, Théophile Patenaude, Georges Paul, J.-H. Paul, Rodolphe Pelletier, Norbert Pinault, W.-L. Plante, J.-H. Raboin, Charles Riendeau, Adélard Saurette, Henri Simard, Michel Simon et Louis Thibault.

PESEURS PUBLICS

Il y a 104 peseurs publics dont 12 français : Herménégilde Bourget, Arthur Caron, Georges Dussault, Evariste Gendron, J.-F. Hardy, François Labrie, Alfred Langlois, Abel Levasseur, Chs Levesque, Pierre Levesque, O.-J. Paul et Edmond Tétrault.

MESUREURS DU BOIS

Il y a trois mesureurs dont un français, Joseph Gamache.

AUTRES EMPLOYES

Deux inspecteurs de clotures, trois mesureurs de bois de sciage, trois cochers, cinq gardiens des poids.

OFFICIERS SUBALTERNES

A part les salaires des principaux fonctionnaires, que nous venons de donner, il y a ceux des officiers subalternes suivants :

Dans le département des répartiteurs—Clercs temporaires, $2,522.25; assistants-répartiteurs,$1,470.

Dans le département des auditeurs—1er clerc, $830; 2nd clerc, $676.67.

Dans le département du greffier—2ième clerc, $9oo ; 3ième clerc, $6oo ; 4ième clerc, $440 ; 5ième clerc, $36o.

Dans le département des collections—1er clerc, $1,2oo ; 2ième clerc, $1,ooo ; surnuméraire, $834.48.

Dans le département de l'ingénieur—Assistant ingénieur, $1,8oo ; clerc assistant et dessinateur, $3,9oo ; arpenteur, $795.

Dans le bureau de l'hygiène vétérinaire—Vétérinaire, $2,2oo ; bactériologiste, $88o.

Dans le département des incendies—Les 139 pompiers réguliers reçoivent $1o8,739.26 par année ; les pompiers volontaires, $5,162.

QUELQUES AUTRES OFFICIERS

Voici les salaires de quelques autres officiers de la ville :

Dans le département de la voirie—Assistant-surintendant, $1,58o ; 1er clerc, $1,738 ; 2ième clerc, $948; 3ième clerc, $948 : 4ième clerc, $869.

Dans le département de l'aqueduc—1er clerc, $2,4oo; 2ième clerc, $2,4oo; les ingénieurs, $4,365 99; 3 commissaires, $6oo.

Dans le département de la trésorerie—1er clerc, $1,2oo; 2nd clerc, $1,ooo.

Dans le département de l'hygiène—2 assistants-surintendants, $75o ; bactériologiste, $625 ; 3 membres du bureau d'hygiène, $75o ; 8 collecteurs des échantillons de lait, $4oo ; fumigateur, $434 ; 8 inspecteurs des marchés, $6oo ; 2nd clerc, $4o6.25 ; inspecteur de la curée, $475.

Les officiers d'élections, $2.704.

Deux officiers des licences, $2,100 08.

Département des parcs publics—Surintendant de l'entretien, $213.34.

La police, $3,080.26

Bibliothèque publique—Assistance cléricale. $8,-906.54 ; concierges, $1,419.67 ; femmes de journée, $998.

Les écoles publiques—Clercs du bureau, $2,416 72; police scolaire, $4,505.00, professeurs $271,707.50 ; concierges du jour, $44,628; concierges du soir, $1,123.

Réparation des édifices publics--Clerc du bureau, $1,000.

Hotel de-ville—Concierges, $5,494.86.

Dispensaire de la cité—Assistant pharmacien, $877.32.00.

Entrepot de la cité—Sous-agent, $872.82.

Hospice de la cité--Matronne, $349.70.

Ecurie de la cité—1er commis, $948 ; 2nd commis, $869.

ANGLE DES RUES GLOBE, SOUTH MAIN ET BROADWAY, (Globe Corner).

SECONDE PARTIE

ALMANACH

DES

Adresses Francaises

DE

FALL RIVER, MASS.

1909-10

Almanach des Adresses

Dans la première partie du Guide Français de Fall River, Mass., nous avons donné tout ce qui est de nature à intéresser nos lecteurs en leur qualité de français et catholique. Nous avons fait un exposé assez complet de leurs œuvres nationales et religieuses.

Les notes et statistiques qui suivent la première partie du Guide, ne sont qu'une transition à la seconde partie, que nous appelons "Almanach des Adresses" et qui se divise comme il suit :

1. Petit dictionnaire français-anglais des mots techniques représentant les occupations respectives de nos compatriotes.

2. Liste des rues de la ville, dans l'ordre alphabetique et avec des chiffres indiquant les quartiers où elles se trouvent.

3. Petit dictionnaire des prénoms anglais qui ne conviennent pas à nos compatriotes, avec les prénoms français qu'ils représentent et qui devraient les remplacer dans nos familles françaises et catholiques.

4. Liste de nos concitoyens portant des noms français. Nous donnons leurs noms, prénoms, adresses et occupations, et les classons par rue. Les rues se suivent dans l'ordre alphabétique et elles conservent leur ortographe anglaise. Cette liste est ainsi calquée sur celle de la capitation, qui est officielle ou approuvée par le conseil de ville. Cette manière de procéder aura pour principal avantage de permettre

à nos compatriotes de pouvoir connaître facilement les parents et amis qu'ils ont pour voisins dans leurs rues respectives. Cette liste contient plus de 7.700 noms français représentant presqu'autant de familles de nos compatriotes

5. Liste de nos compatriotes enrégistrés comme votants américains. Nous y donnons les noms français et les adresses d'environ 3,000 votants. Cette liste est partagée en quartiers (wards) et arrondissements (preçincts). Les noms sont donnés selon l'ordre alphabétique dans chaque arrondissement.

6. Liste de nos compatriotes payant au moins $50.00 de taxe Cette liste est partagée en quartiers et les noms sont donnés selon l'ordre alphabétique dans chacun.

7· Liste des numéros et adresses des cloches du système d'alarme.

N. B. Dans un premier travail de ce genre, il est difficile d'atteindre la perfection, pour plusieurs raisons faciles à comprendre. Aussi, nous comptons sur l'indulgence du public, en attendant qu'une nouvelle édition de notre Almanach des Adresses nous permette de lui donner une œuvre plus complète et plus satisfaisante.

Petit Dictionnaire

Donnant en français et en anglais les mots techniques
employés dans notre Almanach des Adresses.

A

(FRANÇAIS)	(ANGLAIS)
Accordeur de pianos	Piano fixer
Acteur	Actor ; performer
Agent d'assurances	Insurance agent
Agent d'immeubles	Real estate agent
Agent de machines à coudre	Sewing machine agent
Agent foncier	Land agent
Aide	Helper
Ajusteur	Fitter
Aqueduc	Water works
Arrangeur	Setter ; fixer
Arrangeur de boucles	Ring setter
Arrangeur de broches	Spindle setter
Artisan	Mechanic
Assistant-dentiste	Dentist-assistant
Assistant-en-chef	Chief-assistant
Assistant-surintendant	Assistant-superintendent
Atelier à filer	Spinning room
Atelier de bobines	Bobbin Shop
Atelier de cardes	Card room
Atelier de courroies	Belt shop
Atelier de triage	Pick room
Avocat	Attorney at law

B

Batelier	Boat hand
Balayeur	Sweeper
Bedeau	Sexton
Bétonnier	Concreter
Beurrier	Butterman
Blanchisserie	Bleachery
Blanchisseur	Bleacher ; laundry man
Bobineur	Bobbin maker
Boucher-suiffier	Butcher render
Boudineur	Slubber tender
Boulanger	Baker
Boute-en-train	Starter
Brasseur	Brewer
Briquetier	Bricklayer
Broyeur de couleurs	Paint mixer
Bucheron	Wood chopper
Bureau du gaz	Gas office

C

Cabaretier	Liquor dealer
Camionneur	Trucker
Cantonnier	Section man
Capitaine	Captain
Cardeur	Carder
Cardeur en fin	Finisher
Carrier	Quarryman
Carrossier	Carriage maker
Ceinturier, Corroyeur	Belt maker
Chapelier	Hatter
Charpentier	Carpenter
Charretier	Teamster
Charron	Wheelwright
Charton	Carman
Chef	Chief

Chef d'atelier	Foreman
Chef de cantonniers	Section boss
Chiffonnier	Ragman
Cireur de bottes	Bootblack
Clerc pharmacien	Drug Clerk
Clerc postal	P. O. Clerk
Cloueur	Nailer
Cocher	Coachman
Cocher d'express	Expressman
Cocher de fiacre	Hackman ; hack driver
Collecteur	Collector
Colleur de papier	Paper hanger
Colporteur	Peddler
Commerçant	Salesman
Commis	Clerk.
Commis ambulant	Floor Walker
Commis expéditeur	Shipper clerk
Commissaire	Steward
Comptable	Teller
Conducteur	Conductor
Contre-maître	Overseer
Cordonnier	Shoemaker
Coupeur	Cutter
Coupeur de viande	Meat Cutter
Couvreur	Roofer
Couvreur de rouleaux	Roll coverer
Couvreur en ardoise	Slater
Couvreur en goudron	Tar roofer
Couvreur-lamineur	Roll coverer
Croque-mort, ent. de pompes funèbres	Undertaker
Cuisinier	Cook

D

Débourreur	Stripper
Dentiste	Dentist
Draperie	Clothroom

E

Ébéniste	Cabinet maker
Éditeur	Publisher
Ecclésiastique	Clergyman
Electricien	Electrician
Eleveur de chevaux	Horse breeder
Emballeur	Baler ; packer
Embouteilleur	Bottle filler
Employé de chemin de fer	Railroadman
Encadreur	Frame maker
Enfonceur de pilotis	Pile driver
Epicier	Grocer
Espoleur	Spooler
Etudiant	Student
Expéditeur	Shipper

F

Fabricant de gaz	Gas maker
Fabricant de pipes	Pipe maker
Fabrique de pianos	Piano factory
Facteur	Letter carrier
Facteur de pianos	Piano maker
Faiseur de patrons	Pattern maker
Faiseur de peignes	Reedmaker
Ferblantier	Tinsmith
Fermier	Farmer
Fileur	Spinner
Fileur en boucles	Ring Spinner
Fileur en mule	Mule Spinner
Fleuriste	Florist
Flotteur de bois de sciage	Lumberman
Fonderie	Foundry
Fondeur	Melter
Forestier	Forester
Foreur	Driller

Forgeron	Blacksmith
Frotteur	Scrubber
Fruitier	Fruit dealer

G

Garçon de comptoir	Bar tender
Garçon de service	Waiter
Garçon d'ascenseur	Elevator man
Garde	Tender
Garde-ascenseur	Elevator-tender
Garde-barrière	Gate tender
Garde d'écurie	Stable keeper
Garde-grue	Derrickman
Garde-forestier	Woodman
Garde-moteur	Motorman
Gardeur	Care taker
Garnisseur	Trimmer
Garnisseur de carrosses	Carriage trimmer
Gérant	Manager
Glacier	Icemen
Gazier	Gasman
Graisserie	Grease manufacture
Guindageur	Hoister

H

Herboriste	Herbalist
Hotelier	Hotel keeper
Homme de cour	Yardman
Huileur	Oiler

I

Immeubles	Real estate
Imprimerie	Print works
Imprimeur	Printer
Inspecteur	Inspector
Inspecteur de ligne	Lineman
Inspecteur du lait	Milk inspector

Instituteur	Teacher
Interprète	Interpreter

J

Jardinier	Gardener
Joaillier	Jewellerer
Journal	Newspaper
Journalier	Laborer
Journaliste	Journalist

L

Laitier	Milkman ; milk dealer
Laminoir	Roller shop
Laveur	Washer
Layetier	Box maker
Levier de mise en train	Starter
Lumière électrique	Electric light
Luthier	Piper

M

Machine à parer	Slasher
Machiniste	Machinist
Maçon	Mason
Manufacturier	Manufacturer
Marchand	Store keeper ; merchant ; dealer
Marchand de bois	Wood dealer
Marchand de chaussures	Shoe dealer
Marchand de ferronnerie	Hardware dealer
Marchand de foin	Hay dealer
Marchand de grain	Grain dealer
Marchand de journaux	News dealer
Marchand de Pianos	Piano dealer
Marchand de thê	Tea dealer
Marchand de vieillerie	Junk dealer
Maquignon	Horse dealer
Marqueur	Checker
Matelot de pont	Deckhand

Mécanicien	Engineer
Médecin	Physician
Meneur	Driver
Menuisier	Joiner
Modiste de chapeaux	Milliner
Modiste de robes	Dressmaker
Moucheur	Light trimmer
Mouleur	Moulder
Musicien	Musician

N

Navigateur	Sailor
Notaire	Notary

O

Officier d'Etat	State officer
Opticien	Optician
Orfèvre	Watch maker
Ourdisseur	Warper ; speeder tender
Ouvrier (de fabrique)	Operative
Ouvrier en boiserie	Wood worker
Ouvrier riverain	Shoreman

P

Palefrenier	Hostler
Papetier	Paper dealer
Pareur	Slasher tender
Pasteur	Pastor
Patrouille	Patrolman
Paveur	Paver
Pêcheur	Fisherman
Peigneur	Doffer
Peintre	Painter
Peintre de chars	Car Painter
Peintre d'enseignes	Sign Painter
Pelleteur de charbon	Coal Shoveler
Pension	Boarding house

Peseur	Weigher
Peseur de coton	Coton weigher
Pharmacien	Druggist
Photographe	Photographer
Plaqueur	Plater
Plâtrier	Plasterer
Plieur	Folder
Poissonnier	Fish dealer
Plombier	Plumber
Plumassier	Feather dresser
Policier	Policeman
Polisseur	Polisher
Polisseur de pianos	Piano polisher
Pompier	Fireman
Pontonnier	Bridgeman
Portier	Porter ; janitor
Poseur de calorifères	Steamfitter
Poseur de Gaz	Gas fitter
Poseur de lattes	Lather
Poseur de tapis	Carpet layer
Pourvoyeur	Caterer
Pressier	Pressman
Pressureur	Presser
Professeur de musique	Music teacher

R

Raboteur	Planer
Rédacteur de nouvelles	Reporter
Relieur	Book binder
Rémouleur	Grinder
Rémouleur de cardes	Card grinder
Rentier	Retired
Réparateur de chars	Car repairer
Réparateur de métiers	Loomfixer
Restaurateur	Restaurant keeper
Retordeur	Twister

S

Salle de poule	Pool room
Saucissier	Sausage maker
Savetier	Cobbler
Scierie	Saw mill
Scieur de bois	Wood cutter
Sculpteur	Carver
Second	Second hand
Sellier	Harness maker
Serre-frein	Brakeman
Solliciteur	Canvasser
Sténographe	Stenographer
Surintendant	Superintendent
Surveillant	Watchman

T

Tâche	Job
Tâcheron	Jobber
Tâcheron forestier	Wood Jobber
Tailleur	Tailor
Tailleur de pierre	Stone cutter
Tambour	drum ; drummer
Tapissier	Upholsterer
Teinturier	Dyer
Teneur de livres	Bookkeeper
Tiers	Third hand
Timonier	Beamer
Tisserand	Weaver
Treillageur	Wireman

U

Usine à gaz	Gasser

V

Valet d'écurie	Stableman
Ventrilope	Ventriloquist

Verrier en bouteille	Bottler
Vétérinaire	Veterinary
Vitrier	Glazier
Voilier	Sailmaker

Guide des Rues

Abbott, 8
Abbott Place, 2
Aberdeen, 1
Ada, 1
Adams, 9
Adelaide, 1
Aetna, 1
Albion, 6
Alden, 6
Alfred, 1
Allen 2
Almond, 2-3
Almy, 9
Alsop, 6
Alton, 9
Alty, 6
America, 1
Ames, 1
Amity, 1
Anawan, 3
Andrew, 2
Angel, 6
Ann, 1
Anthony, 1
Arch, 2
Archer, 9
Arizona, 6
Arlington, 1
Arthur, 9
Ash, 2
Ashley, 9
Ashton, 6
Ashworth, 2
Auburn, 8
Augustus, 4
Avon, 6

Bailey, 2

Baird, 1
Baker, 1-4
Baldwin, 9
Ballard, 9
Bank, 3-5-7
Barbour, 9
Barclay, 1
Bardsley, 6
Bark, 6
Barker, 2
Barlow, 6
Barnaby, 8-9
Barnard, 5
Barnes, 6
Barré, 6
Barrett, 1
Barrow, 2
Bassett, 6
Bates, 1
Batt, 1
Bay, 2-3
Bay View, 2
Baylies, 8-9
Beach, 2-3
Beacon, 2-3
Bean, 9
Bear's Den Road, 7
Beattie, 5-6
Beauregard, 8
Bedford, 5-6-7
Bell, 9
Bell Rock Road, 9
Belmont, 8-9
Benefit, 9
Benjamin, 2
Bent, 1
Benton, 1
Berkley, 1

Berlin, 9
Beverly, 8
Bigelow, 8
Birch, 2
Bishop, 1
Blackstone, 4
Blackwell, 1
Blaine, 8
Bliffin, 6
Bliss, 9
Blossom Road, 8
Blossom Avenue, 7
Bluff, 3
Bodge, 6
Bogle, 6-8
Boomer, 9
Borden, 7
Border City, 9
Boutwell, 6
Bowen, 2
Bowers, 2
Bowler, 5
Boyden, 1
Brabrook, 2
Bradbury, 1
Bradford Avenue, 3
Brady, 3
Branch, 4
Brayton Avenue, 1
Bremond, 9
Bright, 1
Brightman, 9
Bristol, 8
Broad, 2
Broadway, 2-3
Brooks, 2
Brookdale, 1
Brow, 7

Gagnon, 6
Garden, 8
Garfield, 1
Garside, 9
George, 9
Gibbs, 9
Gifford, 7
Gilbert Place, 8
Glasgow, 1
Gleason, 5
Globe, 1-2
Globe Mills Av., 2
Goss Avenue, 6
Grace, 1
Graug, 5
Granite, 7
Granite Row, 3
Grant, 3
Green, 3-7
Greenhalgh, 8
Greenlawn, 8
Green's Court, 3
Griffin, 2
Grinnell, 1
Grove, 7-8

Haffard, 5-6
Hall, 2
Halstead Square, 5
Hambly, 1
Hamlet, 1
Hancock, 1
Hanover, 8-9
Hargrave, 5
Harriman, 6
Harrison, 6
Hart, 2
Hartwell, 4-7
Harvard, 9
Haskell, 9
Hathaway, 9
Hawthorne, 1
Hawthorne Av, 1
Healey, 5
Heath, 1-4
Heatley, 2
Hemlock, 8
Henry, 1
Herbert, 8
Hicks, 2
High, 7-8-9
Highland Av., 8-9
Highland Place, 8
Hill, 8
Hillside, 8
Hirst, 6
Holden, 6

Holland, 9
Holly, 1
Holyoke. 4
Home, 8
Homestead, 9
Hood, 8-9
Hope, 3-4
Hopkins, 8
Horton, 6
Howard, 3
Howe, 2
Howland, 2
Huard, 1
Hudson, 8
Hunter, 3-4

Inch, 3
Indian Town Road, 8
Interlachen, 8
Irving, 6

Jackson, 1-4
James, 9
Jefferson, 1
Jencks, 6
Jepson, 6
Jesse, 5
John, 4-7
Johnson, 5
Jones, 9
Judson, 4
June, 7-8-9

Kay, 2
Kelley, 6
Keene, 6
Kellogg, 1
Kennedy, 1
Kerr, 6
Kilburn, 1-2
Kimball, 9
King, 2
King Philip, 2
Knight, 6
Lafayette, 6
Lamphar, 1
Lane, 1
Laugley, 9
Lapham, 1
Lark, 1
Last, 2
Laurel, 1
Lavoie Avenue, 8
Lawrence, 4
Lawton, 1
Learned, 9
LeBaron, 8

Ledge, 6
Lee, 1
Lemuel, 8
Lenox, 1
Leo, 6
Leonard, 9
Lester, 2
Lewin, 9
Lewis, 2
Lewiston, 4
Lexington, 6
Liberty, 2
Lincoln Avenue, 8-9
Linden, 5-8
Lindsey, 9
Linwood, 1
Locke, 9
Locust, 7-8
London, 5-6-8
Lonsdale, 4
Lowell, 4
Lucania, 1
Ludlow, 1
Lyon, 1-4

Madison, 8-9
Malvey, 9
Manchester, 1-4
Manning, 6
Manton, 1
Maple 8
Marble, 4
Marchand, 6
Marier, 9
Marion, 6-8
Market, 7
Marsh, 6
Marsh Place, 1
Martha, 9
Martine, 6
Mason, 6
Massasoit, 5
Mather, 6
May, 7
Maynard, 6
McCloskey, 6
McConnell, 5
McDonald, 9
McGowan. 6
McMahon, 1
Meade, 6
Meadow, 7
Meeson, 1
Melrose, 6
Melville, 1
Merchants, 5
Meridian, 8-9

Les Prenoms.

Un nom de famille ne doit jamais se traduire d'une langue en une autre, parce qu'il est une marque distinctive et personnelle, un blason, un héritage ou un patrimoine de famille, appartenant exclusivement et de droit naturel à un certain nombre de personnes particulières et distinctes. Ainsi, par exemple, Bourdeau ne doit point se traduire par Waterbury (bourg d'eau), parce que monsieur Bourdeau n'est point un bourg d'eau, de même que monsieur Lenoir n'est point nécessairement un noir ou un nègre.

Mais, un nom de baptême ou un prénom peut très bien se traduire d'une langue en une autre, parce que les noms de baptêmes et les prénoms, de nos jours, sont d'une propriété générale et universelle, n'appartenant à personne en particulier. Ainsi, par exemple, Jacques se traduit par *James*, Jean par *John*, Hélène par *Helen*, Madelon par *Maudlin*, en anglais. Cependant, dans la traduction des prénoms français en anglais, il faut respecter nos coutumes et traditions nationales, pour ne point tomber dans le vulgaire et le ridicule.

Chez nous, les noms de baptême et les prénoms sont tirés du calendrier des saints et de la liste des grand's personnages. Chez nous, on ne donne point aux humains les mêmes noms que reçoivent les animaux domestiques et de basse-cour.

Chez une certaine classe de citoyens de langue étrangère, la distinction de l'homme d'avec la brute n'est pas toujours respectée, en ce qui concerne le choix des prénoms et des noms de baptême. Ainsi, il n'est pas rare de trouver des personnes et des brutes portant toutes les mêmes noms. La fille et la jument s'appellent Nelly ou Maud ; le garçon, le chien et le cheval portent tous le nom de Jack ou de Jim.

Si ces citoyens ne s'occupent guère de distinguer les humains d'avec les brutes, c'est leur affaire et non point la nôtre. Mais, nous ne sommes pas obligés, en notre qualité de Français et de catholiques, de rabaisser nos enfants au rang des brutes, en leur donnant à tous les mêmes noms.

Pour que nos compatriotes sachent à quoi s'en tenir à ce sujet, nous croyons utile de publier une liste de noms, que ces personnes donnent indifféremment à leurs enfants et à leurs animaux domestiques et de basse-cour. Ces noms d'ailleurs sont du jargon, et nos compatriotes devront se permettre de ne les donner qu'à leurs animaux, s'ils le désirent, et nullement à leurs enfants, s'ils les respectent un tant soit peu.

A côté du nom anglais, nous donnons le nom français, afin de permettre aux lecteurs de choisir ce dernier qui est très convenable et peut conséquemment être donné aux enfants et autres personnes.

Ainsi, dans la première colonne, nous donnons des noms qui conviennent aux animaux, et dans la seconde, des noms pour les personnes.

Alick	Alexandre	Molly	Marie
Assy	Alice	Morice	Maurice
Austin	Augustin	Nancy	Annette
Ben	Benjamin	Nan	Annette
Bess	Elisabeth	Nanny	Annette
Betsy	Elisabeth	Nat	Nathaniel
Betty	Elisabeth	Ned	Edouard

Bill................Guillaume
Billy...............Guillaume
Carrie................Caroline
Charly................Charles
Dan.................Daniel
Davy.......   ....David
Dick................. Richard
Dicky......   ....Richard
Fanny ....Françoise
Frank................François
Harriet ....Henriette
Haeriot............. Henriette
Harry................. Henri
Jack......................Jean
Jacky...............   . Jean
Jim............ ...... Jacques
Jem...... ..   .. Jacques
Jemmy...............Jacques
Jerry............... ..Jérémie
Joe............... .... Joseph
Kit............ ....Christophe
Len............ ...... Léonard
Lou....................Louise
Lydy............. ......Lydie
Meg.............. Marguerite
Margery...........Marguerite
Mat..................Mathieu
Mat..................Mathilde
Maud........ ..... Madeleine
Maudlin............Madeleine
Mack ....Michel
Mack...............Michaud
Mick.................Michel
Mick............... Michaud
Mol................... Marie

Neddy..............Edouard
Nel.. ....Hélène
Nelly............... Hélène
Nick.................Nicolas
Nol...................Olivier
Pat...................Patrice
Patty.................Marthe
Peg............ ...Marguerite
Peggy............Marguerite
Phil   ... .Philippe
Pol................... .Marie
Polly.. .... Marie
Ralph.................Raoul
Sal..................... Sara
Sally...................Sara
Sam... .... Samuel
Sammy...............Samuel
Seb................Sébastien
Sim ....Siméon
Sim... ....Simon
Soph................. Sophie
Sophy.................Sophie
Ted.................Edouard
Teddy.... ....Edouard
Tim ....Timothée
Toby...................Tobie
Tom ....Thomas
Tommy...............Thomas
Tony.................Thomas
Val.................Valentin
Wat................. Gautier
Walter........ ....Gautier
Will .... Guillaume
Willy.............Guillaume

No. **ABBOTT PLACE**

22. Louis Levasseur, contre-maître.
22 Henri Gamache, journalier.
35 H A Couillard.

N.. **RUE ADAMS**

20 Théodore Leboeuf, gérant.
34 Joseph Dion, contre-maître.
161 Abel Guimond, charpentier.
101 Wilfrid Thibault, chauffeur.

No. **RUE AETNA**

29. Wilfrid Couture, pareur
34. Etienne Emard, ouvrier
35 Emmanuel Jacques, ouvrier.
40. Arcade Lanoue, ouvrier.
40 Adélard Cloutier, ouvrier.
88 Joseph Bouffard, charpentier.
99. Manuel Jacques, ouvrier
99. François Jacques,_ ouvrier

No. **RUE ALBION**

25 Edouard Normandin, chauffeur.
60 Albert Mercier, ouvrier
138. Charles Rémillard, salle de poule
138. Philippe Corneau, charron.
168 Thomas Boisvert, ouvrier.
168 Jean Boisvert, ouvrier.
168 Jean Martin, charretier
180 L J Cartier, charpentier
180 Jean Cartier, commis.
205 Thomas Lambert, ouvrier.
205 Charles Beaumont, blanchisseur.
248 Adélard Levesque, charpentier
248 Albert Martinville

No. **RUE ALDEN**

18 Avila Morin, ouvrier.
18 Arthur Morin, ouvrier
18 David Lepage, ouvrier
18 Narcisse Brouillard, commerçant
18 Napoléon Brouillard, commerçant
18. Napoléon Brouillard, ouvrier
18. Roy Grenier, journalier
18 Joachim Joubert, charpentier
18 Louis Bergeron, ouvrier
18 Jean Gauthier, ouvrier
26 Arthur Philbert, ouvrier
26. Joseph Ouellette, ouvrier.
26. Paul Bélanger, second
44 Louis Guévremont, second
44 Marc Gauthier, homme de cour.
44 Paul Bernier, ouvrier
84 Alexandre Couture, Journalier
84 Gilbert Massé, ouvrier
140. Henri Bruneau, ouvrier
180 Joseph Paul, Journalier
180 Gilbert Desforges, ouvrier
246. Majorique Nolet, bûcheron.

246 Hubert Thibaudeau, ourdisse
260 Gédéon Bouchard, colporteu
385 J F Clément, ouvrier
399 J -B Desrosiers, forgeron
399 Joseph Desrosiers, peintre
399. Ernest Desrosiers, ouvrier
399 Arthur Cournoyer, journalie
399 Herménégilde Bienvenu, me
399 Charles Bienvenue, ouvrier
399 Willie Leduc, ouvrier
404. Pierre Senay, fileur.
404 Adélard Senay, ouvrier
404 Amédée Senay, pareur
404 Charles Picard, mécanicien.
409 Joseph Dupéré, Journalier
409 Joseph Dupéré, jr., facteu pianos
409 Joseph Rioux, charpentier.
409 Joseph Labonté, ouvrier.
409 Louis Desrosiers, machiniste
409 Albert Jutras, charpentier
434 Alphonse Côté, Journalier
532 David Langlais, tailleur
530. Napoléon Arsenault, ouvrier
542 Joseph Bastille.
542 J -B Georges, Journalier
542 Jean Lepage, Journalier
542 Henri Meunier, tisserand.
542 Joseph Charest, charpentie
548 Jean Grenier, foreur
552 Achille Beaupré.
552 Joseph Beaupré, ouvrier.
552 Alfred Beaupré, peigneur
552 Arthur de Champlain, cha tier
552, Antoine de Champlain, ch tier.
552 Georges Lepage, bobineur
568 Alfred Gélinas, sr , ouvrier
568 Joseph Levesque, manoeuv
568 Arthur Levesque, tisserand
568 Alfred Morrissette, réparate métiers
568 O D Decelles, ouvrier
568 Alexandre Madore, cordonn
568 Placide Madore, ouvrier
578. François Labrecque, sr , c feur
578 François Labrecque, jr , rand
578 Alfred Labrecque, peigneu
592 J -B Bois, ouvrier
592 François Vincelette, ouvri
612 Joseph Gagnon, ouvrier
632 Joseph Gagnon, ouvrier
632 Samuel Robert, sr , ouvrie
632 Hector Robert, ouvrier

No. **RUE ALLEN**

22 Antoine Turcotte, journalier
30 Arthur Morin, collecteur

No **RUE ALMOND**

145. Joseph Guay, Journalier.
145. Eugène Robin, charpentie

145. Ephraïm Labonté, tisserand
145 Wilfrid Barrette, fileur.
168 Jean Bienvenue, second.
168 Edwin Levasseur, machiniste
168 Jean Levasseur, ouvrier
168 Euclide Fortier, contre-maître
172 Wilfrid St Laurent, tisserand
172 B. Brosseau, charretier
172. Pierre Bouchei, tisserand
172 Antoine Levasseur, tisserand.
225. Eugène ·Tremblay, rentier
225 Auguste Tremblay, Journalier
225 Chs. Tremblay, (infirme).
225. Herménégilde Tremblay, ouvrier
225. Edmond Tremblay, pareur.
231. Joseph Gauthier, Journalier
231 Philippe Simard, Journalier
231 Joseph Latulippe, tisserand
288. Napoléon Laliberté, tisserand
288 Joseph Lanneville, fileur
288. Pierre Lanneville, camionneur
288. Auguste Ducharme
288 Auguste Doucet, chapelier
290 Pantaléon Béliveau, barbier
290 Ferdinand Dufresne, pareur
298. Ernest Brien, charretier
298 Emile Brien, charretier
298 Clément Renaud, réparateur de
métiers
300 Georges Rousselle, tisserand
300 Albert Lord, second
300. Adélard Doucette, tisserand
300 Napoléon Doucette, tisserand
300. Joseph Doucette, charpentier
300. Henri Boudreau, mécanicien
305 Joseph Dessert, tisserand
305. Arthur Boulé, tisserand
305 Arthur Larose, tisserand
305. Arthur Larose, fileur
309 Charles Brien, ouvrier.
309 Antoine ·Pelletier, ouvrier
309 J. B Gamache.
309 Louis Dessert, rentier
309 Chs Dessert, charpentier.
309 Joseph Dessert, tisserand.
309 Auguste Damour, journalier
313. Antoine Robert, ouvrier
313 Adélard Lachance, Journalier.
313 Etienne Plourde, boulanger
315 Eustache Bérubé, tisserand.
315. Joseph Desmeules, pareur
315 Robert Gerson, Journalier
326 Joseph Samson, Journalier
326 Isidore Labossière, pareur
326 Joseph Dufault, Journalier

No   **RUE ALMY**

53 Samuel Thibaudeau, homme de
cour

No   **RUE AMERICA**

395. Edouard Bérubé, contre-maître.

No   **RUE AMES**

126 Emmanuel Hénaud, agent de
chines.

128 Alcide Lapierre, tisserand
128 G F Lapierre
158. Théophile Pilot, tisserand
189 Valérie Fontaine, ouvrier.
189 Cyprien Béraid, commis
207 Eugène St Amand, maço
207 Cléophas St Amand, maç
331. Olivier Marchand, march
thé
239 Guillaume Lambert, as
surintendant
339 Godias Lachance, charpen
373 O G Poilvert, agent d'
bles
373. O C. Poilvert, pharmacie
415 Alfred Métayer, ouvrier.
415 Louis Métayer, ouvrier.
415 François Métayer, tissera
415 Cléophas Boutin, tisserai

No.   **RUE AMITY**

98. Narcisse Roy, fermier.
574 J B Cantin, laitier.
574 Raphael Précourt, ouvrie

No.   **RUE ANAWAN**

113. Joseph Ducharme, tisser.
271. Dieudonné Marcoux, tisse
271 A J Martin, charretier
315 Joseph Gagnon, fileur en
315 Joseph Morin, tisserand
315 Joseph Binette, tiers
315 Euclide Desjarlais, peigne
315 Louis St Pierre, ouvrier
315 Félix St Pierre, peigneur
323. Chs Lévesque, Journalier
323. Noel Pelletier, charretier
323 Emile Morin, peigneur
232. Joseph Morin, peigneur
323. Alphonse Moreau, chauffe
323. Joseph Loiselle, ouvrier
323 Alfred Loiselle, peigneur
323 Henri Loiselle, peigneur
323 Delphis St Ours
323 Joseph Prévost, ouvrier
323 Philippe Prévost, chauff
391 Ths Lévesque, pelleteur
394 Joseph Giguère, commis
394 Joseph Giguère, Jr, gazi
419 Alexandre Côté, pompier

No.   **RUE ANTHONY**

87. Narcisse Valcour, laitier
100 Napoléon Marier, surveill
100 G A Marier, agent d'ass
164 Faul Antaya, boomeur
164 D Antaya, tiers
199 Olivier Bélisle, sr
199 Olivier Bélisle, jr, journal
199 Euclide Bélisle, Journalie
215 Elie Synotte, tisserand
215 Alexandre Gamelin, répa
de métiers.

245. Joseph Lévesque, charpentier.
262. Raoul Bettencour, ouvrier
272 Louis Lavoie, blanchisseur
272 Louis Lavoie, Jr; ouvrier
313 Anselme Lavoie, commis.
313. Louis Paquin, ouvrier.
313 Henri Paquin, tisserand
318 Alfred Bélanger, ouvrier.
318 Joseph Cartier.
318. Albert Cartier, blanchisseur.
318. Amédée Théroux, peintre
384. Gédéon Carrier, réparateur de
métiers
384. Napoléon Bossé, tisserand
425 Elie Bellefleur, ouvrier
425 Alphonse Généreux, charpentier
425. Tibère Généreux, Journalier
425 Adélard Couette, marchand
433 Henri Couture, ouvrier.
433 Pierre Blais, blanchisseur

No   **RUE ARIZONA**

16 Elzéar Bazinet, laitier
33 Adélard Goyette, commis
42 Arsène Lavoie, charpentier.
42 Victor Rioux, charpentier
54 Prudent Picard, charretier
54 Emile Berger, tisserand
54 Georges Bisaillon, tisserand
54 Antoine Lambert, tisserand.
54 Edouard Lambert, commis.
54 Guillaume Marquis, ouvrier.
66 C. Gamache, facteur de pianos
66 Georges Gamache, facteur de pianos.
66 A Vaillancour, pareur.
66 Arthur Ouimet. peintre.
65 Denis Pelletier, marchand
65 Alexandre Charron, commis
55 Hénri Lamontagne, ouvrier en aiguilles
65 F. A Lamontagne, ouvrier.
96 Pierre Bibeau, peintre
99 Alfred Raymond, machiniste
112 Joseph Jalbert, booineur.
112 P. R Desrosiers, mécanicien
112 Adélard Gignac, peintre
126 Barthélemy Moreau, plieur.
135 L. G Gagner, peintre

No   **RUE ASH**

127 A. A Goyette, chapelier.

No.   **RUE ASHTON**

1 Albert Bibeau, coupeur.
9 Ths Labrecque, charretier
9 Paul Bérubé, journalier
21 Gaudias Lussier, épicier
21 Magloire Seney. Journalier
21 Napoléon Seney, Journalier
21 Alfred Seney. charpentier.
21 Arthur Seney, commis.

21 Philéas Seney, broyeur de co
21 Benjamin Seney, filateur.
31 Hormisdas Lambert, agent
rances
31 Hormisdas Lambert, Jr., mei
31 Joseph Lambert, peigneur.
41 Octave Champagne, ouvrier
41 Georges Lacroix, journalier.
50 Joseph Corriveau, peintre
50 Adélard Bouchard, glacier
64 Alfred Dauphinais, peintre.
66 Arthur Desrosiers, second
66 Ludovic Bédard, ouvrier
72 J-B St Pierre, réparateur c
tiers

No   **RUE AVON**

17 Chs. Ménard, maçon
17 Alfred Ménard, maçon
17 Basile Bélanger, manoeuvre
17 Adélard Soucy, réparateu
métiers.
23 Ulric Faradis, second .
23 Joseph Marcotte, charpenti
27 François St Michel, ouvrier
27 Jean Pineau, second
27 J-B. Caron, charpentier
27 Joseph Caron, charpentier
27 Victor Choquet, ouvrier
27 Paul Paradis, tiers.
27 Germain Paradis, ouvrier
33 Basile Michaud, marchand
37 Louis Viens, boulanger.
37 Adélard Gamache, chapelie
37 Joseph Bérubé, charretier
37 Achille Berger, Journalier
37 Arthur Berger, ouvrier.
37 Théodore Gamache, plaquet
37 Louis Thériault, ouvrier
43 Arthur Bérubé, ouvrier
43 Joseph Levesque, commis
43 Edouard Pelletier, machin
43 Phidime Fortin, tiers.
47 Théophile Héon, commis
47 Noel Bérubé, garde-forestier
47 Antoine Savoie.
47 Henri Savoie, ouvrier.
51 J-B Nadeau, chauffeur
51 O Savard, charretier.
53 Chs Blanchet. Journalier
53 Joseph Nadeau, charpentie
55 Luc Dumont, foreur
55 Alphonse St Pierre, ouvrie
57 J-B Landry, réparateur d
tiers
57 Samuel Dubé, ouvrier.
61 Olivier Michaud
61 Octave Chrétien, collecteur.
61 Auguste Michaud, ouvrier.
63 Chs Carrier, sténographe
63 Urbain Basile, sr, journalie
63 Urbain Basile, Jr, électricie
63 Désiré Samson, ouvrier.

H. A. DUBUQUE,

Avocat, Notaire-Public, Juge de Paix

Commissaire pour la Province de Quebec

Chargé de légaliser les actes

ayant trait à cette Province.

PROCUREUR DE LA CITE DE FALL RIVER

Etude: Rue South Main, 11,

BATISSE GRANITE, CHAMBRE 105 ❧ Telephones Bell et Automatique

63 Cyrille Samson
63 Zéphirin Saucier, Journalier.
63 Isaac Marcoux
63 Stanislas Marcoux, ouvrier
63 Joseph Bouchard, ouvrier.
73 Joseph Perrault
73 Edouard Jolivet, ouvrier
73 Arthur Jolivet, peigneur
77 Edouard Fontaine, charretier.
77 Joseph Lapointe, ouvrier
77 Hilaire Bolduc, ouvrier
77 Ernest Turgeon, croque-mort
77 Ernest Beaulieu, ouvrier
81 Joseph Chouinard, sr., charpentier
81 Joseph Chouinard, Jr, ouvrier
81 Etienne Chouinard, retordeur.
81 Joseph Lizotte, ouvrier
81 Louis Joubert, Journalier
90 Abraham Gagnon, bedeau.
91 C. B Fournier, facteur.
91 Rosario Fournier
91 Cyrille Marcoux, boulanger
107 Théodule Frénette, charpentier

No   RUE BAIRD

59 Cléophas Lefebvre, bobineur
59 Alphonse Vaillancour, tisserand.
59 Henri Doucette, bobineur
49 Adélard Desnoyers, collecteur

No.   RUE BAKER

76 Louis Mercier, tisserand
150 Joseph Ouellette, ouvrier
188 Horace Rémy, couvreur
188 Albéric Rémy, commis
188 Alfred Rémy, commis.

No.   RUE BALLARD

37 Jacques Mélançon, charron
92 Joseph Vaillancour, Journalier

No.   RUE BANK

3 Damase Martel, charretier.
3 Stanislas Tremblay, charretier
142 Vital Côté, rentier
142 J -L -J Dupuy, Journaliste
209 Joseph Paulin, tailleur de pierre
209 C -F Xavier, machiniste.
399 Joseph St Jean, cocher d'express
408 Joseph Gendron, fileur
408 Paul Gendron, lumière électrique
426 Jules Lapointe, charretier
426 Joseph Dion, tisserand
436 Jean Pineau, tisserand
436 Joseph Papineau
436 Joseph Salvas, Jr, tisserand
446 Aurèle Salvas, tisserand
446 Joseph Salvas, tisserand
476 Théodore Lemieux, palefrenier

No   RUE BARCLAY

25 Salomon Forcier, ouvrier.
25 Samuel Houde, ouvrier.
48 Elisée St Amant, ouvrier.
48 Joseph St Amant, cuisinier.
48 Alphonse St Amant, ouvrier.
48 Alfred St Amant, ouvrier.
48 Horace Pelletier, ouvrier.
48 Joseph Lagassé, ouvrier
48 Amédée Bélanger, ouvrier.

No   RUE BARDSLEY

22 Edmond Couture, peintre.
22 Emile Gibeau, réparateur métiers
65 Pierre Castonguay, charpent
83 Jacques Castonguay, charpe
131 Edouard Marchand, marcha
131 Fortunat Lacroix, marchand

No   RUE BARK

44 Louis Giroux, marchand

No.   RUE BARLOW

11 Napoléon Chaput, charpenti
11 Georges Fortin, charpentier
50 J. P. Laviolette, teneur de l
50 F. X Mongeon, boucher
81 T. E. Normand, réparateur métiers
112 Joseph Fontaine, marchan chaussures

No   RUE BARNABY

62 J -D Thibaudeau, instituteu
127 Guillaume Thibaudeau, frein.
299 Paul Gélineau, commissaire

No.   RUE BARNARD

24 Napoléon Valcour, cardeur.
24 Adelard Belisle, marchand
32 Joseph Moquin, charretier
32 Adam St Pierre, tisserand
36 Joseph Ouellette, fileur
36 Pierre Chouinard, tisserand
44 Félix Lafond
44 Joseph Gagnon, tisserand
44 Wilfrid Ledoux, tisserand
54 D -C -N. Dionne, tisserand
54 Emile Ross, chef d'atelier

No.   . RUE BARNES

20 Antoine Cloutier, taillleur
20 Arthur Archambault, teneu livres
29 Pierre Lévesque, pompier
29 Maxime Vertefeuille
29 Arthur Ledel, ouvrier
29 Joseph Ledel, ouvrier
35 Adolphe Caron, barbier.

35 Arthur Patenaude, peintre.
40 Rémi Rinfret, garde-moteui
40 Jean Duval, répaiateur de métiers
40 Majorique Perrault, agent d'assurances
48 Alfred Bérubé Charpentier
48 Modeste Gamache, commis
54 Joseph Roy, réparateur de métiers
54 Amable Denault, commis
80 François Thibault, boucher
80 Fabien Côté, contracteur
80 Frédéric Grenier, mécanicien.
100 Elzéar Paradis, peintre
100 Emile Desjardins.
100 Phidime Ross, ouvrier
100 Aimé Larivière
114 Edouard Cloutier, tailleui
114 Joseph Chabot.
114 Philéas Gaudreau, agent d'assurances
114 Carmel Thibault, peintre
115 J.-H St Laurent, marchand.
115 Guillaume St Laurent, commerçant.
115 Georges St Laurent, bobineur
122 Napoléon Demontigny, forgeron
136 O.-R. Desjardins, fabricant de
pipes
136 Joseph Leblanc, boulanger.
136 Alphonse Gervais, commerçant.
141 Alexandre Gagné, ouvrier
141 Mathias Gagné, ouvrier.
153 Zéphirin Caron, contracteur
168 L.-F Dudevoir, contracteur
222 Eusèbe Lavoie, valet d'écurie
222 Hubert Thériault, assistant-surintendant
230 Joseph Fontaine, peintre
249 Thomas Morais, contre-maître
250 Moïse Dubé, marchand de chaussures
260 D Lafond, commerçant
261 Léonidas Pouliot, commerçant
261 Ulric Pouliot, commerçant
270 Georges Gagnon, sr, épicier
270 Georges Gagnon, jr. épicier
277 Emile Léger, marchand
286 C.-S. Gagnier, peintre
286 J.-A. Gagnier, colleur de papier
286 Frédéric Bussière, ouvrier
286 Jacques Létourneau, ouvrier
287 Philippe Levesque, épicier

No   RUE BARRE

28 Wilfrid Parent, ouvrier
28 Edmond Rioux, ouvrier.
42 Joseph Rival, peigneur
42 Jean Rival, ouvrier
42 Léon Denis, ouvrier
42 Ernest Bouchard, pareur
65 Adélard Chagnon, charpentier.

65 O Laplante, ouvrier.
65 Henri Laplante, contre-m
65 Joseph Laplante, teneur d
82 Joseph Lamothe, pareur.
99 P.-J Roy, papetier.
119 Chs Ménard, charretier.

No   RUE BARRETT

2 Joseph Tremblay, commis.
26 Joseph Leclair, forgeron.
57 Louis Paradis, croque-mort
32 Joseph Daniel, tisserand.
32 Trefflé Daniel, tisserand.
47 Philippe Morin, forgeron.
47 A J. Morin, charretier.
47 Edouard Morin, palefrenier
48 O.-J. Trottier, colporteur.
62 Wilfrid Morin, poseur de g
62 Joseph Audette, plâtrier.
68 Joseph Gagnon, tisserand.
68 Georges Cadoret, bardier.

No.   RUE BASSETT

20 Polidor Bouchard, Journal
20 Joseph Côté, Journalier.
20 Alexandre Michaud, ouvrie
20 Joseph Malenfant, peintre
21 Joseph Deslauriers, peintr
23 François Chabot, ouvrier.
30 Joseph Fournier, meneur.
31 Joseph Pellant, journalie
31 Paul Pellant, pareur.
31 Henri Beaulieu, Jr, ouvrier
31 Henri Beaulieu, sr, maçon.
31 Etienne Nadeau, journalie
31 Arsène Bouchard, second.
31 Alphonse Poirier
31 Napoléon Paul, ouvrier.
31 Napoléon Paul, Jr, ouvrier.
37 Noé Allard, charretier.
37 Napoléon Choquet, carross
37 Anani Choquet, épicier
37 Joseph Rioux, ouvrier
57 Louis Paradis, croque mor
57 Napoléon Paradis, croque-r
57 Edouard Blanchette, ouvrie
59 Alphonse Blanchette, secon
59 Samuel Damour, ceinturier

No   RUE BATT

223 Pierre Levesque, charpen

No   RUE BAY

2 Saul Janson.
2 A.-J Bourassa, collecteu
2 Frédéric Paquin, Journal
14 Louis Bourassa, tisserand
638 Joseph Proulx, ouvrier.
646 Lucien Morin, machinist
701 Alphonse Caron, Journal
701 T.-D. Quesnel, chapelier
701 Louis Caron, Journalier.

701 Eugène Gélinas, chapelier.
701 Frédéric Bélanger, ouvrier
721 François Ouellette, ouvrier.
741 Léon Parent, charpentier
741 Oscar Parent, commis
825 Narcisse Antaya, boucher.
1238 Pierre Lambert, réparateur de
métiers.
1238 Frédéric Lambert, commis
1282 Guillaume Chapleau, marchand
de grain
1282 Thomas Chapleau, pareur
2118 Adolphe Gamache, boulanger
2029 Oscar Dubois.
2029 A -V Dubois, hôtellier

No   BAY VIEW
189 Thaddée Thibodeau, tisserand
189 Hormisdas Neveux, commis
191 Donat Bernard, tisserand.
191 A,-V Brault, commis.
191 Alphonse Lemay, commis.
191 Joseph Bernard, ouvrier
382 C -E Belisle, charpentier
382 Michel Ouellette, ouvrier.
382 Désiré Bélanger, tisserand
382 Bruno Roussin, Journalier
382 Eugène Roussin, commis.
No.   RUE BAYLIES
128 Joseph Bernard, journalier
128 Achille Fleury, Journalier
128 Thomas Bernier, Journalier.
128 Louis Duval, Journalier.

No.   RUE BEACH
85 Pierre Cournoyer, tisserand
85 Joseph Dupuis, second.
85 Julien Daviau, tisserand
85 Alfred Deveau, tisserand
85 J.-B. Deveau, tisserand
145 Avila Frédette, tisserand
145 Henri Deveau, tisserand
145 Elzéar Deveau, second
136 Charles Fontaine, tisserand.
176 Lévis Ouellette, charretier.
176 Georges Ouellette, charretier
176 Siméon Levesque, tisserand
184 Edouard Boudreau, fileur
191 Gilbert Gaudreau, charretier
191 Xavier Desmeules, tisserand
194 Adjutor Bourassa, second
194 Albert Blanchet, forgeron
194 Albert Blanchet, jr, Journalier
194 Ferdinand Malenfant, tisserand.
194 Napoléon Malenfant, tisserand
194 Joseph Duchesne, Journalier
194 Edouard Goudreau, tisserand
194 Adolphe Hébert, tisserand.
429 Onésime Thibault, éditeur.

No   RUE BEACON
271 Pierre Antaya, fileur.

No.   RUE BEATTIE
219 Paul Bourget, marchand.

No   RUE BEAUREGARD
45 Alfred Guimond, pompier.
45 Amable Laroche, ouvrier.
45 J -A Savoie, Journalier

No.   RUE BEDFORD
118 Jean Desmarais, chapelier
118 J -H de Beaulieu, Journalier
118 Joseph Jacques, ouvrier.
118 J.-A Pelletier, commis
118 T Robitaille, peintre
118 Alexandre Desrosiers, pein
118 Eugène Belleville, journal
118 Joseph Larue, journalier.
164 F -A. Crépeau, Journalier.
164 Léon Blanchard, tisserand.
209 Joseph Poulin, tailleur de
re
209 C -F. Xavier, machiniste
167 Henri Marcoux, charpenti
212 Napoléon Côté, réparateu
métiers.
212 Samuel Roch, tisserand.
212 Cléo Desrosiers, réparate
métiers
212 Siméon Loyer, réparateu
métiers
212 Eugène Rondeau, tisseran
212 Napoléon Leboeuf, tissera
212 Joseph Robitaille, tisseran
212 E. Rivard, tisserand
212 Alfred Durocher, tisseran
212 Chs Toulouse, tisserand
212 Joseph Piché, tisserand
212 Louis Rioux, tisserand
212 Joseph Marchand, tisserar
212 Alexandre Nadeau, tisseran
212 Auguste Nadeau, tisseran
231 Elie Bellefeuille, tisserand
231 Napoléon Brodeur, répa
de métiers
231 Philippe Turcotte, fileur
231 Henri Demers, tisserand
231 Louis Rainville, réparate
231 Joseph Pelletier, tisseran
231 François Cardinal, tissera
241 Joseph Lavigne, tisseran
241 J -B Caron, tisserand
241 Arthur Morin, tisserand
241 Joseph Fortier, tisseran
241 Joseph Bourassa, tissera
241 Joseph Fournier tissera
241 Ernest Desrosiers, ouvri
241 Alfred Bilodeau, tisseran
241 Alfred Birtz, réparateur
tiers
252 Louis Caron, tisserand.
254 J -A Chassé, poseur de
fères.

261 Wilfrid Blais, peintre
261 J -O. Blais, laveur.
280Alfred Verville, ouvrier.
283 Edouard Brault, charpentier.
283 Guillaume Godbout, ouvrier.
283 G.-J Godbout, ouvrier
283 Pierre Fréchette, pension.
283 Joseph Cantin, tisserand.
283 G Boucher, tisserand
283 Delphis Gauthier, ouvrier.
283 Emile Forest, tisserand
283 Edouard Glodu, tisserand
283 Eugène Fortier, tisserand
283 Pierre Labbé, tisserand.
283 Pierre Caron, tisserand.
283 Alfred Denault, ouvrier.
283 Daniel Lamontagne, tisserand
300 Joseyh Lagassé, charretier.
300 Israèl Dussault, tisserand
300 Edouard Dussault, tisserand
306 H Pellant, ouvrier.
311 Arthur Martin, paletrenier.
325 Albert Cloutier, réparateur de
métiers.
325 Joseph Duval, tisserand
325 Zéphirin Bérubé, journalier.
330 Simon Leblanc, ouvrier
330 Stanislas Rouleau, forgeron
330 Xiste St Jean, plombier.
330 Arthur Gauthier. plombier
330 Louis Desrosiers, ouvrier.
330 Edmond Beausoleil, tisserand.
330 Guillaume Leblanc, tisserand
330 Alfred Chabot, tisserand
330 Hubert Pineau, tisserand
335 Joseph Maltais, plâtrier
344 Alexandre Maynard, tisserand
345 Georges Jalbert, forgeron
355 Adélard Plante, ouvrier.
385 Octave Rioux, ouvrier
385 Louis Rioux, ouvrier
417 Elzéard Béland, ouvrier.
417 Michel Lizotte, ouvrier
417 Joseph Béland, chauffeur.
417 Louis Dumaine, réparateur de
métiers
417 Antoine Martinville, second.
465 Pierre Bouchard, tisserand
465 Guillaume Lafontaine, tisserand
465 Ths Poirier, pareur
465 Delphis Beaubien, fileur.
479 Patrice Hamel, tisserand
574 Joseph Ménard, tisserand
574 Moïse Ledoux, charretier
714 O Bélanger, garde-forestier
760 Henri Gaudette, ouvrier
794 Olivier Boisvert, réparateur de
métiers
923 Joseph Dallaire, ouvrier
1081 Noé Collard, tisserand
1081 Timothé Damour, tailleur de
pierre
1086 Ths Morissette, charroyeur.
1086 Guillaume Morrisette, fileur

1086 Edouard Morrisette, fileu

No   **RUE BENEFIT**

Wilfrid Richard, charretier.

No   **RUE BENJAMIN**

14 J -B Levesque, tisserand
14 Joseph Gauthier, tisserand
37 Guillaume Chapleau, Jr., c
tier.
37 Augustin Goyette
47 Emile Pelletier, charretier.
47 Chs Blais, tisserand.
47 Amédée Lamontagne, boula
47 Achille Lamontagne, boulan
47 Pierre Desrochers
47 Louis Deschesnes
47 Emile Michaud, charretier.
51 Léon Mélançon, tisserand
51 Honoré Neveux, boulanger.
51 Léon Caron, ouvrier.
59 Napoléon Houle, boulanger
59 Joseph Plamondon, tisserand
59 Romuald Levesque, ouvrier

No   **RUE BERKLEY**

39 H -C. Benoit, dentiste.

No,   **RUE BIRCH**

464 A -L -N Lapointe, agent d
rances.
525 J -B. Frenette, charpentier
525 Adélard Frenette, bobineur.
525 Henri Fontaine, tisserand
542 J.-H Denault, ouvrier
599 Alexandre Dubé
599 Chs Dubé, ouvrier
599 Joseph Lavallée, tisserand.
599 Ferdinand Roy, journalier.
599 Odilon Charrette, ouvrier.
667 R Gauthier, ouvrier
679 Georges L'Heureux, forgero
642 Joseph Baron, tisserand.

No.   **RUE BLACKSTONE**

116 Victor Picard, immeubles
116 Chs Picard, ceinturier
116 Guillaume Talbot, commis.
131 Hormisdas Cardinal, collec
142 Gilbert Bisson, pareur
142 Moïse Labonté, second.
142 Philippe Lafrance, commis
145 Pierre Gagnon, pareur
162 Geoffroy Dansereau, laveur
225 Arthur Bérubé, tiers
225 C.-O Ménard, charretier
225 Arsène Durant, réparateur
métiers

No   **RUE BLAINE**

29 Ulric Lafrance, réparateur d
tiers
29 Joseph Jussaume, réparateu
métiers.

No.	RUE BLISS

24 Dollard Jetté, barbier.
24 Joseph Jetté, barbier.
45 Isaie Dion, charpentier
73 Valentin Levasseur, charpentier.
73 Paul Levasseur, journalier
73 Joseph Levasseur, fermier
73 Etienne Grenier, chapelier.
73 Paul Pagé, conducteur.
80 Aldore Bélanger, tisserand
80 Alphonse Gagné, réparateur de métiers
113 Louis Grenier, réparateur de métiers
113 Télesphore Grenier, tisserand
113 Stanislas Grenier, fileur.

No.	RUE BLUFF

17 Exalia Bourassa, tisserand
31 Joseph Coderre, imprimeur

No.	RUE BOGIE

18 Pierre Renaud, facteur,
34 François Lambert, chef assistant
44 Emile Dupont, commis
44 Ernest Cournoyer, manoeuvre
47 Aub Clément, machiniste
47 Charles Maynard, ajusteur
55 Ernest Laberge, réparateur de métiers
61 Oscar Pouliot, fileur
61 Lucien Pouliot, fileur
66 Jean Lambert, ouvrier
74 Joseph Pelletier, charretier
125 J.-B Jalbert, foreur

No.	RUE BORDEN

21 Fortunat Côté, journalier.
21 Napoléon Paquet, guindageur.
21 Cyprien Beaulieu, ouvrier
29 Alfred Guillemette, tisserand
29 Olivier Morin, contracteur
29 Joseph Duval, journalier.
54 Louis Laurent, commis
54 Albert Hébert, pareur
60 Théodule Chonière, tisserand.
100 Jean Héroux, tisserand
109 Paul Lacroix, ouvrier
109 Félix Lacroix, contre-maître
109 Arthur Lacroix, peigneur.
149 Joseph Tétrault, tisserand

No.	RUE BOUTWELL

16 Napoléon Simon, teinturier
16 Remi Rouleau, ouvrier
56 L.-R Auclair, journalier
56 Napoléon Beaulieu, journalier.
66 Ulric Roy, ouvrier
66 J.-B Beaulieu, ouvrier
82 Adélard Giroux, ouvrier.
82 Jean Lepage, maçon.

82 Edouard Lafleur, mécanic
82 Siméon Ferland, ouvrier
2 Philippe Massicotte, rémou
87 Horace Chénard, répara métiers.
27 Louis Bernier, forgeron.
27 Séraphin Bernier, bobineu
27 Eugène Bernier, bobineur
35 François Chabot, charpenti
35 Alfred Côté, second
35 Louis Lemieux, charpenti
35 Joseph Lemieux, charpent
35 Louis Roy, charpentier
65 Arthur Couture, ouvrier
65 Arthur Boulé, ouvrier
67 Albert Couture, ouvrier.
67 Lazare Couture, ouvrier
67 Joseph Couture, ouvrier.
67 Louis Couture, charpentie
75 Georges Courtemanche, c tier
75 Paul Caron, mouleur
75 Arthur Courtemanche, c tier
75 Elie Choquet, réparateur
75 Philippe Bastille, ouvrier
75 Eusèbe Albert, journalier
83 Emmanuel Martin, ouvrie
83 Antoine Emard, ouvrier.

No.	RUE BOWEN

153 Osias Audette, forgeron
199 Elzéar St-Pierre, maçon
232 Guillaume Lapointe, chau
232 Georges Lamontagne, ch

No.	RUE BOWERS

5 Jos W Mercier, second
72 Pierre Roy, mouleur
72 Louis Lafrance, chapelie
72 François Banville, Journal

No	RUE BOWLER

44 Antoine Letendre, charret
44 Georges Letendre, journa
44 Joseph Letendre, ouvrier
54 J.-C Gagnon
54 Joseph Lavigne, peintre
54 Joseph Petit, tisserand

No	RUE BOYDEN

3 J.-B Levesque
3 Zotique Legault, torgero
17 Alfred Bouchard, charre
17 Octave Caron, ouvrier
17 Octave Laplante, ouvrier
17 Sigefroy Laplante, ouvrie
17 Joseph Michaud, ouvrier
17 Georges Levesque, charp
23 Joseph Anctil, pareur
23 Georges Gagnon, peigneu
23 Joseph Daniel, tiers

23 François Beaudry, garçon d'ascenseur.
27 J -E Drapeau, commis
27 J -B. Drapeau, commis
37 Ernest Simard, tisserand
37 C Allard
37 A Allard, fileur
37 Joseph Allard, fileur.
43 François Banville, charpentier
134 Napoléon Duval, réparateur de
métiers.

No.   AVENUE BRADFORD

72 Cyprien Talbot, Journalier
156 Salomon Brault, Journalier
166 Philippe Brault, machiniste
166 Pierre Brault, second.
166 Ludger Cayer, tisserand
166 R. Boudreau, ouvrier
184 Pierre Plourde, ouvrier
184 Ferdinand Plourde, tisserand
192 Daniel Lord, charretier
192 L.-G Bernard, tisserand
210 François Labossière, cordonnier
210 Charles Labossière, ouvrier
210 E. F Labossière, ouvrier.
210 Ernest Langlois, fileur
210 Achille Thibault, fileur.
210 F -X Thibault, tisserand
210 Adélard Thibault, canotier.
220 Alexandre Picotte, charpentier
220 Joseph Picotte, fileur.
220 J -E. Picotte, ouvrier
220 Joseph Labossière, tisserand.
220 Isrel Labossière, ouvrier
220 Amédée Lapierre, rémouleur ;
220 Léonidas Rouleau, ouvrier
220 Gédéon Lapierre, ouvrier
220 Ovide Thibault, tisserand
220 Cléophas Pelletier, tisserand
344 Louis Favreau, camionneur
344 Aimé Elie, commis
380 H -J Leber, collecteur
572 J.-A. Côté, machiniste

No.   RUE BRADY

17 Jules Marquis, journalier
17 Cyrille Ledoux, charretier
59 Jacob Belhert, marchand de vieil-
lerie.
61 Hector Perron, tisserand

No, ...   RUE BRANCH

156 J.-X. Dupuis, laveur.

No   AVENUE BRANTON

557 Ulric Levesque, ouvrier.
557 Michel Courville, ouvrier
557 Alphonse Banville, ouvrier.
557 Antoine Paquet, tisserand.

No   RUE BRIGHT

61 Napoléon Viens, garde-mote
61 Alfred Arcand, charretier.

No   RUE BRIGHTMAN

6 Maxime Pélissier, Journalier
6 Joseph Pélissier, peintre.
22 Albert Paul, canotier.
23 Arthur Paul, forgeron
48 Joseph Desmarais, tisseran
54 David Paul, homme de cou
80 Napoléon Gilbert, tisserand
110 Victor Blais, tisserand
138 Elzéar Perron, tisserand.
142 G.-H Blanchet, médecin
142 J.-E Gagnon, épicier
142 J.-D Massé, pharmacien
147 Guillaume Gagné, charpetie
147 Alfred Gagné, peigneur
147 Maxime Lincourt, commis
147 Jérémie Lincourt, commis.
147 Ephrem Landry, mouleur
152 Alexandre Perron, boulange
160 Omer Leboeuf, palefrenier
178 Abel Levasseur, homme de c
178 Pacifique Poirier, charpetier
178 Joseph Desjardins, boulange
178 Gédéon Audet, charpentier
178 J -W Lecomte, laveur.
178 Auguste Lecomte, garçor
comptoir.
178 Pierre Lecomte, tisserand
178 Roch Lecomte, manoeuvre
179 A E Delorme, pourvoyeur
189 Alphonse Godbout, tisserand
189 Toussaint Ménard
189 Adélard Ménard, laveur
190 Antonio Bouchard, charpent
190 Joseph Lacombe, second
190 Francois Jean, Journalier.
190 François St Cyr, tiers
190 David Nadeau,
198 Antoine Giroux, épicier
219 Napoléon Chouinard, second
223 Elie Ouellette, réparateur
métiers
226 Wilfrid Côté, employé de ch
de fer
226 Euchariste Côté, cuisinier
226 Adolphe Jean, Journalier.
226 Pierre Mathieu, charretier
226 Georges Mathieu, charpentie
226 Alfred Trudel, tisserand
212 A L Audet, notaire
212 Joseph Audet, boucher
212 Ths Fournier, Journalier
212 Onésime Fournier, tisserand
212 Joseph Laforest, jr, palefrei
227 Ulderic Girard, commis
227 Ovila Blanchet, charretier
235 Gédéon Audet, Jr. charpenti
261 Norbert Moisan, ferblantier

269 Guillaume Lapointe, contre-maître
269 Aimé Lizotte, commis
269 Joseph Levasseur, Journalier.
372 F.-X. Pinault, tisserand.
372 Alphonse Bellavance, charpentier.

No.   **RUE BROAD**

64 Marcel Bernier, charpentier.
64 Albert Bernier, plombier.
64 F. St Laurent, fileur.
64 Omer Blais, tisserand.
64 L.-G. Desmarais, ouvrier.
64 Oscar Bernier, arrangeur.
64 Louis Desmarais, ouvrier.
64 Samuel Desmarais, ouvrier.
64 Ferdinand Gagné, barbier.
72 Joseph Deschênes, second
72 Georges St Laurent, tisserand.
72 Joseph Dufresne, réparateur de
métiers   -
72 Arthur Pèlerin, réparateur de métiers.
72 Philéas Lavallée, réparateur de
métiers.
72 Arsène Germain, tisserand
72 Alfred Landry, fileur
86 Siméon Germain, ouvrier
86 Olivier Germain, tisserand.
86 Xavier Deschesnes, tisserand.
86 Pierre Laforge, ouvrier.
94 Georges Levesque, charpentier.
94 Alfred Lévesque, charpentier
94 Henri Pratte, sr., réparateur de
métiers
94 Henri Pratte, Jr., ouvrier
94 Pierre Metayer, peintre
94 Chs Lévesque, charpentier

No.   **BROADWAY**

98 Antoine Blais, ouvrier.
98 Joseph Giguère, ouvrier
136 F.-A. Faubert, tisserand
184 Joseph Pruneau, fileur.
184 Napoléon Pruneau, tisserand
188 Alphonse Côté, tisserand.
200 Zéphirin Lapierre, tisserand
200 Adélard L'Archevêque, tisserand
200 Télesphore Hamel, tisserand
200 Omer Gagnon, peintre.
200 Joseph Morency, commis
314 Arthur Boulanger, tisserand
314 Isidore Dragon, fileur
314 Henri Dragon, Journalier
314 Oscar Dragon, huileur
324 Evariste Bérubé, tisserand.
324 Jean Lavoie, tisserand.
324 Raphaël Boudreau, charretier.
309 J.-F. Paquin, agent.
287 F.-J. Pelletier, Journalier.
241 Georges Pelletier, charretier.

241 Georges Pelletier, jr., jour
241 Edouard Mercier, charreti
241 Odilon Lavoie, Journalier
525 Hormisdas Héroux, march
560 A. A. Dubé, commis
687 Ths Pelletier, Journalier
685 Napoléon Pelletier, chauf
697 Alphonse Bousquet,
697 Frédéric Bousquet, journa
709 A. J. Doucet, marchand
709 Arthur Talbot, pharmacie
748 Henri Tessier, contre-mai
770 L. E. Angers, charretier.
838 R.-W. Réné, ferblantier
995 Guillaume Lizotte, serre-f
1007 M.-J. Dussault, peintre
1007 G.-D. Dussault, peseur.
1007 Henri Dussault, emballeu
1007 Félix Dussault, commis
1007 Cajetan Pelletier, tisseran
1007 Jean Pelletier, commis.

No.   **RUE BROW**

20 Joseph Imbeau, commis de
20 François Goudreau, charret
20 Louis Duchemin, charpentie
23 Odilon Paquin, ceinturier.
44 Joseph Baillargeon, marcha
64 G.-H. Gosselin, tisserand

No   **RUE BROWN**

77 Edmond Boisclair, ouvrier.

No   **RUE BUCKLEY**

64 Michel Chamberlain, maçor

No.   **RUE BUFFINGTON**

93 Joseph Désy, joaillier.
93 A. H. Ducharme, mécanicie
93 J. B Morissette, maçon.
206 Michel Rochefort, couvreu
206 Michel Rochefort, Jr., tiss
206 Charles Rochefort, teneur
vres

No.   **RUE BULLOCK**

23 Hormisdas Charbonneau, tiss

No.   **RUE BUTLER**

21 Joseph Pomfret, drapier

No   **RUE CALEDONIA**

52 Edouard Morel, journalier
52 Octave Morel, ouvrier
52 Pierre Tardif, sr. maçon.
52 Pierre Tardif, Jr., maçon

No   **RUE CALIFORNIA**

53 Joseph Caouette, journalier
99 François Joubert, foreur.

167 Auguste Hémon, maçon
167 Alfred Hémon, maçon
181 Georges Robichaud, charpentier.
187 Louis Héon, charpentier
187 Joseph Larochelle, charpentier.
231 Pierre Proulx, Journalier
231 Edouard Proulx, Journalier.

No   RUE CAMBRIDGE

525 François Leclair, forgeron.
649 Joseph Pariseau, tisserand.
649 Cléophas Héroux, tisserand.
669 Eusèbe Hébert, contre-maître.
711 Isidore Huard, layetier
749 Arthur Gagnon, tiers
886 Omer Forcier, ouvrier

No.   RUE CAMDEN

3 Ludger Beauchesne, tisserand
3 Pierre Levesque, charretier.
11 Auguste Bessette
29 J O, Beauchesne.
29 Joseph Lizotte
29 Elie Belanger, journalier.
29 Joseph Levesque, journalier
29 Alexandre Perron, journalier.
29 E Pelletier, Journalier
29 Norbert Martineau, forgeron
29 Joseph Couturier, Journalier
29 Joseph Rioux, charretier
29 J B Rioux, journalier
29 Conrad Beauchesne, tisserand.
29 Jean Thibault, Journalier.
29 Narcisse Anfaya, ouvrier.
29 Joseph Antaya, plieur
29 Louis Coulombe, ouvrier
29 J P Beaubien, charpentier.
29 Ernest Bélanger, Journalier

No   RUE CAMPANIA

69 Arthur Sirois, tisserand.
69 François Thibault, tisserand
69 Chs Labrie, ouvrier
69 Chs Laprie, ouvrier.

No.   RUE CAMPBELL

18 Philippe Bergeron, portier.
18 Jean Robert, journalier
24 Raoul Marian, ourdisseur
87 N P Blais, Journalier.

No.   RUE CANAL

14 J A Tremblay, charretier.
14 Denis Bélanger, ouvrier.
28 Alphonse Prince, tisserand
117 Alfred Ducharme, tisserand.
117 Wilbrod Perron, tisserand
131 Georges Bisson, charretier .
131 Cléophas Bisson, ouvrier
131 Louis Bisson, foreur.
131 Philippe Audet, boulanger.

131 Joseph Urbain, tisserand.
152 Louis Fabricant, marchand
180 E M Hénault, Journalier

No.   RUE CANONICUS

4 Thomas Roy, ouvrier.
14 Avila Nadeau, bobineur
20 Frédéric Thibault, ouvrier.
28 N N Blouin, second.
17 Joseph Messier, charpentier
17 Edouard Castonguay, charp
46 Joseph Lavallé, ouvrier.
50 Victor Champigny, ouvrier.
50 Oscar Morin, ouvrier.
62 Edmond Rhéaume, peintr
62 Joseph Décosse, commerça
62 Zoel Décosse, ouvrier
64 Edmond Bédard, emballeu

No.   RUE CARL

111 Omer Parent, garde-mote
125 Jules Jacques, ouvrier.
219 Paul Côté, charpentier

No   RUE CARTER

4 Joseph Blanchet, pareur.
4 Eudore Dallaire, bardier

No   RUE CASH

31 Joseph Larocque, ouvrier.
35 Chs Rousselle, ouvrier
59 Alfred Delisle, ouvrier
50 Eusèbe Marier, ouvrier
54 Louis Messier, charpentier
60 David Morissette, Jr, glaci
85 Victor Richard, ouvrier.
101 Albert Laforest, journalier
101 Jacques Coulombe, journa

No.   RUE CASTLE

4 J V. Lincourt, charpentier
4 Maxime Pélissier, tisserand
No.   RUE CATHERINE
16 Ernest Métayer, charretier
47 Noé Croteau, forgeron
47 Ths Croteau, forgeron

No.   RUE CENTRAL

156 Evariste Larrivée, marcha
    vieillerie.
189 Ernest Larrivée, charretier
189 Ludger Bélanger, journali
189 François Laprie, chef d'at
218 Edouard Viel, charpentier
240 M J Viel, cocher d'expre
240 Eugène Viel, charretier
250 Napoléon Bourque, tisser
250 J. A. Cloutier, tisserand
250 Octave Boucher, Journalier

No.   **RUE CENTRE**

463 Arthur Richard, charpentier
451 Narcisse Blais, réparateur de métiers

No.   **RUE CHARLES**

686 Jean Boissonnault, ouvrier
709 A J. Ouellette, policier
727 Joseph Arsenault, tisserand
727 Auguste Arsenault, tisserand.
727 C. C. Clément, charpentier
727 Alexandre Clément, charpentier
727 Pierre Clément, charpentier.
727 Alfred Clément, charpentier
727 Henri Ouellette, tisserand
732 Joseph Fournier, Journalier.
800 Servule Taillon, tisserand
800 Emmanuel Pinault, Journalier.
800 Guillaume Gallant, ouvrier.
800 Armand Gallant, Journalier
800 Pierre Gallant, cordonnier
775 Olivier Janson, ouvrier.
775 Alphonse Janson, ouvrier
775 Alphonse Picard, commis.
823 E J. Paqu.n, réparateur de métiers
823 Louis Beauparlant, ouvrier
838 Arthur Bergeron, commis.

No.   **RUE CHERRY**

132 A. P Demers, gérant.
132 A. Chaput, Journaliste.
302 François St Jean, Journalier.
645 Maurice Côté, charpentier.
645 Alfred Drainville, Journalier.
651 Alfred Adam, charretier.
659 A. J Béruné, contracteur.
667 A. A Cardin, forgeron.
No.   **RUE CHESTER**
341 Jean Baudria, colporteur.
341 Léon Laferrière, réparateur **de** métiers

No.   **RUE CHICAGO**

357 Félix Savard, tisserand.

No.   **RUE CHOATE**

2 Théophile Bernier, ouvrier.
4 Majorique Boisvert, ouvrier.
4 Georges Mailhot, teinturier.
4 J.-E Caron, charpentier.
17 P -N. Ménard, sr.
17 Pierre Maynard, Jr., commis.
17 Paul Courville, marchand de **loin**
17 Isidore Courville, Journalier.
17 Georges Dionne, plâtrier.
17 Arthur Bougie, ouvrier
21 Joseph Desrosiers, joineur.
21 Théophile Boisvert, cordonnier.
21 Ernest Boisvert, cordonnier.
21 Aimé Boisvert, teinturier.

21 Etienne Boisvert, teinturier.
21 Joseph Bonin, Journalier.
23 Joseph Gamache, commis.
23 Alfred Rousselle, ouvrier.
16 Alexandre Maynard, maçon.
16. Joseph Maynard, maçon
24 Ad. Paquin, commis
26 Alfred Guillet, commis
26 Arthur Mailloux, ouvrier.
26 Pierre Mailloux, charpentier.
26 Edmond Alexandre, ouvrier.
29 Siméon Béliveau, ouvrier
29 Félix Béliveau, charpentier.
35 Georges Brodeur, marchand
35 Georges Bouchard, tiers
35 Samuel Boucher, ouvrier.
35 Edouard Messier, barbier.
97 Adélard Vanasse, boulanger
97 Venant Dionne, bûcheron
97 Herménégilde Dionne, boula
97 Alphé Dionne, Journalier.
95 Fabien Bédard, poseur de cafères
95 Marius Bédard, commis.
95 Joseph Brien, ouvrier.
95 Joseph Caron, charpentier.
95 François Cadoret, commis.
101 Napoléon Ouellette, second.
101 Joseph Pelletier, teinturier.
101 Edmond Gosselin, réparateu métiers.
113 Philippe Landry, ouvrier.
113 Georges Chabot, plombier
113 Jean Vaillancour, fabricant pipes.
113 Eustache Bastille, ouvrier.
120 Joseph Potvin, ouvrier.
120 Philippe Lévesque, ouvrier.
120 Joseph Collin, commis
120 Alfred Pelletier, commis.
129 Pierre Dupéré, journalier.
120 Pierre Charette, second.

No.   **RUE CHURCH**

23 F -H Patenaude, barbier
56 Joseph Marnel, chapelier.

No.   **RUE CLAFLIN**

2 Joseph Desrosiers, gérant
18 Rodrigue Noiseux, ouvrier.
18 Willie Michaud, ouvrier.
18 Damase Michaud
22 Eugène Morin, ouvrier.
22 Chs Bibeau, charpentier
30 Michel Lapointe, ouvrier
34 Théophile Patenaude, ouvrier
34 Eugène Leclerc, ouvrier
34 Arthur Lambert, tiers

No.   **RUE CHURCH**

39 G -R Soly, charretier.
39 U. J Robert, second.
39 Théophile Robert.

42 Joseph Blais, forgeron
42 Wilfrid Blais, peintre.
42 Napoléon Hébert, maçon
73 Philéas Lepage, ouvrier
73 Cyprien Castonguay, tailleur de pierre

No.   RUE CLARKSON

364 Paul Fiset, chapelier.
407 Pierre Laviolette, tisserand
431 Joseph Bousquet, charpentier.
431 Paul Bousquet, ouvrier.

No.   RUE CLAYTON

Elzéar Paradis, charpentier.

No.   RUE CLEMENT

84 F. J. Martin, fileur
84 Siméon Richard, Journalier
84 Calixte Richard, charpentier.
84 Joseph Brault, tisserand

No.   RUE CLINTON

94 Chs Moisan, plombier
94 Antoine Delorme, plombier.

No.   RUE COLUMBIA

67 François Codaire, Journalier.
79 M.-F Codaire, imprimeur
159 Sigefroy Girard, commis.
159 Philippe Girard, commis.
159 Adélard Corbin, tisserand
179 Joseph Levesque, ouvrier
179 Pierre Robert.
179 Pierre Robert, jr., peigneur.
179 Maxime Minville, tisserand.
187 Henri Clermont, huileur
187 Georges Boulé, second
187 Emile Cyr, tiers.
197 Charles Larrabé, jr., Journalier
205 Henri Fontaine, forgeron
205 N.-N Blouin, foreur
211 Joseph Plante, carrossier
211 Joseph Leboeuf, facteur de pianos
286 Georges Talbot, journalier
286 Alfred Talbot, journalier
211 Marcel Godbout, peintre
217 Alexandre Delorme, second.
241 Louis Bérard, charpentier.
241 Denis Bérard, charpentier
241 J -E Bérard, charpentier
241 Emmanuel Paris, ouvrier
241 Edmond Charron, ouvrier.
255 Georges Charron, Journalier.
194 F.-X. Lachance, commerçant.
194 Eudore Lachance, commerçant
184 Arthur Lecours, restaurateur
144 Antoine Monty, imprimeur.
138 C.-A Maynard, charretier.
132 A. R. Saint, canotier.

50 E -
445 Joseph Cloutier, rentier.
445 Joseph Cloutier, jr., charpe
437 Albert Côté, garçon de serv
479 Napoléon Langelier, ouvrier
363 Amédée Fournier, journalie
363 François Langelier, second
337 Edouard Girard, commerçat
329 Alfred Hubert, arrangeur
325 A.-L Normandin, pompier
325 J -B Maynard, charpentier
325 Alfred Maynard, charpentie
297 M -T Olivier, croque-mort
297 Joseph Bérubé, tisserand
297 C -W Bérubé, commis.
432 Pierre Fournier, maquignon

No .   RUE CONCORD

34 J.-F Vaillancour, ouvrier
34 Exéas Vaillancour, commer
34 Lionel Vaillancour ouvrier

No.   RUE COOK

16 Ths Levesque, barbier. -
27 Dollard Bourret, rédacteur de velles

No.   RUE CORAL

54 C W. Albert, clerc postal

No.   RUE CORNEAU

68 Louis Lacroix, machiniste.
58 Eudore Lavoie, cordonnier
58 Louis Lamothe, pareur
40 François Dupré, foreur.
38 Noel Pétrin, charretier
38 Delphis Couture, contracteu
55 Albéric Paul, charretier
51 Léona Pétrin, fileuse
54 Alfred L'Homme, Journalier
57 Grégoire Bouchard, Journal
57 Samuel Dupont, tisserand
57 Joseph Desfossé, tisserand
65 Joseph Charland, foreur.
91 Olivier Salvas, tisserand.
91 Joseph Salvas, jr., facteur de pianos.
91 Henri Ouellette, pension.
91 Joseph Dagenais, tisserand.
91 Joseph Soucy, tisserand.
91 Léon Lemieux, tisserand.
91 Olivier Richer, tisserand.
91 Joseph Constant, manoeuvr
91 Henri Thérien, tisserand.
91 P E Roy, tisserand.
91 Arthur Morin, cardeur.
91 Arthur Tremblay, charretie
91 Alfred Fortin, Journalier

No.   RUE CORY

16 Joseph Vallée, charretier.
16 P.-E. Fortin, garçon de co

22 Auguste Vaillancour, pardier.
22 Guillaume Côté, réparateur **de** métiers.
96 Louis Ouellette, fonderie.
174 Michel Ouellette, tisserand
113 Elphège Valcour, Jardinier.
47 Amédée Bédard, marchand **de** bois
35 Guillaume Baron, Journalier.

No.   **RUE COTTAGE**

121 Julien Dion, marchand
121 Ernest Dion, peintre
121 Léon Dion, peintre.
133 Louis Chaput, contracteur.

No   **.RUE COUNTY** .

4 Raymond Durant, mécanicien.
4 Pierre Durant, ouvrier.
4 Pierre Durant, Jr, commis.
126 Olivier Desforges.
126 Narcisse Desforges, peintre.
126 Olivier Desforges, Jr, peintre.
132 Benjamin Boudrias, ouvrier

No   **RUE COTTAGE**

132 Joseph Boudrias, peigneur.
132 Omer Desrosiers, emballeur.
132 Joseph Raymond, tisserand.
132 Eugène Boulay, charretier
132 Ernest Boulay, tisserand.
132 Oné, Gagné, réparateur de métiers.
132 Elie Lasonde, charretier
182 F-N Bessette, tisserand
186 Samuel Martin, tisserand
192 Guillaume Lefebvre, tisserand.
192 Avila Lefebvre, tisserand.
192 C-L Malenfant, tisserand.
192 Jean Lambert, tisserand
194 Alfred Gagné, charretier.
196 Philéas Gagnon, faiseur de peignes.
196 Thomas Rioux, faiseur de peignes
196 Napoléon Lémerv, ouvrier
198 François Ledoux, tisserand
206 Edmond St Pierre, charretier
294 Adolphe Boutin, Journalier.
165 Thomas Lord, commis
165 Basile Giguère, tisserand
165 Omer Giguère, peintre
165 Edmond St Laurent, facteur de pianos
137 Joseph Allard, charretier
129 Jacques Rouleau
119 Alphonse Dorais, forgeron.
119 Joseph Dorais, charretier.
119 Arthur Dorais, Journalier.
119 Arthur Boulanger, charretier

No.   **RUE COUNTY**

409 Emile Giroux, plâtrier.

409 Delphis Giroux, ouvrier.
409 Adélard Thibault, ouvrie
393 Georges Massé, réparate métiers.
393 Arthur Massé, ouvrier
319 Joseph Tétrault, ouvrier
267 Joseph Mercier, pareur
245 Joseph Lanoue, charretie
332 Joseph Thibault, ouvrier.
332 Alfred Dubé, second
386 Damase Letendre, ouvrier
412 Albert Chouinard, aide.
412 François Roussel, ouvrie
412 Arthur Beaulieu, tiers
412 Joseph Madore, journalie
416 Joseph Joubert, ouvrier.
498 Pierre Breton, surveillan
506 Ed Breton, surveillant.
656 François Massé, ouvrier.
690 Alphonse Thibaudeau,
746 Théodule Côté, palefrenie
756 Philippe Boivin, marchan
756 Napoléon Dussault, taill pierre.
770 Stanislas Boivin, marcha thé.
812 J-A Beauchemin, march
824 F. X. Laferrière, ouvrier.
842 Gilbert Massé
842 Robert Massé, commis
864 Ovide Ouellette, forgeron
864 Pantaléon Talbot
872 Adrien Guénette, meneur
872 Chs Robin, pareur.
896 Romelus Forest, pompier
902 P-R. Ficard, facteur
916 A-R Métras, marchand
916 Edouard Thibault, comm
964 Emery Côté, ouvrier
986 Paul Neveu, ouvrier.
996 Joseph Sévigny, ouvrier.
996 Charles Marcoux, meneur
996 Elzéar Michaud, ouvrier
981 Joseph Gagnon, peintre
981 Ephraim Gagnon, ouvrier
805 C-J. Picard, marchand.
765 N-O Côté, marchand.
765 E-A Côté, commis
1058 Treffé Daudelin, pareur
1342 Napoléon Fontaine, canot
1342 Louis Fontaine, ouvrier
1342 Narcisse Fontaine, brasser
1342 Octave St Laurent, charp
1342 Cyprien St Laurent, charp
1307 Elzéar Michaud, tiers
1137 Georges Pelletier, épicier
1051 J-A Audette, charpentier
1039 Joseph Leduc, ouvrier

No.   **RUE COVEL**

205 Georges Paul, journalier
205 Joseph Champoux, tisseran
205 Arthur Tessier, tisserand
235 Joseph Nadeau, ouvrier.

239 Guillaume Goudreau, chairetier
234 Alfred Duquette, tisserand
218 Louis St Laurent, oaroier
192 P H Laurent, charretier
186 Louis Maynard, tisserand
186 Henri Maynard, tisserand
156 Guillaume Baron, tisserand
114 Louis Frénette, tisserand.
114 Achille Pellant, ouvrier
71 Joseph Lataille, tisserand·
163 Wilfrid Lajeunesse, commis
179 Félix Péloquin, pompier
195 Alphonse Parent, ouvrier
195 Louis Parent, marchand
243 Ths Pomfret, épicier

No   .RUE CRAWFORD

103 Joseph Canuel, maçon.
103 J Cinq Mars, tisserand.
103 Jean Lauzon, ouvrier.
99 Félix Jean, Journalier.
9 Octave Desrosiers, charretier.
14 Cyrille Perron⁻ ·
14 Wilfrid St Laurent, maçon '
14 Antoine Duoé, charpentier
14 Louis Rainville, ouvrier
26 Chs Guimond, ooulanger
26 Esdras Coutu, ouvrier.
26 Raymond Morasse, ouvrier
26 Ephrem Dupont, tisserand
26 Pierre Duoé, charretier

No.   RUE CRESCENT

13 Joseph Gagnon, tisserand.
43 Joseph Caron, tisserand   ·
43 Marcelin Roussel, marchand de
   bois
43 Thomas Roussel, charretier
71 Pierre Paul, tisserand
177 Olivier Beauparlant
177 Valmore Beauparlant, tisserand
177 Leonard Beauparlant, tisserand
177 Philippe Beauparlant, oaroier.
279 Alfred Ratté, tiers
279 Etienne Vanier, réparateur   de
   métiers
279 Joseph Gaudreau, tisserand.
293 Henri Caron, pelletcur.
293 Adhémar Benjamin, scieur   de
   bois.
293 Auguste Martin, tiers.
293 Napoléon Saindon, Jardinier
293 Georges Blanchard, tisserand.
293 Félix Paul, tisserand
293 Guillaume Gagné, journalier
293 Louis Gagné, tisserand.
293 J -B Gagné, peigneur.
293 Alexandre Gagné, tisserand.
362 Nazaire Ratté, second
362 Louis Ratté, commis
362 J -B Parent, second
362 Jean Benjamin
254 Zéphire Talon, cardeur.

254 Louis Talon, cardeur.
254 Philippe Charest, fileur

No   RUE CROSS

78 Napoléon Desrosiers, charret
74 Nazaire Guillotte.
74 Philippe Guillotte, peintre.
58 Paul Desmarais, mécanicien.
58 Joseph Desmarais, mécanicier
58 Frédéric Moquin, charretier.
45 Domino Gouin, réparateur.
45 W -F Benjamin, garçon de ce
   toir
45 Denis Lagassé, contre-maître
49 H -G Guillotte, plieur.

No.   RUE DANFORTH

21 Edouard Turgoon, charretier
21 Philéas Nadeau, charretier.
146 Guillaume Bertrand, charre
96 Henri Sansoucy, oaroier.
40 François Denault, serre-freu
22 Charles Martin, rentier

No.   RUE DAVIS

42 Joseph Blouin, second.
42 Joseph Paul, pompier.
52 Manuel Laferrière, ouvrier.
66 Ths Rémillard, ouvrier.
66 Octave Rémillard, ouvrier.
85 Hilaire Leduc, tisserand
85 Edmond Lamarre, journalie
85 Paul Girouard, Journalier
59 Georges Cyr, tisserand.
59 Philippe Messier, ouvrier
210 Alfred Leclair, charpentier
220 Raoul Beaudry, tisserand.
215 Wilfrid Chagnon, second
151 Edmond Côté, ouvrier

No   RUE DAVOL

56 Joseph Desmarais, charre
56 François Roidoux, charr
1353 Octave Pelletier, charpent:
1249 F.-X Dugat, forgeron
1249 Albert Lamontagne, peign
1205 Arthur Pigeon, contracteu
1205 Alfred Vallée, garde-moteu
1197 Ernest Campion, charpen
1191 Trefflé Landry, mouleur
1191 Joseph Perrault, peintre.
1191 R J Perrault, peintre
1167 Alphonse Côté, mécanicie
1167 Alfred Lincourt, forgeron
1137 Fortunat Gagnon, charpe
1157 J -A. Girard, épicier.
1157 Alfred Lavoie, forgeron
1085 Ephraim Lord ,forgeron.
1085 Guillaume Lévesque, secol
1069 Jean Thériault, mouleur
1069 Georges Thériault, moule
1069 Narcisse Montpellier, fon

1069 Jules Roussel, charretier
1061 L -J Allard, forgeron
1061 L -B Allard, forgeron
837 J -M Parenteau, électricien
840 J -E Beauregard, électricien
848 Henri Lémérise, sellier.
860 Joseph Gagné, barbier
1332 Napoléon Bessette, charpentier
1332 J -A. Gascon, agent
1332 M -J Gascon, forgeron
1332 Augustin Paquin, charron
1332 Antonio Paquin, serre-frein
1368 Napoléon Gauthier, charpentier

No.   RUE DETROIT

200 Damase Charette, tisserand

No.   RUE DICKINSON

32 Napoléon Michaud, tisserand
58 L -M. Pratte, marchand de chaussures
58 Wilfrid Pratte, blanchisseur
58 Arthur Pratte, étudiant
58 Henri Pratte, blanchisseur
58 Charles Pratte, charretier.
144 François Gagnon, cantonnier
323 Edouard Leduc, ouvrier
399 Delphis Dussault, tisserand
103 Pierre Talbot, Journalier.
103 J -E Talbot, commis
49 François Levesque, machiniste

No.   RUE DIMAN

204 Pierre Bouchard, mécanicien
204 Joseph Bouchard, ouvrier
128 Bénonie Lavoie, charpentier.
120 Edouard Tremblay
120 Arthur Tremblay, ouvrier
120 Jean Barsalou, fileur
120 Joseph Roy, second
116 Cyrille Quintin, surveillant.
116 Osias Gariépy, Journalier
116 Philippe Tremblay, tiers

No.   RUE DIVISION

65 Antoine Olivier, ouvrier
65 Pierre Jalbert, tisserand
85 Alfred Gauthier, Journalier.
85 Arthur Gauthier, Journalier
85 Zéphirin Lepage, ouvrier
111 Napoléon Duprez, tisserand
111 Arthur Legault, Journalier
111 Joseph Bourassa, journalier.
111 Joseph Bussière, tisserand
145 Joseph Francoeur, Journalier
145 Emanuel Enaud, charretier
145 Ambroise Charette, charretier.
181 Joseph Gamache, épicier
161 D Bérubé, tisserand
161 Alexis Desrosiers, Journalier.
161 Alfred Dion, tisserand
161 Eugène Dufour, ouvrier.

161 Emile Savoie, ouvrier.
161 Adélard Lecomte, ouvrier.
181 Idola Duchesne, ouvrier.
181 Pierre Plourde, charpentier
181 Louis Plourde, Journalier.
181 Fabien Jalbert, Journalier.
181 Pierre Barsalou, ouvrier
181 Major Levesque, ouvrier
181 Albert Cyr, charpentier
181 Albert Cyr, Jr, ouvrier.
193 Georges Joliette, tisserand
195 Alphonse Lecomte, tisserand
233 Ths Lamaire, ouvrier.
251 Narcisse Larue, journalier.
251 Ferdinand Sirois, tisserand
287 Louis Arpin, palefrenier
287 Pierre Gauvin, ouvrier
333 Pierre Rousseau, cordonnier
369 Avila Boulay, commis.
369 Osias Boulay, commis.
417 Philéas St Germain, commis
417 Joseph St Marie, tisserand
423 Aldéric Dragon, commis.
451 Ferdinand Gamache, agent surances
451 Guillaume Morin, tisserand
461 A -J Bourgeois, machiniste
467 An Michaud, charretier
467 Télesphore Arsenault, ouvr.
467 Thomas Arsenault, ouvrier.
467 Elzéar Héroux, commis
467 Achille Héroux, ouvrier
467 Calixte Gauthier, ouvrier
467 Abraham Michaud, ouvrier.
467 Horace Giguère, ouvrier
467 Joseph Lord, tisserand
473 Edouard Gagnon, tisserand
473 Eugène Gagné, tisserand
473 Philéas Garant, tisserand
473 Henri Michaud, tisserand
477 Thomas Audette, tisserand.
477. N. Poirier, Journalier.
477 V Rioux
477 Emile Rioux, journalier.
477 Alphonse Rioux, cardier.
477 Philéas Rioux, second
477 Charles Rioux, fileur.
477 François Labossière, tisserand
568 Odilon Roy, Journalier
568 Alfred Brodeur, charpentier
568 Ernest Langelier, fileur
532 Louis Langlois, commerçant
532 W C Gamache, agent d'assurances
532 Pierre Fortin, machiniste
532 Joseph Rémillard, commis
492 Napoléon Lebel, surveillant
492 David Lebel, tisserand.
464 J J Dutras, commis
464 E -J Dutra, cardier
464 Guillaume Courtemanche, leur
452 J -P. Noiseux, réparateur.
366 Pierre Ledoux.

366 Joseph Lachance, commis.
244 J.-B Lavoie, ouvrier
244 Elie Dalbec, réparateur
244 Joseph Lavoie.
234 Joseph Delisle, tisserand.
234 Pierre Girard, tisserand.
222 Samuel Roy, machiniste.
204 Pierre Lepage, foreur
204 Pierre Lepage, Jr., charretier.
204 Rosaire Tanguay, tisserand.
204 Adolphe Boulé, tisserand.
204 Joseph Tanguay, charretier
196 Théophile Brulotte garçon d.
   comptoir.
196 J.-B. Samson
196 Alphonse Samson, tisserand
186 Irénée Dupré, tisserand
186 Odilon Brulotte, tisserand
144 Georges Vaillancour, tisserand
144 Jérémie Lamarre, tisserand.
144 Georges Levesque, tisserand
136 Clément Ledoux, Journalier.
136 J.-B. Langlois, Journalier.
126 Rémi Boulanger, commis.
126 O.-J Vandal, épicier.
126 Joseph Boulé, tisserand.
126 Joseph Brien, Journalier
112 Eugène Vaillancour, rentier.
117. Joseph Vaillancour, ouvrier
112 Onésime Thibodeau, ouvrier.
112 Arsène Bouchard, charretier.
110 Olivier Lecomte, journalier
 90 Jean Duhois, épicier.
 54 P.-S Janson, rentier
 54 Cyprien Bouchard, tisserand
 16 Jean Enaud, ouvrier

No.   RUE DOCTOR

14 François St Pierre, Journalier
14 Joseph Provencher, charretier
14 Jean Prairie, ouvrier
24 Alfred Rioux, machiniste
24 Henri Limoges, tisserand
48 F. Mélançon, chef d'atelier.
48 Félix Vivier, charpentier.

No.   RUE DONNELLY

44 Alexandre Lajeunesse, charpentier.
39 Denis Roy, Journalier
41 Théodore Tétrault, réparateur de
   métiers

No.   RUE DOVER

37 Charles Bisson, pareur
37 Pierre Corneau, aqueduc
37 Elie Ouellette, tisserand
67 C.-H. Guillet, assistant-surintendant
73 Jean Lizotte, tisserand
73 Philippe Bois, charretier.
73 Alphonse Pilon, commis.

No.   RUE DOWNING

14 Deus Raboin, pompier.
18 Joseph Caron, pompier
26 J.-C. Picard, marchand.
26 Joseph Ross, chef d'atelier.
28 Hilaire Richard, charpent'
28 Arthur Roy ,tiers

No   RUE DOYLE

224 Damase Gamache, peintr
165 Alfred Fournier, tisseran
165 Alphonse Doré, ouvrier.
169 Georges Lavoie, journalie
169 Ernest Lavoie, tisserand
177 J -B Monast
177 Calixte Monast, ouvrier
177 Moise St Jean, second.
181 J -H Plante, ouvrier
223 Charles Laferrière, charro

No.   RUE DURFEE

  3 Samuel Boucher, charpent
  3 Narcisse Boucher, tiers
  3 Pierre Chamberlain, cha
410 Victor Lavallée, commis.
452 Joseph Poisson, contre-m
683 André Chapleau, charreti

No   RUE DUSSAULT

16 Adélard Lanoue, bardier
16 Victor Dionne, ouvrier

No.   RUE DWELLEY

840 Magloire Tanguay, tissera
788 Arthur Rousseau, arrange
752 Eusèbe Boutin, ouvrier
752 Al. Boutin, ouvrier
752 Absalon Boutin, charretie
752 Onésime Cayer, maçon
752 Alfred Larue, peintre
752 Arthur Provost, tisserano
730 Héliodore Perron, charpe
730 Arsène St Pierre, ouvrier.
730 André Perron, chapelier.
316 Edmond Cyr, surveillant.
890 Alad Barré, photograph
890 Léonidas Barré, bardier
984 Philéas Duouque, briqueti
819 Alphonse St Laurent, ouvr
661 J -E Fournier, boulanger
267 Joseph Michaud, fermier
267 Joseph Michaud, Jr, ferm
267 Charles Michaud, ouvrier.
267 Cyprien Francoeur, Journ
984 Joseph Duouque, maçon
984 Joseph Forcier, ouvrier.
1102 Joseph Garant, réparate
1186 P Dumas.
1186 Désiré Bouffard, rép. de i
1189 Jean Ringuette, ouvrier.
1143 Chs Cloutier, tisserand
1143 Louis Lefebvre, tisseranc

No   **RUE DYER**

9 Hector Provençal, portier

No.   **RUE EAGLE**

59 Antoine Vincent, chapelier
213 Alfred Morin, tisserand
213 Omer Chapedelaine, commis.
221 A.-E Peiron, médecin
221 Marcelin Laorie, charpentier
221 Jean Lavoie, tisserand.
221 Anatole Rainbault, tiers
221 Alphonse Garrépy, charpentier
231 Victor Domingue, tisserand
231 E V Domingue, commis
231 Napoléon Larchévêque, tisserand
231 Jean Larchévêque, tisserand.
231 Timothé Côté
231 Joseph Côté, chapelier.
231 Eugène Côté, commis
227 Arthur Jetté, tisserand.
227 Joseph Béruoé, ouvrier
227 Philippe Barrette, tiers
233 Henri Rooert, tisserand
233 Adélard Lanneville, tisserand
239 Louis Charest, tisserand
239 Henri Duhamel, ouvrier.
239 Michel Paquet, tailleur de pierre
239 Lazare Bouillière, tisserand
239 Hormisdas Labossière, tisserand
239 Pascal Michaud, tisserand
289 Joseph Bertrand, Journalier
289 Louis Ouellette, garde-oarrière
246 Joseph Jaloert, Journalier
246 Guillaume Jaloert, tiers
246 Olivier Chapedelaine, commis
246 Donat Chapedelaine, ouvrier.
248 Mathias Lapierre, tisserand
248 Wilfrid Lapierre, tisserand
248 Joseph Duhois, fileur
228 Edouard Dupéré, pareur
228 Alphée Dupéré, peigneur
228 Philippe Leoeau, surveillant.
228 Charles Bergeron, tisserand
228 Pierre Bergeron, peigneur
228 Napoléon Bergeron, peigneur
228 Georges Payette, tisserand
228 Joseph Gamache, tisserand.
230 Pierre Blais, rép de métiers
230 Henri Lacomoe, peigneur
230 Edmond Lacomoe, commis
230 François Langelier
230 François Langelier, Jr, second.
222 Jules Rainbault, Journalier
176 P Landry, tisserand
176 Alphonse Michaud, tisserand
176 Zoel Léon, tisserand
176 Philippe Clermont, tisserand
168 Antoine Gagnon, tisserand
168 Pierre Cyrille, tisserand
166 Xénophon Legendre, rép de métiers.
166 Joseph Gaulin, tisserand

164 Napoléon Lacroix, tisseran
158 Jacoo Demers.
158 Arthur Demers, Journalier.
158 Avila Dussault, peigneur.
156 Joseph Pinault, tisserand
156 Florien Cantin, tisserand
156 Adolphe Roottaille, tissera
154 Amédée Massé, charretier
154 Arthur Rooidoux, chapelic
54 Arthur Bois, peigneur
54 Héoert Béruoé, tisserand.
54 Victor Huard, tsserand.
54 Henri Lamoert, tisserand
54 Napoléon Ayotte, tisseran
54 Ludger Ayotte, tisserand
54 Nicolas Huard, tisserand
54 Jean Côté, tisserand.

No   **RUE EARLE**

50 Wilfrid Dupont, commis.
142 Chs Deschesnes, charron
142 Guillaume Deschesnes, cha
142 E.-C Deschesnes, garnisse carrosses.
152 Napoléon Phoénix, surveil
172 Narcisse Bisson, ouvrier.
172 Joseph Roy, Journalier.
172 Zéphire Roy, retordeur.
172 Auguste Roy, teinturier
172 Aloert Richard, ouvrier
201 Omer Martin, machiniste.
201 Adélard Roussel, charpenti
201 Joseph Bossé, rép. de méti
157 Elie Demers, marchand.
157 Gaoriel Pez, peintre
143 Joseph Phoenix, charpentie
143 L-A Leduc, commis.
143 Aloert Coulomoe, forgeron
143 Isidore Coulomoe, peigneur
131 David Morrissette, journalic
131 Pierre Morrissette, ouvrier
131 S V Richard, ouvrier
103 Laurent Gendreau, laitier.
103 Aloias Gendreau, rép de m
103 Antonio Mongean, ouvrier
103 Rooert Gill, charpentier
95 Philippe Lafleur, ooulange
91 Israel Duoé, savetier.
91 Ernest Duoé, Journalier
91 Georges Monast, marchand
91 Arthur Marceau, ouvrier.
91 Arthur Duoé, tiers
35 Auguste Ouellette, charpen
35 Joseph Coulomoe, commis
35 Joseph Carrier, journalier.
35 Ernest Carrier, journalier

No.   **AVENUE EASTERN**

187 J.-B Gaudreau, pharmacie
227 Adélard Renaud, courtier
529 J.-A. Prévost, prêtre
529 P. L D Rooert, prêtre
529 Bernard Bernier, prêtre.

529 L. A. Casgrain, prêtre
529 Philéas Jalbert, prêtre
112 J.-H Gendron, commerçant
120 E.-J.-C Panneton, pharmacien
712 Ernest Laplace, mécanicien
236 Joseph Gaudreau, cocher
236 Edmond Côté, facteur de pianos
300 Eugène Grandmaison, journalier.
350 François Grandmaison, machiniste
581 Arthur Ratté, commis
587 Jean Grenier, cordonnier
587 Chs Viens
587 Edmond Desrosiers, journalier
587 Frédéric Benoit, contracteur
595 Georges Picard, barbier
595 H.-G Fière, plieur
603 Octave Rooidoux, second
603 Louis Brault
603 J.-B Brault, ouvrier
609 Adélard Munn, facteur de pianos.
609 Pierre Couture, peintre
609 Alphonse Couture, peintre
609 Achille Couture, peintre
615 Euclide Bonin, barbier
625 Octave Corriveau, marchand
625 Joseph Corriveau, marchand
633 Chs St Georges
633 Léon St Georges, pharmacien
641 Georges Bisaillon, commis
641 Alexandre Bisaillon, cordonnier
651 Georges Richard, journalier
651 Ernest Richard, ouvrier
659 Philippe Durant
659 Henri Durant, ouvrier
853 J.-B Banville, journalier
853 Joseph Dubois, manoeuvre
853 Germain Duoé, ouvrier
594 H.-J Létourneau, ouvrier
594 Elzéar Bernier, ouvrier
554 Saul Lord, ouvrier
554W Lord, ouvrier
554 Henri Lord, ouvrier
536 Elzéar Moquin, marchand
536 Nérée Marchand, marchand
536 A.-A Bélanger, commerçant
528 G. J. Desjardins, agent
528 G.-H Desjardins, commis
518 N. V Charton
510 P.-Z Gamache, rép de métiers
510 H C Gamache, ouvrier
510 P Gamache, ouvrier
510 Elzéar Montminy, peintre.
510 Vital Montminy, peintre
490 J C Roy, marchand
490 Napoléon Ross, boulanger
490 Hormisdas Ross, boulanger
480 Edouard Fecteau, charpentier
480 Arsène Roy, ouvrier
480 Léon Gagné, peintre
480 Joseph Béruoé, ouvrier.

480 Israel Béruoé, ouvrier
480 Alphonse Bourque, ouvrier
480 Amaole Pelletier, foreur
480 Edmond Fontaine, ouvrier
456 Arthur Guertin, charpentier
430 Alphonse Plante, commerç
430 Arthur Plante, joaillier
430 François Fournier, fileur
430 M Duoé, journalier.
430 L.-D Boulay, peintre
350 Aimé Barré
350 Sinai Dauphinais, étudiant.
886 Albert Lamothe, ouvrier
886 Louis Caisse, peintre
886 Olivier Lamothe, ouvrier.
886 Joseph Lamothe, ouvrier
886 Moise Lamothe, journalier
886 Hector Cournoyer, ouvrier
886 Rodolphe Cournover, ouvrie
886 Olivier Pratte, charretier
856 Ferdinand Dumaine, laitier
858 Mathias Daigle, plâtrier
834 Arthur Proulx, chapelier
834 Adélard Lamoert, pareur
706 Ths Benoit
670 A H Asselin, agent
670 Louis Asselin, plomoier
660 Rodolphe Moreau, agent surances
660 Alphonse Allaire, tailleur
652 Jean Bernier, ouvrier
602 Théophile Bioeau, peintre
602 Paul Courchesne, charper
602 Joseph Levesque, ouvrier
594 G J Létourneau, ouvrier
934 Elphège Marchand, charr
934 Augustin Ballard
934 Aimé Ballard, ouvrier
1040 Hormisdas Ménard, ouvrie
1016 Chs Clermont, charpentier
1016 Noé Beauchemin, journalie
1012 Xavier Dupont, réparateur
1012 Francois Parent, charpe
1012 Georges Parent, charpenti
1012 Edouard Parent, ouvrier
1012 Guillaume Martin, ouvrier
1044 Ludger Richard, charpent

No   RUE EAST MAIN

4 Napoléon Pelletier, tailleu pierre
4 Cléophas Leduc, charpenti
32 L.-A Thioault, barbier
52 Léon Bessette, cordonnier
52 Léon Bessette, jr, peigne
52 Eugène Bessette, tisserand
68 Hormisdas Cardinal, comm
122 E.-H Daudelin, réparate métiers
138 Napoléon Cyr, tisserand
138 Mathieu Bourque, chapeli
138 Armand Bélisle, ouvrier
138 Damase Sirois, peigneur.

140 Pierre Duné, chapelier.
140 Julien Bourque, charpentier.
148 Elzéar Saucier, charpentier.
148 Onésime Nadeau
148 Léon Roy, second.
190 M.-P. Martel, barbier.
192 Jean Joseph, ouvrier.
196 F.-N. Côté, épicier.
196 Horace Moreau, commis.
196 Joseph Marchand, chapelier.
196 Ernest Lemerise, agent d'assurances.
224 Julien Audette, ouvrier
282 Michel Martin, chapelier
294 J.-F. Gagnon, commis
294 Joseph Garon, commis.
310 F. X. Duné, tisserand.
310 Henri Bérard, ouvrier.
324 Alcide Patenaude, cordonnier.
324 Léon Patenaude, ouvrier
324 Raphael Fournier, ouvrier
324 Wilfrid Patenaude, barbier.
324 Oliva Gervais, ouvrier.
324 Edgar Gervais, peintre.
334 Louis Pierre, Journalier
362 Etienne Parent, ouvrier.
362 Charles Petit, tisserand.
384 Alexandre Girard, ouvrier.
384 Horace Ledoux, barbier.
384 Daniel Richard, tisserand
392 Ths Levasseur, ouvrier.
392 Joseph Morin, tisserand
392 Napoléon Dupuis, second.
394 J B Griffault.
394 Paul Griffault, chapelier.
394 Ernest Bouchard, commis
394 Alfred Bouchard, agent d'assurances.
394 Arthur Mailloux, ouvrier
394 Siméon Mailloux, ouvrier
416 Wenceslas Côté, épicier
418 François St Pierre, commis
418 Louis Ringuette, ouvrier
418 Louis Mainville, ouvrier
444 Alphonse Dupuis, tisserand
444 Joseph Charbonneau, peintre.
446 Médard Duquet, tisserand.
446 Euclide Duquet, barbier.
498 Olivier St Denis, charretier
498 Antoine Massé ouvrier
522 Adolphe Guy, ouvrier.
530 G.-D. Raymond, charpentier
533 Georges Côté, chapelier.
533 Wilfrid Jacques, tisserand
533 Louis Veillette, peintre
517 Edouard Barré, charretier
517 Désiré Arsenault, cardeur
517 Joseph Provençal, ouvrier.
519 Philéas Mathieu, marchand de bois
511 Henri Pelletier, ouvrier.
511 Dominique Lescault, surveillant
511 Léopold Lescault, peigneur.
511 Georges Veillette, peintre.

511 Henri Veillette, peintre.
511 Félix Laliberté, peintre.
507 Odilon Dumont, peintre.
491 Jean Richard, fileur
491 Cléophas Dupuis, ouvrier.
491 P.-A. Pelletier, second
421 L.-P. Brault, boulanger
421 François Levesque, ouvrie
407 J.-D. Bédard, barbier
407 Jérémie Bédard, barbier
403 Léon Bolduc, contracteur.
403 A.-G. Bolduc, étudiant
403 J.-A. Bolduc, pharmacier
403 Mélard Lemire, agent d'c ces.
403 Wilfrid Lemire, charretie
363 A.-O Demers, médecin
347 Eusèbe Collard, ouvrier.
347 Alcide Bouchard, ouvrier.
347 François Paquet, ouvrier.
339 Paul Moreau, garde-mote
339 Joseph Moreau, tisseranc
339 Elzéar Guay
339 P.-L. Ouellette, tisseran
341 François Fortin, journali
341 Joseph Perron, ouvrier
341 Joseph Surprenant, secor
329 Joseph Bouchard, ouvrie
329 Joseph Pelletier ouvrier.
329 D Bélanger, ouvrier
329 Guillaume Roy, tisseranc
307 Nathaniel Gagnon, boucl
307 Edouard Gagnon, peintre
297 Georges Tremblay.
281 Joseph Goulet, tisserand.
281 Alphonse Boucher, tissera
201 Olivier St Denis, charpen
201 Napoléon St Denis, ouvri
201 Joseph Landry, ouvrier
201 Auguste Paradis, ouvrier.
197 Etienne Gauvin, jr, barb
197 Etienne Gauvin, sr, cord
197 J.-B. Gagnon, sr, journali
197 J.-B Gagnon, Jr, tissera
197 Georges Gagnon, ouvrier
197 Emile Perrault, charpent
187 Moïse Lévesque, chapelie
187 Norbert Mercier, ouvrier.
183 Guillaume Morin
183 Jacques Morin, peintre
183 Arthur Morin, peintre
183 Henri Bernard, charpent
183 Michel Bernard.
183 Valmore Gasse, ouvrier
177 Hormisdas St Pierre, ouv
177 Ludger Moreau, commis
177 J.-N Moreau, second.
177 Philippe Rivard, marchai
177 Lucien Hamel, charpenti
145 Pierre Daudelin, répara métiers
145 Pacifique Cloutier, tissera
145 Prudent Cloutier, tisserai
137 Joseph Goyette, tisserand

71 Gédéon Poirier, boulanger.
71 E W Lamarine, plombier

No   **RUE EIGHTH**

14 Hector Gagnon, charretier.
14 Moïse St Ours, charretier.
14 Philippe Brodeur, tisserand
28 Norbert Bérard, Journalier
28 Guillaume Bérard, charretier.
28 Wilfrid Béraid, Journalier.
28 Auguste Gill, charretier.
28 Georges Hubert tisserand
28 Georges Hubert, jr, tisserand
28 D -J Hubert, tisserand.
28 François Hubert, tisserand.
28 Ernest Bélanger, réparateur de
    métiers
28 Auguste Bélanger, charpentier.
28 Christophe Ménard, pareur
32 Napoléon Dubreuil, ouvrier.
32 Napoléon Dubreuil, jr, ouvrier.
32 Joseph Laroche, ouvrier.
40 Alfred Despins, journalier
40 Jos . St Laurent, charretier.
50 Alphonse Bouvier, ouvrier.
50 Georges Gill, charretier
50 Urbain Gill, journalier
62 Calixte Goulet, charpentier
64 Benjamin Lebrun, sellier
64 Louis Bergeron, barbier.
64 Moïse Geoffroy, palefrenier
64 Arthur Geoffroy, peigneur.
64 Edouard Paradis, tisserand
64 Louis Martin, charretier
64 Alphonse St Laurent, ouvrier
72 Maxime Savard, peintre
72 Télesphore Frigon, ouvrier
72 Alphonse Frigon, ouvrier
72 Emile Laugier, ouvrier .
72 Edouard Desfossés, plâtrier.
72 Louis Lachapelle, ouvrier
78 Joseph Mercier, charpentier.
78 O Pelletier, tisserand
58 Théo Bibeau, poseur de lattes.
78 Philippe Lajoie, ouvrier
90 J -T Martin, croque-mort.
90 Emery Martin, croque-mort.
90 F -X Lavigne, rentier
92 Joseph Bergeron, charpentier
87 Colbert Fontaine, charpentier
87 Moïse Vadeboncoeur, ouvrier
87 Joseph Vadeboncoeur, ouvrier
87 F -A Molleur, garçon de comptoir.
75 Napoléon Bonin, charretier
75 Patrice Laliberté, maçon
75 Patrice Laliberté, Jr., maçon
75 J -A Laliberté, charretier
75 J -A Laliberté, Jr , charretier.
75 Joseph Fontaine, forgeron
75 Joseph Lafrance, forgeron
75 Félix Martin, surveillant
75 Ferdinand Côté, boulanger.
75 Dor. Paul, charretier.

75 Joseph Kirouak, tisserand.
75 Alfred Lajeunesse, peintre
75 Alfred Laliberté, briquetier
75 Wilfrid Filion, commis.
65 Edouard Duclos, tisserand
61 Eugène Leblanc, forgeron.
41 Ludger Ritchot, charretier.
41 Adélard Pétrin, cuisinier
41 Alexandre Ritchot, charretie
41 Pierre Péloquin, garnisseur
41 Narcisse St Laurent, ouvrier
41 Joseph Banville, mécanicien
29 Delphis Marcotte, homme de
29 Jean St Germain, ouvrier
29 Joseph Gallant, journalier.
29 Joseph Galant, Jr , électricie
29 Florien Gallant, tisserand.
29 Moïse Doucette, charretier.
29 Philippe Doucette, ouvrier.
29 Alfred Bédard, ceinturier
17 Edmond Jacques, ferblantier
17 J -A Corriveau, barbier.
17 Joseph Labrecque, barbier
17 Jacques Bergevin, second
17 Adolphe Durocher, journalie

No.   **RUE ELEVENTH**

64 Lévis Girard, tisserand
25 Joseph Desmarais, ouvrier.
25 André Desmarais, ouvrier.
53 François Jean, journalier
53 Guillaume Lajoie, machinist
53 Félix Leblanc, tisserand
57 Alexandre Arnold, charretie
67 Napoléon Fortier, tisserand.
67 Alfred Fortier, tisserand
67 Elie Péloquin, charpentier.
67 Ovide Péloquin, ouvrier.
67 Joseph Péloquin, ouvrier
67 Louis Péloquin, ouvrier

No.   **RUE ELISABETH**

80 Thomas Adam, réparateur.
80 Robert Major, ouvrier

No.   **RUE ELM**

127 Joseph Dumont, ouvrier.
181 Jules Gaillard, rédacteur de
    velles
200 E -O Dubois, commerçant

No.   **RUE ELSBREE**

133 Elezéar Girard, fermier
197 Napoléon Guy, charretier
    Siméon Guimond, surveillan
    Narcisse Guimond, conducte
92 Hubert Messier, charretier
92 Alphonse Messier, couvreur
    neur.
92 Raoul Messier, charretier
92 Joseph Messier, palefrenier
92 Edouard Gendron, rentier.

92 Alfred Monty, cardeur.
92 Georges Messier, ouvrier.

No.   RUE ESSEX

175 Napoléon Goulet, boudineur. '

No.   RUE EVERETT

72 Joseph Marion.
72 Manuel Marion, ouvrier.
54 Ulric Dufault.
54 Avila Dufault, commis.
54 C -P. Gagnon, charpentier.
44 Lorenzo Archambault, charpentier.
44 Zéphirin Denicour, journalier.
44 Chs Denicour, boulanger.
34 Louis Fontaine, sr.
34 Louis Fontaine, jr.,, Journalier.
34 Pierre Desrosiers, commis
34 Gilbert St Germain, palefrenier.
34 Arthur Fontaine, fileur
32 Joseph Fontaine, fileur
28 Joseph Couture, tiers
28 Antoine Bernard, Journalier
55 W J. Bérard, tiers
65 Joseph Rioux, ouvrier
65 Zéphirin Dastous, ouvrier
65 Louis Dastous, ouvrier
65 Georges Bastille, ouvrier.
65 Siméon Giroux, ouvrier.
65 Joseph Giroux, ouvrier.
79 David Larocque, journalier
79 Jourdain Paris, ouvrier.
79 Jean Paris, ouvrier.
79 Joseph Bernier, foreur.
79 Arthur Bernier, ouvrier
87 Toussaint Dubuque, ouvrier
87 Joseph Dubuque, ouvrier
87 Oscar Dubuque, ouvrier
87 Omer Dubuque, ouvrier
87 Henri Dubuque. ouvrier.
87 André Lavoie, ouvrier
87 Louis Dubuque, ouvrier

No.   RUE FARRAGUT

28 Ernest Bussière, ouvrier
28 Georges Boisvert, teinturier.

No.   RUE FENNER

39 François Poulin, ouvrier.
39 Jean Henri, tisserand
39 Joseph Beaudoin, cardeur.
107 Michel Grandchamp, Journalier
109 Avila Forcier, ouvrier
113 Wilfrid Campeau, charpentier
123 Guillaume Boissonneau, ouvrier.
123 Albert Bazinet, tisserand.
129 Olivier Boivin, barbier
129 Désiré Rioux, Journalier.

No.   RUE FERRY

357 Louis Letendre, épicier.

367 Louis Francoeur, tisserand
367 Joseph Labbé, tisserand
367 François Laforge, tisserand
367 Télesphore Boulay, charreti
367 Ernest Chauvette, tisseranc
367 Julien Côté
320 Joseph Gaudette, commis
320 Arthur Bérubé, barbier
320 Pierre Lagassé, tisserand
320 Edmond Nadeau, tisserand.
320 Salomon Bessette, ourdisseu
326 François Lagassé, ouvrier.
326 Auguste Lagassé, peigneur
326 Albert Lagassé, peigneur
356 Edouard St Pierre, journali
356 Joseph Beauparlant, fruitie
356 A -O Beauparlant, fruitier
362 Japhet Desmarais, selber
362 Chs Auclair, commis
362 Emile Lavoie, tisserand
378 François Fournier, ouvrier.
388 Arsène Bienvenue, journali
398 Prudent Létourneau, ouvrie
398 Fortunat Létourneau, huile
398 Guillaume Létourneau, ouv
398 Horace Létourneau, charre
398 Magloire Bérubé, barbier.
398 Alphonse Malenfant, tisser
298 Joseph Malenfant, tisseran
398 François Malenfant, tissera
398 Eugène Pelletier, tisserand
398 Fortunat Morin, ouvrier
400 Delphis Gamache, tisserand
400 Napoléon Morin, ouvrier.
406 Edmond Gosselin, ouvrier
406 Amable Lussier, verrier er
teille.
406 Louis Gagné, tisserand.
406 Louis Laplante, tisserand.
406 Clovis Legendre, peintre.
406 Cyrice Blais, tisserand
406 Henri Berthiaume, journali
466 Joseph Morin, tisserand.
466 Chs Morin, tisserand
482 François Cantin, ouvrier
482 Jean St Ours, second.
482 Régis Ladouceur, tisserand
524 I -R. Bernard, buvetier.
497 Napoléon Bouchard, charr
497 Louis Belisle, charretier
497 Eloi Belisle, tisserand
483 Dosithée Chartier, marcha
bois
475 Joseph Filion, peintre
• 475 J -E Martin, commis
433 Eugène Veillette, boulanger
433 Antoine Chauvette, tisseran
425 Louis Archambault, journa
425 Joseph Grondines, tisseran

No.   RUE FIELD

145 Médéric Brisson, boulanger
145 Alphonse Massicotte, chair
241 Cyrille Vincent, charpentie

No.	**RUE FIFTH**

31 Gaꞓriel Vaillancour, ouvrier.
31 Georges Poutré, charretier.
31 Sal. Brugère, ouvrier.
103 Samuel Paquette, tisserand.
103 Gilꞓert Ledoux, tisserand.
103 Napoléon Ledoux, tisserand.
103 E. Ledoux, tisserand.
115 Joseph Arnold, rentier.
129 Josepjh Desrosiers, garçon d'ascenseur.
129 Amédée Desrosiers, aide.
129 Jules Levrault, commis
129 Edouard Verville, cuisinier
137 Oscar Charest, charretier
137 Arthur Massé, rémouleur.
115 François Arnorld, tisserand.
136 Joseph Dumais, marchand   de
bois.
136 Alexandre Fontaine, ꞓuvrier
66 Henri Isaꞓelle, pension.
66 Henri Isaꞓelle, jr., tisserand.
66 Joseph Dupont, ceinturier.
66 Joꞓeph Forest, fileur.
66 Joseph Laꞓrèche, fileur.
66 François Létourneau, commis.
66 Jean Rivard, tisserand
66 Edouard Roy, tisserand
66 Henri Paul, tisserand.
66 Thomas Déséry, tisserand.
404 Henri Prosper, ouvrier.
402 Joseph Drogue, tisserand
402 A.-A. Paquin, commis.
394 Napoléon Rioux, patrouille
328 A-R Grenier, ꞓarꞓier
296 Joseph Hogue, ouvrier
280 Eugène Vaillancour, ouvrier.
280 Arthur Laferrière, ouvrier.
230 Victor Roy, ouvrier.
230 Jean Lafrenière, musicien
191 Donat Charest, tisserand.
194 Pierre Goyette, charpentier.
194 Joseph Rivard, journalier.
194 Fabrice Rivard, peigneur.
194 Joseph Bérard, marchand
194 J.-P. Laꞓrie, charpentier
194 Achille Laꞓrie, marchand
194 Adélard St Denis, garde-moteur.
169 Joseph Perron, tisserand.
169 Napoléon Blais, teinturier.
189 Georges Ouellette, charretier
219 Xavier Parent, tisserand.
241 Alfred Couture, journalier.
241 Alfred Couture, Jr., Journalier.
241 Alphonse Lévesque, garçon   de
comptoir
241 Alphonse Mignault, fileur.
241 Alfred Ratté, couvreur-goudron-
neur.
253 Joseph Jetté, photographe.
253 Auguste Jetté, photographe
253 Dollard Jetté, photographe.
253 Roch Jetté, photographe.

271 Edouard Caron, peigneur
271 Adélard Caron, peigneur
411 Godefroy Demers, charret

No.	**RUE FLINT**

4 Edouard Marcoux, ouvrier
4 Samuel Martin, ouvrier.
4 Joseph Charꞓonneau, rép
16 Jean Cyr, Journalier.
16 Xavier Cyr, charretier.
16 M. Duquet, ouvrier.
16 Bruno Thériault, agent
rances.
22 Henri Morin, ouvrier.
22 Evariste Thériault, charp
22 Joseph Bélanger, ouvrier.
32 Ernest Paradis, conducter
32 Auguste Paradis, journali
44 J.-B. Paradis, ouvrier.
58 Joseph Gauthier, ouvrier.
58 Raoul Hardy, ouvrier.
64 Jérémie Thiꞓault, charpei
64 Adélard St Pierre, ouvric
66 Joseph Bergeron, ouvrier
66 Guillaume Maynard, ouvr
66 Roméo Gadoury, ꞓarꞓier.
66 Napoléon Côté, ouvrier.
72 J.-B Côté, Journalier.
72 Siméon Béruꞓé, ouvrier.
72 Omer Brasseur, ouvrier.
132 Amꞓroise Dauphinais, ouv
132 Benjamin Dauphinais, ou
132 Benjamin Dauphinais, ouv
140 Gaꞓriel Gagnon, forgeron
140 Alfred Gagnon, forgeron
140 Alphonse Gagnon, ouvrier
140 Vincent Jalꞓert, ouvrier.
140 Elzéar Thiꞓault, charpent
150 R. St Amant, foreur.
150 Félix Champagne, taille
pierres.
150 Henri Champagne, tiers.
150 Philippe Champagne, tier
150 Joseph Champagne, ouvr
150 Maxime Champagne, plom
150 J.-C. Gagnier, cordonnier
150 Napoléon Damꞓoise, glac
152 Joseph Fortin, meneur.
152 Oscar Fontaine, musicien
214 Napoléon Dallaire, épicie
214 Philippe Ouellette, comm
214 Olivier Roussel, journalie
214 Léonidas Damꞓoise, bohir
214 Joseph Damꞓoise, ꞓoꞓinet
214 Zéphire Boucher, ouvrier
214 Aimé Baudreau, réparate
métiers
230 Roꞓert Bernier, charpentie
230 Alꞓert Charpentier, ouvri
240 Anthime Trépanier, journa
248 Philippe Deschamps, ꞓarꞓ
248 Joseph Turcotte, ouvrier.
250 J.-B. Gamache, épicier.

250 Edouard Leclerc, ouvrier.
250 Hector Harpin, ouvrier.
250 Albert Rochon, ouvrier.
250 Alphonse Bussière, ouvrier.
256 Zénon Barrette, ouvrier.
256 Benjamin Barabé, maçon.
264 Joseph Gaudreau, charretier.
264 Herménégilde Fournier, boulan-
    ger.
264 Herménégilde Pineau, ouvrier.
264 Philéas Pineau, ouvrier.
264 Maxime Pineau, ouvrier.
264 Georges Pelletier, pareur.
264 Eugène Pineau, ouvrier.
264 Pierre Chassé.
264 Alfred Landry, Journalier.
300 Zephirin Caisse, ouvrier.
300 J.-B Sévigny, ouvrier
300 J.-B Sévigny, Jr, ouvrier
300 Arthur Sévigny, Journalier.
300 Joseph Lévesque, journalier.
300 Louis Pontoriand, Journalier.
322 Joseph Désilets, Journalier
322 Joseph Enaud, Journalier.
342 J.-B Desrosiers, journalier
342 Joseph Lafond, Journalier
341 Amédée Cadieux, charpentier.
341 Napoléon Landry, journalier.
341 Odilon Paradis, pompier.
341 Joseph Thibault, ouvrier.
341 Théophile Gendreau
329 Jean Lavoie.
329 Edouard Lavoie, peintre.
329 Joseph Lavoie, foreur.
329 Guillaume Ménard, plieur.
309 Narcisse Latulippe, Journalier
309 Alexis Cloutier, charretier
309 Anselme Lacroix, ouvrier
309 Télesphore Blais, bobineur.
309 Eusèbe Beauchemin, ouvrier.
301 Olivier Desforges.
301 Philéas Desforges, ouvrier.
301 Gilbert Desforges, ouvrier.
301 Jérémie Giroux, Journalier.
301 Hormisdas Giroux, ouvrier.
301 Joseph Desforges, réparateur de
métiers
301 Joseph Martin, charretier
301 Louis Gagnier, charretier
285 Adélard Richard, ouvrier.
285 Georges Richard, ouvrier
285 Ferdinand Fournier, marchand
de bois
285 J.-B Forget, ouvrier
277 Joseph Toupin, ouvrier.
277 Théodore Toupin, ouvrier.
277 Bénoni Thériault, rentier.
277 Joseph Martel, rentier.
277 Jean Lavoie, Jr, journalier.
277 François Mercier, rentier.
277 Edouard Mercier, second
277 J.-B Mercier, teinturier.
277 François Mercier, Jr, Journalier.
277 Auguste Blanchet, ouvrier.

277 Théophile Plourde, ouvrier
277 Henri Petit, commis.
257 Olivier Sévigny, ouvrier.
257 Arthur Petit, ouvrier.
257 Chs Labrecque, Journalier.
257 Omer Therrien, ouvrier.
257 Germain Trépanier, charpe
257 Charles Madore, charpenti
257 Georges Gagnier, tisserand
257 Elzéar St Pierre, tisserand
251 Etienne Marceau, tisserand
239 François Petitpot, bûcher
239 F.-X Sylvestre, ouvrier.
239 Eugène Devoyeau, ouvrier
233 Auguste Mignault, foreur.
233 Philippe Berthiaume, peig
231 Omer Métivier, Journalier
231 Louis Métivier, ouvrier.
231 Edouard Laliberté, journa
219 Pierre Roussel, journalier.
219 Louis Lambert, plombier.
219 Alfred Dufort, journalier.
219 Pierre Mailloux, charretie
219 Eugène Desrosiers, tisserai
219 Adrien Martel, journalier.
219 Georges St Michel, ouvrie
207 Aimé Simon, ouvrier.
207 Aldéric Larocque, ouvrier.
207 Wilfrid Desbiens, peigneu
207 Théodore St Jacques, card
199 Clarina Levesque, ouvrière
199 G.-H. Levesque, ouvrier.
199 Magloire Levesque, ouvrier
199 Georges Levesque, glacier.
199 Paul Rousseau, tisserand.
101 Philippe Lemieux, second.
101 Antoine Lavoie, commis.
71 L.-O Lussier, tisserand.
71 Paul Casavant, ouvrier.
71 Philéas Goddu, bobineur.
67 Adélard Foutaine, ouvrier
67 Joseph Beaulieu, ourdisseu
67 Alfred Renaud, ouvrier.
37 Georges Duquet, retordeur

No.   **RUE FOOTE**

95 J.-A. Lemoine, agent.
116 Alexandre Lapointe, survei
116 Arthur Michaud, chapelier
116 Georges Hébert, peintre
108 Georges Normand, second
108 Alfred Tardif, boucher-su
106 Adélard Dauphinais, barbi
106 Pierre Valcour, ouvrier
78 Alfred Dupuis, bardier.

No.   **RUE FORD**

25 Louis Riel, fileur
25 J.A Dion, charretier.
25 Louis Ouellette, charretier.
35 Hector Leduc, ouvrier.
35 Auguste Decelles, ouvrier.
47 Eugène Gagnon, maçon.

47 Adélard Fontaine, tisserand
57 Alfred Tétrault, ouvrier.
57 Aimé Carrier, tisserand.
48 Philippe Gagnon, ouvrier.
36 Joseph Proulx, boulanger
36 Georges Chabot, tisserand
36 Joseph St Ours, journalier.
36 Pierre L'Heureux, ouvrier
32 Adam Lefebvre, tisserand.
32 Félix Repos, tisserand.

No.   **RUE FOREST**

44 Edward Talbot, ouvrier
44 Auguste Talbot, polisseur de pianos.
140 Pierre Nadeau, journalier
140 Damase Nadeau, chapelier.
140 Adélard Nadeau, tisserand.
144 Carmel Métayer, tisserand
144 Philippe Boucher, surveillant.
158 Henri Boulay, épicier.
158 Alfred Paquin, charpentier
158 Louis Paquin, charpentier.
168 Georges Marquis, tisserand.
133 Henri Côté, bedeau.
133 Adélard Côté, Jardinier
125 Etienne Gagnier, barbier.
11 Arthur Hamelin, ouvrier.
192 Henri St Pierre, restaurateur.
202 Louis Croisetière, marchand
260 Arthur Blanchet, commis.
260 Alfred Blanchet, ouvrier.
258 Evariste Perrault, musicien.
258 Oscar Denommé, charpentier.

No.   **RUE FOSTER**

11 Guillaume Lemire, réparateur de métiers
60 Joseph Vincent, rép. de métiers
60 J -J. Vincent, rép de métiers

No.   **RUE FOUNTAIN**

153 Georges Bourassa, journalier.
197 Joseph Héon, tisserand.
197 Edouard Larouche, chef d'atelier
197 Noé Chevrier, tires.
197 Noé Chevrier, peigneur
197 Elie Lavoie, tisserand.
199 Louis Cayer, piqueur
199 Pierre Proulx, tisserand.
199 Alphonse Bérubé, tiers
239 Arthur Gariépy, fileur
239 Wilfrid Gariépy, commis
239 François Payer, tisserand
247 Joseph Laviolette, tisserand.
247 Philippe Daudelin, tisserand.
247 Olivier Fecteau, cordonnier
247 Albert Fecteau, fileur
255 Philippe Dion, réparateur de métiers.
255 Joseph Renaud, rémouleur de cardes.

255 François Renaud, tisserand
255 Alphonse Dupéré, jr, second
255 Alphonse Legendre, barbier
259 G. O. Cormier, second.
259 Arthur Cormier, ouvrier.
259 Olivier Dumas, surveillant
259 Henri Dumas, second.
263 Auguste Lebel, charpentier.
269 Philippe Dufault, marchand
269 Joseph Dufault, peigneur.
269 Alfred Clermont, mécanicien
269 Samuel Clermont, journalier
269 Louis Clermont, Journalier.
269 Joseph Clermont, commis
269 Daniel Morin, ouvrier.
269 Louis Dubé, ouvrier
269 Noel Dubé ouvrier.
273 Octave Morneau, ouvrier.
273 Joseph Morneau, ouvrier.
273 Henri Pelletier, tisserand
279 Norbert Ménard, commis.
279 J -B. Latraverse, tisserand.
279 Antoine Boutot, Journalier.
279 Stanislas Bouthillier, épicie
279 Louis Roy, tisserand
285 François Ménard, commis
285 Hughes Hébert, commis
280 Lorenzo Desrochers, journa
222-Hilaire Lavoie, Journalier.
198 François Antaya, fileur.
198 Narcisse Leroux, journalier
192 Joseph Beaulieu, tisserand
178 Jean Enaud, ouvrier.
142 Félix Lizotte.
142 C.-N Richard, tisserand.
130 Emmanuel Jérôme, ouvrier
130 J -N Codaire, ouvrier.
130 J -T. Brillon, commis.
130 Edouard Caron, fileur.
130 David Caron, fileur
52 Joseph Théry, Journalier
52 Guillaume Thibaudeau, tis.
52 Alphonse Lizotte, tisserand
44 Alfred Lizotte, Journalier.
44 Alfred Létourneau, journa
44 Alexandre Piquette, tissera
5 F.-R. Brien, ouvrier
13 Jean Enaud, ouvrier.
10 Odilon Fauteux, forgeron
10 Arthur Robin, Journalier.
16 Odilon Fontaine, journali
16 Alphonse Fortin, tisserand
12 David Raymond, tisserand
22 Arsène Bérubé, journalier
22 Alfred Cayer, tiers.

No.   **RUE FOURTH**

33 J De Gagnon, journalier
55 Pierre Gagnon, cordonnie
55 Edmond Barre, Jardinier
105 Joseph Nadeau, forgeron.
147 J.-E Gosselin, marchand.
153 G -M. Desmarais, chapelier
203 Alphonse Gagner, commis

203 C.-A Blanchet, peintre.
210 Avila St Germain, ouvrier.
134 Jean Ouellette, tisserand.
134 David Vernier, tisserand.
134 Thomas Théron, tisserand.
252 Rémi St Georges, forgeron
252 Remi St Georges, Jr., forgeron
252 Charles St Georges, chauffeur
252 Jean Roch, tisserand.
270 D -J -C. Potvin, tisserand.
270 François Bellefeuille, Journalier.
270 Ald Bellefeuille, fileur.
270 Rodolphe Bellefeuille, commis
270 Joseph Lord, chapelier.
276 Joseph Dussault, forgeron.
306 Chs Parent, commis lamineur.
314 Henri Bessette, peintre.
486 Emmanuel Dutras.
532 Ach. Auger, coupeur de viande
532 Charles Berneir, chapelier.
542 J.-L. Lamoureux, charpentier.
542 Alfred Lamoureux, peigneur.
546 Joseph Cyr, second
549 Pierre St Laurent, glacier
549 L.-N. St Laurent, machiniste
549 D. St Laurent, cordonnier.
549 H. St Laurent, ouvrier
517 Emile Rioux, bûcheron.
497 Georges Talbot, ouvrier
495 Pierre Lemaire, charpentier
415 Aimé Rioux, bardier.
375 Hector Martin, tisserand
371 Georges Beaudet, rémouleur
341 Jérémie Grondin, charpentier.
285 Hormisdas Bonin, tisserand
285 Joseph Boisvert, couvreur.
285 Georges Boisvert, charretier
285 Auguste Gaboriault, charretier.
285 Wilfrid Gaboriault, charretier
265 Arthur Couture, commis
265 Louis Bisson.

No   **RUE FOWLER**

16 Philadelphe Michaud, manoeuvre
16 Michel Jetté, portier.
16 Bernard Castilloux, charretier.
16 Cirice Lévesque, journaliste.

No.   **RUE FRANKLIN**

271 Amable Forcier, facteur de pianos
283 Deus Poirier, contre-maître.

No.   **RUE FREEDOW**

111 Patrice Perron, ouvrier.
111 Camille Dufort, ouvrer.

No.   **RUE FREEDOM**

285 Henri Savoie, carrier.
285 Napoléon St Pierre, Carrier.

No.   **RUE FRENCH**

58 L.-A. Nicolet, joaillier.

No.   **RUE FROST**

93 T.-L -N. Gendron, marchar

No.   **RUE FRUIT**

6 A Laferrière, tisserand.
6 Arsène Péloquin, tisserand.

No.   **RUE FULTON**

163 Napoléon Gagnon, charpe
163 Guillaume Lachapelle, teur de métiers
117 Amédée Fournier, charret
117 Omer Gagné, tisserand.
117 Alphonse Lavoie, tisserar
109 J -B. Girard, Journalier.
109 Edouard Mathieu, charret
105 Philippe Parent, forgero
105 Samuel Pinsonnault, fileu
105 Narcisse Santerre, boular
77 Joseph Gagné, réparateur tiers.
69 J -R. Marcoux, contractei
69 Alfred Boucher, tisserand
69 Arthur Bonin, tisserand
69 Joseph Proulx, machiniste
27 Noel Morin, agent d'assu
27 Raoul Morin, machiniste.
56 Alphonse Boulé, épicier.
56 Elzéar Ouellette, tisseranc
74 Thomas Provençal, bardi
74 Antoine St Germain, tiss
74 Joseph Brisson, couvreur
74 Adélard Brisson, couvreu
74 Léonidas Mazurette, chai
74 Alfred Fontaine, boulang
74 Emile Boucher ,second
86 Dieudonné Trudel, charpe
86 Onésime Masson, journali
86 Philippe Lasalle, tisseran
86 Napoléon Proulx, tisseran
116 François Gaudreau, épici
116 Arthur Lauzier, commis

No.   **RUE GAGNON**

27 David Pomfret, commis.
35 Louis Bernier, ouvrier
35 Jules Lamontagne, maçor
35 Ernest Pelletier, garde.
63 Fortunat Allard, peintre
63 Edmond Picard, ouvrier.
73 Elzéar Huot, marchand.
75 Félix Beaubien, pompier.
85 Gustave Langevin, charp
93 Victor Cantin, huileur.
93 Arthur Beaupré, tailleur
107 Adélard Gamache, second
107 Lorenzo Gamache, ouvrie
107 Résida Gamache, ouvrier.
107 Joseph Gamache, journali
117 Adam Michaud, agent
117 Hermann Fréchette, ouvre
127 Henri Trudeau, ouvrier.

127 Alfred Chabot, facteur de pianos.
102 François St- Martin, Barbier
102 Adrien St Martin, commis
102 Arthur St Martin, rétordeur
94 J -A Paradis, gérant.
94 Joseph Bernier, ouvrier.
82 Philéas Destremps, charpentier
82 Napoléon Bérubé, charpentier
82 Louis Vandal, meneur.
70 Joseph Ledoux, meneur.
66 D.-D. Massé.
66 Napoléon Bernier, charpentier.
66 Hippolyte Fillion, salle de poule.
56 Noé Labonté, charpentier
56 Arthur Lévesque, commis
48 Elzéar Langis, ouvrier.
48 Isidore Caron, sr., charpentier
48 Isidore Caron, jr, ouvrier
48 Raoul Caron, ouvrier.

No.: **RUE GARFIELD**
83 Philippe Bélanger, garde-moteur

No.: **RUE GEORGE**

7 Pierre Poirier.
15 Alfred Boluduc, tisserand
23 Napoléon Larochelle, charretier.
23 Arsène Giroux, commis.
69 François Lapointe, Journalier.
183 Joseph Manis, Journalier.
183 Jean Martin, jr., fileur.
183 D. Bergeron, Journalier.
215 G.-A. Messier, peintre.
215 Joseph Duval, boulanger
210 Thomas Guay, peintre.
210 Adélard Gagnon, charretier.
210 Ovide Thibault, journalier.

No. **RUE GLASGOW**

155 Henri Anctil, pareur.
147 Ernest Dubé, garde-grue

No. **RUE GLOBE**

317 J.-L. Dion, chapelier
317 Eugène Chevalier, ouvrier.
329 Joseph Boutin, tisserand.
403 Pierre Dumas, chapelier
403 Antoine Arsenault, journalier.
431 Frédéric Soly, palefrenier.
431 Napoléon Ayotte, charretier.
446 P F. Lambert, ouvrier.
465 Jean Boucher, journalier.
583 E. P. Talbot, cardeur.
368 Stanislas Baron, fileur.
730 J -B Morin, fileur.
730 Jean Cannel, réparateur de métiers
754 Charles Charette, commis.
762 Oliva St Denis, épicier.
762 Louis Rémy, tisserand
1002 Charles Couture, homme de cour.
1008 Wilfrid Normand mécanicien.

919 Charles Quesnel, tisserand
919 Wilfrid Renaud, ouvrier.
911 Israel Dupéré, pareur.
911 François Pelletier.
911 Philippe Lemieux, ouvrier
911 Eusèbe Levesque, journali
903 Arsène Dion, chapelier
851 Joseph Fiché, épicier.
837 Adrien Denault, épicier
837 Omer Denault, épicier.
837 Joseph Rioux, tisserand.
837 Alfred Rioux, rép de méti
785 Guillaume Turgeon, charp
785 O.-A. Marois, agent d'assur
771 Philippe Saucier, charpen
771 Joseph Pariseau, blanchis
759 Joseph Marois, charron.
759 Armand Marois, peintre.
629 Alphonse St Aman, ouvrie
1237 Roland Lavallée, au bure
gaz.
1252 A.-L Bessette, machiniste.

No. **RUE GRANITE**

46 Alfred Contant, collecteur.

No **RUE GRANT.**

27 Guillaume Thibodeau, tiers.
27 Evariste Michel, tisserand.
27 Joseph Robitaille, tisserand
45 Ernest Dubé, second.
73 F.-G. Pinaud, tisserand.
79 Adélard Pruneau, tisseranc
79 O. Morrissette, tisserand.
97 Ernest Levesque, charpentie
127 Joseph Audette, tisserand.
141 Jean Turcotte, commis.
169 J.-B. Boucher, agent.
172 Joseph Ménard, commis.
172 Joseph Lafond, commis
98 J.-B Leblanc, rentier.
98 J -B Leblanc, jr, tailleur.
98 Jean Leblanc, commis.
88 Napoléon Poulin, instituteu
88 Pierre Maisonneuve, institu
88 Théodore Trumel, institute
88 Ernest Laporte, instituteur.
88 Joseph Lefloche, instituteu
88 Auguste Goulet, instituteur
32 Delphis Pigeon, tisserand
32 Delphis Pigeon, jr, tisseran
20 Maurice Codaire, ouvrier.
20 François Santerre, tisseranc

No. **RUE GREEN**

30 Philéas Rioux, Journalier.
30 Théophile Rioux, Journalier.
30 Charles Clément, journalier.
30 Eusèbe Levesque, second
30 Télesphore Côté, ouvrier.
54 Arthur Bélanger, ouvrier
54 Pierre Proulx, charretier.
61 Louis Lachance, charpentie

61 J -F. Leonard, laveur
61 Alfred Senay, charpentier.

No.   RUE GRIFFIN

263 Maxime Saucier, tisserand
263 Ernest Saucier, tisserand
263 Léon Lauzon, charpentier
263 Joseph Lauzon, commis.
228 Gédéon Dumas, tisserand.

No.   RUE GRINNELL

 68 A -C Albert, chapelier.
 24 Guillaume Pineault, surveillant
224 Jean Dutras, ouvrier.
600 Théophile Trépanier, chef d'atelier.
600 François Trépanier, conducteur
830 Hormisdas Gendron, charretier
830 Pierre Duval, ouvrier.
848 Henri Mettez, ouvrier
880 Joel Mathon, journaliste
880 Thomas Ouellette, tisserand
892 Frédéric Castonguay, peigneur
895 David Isabelle, ouvrier
823 J -B. Jacques, colporteur
823 Joseph Fluet, journalier
823 Octave Fluet, tisserand
823 A.-P Riendeau, tisserand
823 Henri Riendeau, tisserand
823 Alfred Simoneau, ouvrier
823 P.-T Riendeau, charretier
823 Joseph Baillargeon, rémouleur de
cardes
805 Guillaume Gagnon, charpentier
805 Fortunat Dion, ouvrier
805 Albert Noiseux, ouvrier
655 Auguste Adolphe, tisserand
655 Auguste Adolphe, jr , tisserand
623 Charles Trippier, ouvrier
623 Michel Trippier, ouvrier
623 Jean Trippier, machiniste
193 J -F Goulard, ouvrier
175 Ferdinand Sévigny, valet d'écurie
175 Alfred Sévigny, ouvrier
171 Evariste Talbot, second
 33 M -D. Garracher, ouvrier

No.   RUE HAFFARD

136 Ernest Caron, ouvrier.
111 S -P Lapointe réparateur de métiers
219 Théodore Labrie, ceinturier.
225 Henri Gadoury, journalier.
222 Alfred Duchesne, journalier.
225 Alfred St Amand, tisserand.

No.   · RUE HALL

 73 Arthur Larue, commis
 73 Denis Dussault, ouvrier.
141 Alfred Michaud, ouvrier,
141 E Michaud, ouvrier.
153 Emile Gagnon, épicier.

153 Adélard Dufault, chapelie
236 Joseph Bouchard, journali
236 Joseph Gauthier, ouvrier
226 Désiré Bourgeois, ouvrier.
226 Théophile Gagnon, ouvrier
188 E Gagné ouvrier.
188 Aimé Fisette, barbier.
174 P. Lavoie, chapelier.
174 Charles Vantassel, chapel
174 Alfred Bolduc, ouvrier
166 Jérémie Gauthier, ouvrier.
168 Antoine Bouvier, ouvrier.
168 J -H Caron, charretier
168 Hormisdas Paquet, ouvrier
168 Joseph Rémy, journalier.
168 Guillaume Béland, bouche
fier
100 T W. Plante
 56 Georges Lever, ouvrier
 42 Augustin Morin, ouvrier.

No.   RUE HAMBLY

 71 Orphir Morais, conducteur.

No.   RUE HAMLET

108 Oscar Asselin, tisserand
 92 Alphonse Tardif, ouvrier
 56 Ulric Côté, commis
 30 Adélard Ouellette, tisseran
 20 Louis Thibault, jr , charret
  9 Hipolyte Lapointe, pompie
 41 Alexandre Fourneir, peint
 41 Arsène Michaud, chapelier
 41 Lactance Coutu, charron
 49 Isaie Perron
 49 Eugène Thériault, tisseranc
 49 Robert Perron, fileur
 49 J -E Perron, pareur
 49 François St Denis, ouvrier
 59 Alphonse Saulnier, pharm
213 J -P Bergeron, charpentier
285 Abel Cyr, surveillant.
285 Charles Parisault
298 Eusèbe Cloutier, agent
286 L -R. Bouchard, rédacter
nouvelles

No.   RUE HANOVER

26 Joseph Thibault, photograp
28 J -A Lagassé, plombier.

No   RUE HARGRAVES

 90 Narcisse Banville, journalier
 70 Romuald Couture, journalie
 70 Alcide Couture, journalier
 37 Michel Duchesne, tisserand
 37 Georges Duchesne, tisseranc
 37 Horace Thérien, ouvrier
 39 Israël Lottenville
 39 Narcisse Lottenville, ouvrier
 47 Edmond Sicard, journalier,
 51 Joseph Boucher, tiserand,

63 Joseph Doucette, tisserand.
63 Basile Doucette, tisserand
81 Henri Laurie, ouvrier.
81 Antoine Roussel, tisserand.
81 Georges Roy, ouvrier
81 Joseph Martin, charretier

No.   **RUE HARRIMAN**

27 Onésime Leclerc, ouvrier.
27 Avila Leclerc, ouvrier
27 Victor Bérard, second
27 Albert Leclerc, rép. de métiers.
27 Albert Leclerc. ouvrier.
27 Hormisdas Brodeur, ouvrier.
27 Lucas Bonoyer, meneur
27 Ferdinand Gaudreau.
27 Elzéar Lemieux, Journalier
27 Fabien Lemieux, ouvrier.

No.   **RUE HARRISON**

74 Samuel Decosse, commerçant.
74 Napoléon Dussault
74 Rodrigue Dussault, gazier
74 Emile Dussault, peigneur.
74 Stanislas Goyette, meneur.
·74 François Beaulieu ouvrier
132 Alfred Pelletier, second.
132 Hormisdas Coutulier, ouvrier.
132 Gaud. Duhaime, médecin.
176 Erasine Caron, ouvrier.
176 Wilfrid Bélanger, ouvrier.
176 Edouard Lamarche, ouvrier
182 Herménégilde Carreau, commis.
182 Félix Desforges, barbier.
182 Léon Soucy, pareur.
192 Louis Guillet, blancrisseur
204 Alfred Richard. scieur mécanique
204 Joseph Ruest, charretier.
204 Alfred Langie, ouvrier.
232 Joseph Bernier, tiers.
242 Saul Godu, bobineur
260 Joseph Vital, ouvrier.
260 Emmanuel Vital, ouvrier.
260 Paul Déry, charretier
260 Adélard Allaire, ouvrier
260 Arthur Lepage. journalier
260 Joseph Lévesque, ouvrier
260 Hal Ledoux, ouvrier
274 Hector Duquette, second
274 Christophe Jalbert, machiniste
274 Calixte Boulé, tailleur de pierre.
274 Eugène Thibault, charretier
274 Michel Berubeu, foreur.
274 Théodore Beaulieu. ouvrier.
280 Edmond Picard, commis.
280 Pierre Picard, commis
280 Alcide Picard, commis
280 J -B. Picard, ouvrier.
280 E.G. Picard, commis.
296 Arthur Laleune, tisserand
296 F -X. Canuel, second.
296 François Arsenault, tisserand.

304 Jean Dégré, ouvrier.
306 Edmond Damboise, charp
306 Frédéric Forant, ouvrier
306 L.-P. Brault, ouvrier
306 E.-J. Brault, ouvrier.
306 A.-J. Brault, ouvrier.
306 Edouard Cadieux, ouvrier.
306 Alfred Garant, réparateur
306 Alfred Garant, jr , ouvrier
306 Toussaint Yiel, ouvrier.
306 Ernest Meunier, ouvrier.
322 Joseph Picard, ouvrier.
322 Adélard Picard, ouvrier.
322 C.-T. Thibault, rép. de mét
322 Désiré Cloutier, bobineur.
322 Simon Robert, ouvrier.
334 Athanase Bossé, rép de n
334 Joseph Carrier, ouvrier.
334 J.-B. Vézina, ouvrier
334 Jean Thomas, ouvrier
334 Anatole Caron, ouvrier
338 Herménégilde Canuel, ouv
338 Arthur Canuel, pompier.
338 Napoléon Drapeau, ouvrie
338,Adélard Joubert, ouvrier.
338 Omer Gervais, ouvrier.
339 Isaïe Philibert, ouvrier.
327 J -B. Vézina, jr. musicien.
327 J.-B. Couture, chef d'atel
327 R. Goyette, second.
327 Emile Goyette, tiers.
313 Louis Dion, tailleur de pie
313 Alphonse Racicot, Journal
313 Eugène Racicot, ouvrier
281 Israël Lottenville, ouvrier
281 Basile Deforge. ouvrier.
281 François Lévesque, ouvrie
273 Louis Michaud, charretie
273 Louis Hardy, machiniste
273 Léonidas Hardy, ouvrier.
273 Eugène Hardy, ouvrier.
273 Narcisse Carrier, surveilla
273 Evariste Carrier, ouvrier
259 Télesphore Rhéaume, ager
259 Olivier Lafond.
259 Nazaire Lafond, ouvrier.
259 Joseph Lafond, commis
259 Thomas Pinault, contre-r
259 G.-A Mongeon, ouvrier
259 Auguste Ouellette, foreur
259 Zénon Ouellette, tiers
259 Henri Mongeon, ouvrier
259 Louis Potvin, ouvrier ·
259 Philippe Massé commis
249 Philippe Letendre, ouvrie
249 Alfred Parent, ouvrier
249 Joseph Levasseur, réparat
    métiers.
237 Isaïe Alix, ouvrier.
237 Ulric Massé, ouvrier.
237 Joseph Lauzier, ouvrier
237 Fernand Dumaine, ouvrie
237 Ulric Gauthier, boulanger
237 Arthur Gauthier, ouvrier.

233 J.-T. Pathé, rentier.
227 Joseph Leblanc, rentier.
227 Noé Gervais, homme de cour.
217 Siméon Chassé, charretier.
217 Joseph Chassé, mécanicien
217 Thomas Bernier, garçon d'ascenseur.
217 Emile Bernier, ouvrier.
173 Gonzague Boyer, commerçant.
173 Adélard Houle, marchand.
179 Léon Paradis, barbier.
179 Joseph Plante, ouvrier.
163 Joseph Girard, Jr, ouvrier
163 Siméon Gagnon, agent d'assurances.
163 Siméon Gagnon, ouvrier
113 Léon Guimond, charpentier
113 Elzéar Gagnier, rép. de métiers
113 Adélard Tremblay, tiers
89 Narcisse St Martin, charpentier.
89 Wilfrid St Martin, ouvrier.
65 Joseph Duclos, tailleur de pierre.

No.   **RUE HARTWELL**

287 Napoléon Lizotte, peigneur
287 Phidime Lemieux, journalier.
287 Herménégilde Lemieux charretier.
297 Guillaume Rioux, réparateur de
métiers.
297 Louis St Ange, charretier.
303 Adélard Proulx, tiers
327 Pierre Lavoie, rentier.
327 Thomas Lavoie, second.
327 Adolphe Boulé
367 J.-J. Beauregard, préposé d'éclairage.
377 Chs Talbot, tisserand.
377 Wilfrid Talbot, journalier.
252 Alphonse Lamontagne, charretier.
45 Félix Charest, Journalier.
45 Cyrille Charest, tisserand.
45 Barthelémie Charest, tisserand.

No.   **RUE HASKELL**

66 Alfred Dubé, Jardinier
66 Arsène Dubé, ouvrier.
66 Cyprien Dubé, ouvrier
66 Alfred Dubé, jr, ouvrier
86 Narcisse Dorion, contre-maître
248 Henri Lavoie, surveillant
248 Thomas Lavoie, tisserand.
248 Narcisse Lavoie, rentier
219 Raphael Roy, pompier.
No.   **RUE HATHAWAY**
7 E.-E. Roy, mécanicien.
4 Léon Plouffe, mécanicien

No.   **RUE HEALY**

230 Michel Alphonse, Journalier.
230 Nicolas Alphonse, ouvrier.
102 Hormisdas Moquin, charretier.

84 Georges Charron, charreti
84 Henri Boudreau, journalie
49 Pierre Renaud, tisserand.
57 Louis Plante, fileur.
221 Henri Pellant, rentier.
221 Alexandre Pellant, ouvrie
221 Joseph Pellant, ouvrier
221 Denis Duquette, tisserand.

No.   **RUE HEMLOCK**

439 Georges Lizotte, tisserand.

No.   **RUE HIGH**

151 A.-C. Rivet, contre-maitr
1257 Narcisse Dumas, plombie

No   **AVENUE HIGHLAND**

2345 E. Glodu, fermier.
1697 Olivier Beaudoin, tisserar
1697 Damase Beaudoin, tissera

No.   **HIGHLAND PLACE**

21 C.-P. Brault, rentier.

No.   **RUE HILL**

130 François Coutu, chapelier.

No.   **RUE HIRST**

46 Ernest Buchau, charpentier.
46 Thomas Buchau, charpentie
62 Thomas Moffette, peintre.
62 G.-N. Moffette, peintre
62 Oscar Moffette, Journalier.

No.   **RUE HOLDEN**

12 C Lemieux, Journalier
18 Joseph Morrissette, journali
18 Donat Morel, ouvrier.
18 Alphonse Thériault, ouvrier
18 Thomas Sauval, ouvrier en b
18 Ulric Bourassa, ouvrier.
36 Georges Deslauriers, journa
36 Louis Vézina, ouvrier.
36 J.-A. Moreau, ouvrier.
76 Joseph Côté, ouvrier
67 Jules Larrivée, charpentier
67 Joseph Larrivée, charpentie
67 Alexandre Larrivée, charpen
67 Mathias Larrivée, charpentie
67 Cyrille Larivée, barbier.
47 R.-J. Brain, Journalier.
47 Joseph Grondin, journalier
47 Hector Ballard, ouvrier.
35 Amédée Morrissette, réparat
métiers.
33 J.-C.-H Maltais, charretier.
35 Elzéar Côté, retordeur.
35 Auguste Bélanger, ouvrier.

No.   **RUE HOME**

16 Jean St Jean, réparateur de métiers.
42 Hector Mercier, commis.
73 Mathieu Houle, portier

No.   **RUE HOOD**

354 F.-X. Leboewf, agent d'assurance.
354 E.-N. Lepoeuf, Journalier.

No.   **RUE HOPE**

370 Michel Giguère, Journalier.
370 Albert Giguère, Journalier.
370 Joseph Bilodeau, ouvrier
370 Henri Bilodeau, ouvrier.
370 Louis Larouche, charpentier
364 Alexandre Fournier, charpentier.
364 Hector Duval, Journalier.
316 Narcisse Corriveau, rentier
316 Alfred Corriveau, charretier.
302 Georges Corriveau, tisserand.
302 Hector Corriveau, ouvrier.
302 O. Théroulx, peintre.
302 Arthur Duprez, pardier.
302 Eusèbe Corriveau, peintre.
302 Alfred Dufresne, Journalier.
302 Théodore Lesieur, tileur.
302 Jean Dufresne, tisserand
302 Albert Cyr, palefrenier
294 Edouard Fortin, fileur
294 Joseph Limoges, paletrenier
294 Xavier Martel, ouvrier.
264 F. Charette, Journalier
264 A Charette, Journalier
264 Arthur Charron, charretier.
259 Alphonse Dupéré, second
258 Alpha Dupéré, ouvrier
258 François Fortin, ouvrier
254 Laurier Drapeau, ouvrier.
254 Alexis Chevrier, tiers
254 Alfred Chevrier, pareur
246 Régis Dupéré, forgeron
250 Samuel Leclair, ouvrier
250 Joseph Leclair, ouvrier.
250 Philippe Rambault, ouvrier
250 Georges Rampeau. Journalier.
146 Philémon Codaire, ouvrier
193 Joseph Antoine, chapelier.
275 Alfred Turgeon, rentier.
275 Alexandre Croteau, ouvrier
275 Adam Croteau, tisserand.
275 Alexandre Lapointe, tisserand
275 Michel Duchesne, ouvrier
325 Edouard Lague, collecteur
325 Albert Langelier, second

No.   **RUE HOPKINS**

20 Joseph Lavoie, tailleur de pierre
48 P.-S Lavoie, charretier.
53 Jean Ruel, charretier.
53 Thomas Bérard, tailleur de pierre.

53 Alexandre Boldue, tisserand
63 Marcel Couture, Journalier
35 Adélard Beauregard, comm

No.   **RUE HORTON**

30 Louis Fontaine.
30 Etienne Rioux, ouvrier.
30 Joseph Richard, expéditeu
104 Michel Boulanger, ouvrier
104 Alméida Bernajé, ouvrier
110 Hormisdas Benoit, plâtrier
110 Is. Dumont, foreur
110 Albert Dalpé, retordeur
118 J.-B Durant, second
118 Joseph Simon, charretier
118 Salois Caron, ouvrier
122 Isaure Beaupien, boulanger
132 Guillaume Beaupien, carde
132 Alfred Beaupien, cardeur
132 Guillaume Desnoyers, ouvr
132 Jean Corriveau, Journalier.
148 Denis Barnabey, journalier
148 Adrien Barnapy, ouvrier
148 Thomas Gauvin, forgeron.
148 J.-B Gauvin, teinturier.
148 Joseph Pelletier, charpent
148 Ernest Castonguay, tiers.
170 Ernest Boisvert, commis
170 Hormisdas Côté, marchar
thé.
176 Hormisdas Dupuis, marcha
thé.
203 Arthur Samson, charpentie
175 H.-J. Gagnier, peintre.
175 Joseph Gagnon, maçon
169 Alfred Frénette, sr., charpe
169 Alfred Frénette, ir, commu
169 A.-A Voisin, réparateur
tiers
155 Joseph Lefrançois, épicier
145 Stanislas Fontaine, peintre
145 Georges Pelletier, charpent
145 F.-X Phénix, laitier.
145 Joseph Phénix. pareur
145 Jovite Vanasse, commis
145 Fortunat Dion. ir., tiers
103 Adrien Bousquet, plombier.
39 Joseph Paradis, commis

No.   **RUE HOWARD**

39 D.-H. Janson, peintre
39 Elzéar Bouchard, ouvrier
39 Joseph Bouchard, ouvrier.
79 Adjutor Lecours, journalier
79 Philippe Cormier, journalie
79 Emmanuel Maurice, chape
79 Ludger Barsalou, ouvrier
87 Georges Lemieux, tisserand
116 Edmond Roussel, tisserand
116 Aimé Hamel, tisserand
116 Guillaume Boudreau, ouvri
106 Georges Collette, mouleur
106 Joseph Lecomte, tisserand

106 Jacques Boulay, rentier
106 Ferdinand Gaulthier, rentier.
106 J.-B Gauthier, rentier.
106 Thomas Gaulthier, charretier
106 Joseph Gauthier, Journalier
106 Georges Bouchard, Journalier
106 Wilfrid Drapeau, ouvrier.
106 Victor Coleur, tisserand
106 Ovide Mercier, ouvrier
106 Léopold Mercier, ouvrier
98 Alexandre Boulé, charretier
98 Alexandre Boulé, charretier
98 Wilfrid Boulé, charretier
98 Ephrem Dupré, tisserand.
80 Hormisdas Mercier, charretier.
80 Paul Thibodeau, tisserand.

No.　　　RUE HOWE

56 Ferdinand Béruré, charpentier.
68 Joseph Leblond, ouvrier.
68 Joseph Mousseau, arrangeur.
76 Henri Caya, pareur
76 Omer Paquin, tisserand.
76 Albert Caya, ouvrier.

No.　　RUE HOWLAND

89 Napoléon Bourque, réparateur de
métiers.
89 Edmond Mercier, manoeuvre
89 Joseph Mercier, boulanger
95 Joseph Aubin, peintre
95 Régis Aubin, rentier.
97 Joseph Provost, réparateur de
métiers.
105 Antoine Beauregard, machiniste
105 J.-A. Beauregard, machiniste.
142 André Michaud, Journalier.
142 Joseph Lévesque, ouvrier
142 Alfred Dupré, graisserie.
106 C.-V Denis, charretier.
106 Timothé Bouchard, ouvrier.
106 Alexis Dubois, arrangeur.

No.　　　RUE HUARD

42 Joseph Bellevue, journalier.
22 Alphonse Bolduc, tisserand
22 Ernest Maurice, conducteur.

No.　　　RUE HUNTER

30 Laurent Caron, tisserand.
36 Edmond Denault, charretier.
64 L.-A Normandin, arrangeur
64 Alphonse Limoges, tisserand.
64 Abraham Pratte, peintre
158 Joseph Paquet, peintre
158 J.-P.-O Côté, commis
158 J.-B. Cailloux, commis
166 Aimé Gauthier, pressier.
166 Léon Barrette, barbier.
166 C.-A. Métayer, imprimeur.

No　　　RUE INCH

11 Oscar Langevin, Journalier.
15 Ferdinand Larue, ouvrier.

INDIAN TOWN ROAD

V.-P.-P Paré, fermier.
C.-W. Ricard, charpentier.
G.-W. Ricard, fermier.
Clar. Gaudette, fermier.

No.　　　RUE IRVING

58 Herménégilde Vigeant, ouvi
58 David Vigeant, machiniste.
58 Arthur Maynard, poseur d
rifères.
140 Pierre Pouliot, charpentie
140 Alphonse Pouliot, ouvrier.
140 Arthur Pouliot, pentre
140 Amédée Castonguay, char
140 Joseph Destremps, charper
140 Guillaume Langlois, sr, o
140 Guillaume Langlois, jr., ou
140 Georges Langlois, commis
196 J.-F. Gauthier, rentier.
196 Georges Gauthier, commis.
196 Noé Gauthier, teinturier.
196 Alphonse Lavoie, pareur
67 Alfred Lucas.
67 Edmond Proulx, ouvrier
67 Roméo Bédard, charpentie
87 Emile Matte, inspecteur.
87 F.-X. Durant, sr, rentier.
87 F.-X Durant, jr., inspecte
99 J.-A Baudin, papetier
157 Israel Picard, charpentier.
157 Achille Picard, charpentie
157 Albert Picard, charpentier.
157 Philéas Bessette, contre-m

No　　　RUE JACKSON

140 H.-L Mallalieu, second

No.　　　RUE JEFFERSON

39 Wilfrid Dagenais, homme (
37 Athanase Dion, marchand
37 Arthur Filion, agent d'a
ces.
37 Florien Thibault, rép de r
37 Emery Tétrault, ouvrier
37 J.-B Paquet, ouvrier.
105 Cajetan Lafrance, cahrper
105 Philéas Jean, tisserand.
105 G.-J. Gaudreau, ouvrier.
111 Michel Arsenault, ouvrier.
111 Ernest Canuel, bobineur
111 Elzéar Emond, tisserand.
115 Alexandre Gauthier, tisser
115 Philippe Paquet, tisserand
115 Ernest Joubert, tisserand.
123 Adélard Fournier, cardet
123 Joseph Poutré, ouvrier.

147 Joseph Laliberté, tisserand.
147 Paul Ladébauche, tisserand
157 Télesphore Dauphin, marchand.
359 Samuel Guy, ouvrier.
379 Guillaume Varnoche, surveillant
379 T B.- Varnoche, tisserand.
593 Joseph Chénard, journalier.
593 Ludger Gideau, commis.
593 Isaïe Gideau, rentier.
845 Louis Farand, rép. de métiers.
845 François Péloquin, ouvrier.
893 Jean Masson, chauffeur.
310 Thomas David, rentier.
310 T.-S. Lange, relieur.
310 C -S Ratté réparateur de métiers.
310 Robert Leblanc rép de métiers.
172 Adélard Tremblay, ouvrier.
118 Joseph Tétrault, ouvrier
118 Ambroise Tétrault, ouvrier.
120 Cyprien Castonguay, ouvrier.
120 Arthur Roy, tisserand.

No.

RUE JENCKS

98 Félix Dansereau, carrossier.
98 Henri Caron, ouvrier.
98 Henri Dansereau, meneur
142 Arthur Carignan, ouvrier.
178 Edmond Coulombe, rentier.
178 Georges Antaya, ouvrier
230 Alcide Larocque, teinturier.
230 Alfred Boucher, tiers
230 Pierre Ratté, gazier.
238 David Ménard, journalier.
238 A Houle, barbier.
238 Eugène Ouellette, second.
238 J.-J. Ambeau, ouvrier.
258 Alexandre Forest, charretier.
262 Osias Larocque, commis.
274 Louis Maynard, rentier.
274 Joseph Maynard, Journalier.
274 Guillaume Maynard, ouvrier.
274 Eugène Maynard, ouvrier.
274 Adélard Maynard, forgeron.
274 Jean Guimont, plieur.
286 Damase Bacon, peintre
286 Arthur Fournier, ouvrier.
286 Luc Gagné, Journalier
286 Joseph Desrosiers, ouvrier
298 Peirre Bacon, peintre
298 Joseph Gauthier, journalier
298 N Alexandre, ouvrier.
298 Joseph Richard, Journalier.
298 Edouard Dubé, Journalier
298 Albert Dubé. journalier.
298 Joseph Maynard, journanlier
298 Napoléon Beaulieu, ouvrier
298 Joseph Lalumière, ouvrier.
298 Pierre Lebrun, ouvrier.
298 Joseph Baril, ouvrier.
298 J.-B Castonguay, journalier
298 Octave Desjardins, journalier.
298 Jean Vallée, ouvrier
298 Octave Dragon, ouvrier.

298 Joseph Thibault, journalie
298 Alfred Leblanc, Journalier
298 Arthur Robidoux, journalie
304 Antoine Michaud, glacier.
304 J -U. Caron, journalier
310 Hormisdas Leduc, marcha bois.
310 Onésime Philibert
310 J.-B. Philibert, ouvrier
310 Horace Philibert, ouvrier
326 J.-B Lévesque, bobineur.
326 Albert Côté, charretier.
326 Etienne Boisse, ouvrier
326 Chs Gaudreau, ouvrier
326 Maximin Dubé, ouvrier.
326 Louis Dubé, tiers
326 Arthur Dubé, second.
326 Joseph Dubé, tiers
326 Liboire Gosselin, journalie
338 Ismael Houde, inspecteur.
338 Guillaume Lambert, bobine
338 Adjutor Simard, commis.
338 Narcisse Simard, tiers.
344 François Charette, tiers.
344 Alexis Lepage, ouvrier.
344 Louis Chouinard, ouvrier
344 Adélard Chouinard, ouvrie
344 Elie Chassé, rentier
354 Elie Dumont, peigneur
354 Thomas Dumont, ouvrier
354 Pierre Lévesque
354 Adélard Lévesquee charper
354 Ernest Lévesque, second
349 Elzéar Houde, journalier
349 Pierre Deschesnes, ouvrier.
349 Omer Leblanc, ouvrier.
349 Joseph Plante, Journalier
349 Jean Ambeau, charpentier
349 François Ambeau, peintre
349 Ferdinand Perrault, ouvrie
329 Eleuthère Fournier, peintr
329 Achille Dumaine, journali
329 Théodore Lévesque, répara
319 Hilaire Bergeron, rentier
319 A -G Désilets, imprimeur
309 J.-B Blanchet, foreur
309 Avila Forant, ouvrier
309 Joseph St Martin, gardien
299 Maxime Rioux, ouvrier.
293 Théophrate Michaud, d'ascenseur
293 J -B Côté, contre-maître.
293 J -M Côté, bobineur.
293 Hormisdas Côté, second
293 J -B. Côté, sr , rentier.
293 J.-B. Fournier.
293 Elzéar Thibault, chauffeur
285 Paul Huard, glacier
285 Wilfrid Dupont, ouvrier
285 Ludger Dupont, commis
285 J -B. Thibault, ouvrier
285 O.-J -B Richard, second
285 Hilaire Richard, tiers
285 Elzéar Goyette, ouvrier.

285 Philisa Goyette, ouvrier.
271 J.-B. Lavallée, charpentier.
271 François Lavigne, ouvrier.
271 Guillaume Lavigne, ouvrier.
271 Victor Lévesque, laveur.
271 Arthur Levesque, meneur
271 Napoléon Lavallée, ouvrier.
271 Calixte Béliveau. ouvrier.
261 Elzéar Michaud, charpentier.
261 Eustache Fleury, marchand.
261 Gédéon Michel, forgeron
261 Napoléon Michel, ouvrier.
261 Joseph Bernier, ouvrier.
261 Arthur Bernier, ouvrier.
261 André Brien, Journalier.
261 Louis Brien, ouvrier
249 C.-G Pinault, ouvrier.
249 Onésime Salvas, ouvrier.
249 Prosper Plourdre, rentier
249 Rosario Duhaime, ouvrier.
249 J -B. Plourde, ouvrier
225 Alphonse Rioux, ouvrier.
225 F -X Verrault, tailleur.
225 Thomas Beaudet, ouvrier.
225 Alphonse Déry, charretier.
159 Achille Michaud, charpentier.
159 David Michaud, charpentier.
159 Amédée Michaud, charpentier.
159 Alphonse Bouvier, contre-maître.
159 Georges Clément, charpentier
159 Léon Clément, machiniste
153 David Barthe, portier.
153 David Barthe. jr., ouvrier.
153 Adoré Barthe, ouvrier
153 Odilon Carreau, commis
153 Louis Lajoie, peintre
131 F.-X Ouellette, barbier.
83 Louis St Pierre, charretier.
83 Joseph Levesque, charretier
93 Liboire Cayer, ouvrier.
83 Guillaume Poirier, ouvrier.
83 Georges Charrette, ouvrier.
75 Joseph Renaud, ouvrier.
75 Jean Martin, machiniste.

No.   **RUE JEPSON**

72 Jean Lambert, fleuriste
80 Napoléon Tétrault, peintre.
100 Evariste Lasonde, glacier.

No.   **RUE JOHN**

85 Georges Boulé, rentier.
85 Joseph Boulé, (à Boston)
85 Uldéric Leblanc, artisan
85 Aimé Audette, tisserand
85 Joseph Audette, tisserand
91 Wilfrid Paquin, ceinturier.
109 Victor Milot, tisserand
109 Armand Turcotte, fileur
137 Nat. St Ours, garçon de service
147 Ernest Dussault, second.
147 Georges Aubry, peintre.
187 Henri Beaudry, second.

250 Adélard Jasmin, retordeur
154 David Clément, tisserand
154 Adélard Fontaine, Journalie
136 Alphée Gagnon, tapissier
136 Philippe Dérosier, tisseranc
86 Jacques Gamache, tisseranc
76 O Messier, peintre.
76 Alexandre Fontaine, ouvrie
68 Pierre Turgeon, cordonnie
17 Joseph Côté, agent d'assu
43 Valmar Bernier, tisserand
48 F -C. Michaud, tisserand
48 F -C. Michaud, tisserand
32 Joseph Lavoie, Journalier.

No.   **RUE JOHNSON**

23 Alphonse Sévigny, peintre
124 Gaston Bourget, marchand
124 Alphonse Bourget, boulan;

No   **RUE JONES**

184 Charles Cyr, forgeron.
184 Charles Cyr, jr , forgeron.

No.   **RUE JUDSON**

79 Louis Viens, tisserand.
79 Zénon Desrosiers, ouvrier

No.   **RUE KAY**

21 Thomas Martin
21 Edouard Martin, ouvrier.
21 Joseph Martin, tisserand.
252 Joseph Jean, commis.

No.   **RUE KELLEY**

36 Anselme Levesque, inspect
ligne.

No.   **RUE KELLOGG**

25 Thomas Mallalieu, contre-
75 Henri Courville, tisserand.
54 Tancrède de Villers, assista
intendant.
74 Georges Chaput, marchan
126 Noel Larrabé, charretier

No.   **RUE KERR**

82 J -B Gaudreau, contre-mai

No.   **RUE KILBURN**

26 Joseph Dumond, tisserand
34 Eugène Normand, serre-f
34 Siméon Bernard, agent d'a
ces.
76 G Lemay, charpentier.
96 Alfred Gagnon, charretier.
96 Luc Gagnon, Journalier.
172 Clément Limoges, second.
184 François Courville, tissera
13 Onésime Moreau, ouvrier.

19 Damase Pouliot, charpentier.
19 Philod. Béland, ouvrier.
29 Wilb Béland, ouvrier
29 Odin Emard, tisserand
29 Louis Benoit, jardier.
21 Alexis Rodillard, forgeron.
21 Emile Rodillard, ouvrier.
21 Alfred Bouchard, tisserand.
21 Elzéar Levesque, chapelier.
35 R.-G. Boyer, boulanger
35 H.-G. Boyer, boulanger
35 Joseph Plante, fileur.
95 Antoine Barré rentier
95 Joseph Boucher, charretier
95 Théophile Lemai, ouvrier
95 A. Bellavance, ouvrier
113 Georges Larue, tisserand.
183 Pierre Bélanger, tisserand.
183 Samuel Lachapelle, charretier.
191 Joseph Renaud, rémouleur.
191 Joseph Renaud, Jr, tiers.
191 Georges Poisson, ouvrier.
293 Michel Ouellette, tisserand.
293 Jean Ouellette, tisserand.
413 Albert Bourque, rép. de métiers.
423 Jacques Durant, ouvrier.
431 Rémi Côté, ouvrier.
431 Rémi Côté, Jr., ouvrier.
431 Narcisse Dussault, tisserand.

No. **RUE KING**

331 A -G Côté, chapelier.
331 Louis Côté, Journalier.
331 Franois Côté journalier.

No. **RUE KING PHILIP**

609 Octave Tremblay, arrangeur.
609 Arthur Couture, lamineur.
621 Jacques Héron, ouvrier.
681 Franois Labonté, ouvrier
745 Joseph Bergeron, charretier.
745 Eugène Dubois, ouvrier.
773 Alonzo Emery, ouvrier
785 Alphonse Méthot, tisserand.
785 D.-M Lavoie, ouvrier.
803 Joseph Bouchard, ouvrier.
880 François Laliberté, ouvrier.
880 Sévérin Laliberté ouvrier.
872 Edmond Tremblay, peintre.
872 Léon Côté ouvrier.
850 André Chasseur, tisserand.
850 Hormisdas Chasseur, tisserand.
850 Pierre Raymond, machiniste.
850 Désiré F. Raymond ouvrier.
850 Marcel Gagnon, layetier.
834 Alexandre Bélanger, ouvreir.
834 Antoine Bélanger, boulanger.
834 Stanislas Belanger, tisserand.
822 Nazaire Desmarais, commis
792 Luc Chassé ouvrier.
792 Stanislas Dion, commis
792 Achille Bernice, journalier.

792 Alexandre Bernice, journa
772 Adélard Boissonault, jardi
772 Pierre St Laurent, commis.
772 Josaphat Charest, charretie
772 Delphis Frénette, tisserand
766 Lévis Emard, tisserand.
766 Alphonse Emard, tisserand
760 Jean Barrette, rentier.
760 Napoléon Fournier, tissera
684 J.-S Brault, tisserand.
674 Omer Charrette, ouvrier.
662 Philéas Morin, contre-mai
662 Pierre Morin, réparateur (
tiers

No. **RUE LAFAYETTE**

26 J.-H. Buron, pharmacien.
80 Adjutor Dupuis, marchand.
90 Joseph Marcil, charretier.
97 André Gagnon, tâcheron-fc
93 J.-B. Gamache, peintre.
45 Henri Jarry, sr, réparateui
45 Henri Jarry, jr, réparateur.
No **RUE LAMPHOR**
268 J.-C Mayrand, charretier.

No. **RUE LANE**

70 Guillaume Plante, fileur.
No. **RUE LANGLEY**
3 Ovide Moreau, tiserand.
3 Osias Pétry, agent d'assura
Chs Parenteau, garde-moteur.

No. **RUE LARK.**

31 Edouard St Yves, fermier.
36 Léon Lavoie, Journalier.
36 Ovide Bouchard, charretier
20 Joseph Lapointe, charpentie
20 Georges Lebrun, cardeur
6 J.-S Bettencour, ouvrier.

No. **RUE LAST**

81 J.-B. Jetdeau, bedeau.
81 Albert Dubois, rép. de mét
117 Samuel Dubé, charretier.
117 Samuel Dubé, jr., ouvrier.
117 Philéas Deshaies, ouvrier.
121 Narcisse Morel.
121 Emery Morel, ouvrier.
121 Barthélémy L'Heureux, pa
121 Paul Ouellette, chapelier.
121 Auguste Martin, tisserand
137 David Desjardins, ouvrier.
151 Michel Faquet, rentier.
151 Adélard Dufresne, réparate
métiers.
151 F -X Pellant, fileur.
152 Joseph Roux, tisserand.
152 Joseph Lévesque, tisserand
147 Eugène Lévesque, journalie
148 Xavier Lévesque, tisserand

148 Ferdinand Quintin, réparateur de métiers.
148 Georges Quintin, tisserand.
148 Arthur Quintin, tisserand
148 Arsène St Pierre, charpentier.
148 Lucien Fortin, Journalier.
134 Joseph Levasseur, boulanger.
134 Joseph Gallant, tisserand.
134 Alexandre Gallant, tisserand
134 Joseph Rivard, ouvrier.
132 Edouard Desilets, ouvrier.
132 Narcisse Thibaudeau, tisserand.
132 R -R Quintin, tisserand
132 Théophile Boucher, ouvrier.
132 Louis Goulet, ouvrier
132 Adélard Goulet, tisserand.
128 O -A. Nadeau, boulanger.
128 Joseph Bourque, ouvrier.
128 Pierre Garant, réparateur de métiers
128 Philippe Garant, tisserand.
118 Albert Bousquet, journalier.
118 Evariste Désilets, joprnalier.
118 Adélard Désilets, Journalier.
118 Joseph Desmarais, ouvrier.
72 Elzéar Pelletier, journalier.
72 Jean Pelletier, ouvrier.

No.   RUE LAUREL

609 Alfred Rivest, ouvrier.
650 J.-B Lambert, garde-moteur

No.   RUE LAWRENCE

157 Saül Giasson, tisserand
157 Damase Ouellette, charpentier.
757 Edmond Michaud, Journalier.
149 Georges Raymond, charpentier.
149 Etienne Dallaire, machiniste.
149 Pierre Levesque, machiniste.
149 Pierre Levesque, Journalier.
143 Pierre Michaud, journalier.
143 Henri Michaud, commis
143 J.-A. Prince, journalier.
143 Joseph Paradis, pareur.
143 François Belanger, peigneur.
143 Pierre Jalbert.
143 Victor Fontaine, bobineur.

No   RUE LAWTON

751 Georges Taché, ouvrier.
751 Robert Taché, ouvrier
597 Richard Ferland, blanchisseur.
541 Roger Blondin, blanchisseur.
541 Philippe Blondin, blanchisseur.
543 François Leber, blanchisseur.
529 J.-L Lanciault, manufacturier
529 G -L Lanciault, ouvrier
529 Alfred Gagnon, barbier
413 Chs Charroux, ouvrier.
413 Georges Charroux, ouvrier.
413 Guillaume Charroux, ouvrier.
413 Pierre Charroux, ouvrier.

413 Charles Beaudreau, répar
355 Onésime Laflamme, ouvrie
355 Xavier Jean, tisserand.
355 Thomas Laroche, charpent
347 Octave Foucher, ouvrier
339 Arthur Guimond, blanchis
339 François Vallière, blanchi
205 J.-A. Ratté, conducteur
205 Alcibiade Larivière, tissera
336 Augustin Ferland, journal
336 Alphonse Allaire, tisseranc
336 Léon Laflamme.
344 Louis Elie, agent
344 Thomas Brochu, forgeron.
344 Albert Pépin, forgeron.
370 Joseph L'Ecuyer, réparate métiers.
370 Henri Lepage, Journalier.
386 Jean Janvier, marchand
400 Pierre Arel, marchand de
464 Armand Labrie, blanchisse
464 Joseph Moquin, rentier
464 Adélard Moquin, marchar chaussures.
474 Isaie Bergeron, maçon.
508 Jean Dupont, ouvrier.
512 Philippe Lavoie, blanchisse
512 Joseph Desmarais, ouvrier
512 Evariste Gendron, machini
206 Alcibiade Larivière, tissera
512 Joseph Desmarais, ouvrier
512 Evariste Gendron, machini

No.   RUE LEE

22 J.-O. Casson, mécanicien.
22 Napoléon Landry, peintre.
30 J.-J Mathieu, peintre.
30 Jacques Lord, tisserand.
30 Elzéar Bouvier, couvreur la.
44 François Dubé, charpentier.
44 Elzéar Dubé, peintre.
45 J.-U Gagnon, épicier.

No.   RUE LEONARD

50 Jérôme Vaillancour jour
50 Delphis Brissette, second.
50 P. A. Decoste, mécanicien.
68 Louis Boisvert, commissai
84 Alphonse Forcier, ouvrier
84 Albéric Forcier, charretier
100 Philippe Gagnon, tisseranc
79 Sylvin Nadeau, forgeron
192 Alfred Bacon, journalier.
192 Moise Lemaire, rentier.
192 Anthime Lemaire, rép de
192 Honorius Lemaire, tisserar
192 Joseph Lemaire, tisserand
192 Joseph Lafond, charpentie
206 Joseph Labrèche, charron
206 Joseph Labrèche, jr., comr
203 Napoléon Lafrance, tissera

No. **RUE LEWIS**

86 Euchariste Audette, charpentier.

No. **RUE LIBERTY**

20 Ernest Hogue, arrangeur
20 Josep h Collard, rentier.
30 François Collard, tisserand.
30 Timothé Frédette, tisserand
44 F -X. Morin, ouvrier.
44 Napoléon Lepage, ouvrier.
44 Raphaël Levesque, commis.
44 Jean Dutra, agent d'assurance
106 Félix Brault, second
116 G -A. Côté, agent
126 Zéphirin Thuot, faiseur de patrons
126 H.-L.Thuot, photographe.
126 H -B Boivin, imprimeur.

No. **RUE LINDEN**

24 Olivier Boutin, mouleur.
34 David Prévost, second.
49 Pierre Jolyè charretier.
39 Joseph Cadoret, charretier.
23 Arthur Bérard, inspecteur de ligne.
249 J.-F Harpin, commis
173 G -P. Perrault, Journalier.
173 Eugène Duclos, ceinturier
173 Marie Perrault, huileur.
155 J.-B Houle, garde-moteur.
277 L -H Dubé, tailleur de pierre

No. **RUE LINDSEY**

36 Lucien Arsenault, tiers.
86 Stanislas Quintin, collecteur
86 Léopold Quintin, conducteur
190 Napoléon Biscornet, charretier.
190 Oliva Lequin, charton.
240 Joseph Lévesque, jr , charpentier
298 Henri Bruno, barbier.
298 Adélard Bruno, tisserand.
322 Joseph Parenteau, rentier
322 Philippe Parenteau, tisserand
322 Rodolphe Parenteau, commis
322 J -B. Salvas, tisserand
322 Alcide Tessier, tisserand
32 Alfred Tessier, tisserand
330 Joseph de Tonnancour, second.
330 Charles Latraverse, mouleur
30 Alphonse Desjardins, boulanger.
330 Delphis Ma coux, charpentier.
330 Vincent Silva, saucissier
330 Joseph Tessier, tisserand.
330 Louis Forcier, jouranlier
344 Eugène Lavault, boulanger.
280 Hormisdas Valiquette, tisserand.
386 Pierre Lavoie, tisserand.
386 Adolphe Forcier, charretier.
386 Alphonse Caron, boulanger
396 Joseph Clouet, tisserand.
406 Adolphe Goyette, barbier
416 Bruno Lemoine, 'journalier.

416 Achille Houde, tisserand.
415 Joseph Dionne, Journalier.
415 Ludger Dionne, peigneur.
409 Chs Letendre, cabaretier.
399 Louis Fréchette, boulanger
391 Pierre Audet, savetier.
391 Achille Thibault, rép. de mét
385 Alphonse Guillemette, tisser
379 `Joseph `Letendre, charretier
379 J -A. Boisclair, imprimeur.
379 G -A Boisclair, peintre.
379 A -C Roch, boulanger.
379 Jean Rodier, imprimeur
379 Philéas Thibault, charpentiei
365 Pierre Létourneau, cabaretie
365 Alphonse Létourneau, garço
comptoir
365 Louis Lamontagne, mouleur
365 Adélard Lamontagne, mouleu
361 Joseph De Tonancour, ouvri
337 Arthur Desmarais, tisserand
279 J.-B Hubert, agent d'immeu
243 Emmanuel Paré, ouvrier.
243 Joseph Paré, ouvrier.
205 Marcil L'Archévêque, peintr
197 Narcisse Gagnon, forgeron.
199 A Fréchette, marchand de
183 Zotique Paulhus, barbier.
499 F -A. Marchand, journalier
499 François Desmarais, fileur.
499 Joseph Desmarais, charretie
499 Maxime Desmarais, tisseran
499 `Charles Madore, tisserand
499 Charles Madore, Jr., tissera
499 Gédéon Labonté, second.
499 Joseph Thibault, employé de
min de fer
499 G -M Desmarais, tisserand.
499 Pierre Audette, Jr., boulang

No. **RUE LOCUST**

118 Louis Poirier, commis.
666 Eugène Vallée, rentier ,
666 J -H Vallée, boulanger
724 C -E. Péloquin, épicier.
849 Jacques Savary, bedau.
974 Alphonse Pariseau, charpe
974 Arthur Morrissette, second.

No. **RUE LONDON**

241 Baptiste Bazin, journalier.
253 Zotique Daignault, journali
253 Achille Daignault, peigneur
253 Amelius Daignault, ouvrier
265 Edmond Léger, peintre.
277 Napoléon Clément, pareur.

No. **RUE LONSDALE**

136 Joseph Caron, charpentier.
136 G -H Vautrin, second.
136 Frédéric Corriveau, tiers
136 Michel Fortin, Journalier.
136 Narcisse Lahaie.

136 Gill Lahaie, peigneur.
136 Damase Levesque, rentier.
136 Arsène Levesque, jardier
136 Maxime Levesque, Journalier.
116 Elzéar Poirier, pareur.
116 Chs Poirier, rentner.
116 Henri Leblanc, journalier
74 Joseph Thibault, Journalier
74 J.-B Raymond, Journalier.
74 Antoine Fournier, joointeur.
74 Léon Cusson, tisserand
74 Séverin Levesque, Journalier
74 Athanase Levesque, Journalier.
74 Damase Levesque, journalier
58 Fabien Ouellette, Journalier.
52 Arthur Corneau, Journalier.
46 Adélard Forget, charretier.
46 Pierre Morrissette, charpentier.
46 Germain Vallée, jouranlier
40 Alexandre Godbout, ouvrier.
40 Télesphore Caron, pareur.
34 Adolphe Tremblay, rentier
34 Octave Ratté, ouvrier
24 R Castonguay, cahrpentier
24 Rémie Castonguay, ouvrier
24 Joseph Castonguay, ouvrier
24 R. Castonguay, peigneur
24 Germain St Laurent, Journalier
24 Alphonse St Laurent, Journalier.
24 Arthur St Laurent, Journalier.
24 Alfred Larue, charretier.
24 Cyprien Frésaire, gazier
24 Napoléon Castonguay, ouvrier
8 Joseph Dubé, Journalier
8 Joseph Thibault, ouvrier.
8 Max. Thibault, rentier
8 Napoléon Thibault, rentier.
8 Napoléon Thibault, journalier
8 Pierre Dufault, Journalier.
8 Ernest Rouillard, peintre
8 Pierre Richard, restaurant
8 Georges Emond, ouvrier
7 Georges Ballard, ouvrier.
7 Jacques Banville, charpentier.
7 Joseph Banville, peigneur
7 Louis Beauregard, tiers.
7 Benjamin Pomfret, tisserand
7 Elzéar St Pierre, tisserand
7 Hubert Caron, Journalier
21 Adélard Gagné, Journalier
21 Auguste Raymond, charpentier
21 J-B Seney, pareur.
21 Alphonse Simon, commis
21 Alfred Caron, employé de cour à
   bois de sciage
21 Adélard Beauregard
21 Amédée Beauregard, ouvrier
21 Amédée Desautels, machiniste.
157 J-B. Beaudry, ouvrier
157 Henri Beaudry, ouvrier.
157 Adélard Abel, ouvrier
157 Vézina Paquet, Journalier
157 Jean Paquet, Journalier.
161 Henri Bérubé, journalier.

161 Emille Pellant, Journalier

No **RUE LOWELL**

67 Louis Gamache, débourreur
67 C-B. Chouinard, peigneur
67 Joseph Cormier, peigneur.
67 Ludger Paul, Journalier.
67 Marcel Cartier, chapelier.
83 Victor Cartier, réparateur
83 Alexandre Audette, tiers
83 Omer Bergeron, tisserand
83 Philippe Viens, ouvrier.
83 Ovide Lévesque, ouvrier
83 Joseph Dufresne, jr, Journa
83 Ferdinand Bernier, journali
83 Hormisdas Dufresne, restau
83 Ernest Lévesque, ouvrier.
83 Joseph Fournier, journalier
95 M-J. Genest, ouvrier.
95 Philippe Dufresne, camion
95 J-B Hébert, ouvrier.
105 Louis Bérard, chapelier
105 Antoine Lafrance, journalie
105 Joseph Lafrance, commis
105 Alphonse Lafrance, commi.
113 Napoléon Jasmin, commis
113 Charles Castonguay, tiers.
117 Antoine Lavoie,
117 Théodore Dupré, ouvrier
117 Jean Loiselle, ouvrier
125 Napoléon Lavoie, tiers
125 Henri Morin, tisserand.
125 Eugène Santerre, tisserand
125 Joseph St Laurent, tisserand
125 Herménégilde Laprise, tiss
135 Henri Carrier, fileur
135 Zénon Castonguay, journali
135 J-C Desmarais, charretier.
135 Louis Lévesque, Journalier.
135 Léon Mathieu, laitier.
135 Avila Allard, journalier
135 Philippe Hébert, ouvrier
183 Alfred Beausoleil, chapelier
183 Georges Bérubé, Journalier
183 Alphonse Dubé, ouvrier
207 Guillaume Larocque, flotte
   bois
207 Joseph Caron
207 Emile Caron, ouvrier
207 Cyprien Héon, huileur
207 Louis Lamarre, tisserand.
207 Pierre Bouchard, tisserand
207 Adolphe Doré, tisserand
212 Séverin Bérubé, Journalier
212 Philippe Carrier, ouvrier
212 Napoléon Carrier, ouvrier
212 Damase Autôt, second.
212 Fabien Levesque, peigneur
212 Joseph Doré
212 Cyprien Doucette, journalie
206 Alfred Doré
192 Alfred Gingras, ouvrier.
186 Alfred Bellefeuille, ouvrier.

150 Guillaume Emond, charretier.
150 Philippe Viens, ouvrier.
150 Louis Garon, Jr., ouvrier
150 David Simon, rentier
150 Joseph Desrosiers, ouvrier.
150 François Viens, rentier.
150 Mathias Viens, pareur.
130 Siméon Roy, saucissier.
130 Antoine Beaulieu, peintre.
130 Adélard Laverdière, ouvrier
130 François Servais, ouvrier.
130 Oscar Rémy, ouvrier
130 Charles Servais, journalier.
130 Emile Charest, journalier.
130 Henri Roy, agent d'assurances
123,Amable Chouinard, épicier
114 Paul Cardin, boulanger.
104 Pierre L'Italien, ouvrier
104 Georges Térrien, Journalier.
104 Joseph Allaire, bobineur
104 Amédée Goyette, tisserand
104 Arthur Lévesque, journalier
104 Joseph Pariseau, journalier.

No   RUE LYON

57 Olivier Pellant, chef d'atelier.
57 Rémi Lavoie, rentier.
57 Valmore Lavoie, tisserand.
57 Armand Lavoie, tisserand.
38 Louis Huard, journalier
38 Albert Pellant, ouvrier.
38 Cyprien Brouillette, commis.
38 Louis Lapierre, chef d'atelier
66 Joseph Taillon, rentier.

No   RUE MANCHESTER

94 François Ouellette, marchand de
bois
26 Gédéon Joubert, guindageur
26 Napoléon Cardin, boulanger
26 Alfred St Germain, charretier.
26 Auguste Chouinard, tisserand
26 Antoine Simon, tisserand.
26 Alfred Caron, tisserand.
167 Napoléon Pinault, peigneur.
167 Bernard Lévesque, Journalier.
167 Ovide Roux, tisserand.
161 Chs Lévesque, peseur de coton
161 Antoine Chouinard, colporteur
151 J.-B. Talbot, pompilier.
151 Chs Simon, second.
151 Théophile Dubois, second.
151 Pierre Giasson, tisserand
151 Narcisse Bernard, tiers
151 Auguste Lizotte, fileur
151 L.-P Lahaie, tisserand.

No.   RUE MANNING

19 Louis Landry, journalier.
19 Félix Hébert, retordeur.
19 Octave Lepage, contre-maître.
19 Octave Brisson, journalier.

19 Henri Lambert, journalier
19 Alphonse Houle, Journalier

No.   RUE MANTON

24 E -L Lalime, surintendant.

No.   RUE MAPLE

118 F -D Jalbert, garde-moteu
250 L -G Houde, commerçant
256 R -C Crépeau, comptable

No   RUE MARBLE

22 Jacques Martin, Journalier
22 J.-B Proulx, Journalier.

No.   RUE MARCHAND

26 Philippe Boucher, second.
26 David Caron, réparateur d
tier
26 Léandre Lizotte, journalier
26 Joseph Lizotte, ouvrier.
30 Guillaume Boisvert, teintur
30 Chs Mercier, ouvrier
30 Georges Mailloux, ouvrier.
34 Léon Lavoie, marchand de t
34 Amédée Lajoie, machiniste.
34 Arthur Caron, ouvrier
40 Wilfrid Doucette, ouvrier
40 Alfred Bouchard, réparate
métiers
40 Antoine Demers, réparat
métiers
50 Joseph Charrette, sr., foreu
50 Joseph Charrette, Jr., foreur
50 Anatole Charrette, Jr, foret
50 Anatole Charrette, foreur.
50 Ovide Lévesque, charpentie
50 Elisée Landry, ouvrier.
50 Napoléon Larrivée, journalie
62 Joseph Marchand, marchan
62 Napoléon Levasseur, journa
70 Joseph Ouellette, sr, journa
70 Joseph Ouellette, Jr, journa
70 Jean Ouellette, fleuriste
70 Georges Ouellette, ouvrier
86 Guillaume Vaillancour, Jour
86 Louis Vaillancour, ajusteur
86 Félix Normandin, second
86 Georges Pouliot, Journalier
85 Joseph Demontigny, foreur
43 Louis Bonnoyer, foreur
43 Louis Bonnoyer, boulanger
43 Alfred Bonnoyer, boulanger
43 Euclide Bonnoyer, ouvrier
33 Athanase Hébert, ouvrier

No.   RUE MARIER
8 Ulric Bérubé, rép de métier
8 Elzéar Drapeau, journalier
8 Delphis Drapeau, tisserand
8 Augustin Labrèche,tisserand
8 Nicolas Thérien, Journalier.

8 Louis Martel, tisserand.
8 Napoléon Fournier, canotier
8 Olivier Ouellette, tiers.
5 O.-F. Laviolette, rép de métiers
11 Valmor Lévesque, marchand de bois.
11 Louis Mongeon, charpentier.
11 Maxime Dubé, journalier.

No.   **RUE MARSH**

56 Samuel Roy, boßineur.

MARSH PLACE

38 Albert Dubel, ouvrier.
38 Valère Dubel, chapelier

No.   **RUE MASON**

13 Alexis Chamberlain, chef d'atelier.
23 Guillaume Lambert, ouvrier.
25 P.-E' Gagné, ouvrier
25 Norman Carreau, charpentier.
41 Léon Marcoux, rép. de métiers
61 Joseph Gendreau, marchand.
61 L.-P Gendreau, menuisier
61 Albert Gendreau, commis.
61 Ives Gendreau, commis
61 E.-A. Théberge, marchand
67 Guillaume Reinault, ouvrier
67 Jean Reinault, ouvrier.
77 Alfred Croteau, charretier.
77 O.-G. Gaudette, marchand
77 Georges Gaudette, rentier
95 Elzéar Lussier, épicier.
149 David Berger, journalier
159 Philéas Renaud, plâtrier.
159 Joseph Benoit, ouvrier.
177 P.-J. Hache, boulanger
177 A.-O. Marien, commerçant
199 Guillaume Ledoux, ouvrier
205 Omer Dionne, réparateur de métiers
205 J.-B Richard, charpentier
225 Louis Dumais, tailleur de pierre
225 Etienne Sévigny, charpentier.
225 Uldège Désielle, ouvmrier.
225 Edouard Thérien, ouvrier
239 Hormisdas Lenoir, commis
239 Chs Légaré, forgeron
239 J.-B Légaré, charretier
239 J.-A. Légaré, garçon d'ascenseur
239 Napoléon Légaré, ouvrier.
239 Fortunat Tremblay, pompier
178 Damasse Gamache, peintre
178 Arthur Pelletier, peintre
178 Wilfrid Pelletier, peintre
194 Dieudonné Dumaine, barbier
194 Arthur Boucher, charpentier
194 Ernest Boucher, tailleur de pierre
194 Pierre Thibaudeau, ouvrier.
168 Albert Milot, boulanger.
194 Xavier Dugal, ouvrier.

194 Adjutor Dugal, ouvrier.
194 Louis Dugal, second
194 Onésime Dugal, commis
206 Albert Ledoux, ouvrier
206 A.-J.-T Plante, commis.
204 Edouard Amiot, commis
206 Charlemagne Amiot, commi
206 César Amiot, commis
206 Joseph Amiot, marchand de ronnerie
214 Chs Gagnon, journalier.
214 Chs Gagnon, jr., journalier
214 Michel Goyette, Jr, commis
214 Emile Goyette, Jr, commis
214 J.-A. Gervais, ouvrier
214 Louis Gervais, garde-moteu
226 Joseph Guimond, peintre
226 Joseph Métivier, peintre
226 Télesphore Caron, charpen
226 Télesphore Caron, Jr, colpo
226 Joseph Caron, charpentier.
226 Donat Caron, chapentier.
226 Amédée Caron, peintre
226 Joseph Salvas, layetier.
248 Sylvia Marçeau, ouvrier.
248 Philippe Marçeau, mécanic
248 Odilas Leblanc, ouvrier
248 Jean Morrissette, journalie
248 Louis St Pierre, glacier.
248 Paul Bouchard, journalier.
248 Paul Charette, forgeron.

No.   **RUE MASSASOIT**

14 G.-A. Clément, charpentier.
14 L.-J. Clément, ouvrier.
44 Dominique Boivin, boulange
44 Albert Boivin, boulanger.
44 Félix Casavant, ouvrier.
58 Joseph Valcour, surveillant
66 Narcisse Corneau, charretier
66 Pierre Corneau, journalier.
70 Chs Lanoux ouvrier.
70 Elie Dusablon, journalier
86 Louis Pelcher, tailleur de p
86 Théodore Pelcher tailleur de
86 Amable Potvin, tisserand
86 Joseph Bazinet, charretier
85 Georges Piché, tisserand
85 Napoléon Piché, tiers
85 Herménégilde Lamothe, tiss
85 Ths Pinault, charretier.
77 Louis Ponton, rentier
77 Adolphe Bousquet, tisserand
77 Louis Lafrance, second
7 Gilbert Soly, charpentier.
73 Narcisse Goyette, ouvrier
73 Pierre Lévesque, peintre
45 J.-G. Normand, réparateur c tiers
45 P.-S.-G Normand, tisserand
45 Arthur Normand, tisserand.
39 L.-J. Rioux, commis
29 O.-J. Rousseau, joaillier.

21 Fernando Dumaine, tisserand.
21 Ulric Gauthier, boulanger.
21 Arthur Gauthier, tisserand.

No. **RUE MAYNARD**

11 Albert Renaud, chauffeur
19 Alfred Lizotte, teneur de livres
19 Arthur Lizotte, ouvrier
19 Albert Bérard, ouvrier

No. **RUE McDONALD**

46 Joseph Poisson, charpentier
46 Eugène Poisson, charpentier
46 E.-G. Lacouture pharmacien.
46 Edouard Thibault, capitaine
46 J.-E Boucher, tisserand
33 Achille Tourigny, commis
33 Maxime Bernier, tisserand.
89 Théophile Gauthier, Journalier
89 Alfred Pinault, fileur.

No. **RUE McGOWAN**

66 Joseph Poirier, charpentier
66 Edouard Poirier, expéditeur
86 François Drapeau, laitier
192 F.-G. Thérien, commis.
210 Samuel Rondeau, ministre
201 François Maynard, maçon

No. **RUE MELROSE**

11 G.-C. Chandonnet, peintre
11 Eugène Bibeau, poseur de lattes
11 Philippe Barnabé, charretier
39 Georges Denis, charpentier
39 P.-E. Roy, ouvrier

No **RUE MELVILLE**

1 Joseph Marchand, ouvrier
1 Benjamin Marchand, ébéniste.
9 Joseph Beauparlant, barbier
79 Damase Brosseau, journalier
71 Chs Roch, charpentier
15 Pierre St Laurent, carrier
38 Aimé Beauparlant, charretier.
38 Hercule Beauparlant, ouvrier.
48 Chs Nault, épicier.
96 Auguste Lafayette, charpentier.
96 Alphonse Halberdière, boulanger
96 Michel Gagné, charpentier
96 Edmond Côté, second.
96 Guillaume Thibault, polisseur
100 Joseph Mothon, tisserand
104 François Vérandry, rentier.
104 Alfred Vérandry, charretier
122 Pierre Adam, électricien
122 Chs Larrabé, Journalier.
120 Patrice Lambert, cardeur
126 Alexandre Maréchal, marchand
129 Joseph Lemont, peintre

No. **RUE MERIDIAN**

204 C.-C. Surprenant, pareur
730 Alfred Turcotte, charret
1147 Joseph Brodeur, charret
1154 J.-E. Dion, charretier.

No **RUE MERINO**

5 Alfred Côté, ouvrier.
5 Joseph Brisebois, commerça
5 Maxime Robillard, ouvrier.
5 Olivier Robillard, tiers.

No **RUE MIDDLE**

121 Alfred Martin, tisserand.
121 G.-H Martin, tisserand.
121 Georges Martin, tisserand
121 Guillaume Neuville, tisser
175 F.-X Richard, épicier.
175 Hector Richard, imprime
203 Godefroy De Tonnancour, liste.
439 E.-T. Talbot, pharmacien
569 Léon Généreux, journalie
659 Adélard Fecteau, médecir
818 A.-A. Dion, père domini
818 P.-M.-J. Béliveau, père cain
818 L.-J Terrien, père domini
818 P.-V. Charland, père dor
818 H.-A Beaudé, père domi
818 Réginald Farley, père dor
818 Amédée Jacquemet, père cain
818 Ambroise Lamarre, père cain.
818 Vincent Perrotin, père dor
818 Vincent Marchildon, père cain.
818 Jourdain Charron, père cain.
909 J.-A. Paré, surintendant.
818 J.-M Lachance
818 Thomas Cadieux.
818 Dominique Gilbert
934 G.-H Fournier, chef d'atc
934 Joseph Fournier, mécani
934 Louis Fournier commis.
823 Misaël Archambault, agei
829 Damien Robillard, comm
829 Elzéar Doucette, commis.

No **RUE MIDDLESEX**

13 J.-B. Banville, boulanger.
13 Arthur Rioux, foreur.
35 Joseph Garant, ouvrier

No **RUE MILLER**

10 Exéas Ouellette, charretier.
18 Louis Fournier, tisserand.

No. **RUE MONTAUP**

476 Alfred Plante, épicier.

476 Auguste Rioux, chapelier.
476 Aur. Ste Marie, commis
476 Adrien Laberge, ouvrier.
476 Delphis Picard, épicier.
468 Georges Lanoix, commis
468 Zénon Perrault
462 Joseph Lajoie, tisserand
462 Napoléon Leclair, ouvrier
462 Louis Ficard, agent d'assurances
462 Auguste Plante
462 Alfred Picard, commis
462 Côme Mailloux, tisserand
462 Joseph Audet, Journalier.
442 Elie Parent, rentier
442 Luc Belavance, ouvrier
442 Edmond Patenaude, ouvrier
442 Emery Chauvin, ouvrier
442 Adélard Chauvin, ouvrier
436 N.-C Langlois, ouvrier.
428 Alphonse Bouffard, tiers
428 Alfred Desrosiers' maçon
419 Félix Laberge, rentier
418 Albert Laberge, réparateur de métiers
418 Adélard Laberge, ouvrier
418 Joseph Noel, charpentier
386 Hermann Desjardins, ouvrier
386 Nazaire Pelletier, ouvrier.
386 Joseph Pelletier, ouvrier
386 Delphis Plante, agent d'assurances
386 Omer Asselin, Journalier.
378 François Froment, Journalier
378 Joseph Froment, ouvrier
378 Wilfrid Marois, forgeron
378 Oliva Ste Marie, ouvrier
376 Joseph Robidoux, ouvrier.
376 Sinai Pelletier, ouvrier
370 Alphonse Canuel, ouvrier
360 Thomas Valade, chapelier.
360 Chs Bigot, chapelier
268 Pierre Duval, chapelier.
174 Moise Dufresne, charretier.
174 Joseph Dubé, tisserand
174 François Morin, rentier
174 Emile Morin, charretier
174 Alphonse Langlois, journalier
168 Jean Dubel, Journalier
164 Théophile Cormier, laitier
164 François Dubé, fileur
164 Henri Péladeau, ouvrier.
164 Louis Valois, ouvrier
164 Joseph Valois, chapelier
150 Elzéar Paradis, rentier
150 Edouard Lapointe, peintre
110 Cyrus Caron, boulanger
90 Philippe Lévesque, commis
82 Pierre St Germain, peintre
82 Alphonse Bessette, tisserand
72 Gédéon Côté, tisserand
64 Henri Mathieu, colporteur.
64 Ubalde Gagnon, tisserand
95 Xavier St Laurent, journalier.
219 Guillaume Bettencour.

255 Jean Frenet, huileur.
269 Albert Hertel, tisserand.
299 Anthime Saureth, forgeron.
299 Alexandre Saucier, charpen
351 Horace Ledoux, commis
351 Olivier Gadbois, Jr, rép. d tiers
3161 J.-A Gagnon, agent d'as ce
361 Alfred Dupuis, barbier
365 Achille Gagnon, tisserand
365 Ferdinand Guimond, bobin
365 Evariste Ferland, charpent
365 Joseph Chauvette, charpen
399 Moise Fournier, peintre
431 Louis Chassé, charron
431 Michel Vaille
441 Michel Dubé, chapelier.
473 Joseph Bissonnette, journa

No   **RUE MONTGOMERY**

16 Henri Arsenault, tisserand
16 Jean Gaudreau, journalier
16 François Gaudreau, tisseran
16 Arthur Dugast, layetier.
32 Félix Pelletier, tisserand
22 Philippe Pelletier, comionne
34 Guillaume Arsenault, journa
34 Eudore Gadette, serre-frein
34 Hormisdas Maynard, épicier
38 Joseph Blais, tisserand

No   **RUE MONTY**

79 Joseph Beauregard, Journali
79 Joseph Côté, Journalier.
45 Joseph Goulet, tisserand
45 Gédéon Arsenault, rentier
45 Ulric Arsenault, Journalier
45 H.-J Lafond, tisserand
19 Charles Lacroix, charpentier
19 Pierre Dionne, tisserand
19 Hector Ouellette, Journalier
19 Ernest Lemaire, tisserand
19 Alfred Paul, tisserand
7 Philippe Messier, peintre
1 Joseph Ratté, tiers
7 Joseph Landry, tisserand
20 Guillaume Parenteau, Journ
20 Alexandre Lafond, tisserand

No.   **RUE MORGAN**

207 G.-F. Monarque, glacier
217 Joseph St Ours, cuisinier
227 Michel Berger, ouvrier
227 J.-F Robert, rép. de méti
227 Joseph Dubé forgeron
180 Thomas St Leger, journalie
172 Napoléon Contant, blanchi
172 Georges Contant, blanchiss
98 Joseph Allaire, charretier
77 Chs Salvas, tisserand
77 Joseph Bruneau, fileur.

63 Philbert Dufour, boulanger
63 Zoel Dutour, commis
63 Edmond Parent, charpentier
63 Guillaume Thibault, chef d'atelier
45 Joseph Gagnon, épicier

No.   RUE MOTT

20 Joseph Sévigny, surveillant
290 Louis Pelletier, ouvrier
166 Guillaume Leclair, maçon.

No.   AVENUE MOUNT HOPE

540 Joseph Caméra, ouvrier
586 A.-J. Brpunelle, pharmacien
588 Isaie Laplante, marchand de
foin.

No   RUE MOUNT PLEASANT

257 Joseph Lambert, fermier.

No.   RUE MULBERRY

93 Jean Lamontagne, ouvrier.
109 Edmond Gélinas, ouvrier.
115 A. Roch, Journalier.
115 Guillaume Malenfant, tisserand.
115 Paul Auclair, tisserand.
115 Moïse Auclair, tisserand
115 François Pelletier, tisserand à
161 Chs St Roch, charretier.
161 Alfred Morin, tisserand.
167 Paul St Michel, rentier.
167 Joseph St Michel, fileur.
167 Jules St Michel, tileur.
167 Georges Lombard, charretier.
167 Delphis Roy, réparateur de métiers.
167 Ephraïm St Michel, tisserand.
231 Stanislas Chrétien, Journalier.
231 Chs Chrétien, tisserand
231 Joseph Chrétien, ouvrier.
241 Narcisse Fournier ouvrier.
251 Joseph Duhamel, ouvrier.
251 Joseph Montminy, ouvrier.
271 Joseph Samson, tisserand.
271 Auguste Patry, ouvrier.
279 Joseph Boulier, bedeau
279 Emmanuel Poutré, ouvrier
279 Zéphirin Legendre, tisserand.
279 Henri Duhamel, ouvrier
293 Ths Raymond, journalier.
293 Jean Minville, Journalier
293 Oscar Minville, Journalier
293 Narcisse Dupré, jr, tisserand.
293 Guillaume Dupré, tisserand
303 O Lamontagne, ouvrier
303 Joseph Rootaille, ouvrier
303 Joseph Rootaille, jr, ouvrier.
315 Antoine Dénommé, musicien.
315 Antoine Dénommé, charpentier.
311 Adélard Bouthillier, forgeron.
311 Narcisse Lebel, journalier.

311 Alfred Lebel, tisserand.
383 E -J. Robillard, commis.
358 Eloi Guillet, second.
358 G H. Guillet, ceinturier.
358 Gaspard Robillard, commis
bulant.
358 Pierre Dufresne, ouvrier.
270 Auguste Talbot, rentier.
270 Olivier Talbot, huileur.
240 Ephraim Quintin, ouvrier.
238 Antoine Paré, imprimeur.
234 Chs Moreau, ouvrier
234 Louis Allaire, tisserand.
224 Joseph Maurice, chapelier.
224 Théodore Monty, tisserand.
220 Delphis Dupré, tisserand
206 Philomène Gésu, ouvrière
186 Prime Bruneau, fileur.
170 Guillaume Langevin, tiers.
164 Edouard Antaya, jr, tissera
164 Abraham Gauthier, journalie
164 Edouard Antaya, rentier.
164 Ludger Bérard, électricien.
164 Michel Antaya, surveillant.
156 Pierre Antaya, Journalier.
156 Théophile Couture, journalie
98 Albert Descoteaux, peintre
98 Louis Faucher, charpentier.
98 Jean Dupuis, tisserand
98 Emile Lucier, tisserand
5 Désiré Roy, tisserand.
5 J -B Doucette, ouvrier.
5 Emile Desrosiers, tisserand.
19 Joseph Rootaille, ouvrier
19 Louis Rootaille, tisserand
19 Antoine Landry, tisserand.
21 Achille Vachon, charretier.
21 Moïse Alix, tisserand.
21 Xavier Martel, peigneur
21 Delphis Leclerc, tisserand
21 Emile Pelletier, tisserand
23 Cléophas Collard, tisserand.
23 Adélard Bruneau, tisserand.
23 Philippe Lepage, charretier
23 Alphonse Vachon, ouvrier.
25 Albert St Ours, tiers
25 Albert Landry, Journalier.
29 François Daunais, pompier.
29 Jean Guay, charpentier
29 Adélard Chabot, Journalier
29 Georges Chabot, Journalier.
27 Paul Cyr, tisserand.
27 Louis Champagne, tisserand.
31 Ludger Berthiaume, journali
37 Alphonse Béland, tiers
4 Victor Desrosiers, tiers.
46 Alfred Michaud, tisserand
46 Pierre Poupart, salle de pou
46 Pierre Gaudreau, tisserand
38 Elzéar Côté, serre-frein.
38 Alphonse Dubé, tiers
30 Guillaume Fournier, tisseran
6 Armand Dégagné, journalier.
6 Odilon Dumont, peintre.

RUE MURRAY

No.

4 F -H Lapointe, serre-frein.
16 Louis Tardif, cantonnier.
16 Eugène Pierre, tisserand.
20 Philippe Letendre, commis.
20 Oscar Mailhot, journalier.
46 Félix Bélavance, second.
46 Magloire Bellavance, charretier.
46 Ludger Boucher, tiers
48 Réné Rocheleau, mouleur.
48 Narcisse Rocheleau, tisserand.
48 Alphonse Ouellette, Journalier.
48 Napoléon Ouellette, journalier.
89 Avila Delorme, commis
89 Marc Sévigny, contre-maître
89 Stanislas Desmarais, commis.
49 Henri Gagnon palefrenier
35 Philippe Vaillancour, mécanicien
35 Adolphe Plourde, maçon
35 Adolphe Plourde, jr , peintre.
35 Napoléon Plourde, blanchisseur.
35 Cyrille Lacombe, second

RUE NASHUA

No

31 J -B. Lizotte, ouvrier.
31 J -L Lizotte, journalier.
31 Exéas Raymond, ouvrier.
31 Napoléon Jean. ouvrier.
33 Pierre Raymond, charretier
33 L -J. Gervais, tisserand.
33 Edouard Turcotte, surveillant.
33 J -E. Lizotte, tisserand
73 Armel Rioux, commerçant.
73 Félix Antaya, surveillant
125 Philippe Lévesque
125 Alexandre Corriveau, commerçant
125 Albert Corriveau, agent d'assurance.
125 Joseph Salvas, agent d'assurance.
125 Auguste Lizotte. poseur de lattes.
125 R -Raymond, foreur.
125 Joseph Raymond. foreur
133 Arthur Boucher, journalier.
133 Philippe Rioux, foreur
13 Adolphe Pèlerin, journalier.
133 Xavier Pèlerin. journalier
133 Joseph Lamothe, charretier
133 Philippe Nault, journalier
147 Antoine Bessette, charretier.
147 Aristide Latour, ouvrier.
147 Georges Laviolette. ouvrier
147 Adélard Pelletier, peigneur.
147 Antoine Forget, ouvrier
147 Moïse Bessette, charretier.
147 Télesphore Bessette, artisan.
147 Théodore Cloutier. épicier
165 Marc Thibault, chef d'atelier.
165 Francois Pelletier. journalier
165 Joseph Pelletier, Journalier
165 Pierre Dubé, Journalier
115 Lucien Corneau. journalier
165 J -B Tremblay, Journalier
165 Joseph Desrosiers, Journalier.

165 Georges Desrosiers, Journ
165 Jérémie Ballard, pareur.
172 Napoléon Chamberlain, o
172 Octave Ballard, ouvrier
177 Joseph Levesque, charpei
177 Xavier Lévesque, couvreu
177 Emile Pelletier journalie
177 Guillaume Vallée, charrel
177 Henri Michaud, carrier
177 Narcisse Richard, agent
177 Joseph Richard, collectei
181 J -B. Laforset, journalier
181 Alfred Bouchard, ouvrier
186 Joseph Ballard, ouvrier.
186 Avila Ballard, ouvrier.
186 François Ballard, ouvrier
186 Delphis Bérard, ouvrier
186 Henri Castonguay
186 Eugène Lévesque, blanch
188 Adélard Boutot, ouvrier
188 J -B Cloutier, mécanicien
188 Eugène Saucier, foreur
187 Edmond Hébert, commis
187 Ludger Michaud, ouvrier.
187 Damase Caron garçon d
toir.
194 Joseph Nadeau, charretie
194 Achille Emond. ouvrier
194 Ferdinand Tardif, journa
236 F -Z Bérubé, homme de
236 Alfred Bérubé, journalier
236 Bernard Lévesque, imm
236 J -B Lévesque, charreti
236 Léon Lévesque. peigneur
236 Georges Larivière, boula
236 Henri Castonguay. jr , ou
236 S Daigle, tisserand

RUE NELSON

No

26 Alfred Chénard, réparat
métiers
26 Octave Drapeau, pareur.
26 François Drapeau, charp
33 Philippe Drapeau, pareur
33 Fortunat Rioux, ouvrier.
33 David Rioux, ouvrier.
49 Pierre Duval, tisserand
49 Misaél Bruneau, tisseran
49 Paul Chouinard, journali
49 François Chouinard, jour
49 Paul Chouinard, journali
49 Arthur Laliberté, tisserai
91 Arthur Ouellette, peintre
91 Onésime Madore. ouvrier
91 Emile Madore, peintre.
91 J -N Ouellette, tisserand
91 Joseph Lapointe. ouvrier
91 Ernest Ouellette, ouvrier
91 Louis Ouellette, ouvrier
150 Chs Martel, plombier

NEW BOSTON ROAD

No.

706 D.-A. Plante, Journalier.

706 Emîle Plante, Journalier.
706 Wilbrod Plante, conducteur.

No. **RUE NEWHALL**

87 Narcisse Forcier, maJon.

No. **RUE NIGHTINGALE**

13 Napoléon Garant, réparateur de métiers.
35 Narcisse Thibault, ouvrier.
35 Jean Couture, rentier

No. **RUE NINTH**

68 Arthur Maynard, médecin.
26 Alex Chapedelaine, charetier
14 Zénon Rioux, palefrenier.
63 Arthur Leclair, charretier.
63 Alfred Lambert, charretier.
83 Guillaume Buteau, maçon.
83 Joseph Sansouci, Journalier.
83 Thomas Morrissette, rentier

No. **RUE NORFOLK.**

91 Elzéar Chouinard, réparateur de métiers.
91 Osias Côté, tisserand.
83 Pierre Auclair, charpentier.
83 Joseph Auclair, tisserand.
83 F.-X. Auclair, commis.
83 Jérémie Lefebvre, tisserand.
83 Cyprien Côté, tisserand.
83 Herménégilde Côté, tisserand.
77 Dollard Paradis, commis.
77 Odias Paquet, tisserand.
77 Alexis Bélanger, jr., tisserand
73 Joseph Parent, charpentier.
73 Ludger Parent, peigneur.
73 Germain Guimond, fileur.
67 Alphonse St Germain, tisserand
67 Guillaume St Germain, tisserand.
67 Olivier Lincour, journalier.
67 Jean Plante, rentier.
67 Antoine Plante, tiers.
67 Narcisse Boucher, fileur
67 Edouard Boulé, tiers
67 Elisée Houde, pareur.
53 Ferdinand Paul, journalier.
23 Philbert Lafleur, boulanger
23 Arthur Lafleur, charretier.
23 Georges Lavallée, garde-moteur
7 Alexis Laurie, tisserand.
22 Georges Lévesque, contre-maître
22 Amédée Tremblay, rép de métiers
22 Louis Tremblay, tisserand
22 Louis Lamoureux, tambour
22 Etienne Roy, réparateur de métiers
22 Joseph Ménard, réparateur de métiers.
22 Narcisse Ménard, tisserand.
32 Paul Dupéré, tiers
32 Michel Boulé, rentier.

54 J.-D Lincour, épicier.
54 Alfred Messier, tisserand.
54 A Charbonneau, serre-frei
60 Hercule Moreau, tisserand.
68 Alphonse Goulet, réparateu métiers.
76 Joseph Banville, chef d'atel
76 Alphonse Godbout, Jr, tisse
76 Philéas Godbout, commis
82 Aimé Bérard, charpentier
82 Napoléon Bérard, charpenti
82 Alphonse Dupéré, journalie
82 Herménégilde Dupéré, jou
82 Prudent Bérubé, jouranlier.
90 J.-B. Nadeau, meneur.
88 W.-N. Perault, peintre.
88 Lévis Charretier, charpentie
88 Philippe Boutin, second.
88 Yvon L'Italien, flotteur de
88 Elie Bessette, cocher de fia
88 J.-B Plante, tisserand

No. **RUE NORMAN**

63 Auguste Vaillancour, ouvrie
63 Napoléon Carignan, ouvrier.
63 Amédée Bérubé, ouvrier
63 Josepuh Ouellette, journali

No. **RUE NORTH COURT**

65 Chrysostome Vallée, charret
21 Adélard Gagnon, charretier
13 Wilfrid Demontigny, brasse
13 C.-G. Demontigny, cordonni

No. **RUE NORTH EIGHT**

6 J-B Lamoureux, tisserand
6 Wilfrid Lamoureux, tisserai
6 Eloi Gaucher, bardier.
6 Roch Alix, bardier.
28 Alfred Dupré, ouvrier
28 Wilfrid Pigeon, ouvrier.
28 Dominique Cyr, charretier.
28 Georges Rioux, charpentier
48 François Sévigny, charpenti
48 Auguste St Amant, maçon
78 Joseph Letendre, tisserand.
78 Louis Cardin, forgeron
78 Jean Cardin, charretier
78 Adolphe Bouvier, contre-ma
89 J-P. Rioux, mécanicien.
89 Philéas Labbé, peintre.
57 Joseph Lapalisse, charpent
49 Georges St Ours, tisserand
27 Alfred Gervais, journalier.

No. **RUE NORTH MAIN**

6 Daniel Turcotte, tisserand
6 Henri Boisvert, sellier
6 Edmond Bérubé, huileur
6 Ernest Roy, journalier.
558 E.-J Delisle, facteur.
782 Elzéar Campeau, garde-n

782 Edgar Banville, conducteur.
976 Georges Arsenault, garde moteur
1050 Rodolphe Viens, tisserand.
1166 J.-B. Huard, (immeubles).
1166 J.-E. Huard, médecin.
1174 Chs Patenaude, barbier
1286 J.-C. Martin, patrouille
1286 J.--Martin, Jr, agent d'assurances
1491 Benoit Forbes, journalier.
1491 Joseph Forbes, tisserand.
1491 Pierre Forbes, tisserand.
1475 J.-S. Leboeuf, médecin.
1475 Napoléon Leboeuf' rentier.
1465 Michel Benjamin, charretier.
1465 Augustin Lavoie, tisserand.
1465 Michel Benjamin, Jr., forgeron.
1465 Zénon Galipeau, forgeron.
1467 Etienne Guillemette, tisserand.
1449 C. F Bergeron, marchand.
1059 Félix Bessette, rentier.
1059 G.-B. Bouthillier, garde-moteur.
1059 G.-B. Bouthiller, conducteur
1059 Arthur Bouthiller, commis
1043 Arthur Boucher, barbier.
999 Arthur Renaud, boute-en-train.
1588 Arthur Latouche, commis
1632 Antoine Bettencour, portier.
1716 Ephraim Bouthiller, barbier.
1890 Maxime Goyette, homme de cour
1890 Alfgred Lavallée Journalier.
1894 Pierre Gagné, fileur.
1894 Cyrille Gagné, tisserand.
1894 Napoléon Auger, fileur.
1960 Auguste Dubé, journalier
1960 Léon Gagnon, rentier.
1960 Pierre Gagnon, peintre
1960 François Martel, tisserand.
1960 Jean Gagné, charpentier.
1960 Jean Gagné, Jr., réparateur de
métiers.
1960 Eugène Gagné, charretier.
1968 Nazaire Houde, charretier.
1968 Laurent Houde, employé de chemin de fer.
1968 Roch Cantara, peigneur.
1968 J.-F. Brabant, second
1968 Joseph Fortier, tiserand.
1968 Chéri Hébert, tisserand.
1968 Adolphe Ouellette, Journalier.
1972 Joseph Cyr, forgeron
1972 Théodore Cyr, forgeron.
1972 Achille Bélanger, tisserand
1972 Edouard Morin, fileur
1972 Théophile Labrie, rentier.
1972 Charles Labrie, tisserand
1974 Pierre Doucette, Journalier
1974 Thomas Gagnon, charretier
1974 Philippe Thibault, charpentier.
1976 Trefflé Dussault, tisserand
1976 Adolphe St Jacques, commis.
1976 Jérémie Benoit, charretier.
1976 Ovide Pitre, tisserand.
1984 Lorenzo Lizotte, homme de cour.

1984 Jean Caron, tisserand.
1996 Cyrille Croisetière, charret
2016 Louis Poitras, tisserand
2016 Arthur Benoit, tisserand.
2016 Salomon Berthelet, journ
2016 Alfred Berthelet, Journal
2036 Philéas Colin, Journalier
2036 Joseph Colin, réparateu
métiers
2036 Alexis Thibault, journalie
2036 Joseph Thibault, commis
2036 Désiré Thibault, peigneur.
2036 Eugène Prairie, charpent
2036 Guillaume Chevalier, com
2046 Chs Riendeau, charretier
2046 Fidèle Vaillancour ,rentie
2046 Alexandre Lemay, charre
2074 Joseph Talon, journalier.
2074 Joseph Talon, Jr, tisserar
2074 Cyprien Thibault, journa
2074 J.-B Poirier, tisserand.
2074 Jérémie Bélanger, tissera
2074 Jean Henri, tiers.
2074 N.-F. Choquet, garçon de
ce.
2086 Paul Thibault, gazier.
2086 Arcadius Gagné, épicier.
2086 Alexandre Desrosiers, ren
2086 Arsène Desrosiers, tiers
2086 Léon Desrosiers, tiers.
2108 Joseph Bacon, tiers.
2108 Louis Boulay, second.
2122 Alphonse Beaulieu, tisser
2122,Guilaume Beaulieu, tiers.
2210 A Lévesque, tisserand.
2442 Joseph Ménard, tisserand.
2442 Gédéon Croisetière, secon
2458 Alexis Potvin, inspecteur
gne.
2458 Joseph Potvin, Jr., peigne
2458 Joseph Potvin, journalier
2490 L.-G. Destremps, architec
2490 V. R Destremps commis
2490 Chs Destremps, commis.
2490 A.-O. Destremps, commis
2594 F.-A. Lavallée, commerça
2594 C.-E. Lavallée, second.
2674 Emile Dubé, charretier.
3966 Vénéran Rioux, rentier.
3966 Alphonse Rioux, peintre.
3966 Rémi Rioux, peintre
3966 Philéas Rioux, second.
3966 Chs Rioux, tisserand.
4621 Rémi Lemay, fermier.
4263 Arthur Caron, fermier.
4077 Joseph Lemay, fermier
4077 Olivier Lemay, forgeron
4077 Ovide Lemay, fermier
4077 Joseph Lemay, Jr, charpe
3477 A.-S. Clément, second.
3477 E.-S. Clément, contre-ma
3063 J.-B Marquis, journalier
3063 Wilfrid Marquis, charreti

2931 Auguste Surprenant charpentier.
2931 Achille Surprenant, tisserand.
2931 Etienne Giroux, rentier.
2787 Alphouse Thibault, contre-maître.
2173 Joseph Arsenault, tisserand.
2173 Eugène Arsenault, tiers.
2173 Ferdinand Arsenault, fermier.
2173 Honoré Beaulieu, Journalier.
2153 Narcisse Roy, couvreur.
2153 Napoléon Desrosiers, tisserand
2135 Joseph Fournier, charretier.
2135 Ernest Gagné peintre
2135 Omer Thibault, tisserand
2095 Jules Cloutier, commerçant.
2073 Chs Boucher, tisserand
2073 Théophile Gaboury, tisserand
2073 M. Benoit, tisserand
2073 Stanislas Poissant, tisserand.
2063 Joseph Ouellette, tisserand.
2063 Joseph Morin, tisserand.
2051 Joseph Maynard, épicier.
2051 Joseph Caron, cordonnier.
2051 Pierre Caron, tisserand.
2051 Xavier Caron, tisserand.
1933 Arthur Roussel, tisserand.
1909 Georges Lamothe, tisserand.
1861 Béloni Lavictoire, tisserand.
1861 Jean Bellavance, second
1861 Ignace Coulombe, tisserand
1861 Herménégillde Labonté, tiers
1861 Alphonse Côté, tisserand.
1779 Joseph Surprenant, marchand
de grain.
1777 F.-X Surprenant, marchand de
grain.
1777 Siméon Grenier, rentier.
1769 Philippe Morrissette, tisserand.
1769 Patrice Laflamme, charpentier.
1689 Pierre Bessette, charretier.
1679 Onésime Langlois, conducteur,
1679 Nazaire Rochon, homme de cour
1681 Odilon Valcour, tisserand
1681 Adélard Valcour, charretier.
1523 Jean Barré, pompier.
1523 Guillaume Barré, tisserand.
1523 J.-H. Barré, tisserand.
1523 P -E Larivière, agent d'assurances.
1523 Henri Nadeau, tisserand.
81 Alexandre Brillon, chef
81 P -P. Péloquin, charretier.
199 O.-D. Gagnon, agent d'assurance

No.   **NORTH SEVENTH**

12 Azarie Souverain, tisserand
22 Joseph Lafleur, tisserand.
44 Guillaume Bouchard, verrier en
bouteille.
44 François Labrie, ouvrier.
58 Jacques Desaulniers, tisserand
58 E.-C. Desaulniers, arrangeur.

58 Moise Desaulniers, arrang
84 Michel Bergeron, peintre.
84 J.-E. Bergeron, commerça
84 Exéas Bergeron, ceinturie
84 Samuel Bergeron.
84 Albert Bergeron, assistant
te.
86 David Désilets, ouvrier.
86 Charles Désilets, tisseran
140 G.-H. Goyette, chauffeur
140 J.-S. Goyette, charretier.
140 P.-P. Dulac, chef d'ateli
140 François Marcotte, charre
11 Henri Laflamme, palefre
19 Joseph St-Germain, tisser
19 Ludger Rivard, tisserand
143 Séraphin Duverger, impri

No.   **RUE NORWOOD**

72 T. Chandonnais, commerça
76 Joseph Pineau, second.
73 Antoine Forcier, ouvrier.
33 Philéas Desforges, ouvrier.
29 Joseph Mettez, peintre

No   **RUE OAK**

89 Edouard Houle, charpenti
89 Alfred Gingras, forgeror
104 A. Gagné, garçon de servi
104 Arthur Gagné, charretier.
56 A.-L. Lantaigne, opticien.
33 A -T. Lemerise, sellier.
33 A.-G. Lemerise, journalie
33 Alfred Gervais, tisserand
21 G.-A. Harbec, acteur.

No.   **AVENUE OAK GROVI**

91 Adélard Barette, peintre.
424 Guillaume Beauregard, pl
424 Napoléon Beauregard, co
434 Albert Durant, réparateur
tiers

No.   **RUE OLIVER**

138 Octave Dubé, second.
138 Ernest Desrosiers, commi
26 Philéas Viau, gazier.
4 O.-E. Duhois, artiste.
57 J -E. Banville, commerçan

No.   **RUE ORANGE**

57 Georges Gagnon, tisseran
57 Pierre Filion, mécanicien.
125 J.-F. Simon, ouvrier.
4 Alfred Leduc, fileur.
4 Joseph Dufresne, ouvrier.
20 J.-B. Compas, ouvrier.
20 Théophile Desmarais, char
64 Joseph Brault, tisserand.
70 Joseph Lechasseur, répara
métiers.

100 J.-S Martin, ouvrier.
140 Amroise Choquet, réparateur de métiers.
150 Alfred Larecque, commis.
154 Ulric Brault, forgeron.
174 Joseph Lajoie, charpentier.
176 Jules Bérué, bedeau.
176 Pierre Fotvin, commis
176 Joseph Bazinet, peigneur.
254 Jacques Baron, tiers
254 Thomas Baron, journalier
292 Alfred Langlois, contre-maître.
292 G.-H. Lapierre, tisserand.
292 Philippe Surprenant, peintre.
255 Marcien Léger, cordonnier.
255 Léon Léger, trésorier.
253 Zéphirin Bérué, ouvrier.
237 Georges Fortin, ouvrier.
237 G.-J. Fortin, cardeur
237 Louis Fortin, forgeron.
237 Wilfrid Bisson, ouvrier.
235 Donat Côté, charpentier.
235 Napoléon Landry, peintre.
235 Napoléon Bérué, tiers.
171 Alfred Donast, Journalier
171 Joseph Joly, marchand de bois.
171 Isaïe Roy, tisserand.
171 Pierre Parent, rentier.
161 Raymond Plouffe, ouvrier.
151 Emmanuel Mignault, ouvrier.

No.   **RUE ORCHARD**

2 François Monast, matelot de pont.
2 Edouard Bilodeau, réparateur de métiers.
2 Joseph Bilodeau, réparateur de métiers.
24 Victor Pintal, peintre.
57 François St Pierre, charretier.
57 Emile St Pierre, charretier.
57 Guillaume St Pierre, charretier.
47 Louis Côté, commis.
47 Gédéon Labonté, ouvrier.
47 Louis Labonté, ouvrier.
15 Jean Desmarais, marchand de vieilleries.
15 Charles Desmarais, rentier.
15 Henri Enaud, tisserand.
5 Joseph Desmarais, colporteur.
5 Arthur Robert, cordonnier.
5 Arthur Fontaine, sellier.
99 Alphonse Aubert, ouvrier.
32 Ovide Lévesque, fileur.
46 Jean Masson, tisserand.
46 Jean Masson, jr., tisserand
104 E -P Mannie, tisserand

No.   **RUE ORSWELL**

12 Xavier Bélanger, ouvrier.
22 Joseph Lemay, tisserand.
22 Azarie Bachand, ouvrier.
22 Azarie Bachand, Jr., ouvrier.
87 Charles Perron, journalier.

87 Fabien Michaud, chapelier.
73 Paul Arsenault, ouvrier.
73 Joseph Arsenault, charreti
61 Nazaire Ringuette, ouvrier
61 Alfred Ringuette, ouvrier.
61 Ernest Bellavance, ouvrier.
288 Alfred Pétrin, garde-forest
288 Louis Laforce, ouvrier.
596 Félix Tessier, charpentier.
614 Joseph Fournier, réparate métiers
631 Jérôme Lavoie, blanchisse

No   **RUE OSBORN**

171 Clovis Tremblay, ouvrier.
171 Arthur Tremblay, ouvrier.
171 Paul Trembaly, ouvrier.
171 Joseph Gendreau, marchar
173 Léon Mélançon, marchand
185 L.-R. Leclair, maçon.
185 Oscar Leclair, maçon
185 H. Leclair, maçon.
187 Jean Iavoie, charpentier.
187 Fortunat Lavoie, tisserand
195 Athanase Dussault, charpe
195 F -H. Patenaude, assistant tendant.
211 Théophile Bouchard, rent
211 Octave Dussault, peintre d gnes.
213 E -H. Duprez, croque-mort
213 J.-R Michaud, rentier.
213 Chs Martin, rentier.
221 M -J Desautels, surintenda
230 Narcisse Deschamps, pluma
242 Jean Carrier, fileur.
355 O. C Goulet, faiseur de p
355 Rosario Goulet, peintre.
296 A -J. Plante, carrossier.
306 F -A. Crosson, cabaretier.
401 Isidore Janson, commis
417 Solime Laleune. rentier.
417 Edouard Laliberté, comme
451 Napoléon Beauparlant, co çant.
451 J.-E Gagnon, agent d'assu
451 Pierre Rochefort, cuisinier
451 Joseph Côté, foreur
529 O.-L. Péloquin, commis.
556 Guillaume Hardie, pharma
444 J.-E. Péloquin, commerça

No.   **RUE OTTO**

37 Elmar Desmarais, tisserand
23 Amable Potvin, Journalier.
7 Joseph Paul, tisserand.
7 Napoléon Chagnon, second
7 Auguste Michaud, second
7 Télesphore Blais, tisserand
7 Philéas Tessier, tisserand.
6 Joseph Pinsonnault, tisserar
14 Napoléon Lefebvre, hom cour
14 Horace Babin, cocher.

14 Pierre Paul, journalier.
30 François Goulet, rentier.
30 Narcisse Tétrault, boudineur.
38 Prosper Goulet, charretier.
38 Louis Lizotte, tisserand

oN.   **RUE PALMER**

3 Chs Larose, chapelier.
17 Alphonse Gagnon, commis.
29 Alexandre Côté, rentier
39 Jean Fisette, ouvrier.
29 Napoléon Gendreau, peintre.
29 Joseph Bergeron, tisserand
25 Amédée Thériault, charpentier.
25 Arsène Gagnon, peintre.
39 Joseph Turcotte, charpentier.
39 N -C. Marchand, charpentier.
39 Joseph Turcotte, chapelier.
53 Adolphe Bérubé, boulanger.
53 Ald Goyette, épicier
53 Horace Blanchet, charpentier
53 Hector Bérubé, charretier.
69 Joseph Côté, plombier.
69 Paul Côté, machiniste
69 Joseph Gagnon, charpentier.
69 Arthur Lemerise, collecteur
75 Edouard Lachance, rentier.
75 Omer Lachance, peintre.
75 Emile Lachance, commis
75 Louis Gagnon, maçon.
75 Alfred Blanchet, second.
75 Ernest Blanchet, Journalier
75 Louis Blanchet, peintre
107 Jules Massé, ouvrier
107 Jules Massé, jr, réparateur de métiers.
107 Napoléon Massé, tisserand
107 Eustache Massé, tisserand
107 Eustache Massé ouvrier.
107 Pierre Bérubé, peintre.
107 Ferdinand Bérubé, rentier.
107 François Blanchet, ouvrier
107 Luc Blanchet, commis
107 Albert Blanchet, peigneur
141 Joseph Cyr, tisserand
141 Amable Lucier, ouvrier
141 Joseph Dupel, chapelier
193 Henri Lepaul, colporteur
193 Joseph Délisle, réparateur de métiers
209 Jean Bouchard, épicier
229 Adélard Perron
229 Ferdinand Perron.
351 Adélard Paulhus couvreur
362 Joseph Bussière, charpentier
246 Elie Beaudreau, charpentier
246 Edmond Beaudreau, charpentier
246 Jean Arsenault, tailleur de pierre
188 Jean Dupel, ouvrier
96 Joseph Ault, tisserand
80 Alfred Larrivée, épicier
70 Emile Labelle, peintre
36 Joseph Lévesque, tisserand.

36 T -A Lévesque, fleuriste
36 Pierre Lévesque, fleuriste.
36 Luc Lévesque, fleuriste
36 Alfred Michaud, ouvrier.
36 Arthur Saucier, charpentier
36 Adélard Morin, commis
568 H -H Beaudry, plombier.

No.   **RUE PARK**

26 J -R. Légendre, agent.
26 Henri Legendre, tisserand.
26 Maurice Guérin, commis
26 Ovide Guérin
26 Napoléon Guérin, commis
26 Georges Pinault, commis
26 Achille Martel, charpentier.
40 F -X. Parent, rentier
98 J.-O Perron, patrouille.
97 Alphonse Lefebvre, commerç
91 Jean Pratte, chapelier.
91 Philippe Pratte, agent d'as. ce.
61 Philippe Audet, journalier.
61 Joseph Côté, tisserand
61 Armand Côté, charpentier
55 A -J De Couagne, commis
55 Mme A. Nesbitt
55 Mlle Joséphine Sanguinet.

No.   **RUE PEARCE**

106 Joseph Parenteau, garde-m
106 Jean Parenteau, machiniste
106 Albert St Germain, tissera
37 Hilarion Morin, pompier.
37 Macaire Morin, pompier
37 Patrice Morin, ouvrier.

No.   **RUE PEARL**

39 Paul Rioux, rentier
39 Pierre Dubourg, pompier
39 Arthur Gagnon, Journalier.
49 Philippe Isabel, Journalier
49 Joseph Lepage, tisserand.
49 Samuel Lagassé, sopranlier
49 N Lajeunesse, tisserand
49 Joseph Leblanc, tisserand
49 Joseph Couture, tisserand
137 Moïse Duclos, rentier
115 Georges Gaudreau, brique
68 Louis Bernier, ouvrier.

No.   **RUE PECK**

13 François Gingras, journa
13 François Bérubé, Journal
13 François Bérubé, jr, Jour
13 Louis Bérubé, réparateur tiers.
13 Louis Lafrance, rentier
13 Arthur Lafrance, chapel'
13 Joseph Gamache, charpe
13 Raoul Péloquin, layetier
13 Joseph Trudeau, charret

21　Alfred Boissonnault, tisserand.
21　Arthur Hermel, tisserand.
27　Elzéar Bérubé
27　Joseph Bérubé, tiers.
27　Auguste Bérubé ouvrier
35　François Bossé, tisserand.
35　Augustin Dussault, charpentier
35　Auguste Simonin, ouvrier
46　Louis Caron, maçon
38　Chs Gagné, ouvrier
38　Théodore Gagné, ouvrier.
38　Octave Gagné, tisserand
32　Emile Poisson, charretier.
28　Luc St Pierre, maçon
28　Henri Delisle, chapelier
28　Arthur Béland, barbier
28　Chs Albain, ouvrier.
26　Narcisse Lavoie, maçon.
26　Georges Gallant, tisserand
26　Guillaume Gallant, tisserand
26　Jean Métayer, charpentier.
26　Joseph Ferland, réparateur de métiers.
26　J.-P. Ferland, charpentier.
26　Pierre Ferland, commis
1645　J.-E Mercier, médecin.
1645　J de Vassonceller, commis

No　　　**RUE PECKHAM**

27　Georges Savard, pompier
27　Alexandre Leclair, maçon.
27　Arthur Leclair, maçon.
27　Albert Morin, fileur.
37　Philorum Gagner, peintre.
37　Philorum Gagner, jr, agent.
131　Georges Levasseur.
131　Ulric Poisson, ouvrier
135　Joseph Gagnon, peintre
135　François Saucier, ouvrier
137　David Desrosiers, fileur
137　Emile Saucier, charpentier
141　Ernest Beauprè, tiers.
141　Désiré Jacob, Journalier.
149　Joseph Pouliot, rentier.
149　Jean Lévesque, Journalier
149　Jean Lévesque, Jr, journalier
149　Emile Larrivée, commis.
149　Lucier L'Homme, tisserand.
147　Guillaume Senay, tisserand.
151　Félix Chagnon, bûcheron.
151　Philbert Morin, chapelier.
161　Henri Tremblay, homme de cour.
161　Isaie Cormier, ouvrier
161　Jules Jacob, facteur de pianos
161　Isaac Boudrault, charpentier
263　Emmanuel Enaud, Journalier
263　Emmanuel Enaud, Jr, Journalier.
281　A.-T. Côté, commis.
84　Romuald Lemay, charpentier
58　Bélonie Janson, rentier
58　Théophile Lafond, boulanger.
58　Aimé Lafond, boulanger
58　Patrice Mangin, blanchisseur

48　Raphael Rioux, commis.
48　N.-G Rioux, tailleur
48　Alphonse Rioux, chapelier.
48　Joseph Dumas, charpentier
42　Edmond Banvill, tisserand.
336　Alfred St Laurent, peintre.
455　Pierre Paquet, tisserand.

No.　　　**RUE PINE**

13　Arcade Morin, charretier.
47　Rosaire Larochelle, comm
47　Joseph Larochelle, tisseran
47　Georges Boucher, pharmac
67　François Marois, peintre
134　L.-P. Clapin, imprimeur.
134　Théodore Chabot, commerça
642　Joseph Boisselle, Jr, tissera
810　David Rioux, fileur
810　Octave Riloux, tisserand
838　Philippe Bouvier, ceinturie
838　Pierre Bouvier, rentier
838　J.-P. Gervais, tisserand
838　Joseph Boucher, pompier.
838　Hilaire Bisaillon, vétérinaiı
972　Joseph Rivard, contre-maî
972　Henri Ducharme, second
992　J.-P Lecours, peigneur.
889　J.-E.-T Giguère, prêtre
889　Jovite Chagnon, prêtre
889　J.-E Roy, prêtre.
823　François Chrétien, tisseran
963　Joseph Moreau, tiers.
963　Ferdinand Francoeur, épici
963　Albéric Francoeur, commis
963　Henri Pariseau, ouvrier
1017　Félix Latourville, fileur

No.　　　**RUE PITMAN**

6　Arthur Girard, fabricant de j
18　Ferdinand Lévesque, pompie
18　Joseph Garant, ouvrier.
18　Herménégilde Garant, ouvri
18　Nicolas Bernier, ouvrier
38　Alphonse Croteau, ouvrier.
38　J.-B St Pierre, bûcheron
38　Pierre Voisin, bobineur
38　Georges Desrosiers, journalie
46　Eugène Guay, ouvrier
46　Joseph Rioux, Journalier
46　David Lacombe, ouvrier
46　Ernest Rioux, cordonnier
46　Narcisse Dupré, ouvrier.
56　Alfred Daignault, réparateur métiers
56　Alfred Bissonnette, ouvrier
56　Victor Larivière, Journalier.
56　Adélard Caron, ouvrier
56　François Daignault, second
66　Joseph Drapeau, ouvrier.
66　Jean Vallée, journalier
66　J.-N Souci, bobineur
66　J.-N. Souci, Jr, ouvrier.

66 François Soucy, ouvrier.
66 Alfred Lévesque, charpentier.
66 Augustin Lévesque, Journalier.
66 Zotique Dansereau, commis.
66 Alexis Villandré, Jr., charpentier.
66 Alexis Villandré, sr , ouvrier.
76 Henri Bélanger, ouvrier
76 Didier Pelletier, ouvrier
76 Joseph Peletier, ouvrier.
76 Philippe Béruŋé, ouvrier
76 Florien Morrissette, ouvrier
76 Xavier Béruŋé, ouvrier
76 Louis Gagnon, ouvrier.
76 Guillaume Lepage, ouvrier.
86 Gilŋert Vaillancour, marchand.
86 Régis Fortin, Journalier
86 Nazaire Godŋout, ouvrier.
86 J.-B. Godŋout, ouvrier.
86 Isidore Godŋout , timonier.
86 Elie Godŋout, timonier.
92 J.-B. Guévremont, sr, marchand
9 Didace Guévremont, commis
92 J.-B. Guévremont, jr,. commis
92 Séraphin Guévremont, commis.
92 Amédée Mercier, facteur de pianos
106 Ulric Beauchemin, ouvrier.
106 Zéphirin Beauchemin, commis
106 J.-B. Lavallée, ouvrier
106 Alphonse Elie, ouvrier
106 Joseph Voisin, agent d'assurances
106 Napoléon Barnaŋé, ouvrier.
106 J.-A. Sorel, ouvrier
114 François Daignault, rentier.
114 Léandre Ravenelle, charpentier
114 Louis Fontaine, ouvrier
114 Guillaume Fontaine, ouvrier.
120 Félix Desmarais, marchand.
120 Pierre Castonguay, maçon
120 Wilfrid Castonguay, retordeur
120 Alphonse Lévesque, charpentier
168 Jacques Huard, rentier.
168 Napoléon Huard, foreur.
168 Alfred Huard, ouvrier
232 Pascal Bazinet, Journalier
232 Joseph Trépanier, journalier
258 Zénon Ouellette, ouvrier
247 Joseph Métivier, Journalier
247 Arthur Proulx, charpentier
211 Emmanuel Martin, journalier.
203 A. Martel, ouvrier .
193 Télesphore Desrochers, ouvrier
169 Arthur Maynard, arrangeur
169 Amédée Bodeau, ouvrier.
153 Joseph Gratton, épicier
153 Alŋert Dussault, commis
139 Chs Rochon, ouvrier.
139 Alexis Forant, réparateur de métiers
139 Zotique Vilandré réparateur de
métiers.
139 Israël Doucet, réparateur de métiers.
139 Chs L'Homme, ouvrier.

139 Alphonse Berger, agent (
rances
139 Octave Berger, rentier.
105 Joseph Létourneau, réparat
métiers
105 Joseph Duŋé, ouvrier.
105 Adélard Caron, ouvrier
99 Victor Paradis, réparateu
métiers. ·
99 J.-B. Larivière, marchand (
99 Wilfred Larivière, conduct
99 Joseph Thiŋault, ouvrier.
87 Philéas Fortin, réuarateur (
tiers
87 Cyrille Chaŋot, réparateur (
tiers.
87 Napoléon Girard, peintre.
87 Napoléon Bernier, journalie
87 Hector Bernier, Journalier
87 L-N Fontaine ouvrier.
87 Joŋ,ph Letendre, ouvrier.
69 Octave Pelletier, second
69 Moise Pelletier, tiers.
69 Henri Denis, ouvrier.
69 Richard Hamel, polisseur
69 Pierre Levasseur, ouvrier
69 Arthur Levasseur, ouvrier
59 Stanislas Forant, ouvrier
59 François Pelletier, ouvrier.
59 Joseph Roy, réparateur d
tiers
59 Philippe Rioux, foreur
51 Georges Fortin, Journalier.
51 Joseph Danis, ouvrier.
51 Philéas Lemaire, palefreni
33 Jean Rioux, ouvrier.
23 Philippe Blais, tiers

No   **RUE PLAIN**

54 Philippe Talŋot, journalier
56 Romuald Durant, tisserand
86 Julius Blanchard, tisserand
86 Jacques Paul, tisserand
141 Ovide Leŋlanc, tisserand
141 J.-B. Bélanger, journalier
141 Pierre Allard, mécanicien.
141 C Lepage, forgeron.
129 Louis Barré, charretier
129 Siméon Mercier, foreur
93 Paul Denis, ouvrier
79 Joseph Brissette, cahrpentie
45 Joseph Lottenville, ouvrier
9 Chs Boulé, garçon de comp
152.André Servais, Journalier
206 A-P. Brien, carrossier
206 Alphérie Brien, ouvrier

No.   **RUE PLATT**

4 Denis Lavallée, arrangeur d·
cles
4 Auguste Ringuette, peigneur
4 Jean Frégeau, peigneur.
4 François Frégeau, ouvrier
42 Arthur Bessette, tisserand

FALL RIVER
FIVE CENTS SAVINGS BANK

INCORPOREE EN 1855

RUE NORTH MAIN, 79.

NOMBRE DE DEPOSANTS - - - - -	22.191
SOMME DE DEPOTS - - - -	$5,662,611.92

JAMES MARSHALL, Président,

LEONARD N. SLADE, Secrétaire,

C. L. HOLMES, Trésorier,

W. B. LOWELL, Ass. Trésorie1

CLERCS :

O. E. BORDEN   L. E. MOULTON   W. C. MOULTC

BUREAU DE PLACEMENTS :

HOLDER B. DURFEE.   GHS. S. WARING,   EDWARD B. JENNING
OLIVER S. HAWES.   ABNER B. DAVOL

☞ ASSEMBLEE, CHAQUE MARDI

Dividendes, les Seconds Lundis de Juin et Decembre.

Les dépots portent intérêts les premiers lundis de Mars, Juin, Septembre et Décembre.

HEURES DE BUREAU: DE 9 A. M. A 2 P. M.

No.	RUE PLEASANT

48 R -J. Normand, portier.
48 Joseph Dubois, ouvrier.
146 J -T. Pineau, photographe.
176 Napoléon Gagnon, receveur de billets.
206 Napoléon Beaudet, médecin
216 Eugène Lasnier, ouvrier.
216 Gilbert Harbec, tisserand.
216 Michel Rabet, tisserand.
238 Joseph Corriveau, sculpteur
238 Zotique Corriveau, agent
246 Ferdinand Ruel, charpentier
246 Joseph Ruel, boulanger
246 Jean Ruel, journalier
260 Alfred Barré, tisserand
260 Narcisse Guertin, tisserand.
193 Napoléon Péloquin, peintre.
193 P -N Péloquin, charretier
193 Joseph Ducas, Journalier
193 Louis Côté, pompier
103 F.-J Lévesque, barbier.
39 Alexandre Doucette, barbier
460 Eugène Lapré, forgeron
430 W Monarque, teinturier
430 Jean Gendron, ouvrier
376 Wilfrid Gariépy, commis ·
376 Arthur Bourré, agent
348 Pierre Valcour, palefrenier
597 François Dufresne, charretier.
597 Oscar Simon, peigneur
619 Jérémie Thérien, Journalier
619 Jean Maranda ouvrier
619 Isaac Daignault, ouvrier
1120 Alfred Gauvin, peigneur
1120 Jean Gauvin, peigneur
1120 Léon Laloie, ouvrier
1040 François Boucher, charretier
1040 Alphonse Girard, tisserand
1040 Louis Gilbert, rentier
1040 Henri Gilbert, tisserand
1040 Charles Gilbert, ouvrier
1040 Jean Morel, barbier.
1030 A -J Duhamel, forgeron
980 Edouard Cadoret, charretier
708 Adrien Cardin, sellier
708 T -L Alix, tisserand
708 Arthur Alix, tisserand
708 Edmond Trudel, peintre
708 Philippe Bouchard, cordonnier.
702 Télesphore Juneau, tisserand
702 Joseph Lechasseur, réparateur de métiers.
702 Wilfrid Lavigne, charpentier
867 Napoléon Tessier, marchand
875 Napoléon Desmarais, peintre
919 Narcisse Fontaine, forgeron
955 Joseph Cadieux, charretier
999 Joseph Pratte, ouvrier.
1003 Alphonse Clément, charpentier
1003 Joseph Morrissette, serre-frein
1003 Thomas Roy, tisserand
1009 A -E Lambert, peintre.

1059 F.-A. Duclos, vétérinaire.
1077 L -A. Ouellette, marchand.
1125 Jules Labelle, Journalier
1125 Chs Adam, charpentier
1141 Wilfrid Trudeau, médecin
1141 Avila Bélanger, marchand
1149 Amable Veillette, foreur.
1149 Roméo Beaudry, charretier.
1149 Aldéric Dansereau, forgeron
1149 Alfred Cadoret, tisserand
1149 Chs Arsenault, Journalier.
1155 Egésippe Giroux, boulange
1155 Roméo Giroux, tisserand
1155 Thomas Bouchard, commis
1165 Guillaume Boyer, ouvrier.
1165 Pierre Doré, tisserand
1187 Aquilas Côté, agent d'assur
1187 Eugène Marchand, plieur.
1187 Georges Moreau, ouvrier
1187 Narcisse Barrette, rentier
1187 Joseph Blanchette, pompier
1187 Napoléon Blanchette, ouvri
1187 Alfred Levesque, ouvrier.
1195 J -C. Blanchette, contre-ma
1195 L Boisvert, réparateur de tiers.
1195 Guillaume Barrette, commi
1201 Henri Poutré, tiers.
1201 J -B Ouellette, tiers.
1201 Alfred Mercier, ouvrier
1201 Joseph Rousseau, charpent
1241 J -B St Pierre, ouvrier.
1241 C -A Fagé, tailleur de pier
1241 Oscar Toupin, ouvrier.
12141 Lohis Couture, meneur
1255 Joseph Lamarre, second.
1255 Jean Aubin, glacier.
1255 Antoine Neveux, Journalier
1255 Edouard Desbiens, ouvrier.
1255 Albert Girard, ouvrier
1255 R -G Laurin, marchand
1255 Joseph Thomas, ouvrier
1255 Ths Audette, rentier.
1263 Eugène Lavoie, charpentier
1263 J -B Thibault, charpentier
1263 Narcisse Lamarre
1263 Paul Lamarre, ouvrier
1263 Octave Lamarre, blanchisse
1263 Alfred Lamarre, finisseur
1263 Octave Desmarais, marchar
1263 Georges Bérubé, second
1283 A. St Georges, médecin
1283 Alfred Robillard, second
1311 Antoine Martial, cuisinier.
1311 Albert Picard, ouvrier.
1351 Georges Larose, ouvrier
1351 Jean Thibault, meneur
1351 Onésime Leclerc, ouvrier
1357 Louis Ouellette, second
1357 Georges Ouellette, rentier
1357 Joseph Lévesque, sr., journ
1357 Joseph Lévesque, Jr., tiers.
1357 François Lévesque, second
1357 Napoléon Lévesque, ouvrier

1357 Marcel Lévesque, ouvrier	1418 Ferdinand Leclerc, bobin
1357 Alphonse Lévesque, ouvrier.	1418 Arsène Cloutier, journeu
1365 Magloire Richard, pharmacien	1418 Joseph Lavoie, journaliei
1387 Alfred Vézina, ouvrier	1418 Théophile Patenaude, po
1387 Alfred Meunier, ouvrier	1418 Ernest Meunier, ouvrier.
1407 Henri Lavoie, tiers.	1418 Joseph Gouin, homme d
1417 Saul St Amant, ouvrier	1418 Philippe Gouin, peintre.
1423 Elzéar Plante, musicien	1418 Philippe Bideau, portier
1433 Hormisdas Casavant, marchand	1418 Joseph Généreux, ouvrie
1433 Chs St Pierre, ouvrier	1384 A -J.-U Dufault, médec
1433 Eloi Rioux, carrier	1384 Albert Bouvier, marcha
1433 J -B Guimond, ouvrier	1384 Jean Martin, retordeur.
1441 Liguori Rooillard, Joaillier	1374 F -C Esmonin, herboris
1439 A.-B Caron, médecin	1374 Stanislas Meunier, ouvri
1439 Oscar Courville, conducteur	1328 Joseph Lagassé, journali
1439 Basile Desforges, conducteur.	1328 Henri Alix, ouvrier.
1447 Henri Monfils, ouvrier	1284 Alphonse Gaumont, ouvr
1447 A Monfils, ouvrier	1284 Frédéric Noiseux, meneu
1447 Wilfrid Monfils, ouvrier	1284 Pierre Mailloux, charret
1447 Joseph Desrosiers, journeur	1274 Aristide Boucher, commi
1447 Edouard Chassé, ouvrier	1274 Chs Raymond.
1447 Joseph Côté, ouvrier	1274 Pierre Raymond, ouvrie
1451 Aimé Robert, fabricant de pipes	1248 Joseph Beaudreau, mene
1485 François Larose, ventriloque	1248 Albert Codaire, réparat
1485 H -J. Barré dentiste	métiers
1491 Ephrem Destremps, charpentier	1244 F.-N Côté, dentiste
1491 Oswald Bissonnette, commis	1236 Isaïe Lafleur, pension
1491 J -B. Côté, charpentier	1236 Joseph Blais, ouvrier
1491 J -B. Côté, Jr ouvrier.	1236 Wilfrid Champigny, ouvr
1491 Joseph St Laurent, commis.	1236 Wilfrid Rousseau, agent
1506 Victor Desrosiers, ouvrier.	1236 Pierre Robert, rentier
1506 Xavier Desrosiers, ouvrier	1236 Edouard Robert, commis
1506 Chs Dion, marchand	1236 Wilfrid Forant, ouvrier
1506 J -B Rinux, réparateur de mé-	1236 G.-C. Arsenault, meneur
tiers	1236 Joseph Lajoie, ouvrier.
1506 Alphonse Desrosiers, tisserand.	1226 Louis Desrochers, charpe
1506 Joseph Michaud, ouvrier	1204 J -E, Arcand, dentiste
1506 Napoléon Boulé, ouvrier	1190 Elie Hébert, contre-mai
1506 Philéas Lévesque, charpentier.	1190 Joseph Michaud, second.
1500 Joseph Rochon, ouvrier	1190 Arthur Noiseux, commis
1488 Noé Bibeau, commerçant	1190 Clotaire Lamontagne, ou
1488 Napoléon Guimond, marchand	1180 Henri Tessier, charpentie
1488 Louis Poirier.	1174 Mathias Guay, journalier
1488 Ernest Côté, pharmacien	1523 Siméon Bérard, meneur.
1470 Isidore Rochon, ouvrier	1523 Omer Lavault, meneur.
1470 Elphège Turgeon, barbier	1523 Hippolyte Ouellette, fore
1470 Ernest Turgeon, palefrenier.	1523 Henri Lavoie, ouvrier
1456 Georges Payette, glacier	1523 Nicolet Bernier, ouvrier
1456 Léandre Poitras, ouvrier.	1523 Jonas Pinaud, ouvrier
1456 Alfred Chabot, ouvrier	1523 Alphonse Bérubé, ouvrier
1456 Antoine Vallée, plombier	1523 Chs Desbiens, rentier
1456 Delphis Renaud, ouvrier	1523 Oremus Desbiens, rentier.
1462 Ernest Cadoret, pension	1523 Rosario Desbiens, ouvrier
1462 Napoléon Côté, maquignon	1523 Thomas Gaudreau, charp
1452 Joseph Govette, barbier	1523 Rémie Dubé, rentier.
1430 Georges Mignault, journalier.	1523 Trefflé Dubé, ouvrier
1430 Hormisdas Duquet, ouvrier.	1535 Napoléon Patenaude, ouv
1430 Joseph Chabot, meneur	1543 Joseph Ouellette, maçon
1430 Fortunat Lagassé, ouvrier	1555 J.-A Barré, médecin
1430 Auguste Pelletier, charpentier	1583 Albert Mercier, commis
1430 Henri Labrecque, commis	1583 Chs Mercier, cuisinier
1430 Joseph Vadeboncoeur, marchand	1583 Jacques Vincent, ouvrier
1418 Narcisse Larochelle, ouvrier	1603 Auguste St Laurent, maç
1418 Auguste Landry, bûcheron.	1603 Philippe St Laurent, ma

1603 Aimé St Laurent. conducteur.
1603 Wilfrid Sévigny, ouvrier.
1603 Arthur Sévigny, ouvrier
1619 Louis Beaupré, facteur de pianos
1619 Alfred Beaupré, ouvrier.
1619 Alphonse Tremblé, mouleur.
1619 Joseph Morin, charpentier.
1619 Ludger Dubé, marchand
1631 J.-J. Tétrault, boulanger
1631 Alphonse Boucher, sr, charretier.
1631 Alphonse Boucher, Jr, journalier.
1631 Frédéric Meunier, rentier.
1631 J.-B Gagnon, journalier
1631 Louis Drapeau, charpentier
1641 Rodolphe Pelletier, peintre
1641 Albert Laforest, boulneur
1641 Arthur Bolduc, ouvrier
1641 Adélard Marcotte, tiers
1641 Napoléon Vincent, barbier
1641 Paul Tremblai, ouvrier
1651 Paul Laporte, peintre
1651 Louis Beauregard, marchand
1651 Philéas Jussaume, ouvrier.
1651 Joseph Jean, ouvrier
1651 Edmond Jean, pompier
1667 Calixte Béliveau, charpentier.
1667 Antonio Béliveau, charpentier.
1681 Arthur Grenier, boulneur
1681 Ernest Pelletier, machiniste.
1703 Edmond Laderoute, papetier.
1709 C Maynard, sr, Journalier
1709 C Maynard, Jr, ouvrier.
1709 Hector Maynard, ouvrier.
1709 Fabien Forest, maçon.
1721 Adélard Bouvier, boulanger
1723 G.-J.-A Bouvier, pharmacien
1787 G.-N. Côté, valet d'écurie
1807 Omer Beauregard, poissonnier
1825 Agapit Garçeau, fermier
1839 Alexandre Achim, contre-maître
1839 Joseph Vézina, charpentier
1839 Ludovic Vézina, ouvrier
1873 Samuel Benoit, contracteur
1879 Joseph Brodeur, ouvrier
1915 Arthur Fournier, commis
1915 Fabien Ferland, ouvrier
1915 Cyprien Ferland, ouvrier.
1915 Donat Ferland, conducteur
1915 Euclide Lessard, agent.
2091 Jérémi Racicot, rentier
2091 Frédéric Racicot, journalier
2410 David Ouellette, sr, glacier.
2410 David Ouellette, Jr, glacier
2252 Achille Roy, charretier
2128 Hormisdas Deschamps, maquignon
2128 Henri Deschamps, maquignon.
1814 H.-J Bouvier, interprète
1770 Pierre Gagner, fileur
1674 Robert Roudoux, surveillant.
1674 J.-B Roudoux, ouvrier.

1660 Calixte Héon, maçon
1660 Albert Buron, commis
1660 R. A Jarry, réparateur tiers
1660 Rodolphe Métras, teintur
1660 Joseph Métras, fabricant pes
1660 Philippe Métras, expédite
1652 Joseph Lemieux, charpen
1652 Wilfrid Roy, ouvrier.
1652 J.-B. Bérard, charretier.
1652 Pierre Bérard, ouvrier.
1652 Victor Bouchard, ouvrier.
1640 Edmond Généreux, Journ
1640 C.-A. Généreux, journali
1640 L.-C Roy, ouvrier
1640 Louis Cadoret, journalier
1640 Thomas Cadoret, ouvrier
1640 Elzéar Gagnon, journalier
1640 Joseph Ouimet, ouvrier
1640 Jean Paradis, ouvrier.
1640 Georges Thibault, journa
1640 J.-B Carrière, charpentie
1640 François Carrière, char
1640 Philippe Carrière, journa
1640 Nicolet Bernier.
1640 Pierre Bernier, ouvrier.
1640 O Bernier, ouvrier
1640 Antoine Bernier, ouvrier.
1640 Isaïe Canuel, ouvrier
1626 Irénée Laforest, boulneur
1582 Pierre Dufour. journalie
1582 Adthur Lambert, boudine
1582 F.-D. Maynard, ouvrier.
1582 Edouard Maynard, mécan
1582 Emile Bernier, second
1570 Napoléon Lebel, journali
1570 Jules Dumont, ouvrier
1570 J.-B Dumont, boulanger.
1570 François Bastille, bûcher
1570 Firmin Faubert, boulneur
1570 J.-B. Lévesque, ouvrier
1570 Alfred Dallaire, meneur
1570 Arthur Dallaire, meneur
1570 Eugène Lachance, comm
1566 Israel Renaud, rentier
1566 Octave Saucier, boulneur
1566 N. Archambault, march thé.
1566 Ernest Chouinard, ouvrie
1557 H Lefebvre, agent
1532 Timothé Guillemette, ga restier
1552 O Deslauriers, boulanger
1552 Georges Roy
1551 Eugène Roy, ouvrier.
1552 Georges Roy, tiers
1552 Arthur Roy, serre-frein
1546 Hugues Roberge, commis

No   **AVENUE PLYMONTH**

558 Georges Gendron, arrang broches
558 W. Vantrin, ouvrier.

First National Bank

BATISSE DE LA FIRST NATIONAL BANK,

RUE NORTH MAIN.

CAPITAL, $400,000   ♫   SURPLUS, $150,00

OFFICIERS:

John S. Brayton, Président

David A. Brayton, Jr., Vice-Président

Everett M. Cook, Caissie

DIRECTEURS:

JOHN S. BRAYTON	ANDREW BORDEN	EDWARD L. ANTHONY
JAMES M. MORTON	ISRAEL BRAYTON	DAVID A. BRAYTON, J
THOS. E. BRAYTON		JAMES M. MORTON, J

ESCOMPTE CHAQUE JOUR.

B. M. C. Durfee Safe Deposit and Trust Co

BATISSE DE LA FIRST NATIONAL BANK,

Capital,   -   -   **$400,00**

Les dépots portent intérêts sur leur réception.

Voutes de Surete de Premiere Classe pour les Depots.

JOHN S. BRAYTON, President   **ISRAEL BRAYTON,** Vice-Presiden

ARTHUR W. ALLEN, Tresorier.

BUREAU DES DIRECTEURS:

John S Brayton	Thos. E. Brayton	Byron W. Anthony
James M. Morton	David A. Brayton, Jr.	George A. Ballard
Edward L. Anthony	Andrew Borden	James M. Morton, J
Israel Brayton		Frederick O. Dodge

590 Hubert Légaré, collecteur.
590 J.-B. Gravel, pharmacien
692 Ths Lever, ouvrier
768 Wilfrid Simard, commis
758 Noé Grenon, charpentier
758 Albert Grenon, charpentier
764 Alphonse Dupéré, tisserand
764 Samuel Pelletier, huileur.
764 Alphonse Dumas, second
764 Richard Dubois, réparateur de
  métiers
770 François Rémy, charpentier.
770 Pierre Viens, tisserand
872 J.-H Richard, commis
72 T.-D. Richard, tailleur de pierre.
847 H.-P -A. Lavoie, orfèvre
853 Georges Dubé, charton
863 W.-J. Cartier, agent.
1073 Georges Desmarteaux, peintre
1073 E -J Desmarteaux, peintre.
1073 A.-G Desmarteaux, rédacteur
  de nouvelles.
1153 Alfred Leblanc, commis.
1150 Théodore Lafleur, agent d'assurance
1359 Alphonse Gagnon, tisserand
1359 Alfred Langlois, commis.
1359 J -B Gagnon, tisserand
1451 Adélard Saurette, marchand de
  bois
1451 Joseph Lapointe, journalier
1473 Damase Côté, beurrier.

No. **RUE POCASSET**

114 Honoré Morrissette, facteur de
  pianos.

No. **RUE PORTLAND**

63 Wilfrid Dumaine, maçon
63 Achille Dumaine, journalier
85 Joseph Chabot, imprimeur.
85 Alphonse Lagassé, facteur de pianos

No. **AVENUE PRESIDENT**

385 G -H. Pacaud, orfèvre
259 Edmond Daudelin, mécanicien
110 Henri Maillé, Journalier

No. **..RUE PROSPECT**

55 Robert Daniel, peintre.
55 A.-F. Daniel, peintre.
55 A -H -A. Daniel, peintre

No. **RUE QUARRY**

39 Guillaume Desmarais, surveillant
39 D Desmarais, ouvrier
39 Georges Desmarais, ouvrier
39 Félix Letendre, Journalier
39 Joseph Letendre, journalier.
15 Alfred Bélanger, ouvrier.
139 J.-B.-C. Nadeau, ouvrier.
7 J -B. Côté, journalier.

62 Joseph St Germain, charpen
62 Alfred St Germain, charpent
62 Louis Potvin, ouvrier
62 Maxime Toutant, homme de
108 Joseph Bazinet, plâtrier.
108 Eudore Bazinet, ouvrier
108 Alfred Bazinet, ouvrier
130 Elzéar Desrosiers, ouvrier

No. **RUE QUEQUECHAN**

3 J -G. Martin, charretier.
3 R -G Martin, charretier.
3 Jean Lévesque, second
61 Joseph Picard, ouvrier
61 Louis Bonin, journalier.
73 D. Lafond
73 Noé Gauthier, charretier
73 Enoch Gauthier journalier
85 Alphonse Lafleur, réparateu
  métiers.
85 Herménégilde Lafleur, tisser
85 Alfred Robert, peintre
99 Wilfrid Choquet, peintre
99 Chs Cabana, forgeron.
145 Pierre Bédard, journalier.
145 Narcisse Moquin, charretier
145 Albert Moquin, charretier
145 Georges Moquin, charretier
145 Félix Lambert, cordonnier.
151 Jean Desrosiers, forgeron.
169 Victor Duquet, réparateur d
  tiers
169 Georges Chavanel, réparateu
  métiers
169 Paul Gagné, barbier.
169 Herménégilde Lamothe, tisse
195 Omer L'Heureux, peigneur
195 Thomas Colin, fileur
195 J -A Colin, Journalier
203 Edouard Lajeunesse, répar
  de métiers
203 Edmond Dozois, tisserand
203 Elie Dupont, tisserand
209 Adélard Dupont, ouvrier.
217 Eugène Bouille, rentier
217 J -G Poisson ,rentier
217 Guillaume Poisson, ouvrier
221 Théodore Neveux, peintre
245 Joseph Paquet, charretier
245 Frédéric Paquet. ouvrier
245 Adam Lagassé. journalier.
255 Joseph Garant, peigneur
255 Georges Garant, jr , tisseran
255 Georges Garant, journalier.
255 Pierre Benoit, tisserand
255 Joseph Duval, ouvrier
253 Olivier Robillard, réparateu
  métiers
253 Albert Robillard, ouvrier.
253 Nicolas Gagné, charretier
267 Georges Doucette, charpent
267 Aimé Nicolet, joallier
267 Auguste Ouellette, ouvrier
267 Félix Ouellette, ouvrier

275 André Thériault, charpentier.
275 Ad. Thériault, charpentier
275 F.-X. Morency, marchand
301 Pierre Collard, fileur.
301 Albert Fournier, réparateur de métiers
313 Aimé Patenaude, tisserand
313 Arthur Patenaude, barbier.
359 Olivier Gagné, ouvrier
395 Edouard Croteau, charpentier.
395 Edouad Croteau, Jr, ouvrier.
395 Aristide Chevrette, tisserand.
399 Ernest Blanchet, tisserand
399 Odilon Croteau, tisserand
407 G.-O Blanchet, réparateur de métiers
407 Simon Roy, tisserand
403 Arthur Charlebois, charpentier.
403 Georges Lévesque, Journalier.
403 Victor Lavoie, charpentner
403 Alfred Lévesque, commis
20 Alphonse Ouellette, charpentier.
20 Napoléon Saucier, commis
20 Abraham Lemieux, bobineur
20 Joseph Pelletier, bobineur
30 P.-G. Blais, réparateur de métiers
66 Louis Roy, commis
168 Aimé Masson, meneur
168 Amédée Desmarais, journalier
182 Napoléon Bazinet, ouvrier
174 J.-J. Maynard, épicier.
182 Michel Antaya, pompier.
182 Adélard Lamothe, commis
182 Pascal Deschesnes, journalier.
182 Georges Descresnes, commis
196 Louis Guévremont, ouvrier
200 Chs Pelletier, ouvrier
200 Eugène Lavigne, ouvrier.
200 Joseph Faubert, rentier.
186 F.-X. Fortin
186 Emile L'Heureux, ouvrier
186 Joseph L'Heureux, ouvrier
230 Hormisdas Lafleur, second.
230 Frédéric Martel, tisserand.
230 Xavier Blanchet, tisserand.
246 Stanislas Millette, ouvrier
246 Alphonse Bédard, machiniste.
252 Adélard Lepage, tiers.
252 Auguste Ouellette, second
252 Louis Chassé, ouvrier.
258 Philippe Labrie, réparateur de métiers
236 Hilaire Béliveau, peintre
266 Cléophas Nadeau, Journalier
272 Georges Beaulieu, journalier.
272 Ludger Roy, ouvrier.
272 Alfred Canuel, ouvrier
272 Louis Plante, ouvrier
272 Ferdinand Jutras, sellier
272 Joseph Laleune, ouvrier
272 Ths Martin, ouvrier.
272 Armand Cournoyer, ouvrier
272 Horace Cournoyer, Journalier.

278 Edgard Jolivet, machinist
278 Alfred Jolivet, machiniste
278 Loridas Jolivet, machinist
278 Dosithé Montour, cordonn
278 J.-L Montour, tisserand.
278 Louis Champoux, rentier.
278 Delphis Champoux, tisser
278 Michel Champoux, tissera
290 Georges Proulx, réparat métiers.
290 Ulric Côté, rentier.
290 Théophile Côté, tisserand
304 Alexandre Desrosiers, c tier
312 Antoine Lajeunesse, rent
312 Henri Lajeunesse, commi
312 Aldéric Lajeunesse, comm
312 Alfred Côté, ouvrier.
324 Pierre Payette, ouvrier
324 Edmond Fayette, ouvrier.
324 Joseph L'Ecuyer, cordonn
324 Isaïe L'Ecuyer, charpenti
334 Joseph Rocheleau, tisser
342 François Antaya, mécanic
342 François Desrosiers, tisse
342 Bertrand Gaumont, tisser
350 Napoléon Jolicoeur, bobin
350 Henri Jolicoeur, ouvrier

No.   RUE RATCLIFFE

108 Ephraim Comte, ouvrier.
132 André Lizotte, fileur
132 Ernest Lizotte, fileur
162 Bernard Bouchard, pomp
171 Adélard Hamel, tisserand

No.   RUE RAYMOND

216 Edmond Denis, ouvrier
190 Adolphe Poirier, charreti
180 Gilbert Martel, marchan
180 Emile Martel, peigneur
180 Arthur Martel, peigneur
134 Louis Dussault, commerç
134 Edouard Dussault, ouvrie
134 George Morin, plâtrier
134 Joseph Morin, ouvrier
132 Olivier Delongchamp, ma
98 François Chabot, marcha
98 Joseph Chabot, ouvrier.
98 J.-B. Bouton, foreur
98 Fabien Blais, ouvrier.
98 Joseph Gauvin, foreur
92 Joseph Michaud, maçon
92 Elzéar Dubé, charpentier
92 Joseph Turcotte, charpe
86 Louis Mettez, foreur
86 Wilfrid Mettez, journali
86 Pierre Bouchard, charpen
86 Emile Dubé, charretier
74 Lorenzo Mercier, peintre
52 Némésius Paradis, plâtrie
52 Némézius Paradis, Jr plo
52 J.-C. Paradis, joaillier.

42 Fa);en Fournier, garde-forestier
42 Alfred Caron, Journalier
42 Albert Beaudoin, ouvrier
22 Doria Paulhus, meneur
22 Edmond Ladéroute, marchand.
43 François Saucier, ouvrier
43 Patrice Vallée, mécanicien
43 Joseph Leduc, charretier.
71 Clément Perrault, surveillant
71 Georges Perrault
71 Henri Vincent, ouvrier
115 Emile Bérubé, ouvrier.
131 Vital Lavoie, ouvrier
131 Romuald Bougie, ouvrier
131 J.-B. Couture, surveillant
131 François Pelletier, Journalier.
173 Alfred Levesque, pompier
179 Jean Normandin, ouvrier.
185 Cléophas Bolduc, foreur
185 Pierre Pinault, Journalier.
185 Louis Bisson, ouvrier
195 Léon Trépanier, agent d'assurances
195 Alcide Dionne, ouvrier
201 Joseph Castonguay, charpentier
201 Onésime Desnoyers, surveillant
215 Joseph Pinault, ouvrier
215 Joseph Pinault, Jr., ouvrier

No.   RUE REEVES

91 Joseph Corriveau, ouvrier
91 Jean Rennacher, tisserand
91 Louis Savard, tisserand
91 Nésiphore Laprise, tisserand
91 Eugène .Bourgeois, tisserand.
91 Edouard Doucette, tisserand
120 Joseph Pinault, ouvrier.
120 Adélard Pinault, ouvrier
120 Aimé Roy, fermier
120 Anselme Lafond, pareur.
152 Chs Morin, contre-maitre
152 Wilfrid Desrosiers, charpentier
166 Joseph Joubert, tisserand
166 Alfred Sévigné, réparateur de métiers

No   AVENUE REMINGTON

164 Joseph Hébert, journalier.

No.   RUE RENEY

20 S.-B. Potrais, charpentier
20 Oscar Dumas, ouvrier
24 Joseph Sansouci, mécanicien
24 Guillaume Baraby rentier
24 Joseph Caron, charpentier
78 Emery Vincelette, foreur
78 Horace Dion, réparateur de métiers
78 Ernest St Laurent, timonier.
122 Henri Bisaillon, réparateur de
métiers.
122 Amable Pichette, couvreur en ardoise.

122 J.-B. Bernier, charpentier.
75 Frédéric Baraby, maçon
63 Pierre Hémon, Journalier
63 Alfred Champagne, journali
49 Philéas Beauregard, charpe
49 Florien Blanchet, ouvrier
49 Wilfrid Lapierre, agent d
rances.
37 Chs Blanchet, ouvrier
37 Georges Brière, charpentier

No.   RUE REUBEN

55 Louis Colette, tisserand
53 Samuel Bousquet, rentier
43 Lucien Masson, charretier
43 Adélard Martel, tisserand
43 Guillaume Dupont, tisserant
43 Louis Desforges, tisserand
43 Chs Roy, tisserand
No   AVENUE RHODE ISLAN
270 Jérémie Archambault, seco

No.   RUE RIDGE

5 Marcelin Thuot, photograph
114 A.-S Létourneau, pharmaci
303 Joseph Ménard, avocat
277 A.-E Renaud, tailleur
225 T.-M. Thibodeau, capitaine
216 S.-M Lamarre, avocat.
290 Pierre Adam, tailleur
290 A.-R Adam, étudiant
290 C.-A.-A Collette, pharmaci
396 Arthur Tardif, pressureur
396 J.-B Méthé, épicier.
396 Adélard Méthé, commis
398 Louis J Gagnon, imprimeu
400 Philippe Brault, contremaît
408 L.-N Moquin, marchand
581 Timothé Ménard, tisserand

No.   RUE RIVERVIEW

64 Auguste Morrisseau, Journal
64 E.-A Morrisseau, chapelier.
30 Tréfflé Desmarais, peintre
30 Treflé Desmarais, Jr, tisser
53 Joseph Coulombe, ouvrier
53 Ignace Coulombe, réparate
métiers
53 Ths Coulombe, tisserand
153 Félix Gauvin, Journalier

No.   RUE ROBESON

19 Hubert Fontaine, tisserand
29 Edmond Laporte, ouvrier
29 Rodolphe Parent, contre-ma
29 Napoléon Tisdelle, ouvrier
29 Narcisse Tisdelle, rentier
33 David Pelletier, pharmacien
43 Joseph Desmarais, charretie
55 Jean Bernard, ouvrier
67 François Talbot, journalier
67 Joseph Talbot, journalier
67 Henri Desmarais, charretier

CITIZEN'S SAVINGS BA

INCORPOREE EN DECEMBRE, 1851

Rue South Main, Angle de la Bedfor

DEPOTS RECUS CHAQUE JOUR, De 9 A. M. a 2

OFFICIERS:

JOHN C. MILNE, President,

GEORGE H. EDDY, Secrétaire

E. E. HATHAWAY, Trésorier

WM T. WINTER, Ass.-Tré

E. F. BORDEN, Comptable   R. C. CRAPO, Compt

RALPH W. REYNOLDS, Clerc

Bareau de Placements

JOHN C. MILNE   SAMUEL W. HATHAWA

HENRY H. EARL   JAMES M. SWIFT

WILLIAM F. THOMAS

Les depots commencent a porter interets les premiers lun Mars, Juin, Septembre et Decembre.

Dividendes payaoles les Seconds Lundis de Juin et Décemore.   Escompte l

ASSEMBLEE DU BUREAU DE PLACEMENTS, LE MAR A 3.15 P. M.

Assemblee Annuelle, le Deuxieme Mardi de J

79 Jules Poirier, palefrenier
99 Rémie Fontaine, charretier.
99 Chs Gagné, charpentier
99 Edouard Gagné, charpentier.
99 Ernest Gagné, maçon.
99 Jean Gagné contracteur
115 Alfred Morin, tisserand
117 Léon Laurendeau, ouvrier.
117 Arthur Contour, Journalier
119 Joseph Ducas, Journalier
119 Horace Ducas, Journalier
119 Louis Raymond, pompier
119 G.-D Pagé, portier.
119 H.-E Pagé, charretier
125 Jules Dupéré, second
125 Jean Lecours, Journaliers.
125 Napoléon Fournier, ouvrier.
125 Narcisse Hétu, réparateur de métiers
125 Joseph Nadeau, tisserand.
137 Alfred Laurendeau, Journalier.
137 Louis Laurendeau, Journalier
137 Joseph Laurendeau, journalier.
141 Hubert Laurendeau, tisserand
141 Chs Durant, réparateur de métiers.
160 Pierre Leduc, barbier.
160 Edouard Courrier, chauffeur.
176 Ludger Charpentier, ouvrier.
176 Elie Hottin, ouvrier
176 Wilfrid Houle, commis.
176 Guillaume Dusablon, charretier.
176 Eugène Laverdure, tisserand.
190 François Lemay. ouvrier
204 Alphonse Messier, chauffeur.
212 Georges Labelle, ouvrier.
212 Elie Lévite, charretier
212 Théodule Dextradeur, cardeur.
213 Arthur Côté, tisserand.
212 Joseph Narbonne, surveillant.
212 J-H Narbonne, espoleur
212 Michel Narbonne, peigneur
222 W-A. L'Ecuyer, épicier
222 Louis Rémillard, cardeur
222 Alexandre Grégoire, rentier.
232 Joseph Loranger, cardeur
254 P-N Duchaîné, ouvrier.
151 Etienne Ducharme, tisserand.
153 Jean Tremblai, inspecteur de ligne.
162 Louis Pétrin, charretier
16 Marcel Sorel, charretier
175 François Ouellette, tisserand
177 Henri Martin, tisserand
177 J-E Richard, tisserand
177 J-E. Richard, jr, tisserand
185 Joseph Lavallée, Journalier
187 Moïse Blanchet, cardeur
427 E.-R Marchand, surintendant.
431 J-B. Chagnon, médecin
444 O Mailloux, contre-maître.
1989 Antoine Hébert, surveillant.

No.   RUE ROCKLAND

180 Achille Martel, charpentier.
198 J.-B Canuel, Journalier
198 Marc Canuel, ouvrier. ·
198 Alexandre Brosseau, palefr

No.   RUE ROCLIFFE

68 Joseph Allard, médecin.
68 Henri Lord, charpentier.
62 Alfred Carignan, agent.
64 L.-F. Maynard, commerçant
64 E.-A Breton, commis
52 François Surprenant, tissera
52 F.-X. Surprenant, commis
42 Guillaume Pelletier, commis
38 Jules Fortier, commerçant.
30 Joseph Pauzé, maçon.
30 Georges Cloutier, journalier
13· Jean Picard, opérateur.
13 Timothé Filion, second.

No   RUE RODMAN

47 Joseph Babin, éleveur de vaux.
105 François Duclos, collecteu
111 Guillaum St Ours, restau:
125 Joseph Ledoux, barbier.
125 François Ledoux, barbier.
125 Edouard Ledoux, charreti
125 R-S Barrette, tisserand
10 Napoléon Thibault, garç service.
10 François Auger, garçon service.
10 Jacques Langevin, gar service.
36 Hugues Turcotte, charper
52 Benjamin St Hilaire, forg
188 Jean Bourque, réparate métiers
218 Emile St Arnaud, répara métiers.
218 Octave Brisson, tisserand
238 Chs Gagné, Journalier.
238 Guillaume Papineau, rép de métiers
284 Henri Lajeunesse, ouvrie
284 Arthur Lajeunesse, ouvri
284 Félix Denis, tisserand.
284 Aurèle Bouchard, tissera
284 Wilfrid Robert, peigneur
284 Alexandre Lavoie, contre
284 Augustin Audette, comm
302 Alfred Laprise, tisserand
302 Arthur Fortin, cardeur.
302 Alfred Desrosiers, parcu
314 Auguste Pauzé, mécanic
856 J.-B Henri, fileur.
856 Joseph Lizotte, ouvrier.
260 Paul St Ours, peigneur.
260 J-P Marchand, ouvrier
260 Valère Gosselin, charpent

878 A.-C. Lafleur, pareur.
878 F.-J. Lafleur, médecin.
916 Jean Bertrand, fileur
916 François Gauthier, tisserand.
926 Simon Dion, cardeur
946 Henri Carrier, ouvrier
954 Jean Caron, Journalier
982 Arthur Chandonnet, ouvrier.
988 Joseph Lavigne, charpentier.
998 Samuel Richard, tisserand.
998 Joseph Richard, tisserand
1119 Hormisdas Ledoux, peigneur.
1091 Chs Mercier, rentier
1091 Jean Harpin, tisserand
989 Louis Duchesne, charretier.
913 Damase Ferland, charretier.
903 Elzéar Simard, ouvrier.
902 Joseph Legros, ouvrier
889 Arthur Gagnon, ouvrier
817 Denis Marier, ouvrier
817 Napoléon Ouellette, charretier.
801 Théophile Arsenault, arrangeu.
711 Alfred Martin, peintre
705 Joseph Roy, tiers
705 M.-H Plante, réparateur de mô-
tiers.
750 Théophile Rioux, rentier
705 J.-E. Rioux, tisserand
705 Ernest Rioux, tisserand.
703 Emile Paradis, tisserand
703 Joseph Fournier, peintre.
703 Alphonse Rioux, tiers
695 Albert Fontaine, cocher de fia-
cre
695 Joseph Fournier, tisserand
695 Achille Talbot, tisserand
695 Guillaume Denoncour, ouvrier.
693 Chs Rochefort, ouvrier
673 J.-B. Francoeur, Journalier
693 Ludger Francoeur, tisserand.
693 Arsène Jalbert, rentier
693 Philippe Jalbert, floteur de bois.
693 Joseph Jalbert, glacier
693 Napoléon Jalbert, commis
,671 Alphonse Larivière croque-mort
671 Clément Chassé, rentier.
671 Joseph Boutot, ouvrier
671 Josaphat Boutot, tisserand.
671 Xavier Plante, pompier.
675 Zénon Paradis, pareur
615 Hormisdas Vautrin, charpentier.
615 Albéric Gamache, ouvrier
611 P.-H. Vautrin, agent d'immeubles
611 Joseph Vautrin, ouvrier
611 Alfred Bérubé, bétonnier.
611 Antoine Autôt, rentier
611 François Autôt, peigneur.
611 Arthur Gosselin, navigateur.
603 Alexandre Bédard, couvreur-lamineur.
603 Ths Bérubé, charretier
603 Arthur Lacombe, tiers.
603 Adélard Gauthier, tisserand.

601 Epiphane Bérubé, Journal
601 Henri Bérubé, couvreur e
dron
601 Noël Bérubé, rentier
593 Joseph Audette, ouvrier
593 Adélard Bérubé, jouralie
5939 Napoléon Aubout, journa
593 Magloire Aubout, charpen
593 François Pelletier, journal
593 Pierre Lépine, Journalier.
593 J.-B. Prévost, journalier
517 Arthur Senay, pareur.
517 Pierre Ouellette, tisserand
511 Pierre Beauregard, cordon
511 Octave Marceau, ouvrier.
303 Philippe Bérubé, ouvrier.
235 Emile Rioux, ouvrier.
235 Cyrille Bolduc, pompier.
1169 Joseph Gingras, fileur.
1199 Alfred Renfort, blanchisse
1199 N Renfort, tisserand
1199 J. G. Girard, plieur.
1273 Jules Carignan, ouvrier
1431 Guillaume Varnoche, Jr,
de papier
1545 Ferdinand Castonguay, ch
tier.
1553 Georges Ledoux, ouvrier
1553 Antoine St Amour, ouvrie
1643 Arthur Fennard, ouvrier
1996 Louis Blais, ouvrier.
1496 Samuel Mercier, fileur .
1494 Moise Caron, Journalier
1494 Paul Bossé, charpentier.
1494 Joseph Levasseur, tissera
1462 Elie Lepage, ouvrier
1462 Magloire Dubé, palefrenie
1262 Eugène Paquette, plieur.

No. **RUE ROPER**

62 Edouard Laferrière, comme
71 Zacharie Lambert, contre-m

No. **RUE RUSSELL**

82 Nicolas Plante, fileur

No. **RUE RUTH**

28 J -N. Paradis, journalier

No. **RUE SACHEM**

22 Léon Bernard, chapelier.

No. **RUE SAGAMORE**

35 Joseph Patry, ouvrier

No **RUE ST GERMAIN**

15 Etienne Millette, ouvrier.
20 Pierre St Germain, cahrpent
20 Georges Emery, tisserand
20 Georges Letendre, peintre.
12 Patrice Robert, ouvrier.

12 Joseph Fortin, ouvrier.
12 Arthur Fortin, ouvrier
12 Olivier Fortin, ouvrier.
12 Alfred Fortin, ouvrier

No.   **RUE ST MARY**

 36 Joseph Côté, tisserand.
36 Armel Côté, tisserand.
36 Pierre Côté, tisserand
36 Siméon   Perrault,   garçon   de comptoir.
36 Alfred Lavoie, tisserand
36 Napoléon Guimond, paveur.
36 Joseph Lavoie, inspecteur de ligne.
56 Alfred Trudel, journalier.
56 Josepuh Trudel, Journalier
56 Rosario Trudel, garnisseur.
56 François Ouellette, charretier
56 François Maynard, charretier.
56 Georges Maynard, Journalier
82 J.-G. Lavallée, prêtre
82 E.-J. Potvin, prêtre
82 J.-A. Gaudrault, prêtre
114 Joseph Desmarais, fileur.
114 J.-P. Gagnon, rémouleur
124 Chrysologue Trudeau, tisserand.
124 Donat Lapointe, tisserand.
124 Philippe Rioux, électricien
124 Guillaume Rioux, électricien
130 Olivier Thibault, tisserand
130 Lucien Giroux, gorgeron.
130 Narcisse Letendre, tisserand.
160 Théophile Lefort, tisserand
181 Adélard Lapointe, second
168 Abraham Dupuis, paveur
167 Alexis Parent, emballeur
167 Cyrille Parent, tiers.
167 Philéas Gaudreau, tisserand.
167 O. Boissy, tisserand.
167 Eugène Boissy, tisserand
167 Joseph Boissy, tisserand.
173 Adélard Champoux, tisserand
173 Louis L'Italien, tisserand.
159 Arthur Destremps, charpentier
159 Emile Dubé, charretier
159 Joseph Raymond, charpentier.
159 Adélard Richard, tiers.
159 Horace Marquis, tisserand
159 Lorenzo Lemieux, garde-moteur
159 Narcisse Paquette, rentier.
159 Ludger Paquette, tisserand

No.   **AVENUE SANFORD**

141 Edgar Thibault, journalier

No.   **RUE SAUCIER**

29 Joseph Guay, ouvrier
29 Phidime Guay, ouvrier.
29 Joseph Jalbert, jr, tisserand.
29 Théophile Carrier, rentier.
29 Théophile Carrier, jr., ouvrier.

20 Joseph Carrier, ouvrier
29 J.-A. Pelletier, pareur
29 Eugène Bouchard, pompier.
17 Conrad Plourde, charpentier
36 Thomas Caron, charpentier.
36 Edmond Gagnon, second
36 Edmond Proulx, peintre

No.   **RUE SCOTT**

12 Télesphore Lévesque, journ
28 J.-B. Dalbec, rentier
28 Alcide Dalbec, ouvrier.
28 Michel L'Archévêque, tisser
40 Clovis Lapointe, Journaliste.
40 Victor Barthelot, Journalier

No   **RUE SEABURY**

24 François Auger, journalier
30 Ernest Durette, ouvrier
36 Edmond Durant, tisserand
36 Thomas Béland, ouvrier.
94 Samuel Lévite, tisserand
10 Charles Blain, commis.
130 Joseph Gamelin, tisserand.
140 Achille Boisvert, Journalier
·226 G.-A Lavigne, boucher.
238 Joseph Fatenaude, cocher.

No.   **RUE SECOND**

177 Ernest Lavoie, garçon de toir.
177 E.-J Cardin, palefrenier
205 E.-J. Martin, cantonnier.
319 Alphonse St Ours, journalie
319 Alfred St Ours, Journalier.
319 Denis St Ours, commis
230 Zéphirin Belleville, cordon
470 O Dion, commis
470 Henri Rousseau, tisserand
546 Arthur Piché, Journalier.
554 Napoléon Duclos, collecteu
558 Adélard Perron, inspecteur
335 Alphonse St Pierre, barbie
335 Elie Cayer, tisserand.
379 Edouard Fortin, tailleur.
673 Joseph Corneiller, commis.
878 G.-E Brault, opticien
878 J.-E. Lecours, photograph
868 L.-A. Drapé, poissonnier
960 Pierre Brisson, commis
828 A.-F. Janson, clerc postal

No.   **RUE SEVENTH**

14 Pierre Casse, charretier
14 Théophile Jodoin, tisserand
14 J.-B Croteau, charpentier.
14 A.-L Croteau, poseur de cab
18 D Marquis, cordonnier
32 E.-D Adam, portier
36 Joseph Duclos, réparateur d tiers.
66 Henri Côté, charpentier.

66 Télesphore Trottier, tisserand
66 Damase Raymond, tisserand
76 Jean Leboeuf, charretier
15 Ths Martin, tisserand
15 J.-B Gagnon, charretier
15 Ferdinand Boulard, tisserand
33 S. Couturier, Journalier
59 Narcisse Despins, Journalier
59 Joseph Boucher, tisserand
59 Chs Fournier, tisserand
65 Nicolas Langlois, ouvrier
79 Marcel Dupré, réparateur de métiers
79 Alfred Larcoque, charretier.
79 Joseph Bellerose, fileur
79 Joseph Boucher, réparateur de métiers.
79 Benjamin Martel, tsserand
79 Eugène Giroux, fileur
79 A Demers, tisserand
79 Wilfrid Dupré, tisserand
79 Raymond Laforge, tisserand
79 Adélard Frédette ,tisserand
79 Joseph Cournoyer, Journalier
79 Pierre Bérubé, Journalier
79 Alfred Massé journalier
79 Henri Sénéchal, tisserand

No.   **RUE SIDNEY**

62 Narcisse Lavoie, tisserand
87 Edouard Ouellette, réparateur de métiers
113 Cléophas Marceau, charpentier.
113 Guillaume Marceau, fileur
113 Georges Marceau, charretier

No.   **RUE SLADE**

23 Thomas Martel, ouvrier.
583 Marcel Lacombe, ouvrier
595 Cyrille Laferrière, boulanger
728 Eugène Guimond, tisserand
728 Naoléon Guimond, commis
728 J.-N Normand, médecin
728 Zéphirin Guimond, commis
728 Ernest Larocque, agent d'assurances
672 Alfred Lacombe, ouvrier
674 E.-S Dutra, journalier
674 Frédéric Dutra, ouvrier
522 Eucharuste Rousseau, réparateur de métiers
514 Edouard Asselin, Journalier
514 Albert Asselin, Journalier
226 Joseph Ouellette, ouvrier
226 Eugène Desrosiers, rentier
226 Delphis Desrosiers, ouvrier
226 Antoine Desrosiers, boucher-suiffier
878 Alfred Blouin, journalier
971 D Bouchard, charretier
971 Elie Bouchard, ouvrier
971 Joseph Raymond, ouvrier
971 Jean Raymond, ouvrier.

971 Joseph Leclair, charretier
971 Henri Duquette, marchand
993 Alfred Péladeau, Jr., ouvri
997 Alfred Péladeau, ouvrier
997 Arthur Péladeau, tisserand
997 Alphonse Péladeau, tissera
997 Charles Péladeau, ouvrier.
997 Gilbert Blanchette, portier
997 Henri Blanchette, ouvrier
997 Horace Blanchette, charre
997 Théodore Péladeau, chape
1003 Odilon Delisle, chapelier
1013 Philippe Roy, ouvrier
1057 André Parent, ouvrier
1026 Joseph Cloutier, ouvrier.
1068 Wilfrid Forcier, ouvrier.
1068 Edouard Lévesque, ouvrie
1068 Louis Parent, journalier
1116 Jean Massé, ouvrier
1152 Louis Champagne, contrac
1152 Jean Coulombe, journalie
1152 Xavier Coulombe, journali
1152 Etienne Santerre, foreur
1152 Georges Santerre, journali

No   **RUE SMITH**

17 Joseph Brodeur, artisan
71 François Lemire, réparate métiers
173 Joseph Marquis, cordonnier
185 Georges Castonguay, ouvi
185 Rodolphe Choquette, bianc
166 Guillaume Talbot, tisserand
193 Henri Desmarais, poissonne
363 Arthur Poirier, cocher de
381 Aimé Lepage, tisserand
425 Evariste Viens ,tailleur de re
473 Pierre Roy, garçon de comj
473 Luc Pelletier, tisserand
444 Joseph Desmarais, tisseran
420 Pierre Goulet, rentier
408 Adélard Vautrin, ouvrier

No.   **RUE SOUTH**

19 C.-A Gaudette Joaillier

No.   **RUE SOUTH MAIN**

120 Moïse Bissonnette, rentier
196 Chs Lémérise, peintre
219 Joseph Robert, tisserand
262 H.-L Moreau, commis
373 Narcisse Côté, imprimeur
368 H.-L Thuot, marchand d nos
329 Chs Goulet, tisserand
402 Chs Gagné, colporteur
402 Jean Dubé, tailleur
402 Jean Cardière, herboriste
431 Joseph Lasalle, clerc ph cien
438 J.-C Picard, marchand

502 Henri Courtemanche, tailleur.
545 Alcide Potvin, tailleur
674 J -E Lapalme, commis.
690 Henri Boisseau, inspecteur de lait
690 A -H Boisseau, imprimeur
698 François Lavoie, charpentier
698 Joseph Lavoie, charpentier
698 G -E Vézina, marchand de thé
704 A -J Archambault, médecin
752 J -F Marcotte, papetier
752 L -E Marcotte, chapelier
752 J -B Simard, balayeur
752 Alexandre Audette, tiers
752 J -B Tremblay, tisserand
752 Jean Tremblay, Jr , peigneur
752 Anthime Rivard, tisserand
635 Eloi Degagné, charpentier
615 J.-E. Hardie, ceinturier
877 Napoléon Paquin, marchand
877 D -N. Paquin, commis
877 P -N Paquin, commis
877 Napoléon Paquin, Jr , commis
887 Joseph Poulin, tailleur-de pierre.
887 Arthur Poulin, commis
887 Emélia Lavoie
887 Al Lavoie, ouvrier.
887 Valmore Lavoie, ouvrier
889 Victor Delisle, charpentier
889 Albert Delisle, tailleur
889 Joseph Délisle, marchand
921 Léopold Martineau, Journalier
927 Guillaume Courtemanche, ouvrier
971 S -E Bergeron, médecin
971 Alexandre Côté, barbier
971 Joseph Mercier, agent d assurances
987 Louis Jean
1019 J -A Dumas, charpentier
1019 Elzéar Fortin, ouvrier
1183 G -J Cyr, rentier
1183 Ludger Barreau, couvreur-lamineur
894 Benjamin Poirier, Journalier
914 Edouard Paul, tisserand
914 Napoléon Paul, tisserand
914 Joseph Paul, commis
914 Adélard Paul, épicier
914 Jean Paul, commis
922 Nat Lévesque, machiniste
922 Joseph François, Journalier
952 Isidore Thibault, tisserand
952 Alphonse Blanchet, second
952 A -J Côté, ceinturier
952 J -B Côté ouvrier.
952 L. Dumas, journalier
952 Henri St Onge, ouvrier
956 Alfred Bouchard, charpentier
956 Alexandre Bouchard, ouvrier
956 Elzéar De Gagné, tisserand
964 Ovide Bouchard, ouvrier.
964 David Bouchard, charpentier.
964 Ovide Bouchard, Jr., peintre.

964 Adélard Bouchard, commis
964 Narcisse Fournier, surveil
1008 Edmond Tétrault, commis
1008 Guillaume Tétrault, comm
1026 Napoléon Dubois, charpe
1026 Edouard Duhois, ouvrier
1026 François Tanguay, rentier.
1098 J -O Beauparlant, rentier
1154 Eugène Dussault, commis
1182 Moïse Senay, ouvrier
1246 Chs Leclair, contracteur
1258 Eugène Roy, boulanger.
1258 Joseph Fournier, rentier
1258 Ths Fournier, rentier.
1258 R -T Fournier, commis.
1266 Louis Gagnon, commis.
1266 Noel Gauthier, poseur de
1193 Jacques Faille, agent d'as ces.
1209 Napoléon Langlois, ouvrie
1209 François Lebeau, rentier.
1209 Omer Lebeau, barbier
1209 Ernest Lebeau, second
1221 D J Gendreau, peintre
1221 Chs Gendreau, peintre
1235 A -C Leclair, contracteur
1253 Luc Gendron, tisserand.
1277 Louis Chassé, forgeron
1277 Achille Chassé, tisserand.
1277 Pierre Lévesque, chapelie
1277 Joseph Bélanger, tisseran
1289 François Rousseau, comn
1289 J -B Rousseau, tisserand
1289 Joseph Gagnon, tisserand
1289 Joseph Rioux, chapelier
1289 David Cyr, tiers.
1331 François Morel, peintre.
1351 Evangéliste Courville, tiss
1371 Léon Lombard, tisserand
1611 Joseph Coulombe, charpe
1611 Marc Paradis, maçon
1611 E Paradis, ouvrier.
1648 Uldéric Brisebois, peintre
1648 Eugène Labonté, tisserand
1636 Albert Faucher, tisserand
1636 Odilon Charest, charretier
1636 Alcide Gagnon, garde d'é
1636 Alfred Croteau, palefrenier
1636 Arthur Thivierge, fermier
1636 Alfred Croteau, Jr., charre
1636 Odilon Gagnon, rentier
1636 Adhémar Gagnon, garde rie
1636 Xavier Gagnon, garde d'éc
1518 Napoléon Viau, charpentie
1514 Ernest Dauphinais, tailleu
1444 Adélard Pelletier, tissera
1444 Ludger Sanipitié, tisseranc
1444 Alfred Lemieux, tisserand
1426 Désiré Béland, cordonnier
1426 Alfred Mettez, chapelier.
1751 Joseph Blais, pompier
1751 Joseph Blais, Jr, ouvrier
1751 Guillaume Blais, ouvrier.

1833 Arsène Bonneau, jardier.
1893 Richard Gauthier, charretier.
2075 Ernest Crépeau, boulanger.
2075 A.-J. Crépeau, ouvrier
2075 Alfred Crépeau, ouvrier
2195 Antoine Leblanc, ouvrier
2193 Joseph Lamarre, ouvrier
2205 Joseph Fabre, maçon
2213 Albert Bélanger, ouvrier
2211 Ulric Bouchard, charpetier.
2229 J.-B Pélissier, tisserand.
2239 Hector Boisvert, fileur .
2239 Philippe Lavallée, tisserand
2325 Aimé Gosselin, réparateur de métiers.
2335 J.-B Couture, facteur de pianos.
2335 Henri Leclair, Journalier.
2343 Ths Lenthier, tisserand
2541 Alphéri Bélanger, retordeur
2541 Chs Pouliot, charpentier
2541 Elzéar Lanoie, tisserand.
2543 Alfred Boisvert, tisserand
2543 J.-V. Trahan, tisserand
2555 David Chrétien, tisserand.
2555 Ernest Chrétien, tisserand
2589 F -X. Lavallée, rentier.
2589 Pierre Lepage, ouvrier.
2589 Alfred Lepage, charpentier
2589 Joseph Rondeau, journalier
2589 Ephraïm Dulac, boulanger
2645 Alfred Dubé, ouvrier
2645 Donat Gagnon, marchand
2645 Octave Lepage, rentier
2645 Aimé Turcotte, agent
2651 Henri Dupuis, Journalier
2651 Joseph Lemay, rentier
2657 Arthur Gagné, arrangeur
2657 Joseph Lepage, machiniste.
2662 Joseph Lebel, cordonnier.
2662 Gaspard Laferrière, rentier
2662 Joseph Doucette, ouvrier
2662 Adélard Pinault, facteur de pianos
2662 Victor Piché, marchand
2598 Gélase Paquin, charpentier
2542 Maxime Boisvert, tisserand.
2542 Henri Maillé, tisserand
2492 D -V Delemarre, prêtre
2492 P -A Mérendet, prêtre
2036 Louis Fournier, tisserand
2036 Henri Fournier, tisserand
1944 Joseph Robillard, forgeron
1944 Chrysologue Robillard, chapelier.
1944 Auguste Robillard, ouvrier
1944 Siméon Brouillard, agent d'immeubles
1944 Louis Dansereau, tisserand
1928 F.-O. Bodeau, second
1928 J -B Nadeau, commis
1928 Ephraïm Nadeau, pharmacien
1868 F -X Dussault, agent d'assurances.
1868 F.-B. Dussault, commis.

1868 F -R. Dussault, commis
1868 W.-C Dussault, chapelier
1868 B -E Dussault, chapelier.
1868 Arthur Dussault, chapelier
1852 Désiré Turcotte, ouvrier.
1852 Noel Piché, tisserand
1836 Philippe Desruisseaux, tis
1684 J -P.-A. Garneau, médecin
1694 Adolphe Pélissier, marcha

No.   RUE SPENCER

25 Eugène Brunelle, tailleur d re.
25 Louis Boulanger, contre-m
39 Adélard Laflamme, réparat métiers.
39 J -E'.-C. Fauteux, contre-m
125 Raphael Bazinet, charpent
293 Aeénard Richard,rémouleu
319 Edmond Lemaire, ouvrier
343 Joseph Gagnon, tisserand
343 Guilaume Gagnon, fileur
343 Louis Gagnon, tisserand.
343 Cyprien Thibault, fileur
318 J -H. Patenaude, Joaillier
318 Félix Patenaude, ouvrier
318 Denis Landry, rentier
80 Victor Carrier, blanchisset
56 Henri Bessette, garde-mote
24 André Roy, contre-maître

No.   RUE SPRAGUE

195 Ernest Lévesque, tisserand.
195 Edouard Béland, mouleur.
195 Alphonse Béland, ouvrier
195 Napoléon Gauvin, journalie
195 Silvio Michaud, raboteur

No.   RUE SPRING

73 Alexandre Dutilly
73 Georges Dutilly, ouvrier
73 Wilfrid Lizotte, tisserand.
73 Télesphore Trahan, charpe
81 Albert Laviolette, ouvrier
81 Georges Francoeur, Journa
135 Narcisse Prosper, tisserand
153 Clément Lamarre, journali
169 Louis Lincourt, journalier
169 Maxime Sauval, colporteur
277 David Lanneville, tisseranc
291 Hilaire Plourde, ceinturier
291 Wilfrid Sylvain, chauffeur
291 Michel Plourde, ceinturier
291 J -B Larose, tisserand
291 Alfred Bélanger, tisserand
202 Clément Côté, réparateur c tiers
202 Henri Côté machiniste
130 Napoléon Saindon, tisserar
130 Ludger Bérubé, tiers
130 Joseph Bérubé, tiers
116 Edouard Desforges, tisserai

501 Exuri St Ours, marchand de tabac
394 J.-H. St Pierre, arrangeur.
394 Arthur Jannelle, journalier.

No.   **RUE SPRUCE**

430 Ephraim Allie, tisserand

No.   **CHEMIN STAFFORD**

373 Simon Thibodeau, chef d'atelier
483 Henri Courville, garde-moteur.
843 François Moquin, charpentier.
843 Adélard Montminy, commis ambulant
927 Hormisdas Leblanc, marchand de thé.
967 H -J Mussely, prêtre
967 A -E Coulombe, prêtre.
1099 Bénoni Goyette, commis
1099 W. Paquin, ouvrier
1123 Philippe Pelletier, blanchisseur.
1123 Horace Pelletier, commis
1123 Ernest Pelletier, ouvrier
1123 Hector Pelletier, blanchisseur.
1183 Victor-A. Rouillard, contre-maître
1460 Zéphirin Cantara
1424 W -H Létourneau, épicier
1416 Michel Proulx, boulanger
1340 Jean Dupont, ouvrier
1330 Chs Martin, Journalier.
1100 J -D Beauparlant, médecin
1040 A.-J Cartier, tisserand
1040 Camille Marchand, conducteur
370 J -B Pariseault, musicien

No   **RUE STARR**

37 David Turgeon, charpentier

No   **AVENUE STATE**

192 Chs Pelletier, charpentier
192 Ernest St Laurent, colporteur
332 François Benoit, Journalier
332 Joseph Paquet, tisserand
332 Henri Côté, tisserand
344 Louis Blanchet, second
344 F -N. Paquin, agent
352 Joseph Sorel, tisserand
352 Félix Sorel, tisserand
382 H -E Ménard, charpentier,
382 M -C Ménard, tisserand
382 J.-F Barrette, peintre
402 Edmond Proulx, second
448 Odilon Ouellette, tisserand
448 R.-P Ménard, tisserand
448 Napoléon Ouellette, réparateur de métiers
520 T -M Moreau, fileur
520 Louis Moreau, tisserand
520 Joseph Moreau, tisserand.
542 J.-E. Garneau, commis.
582 François Pinault, commis.

No   **RUE STERLING**

233 Louis Senay, ouvrier
229 Jean Létourneau, second
204 Michel Rnoux, pompier.
220 Guillaume Fontaine, ouvri
228 Joseph Perrault, Journalier
228 Octave Canuel, rentier

No.   **RUE STETSON**

32 G -S. Dubois, officier de l'E
48 E -A Gagné, charpentier.

No.   **RUE STEVENS**

129 Jean Bigot, ourdisseur
129 Cyrille Dupuis, tisserand

No.   **RUE STEWART**

6 Jean Gaudreau, tisserand

No.   **RUE STOWE**

69 Joseph Lacroix, marchai chaussures
87 Germain Bélanger, chapelie
95 Philippe Côté, peigneur
95 Adélard Bérubé, charretier

No.   **RUE SUFFOLK**

96 Alphonse Lecomte, laitier.
96 Elie Têtu, Journalier
96 Philippe Dorion, second
90 Emile St Pierre, journalie
90 Pierre Laagssé, cherretier.
90 Philippe Gaucher, charpent
90 Joseph Laforest, tisserand
90 Alfred Potvin, tisserand
90 J.-B Boudreau, tisserand
99 Henri Lavoie, tisserand
99 Elzéar Lavoie, rentier.
145 Isaac Forcier, Journalier.
145 Joseph Forcier, tisserand
145 Joseph Latour, Journalier
145 Joseph St Germain, tisserar
145 Désiré Frégeau, tisserand
145 Louis Rousseau, enfonceur lotis
145 Omer St Germain, tisserand
145 Joseph Desmarais, tisseran
161 Chs Desmarais, portier
161 Antoine Provençal, tisserar
161 Antoine Provençal, j., chai
161 David Lapointe, charretier
161 Alfred Hébert, second.
161 Napoléon Desmarais, garço comptoir
162 Arthur St Germain, tisserai
162 Joseph Garon, forgeron
170 Joseph Lévesque, garçon de toir
170 J -B. Dubé, journalier
170 Alfred Chouinard, tisseran
170 Auguste Thiéry, Journalier.

170 Silvio Lemieux, réparateur de métiers
182 Norbert Lévesque, enfonceur de pilotis
182 Georges Lévesque, maçon
182 Jean Houle, tisserand
182 Xavier Desmarais, rentier
182 Alfred Perron, rentier
182 Joseph Poirier, journalier
182 J -C Lévesque, tisserand
182 Amédée Bélanger, cahrpentier

No.   **RUE SUMMER**

14 Emile Bouvette, tisserand
44 Michel Ficard, ouvrier

No.   **RUE SUMMIT**

519 Octave Deschesnes, Journalier
519 J -A Deschesnes, ouvrier.

No.   **RUE SWINDELLS**

34 Narcisse Tardif, journalier
81 Chs Sévigny, maçon
106 Joseph Dubé, retordeur
99 Pierre Houle, contre-maître
81 Eugène Sylvestre, imprimeur

No.   **RUE TAYLOR**

60 Pierre Laponté, répaarteur de métiers.

No.   **RUE TECUMSEH**

39 L -R Bergeron, épicier
39 J -E Bergeron, épicier
43 Philéas St Denis, peintre
51 Albert Bellefeuille, garçon de comptoir.
51 Elphège Bellefeuille, ceinturier
51 Lucien Belletuille, commis
51 Napoléon Bellefeuille, commis
51 Thomas Pinault, commis
103 Alphonse Bélanger, réparateur de métiers
103 Achille Lafrance, rentier.
103 Auguste Lafrance, tisserand
127 Joseph Bérubé, charpentier
127 Joseph Caouette, Journalier.
127 C -G Morin, peintre.
433 Louis Germain, Journalier
433 Pierre Ouellette, charretier
433 Basile Perron, ouvrier
534 Joseph Gauthier, homme de cour.
534 Edouard Gauthier, ouvrier
480 Casimir Simon, ouvrier.
474 Edouard Darcy, Jardinier
474 Jean Darcy, imprimeur
462 E -V Darcy, expéditeur.
474 J -P Barrette, tisserand
474 Joseph Blanchet, foreur
442 Théophile Desmarais, journalier
442 Joseph Lafrance, chef d'atelier.

310 Chs Desrosiers second.
310 Joseph Tremblay, tisseran
310 Joseph Lapointe, commis
292 Alexandre Gervais, ouvrier
292 Joseph Gervais, tisserand
264 E -F Turcotte, arrangeur
264 E -F Turcotte, machiniste
264 A.-A Turcotte, machiniste
264 Louis Turcotte, peintre
106 Honoré Chouinard, hom cour
106 Paul Ouellette, foreur
106 David Langlois, commis
106 Pierre Lafrance, barbier.
204 L -S Servant, arrangeur

No.   **RUE TENTH**

57 Israël Nadeau, ouvrier
57 Mathurin Richard, ouvrier.
57 Narcisse Ritchot, ouvrier
75 François Bilodeau, rentier
89 Joseph Ritchot, charretier
57 Antoine Bigot, ouvrier
57 Euclide Loiselle, ouvrier
57 Antoine Loiselle, ouvrier
90 François Auger, tisserand
90 François Bouchard, tissera
90 Arthur Landroche, Journal

No.   **RUE THIRD**

153 Ludger Chagnon, mouleur
153 Eugène Chagnon, contre-1
153 Ernest Chagnon, charretie
157 G -J. Emery, blanchisseur
150 Georges Mailhot, tisserand
150 Eugène Coulombe, tisserai
150 Wilfrid Destossés, facteur nos
214 Charles DeGagné, éva propriétaire du "Petit Cour
371 Louis Bernard, ouvrier.
413 Charles Gailloux, accorde pianos
427 François Gagnon, surveill'
453 Joseph Vaillancour, arrang
489 Ephraïm Paquin, charpent
499 Jean Lacroix, ouvrier
499 Pierre Lacroix, ouvrier
499 Louis Laponté, charretie:
507 A -J Côté, chef d'atelier.
561 Ernest Leblanc, tailleur
561 Henri Marcoux, commis
571 Chs Martin, imprimeur
671 Josaphat Plaisance, charp
616 Ernest Doucet, tisserand
654 Henri Boudreau, garde d
516 Horace Gagnon, barbier
516 Idalbert Gagné, barbier
520 Albert Dion, charretier
520 Elie Leduc, ouvrier
520 N.-P. Bourré, marqueur.
520 Flavien Lagassé, journalier

436 Roméo Biron, charpentier.
436 Pierre Biron, charpentier.
436 Alexandre Biron, cuisinier.
466 Edouard Tremblay, charretier
476 Edmond Duclos, tisserand.

No.　　**RUE THOMAS**

2 François Lemieux, tisserand
10 Xavier Messier, s, charpentier.
10 Xavier Messier, jr, charpentier
10 Henri Messier, ouvrier
28 Abraham Brassard, sellier
38 J.-V Dufresne, patrouille
38 Paul Maynard, blanchisseur.
170 Edouard Lacroix, poseur de lattes
170 Albert Lacroix, poseur de lattes
180 Théodore Mercier, ouvrier
180 Wilfrid Monast, ouvrier
180 Henri Doucette, boomeur
180 Napoléon Turcotte, boomeur
204 Achille Vallée, charpentier
210 Joseph Lafleur, ouvrier
210 D Barsalou, second
210 Flavien Barsalou, ouvrier
210 Léon Dupont, garde-ascenseur
214 Louis Raymond, ouvrier
214 Louis Ledoux, rentier
215 Ernest Gagnon, commis
215 Jérôme Gagnon, rentier
215 Zéphirin Desrosiers, tiers.
215 Damase Savard, bûcheron
183 Amédée Desmarais, ouvrier
177 J.-D Parent, ouvrier
167 Antonio Parent, ouvrier
163 Léon Buron, maçon
163 Joseph Buron, maçon.
163 J -B Buron, boomeur
163 Alfred Ouellette, rentier.
161 Adolphe Lacroix, mécanicien.
161 Ovide Lacroix, palefrenier
161 Magloire Lacroix, polisseur
161 C. St Pierre, bûcheron
161 Joseph Roy, ouvrier
151 Arthur Jean, chef d'atelier
151 Joseph Bérubé, ouvrier
151 Cyrille Chabot, ouvrier
151 Georges Cadran, ouvrier
149 Albert Laberge, ouvrier
149 Olivier Rochette, commis
117 Ferdinand Deslauriers, charretier
117 Alfred Deslauriers, boulanger
117 J.-B Guimond, bûcheron
115 Alfred Michaud, charretier.
115 Ernest Joubert, peintre
105 Chs St Laurent, second
105 Joseph Dubé, forgeron
105 François Bouchard, glacier
95 Adolphe Massé, ouvrier.
95 Edouard Dion, charretier.
91 Dosithé Massé, tailleur de pierre
91 Arthur Massé, commis
91 Napoléon Bessette, laveur.

79 Arthur Noiseux, sr, ouvri
79 Jean Gaudreau, ouvrier
79 Guillaume Tessier, collecte
79 Georges Robert, cordonnie

No.　　**RUE THOMPSON**

39 Chs Chénard, charretier.
44 Emery Gadua, charretier
44 Cyprien Rousseau, conducte
44 J.-A Picard, mécanicien

No.　　**RUE THURSTON**

4 François Dubreuil, tisserand
4 François Béroux, tisserand
8 Joseph Urbain, ouvrier
8 Valentin Urbain, ouvrier
24 Félix Servant, sellier
24 Achille Gagnon, journalier
24 Guillaume Paul, palefrenier
26 Joseph Beaudreau, Journalie
26 Joseph Roy, barbier.

No.　　**RUE TOWER**

72 E -C Laliberté, ouvrier
365 Adélard Laliberté, boulange
365 Alphonse Caver, boulanger
365 Jean Croteau, charpentier
363 Joseph Surprenant, rentier
345 Emile Mailloux, ouvrier
345 Joseph St Pierre, ouvrier
333 Guillaume Maréchal, ouvri
333 Guillaume Maréchal, jr, o
277 Ovide St Germain, blanchis
277 Joseph Croteau, charpentie
277 Napoléon Croteau, charpen
278 J -H Martin, tisserand
602 Rodolphe Messier, commis
602 Georges Canuel, réparate
métiers

No　　**RUE TREMONT**

8 Edouard Beauregard, tisse
24 Michel Daignault, second
24 Jean Richard, second
24 Henri Grandmont, charpen
38 Henri Dupras, fileur
38 Albert Bilodeau, tisserand
50 Joseph Lavoie, tisserand
50 Donat Béliveau, ouvrier
56 Napoléon Leclau, ouvrier
55 Absalon Leclair, rentier
57 Ludger Lévesque, machinis
57 Emile Lévesque, ouvrier
99 Emmanuel Comte, ouvrier
113 Edouard Biron, journalier
120 Bruno Lévesque, garde-toi
128 Joseph Allie, Journalier
128 Télesphore Sansouci, charr
130 Oscar Doucette, ouvrier
130 Zéphirin Despins, journalie
130 Joseph Bouchard ouvrier.
140 Ludger Houle, épicier.

145 Alexandre Delisle, charpentier
145 C.-E. Delisle, charpentier
145 Amédée Delisle, charpentier
145 Elias Delisle, tisserand
152 Alphonse Bernier, forgeron
162 Michel Fhaneuf, journalier
174 Hubert Blanchet, navigateur
174 Joseph Drapeau, commis .
186 Napoléon Codaire, commis
186 Frédéric Langlois, charretier.
216 Elzéar Breton, maçon
216 Louis Martin, ouvrier
228 André Maltais, maçon
234 Joseph Caouette, cardeur
234 Tancrède Dumont. Journalier.
245 Delphis Moreau, charretier.
245 Jules Rioux, cardeur
245 Emile Rioux, tisserand.
235 Eugène Fortin, tisserand.
236 Delphis Lecours, tailleur de pier-
re.
187 Omer Sévigny, Journalier.
187 Joseph Girard, Journalier
187 Eustache Girard, ouvrier.
185 Philéas Lavoie, ouvrier
185 Jean Lavoie, tisserand
175 Horace Lavoie, charpentier.
175 J.-B. Perras, forgeron.
175 Edmond Fortin, musicien
175 Joseph Francoeur, ouvrier
163 Maréchal Bouchard, tisserand
163 Henri Lebeau, tisserand

No. **RUE TRIPP**

15 Félix Plamondon, charpentier.
15 Pierre Sirois, ouvrier
15 Joseph Tremblay, charretier.
15 Wilfrid Bergeron, charpentier .
15 Victor Plamondon, ouvrier
23 François Coulombe, ouvrier
23 Avila Beausoleil, réparateur de
métiers
23 Wilfrid Croteau, charpentier
29 Pierre Croteau, charretier
29 Evariste Croteau, palefrenier
29 Avila Croteau, tisserand
29 Joseph Bonneau, charretier
27 Joseph Saucier, charpentier
27 Ferdinand Roudoux, ouvrier
33 Vilbon Hamel, toreur
33 Louis Desruisseaux, ouvrier
55 Adélard Grégoire, ouvrier
55 David Grégoire, ouvrier
55 Omer Rousseau, ouvrier
55 Alphonse Charest, ouvrier
55 Roméo Fortin, ouvrier
55 Isaie Maleau, ouvrier
55 Moïse Grégoire, Journalier
55 Joseph Tremblay, ouvrier.
65 Olivier Cloutier réparateur de
métiers
65 Deus Collard, boucher-suiffier
69 Arsène St Pierre, briquetier

69 Georges Lavard, fileur
76 Alexandre Gauthier, ouvrier
56 Gédéon Bédard, ouvrier.
56 D.-P. Cyr, rentier.
56 Eudore Paquette, ouvrier
56 Amable Corbin, ouvrier.
56 Réné Rousseau
56 Ernest Rousseau, ouvrier
56 Gaudias Rousseau, ouvrier
56 Ernest Rousseau, ouvrier.
56 Ovide Rousseau, Journalier
177 Gabriel Létourneau, journa
177 Guillaume Lauzon, peintre.
177 Auguste Labonté, tisserand
183 Napoléon St Pierre, maçon.
189 Marcel Belanger, journalier
203 Zoel Deschesnes, journalier
214 Zénon Pèlerin, tisserand
204 Eugène Laporte, tailleur de
re

No. **RUE TUCKER**

555 Léon Fournier, commis
555 Chs Fournier, Journalier
555 Henri Lavoie, ouvrier
555 Stanislas Lavoie, ouvrier.
511 Pierre Pelletier, layetier
511 Pierre Pelletier, Jr., layetier
328 J.-B. Robin, charpentier.
328 Prosper Robin, ouvrier
602 A.-E. Arnault, peintre.

No. **RUE TURNER**

4 Joseph Deslauriers, charretier.

No. **RUE TUTTLE**

87 Joseph Lizotte, commis
91 Cyprien Bard, Journalier
91 Roméo Bard, ouvrier.
103 Paul Dumais, briquetier
103 Arthur Lauzier, cordonnier
103 Rodolphe Coulombe, second
175 Elzéar Fournier, marchand.
175 David Fournier, charpentier
175 Ernest Fournier, charpentier
166 A.-J. Fournier, encadreur
160 Arthur Bourgeois, ouvrier.
160 François Lavoie, ouvrier.
152 Ariel Martel, ouvrier.
152 Philippe Laliberté, boulange
142 Joseph Bélanger, boulanger
142 Norbert Vermette, charretier
142 Napoléon Vermette, tisserand
142 Pierre Gauthier, tisserand
217 Joseph Létourneau, ouvrier
247 Pierre Despard, ouvrier
247 Jean Dubel, ouvrier
247 Adolphe Rochefort, rentier
247 Achille Fournier, boulanger
247 Adélard Fournier, orfèvre.
283 Amable Denault, boulanger
283 Samuel Desrochers, ouvrier
283 Georges Desrochers, ouvrier

283 Hector Desrochers, tisserand.
291 Léon Lamontagne, réparateur de
  métiers.
291 Georges Ducharme, laitier.
291 Arthur Ducharme, tisserand
299 Joseph Gauthier tisserand
307 Abel Hamel, rentier.
307 Oscar Hamel, facteur de pianos
307 Joseph Girard, ouvrier.
307 François Girard, boulanger
307 Joseph Girard, jr., maçon
307 Alfred Lemay, journalier
343 Eleusippe Lemay, charpentier.
343 Auguste Lauzier, tisserand
343 Joseph Tremblayq, réparateur de
  métier.
343 Adolphe Tremblay, réparateur de
  métiers.
334 Joseph Paradis, charretier
334 Gaspard Millette
334 Chs Deschaînes, ouvrier.
314 Arthur Picard, ouvrier.
304 Xavier Boissonnault, tisserand.
304 Ludger Hétu, journalier.
304 Moïse Bélanger, tisserand
294 Ernest Rioux, tisserand
294 Esdras Morin, tisserand.
294 Pierre Lavallée, tisserand.
134 Victor St Laurent, réparateur de
  métiers
134 Georges Dufresne, charretier
134 Phélisa Adam, tisserand
134 Hector Adam, tisserand
134 Edouard Saucier, ouvrier
134 J.-B Pepin, charpentier.
122 Joseph Denault, palefrenier
122 Joseph Ouellette, tisserand
122 M Desruisseaux, tisserand
114 Albert Durant
114 Alfred Duchesne, tisserand
114 Elisée Bérubé, charpentier
114 Télesphore Grégoire, ouvrier.
114 Rémi Thibodeau, ouvrier
114 Alphonse Fortin, ouvrier
114 Alfred Paradis, boulanger.
106 Samuel Bouffard, charpentier
 98 Auguste Ringuette, charpentier.

No   **RUE TWELFTH**

41 Horace Parent, commis
41 Horace Parent, jr., couvreur-lamineur
41 Guillaume Sansouci, machiniste
69 Thomas Blain, pompier.
89 Evariste Jutras, sellier

No.   **RUE UNDERWOOD**

376 N.-J Lavoie, conducteur
376 Prosper Robidoux, peintre.
714 Jean Maurice, collecteur
714 E.-M. Maurice, étudiant
753 Patrice Moffet, journalier
753 Jacques Moffet, conducteur.

No.   **RUE UNION**

 51 Omer Lesieur, tiers.
101 Joseph Boutin, ouvrier.
101 Adélard Boutin, ouvrier
101 Raymond Daigle, charreti
101 Barthélémy Caron, rentier
109 Calvert Lanneville, rentie
163 Joseph Letendre, plieur.
163 Georges Proulx, charpent
175 Dollard Cyr, tisserand
175 Delphis Durant, tisserand
175 Désiré Filion, tisserand
152 E Marquis, garçon de ser
152 Guillaume Bilodeau, tiers
108 Octave Charest, réparate
  chars
108 Alphonse Lévesque, secon
108 Chs Bérubé, tisserand
108 Octave Boucher, tisserand
 76 Michel Robert, cloueur
 76 Jean Isabel, tisserand.
 62 Joseph Martin, journalier.
 56 Luc Delisle, tisserand
274 J.-G Lacombe, charretier
274 Florien Lacombe, charreti

No   **RUE UNITY**

10 Benjamin Malo, tisserand.
10 Henri Bousquet, tisserand.
10 Joseph Bousquet, tisserand.
10 Henri Bousquet, jr., tissera
10 Alfred Bousquet, réparate
  métiers
10 Louis Bousquet, tisserand.
14 Alphonse Moquin, ouvrier.
14 Chs Desmarais, charretier
14 Napoléon Desmarais, peigne
22 Guillaume Bonnoyer, fileur
22 Théodore Lévesque, Journal
34 Gédéon Jalbert
34 Victor Desrosiers, charretie
60 Joseph Hamel

No   **RUE VALE**

423 Arthur Ringuette, ouvrier.
470 Jean Vincent, ouvrier

No.   **RUE VALENTINE**

8 Ovide Lévesque, fileur

No   **RUE VAN BUREN**

 6 Samuel Bertrand, charretie
 6 Télesphore Bertrand, pomp
 6 Jean Deschaînes, forgeron.
18 Adélard Bertrand, tiers
18 Ernest Lavoie, charretier
 2 Pierre Beaulieu tisserand.
22 Etienne Gagnon, journalie
35 Louis St Laurent, ouvrier r
35 Joseph Sylva, ouvrier
45 Alfred Courville, tisserand.

No. **RUE VARLEY**

24 Hormisdas Gagnon, tisserand

No. **RUE WADE**

116 Georges Brassard, Journalier.
116 Joseph Desrosiers, fileur en boucle
124 Louis Baudreau, tisserand
124 Louis Turgeon, boudineur.
155 Louis Nadeau. plieur
145 Arthur Richard, ouvrier
145 Louis Paquin, ouvrier.
145 Joseph Paquin, rentier
145 Adolphe Doucette, charretier
145 Joseph Doucette, charretier
145 Ferdinand Paquin, second
201 Joseph Bessette, ouvrier
259 Joseph Limoges. charretier
293 Joseph Beauregard, charpentier
307 Chs Destreau, quatrième
310 Thomas Ouellette, fileur
310 Philéas Ouellette, fileur
258 Jean Blanchette, cardier
258 Alexandre Lavoie, tiers
252 A -J. Lavérité, machiniste
252 Arthur Ouellette, tisserand
252 Joseph Ouellette, tiers
252 Ernest Ouellette, ouvrier
200 Philomon Tessier, chapelier

No. **RUE WALNUT**

95 S -H Crépeau, voiher.
95 F -G. Crépeau, commis
263 H -A Dubuque, avocat
337 G -H Péloquin, commis.
337 E -M Péloquin, commis
337 A -E. Péloquin, commis
337 Alphonse Dubé, gérant
599 Dominateur Plante, professeur de musique
649 Edmond Larochelle, épicier.
649 Louis Larochelle, commis
679 A -N Bessette, courtier
713 R Lebeau, pharmacien
713 Edouard Lebeau, commis
811 A -L Fontaine, commis
871 Alfred Cardin, tisserand
877 J -B. Brault, tisserand
877 Benjamin Bergeron, tisserand.
946 J -H Paul, mécanicien

No. **RUE WAMSUTTA**

190 Télesphore Surprenant, tisserand.
190 Alexandre Deslauriers, ouvrier
190 Paul Dubé, ouvrier
195 Joseph Lacroix, ouvrier.
195 Jean Lagassé, tailleur de pierre.
195 Georges Pelchat, ouvrier
195 Octave Gagnon, ouvrier.
195 Joseph Carrier, ouvrier.
195 Alfred Bouchard, ouvrier
197 Théophile Bruneau, ouvrier.

No. **RUE WARREN**

33 Wilfrid Hamel, tisserand
93 T -N Cartier, carrossier
145 Georges Martin, Journalier
145 G -J Martin, boulanger.
216 H -R Fauteux, solliciteur
217 C.-L Champlain, correcteur preuves.
447 Chs Viens, carrossier
447 Médéric Bourgeois, contre-
447 Frédéric Dumas, ouvrier
529 Simon Leblanc, second
589 J -B Daudelin, épicier
691 Georges Rémillard, plieur
895 Alfred Lambert, boudineur
895 Hormisdas Mailloux, hobing

No **RUE WASHINGTON**

7 Solime Bergeron, charpent
7 David Bergeron, Journalier.
7 Georges Dion, forgeron
33 Isaure Audet, contre-maîtr
33 Onésime Ouellette, rentier
25 Henri Fecteau, tisserand
59 Antoine Bazinet. tisserand
65 Joseph Gagnon. peintre
75 Ephrem Desrosiers, tisseran
75 Napoléon Lesieur, fileur
143 A.-O Lacombe, charretier
176 David Guy, rentier
176 Maxime Guy, peintre
176 Joseph Guy, colporteur
176 Samuel Guy colporteur
181 Henri Collard
181 Joseph Collard, cardeur.
181 Eugène Collard, tiers
46 Pierre St Martin. ouvrier.
46 Narcisse Joly, ouvrier.
226 Emmanuel Marien, ouvrier
225 Alfred Lagassé, ouvrier
225 Paul Banville, second

No. **RUE WEBSTER**

19 Joseph Jean, ouvrier
29 Adélard Morneau. ouvrier.
35 J -R Desjardins, fabricant pes.
35 Alfred Lepage, ouvrier
35 Stanislas Gaucher, ouvrier
41 Octave Lizotte, ouvrier
49 Narcisse Fréchette, Journal
49 Adélard Godu, Journalier
49 Edgar Asselin, pompier
49 Arthur Couillard, charpenti
49 Aurèle Blais, ouvrier.
51 Alphonse St Onge, ouvrier
51 David Brousseau Journalier
41 David Brousseau, Jr , journr
59 Damase Dufresné, marchar
81 Francois Côté, cordonnier
81 Napoléon Leduc, pompier
81 Alfred Thériault, boudineur

22 Arthur Brodeur, ouvrier.
22 Amédée Héon, charpentier
22 Rémi Brodeur, charpentier
24 Ludger Marchand, réparateur de métiers
24 Narcisse Héon, charpentier
24 Joseph Desautels, contre-maître.
38 Napoléon Boisvert, ouvrier.
38 Arthur Desrosiers, ouvrier.
68 Damase Bernier, ouvrier.
68 Joseph Dumont, réparateur de métiers
68 Antoine Raiche, rentier
68 Alfred Raiche, ouvrier
68 Jules Raiche, charpentier.
68 Horace Raiche, charpentier.
84 Arthur Lacroix, ouvrier.
84 Jean Vadeboncoeur, colporteur.
92 Timothé Maynard, charpentier
92 Wilfrid Maynard, charpentier
92 Odilon Gagnon, ouvrier
102 Pierre Gagnon, marchand
102 Emile Gagnon, commis
102 Damase Dumont, commis

No.   ..RUE WELCOME

217 Joseph Daigle, homme de cour.
217 J.-B. Théroux, tisserand.
220 Ludger Tessier, peintre.

No.   RUE WELLINGTON

12 Joseph Boulé, second.
68 Athanase Lelorme, charretier.
68 Louis Nadeau, réparateur de métiers
76 Michel Ouellette, réparateur de métires
82 Calixte Poutré, tisserand.
82 Félix Lavoie.
82 Joseph Lavoie, tisserand.
82 Isidore Lavoie, tisserand.
82 Etienne Leboeuf, tisserand
82 Octave Labonté, tisserand
82 Antoine Plourde, tisserand.
82 Vénéran Laprie, tisserand
82 Léonce Côté, tisserand.
82 Edmond Felletier, tinsserand
82 Germain Dionne, tisserand
23 Joseph Roy, tisserand
23 Gédéon Guillemette, tisserand
29 Félix Guillemette, tisserand
29 Cléophas Guillemette, tisserand.
39 Israel Gaudreau, tisserand
39 Paul Olivier, charpentier
39 Eloi Bourgeau, inspecteur de ligne
39 Pierre Marquis, fileur
39 Guillaume Béruné inspecteur de ligne
39 Joseph Béruné, ouvrier
96 Abel Martel, tisserand
96 Onésime Laviolette, tisserand.
96 Jules Blais, pareur.

96 Joseph Voyer, tisserand
96 Joseph Guillemette, maçon
96 Alexandre Guillemette, tier
106 Evariste Laliberté, tisserand
106 Adjutor Labonté, mécanicie
106 Elzéar Roy, chapelier
106 Théophile Caron, canotier
106 Urbain Ouellette, journalier
106 Lévite Ouellette, tisserand
114 Georges Parent, cordonnier
114 Georges Parent, Jr, réparate métiers.
114 Ernest Parent, tiers
170 Benjamin Martel, charpenti
170 Rémi Delorme, peintre.
170 Henri Nobert, commis.
170 Alexis Bélanger, rentier.
170 François Bélanger, tisseran
170 Henri Bélanger, tisserand
170 Chs Caya, tailleur de pierre
170 Georges Blais, commis
192 Joseph Bilodeau, charpentie
192 Ovide Caron, tisserand.
99 Pierre Paul, charretier.
99 Guillaume Paul, charretier
88 Avila Paul, commis
39 Samuel Gaudreau, rentier
39 Pierre Gaudreau, commis

No.   RUE WESTMINSTER

50 J-H. Riendeau, tisserand
50 Alfred Savard, tisserand

No   RUE WEYBOSSET

24 P-H.-A. Maynard, joaillier.
34 J.-M Foisy, blanchisseur
37 Eugène Laverdure, journalie
37 Pierre Millette, second.

No.   RUE WHIPPLE

271 Alphonse Larrivée, contre-m
183 Joseph Baillargeon, agent.
150 A-R Fournier, charretier.

No   WHITWORTH PLACE

48 Arthur Pichette, pareur.
48 Alfred Leblanc, marchand.
48 Georges Leblanc, meneur

No.   RUE WILBUR

14 Télesphore Bard, tisserand
14 Arthur Landry, tisserand.
14 F-C Blanchet, charpentie
22 L-P. Lafleur, ouvrier.
28 Ovide Bernard, second
28 Léon Lemay, rémouleur
28 Télesphore Desrosiers, barl
28 François Desrosiers, commi
56 Joseph Lévesque, ouvrier
56 Olivier Lemire, charretier.
56 Elie Bergeron, charretier.

56 Noé Brouillette, chapelier.
68 Godfroy Lanoue, charretier
68 Joseph Lanoue, ouvrier.
68 Eugène Pérousse, tisserand
78 Elzéar Fournier, peintre.
78 Anthime Canuel, tisserand
78 Gilbert Couturier, charpentier.
78 Télesphore Minville, ouvrier
78 Cyrille Larrivée, ouvrier.
90 David Roy, ouvrier
90 C Rivard, rentier.
23 Napoléon Pelletier, ouvrier.
47 Ernest Lévesque, laitier
47 Xavier Guay.
107 Antoine Bouvier, cardeur
107 Télesphore Savignac, cardeur.
107 Thomas Côté, rentier
107 Olivier, Côté, ouvrier
107 Trefflé Côté, ouvrier
107 Alexandre Lalberté, tisserand.
190 Roch Lebeau, cardeur
109 Georges Lizotte, journalier
109 Joseph Pelletier, garde-moteur
125 Louis Valois, tisserand .
269 Chs Lévesque, chapelier.
262 Henri Moreau, Journalier.
262 Dosité Bouchard, chapelier
262 Joseph Bouchard, chapelier
262 Antoine Asselin, journalier.
262 Désiré Audette, Journalier
262 Arthur Talbot, ouvrier
276 Jacques Lord, chiffonnier
270 Napoléon Phaneuf, journalier
270 Jean Phaneuf, ouvrier

No.   RUE WILCOX

20 Denis Leroux, charpentier.
106 William Fernand, chapelier.
135 Otto Dubois, rentier
135 Oscar Dubois, photographe

No.   RUE WILLIAM

9 Henri Rousseau, boulanger
9 Ernest Ouellette, tisserand.
9 Joseph Dion, tisserand
52 Philippe Lachance, rentier
52 Alfred Lachance, pareur
52 Albert Lachance, Journalier.
52 Pierre Lachance, Journalier.
52 Alfred Bernard, mécanicien.
53 Alfred Beauchemin, peintre.
53 Rosario Samson, tisserand
53 Joseph Lévesque, tisserand.
53 Wilbrod Forain, tisserand.
53 Odilon Samson, tisserand.
53 Rodolphe Boulé, tisserand
53 François Langelier, tiers
65 Antoine Codaire, ouvrier
65 Jean Guertin, ouvrier.
97 Joseph Dallaire, charretier
97 Napoléon Bruneau, tisserand
97 Nazaire Bruneau, tisserand
117 E. M. Dupont, ouvrier.

100 Antoine Codaire, poissonni
100 E.-S Bernard, chapelier
100 J -S. Bernard, chapelier.
100 Emmanuel St Louis, journ
100 Jean Codaire, poissonnier
100 Joseph Cadaire, poissonnie
106 Arthur Legendre, collecteu
106 Chs Lavoie, commis.
106 Ernest Lavoie, tisserand
114 Henri Ménard, réparateur (
  tiers
114 Joseph Cournover, fileur .
114 Joseph Lavoie.
118 Arthur Cournoyer, ouvrier.
118 Elie Antaya, second
126 F de B Bergeron, médecin
157 Albert Collin, surveillant.
157 Chs Francoeur, tisserand
157 Joseph Francoeur, tisseran(
219 Joseph Francoeur, sr, rent
219 Arthur Soulière, charretier
219 Achille Pinaud, ouvrier
277 Orise Bouchard, tiers
277 Joseph Lévesque, commis
277 Arthur Lévesque, ouvrier.
277 Joseph Lebel, ouvrier
277 Rémi Bard, ouvrier.
277 Emile Bard, ouvrier
291 Pierre Bourdon, ouvrier
291 Pierre Bourdon, couvreu
neur
291 Arthur Bourdon, cardeur e
291 Henri Bourdon, chapelier
291 Emile Allard, tisserand
291 Arthur Allard, ouvrier
291 Ovide Allard, fermier
291 Joseph Lavoie, Journalier
272 Napoléon Hamel, peigneur
272 Louis Hamel, peigneur
272 Adélard Gourde, chapelier.
272 Albert Prunier, chapelier.
272 Edouard Gourde, chapelier
272 Alfred Bellefeuille, ouvrier
272 Henri Dubois, ouvrier.
272 Henri Dussault, peigneur
272 Joseph Hamel, tisserand
318 Narcisse Gauvin, Journalier
31 Emile Gauvin, ouvrier.
438 Joseph Pelletier, réparate
  métiers
516 Gualbert Roy, pharmacien
407 Guillaume Lavigne, électric
493 Jean Marier, tisserand
515 Eugène Côté. Jr., commis
515 G -F Côté, machiniste
537 Joseph Michaud, agent
553 F -H Corriveau ,commis
553 Wilfrid Corriveau, glacier
553 Olivier Casavant, rentier.

No.   CHEMIN WILSON

820 E -Z Glodu, fermier
820 Honorius Glodu, fermier.
1088 Joseph Desmarais, mécan

1192 Guillaume Bouchard, bûcheron.
1214 Zéphirin Bouchard, enfonceur de pilotis

No.   **RUE WINTER**

7 G.-J.-B. Forest, commis

No.   **RUE WINTHROP**

175 A.-N. Patenaude, barbier.

No.   **RUE WOODMAN**

474 J.-B Dussault, ouvrier.
622 Adélard Perault, charpentier.
622 Joseph Joncas, commis
622 Aimé Joncos, forgeron.

No.   **RUE WOODSTOCK**

32 Alphonse Blanchet, garçon de service

No.   **RUE WOOLLEY**

42 Chs Savard, ouvrier.
42 Henri Malo, ouvrier
42 Léon Corneau, clerc pharm

No   **WRIGHTINGTON PLAC**

8 Hector Ricard, pension
15 Albert Marquette, tisserand

No   **CHEMIN YELLOW HIL**

Joseph Posé, Journalier.

No.   **RUE YORK**

19 Hormisdas Jetté, commis.
50 Arthur Roy, ouvrier

Les Votants de Fall River

QUARTIER I.

Arrondissement A.

Adolphe Auguste, Grinnell, 655.
Bergeron, J.-J , Orswell, 73.
Bessette, A.-L., rue Glo⊃e, 1252
Beaupardant, J.-D., Stafford Rd, 1040.
Bellemarre, J.-D , Anthony, 272
Bérard, Cyprien, Ames, 189
Bessette, Henri, Spencer, 56
Beaudry, H. H., Palmer, 568
Bodeau, Chs, Lawton, 413
Bossé, Napoléon, Anthony, 384
Brunelle, Eugène, Spencer, 25.
Canuel Georges ,Tower, 602.
Carrier, Gédéon, Anthony, 384.
Cartier, Adélard, Stafford Road, 1040.
Cartier, Al⊃ert, Anthony, 318.
Cayer, Alphonse, Tower, 365.
Chenard, Alfred, Nelson, 26.
Choquette, Rodolphe, Smith, 185.
Chouinard, François, Nelson, 49.
Chouinard, Paul, jr , Nelson, 49.
Collier, Chs, Mott, 150
Couet, Adélard, Anthony, 425
Coulom⊃e, A.-E., Stafford Road, 967.
Courville, Henri, Stafford Road, 483
Couture, Henri, Anthony, 433
Croteau, Napoléon, Tower, 277.
Daudelin, J.-B , Warren, 591.
Dauphin, Télesphore, Jefferson, 157
Desmarais, Louis, Lawton, 512
Desnoyers Adélard, Baird, 49
Desrosiers, Wilfrid, Reeves, 152
Dion, Anastase, Jefferson, 37
Drapeau, F -X , Nelson, 26
Drapeau, J -B , Boyden, 27
Drapeau, Joseph, Boyden, 27
Drapeau, Octave, Boyden, 26
Drapeau,. Fhilippe, Boyden, 33
Duval, Napoléon, Boyden, 134
Duval, Pierre, Nelson, 49
Elie, Louis, Lawton, 344
Fauteux, J -E -C., Spencer, 39
Forant, Léonce, Jefferson, 845
Gagné, Alfred, Lawton, 529
Gagnon, Guillaume, Grinnell, 805
Gamelin, Alexandre, Anthony, 215.
Garant, Napoléon, Nightingale, 13
Gaudreau, G -J , Jefferson, 105
Gendron, Evariste, Lawton, 386.

Gendron, T.-L., Frost, 93.
Généreux, A.-E.-G., Anthony, 425.
Girard, J.-B., Rodman, 1199.
Gi⊃eau, Ludger, Jefferson, 593.
Goyette, Bénoni, Stafford Rd., 1099.
Grandchamp, R.-E., Brayton, av., 2.
Grandchamp, T -F , Grace, 66.
Guimond, Arthur, Lawton, 339.
Hé⊃ert, Eusè⊃e, Cam⊃ridge, 669.
Hé⊃ert, Henri, Brayton, av., 545.
Héroux, Cléophas, Cam⊃ridge, 649.
La⊃rie, Armand, Lawton, 464.
Lachance Godias, Ames, 339.
Lafond, Anselme,, Reeves, 120.
Laforce, Louis, Orswell, 288.
Lahberté, Arthur, Nelson, 49.
Lamarre, Edmond, Spencer, 319.
Lam⊃ert, Guillaume, Ames, 339.
Lanciault, Georges, Lawton, 529.
Lavoie, Anselme, Anthony, 313.
Le⊃lanc, Hormisdas, Stafford Rd. 9·
Le⊃lanc, Simon, Warren, 529.
Lali⊃erté, Adélard, Tower, 365.
Leclerc, François, Cam⊃ridge, 525.
Leclair, Guillaume, Mott, 166
Lefe⊃vre, Cléophas, Baird, 59
Legault, Zotique, Boyden, 3.
Lepage, Elie, Rodman, 1462.
Létourneau, Wilfrid, Stafford R 1424.
Lavallée, Roland, Glo⊃e, 1237.
Lévesque, François, Dickinson, 49.
Madore, Emile, Nelson, 91.
Mailloux, Emile, Tower, 345
Mallahen, H.-N Jackson, 140
Marchand, Camille, Stafford Rd., 10
Marier, G -A , Anthony, 100.
Marier, Napoléon, Anthony. 100
Marnoche, Thomas, Jefferson, 379.
Marnoche, Guillaume, Jefferson, 3
Marnoche, Guillaume. jr., Rodm 1431.
Marchand, Olivier, Ames, 331.
Martin, R.-G. Warren, 433.
Martin, J.-H , Tower, 278.
Maynard, G.-C., Lamphor, 268
Moquin, François, Stafford Rd., 84;
Moreau, Pierre, Sterling, 228
Morin, Chs, Reeves, 152
Maurice, Ernest, Huard, 22
Mussely, H.-J., Stafford Rr., 967
Paquette, J.-B., Jefferson, 37.

UNION SAVINGS BAN

INCORPORÉE EN 1869

RUE SO. MAIN, 14, FALL RIVER.

Depots Recus Chaque Jour, de 9 a. m. a 2 p.
Et le Samedi Soir, de 6 a 8 p. m.

OFFICIERS

JEROME C. BORDEN, President

CYRUS C. ROUNSEVILLE, Vice-President

FREDERICK O. DODGE, Vice-President

MELVIN B. HORTON, Secretaire

ADAM W. GIFFORD, Tresori

SYNDICS

JEROME C. BORDEN	CHARLES A. PARDEE
ISAAC A. BROWN	JOHN T. ROBERTSON
THOMAS D. COVEL	CYRUS C. ROUNSEVILLE
FREDERICK O. DODGE	A HOMER SKINNER
MELVIN B HORTON	MARCUS M. WORDELL
ANDREW J. JENNINGS	JAMES E. WINWARD
JOHN D. MUNROE	THEODORE D. W WOOD

BUREAU DE PLACEMENTS

JEROME C. BORDEN   FREDERICK O. DODGE   CYRUS C ROUNSEVILL
THOMAS D. COVEL   A. HOMER SKINNER

Escompte, le Vendredi   Dividendes, les 19 de Mai et Novembre
Les Depots Portent Interet les 15 de Fevrier, Mai, Aout et Novembr

Paquin, Willie, Statford Rd., 1099.
Parent, Omer, Cart, 111.
Pariseau, Albert, Cambridge, 649.
Pariseau, Théodore, Cambridge, 649.
Pelletier, Louis, Mott, 290
Pariseault, J.-B, Statford Rd, 370.
Pelletier, Ernest, Stafford Rd., 1123.
Pelletier, L.-P, Stafford Rd., 1123
Pinault, Adélard, Reeves, 120.
Pineault, Joseph, Reeves, 120.
Plante, Nicolas, Russell, 82.
Poilvert, O -C, Ames, 373.
Poilvert, O -G., Ames, 373.
Pratte, Arthur, Dickinson, 58.
Pratte, Chs, Dickinson, 58.
Pratte, H.-E. Dickinson, 58.
Pratte, L.-N., Dickinson, 58.
Pratte, Wilfrid, Dickinson, 58.
Rannacher, Jean, Reeves, 91.
Riendeau, A.-P, Grinnell, 823
Riendeau, Henri, Grinnell, 823.
Robin, J -B., Tucker, 328.
Ratté, J.-A., Lawton, 205.
Rémillard, Georges, Warren, 691.
Rémi, Albéric, Baker, 188.
Rémi, Alfred, Baker, 188.
Rémi, Horace, Baker, 188.
Riendeau, J -H., Westminster, 50.
Rouilliard, Victor, Globe, 1183.
Roy, Aimé, Reeves, 120.
Roy, André, Spencer, 24.
Roy, A.-G., Smith, 123
St Amour, Antoine, Rodman, 1553.
St Germain, Ovide, Tower, 313.
Savard, Alfred, Westminster, 50.
Savard, Félix, Chicago, 357.
Savard, Louis, jr, Reeves, 99.
Sévigny Alfred, Reeves, 166.
Simard, A -G.-E., Boyden, 43.
Sinotte, J -E., Anthony, 215.
Sirois, Arthur, Campania, 69.
Talbot, Evariste, Grinnell, 171.
Talbot, J.-E, Dickinson, 103.
Tessier, Ludger, Welcome, 220.
Thibault, Narcisse, Nightingale, 13.
Trépanier, François, Grinnell, 600
Viens, Napoléon, Bright, 61.

Arrondissement B.

Archambault, Misael, Middle, 823
Asselin, J -O Montaup, 386.
Adam, Pierre, Melville, 122.
Audette, Désiré, Wilbur, 262.
Audette, Julien, East Main, 224
Ault, Joseph, Palmer, 96.
Bard, Télesphore, Wilbur, 14
Barré, Léonidas, Dwelley, 890
Bazinet, Albert, Fenner, 123.
Beauparlant, Aimé, Melville, 38
Beauparlant, Hercule, Melville, 38
Beauparlant, J -O, South Main, 1098.
Bélisle, Armand, East Main, 138
Belisle, Joseph, Palmer, 197.

Bellavance, Ernest, Orswell, 61.
Bergeron, Joseph, Palmer, 29.
Bergeron, Hilaire, Wilbur, 56.
Bernard, Henri, East Main., 183.
Bernard, D -S. Kilburn, 34.
Bernard, Henri, East Main, 310.
Bérubé Adolphe, Palmer, 53.
Bérubé, Pierre, Palmer, 107.
Bessette, Léon, East Main, 52.
Bessette, Léon, Jr., East Main, 52
Blanchette, Alfred, Palmer, 75.
Blanchette, Alphonse, South Main
Blanchette, F.-X., Wilbur, 14.
Blanchette, Henri, Slade, 997.
Blanchette, Horace, Palmer, 53
Bolduc, A.-G East Main, 403.
Bolduc, J.-A., East Main, 403.
Bolduc, Léandre, East Main, 40'
Bouchard, Alfred, East Main, 39
Bouchard, Alfred, South Main, 9
Bouchard, Dénéry, Slade, 971.
Bouchard, Ernest, East Main, 3.
Bouchard, Joseph, Wilbur, 262.
Bouffard, Alphonse, Aetna, 90.
Bouffard, Désiré, Dwelley, 1186.
Bouffard, Joseph, Aetna, 88
Bouvier, Elzéar, Lee, 30.
Brault, E -J., East Main, 154.
Brault, L -P. East Main, 421.
Brouillette, Noé, Wilbur, 56
Canuel, Jean, Globe, 730.
Casson, Joseph, Lee, 22
Caya, Joseph, South Main, 1026.
Champagne, Louis, Slade, 1152.
Charrette, Chs, Globe, 754.
Cloutier, Adélard, Aetna, 40.
Cloutier, Chs, Dwelly, 1143.
Cormier, Théophile, jr., Montaup,
Côté, A -J, South Main, 452.
Côté, A -T., Peckham, 281.
Côté, Edouard, Melville, 96
Côté, Georges, East Main, 533.
Côté, J.-B, South Main, 952.
Côté, Joseph, Palmer, 69.
Côté, Oliva, Wilbur, 107.
Côté, Pierre, East Main, 196.
Côté, Ulric, Hamlet, 50.
Côté, Wenceslas, East Main, 416.
Courville, Henri, Kellogg, 75.
Couture, Wilfrid, Aetna, 29.
Couturier, Gilbert, Wilbur, 82
Crosson, F.-A, Osborn, 306
Cyr, Joseph, Palmer, 141.
Cyr, Napoléon, East Main, 138.
Daudelin, E.-H, East Main, 122.
Daudelin, Pierre, East Main, 145.
De Gagné, Elzéar, South Main, 9
De Gagné, Henri, Palmer, 39
Delisle, Odilon, Slade, 1003.
Denault, Adrien, Globe, 837.
Desrosiers, Télesphore, Wilbur, 5
Dubé, Joseph, Montaup, 174.
Dubuque, Philéas, Dwelly, 984.
Dumas, Joseph, Peckham, 48.

METACOMET NATIONAL B

Incorporée en 1853 et organisée comme Banque Nationale en 1865

Rue Bedford, 46, Angle de la Rock, Fall Riv

CAPITAL = = $750,

SURPLUS et PROFITS ENTIERS - $32

OFFICIERS :

SIMEON B. CHASE, President

MILTON REED, Vice=President

CHARLES B. COOK, Cai

FRANK H. BORDEN. Comptable

SAMUEL E. ROBINSON, Asst-Comptable

JAMES D. DEARDEN, Troisieme Comptable

NATHAN CHACE, Commis Escor

MYRON F. BULLOCK, M. GEORGE O'NEIL, Commis

RUDOLPH RANNACHER, Me

DIRECTEURS :

William R. Warner	Rudolf F. Haffenreffer, Jr.	William H. J
Edward B. Remington	Charles B. Cook	John P. Bodg
James C. Brady	Oliver K Hawes	Herbert C. T
Simeon B. Chace	James Marshall	Robert S. G
Milton Reed	Joseph O. Neill	George H. H

Assemblée annuelle, le 2nd Jeudi de Janvier.

Dividendes payés en Janvier et Juillet.

Escompte, le Mardi à Midi.

BOITES DE SURETE POUR DEPOTS, A L

Dupéré, Israël, Globe, 911.
Dupuis, Alfred, Montaup, 361
Dupuis, Alphonse, East Main, 444
Dupuis, Cléophas, East Main, 491
Enault, Emmanuel, Peckham, 203
Fisette, Jean, Palmer, 39
Forcier, Salomon, Barclay, 25.
Forcier, Wilfrid, Slade, 1008
Fournier, Elzéar, Wilbur, 78
Fournier, Joseph, South Main, 1246.
Fournier, Narcisse, Sonth Main, 964.
Fournier, Raphaël, East Main, 320.
Fournier, R.-T., South Main, 1246
Gadbois, Olivier, Jr., Montaup, 351
Gagné, Michel, Melville, 96
Gagnon, Adélard, South Main, 964.
Gagnon, Alphonse, Palmer, 17
Gagnon, Arsène, Palmer, 25
Gagnon, Jean, East Main 341
Gagnon, Joseph, Barrett, 68
Gagnon Joseph, Palmer, 69
Gagnon, J.-A., Montaup, 361.
Gagnon, J.-F, East Main, 294.
Gagnon, J.-U, Lee, 45.
Gagnon, Louis, South Main, 1266.
Gagnon, Ubalde, Montaup, 64
Garon, Joseph, East Main, 294
Gauvin, Etienne, East Main, 197
Gaudreau, Napoléon, Palmer, 25.
Gilbert, G.-S. Hamlet, 92
Goulet, O.-C., Osborn, 355
Goulet, Rosario, Osborn, 355
Goyette, Joseph, East Main, 139
Goyette, Aldai, Palmer, 53
Griffault, Paul, East Main 392
Guay, Phidime, Saucier, 29.
Guay, Xavier, Wilbur, 47
Hamer, Georges, Slade, 854.
Grandchamp, Michel, Fenner, 101
Jalbert, Joseph, Jr. Saucier, 29
Janson, Béloni, Peckham, 58
Janson, W.-E, Peckham, 58.
Labelle, Emile, Palmer, 70
Lachance, Emile, Palmer, 70
Lachance, Omer, Palmer, 75
Lafayette, Auguste, Melville, 96
Lafleur, Louis, Wilbur, 22
Lafond, Aimé, Peckham, 58
Laliberté, Alexandre, Wilbur, 83
Lamartine, E.-W, East Main, 71
Lambert, J.-B, Laurel, 650
Lambert Patrice, Melville, 120
Landry, Joseph, East Main, 201
Landry, Napoléon, Lee, 22
Langlois, Napoléon, Montaup, 436
Lanoie, Georges, Montaup 468
Lapointe, Hippolyte, Hamlet, 9
Larrivée, Emile, Peckham, 149
Larrivée, Alfred, Palmer, 80
Larrabée, Chs, Melville, 122
Lescault, Léopold, East Main, 511
Leclair, Alexandre, Peckham, 27.
Leclair, Arthur, Peckham, 27
Leclair, Chs, South Main, 1246

Ledoux, Horace, Montaup, 351
Leduc, Cléophas, East Main, 4
Lefebvre, Alfred, East Main, 324
Lemerise, A.-G, Field, 241.
Lemerise, Ernest, East Main, 196
Lemire, Olivier, Wilbur, 58
Lescault, Dominique, East Main,
Lévesque, T-A, Palmer, 36.
Lévesque, Edouard, Slade, 1068.
Lévesque, Joseph, Wilbur, 56.
Lévesque, Joseph, Palmer, 36
Lévesque, Luc, Palmer, 36
Lévesque Moise, East Main, 187
Lévesque, Philippe, Montaup, 90.
Mathieu, Henri, Montaup, 64
Maillé, Médard, East Main, 403
Marchand, Joseph, Melville, 1
Marchand, Joseph, Melville, 4
Marchand, N.-C, Palmer, 39
Marois, Armand, Globe, 759
Marois, J.-B, Globe, 769
Marois, Joseph, Globe, 759.
Marois, O-A, Globe, 785.
Marois, Wilfrid, Globe, 378.
Martel, Modeste, East Main, 190.
Martin, Robert, Kilburn, 112
Mélançon, D.-J, East Main, 418
Méthé, J.-B Ridge, 396.
Moreau, Henri, Wilbur, 262
Moreau, Horace, East Main, 202
Moreau, Ludger, East Main, 177
Morin, Adélard, Palmer, 36.
Morin, Alfred, Jr., Barrett, 47.
Morin, Arthur, Wilbur, 125
Morin, J.-B, Globe, 730
Morin, Joseph, East Main, 392
Morin, Philibert, Peckham, 151
Morin, Wilfrid, Barrett, 62.
Noël, Joseph, Montaup, 418.
Normand, Wilfrid, Globe, 1008
Ouellette, P.-L, East Main, 341
Parent, André, Slade, 1059
Patenaude, Alcide, East Main, 324
Patenaude, Wilfrid, East Main, 32
Paul, Adélard, South Main, 914
Paul, Jean, South Main, 914
Paul, Joseph, South Main, 914
Paul, Napoléon, South Main, 914
Paulhus, Adélard, Palmer, 351
Péladeau, Alfred, Slade, 997
Péladeau, Alfred, Jr, Slade, 997
Péladeau, Alphonse, Slade, 997
Péladeau, Chs, Slade, 997.
Péladeau, Théodore, Slade, 997
Pelletier, Horace, Barclay, 48
Perault, Zénon, Montaup, 468
Perron, Joseph, East Main, 341
Picard, Delphis, Montaup, 476
Picard, Louis, Montaup, 462
Picard, Alfred, Montaup, 462.
Piché, Joseph, Globe, 851
Plante, Alfred, Montaup 476
Plante, Alfred, Osborn, 296
Plante, Augustin, Montaup, 462.

OSBORN MILL

DEUX FABRIQUES,

No 1, ANGLE DES RUES MONTAUP ET ORSWI
No 2, ANGLE DES RUES MONTAUP ET DWE

Bureau du Tresorier, au No 1.

CAPITAL, - - - $750.

JOHN C. MILNE, Président
JAMES T. MILNE, Tresorier
JOSEPH WATTERS, Surintendant
ROLAND F. TILLSON, Teneur de Livres

DIRECTEURS:

JOHN C. MILNE	EDWARD E. HATHAWAY	SIMEON B C
GEORGE N. DURFEE	JAMES E OSBORN	JOHN H. EST
	JAMES T. MILNE	

70,332 Broches et 1904 Metiers

CORNELL MILL

Rue Alden, 563, Fall River, Mass.

INCORPORES EN 1889

Capital, ≡ ≡ - $400,

STEPHEN A JENKS, Président   ROBERT W. ZUILL, Trésori
FRANKLIN S. AKIN, Surintendant.
JAMES C. MANCHESTEUR, Teneur de Livres   JOHN E. DUFFY, I

DIRECTEURS:

Robert C. Davis	Myron Fish	Robert W. Zuill
F E. Waterman	James F. Jackson	Rodman P. Snelling
Stephen A. Jenks	Edward S. Adams	John F. St·

45,040 Broches;   1112 Metiers;   400 Emplo

· FABRIQUE D'INDIENNES ET DIVERS TISSUS.

Plante, Delphis, Montaup, 386.
Proulx, Edmond, jr , Saucier, 36
Rémy, Louis, Globe, 762
Renaud, Wilfrid, Globe, 919
Richard, Mathurin, Globe, 771
Rioux, Alfred, Globe, 837.
Rioux, Auguste, Montaup 176.
Rioux, J -N., Peckham, 48.
Rioux, Joseph, Globe, 837.
Rivard, C , Wilbur, 90
Rooillard, Damien, Middle, 829
Roch, Chs, Melville, 71.
St Amant, Alphonse, Barclay, 48
St Amant, Elisée, Barclay, 48.
St Amant, Joseph Barclay, 48
St Denis, Oliva, Globe, 762
St Denis Olivier, East Main, 201
St Germain, Pierre, Montaup, 82
Ste Marie, Auréphise, Montaup, 476.
Ste Marie, Oliva, Montaup 378
St Pierre, François, East Main, 418.
Saucier, Arthur, Palmer, 36
Saucier, Elzéar, East Main, 148
Saurette, Adélard, Plymouth av , 1451.
Savard, Georges, Peckham, 27.
Senay, Guillaume, Peckham, 149
Surprenant, Joseph, East Main, 341.
Talbot, Arthur, Wilbur, 262
Tardif, Alphonse, Hamlet, 92
Tétrault, Edmond, South Main, 1008.
Tétrault, Joseph, South Main, 1008
Thibault, L -A , East Main, 32
Thibault, L.-A , jr., Hamlet, 20
Thibault Guillaume, Melville, 96
Trottier, O -J Barrett, 48
Turcotte, Joseph, Palmer, 39.
Turgeon, Guillaume, Globe, 785
Veillette, G -H., East Main, 511
Veillette, Georges, East Main, 511
Veillette, Louis, East Main, 533

Arrondissement C.

Beauparlant, Napoléon, Osborn, 451.
Bélanger, Alphonse, Tecumseh, 103.
Bellefeuille, J -E.-A , Tecumseh, 51.
Bellefeuille, J.-L , Tecumseh, 51.
Benoit, H -C , Berkley, 39
Bergeron, Joseph, Hamlet, 213
Bergeron, J -E , Tecumseh, 39
Bergeron, L.-R., Tecumseh, 39
Blanchette, Alfred, Forest, 260
Blanchette, Arthur, Forest, 260
Bonnard, David, Cambridge, 130.
Bouchard, L -R., Hamlet, 286
Bourret, D -J Cook, 27
Brault, Philippe, Ridge, 400
Brault, G -A., Second, 878
Brisson, Pierre, Second, 860.
Cartier, Gautier, Plymouth av., 865
Chaput, G.-L., Kellogg, 74.
Cloutier, Eusèbe, Hamlet, 260.
Corneau, L.-E.. Woolley, 42.
Cyr, Abel, Hamlet, 285.

Dénommé, Oscar, Forest, 258
Desmarteaux, Auguste, Flymou 1073
Desmarteaux, E.-J., Plymouti 1073
Desmarteaux, Georges, Plymou 1073
Désy, J -L , Jr , Buttington, 93
De Villers, Tancrède, Kellogg,
Dubé, Georges, Plymouth av ,
Ducharme, A.-H , Buffington,
Fauteux, H -R , Warren, 216
Gagnon, L -J , Ridge, 398.
Gaulin, M -E , Second, 840
Grandchamp, J -A , Warren, 3:
Hardie, Guillaume, Osborn, 556
Janson, A -F , Second, 828.
Janson, I -J.-B , Osborn, 401
Lafleur, J -T , Plymouth av ,,
Laleune, Solime, Osborn, 417
Lalime, E -L. Manton, 46.
Lavoie, H -P -A , Plymouth, 84
Lucas, Ths , Hamlet 169.
Martin, Georges, Warren, 145
Martin, P -J , Buffington, 31
Martin, P -L , Buffington: 211
Martin, G -J , Warren, 145
Ménard, Timothé, Ridge, 581
Moquin, Louis, Ridge, 408.
Pariseau, Chs, Hamlet, 285
Péloquin, Omer, Osborn, 529
Péloquin, J -E , Osborn, 444
Pinault, Guillaume, Grinnell, :
Richard, T -D , Plymouth av ,
Roche, L -G , Plymouth, 1073
Rochefort, Michel, Buffington,
Rochefort, Pierre, Osborn, 447.
Rochefort, C -J., Buffinton, 200
St Denis, Philéas, Tecumseh, 4
St Pierre, Henri, Forest, 192
Savard, Chs , Wooley, 42
Simard, Wilfrid, Plymouth av ,
Vézina, Alphonse, Forest 144.
Viau, Pierre, Plymouth, ave , 7
Vincent, J -J , Foster, 60.
Vincent, Joseph, Foster, 60

QUARTIER II

Arrondissement A.

Aubin, Joseph, Howland, 95
Beauregard, Antoine, Howland
Beauregard, J -A , Howland, 16
Beauregard, Avila, Tripp, 23
Bélanger, Alexandre King Phil
Bélanger, Antoine, King Philip
Bergeron, Siméon, South Main
Bergeron, Wilfrid, Tripp. 15
Bernard, Donat, Bay View, 19
Bernier, Marcel, Broad 64
Bernier, Oscar, Broad, 64.
Bérubé Ferdinand, Howe, 56
Blais, Joseph, South Main, 17:

Rue Hartwell, No 296

INCORPORES EN 1867   REORGANISES-EN 18

CAPITAL - - $500,000

W. R. CHESTER, President   M. RICHARD BROWN, Comptable
GEO. H. HILLS, Agt et Tresorier   CHS P. KING, Ass.-Comptable
RICHARD G. RILEY, Surintendant   ROBERT R. VEASEY, Ass.-Compta

DIRECTEURS

CHARLES R BATT,   GEORGE S. EDDY   S. B CHACE   N J RUS
W. S. GRANGER   W. R. CHESTER   FRANK L. FISH

46,000 Broches   1248 Metiers   450 Employ

Manufacture de Toile a Draps, pour Chemises, et Coton de Gout

STEVENS MFG. C

Au Pied de Rue Russell, Pres de Jefferson

INCORPOREE EN 1892

CAPITAL ∴   ∴   ∴ $700,0C

SIMEON B. CHASE, President
   GEORGES H. HILLS, Tresorier,
     CHS B. CHASE, Surintendant
       M. RICHARD BROWN, Comptable
         CHS P. KING, Ass.-Comptable
           ROBERT R. VESEY, Ass.-Comptal

DIRECTEURS

S. B. CHASE   E. B. JENNINGS   W. W. CRAPO   J. E. OSBORN
GEORGE H. HILLS   CHAUNCEY H. SEARS   ROBERT S. GOFF

COUVREPIEDS EN CROCHET, EN MARSEILLES ET SAT

DAMAS POUR NAPPES ET TOILE A ESSUIE-MAINS

CLARENCE, WHITMAN & CO., NEW YORK,
AGENTS COMMERCIAUX

Blais, Guillaume, South Main, 1751.
Bodeau, F.-O, South Main, 1928
Boissonneoult, J.-B, Charles, 686
Bonneau, Joseph, Tripp, 29.
Bouchard, Joseph, King Philip, 803.
Bouchard, Timothé, Howland, 106.
Bousquet, Paul, Clarkson. 431.
Brault, A.-V, Bay View, 191.
Brault, J.-S, King Philip, 684
Brunelle, A.-J Mount Hope, ave, 586
Canuel, Joseph, Crawford, 103
Caron, Joseph, Crawford, 89
Caron, Joseph, Jr, Crawford, 89.
Cava, Henri, Howe, 76.
Chapleau, Guillaume, Bay, 1282
Chapleau, Guillaume, ji, Benjamin, 37.
Charest, Josaphat, King Philip, 772
Chasseur, André, King Philip, 850.
Clément, Alexandre, Charles, 727.
Clément, C.-C, Charles. 727.
Clément, Pierre, Charles. 727.
Cloutier, Ohvier, Tripp. 65
Croteau, Evariste, Tripp, 29.
Cyr, D.-P, Tripp, 56.
Delemarre, D.-V, South Main, 2492.
Denault, Amable, Tuttle, 283
Denault, J.-H, Mount Hope av, 496
Denis, E'-V, Howland, 106.
Denis, G.-G, Birch, 392
Desmarais, L.-G, Broad. 64.
Desmarais, Samuel, Broad, 64.
Desrosiers, Octave, Crawford, 9.
Desruisseaux, Mastai, Tuttle, 122
Desruisseaux, Philippe, So Main. 1836
Dion, Stanislas, King Philip. 792
Dubé, Samuel, jr, Last, 117.
Dubois, Albert, Jr, Last, 81
Dubois, Alexis, Howland, 106
Dubois, A.-V, Bay, 2029
Dubois, Eugène, King Philip, 745.
Dubois, Oscar, Bay, 2029
Dufresne, Georges, Tuttle, 134.
Dufresne, Joseph, Broad, 72
Dupré, Alfred, Howland, 142
Duquette, Adélard, Tuttle. 114
Dussault, Arthur, So Main, 1868
Dussault, B.-E, So Main, 1868
Dusault, F.-B, So Main, 1868
Dusault, F.-X, So Main. 1868.
Dussault, F.-R, So Main, 1868
Dussault, J.-B, Woodman, 474
Dussault, W.-O. So Main, 1868.
Fisette, Paul, Clarkson, 364.
Fontaine, Henri, Birch. 525
Fournier, Achille, Tuttle, 247
Fournier, Adélard, Tuttle. 247
Fournier, A.-J, Tuttle. 166
Fournier, Elzéar, Tuttle, 175
Fournier, J.-E, Dwelly. 661
Frénette, Adélard, Birch. 525
Frénette, Delphis, King Philip, 772.
Gagné, Arthur, South Main, 2651
Gamache, Adolphe, Bay, 2118

Garant, Pierre, Last, 128.
Garneau, J.-E, State av, 542
Garneau, J.-P.-A., So. Main, 168
Gauthier, Joseph, Benjamin, 14.
Gauthier, Ludger, Tuttle, 142
Girard, Joseph, Tuttle, 307
Guimond, Chs, Crawford, 26
Gervais, J.-T, South Main, 1765
Hamel, Oscar, Tuttle, 367
Hébert, A.-J, South Main. 1939
Hébert, Onésime, Hicks, 719.
Lambert, Frédéric, Bay, 1238.
Lambert, Pierre, Bay, 1238
Lamontagne, A.-F, Benjamin. 4
Lamontagne, Amédée, Benjamin.
Landry, Alfred, Broad, 72
Laplante, Isaie, Mt Hope av., 58
Lapointe, L.-N Birch, 464
Lauzierfi, Arthur, Tuttle, 103
Lapuzier, Auguste, Tuttle, 343.
Lauzon, Alfred, Tripp, 65.
Lauzon, Jean, Crawford, 103
Lauzon, Guillaume, Tripp, 177
Lavallée, Joseph, Birch, 599.
Laviolette, 'A.-J, Charles, 709
Leblond, Joseph, Home, 68
Lemay, Alfred, Tuttle. 307.
Lemay, Eleusippe. Tuttle, 343.
Lévesque, Chs., Broad, 94
Lévesque, Philippe, King Philip.
L'Heureux Barthélémie, Last, 12
Lizotte, Alexandre, Tuttle, 87.
Lizotte, Joseph, Tuttle, 87.
Martel, Ruel, Tuttle. 152
Martin, H.-G., Lester. 85
Martin, Jacques, Birch, 392
Martin, Guillaume, Wodoman. 4
Martin, Edouard, Kay, 21.
Massé, Daniel, Birch, 579
Massé, Wilfrid, Birch. 579.
Mélançon Léon, Benjamin, 59.
Michaud, Chs, Dwelly, 267.
BichaudM, Emile, Benjamin, 47
Morin, Philéas, King Philip, 66
Morin, Pierre, King Philip, 662.
Nadeau, Ephrem, So Main, 1928
Nadeau, J.-B, So Main, 1928.
Nadeau, O.-A, Last, 128.
Neveux, Honorius, Benjamin, 51.
Ouellette, Odilon, State av, 448
Paquette Eudore, Tripp. 56
Paquet, Hormisdas, Tuttle, 343
Paquin, E.-J, Charles, 823
Paquin, F.-N., State av., 344
Paquin, Gélase, So Main, 2578.
Paquin Omer, Howe. 76
Paradis, Alfred, Tuttle. 114
Pélissier, Adolphe, So Main, 168
Pèlerin, Arthur, Broad. 72
Pèlerin Zénon, Tripp, 214
Picard, Alphonse, Charles 775
Piché, Victor, So. Main, 2662
Piché. Noé, South Main, 1852
Pinault, Adélard, So Main, 2662

Pineau, François, State av, 582
Plamondon, Félix, Tripp, 15.
Plamondon, Joseph, Benjamin, 51.
Plamondon, Victor, Tripp, 15.
Pratte, Henri, Broad, 94
Piatte, Henri, jr, Broad, 94
Provost, Joseph, Howland, 97
Quintin, Arthur, 'Last, 148
Quintin, Ferdinand, Last, 148
Quintin, A.-R, Last, 132
Quintin, Georges, Last, 148.
Richard, Siméon, Clément, 84
Rosert, Joseph, So Main, 1918
Rosert, G -H , So. Main, 1918
Roosllard, Joseph, So Main, 1944
Roosllard, Auguste, South Main, 1944.
Roositaille, Ferdinand, Tripp, 27
Roussin, Eugène, Bay View, 382
Roy, Joseph, Tripp, 29
St Laurent, Alphonse, Dwelly, 819.
St Laurent, Pierre, King Philip, 772
St Laurent, Victor, Tuttle, 134.
St Pierre, Arsène, Tripp, 69.
Sorel, Félix, State av, 352
Sorel, Joseph, State av, 352.
Thisodeau, Thaddée, Bay View, 189
Trahan, J -U., So Main, 2543.
Tremolay, Edmond, King Philip, 872
Tremolay, Octave, King Philip, 609.
Turcotte, Aimé, So Main, 2645

Arrondissement B.

Asselin, Edouard, Slade, 514.
Asselin, Albert, Slade, 514.
Audette, Eucharste, Lewis, 86
Audet, Osias, Brown, 153
Banville, J.-E, Oliver, 75
Bériault, Adélard, Hall 188
Béland, Arthur, Peck, 28
Bergeron, S.-F'., South Main, 971
Bérubé, Herménégilde, Peck, 35
Bérusé, Louis, Peck, 13
Blais, Narcisse, Centre, 451.
Blanchette, Alphonse, Woodstock, 32.
Boissonnault, Alfred, Peck, 21
Bouchard, Alfred, Kilsurn, 21.
Bourgeois, Louis, Kilsurn, 29
Boutin, Joseph, Glose, 329'
Boutin, Marcel, Glose, 329
Boyer, H.-W., Kilburn, 35
Boyer, R -W, Kilsurn, 35
Brisebois, Ulderic, So. Main 1648
Caron, J.-H., Hall, 170
Carrier, Jean, Ososrn, 242
Collard, François, Liberty, 30
Côté, Alexandre, So Main, 971
Côté, A -G, King, 331
Côté, François, King, 331.
Côté, G -A, Liberty, 116.
Coulomse, Ignace, River View, 53
Coulomse Thomas, River View, 53.
Courville, Evangéliste, So. Main, 1351.
Crosson, Edouard, Middle, 149

Croteau, Alfred, Jr., So. Main, 1
Cyr, David, So. Main, 1289.
Cyr, Edmond, Dwelly, 316.
Cyr, G.-J., So. Main, 1183
Delisle, Henri, Peck, 28.
Delisle, J -H , So. Main 889.
Delisle, Victor, So. Main, 889.
Desmarais, Trefflé, Jr., River Vi
Desautels, M -J , Ososrn, 221.
Deschamps, Narcisse, Ososrn, :
Desrosiers, Antoine, Slade, 226
Desrosiers, Delphis, Slade, 226
Desrosiers, E.-G., Oliver, 138.
De Tonnancour, Godefroi, Midd
Dion, J -L, Glose, 317
Dionne, Victor, Dussault, 16
Dalsec, Alcide, Scott, 28.
Dusé, Ernest, South Main, 120
Doucet, A -G, Broadway, 709.
Duoois, Os, E., Wilcox, 135.
Dubois, Ot E , Oliver, 4
Dubois, Otto, Wilcox, 135
Dumas, Gédéon, Griffin, 228
Dumas, J -A , So Main, 1019.
Duplez, E.-H , Ososrn, 213
Dussault, Félix, Broadway, 100
Dussault, G -D , Broadway, 100
Dussault, Henri, Broadway, 100
Dussault, M -J , Broadway, 100
Dutra, C -E, Sprague, 282
Dutra, J -F, Liberty, 44.
Emard, Odino, Kilburn, 29.
Faille, Jacques, So. Main, 1193
Fecteau, J -A , Middle, 643
Ferland, Pierre, Peck, 26.
Fisette, Aimé, Hall, 188
Fortier, Albert, So. Main, 1636
Frédette, Timothé, Liberty, 30
Gagné, Octave, Peck, 38.
Gagné, Théodore, Peck, 38
Gagnon, Adhémar, So Main, 163
Gagnon, Alcide, So Main, 1636.
Gagnon, Joseph, So Main, 1289
Gamache, Henri, Assott Place,
Gauvin, Napoléon, Sprague, 19:
Gendreau, D.-J, So. Main, 122
Grenon, J -E, So Main, 971
Gilbert, G.-L, Beach, 411
Gilbert, Innocent, Glose, 465
Gingras, François, Peck, 13.
Goyette, A.-A -L., Ash, 127
Guimond, Eugène, Slade, 728.
Héroux, Hormisdas, Broadway,
Lasonté, Eugène, So Main, 164
Laferrière, Cyrille, Slade, 595
Lafrance, Arthur, Peck, 13
Lambert, Pierre, jr, Glose, 446
Lamontagne, Georges, Bowen,
Lanoue, Adélard, Dussault, 16.
Lapointe, Alexandre, Foote, 110
Lapointe, Clovis, Scott, 40
Lapointe, Guillaume, Bowen, 23
Larocque, E -A, Slade, 728
Larue, Alfred, Dwelly, 752.

Lauzon, Joseph, Griffin, 263.
Leclair, A.-C. So Main, 1235.
Leclair, Louis, Osborn, 185.
Leclair, Oscar, Osborn, 185
Lemay, Théophile, Kilburn, 95
Levasseur, Louis, Abbott Place, 22
Lévesque, Raphael, Liberty, 44
Martel, A.-T.-M., Jr, Rockland, 180.
Martin, J.-M, Jr, Oliver, 38.
Massé, Edouard, Oliver, 128
Massé Guillaume, Kilburn, 201.
Mélançon, Léonidas, Osborn, 173.
Mercier, Albert, Middle, 543.
Mercier, Jean, Bay, 426.
Mercier, Gautier, Bowers, 5.
Mercier, J.-R., Peck, 1645:
Mercier, Joseph, So Main, 971.
Michaud, Arthur, Foote, 116
Michaud, Hervé, Hall, 144
Moreau, Onésime, Kilburn, 13.
Morin, Arthur, Allen, 30.
Morissette, Marcel, Middle, 569.
Normand, J.-N., Slade, 728.
Normand, Georges, Foote, 106.
Ouellette, Joseph, Slade, 226.
Paquette, Hormisdas, Hall, 168.
Paquin, Napoléon, South Main, 877.
Paquin, D.-N, South Main, 877.
Paquin, F.-N., South Main, 877.
Paradis, H, South Main, 1611
Paradis, Marc, South Main, 1611.
Parent, Oscar, Bay, 741
Patenaude, F.-H., Osborn, 193.
Pelletier, Cajétan, Broadway, 1007.
Pelletier, Adélard, So. Main. 1444.
Paré, Antoine, Freedom, 45.
Plante, Robert, Middle, 655
Plante, T.-G, Hall, 100.
Plante. Guillaume, Dwelly, 630
Plante, Guillaume, Middle, 655.
Plante, Joseph, Kilburn, 35.
Poisson, Emile, Peck, 35.
Poisson, Georges, Kilburn, 191.
Poulin, A.-J, South Main, 887.
Pouliot, Damase, Kilburn, 19.
Proulx Joseph, Bay, 638
Provost, A.-H, Dwelly, 752.
Renaud, J.-J. Kilburn, 191.
Richard, Arthur, Centre, 463
Richard, F.-X, Middle, 175.
Richard, Hector, Middle, 175
Rioux, Joseph, South Main, 1289.
Rousseau, Eucharistie, Slade, 522
Rousseau, F.-X, So Main, 1289
Sanpitié, Ludger, So. Main. 1444
Surprenant, Alfred, Hall, 226
Talbot, Arthur, Broadway, 709
Talbot, E.-P, Middle, 439.
Talbot, Edouard, Globe, 583.
Tardif, Alfred, Foote, 108
Thibault, E.-L, Sanford av, 141.
Thibault, Onésime, Beach, 429.
Thuot, H.-L., Liberty, 126
Viau, Philéas, Oliver, 26.

Allard, Denis, William, 291.
Antaya, Edouard, Mulberry, 16
Antaya, Michel, Mulberry, 164
Antaya, Pierre, Mulberry, 156.
Audette, Thomas, Division, 477
Barrette, J.-F, Bradford av., (
Barsalou, Pierre, Division, 181
Barsalou, J.-B., Diman, 120.
Bérard, Louis, Columbia, 241.
Beauchemin, Alfred, William, ;
Béliveau, Pantaléon, Almond, '
Bérard, Denis, Columbia, 241.
Bérard, J.-E. Columbia, 241.
Bérard, Ludger, Mulberry, 164
Bergeron, Chs, Eagle, 230.
Bergeron, F. de B, William, 1
Bernard, L.-G, Bradford, av.,
Bérubé, Alphonse, Fountain, 1!
Bienvenu, Jean, Almond, 168.
Bilodeau, Henri, Hope, 370
Blouin, N.-N., Columbia, 205
Boudreau, Edouard, Beach, 18
Boulé, Avila, Division, 365
Boulé, Télesphore, Ferry 367
Boulé, Alexandre, Howard, 98.
Boulé, Arthur, Almond, 305
Bourassa, Adjutor, Beach, 145
Bourassa, Alfred, Bay, 2
Bourdon, Arthur, William, 291
Bourdon, Pierre, William, 291
Bourdon, Pierre, jr, William, '
Bourgeois, A.-J., Division, 461
Bouthillier, Adélard, Mulberry
Bouthillier, Stanislas, Fountain
Brulotte, Odilon, Division, 186
Brulotte, Théophile, Division,
Bussière, Joseph, Jr, Division,
Cantara, Z.-J., Grant, 172
Cayer, Louis, Fountain, 199
Charette, Ambroise, Division,
Chrétien, Chs, Mulberry, 231.
Chevrier, Alfred, Hope, 258
Chevrier, Noé, Fountain, 197
Chevrier, Noé, Jr, Fountain, 1'
Colleur, Victor, Howard, 106
Collard, Joseph, William, 97
Corriveau, Alfred, Hope, 316
Corriveau, Georges, Hope, 302.
Côté, Eugène, Jr, William, 51
Côté, G.-F., William, 515
Côté, Jean, Bradford av, 572.
Côté, Joseph, Eagle, 231
Courtemanche, Guillaume, D
464.
Courville, Arthur, Fountain, 15
Courville, Adélard, Columbia,
Croteau, Alexandre, Hope, 27:
Cyr, Albert, Jr, Division, 181
Damour, Auguste, Almond, 30.
Daviau, Julien, Beach, 85:

Delorme, Alexandre, Columbia, 217.
Demers, Arthur, Eagle, 158
Desrochers, L.-B., Fountain, 280.
Dessert, Chs., Almont. 309
Dessert, Joseph, Almond, 309
Dalbec, Elie, Division, 244
Dominique, E.-V., Eagle, 231
Doucet, Adélard, Almond, 300
Doucet, Edouard, Almond, 288
Doucet, Joseph, Almond, 300
Doucet, Napoléon, Almond, 300
Dubé, Ernest, Grant, 45.
Dubois, Henri, William, 272
Dufresne, Ferdinand, Almond, 290
Dumas, Henri, Fountain, 259
Dumas, O.-J. Fountain, 259
Dupéré, Alphée, Eagle, 228.
Dupéré, Alphonse, Jr, Fountain, 253.
Dupéré, Edouard, Eagle, 228.
Dupré, Iréné, Division, 186.
Dupré, Narcisse, Jr, Mulberry, 293.
Dupré, Guillaume, Mulberry, 293
Dupuis, J.-B., Mulberry, 98
Dupuis, Joseph, Beach, 85.
Dutra, J.-J., Division, 464.
Dutra, E.-J. Division, 464
Enaud, G, Hope, 236..
Enaud, Em., Division, 145.
Favreau, L.-D, Bradford, 344.
Fecteau, Olivier, Fountain, 247.
Faubert, F.-A, Broadway. 136
Fontaine, Henri, Columbia, 205.
Fortier, Euclide, Almond, 168
Frédette, Avila, Beach, 145.
Gagné, Edouard, Division, 473
Gagnon, Omer, Broadway, 200
Gamache, Ferdinand, Division, 451.
Gamache, Joseph, Division, 161.
Gamache, W.-C, Division, 532.
Garant, Philéas, Division, 473
Gauthier, A.-J. Mulberry, 164.
Guillet, A.-J, Mulberry, 358
Guillet, G.-H, Mulberry, 358
Girard, Philippe, Columbia, 159
Girard, Pierre, Division, 159
Girard, Sigefroy, Columbia, 159
Godbout, Marcel, Columbia, 211
Gourde, Adélard, William, 272.
Gourde, E.-A, William, 272.
Gourde, David,, Hope, 322.
Gourde, Simon, Hope, 322
Hamel, Télesphore, Broadway, 200
Hamel, Aimé, Howard, 116
Hardie, J.-E, South Main, 615
Hébert, Hugues, Fountain, 285
Hébert, Gautier, Broadway, 188
Héroux, Elzéar, Division, 467
Jalbert, Joseph, Eagle, 246.
Jalbert, Guillaume, Eagle, 246.
Janson, D.-H, Howard, 39
Janson, P-S, Division, 54.
Janson, Saul, Bay, 2.
Labbé, J.-A, Division, 561
Labossière, François, Division, 477.

Laurie, Marcelin, Eagle, 217.
Lachance, Albert, William, 52
Lachance, Altred, William, 52
Lachance, Eudore, Columbia, 19
Lachance, F.-X., Columbia, 194
Lacroix, Napoléon, Eagle, 164.
Laneville, Adélard, Eagle, 233.
Langelier, Ernest, Division, 568
Langelier,, François, Jr, William
Langevin, Guillaume, Mulberry,
Lapierre, Gédéon, Bradford av.,
Lapierre, Mathias, Eagle, 248.
Lapierre, Wilfrid, Eagle, 248
L'Archévêque, Adélard, Broa-
  200.
L'Archévêque, P.-E, Howard, 1
Larose, Arthur, Almond, 305.
Larose, Guillaume, Almond, 305
Larouche, Edouard, Fountain, 1
Lariabé, Chs. jr. Columbia, 197
Lavigne, G.-H, William, 407.
Lavoie, Chs, William, 106.
Lavoie, Elie, Fountain, 197
Lavoie, Ernest, William, 106
Lavoie, Jean, Eagle, 221.
Lebeau, Philippe, Eagle, 228.
Lebel, David, Division, 492.
Lebel, Napoléon, Division, 492.
Lebert, J.-H (Hartford, Conn.)
Leblanc, J.-B, Jr, Grant, 98
Lebreton, J.-E, Bradford, av.,
Lecomte, Auguste, Division, 19
Lecomte, Adélard, Division, 161.
Lecomte, Alphonse, Division, 19
Lecomte, Joseph, Division, 196
Lecomte, Olivier, Division, 112.
Legendre, Alphonse, Fountain,
Legendre, Omer, William, 297.
Legendre, Zéphirin, Mulberry,
Lemaire, Napoléon, Columbia,
Letendre, Louis, Ferry, 357
Levasseur, Antonio, Almond, 1
Lévesque, Aurèle, Eagle, 239.
Lévesque, Joseph, Columbia, 17
Lévesque, Joseph, William, 277
Malenfant, Napoléon, Beach, 19
Martin, J.-M, Fountain, 349.
Marquis, A.-D., Mulberry, 115
Ménard, François, Fountain, 2.
Ménard, Norbert, 279
Mercier, F.-G., Bradford, av., 1
Michaud, Alphonse, Eagle, 176
Minville, Maxime, Columbia, 17
Monty, Théodore, Mulberry, 224
Morin, Alfred, Jr., Eagle, 213
Noiseux, J.-P, Division, 452
Olivier, Rémi, William, 9
Paquin, J.-F, Broadway, 307
Pelletier, Cléophas, Bradford, av
Peiron, A.-E Eagle, 221.
Picotte, Joseph, Bradford av., 2
Pigeon, Delphis, Grant, 22
Pinault, F.-G, Grant, 73
Plante, Joseph, Columbia, 211.

Plourde, Ferdinand, Bradford av., 184.
Poulin, Napoléon, Grant, 88
Prince, Joseph, Bay, 30.
Renaud, Clément, Almond, 298
Robert, Henri, Eagle, 231.
Robert, Victor, Bradford av , 388.
Robidoux, Arthur, Eagle, 154
Robillard, G.-N , Mulberry. 358.
Robillard, Idola, Mulberry, 383.
Rochefort, J -E , Fountain, 67
Rochefort, T -F., Fountain, 67
Roch, A , Mulberry, 115
Rousseau, Henri, William, 9
Roy, Gualbert, William, 516
Roy, Joseph, Diman, 120
Roy, Odilon, Division, 568.
Roy, Samuel, Division, 222
Roussel, Georges, Almond, 300.
Roussel, Joseph, Diman, 189.
St Marie, Joseph, Division, 417
Talbot, Cyrille, Bradford, av., 72.
Théroux, Onésiphore, Hope, 302
Thibault, Ovide, Bradford av., 220
Turcotte, Jean, Grant, 141.
Vaillancour, Georges, Division, 144
Vandal, J -O , Division, 126
Vérité, A -G , South Main, 635

Arrondissement B.

Auclair, Chs, Ferry, 362.
Audet Isaure, Washington, 33.
Beauparlant, Joseph, Ferry, 356.
Beauparlant, A.-O , Ferry, 356.
Bernard, Isaac, Ferry, 524
Bernier, A.-B , Durfee, 23
Bernier, Simon, Central, 189
Bérubé, Arthur, Ferry, 320
Bérubé, Magloire, Ferry, 398
Cayer, Alfred, Fountain, 22
Collard, Cléophas, Mulberry, 23.
Côté, Alexandre, Anawan, 419
Côté, Elzéar, Mulberry, 38
Côté, Henri, Spring, 202
Courville, Alfred, Van Buren. 45.
Desrosiers, Aimé, Mulberry, 5
Dubé. Paul, Ferry, 517.
Ducharme, Frédéric, Canal, 119
Fecteau, Henri, Washington, 25
Fournier, Pierre, Columbia, 446
Fournier, Guillaume, Mulberry, 30
Gaudette, Josepth, Ferry, 320
Giguère, J -A Anawan, 394
Labrie, François, Central. 189
Lacombe, A -O , Washington 143
Lagassé, Pierre, Ferry, 320.
Landry, Alfred, Mulberry, 25.
Larose, J -E , Spring, 291
Larrivée, Ernest, Central, 189
Larrivée, Evariste, Central, 156
Lavoie, Emile, Ferry, 362
Létourneau, Horace. Ferry, 398.
Létourneau, Prudent. Ferry, 398
Létourneau, Guillaume, Ferry, 398

Lévis, Chs, Spring, 288.
Lucas, Jacques, Columbia, 326.
Lussier, Amable, Ferry, 406.
Martin, J.-E , Ferry, 475.
Martin, T -L , Pearl, 39.
Morin, Chs , Ferry, 466.
Moreau, Pierre, Elm, 111.
Neuville, Eatrice, Columbia, 29
Ouellette, Edouard, Washington
Pelletier, Emile, Mulberry, 21.
Plourde, Michel, Spring, 291.
Poupore. F.-A , Mulberry, 46.
Prévost, Joseph, Anawan, 323.
Proulx, Georges, Union, 163
Raymond, David, Fountain, 12
Roussel, Chs, No(Main, 6.
Taillon, Joseph, Anawan, 419.
Tremblay, J -A , Canal, 14.
Tremblé, Laurent, Central, 18
Turcotte Daniel, No. Main, 6.
Urbain, J -J , Canal, 131
Vaille, E -L , Central, 240.
Vaille, M -J , Central, 240
Vaille, Maurice, Central, 240
Violette, Abel. Spring, 81.

QUARTIER IV

Arrondissement A.

Aubout, Napoléon, Rodman,
Ballard, François, Nashua, 18(
Ballard, Georges, Lonsdale, 7
Ballard, Avila, Nashua, 186.
Barrette, A -F , Rodman, 743
Barrette, F -H , Rodman, 999.
Barrette, Jacques, Rodman, 7
Barrette, J.-E , Rodman, 743.
Barrette, J -P , Tecumseh, 474
Barrette, W.-E , Blackstone, 1
Barré, Chs, Hartwell, 337.
Barré, G -S , John, 207.
Beaudry, Henri, John, 187
Beauregard, Amédé, Lonsdale,
Beauregard, Joseph, Wade, 2
Beauregard, Joseph, Jr , Hartw
Beauregard, Louis, Lonsdale, 2
Bellefeuille, Al , Fourth, 270
Bellefeuille. Alfred, Lowell, 18
Bérard, Joseph, Fifth, 194
Bérard, Louis, Lowell, 105
Bérubé Adélard, Rodman, 593
Bessette, Télesphore, Nashua,
Bisson, Gilbert, Blackstone, 14
Blanchette. Joseph, Tecumseh,
Bois, Théophile, Manchester, 1
Bolduc, Cyrille, Rodman. 235.
Caron, Joseph, Lonsdale, 136
Castonguay, Joseph, Lonsdale,
Castonguay, Napoléon, Lonsda
Chouinard, Amable, Lowell, 1
Chouinard, C -B , Lowell, 67
Cimon Alphonse, Lonsdale, 21
Clément, David, John, 154
Cloutier, J -T , Nashua, 147.

Corneau, Pierre, Dover, 37
Corriveau, Frédéric, Lonsdale, 136.
Cyr, Joseph, Fourth, 546.
Desmarais, Joseph, Snell, 444
Desrosiers, Joseph, Lowell, 150.
Desautels, Amédée, Lonsdale, 21
Desrosiers, Chs, Tecumseh, 310.
Desrosiers, Philippe, John, 130.
Dextraze, Joseph, Fourth, 410.
Doré, Adolphe, Lowell, 207
Doré, F.-D, Lowell, 207
Doré, Joseph, Lowell, 212.
Drogue, Joseph, Fifth, 402.
Dion, Siméon, Rodman, 926.
Duné, Joseph, Lonsdale 8.
Dufresne, Joseph, Lowell, 83
Dussault, Joseph, Fourth, 276.
Fontaine, Albert, Rodman, 693
Fontaine, Adélard, John, 154.
Gagné, Adélard, Lonsdale, 21
Gagnon, Arthur, Rodman, 889
Gervais, L.-J., Nashua, 33.
Giasson, Saül, Lawrence, 157
Gingras, Alfred, Lowell, 192
Goyette, Pierre, Fifth, 194.
Goyette, Chs, Dover, 67.
Grandchamp, J.-E., Fourth, 532.
Gravel, J.-R., Plymouth av., 590
Grenier, A.-R., Fifth, 328.
Jalbert, Napoléon, Rodman, 693.
Jalbert, Pierre, Lawrence, 143
Jasmin, Adélard, John, 250.
Jasmin, Napoléon, Lowell, 113
Jetté, Auguste, Fifth, 253.
Jetté, Hormisdas, York, 19
Laorie, Achille, Fifth, 194.
Lafleur, F.-J, Rodman, 898
Laforest, J.-B., Nashua, 181.
Lafrance, Alphonse, Lowell, 105
Lafrance, Joseph, Lowell, 105
Lafrenière, Jean, Fifth, 230
Lamarre, Louis, Lowell, 207.
Lambert, H.-H., Tecumseh, 64.
Lambert, J.-G., Tecumseh, 64.
Lamarre, Arthur, Blackstone, 151
Lemire, François, Smith, 71.
Lamoureux, J.-L., Fourth, 542.
Lamoureux, Alfred, Fourth, 542.
Langlois, David, Tecumseh. 106.
Larivière, Alphonse, Rodman, 671
Lavigne, Joseph, Rodman, 856
Légaré, Hubert, Plymouth, av, 590
Lévesque, Arthur, Lowell, 104
Lévesque, Bernard, Jr, Manchester, 167
Lévesque, Chs, Manchester, 161
Lévesque, Joseph, Nashua, 179
Lévesque, Léon, Nashua, 236
Lévesque, Pierre, Lawrence, 149
Lizotte, Jean, Dover, 73
Lizotte, Joseph, Nashua, 33
Lucas, Samuel, Snell, 344
Martin, Alfred, Rodman, 743
Martin, H.-T., Buffington, 538.

Martin, Pierre, Buffington, 538.
Ménard, C.-O, Blackstone, 225
Mercier, Louis, Baker, 76.
Milot, Victor, John, 109.
Nadeau, Joseph, Nashua, 194
Ouellette, Arthur, Wade, 252.
Paquin, Adolphe, Fifth, 402
Paradis, Zénon, Rodman, 615.
Picard, Chs, Blackstone, 116
Pilon, Alphonse, Dover, 73
Plante, M.-H, Rodman, 705
Poirier, Arthur. Snell, 363
Poirier, Elzéar, Lonsdale, 116
Potvin, J.-C.-D, Fourth, 270
Raymond, Auguste, Lonsdale, 21
Raymond, Elzéar, Nashua, 31
Raymond, Pierre, Nashua, 33
Rémy, Oscar, Lowell, 130
Richard, Pierre, Lonsdale, 8
Richard, P.-G, Lonsdale, 8
Richard, Samuel, Rodman, 498
Rioux, Armel, Nashua, 73.
Rioux, Joseph, Rodman, 705
Robert, C.-G, Warren, 532
Robertil, Jacques, Warren, 532
Robert, J.-F, Morgan, 227
Robert, J.-T, Wade, 212.
Robert, J.-F., Morgan, 227
Robert, Ths, Buffington, 326
Roque, Jean, Fourth, 252
Roux, Napoléon, Fifth, 394
Roy, Joseph, Rodman, 705.
Roussel, C.-E, Tecumseh, 462
St Georges, Chs, Fourth, 252
St Georges, Rémi, Fourth, 252
St Georges, Rémi, Jr, 253
St Laurent, Alph. Lonsdale, 24
Senay, A.-A., Rodman, 517.
Senay, J.-B., Lonsdale, 21
Servant, Chs. Lowell, 130.
Servant, Louis, Tecumseh, 204
Simon, Antoine, Manchester, 26
Talbot, Chs, Hartwell, 377
Talbot, J.-B, Manchester, 151.
Talbot, Wilfrid, Hartwell, 377.
Talbot, Guillaume, Blackstone,
Thibault, Marc, Nashua, 165
Turcotte, Arthur, Tecumseh, 20
Turcotte, Edouard, Tecumseh,
Turcotte, E.-E., Tecumseh, 26
Turcotte, Herman, John, 109
Vaillancour, Ludger, Fifth, 280
Vautrin, Adélard, Snell, 408
Vautrin, Ernest, Manchester, 2
Vautrin, F.-X, Rodman, 611.
Vautrin, G.-H., Lonsdale, 136
Vautrin, Hormisdas, Rodman,
Vautrin, W, Plymouth, av, 5
Vautrin, Joseph, Rodman, 611
Viens, L.-N, Judson, 79
Viens, Mathias, Lowell, 130

Arrondissement B.

Adam, Pierre, Ridge, 290.

Audette, Philibert, Park, 61
Baillargeon, Joseph, Whipple, 183.
Banvile, Paul. Washington, 255
Barrette, Léon, Hunter, 156
Beaudet, Georges, Fourth, 371
Boisvert, G.-A., Fourth, 285
Boisseau, Henri, So Main, 690
Boisseau, H.-A., So Main, 690
Boucher, Philippe, Forest, 144
Boudreau, Hormisdas, Third, 654
Boulay, Henri, Forest, 158
Bourré, N.-T, Third, 520
Brouillet, Cyprien, Lyon, 38
Brault, C.-F, Cottage, 154
Brault, C.-F, jr, So Main, 640
Brault, E.-F, Fourth, 571
Brault, G.-F, Cottage, 154
Chaput, Louis, Cottage, 123
Collet, A.-C.-A, Ridge, 290
Contant, Napoléon Morgan, 172
Corneiller, Joseph, Second, 673
Corriveau, F.-X, William, 553
Corriveau, Wilfrid, William, 555
Côté, Arthur, Third, 507
Côté, Eugène, Columbia, 437
Côté, J.-P.-O, Hunter, 158
Courtemanche, Henri, So Main, 502
De Conagne, A.-J., Park, 55
Denault, Edmond, Hunter, 36
Denis, J.-A, Fourth, 571
Dion Albert, Third, 520
Doucet, Ernest, Third, 668
Duclos, Edouard, Third, 476
Duclos, Napoléon, Second, 554
Fournier, A.-R, Whipple, 150
Fournier, Amédée, Columbia, 363
Gagné, Chs. So Main, 407
Gagné, Etienne, Forest, 125
Gagné, Hidelbert, Third, 516
Gagnon J.-B Second, 379
Gaudette, C.-A, South, 19
Girard, Edouard, Columbia, 337
Grolleau, A.-R, Middle, 826
Grondin, Jérémie, Fourth, 341
Guérin, Maurice, Park 26
Guérin, Napoléon, Park, 26
Guérin, Ovide, Fark, 26
Hubert, Alfred, Columbia, 329
Lacombe, Florien, Union, 274
Lambert, Jacques, Hope, 426
Lambert, Guillaume, Hope, 426
Lamarre, S.-M, Ridge, 216
Lapalme, J.-E, So. Main, 674
Larrivée, Alphonse, Whipple, 271
Leblanc, Ernest, Third 561
Ledoux, François, Bodman, 125
Ledoux, Joseph, Rodman, 125
Leduc, Elie, Third, 520
Lefebvre, A.-J, Park, 79
Legendre, J.-R, Park, 79
Létourneau, A.-S, Ridge, 111
Mailloux, J.-B, Hunter, 158
Marcotte, J.-F, So Main, 752
Marcotte, Louis, So. Main, 752

Marcoux, Henri, Third, 561.
Marquis, Georges, Forest, 168
Maynard, Alfred, Columbia, 328
Maynard, J.-B, Columbia, 325.
Ménard, Joseph, Ridge, 303.
Mercier, Pierre, Cottage, 111.
Métayer, Carmel, Forest, 144
Métayer, C.-A, Hunter, 166
Nadeau, Damase, Forest, 140.
Nadeau, Lévis, Wade, 155.
Nadeau, Pierre, Middle, 934
Nadeau, Adélard, Forest, 140
Normandin, A.-L, Columbia, 3'
Normandin, Louis, Hunter, 64
Paquette, Joseph, Hunter, 158
Paquin, Louis, Wade, 145
. Paquin, Louis, Forest, 158
Perron, Adélard, Second, 558
Perron, J.-O Park ,98
Piché, Arthur, Second, 546
Fineau, Georges, Park, 26
Plaisance, Josaphat, Third, 671
Pratte, Abraham, Hunter, 64
Pratte, Philippe, Park, 91
Renaud, A.-E., Ridge, 277
St Léger, Ths, Morgan, 180
St Pierre, Alphonse, Second, 338
St Laurent, Dominique, Fourth
St Laurent, L.-N, Fourth, 149
Taillon, Joseph, Lyon 66
Thuot, H.-L, So Main, 431.
Tremblay, J.-B, jr, So Main,
Sremblay, J.-B, So Main, 752.
Vézina, G.-E, So Main, 698
Vézina, Alphonse, Forest, 144

QUARTIER V

Arrondissement A.

Alix, Arthur, Pleasant, 708
Alix, Trefflé, Pleasant, 708
Allard Georges, County, 137
Allard, Joseph, Rocliffe, 68.
Antille, Thomas, Quequechan,
Arel, Roch, County, 222
Ault, Josué, Plain, 109
Babel, Albert, Pleasant, 955
Bazinet, Alfred, Quarry, 108
Bédard, P.-B, Quequechan, 14.
Bélanger, Olivier, Pleasant, 11
Benjamin, G.-F, Cross, 45.
Blanchard, Jules, Plain, 86.
Bonneau, L.-J, Quequechan, 6
Boulé, Chs, Plain, 9
Bousquet, Joseph, Unity, 10
Breton, E.-A, Rocliffe, 64
Brodeur, P.-J, Orange, 87
Bouchard, Ths, Pleasant, 1155
Cardin, Adrien, Pleasant, 708
Chabot, Arthur, Bedford, 913
Choquette, W.-A, Quequechan,
Clément, Alphonse, Pleasant,
Clément, Georges, Massasoit.
Clément, L.-J, Massasoit, 14.

Clément, Napoléon, London, 277.
Danis, H.-G., Davis, 42
Desforges, O.-F., County,' 126
Deslauriers, Alexandre, Wamsutta, 190
Desmarais, Georges, Quarry, 39
Dionne, D.-C.-M., Barnard, 54
Duclos, F.-A., Pleasant, 1059
Duhamel Arthur, Pleasant, 1030.
Dusaəlon, Elie, Massasoit, 70
Duquette, Victor, Quequechan, 169
Foisy, P.-N., Weybosset, 34.
Gagné, O., County, 132.
Gagné, Paul, Quequechan, 169
Gaudette, Henri, Bedford, 760
Gagnon, Joseph, Barnard, 44
Gagnon, Philéas, County, 196
Garant, Georges, Jr., Quequechan, 255.
Gauthier, Arthur, Massasoit, 24
Gauthier, Noé, Quequechan, 73
Genest, Alexis, Donnelly, 44.
Girard, A.-J., Pleasant, 1040
Laərie Théodore,- Haffard, 219
Laferrière, A., Fruit, 6
Lafrance, Louis, Massasoit, 77.
Lagassé, Denis, Cross, 45
Lagassé, Philippe, Cross, 45
Lajeunesse, Wilfrid, Covel, 169
Lamebrt, A.-E., Pleasant, 1009
Lambert, Jean, County, 192.
Lambert, Félix, Quequechan, 145.
Lamothe, Herménégilde, Quequechan, 169.
Lapointe, S.-P., Haffard, 111
Laverdure, Ludger, Weybosset, 37
Lavigne, Joseph, Bowler, 54
Lavigne, Wilfrid, Pleasant, 702
Lavoie, Georges, Doyle, 169
Laurence, F.-H, Covel, 192
Laurence, G.-G, Merchants, 116
Leblanc, Ovide, Plain, 141
Lechasseur, Joseph, Varley, 11
Ledoux, F.-X., County, 198
Leduc, Hilaire, Davis, 85
Lévesque, Jean, Quequechan, 3
Lévesque, Pierre, Jr., Massasoit, 73
Lord, Henri, County, 165.
Lord, Henri, Varley, 44
Lord, Henri, Rocliffe, 66
Marien, Ths, Varley, 24
Maynard, L.-F, Rocliffe, 64
Maynard, P.-H.-A, Weybosset, 24
Millette, Pierre, Weybosset, 37
Monast, Calixte, Doyle, 177
Monast, Delphis, Doyle, 177
Morel, J.-E, Pleasant, 1040
Maquin, Albert, Quequechan, 147
Moquin, Georges, Quequechan, 145
Moquin, Narcisse, Quequechan, 115
Morency, François, Quequechan, 279
Morrisette, J.-O, Pleasant, 1003
Morrissette, Ths, Bedford, 1036.
Morrissette, Guillaume, Bedford, 1086
Nadeau, J.-B.-C, Quarry, 139

Nault, J.-G, Hargraves, 51
Normand, Arthur, Massasoit, 47
Ouellette, L.-A, Pleasant, 1077.
Parent, Alphonse, Covel, 195.
Parent, Lévis, Covel, 195.
Paul, Georges, Covel, 205
Pelletier, J.-G, Rocliffe, 42
Poisson, J.-O, Quequechan, 217
Pollitte, -Edmond, Haffard, 213
Pomfret, Ths. Covel, 243
Potvin, Louis, St Germain, 12
Rioux, L.-J, Massasoit, 39
Rousseau, O.-J., Massasoit, 29
St Germain, Altred, Quarry, 62
St Germain, Joseph, Quarry, 62
St Germain, Pierre, St Germain,
St Pierre, G.-A, Orchard, 57
Simon, Edouard, Hargraves, 47
Surprenant, François, Rocliffe, 52
Surprenant, François, Rocliffe,
Tétrault, Théodore, Donnelly, 44
Trudeau, Wilfrid, Pleasant, 1106

Arrondissement B.

Adam, E.-D., Seventh, 32.
Bédard Alfred, Eight, 29
Béliveau, Donat, Tremont, 59
Bérard, Arthur, Linden, 23
Bérard, Wilfrid, Eight, 28
Bérard, Guillaume, Eighth, 28.
Bonin, Léandre, Bank, 489
Bourque 'Alphonse, Bedford, 35
Brault, Edouard, Bedford, 283
Bouvier, Adolphe, No. Eighth, 78
Cardin, Jean, No Eighth, 78
Choquet, Amproise, Orange, 140
Côé, Ferdinand, Eighth, 75
Crispo, P.-T, Bedford, 439
Croteau, A.-L, Seventh, 14
Croteau, J.-B, Seventh, 14
Delisle, C.-E, Tremont, 145
Dion, Joseph, Ford, 25
Dubreuil, Napoléon, Eighth, 32
Dufresne, François, Pleasant, 59
Durant, Prosper, Roıeson, 141
Duclos, Joseph, Seventh, 36
Durette, Ernest, Seabury, 36
Durocher, Adolphe, Eight, 17
Dussault, Edmond, Bedford, 300
Dussault, Israel, Bedford, 300
Duverger, Séraphin, No Seventh
Fontaine, Colbert, Eighth, 87
Fontaine, Hubert, Roıeson, 19
Gagné, Philippe, Ford, 48
Gauclin, Joseph, Seabury, 130
Gaucher, Eloi, No Eight, 6
Hét.·, Narcisse, Roıeson, 125
Hubert, D.-J, Eighth, 28
Hubert, Georges, Eighth, 28
Hubert, Georges, Jr, Eighth, 28
Jodoin, Théophile, Seventh 14
Jutras, Evariste, Twelfth, 83
Laboé, Philéas, No Eighth, 89.

Laorie, Eugène, Eighth, 75
Laporte, Edmond, Roseson, 29
Leolanc, Félix, Eleventh, 53
Leolanc, Victor, Eleventh, 75.
Lafrance, Ernest, Eighth, 75
Lemieux, Théodore, Bank, 476.
Léonard, Ths, Seaoury, 24
Lavigne, F -X , Eighth, 90.
Levitre, Samuel, Seaoury, 94
Martin, Félix, Eighth, 75.
Martin, J -T , Eight, 90.
Martin, Ths, Seaoury, 88
Martin, T -H , jr., Seaoury, 88
Martin, T -S., Bank, 540.
Martin, T.-S , jr , Bank, 540
Maynard, Alexandre, Bedford, 340.
Maynard, Arthur, Ninth, 68
Mercier, Joseph, Eighth, 78.
Molleur, F.-A., Eighth, 87.
Pagé, G -D., Robeson, 119.
Paradis, Edouard, Eighth, 64
Paul, Guillaume, Thurston, 26
Péloquin, Joseph,_ Eleventh, 67
Péloquin, Louis, Eleventh, 67
Péloquin, Ovide, Eleventh, 67.
Féloquin, Pierre, Eighth, 41.
Perron, G.-N , No. Eighth, 41
Pineau, Jean, Bank, 436.
Plante, Adélard, Bedford, 355.
Prévost, David, Linden, 34.
Rinfret, Hormisdas, Pleasant, 488
Rioux, J -P , Roseson, 125.
Larivière, Henri, Bedford, 465
Rivard, Ludger, No. Seventh, 17
Rooert, C.-H , Seaoury, 93.
Rooert, J -H., Seaoury, 98.
Rooert, G.-F , Seabuary, 98.
Sansouci, Joseph, Ninth, 83.
Trottier, Télesphore, Seventh. 66
Vervile, Frédéric, Bedford, 280
Vadeboncoeur, Eighth 87.

QUARTIER VI.

Arrondissement A.

Archamoault, Arthur, County, 872.
Archamoault, Elphège, Barnes, 20
Archamoault, Narcisse, Pleasant, 1566.
Asselin, A.-H , Eastern, av , 670.
Asselin, Louis, Eastern av , 670.
Auclair, Rosario, Boutwell. 56
Audette, J.-A , County, 1051
Ballard, Hector, Holden, 47.
Barabé. Frédéric, Reney, 75
Barré, Aimé, Eastern av.. 350
Baril, J.-A , Pleasant, 1555
Baril. Uroain, Avon 63
Bastille, Philippe, Choate, 113
Beauchemin, J -A., County, 812.
Beauchemin. Ulric, Pitman, 106.
Beaudin, J.-A., Irving, 99.
Beaulien, Isaure, Horton, 122.
Beaulieu, M , Horton. 132.

Beauregard, Omer, Pleasant, 1807
Beauregard, Louis, Flyeasant, 165
Bédard, Faoien, Choate, 95.
Bélanger, Henri, Pitman, 76
Béliveau, Calixte, Pleasant, 1669
Béliveau, Siméon, Choate, 29.
Benoit, Chs., Eastern av., 706
Benoit, Samuel, Pleasant, 1873.
Bérard, A.-J , Maynard, 19
Bérard, Victor, Harriman, 27.
Bérard, W -J., Everett, 55.
Bergeron, Philippe, Campoell, 18.
Bernard, S -J., Boutwell, 14
Bernier, Antoine, Pleasant, 1640
Bernier, Elzéar, Eastern av , 594
Bernier, Pierre, Pleasant, 1640
Bernier, Théophile, Choate, 2
Béruoé, Emile, Raymond, 115.
Béruoé, Joseph, Avon, 37.
Bessette, Philéas, Irving, 157
Bioeau. Eugène, Melrose, 11.
Bioeau, Pierre, Arizona 96.
Bioeau, Théophile, Eastern av , 6
Bissaillon, Alexandre, Eastern, 641
Bissaillonè, Georges. Arizona, 54.
Bisson, Narcisse. Earle, 172.
Blais, Aurèle, Raymond, 98
Blanchette, C -C , Reney, 37.
Boisvert, Aimé, Choate, 21
Boisvert, Ernest, Choate, 21.
Boisvert Ernest. Horton, 170
Boisveit, Etienne. Choate. 21
Boisvert, Georges, Farragut, 28
Boisvert, Théophile, Choate, 21.
Boisvert, G.-E , Marchand, 30.
Boivin, P -L , County. 770.
Boivin, Stanislas. County, 770
Bolduc, Cléophas, Raymond. 185.
Bonin, Euclide, Eastern av., 615.
Bonnoyer, Alfred, Marchand, 43
Bonnoyer, Euclide, Marchand, 43
Bouchard, Ernest. Barré, 42.
Bougie, Romuald, Raymond, 131
Boulay, L -D., Eastern av., 430
Bousquet. Adrien, Horton, 103.
Boutin, Jean, Raymond, 98.
Bouvier, Adélard, Pleasant. 1721
Bouvier, H.-J., Pleasant, 1814.
Bouvier, J -A.-W., Pleasant, 1721
Brien, Joseph, Choate, 95
Briseools, Joseph, Mérino, 5
Brodeur, Georges, Choate, 35.
Brodeur, Rémi, Weoster, 22.
Buron. Aloert, Pleasant, 1660
Buron, J -H , Lafayette, 20
Bussière, Frédéric. Barnes, 286.
Ctdorette. François, Choate, 95
Caron, Adolphe, Barnes. 35.
Caron, Arthur, Marchand 34
Caron, David. Marchand, 26
Caron, Isidore, Gagnon, 48.
Caron, Isidore, jr , Gagnon, 48.
Caron, Joseph, Choate, 95.

Caron, Raoul, Gagnon, 48
Caron, S., Horton, 118.
Caron, Zéphirin, Barnes, 153
Carrier, Chs, Avon. 63
Carrier, Ernest, Earle, 35.
Carrier, François, Pleasant, 1640.
Carrier, J.-B., Pleasant, 1640
Caron, Adélard, Pitman, 56
Castonguay, Amédée, Irving, 140.
Castonguay, Jacques, Bardsley, 83
Castonguay, Joseph, Raymond, 201.
Castonguay, Wilfrid, Pitman, 120
Chabot, Alfred, Gagnon, 127
Chabot, C.-D., Pitman, 87.
Chabot, François, Raymond, 98
Chabot, G.-E, Choate, 113
Chabot, Joseph, Raymond, 86
Chabot, J -D., Portland, 83
Chabot, J.-P, jr., Portland, 98
Chabot, Louis, Raymond, 86
Chandonnais, Chrysologue, Melrose, 11
Chaput, Napoléon, Barlow, 11.
Charrette, Anatole, Marchand, 50
Charrette, Joseph, jr, Marchand, 50.
Charron, N.-V., Eastern av, 518
Chrétien, O.-E., Avon, 61.
Chouinard, Etienne, Avon, 81
Clément, Ubalde, Boyle, 47.
Cloutier, Antoine, Barnes, 20
Cloutier, Edouard, Barnes, 114
Colin, Joseph, Choate, 120
Corriveau, J -B., Horton, 132.
Corriveau, J.-O., Eastern av., 625
Corriveau, Octave, Eastern, av., 625.
Côté, Edmond, Eastern av, 236
Côté, Elzéar, Holden, 35
Côté, E.-A, County, 765
Côté, Félix, Avon, 57
Côté, Joseph, Holden, 76
Côté, Ulric, County, 765
Côté, W.-N, Pleasant, 1858
Coulombe, Joseph, Earle, 35
Cournoyer, Arthur, Choate, 5
Cournoyer, Ernest, Boyle, 44.
Courvile, Exaré, Choate, 17
Couture. Edmond, Bardsley, 22.
Croteau, Damase, Chatherine, 47
Croteau. Alphonse, Pitman, 38
Daigle, Mathias, Eastern av, 858.
Dalpé, Albert, Horton, 110
Dansereau, Zotique, Pitman 66
Daudelin, Trefflé, County, 1058
Demers, Antoine, Marchand 40
De Montigny Napoléon, Barnes, 122.
Denault, A. M, Barnes, 54
Dennicour, Zéphirin, Everett, 44
Denis, Henri, Pitman, 69
Denis, G.-O., Melrose, 39
Desautels, Joseph, Webster, 24
Deschesnes, C.-C, Earle, 142
Deschesnes, E.-C., Earle, 142.
Desjardins, G -T, Eastern av., 528
Desjardins, J -R, Webster, 35

Desjardins, O -R., Barnes, 136
Desmarais, Félix, Pitman, 120
Desrosiers, Arthur, Webster, 38
Desrosiers, Pierre, Everett, 34.
Destremps, J.-R., Irving, 140
Destremps, Philéas, Gagnon, 82.
Dionne, Herménégilde, Choate, 97
Doucet, Israel, Pitman, 139.
Doucette, Wilfrid, Marchand, 40.
Drapeau, F -X, McGowan, 86.
Dubé, L -A, Earle, 143.
Dubé, Ludger, Pleasant, 1619
Dubé, Moïse, Barnes, 250.
Duouque, Joseph, Everett, 87.
Duouque, Omer, Everett, 87
Dufault, O -J -A, Everett. 54
Dufault, U -J., Everett, 54.
Dumaine, Achille, Portland. 63.
Dumaine, Wilfrid, Portland, 63.
Dumont, Damase, Webster, 102.
Dumont, Joseph, Webster, 68.
Dupont, Emile, Bogle, 44.
Dupont, Wilfrid, Earle, 50
Dupré, Narcisse, Pitman, 46
Dupuis, Adjutor, Lafayette, 80
Dupuis, H -J, Horton, 176
Durant, Henri, Eastern av, 659
Durant, J.-B., Horton, 118
Durant, F.-X., jr., Irving, 87
Durant, Philippe, Eastern av, 65
Dussault, Louis, Raymond, 134.
Duval, Jean, Barnes, 40
Elie, Alphonse, Pitman, 106
Ferland, Donat Pleasant, 1915.
Ferland, F -L, Pleasant, 1917
Ferland, Cyprien, Pleasant, 1617
Filion, Ferdinand, Jr., County, 996
Filion, Hippolyte, Gagnon, 66
Fontaine, Arthur, Everett, 34
Fontaine, Joseph, Everett, 34.
Fontaine, Edmond, Eastern av., 4
Fontaine, Joseph, Barnes, 230.
Fontaine, J.-N, Barlow, 112
Fontaine, Louis, Pitman, 87
Fontaine, Louis, County, 1342
Fontaine, Napoléon, County, 1342
Fontaine, Narcisse, County, 1342.
Fontaine, Stanislas, Horton, 145.
Forant, Alexis, Pitman, 139
Forest, J -F, Pleasant, 1709
Forest, Fabien, Pleasant, 1709
Forest, Romulus, County, 896
Fortin, Georges, Barlow, 11
Fortin, P -A Avon, 43
Fournier, Adjutor, Pleasant, 1917
Fournier, Arthur, Pleasant, 1917.
Fournier, C -B, Avon, 91
Fréchette, H -P., Gagnon, 117
Frénette, A -J., jr, Horton, 169.
Frève, J -G.-H, Eastern av, 595
Gagnier, J -H., Horton, 175
Gagnier, L -G, Arizona, 135.
Gagnon, Emile, Webster, 102
Gagnon, Georges, Jr, Barnes, 270

Gagnon, G.-F., Barnes, 270.
Gagnon, Odilon, Webster, 92
Gamache, Adélard, Avon, 37
Gamache, H.-C., Eastern av., 490.
Gamache, P.-O., Eastern av., 490
Gamache, P.-Z., Eastern av., 490.
Gamache, Théodore, Avon, 37.
Garant, Joseph, Fitman, 18
Garant, Herménégilde, Pitman, 18
Gaudreau, Jean, Kerr, 82
Gaudreau, Philéas, Barnes, 114
Gauthier, Georges, Irving, 196
Gauthier, Noé, Irving, 196
Gendron, J.-H., Eastern av., 112.
Généreux, Edmond, Pleasant, 1640.
Gervais, Alphonse, Barnes, 136
Guillet, Alfred, Pitman, 258
Guillet, H.-S., Pitman, 258.
Girard, Arthur, Piaman, 6
Girard, Napoléon, Pitman, 87
Giroux, Louis, Bark, 44
Gratton, Joseph, Pitman, 151
Guillotte, A.-A., Choate, 26.
Guimond, Napoléon, Pleasant, 1492.
Hamel, Richard, Pitman, 69
Hébert, Athanase, Marchand, 33
Hébert, Damase, Horton, 215.
Hémond, Pierre, Rency, 63.
Héon, Amédée, Webster, 22.
Héon, Théophile, Avon, 47
Houle, Fierre, Swindells, 99
Jarry, H.-J., Lafayette, 45.
Jarry, H.-A., Pleasant, 1660
Jolivet, Edmond, Avon, 77.
Labrecque, François, Alden, 578
Labrecque, François, Jr., Alden, 578
Lachance, Eugène, Pleasant, 1570
Lacroix, Edouard, Bardsley, 131
Lacroix F.-H., Bardsley, 131.
Laferrière Edouard, Roper, 62.
Lafleur, Philippe, Earle, 95
Laforest, Albert, Pleasant, 1641
Laforest, Georges, Pleasant, 1626.
Laforset, Irénée, 1626
Lavoie, Amédée, Marchand, 34.
Lamontagne, Henri, Arizona, 65
Lambert, Adélard, Eastern av., 834
Lambert, F.-G., Boyle, 34
Lambert, Jean, Jepson, 72
Lambert, J.-H., Boyle, 66
Lambert, Zacharie, Roper, 71
Lamontagne, François, Arizona, 65
Lamontagne, Jules, Horton, 30
Langis, Elzéar Gagnon, 48
Langlais, Georges Irving, 140
Lapierre, Wilfrid, Rency, 63
Laplante, Henri, Barré, 65
Laplante, Joseph, Barré, 65
Laplante, Odino, Barré, 65
Larrivée, Alexandre, Holden, 67
Larrivée, Cyrille, Holden, 67
Larrivée, Joseph, Holden, 67
Larrivée, Jules, Holden, 67.
Larrivée, Napoléon, Marchand, 50.

Larivière, J.-B., Pitman, 99.
Larivière, Wilfrid, Pitman, 99.
Lasonde, Evariste, Jepson, 100.
Lavoie, Eusèbe, Barnes, 222
Lavoie, Léon, Marchand, 34.
Leblanc, Joseph, Barnes, 136
Leclair, Fortuna, Harriman, 27
Leclair, Onésime, Harriman, 27
Leclair, Axila, Harriman, 27
Leclair, Albert, Harriman, 27
Ledoux, Joseph, Gagnon, 70
Leduc, Guillaume, Alden, 399
Letrançois, Joseph, Horton, 15
Lefeòvre, Herménégilde, Pl 1552
Leger, Emile, Barnes, 277
Lessard, Euclide, Pleasant, 191
Letendre, Joseph, Pitman, 87
Létourneau, H.-J., Eastern av,
Létourneau, Jacques, Barnes, 2
Létourneau, Joseph, Pitman, 16
Létourneau, G.-J., Eastern av.,
Levesque, Alphonse, Pitman, 12
Lévesque, Arthur, Gagnon, 56
Lévesque, Philippe, Barnes, 287
Lévesque, Pierre, Barnes, 23
Lizotte, A.-J., Maynard, 19
Lizotte, A.-J., jr., Maynard, 19.
Lizotte, Joseph, Marchand, 26
Lizotte, Joseph, Avon, 81
Lizotte, Léandre, Marchand, 26
Lord, Henri, Eastern av, 554
Lord, Isai, Horton, 84
Lord, J.-G.-E Horton, 104
Lord, Saól, Eastern av, 554.
Lord, Guillaume, Eastern av., 5
Mailloux, F.-N., Choate, 26
Marceau, Arthur, Earle, 91.
Marchand, Elphège, Eastern av
Marchand, Joseph, Marchand, 6
Marchand, Nérée, Eastern av., 5
Marcille, Joseph, Lafayette, 90
Marcoux, Chs. County, 996
Marien, Raoul, Compbell, 24
Maréchal, J.-F., Fleasant, 1886
Martel, Emile, Raymond, 180
Martel, Gilbert, Raymond, 180
Massé, Dieudonné, Gagnon, 66
Massé, Robert, County, 842.
Matte, Emile, Irving, 87
Maynard, A.-J., Choate, 16
Maynard, Alfred, Avon, 17.
Maynard, Arthur, Pitman, 169
Maynard, A.-E., Irving, 58
Maynard, Camille, Jr., Pleasant,
Maynard, Chs, Avon, 17
Maynard, Chs, Boyle, 47
Maynard, C.-N., Barré, 119
Maynard, Edouard, Pleasant, 1
Maynard, F.-D., Pleasant, 1582
Maynard, François, Mc Gowan,
Maynard, P.-N., Choate, 17.
Maynard, P.-N., jr, Choate, 17
Maynard, Timothé, Webster, 92

Mercier, Auƌert, Pleaasnt, 1583.
Mercier, Chs, Pleasant, 1583
Mercier, Chs, Marchand, 30
Messier, Edouard, Choate, 35
Métras, A.-P., County, 916.
Michaud, Adéas, Gagnon, 117.
Michaud, Auguste, Avon, 61
Michaud, Basile, Avon, 37.
Michaud, Joseph, Raymond, 92
Mongeon, Antonio, Earl, 103.
Mongeon, F.-X., Barlow, 50.
Montminy, Adélard, Eastern av., 510.
Montminy, Elzéar, Eastern av., 510.
Moquin, Elzéar, Eastern, 536,
Morais, Thomas, Barnes, 249.
Moreau, Rodolphe, Eastern av., 660.
Morel, Alphonse, Eastern av., 733.
Morel, Donat, Holden, 18
Morel, Octave, Caledonia, 52
Neveux, Aldas, Pitman, 18.
Neuville, Richard, Swindells, 120
Normand, Huƌert, Jepson, 101.
Normand, T.-E., Barlow, 81.
Normandin, Félix, Marchand, 86.
Normandin, Jean, Raymond, 179.
Ouellette, Auguste, Earle, 35.
Ouellette, David, jr., Pleasant, 2410.
Ouellette, Jean, Marchand, 70.
Ouellette, Joseph, jr., Marchand, 70.
Ouellette, Napoléon, Choate, 101
Ouellette, Ovide, County, 864.
Ouimet, Arthur, Arizona, 66.
Paneton, J.-C.-E., Eastern av., 120
Paradis, Elzéar, Barnes, 100.
Paradis, G.-C., Raymond, 52.
Paradis. Joseph, Horton, 39
Paradis, J.-A., Gagnon, 94
Paradis, Némésis, Raymond, 52
Paradis, Ulric, Avon, 23
Parent, Edouard, Eastern av., 1012.
Paulhus, Doria, Raymond, 22.
Pelletier, Denis, Arizona, 65.
Pelletier, Didier, Pitman, 66
Pelletier, F.-X.-E., Pleasant, 1681.
Pelletier, Georges, County, 1137.
Pelletier, Joseph, Choate, 101.
Pelletier, Octave, Pitman, 71
Pelletier, Rodolphe, Pleasant, 1641
Perrault, Clément, Raymond, 71
Perrault, Majorique, Barnes, 40
Phoenix, F.-X., Horton, 145
Phoenix, Joseph, Earle, 143
Phoenix, J.-E., Horton, 145
Phoenix, Napoléon, Earle, 152
Picard, A.-N., Irving, 157.
Picard, C.-J., County, 805
Picard, C.-G., Alden, 404
Picard, G.-I., Eastern, av., 595
Picard, Israél, Irving, 157.
Picard, P.-R., County, 902
Picard, P.-R., jr, County, 902
Pinault, Joseph, Raymond, 215.
Pinault, J.-P., Raymond, 215
Pinault, Jean, Avon, 27.

Place, Ernest, Eastern av., 172.
Plante, A.-A., Eastern av., 43(
Plante, Alphonse, Eastern, av.,
Poirier, Edouard, McGowan, 66
Poitras, S.-B., Reney, 20
Pomfret, D.-H., Gagnon, 27
Pouliot, Alphonse, Irving, 140.
Pouliot, Arthur, Irving 140
Pouliot, Léonidas, Barnes, 261.
Fouliot, Lucien, Bogle, 61.
Pouliot, Oscar, Bogle, 61.
Pouliot, Ulric, Barnes, 261.
Raiche, Alfred, Webster, 68
Raiche, Antoine, Webster 68
Raiche, Jules, Webster, 68.
Patté, Arthur, Eastern av., 58
Raymond, Alfred, Arizona, 98
Renaud, Aldaï, Maynard, 11.
Renaud, Israel, Pleasant, 1566
Renaud, P.-P., Bogle, 18.
Richard, Albert, Earl, 131
Richard, Ernest, Eastern av., (
Richard, Georges, Eastern av.,
Richard, G.-V., Earle, 131
Richard, Ludger, Eastern av.,
Rinfret, Rémi, Barnes, 40.
Rioux, Edmond, Barré, 28.
Robillard, Maxime, Merino, 5.
Roƌin, Chs, County, 872
Roƌhon, Chs, Pitman, 139
Roy, Auguste, Earle, 172
Roy, Eugène, Pleasant, 1552.
Roy, Joseph, Pitman, 50
Roy, Joseph, Eastern av., 490.
Roy, L.-C., Pleasant, 1610
Roy, Philippe, Barre, 99
Roy, P.-E., Melrose, 39
Roy, Samuel, Marsh, 56
Roy, Wilfrid, Pleasant, 1652.
St Georges, Chs, Eastern av., 6
St Georges, Léon, Eastern av.,
St Laurent, Aimé, Pleasant, 16
St Laurent, J.-H., Barnes, 115
St Laurent, Guillaume, Barnes
St Martin, Adrien, Gagnon, 102
St Martin, François, jr., Gagno
St Martin François, Eastern av
Salois, Henri, Avon, 47
Senay, Adélard, Alden, 402
Soucy, Amédée, Alden, 404.
Sevigny, Joseph, County, 996.
Sévigny, Wilfrid, Pleasant, 160
Simon, Napoléon, Boutwell, 16
Simon, Michel, Everett, 33
Sorei, J.-A., Pitman, 106
Soucy, Adélard, Avon, 17
Soucy, François, Pitman, 66
Soucy, J.-N., Pitman, 66
Soucy, J.-N., jr, Pitman, 66.
Sylvestre, Eugène, Swindells, 8
Talƌot, Alfred, County, 864
Tétrault, J.-J., Pleasant, 1631
Tétrault, Napoléon, Jepson, 80.
Thériault, Huƌert, Barnes, 222.

ARTISANS CANADIENS=FRANCAIS

SUCCURSALE FALL RIVER, No 19

FONDEE LE 25 AOUT. 1896.

ssemblees, les 1er et 3me lundis du mois,

A LA SALLE AMIOT, RUE BASSETT.

Pour autres informations, s'adresser aux officiers suivants:

A. E. THEBERGE, President, Rue Pleasant, 304.

A. D. VIENS, Secretaire, Rue Pleasant, 1564.

FRANCOIS CADORET, Tresorier, Rue Pleasant, 1296

NION CANADIENNE ST-J.-BAPTISTE

DE BOWENVILLE---FALL RIVER. MASS.

SOCIETE DE BIENFAISANCE ET DE SECOURS MUTUEL

Fondée le Ier octobre 1886, et incorporée le 7 juin 1889

LES BENEFICES.... DURANT LA MALADIE—$5.00 par semaine, 13 se naine par année. AU DECÈS—Un service de $25.00 et $200.00 d'assurance.

CONTRIBUTION ET COTISATION

Chaque membre paie 50 cents par mois de contribution, et $1.00 de cotisation u décès de chaque membre, quand le surplus en caisse ne suffit pas à rencontre e plein montant de la cotisation générale.

ASSEMBLÉES RÉGULIÈRES—Les Ier et 3ième lundis du mois, à la salle e la rue Wellington. No 158.

Election annuelle des officiers le Ier lundi de janvier.

ETAT DES COMPTES, LE Ier JANVIER 1909 :

Propriétés immobilières	$5,500.00
ropriétés mobilières....	,600.00
u caisse, fonds mortuaire	479.00
n caisse, fonds de secours.	2,354.35
n caisse, fonds général	0.88
Total	$8,934.23

OFFICIERS ÉLUS EN JANVIER 1909 :— Président, C.-F. Bergeron, secré-aire-archiviste, Chs Moisan ; trésorier, Alphonse Boulay.

Membres actifs—295.

BOUVIER & FRERE

PHARMACIENS

Toujours en vente, un assortiment complet et choisi de tout ce qui se trouve énéralement dans une pharmacie de première classe.

LA FAMEUSE POUDRE FENNING

POUR LA DENTITION DES ENFANTS, 25c LA BOITE

UE PLEASANT, 1723-27-29, ANGLE DE L'AVENUE EASTERN

Bureau de Poste No 7.　　Téléphones : Bell, 81517 , Auto., 2182.

Thibault, Carmel, Barnes, 114.
Thibault, F -X., Barnes, 80.
Thibault, L.-E , County, 916.
Thibodeau, Hubert, Alden, 246
Thibodeau, A.-N., County, 690.
Tremblé, Alphonse, Pleasant, 1619
Trépanier, Léon, Raymond, 195.
Vadeboncoeur, Vladislas, Wooster, 84.
Vaillancour, Elie, Concord, 34.
Vaillancour,è J.F,. Concord, 34
Vaillancour, Lionel, Concord, 34
Vaillancour, Louis, Marchand, 86
Vanase, Adélard, Choate.
Vanasse, Jovite, jr., Horton, 137
Vanasse, Louis, Choate, 97.
Vandal, Jonas, Gagnon, 83.
Vandal, Joseph, Gagnon, 83.
Vézina, Joseph, Pleasant, 1839
Vézina, Ludovic, Holden, 36
Vigeant, D.-E , Irving, 102
Vigeant, Herménégilde, Irving, 58
Villandré, Alexis, Pitman, 139
Vincelette, Emery,- Reney, 78
Vincent, Henri, Raymond, 71
Vincent, Jacques Pleasant, 1583.
Violette (La) J -P , Barlow, 50
Vallée Aimé, 107 rue Gagnon
Voisin, A. A , Horton, 169.
Ballard Hector, 114, rue Pitman.
Bostil Philip, 120 rue Choate.
Bérard, Alfred, 4 rue Choate
Bérard Joseph, S , 1523, rue Pleasant
Bessette Napoléon, 126 rue Arizona.
Bourque, Frédéric, 24 rue Campbell
Buron John, 1603 rue Pleasant.
Buron Jos., Jr , 1603 rue Pleasant
Caron Horace, 66 rue Pitman
Collins Richard, 36 rue Claflin
Côté Félix, 51 rue Avon.
Couture Marcelle, 91 rue Earle
Daudelin Edmond, 132 rue Horton
DeMontigny Napoléon, 115 Raymond
Deschênes Arthur, 142, rue Earle
Doucette Henry, 552 rue Alden
Dubé, Arthur, 43 rue Avon
Dumaine Emile, 82 rue Boutwell
Dupuis Armand, 20 rue Barnes.
Filion Ferdinand G , 652 Eastern ave
Fontaine Albert, 670 Eastern ave
Fontaine Victor, 1681 rue Pleasant
Gaucher Théodore, 4 rue Choate
Gauthier Napoléon, 196 rue Irving
Guimond Napoléon, 1527 Pleasant
Hébert Aldéi, 1201 rue Pleasant
Hébert Athanase, 33 rue Marchand
Langevin Albert, 756 rue County
Langevin, Elie, 756 rue County
Langevin Henry, 756 rue County
Langevin Horace, 756 rue County
Larivière Alphonse, 67 rue Holden
Marchand Eugène, 26 rue Marchand
Massé Dieudonné, 66 rue Gagnon
Massé Philippe D., 95 rue Choate
Mercier Edouard, 34 rue Everett.

Mercier François, 24 rue Evere
Mercier J -B., 34 rue Everett.
Morel Alphonse, 733 Eastern a
Ouellette Arthur, 54 rue Arizo
Ouellette J -B., 2252 rue Pleasa
Pelletier J -B , 1660 rue Pleas
Pelletier William G., 430 Easte
Picard Pierre, R -J., 902 rue C
Picard P, G Edide, 902 rue (
Pineault Ceruse, 24 rue Berna
Renaud Alfred, 215 rue Horton
Roscoe Erad, 2113 rue Pleasan
Roscoe, Louis, 2113, rue Pleas
Roy Vinceslas, 246 rue Alden
St. Martin, 102 rue Gagnon.
Salois Willie, 47 rue Avon
Sévigny Maxime, 22 rue Webst

Arrondissement B.

Allaire Adélard F , 1274 rue Pl
Allaire, A -P , Harrison, 260
Allard Ludger, 1 rue Ashton
Amiot, C.-R.-G -N., Mason, 206
Amiot, J -E -C., Mason, 206
Amiot, J -O -E , Mason, 206
Amiot, J -E , Mason, 206.
Antaya, Georges, Jencks, 173
Arcand, J -E , Pleasant, 1204
Barsalou, Flavien, Thomas, 21
Barrette, Adélard, Oak Grove,
Barrette, Zénon, Flint, 256
Barré, Omer, Pleasant, 1489
Baril, Joseph, Jencks, 298.
Barsalou, D , Thomas, 210
Bastille, Philippe, Boutwell, 7.
Beaudet, Ths , Jencks, 225
Beaudreau, J.-E , Pleasant, 12
Beaulieu, Henri, jr., Bassett, :
Beaulieu, Théodore, Harrison, 2
Beaulieu, Joseph, Flint, 67
Beaumont, Chs, Albion, 205
Bédard, Edmond, Canonicus, 6
Bélanger, Paul, Alden, 26.
Béliveau, Calixte, Jencks, 271
Bernier Charles, 277 rue Flint
Bossé Etienne, 67 rue Flint
Bosque Carnot, 153 rue Jenck
Bessette Napoléon, Thomas, 9
Bibeau, Philippe, Pleasant, 14
Biault, Noé, Pleasant, 1488
Bissonnette, O -A , Mason, 13.
Blais, F.-G , Quequechan, 30
Blanchette, Alphonse, Bassett,
Blanchette, Edouard, Bassett,
Blouin, N.-N Canonicus, 28
Bossé, Etienne, Flint, 326
Bouchard, François, Thomas, 1
Boucher, Aristide, Pleasant, 1
Boucher, A -J , Mason, 194
Boucher, Ernest, Mason, 194
Boucher, Zéphir Flint, 214
Boulé, Calixte, Harrison, 274
Bouvier, A.-J., Pleasant 1384.

Academie Dominicain

RUE PARK, FALL RIVER.

PENSIONNAT ET EXTERNAT

Enseignement complet à partir du premier grade jusqu
la fin du Cours Supérieur qui comprend quatre années.

L'étude des langues étrangères, la musique, la peinture
tous les arts d'agrément sont l'objet d'une attention spéciale.

Le Francais comme l'Anglais est la Langue de l'Ecole.

Les petits garçons sont admis.　Pour plus amples renseign
ments voir le prospectus.

S'ADRESSER A LA MERE PRIEURE

LE MEILLEUR POELE 'HU

EST VENDU PAR

I. F. MORI

MARCHAND DE

*Pianos, Meubles,
Garnitures, Vaisselle,
Ferblanterie, Verren
Poeles, Tapis,
Prelarts, Nattes,
Ferronner
Instruments de Musique,
Machines à Coudi
Couleurs ou Peintures.*

REPARATIONS DE TOUTES SORT

LE POELE "HUB" No 8.

TELEPHONE BELL

RUE MAIN, No 30, (Pres de la Globe), NO. TIVERTON, R.

Bouvier, Alphonse, Jencks, 159.
Boyer, Gonzague, Harrison, 179
Brault, J.-A., Harrison, 306.
Brault, J.-E., Harrison. 306
Brault, L.-P, Harrison. 306.
Breton, Pierre, Copunty, 498
Brouillard, Maxime, Alden. 18.
Buron, Jean, Thomas, 163
Buron, Joseph, Jr, Thomas, 163
Cadoret, E.-H, Pleasant, 1300
Caisse Zéphirin, 274 rue Jencks
Caisse, Zéphirin, Flint, 300
Canuel, F.-X, Harrison, 304
Caron Pierre, 91 rue Thomas
Caron, A.-B., Pleasant, 1439
Caron, Ernest, Haffard, 136
Caron, J.-U., Jencks, 304
Caron, Télesphore, Mason, 226
Carreau, Herménégilde, Harrison, 182.
Casavant Hormidas, Pleasant, 1433
Casavant, Paul, Flint, 71
Chabot, Cyrille, Thomas, 151.
Chabot, J.-O.. Pleasant, 1430
Champagne, Philippe, Flint, 150.
Champagne, Henri, Flint, 150
Charbonneau, Joseph, Flint, 4.
Choquette, A.-J, Bassett, 37
Choquette. Elie, Boutwell, 75
Choquette Wilfrid A, 37 rue Bassett.
Choquette, Napoléon, Bassett. 37
Chouinard, Adélard, Jencks, 344
Clément Alphonse L., 1236 Pleasant.
Clément Emmanuel S, 1236 Pleasant
Collet Alfred, 232, rue Jencks.
Corneau Charles, 18 rue Quequechan
Côté, Aquilas, Pleasant, 1187
Côté, Alfred, Boutwell, 75.
Côté, E.-E, Pleasant. 1488
Côté, F.-N, Pleasant. 1244.
Côté, Hormisdas, Jencks, 293
Côté, J.-B, Jencks, 293
Cournoyer, Armand, Quequechan, 272
Courtemanche, Arthur, Boutwell, 75
Courville, Oscar, Pleasant, 1439.
Couture, Lazare, Boutwell, 67.
Dallaire, Napoléon, Flint. 214
Damboise, Joseph, Flint, 214
Damboise, Léonidas, Flint, 214
Damboise, Joseph, Flint, 214
Dauphin, Ambroise, Flint, 132
Decosse, J.-N, Canonicus. 62
Decosse, Samuel, Harrison, 74
Delaney George, 101 rue Flint
Déry, Alphonse, Jencks, 225
Déry, Paul, Harrison, 260.
Leschesnes, Pierre, Jencks, 349
Desforges, Basile, Pleasant, 1439
Desforges, Gilbert, Flint, 297
Desforges, Gilbert, Alden, 180
Desforges, Joseph, Flint, 297
Désilets, A.-G, Jencks, 315
Desrosiers, E.-A, Flint. 219
Destremps, Ephrem, Mason, 13
Dion, Edouard, Thomas, 95.

Dubé, Albert, Jencks, 298;
Dubé, Alfred, County, 337
Dubé Alfred, 299 rue Jencks.
Dubé Alexandre, 214 rue Flint.
Dubé, Arthur, Jencks, 326.
Dubé, Maximin, Jencks, 326.
Dufault, A.-J-U., Pleasant, 1384.
Dufresne, Joseph, Thomas, 38.
Dumaine, Fernand, Harrison 237.
Duhaime, G.-L., Harrison, 132.
Dumaine Emile, 260 rue Harrison
Dupont, Ludger, Jencks, 285.
Dupuis Georges S., 44 rue Flint.
Duquet, Hormisdas, Pleasant, 143
Duquet, M., Flint, 16.
Dussault, Emile, Harrison, 74.
Dussault, Rodrigue, Harrison, 74
Duquette Victor, 1236, rue Pleasa
Esmonin, Clément, Pleasant, 137
Fontaine, Adélard, Flint, 67.
Fontaine Alfred, 260 rue Harrison
Forant, Wilfrid, Pleasant, 1246.
Fournier, Arthur, Jencks, 261
Fournier, Joseph, Bassett, 30.
Fournier Adjutor, 310 rue Jenck
Fredette Herman P, 5 rue Claflin
Gagné, Mathias, Flint, 150.
Gagné Adena, 63 rue Boutwell
Gagnon, Abraham, Avon, 90.
Gagnon Joseph E., 297 rue Jenck.
Gagnon, Ernest, Thomas, 215.
Gagnon, Siméon, Harrison, 163.
Gamache, Damase, Mason, 178
Gamache, J.-B, Flint, 248
Garant, Alfred, jr., Harrison, 306
Gaudette, G.-O., Mason, 77.
Gaudreau, Chs, Jencks, 326.
Gaudreau, J.-B, Eastern av., 187
Gaumont, Bertrand, Quequechan,
Gendreau, A.-M, Mason, 194.
Gendreau, Joseph, Mason, 194.
Gendreau, Yves, Mason, 194
Gervais, J.-H., Mason, 214
Gervais, Louis, Mason, 214.
Girard Alphonse jr., 214 Thomas
Girard, Joseph, jr., Harrison, 163
Giroux, Emile, County, 409
Gaudreau, Rodolphe, Thomas, 79.
Gouin, Joseph, Pleasant, 1418
Gouin, Philippe, Pleasant, 1418
Govette, M.-J., Mason, 214.
Govette, Stanislas, Harrison, 74
Guimont, J.-P., Mason, 222
Hébert, Elie, Pleasant, 1190.
Hochu, P.-J, Mason, 177
Houle, Adélard, Harrison, 179
Imbeau, J.-B., Jencks, 349.
Jolicoeur, Napoléon, Quequechan,
Jolivet, Alfred, Quequechan, 278
Jolivet, Edgar, Quequechan, 278
Jolivet, Loridas, Quequechan, 278
Joubert, Ernest, Thomas, 115
Lacrecque, H.-N., Pleasant. 1430
Lacroix, Adolphe, Thomas, 163.

HAUTE COUR DE L'A. C. A
MANCHESTER, N. H

REV. I.-H.-C. DAVIGNON,
Chap Gén Honoraire, Manchester, N.H.

REV. E. LESSARD,
Chapelain Général, Manville, R. I.

REV. J.-L. BRODEUR,
Assistant-Chapelain, Berlin, N. H.

DR A.-A.-E. BRIEN,
Président Général, Manchester, N. H.

T.-G. BIRON,
Ex-Prés. Général, Manchester, N. H.

DR J.-D.-N. DUBEAU,
Vice-Président Gén, Providence, R. I.

DR Z. VADNAIS,
2me Vice-Prés. Gén., Marquette, Mich.

DR CHARLES AMIOT,
3me Vice-Prés. Gén., Asbestos, P. Q.

CAMILLE MORIN,
Secrétaire Général, Manchester, N. H

JOSEPH-A. BOIVIN,
Trérorier Général, Manchester, N H

DR DAMASE CARON,
Médecin-Examin. Gén, Franklin, N. H

DIRECTEURS GENERAUX :

J.-E. BERNIER, Manchester, N. H
W.-G. DUPONT, Berlin, N. H
DR N LETOURNEAU, Laconia, N. H
ALFRED FERLAND, Providence, R. I
J.-B.-A. GUERTIN, Nashua, N. H
VERTUME DUFAULT, Exter, N. H
DR E. ST-HILAIRE, Québec, P. Q

RESTAURANT LUTHER.

Nous avons toujours les bonnes choses de la saison. Rotis et Grillades d Bœuf et de Lard, Huitres, Moules (Clams), Pétoncles (Scallops), avec Salade, etc. ainsi que Venaison.
Nous faisons la plus libérale réduction sur nos Cachets de Repas (Meal Tickets

Nous donnons $3.50 pour 3.00, $2.30 pour 2.00, 1.15 pour 1.0

Venez nous voir et nous vous donnerons satisfaction.

CHARLES E. LUTHER, RUE SECOND, No. 141
RESTAURANT OUVERT NUIT ET JOUR.
Le Meilleur Diner Bouilli de la Terre pour 15c. Téléphone Bell : 81503-2r

BELANGER & KAPSTEIN
Marchands de Marchandises Seches

Si nos amis de la Flint prenaient l'habitude de visiter nos marchandises et d demander nos prix, ils finiraient vite par se convaincre qu'ils peuvent faire d'aussi bonnes emplettes ici qu'au centre de la ville, tout en ménageant leur temps e leurs 5 cents de passage dans les chars. Dans tous les cas, ça coûte rien de nou faire une visite, et nous sommes toujours heureux de vous recevoir à bras ouverts
Nous avons toujours pour vous servir Mlles Ezilda Paradis, Blanche Thériaul t Imelda Goyette.

1235—RUE PLEASANT—1235

Lacroix, Albert, Thomas, 170.
Lacroix, Edouard, Thomas, 170.
Lafleur, Isaïe, Pleasant, 1236
Lafond, Joseph, Harrison, 259
Lafond, J.-N , Harrison, 259
Lagassé, J -B , Mason, 239
Lagassé, Joseph, Pleasant, 1328
Lajeunesse, Aldéric, Quequechan, 312
Lajeunesse, Henri, Quequechan, 312
Laleune, Arthur, Harrison, 296.
Lamarre, Philippe, Flint, 101
Lambert, Hormisdas, jr., Ashton, 31.
Lambert, Joseph, Ashton, 31
Lambert, Louis, Flint, 219
Lambert, Ths, Albion, 205
Lambert, G -H , Jencks, 338
Lamothe, Adélard, Quequechan, 182
Landry, Alfred, Flint, 264
Larivière, Joseph, Bassett, 71
Larcoque, Alcide, Jencks, 230
Larocque, Osias, Jencks, 262
Larose, Georges, Pleasant, 1351.
Lebrun, Pierre, Jencks, 298
Ledoux, Louis, Thomas, 210
Ledoux, Pierre, Thomas, 214
Ledoux, Guillaume, Mason, 199
Ledoux Stanislas E , 214 rue Thomas
Leduc, Hormisdas, Jencks, 310
Lemieux, Joseph, Boutwell, 35
Lenoir, H.-L , Mason, 229.
Leonard, J.-B., Quequechan, 84
Lessard Alexandre, 227 Eastern ave.
Letendre, Damase, County, 356
Lévesque, Adélard, Jencks, 354
Lévesque, Alfred, Pleasant, 1187
Lévesque, Ernest, Jencks, 354
Lévesque, Joseph, Pleasant, 1357.
Lévesque, Victor, Jencks, 271.
Lord, Richard, Thomas, 192
Lord, Guillaume, Albion, 108
Lussier, Elzéar, Mason, 95
Lussier, Gaudias, Ashton, 24.
Lussier, L.-O , Flint, 71
Maltais Thomas, 22 rue Flint
Marchand Joseph, 1236 Pleasant
Marien Raoul, 178 rue Mason
Marçeau, Silvia, Mason, 248.
Marchand, Eugène, Pleasant, 1187.
- Marchand, L.-A., Eastern av , 529
Marcoux, Léon, Mason, 41.
Marien, A -O., Mason, 177.
Martel, Adrien, Flint, 219.
Martin, Jean, Albion 168
Massé Arthur, County, 393.
Massé, G.-H., County, 393.
Maynard, Adélard, Jencks, 274
Maynard, D., Jencks, 238
Maynard, E.-P., Jencks 274
Maynard, L -N., Jencks, 274
Maynard, P.-H., Thomas, 38
Mercier, Albert, Albion, 60
Mercier Louis A., 239 rue Mason.
Mercier, Edouard, Flint, 277
Mercier, François, Flint, 277.

Mercier, Joseph, County, 267.
Mercier, L.-A., Pitman, 92.
Mercier, Théodore, Thomas, 180.
Messier, Joseph, Canonicus, 17.
Messier, Louis, Cash, 50.
Michaud, David, Jencks, 159.
Michaud, Guillaume, Claflin, 18
Michaud, Alfred, Thomas, 115.
Michaud Napoléon, 179 rue Harr
Milotte Albéric 168 rue Mason.
Milotte, Albert, Mason, 168.
Monfils Henry, 1418 rue Pleasan
Monfils, Wilfrid, Pleasant, 1447
Meunier, Alfred, Pleasant, 1387.
Moreau Georges, Pleasant, 1187.
Morel John E., 290 rue Quequech
Nadeau, Avila, Canonicus, 14
Neault Joseph G.; 1384 rue Pleas-
Noiseux, Arthur, Pleasant, 1190.
Normandin, Edouard, Albion, 25,
Ouellette, F.-X , Jencks, 131.
Ouellette,è J -B , Pleasant, 1201
Ouellette, Louis, Pleasant, 1357.
Page, C.-A , Pleasant, 1241.
Paradis, Auguste, Flint, 22.
Paradis, Ernest, Flint, 32.
Paradis, J.-B , Flint, 44.
Paradis, L -O , Bassett, 57
Paradis, L -O -N., Bassett, 57
Paradis, Odilon, Flint, 337.
Parent, J -D , Thomas, 177.
Parisien, Georges, Pleasant, 1450
Paul, Napoléon, jr , Bassett, 31.
Payette, Edmond, Quequechan, 8
Pelletier, A -C , Harrison, 132
Pelletier, Chs, Quequechan, 200
Pelletier, Wilfrid, Mason, 178
Pelletier, Arthur, Mason, 178
Pelletier, Georges, Flint, 264.
Petit, Henri, Flint, 257.
Picard, Alcide, Harrison, 280
Picard, Edmond, Harrison, 280.
Picard George L., 1384 rue Plea
Picard, E -G., Harrison, 292
Picard, J.-C., Downing, 90.
Picard, J.-N., Harrison, 322.
Picard, P -J.-E , Downing, 26
Picard, Pierre, Harrison, 280
Pinault, Eugène, Flint, 264
Pinault, J.-C., Jencks, 249
Pinault, Ths, Harrison, 259
Pineault Eugène, 30 rue Claflin
Plante, A.-J.-T , Mason, 206
Plante, Elzéar, Pleasant, 1423
Plourde, Théophile, Flint, 273
Pontbriand, Louis, Flint, 300.
Prévost, J.-A., Eastern av , 529
Proulx, Georges, Quequechan, 296
Rabouin, Deus, Downing, 14.
Racicot, Eugène, Harrison, 313
Renaud, Jean, Mason, 67
Rémillard, Chs , Albion, 138
Rémillard Joseph, 1236 rue Plea
Renaud, Adélard, Eastern av., 22

Renaud, Philéas, Mason, 159.
Rhéaume, Edmond, Canonicus, 62.
Richard, G.-B.-O , Jencks. 285
Richad, J.-A -M., Pleasant, 1367
Richard, J.-B Mason, 205
Richard, J -H., Downing, 26
Richard, Victor, Cash, 85
Rioux Edmond, 306 rue Harrison.
Robert, Aimé, Pleasant, 1451
Robert, Simon, Harrison, 322:
Robillard, Alfred, Pleasant, 1283
Ross Eutaoade, 16 rue Avon
Roy, L.-E , Quequechan, 66
Roy, Louis, Boutwell, 45
Rousselle Olivier, 136 rue Flint
Salvaille, Adélard, Pleasnt, 1356
Salvaille Adélard, 178 rue Mason
St Amant, Saul, Pleasant, 1417
St Georges, Archambaud, Fleasant, 1283
St Martin, Wilfrid, Harrison, 89
Saucier, Napoléon, Quequechan, 20.
Senay, Alfred, Ashton, 21
Senay, Benjamin, Ashton, 21
Senay, Napoléon, Ashton, 21
Senay, Philéas, Ashton, 21
Simard, Henri, Alden, 140.
Simard, Narcisse, Jencks, 238.
Simard, Aimé, Flint, 207.
Tessier, Guillaume, Thomas. 79.
Théberge, Emile, Mason. 194
Thériault, Evariste, Flint, 22
Thibault, Chs , Harrison, 322
Thibault, Elzéar, Flint, 140.
Thibault, Eugène, Harrison. 274.
Thibault, Jean, Pleasant, 1351
Turgeon, E -A , Pleasant, 1470
Turgeon, Ernest, Pleasant, 1470
Thibodeau Hubert, 261 rue Jencks
Vadeboncoeur, Joseph, Pleasant, 1430.
Vadeboncoeur, Sigefroi, Bassett, 71
Vézina, Alfred, Pleasant, 1387.
Vézina, Jean. Harrison, 327

QUARTIER VII

Arrondissement A.

Audette, Augustin, Rodman, 284
Baillargeon, Joseph, Brow, 44
Beaudet, Napoléon, Pleasant, 206
Bilodeau, Frédéric, Bedford, 241
Birtz, Alfred, Bedford, 241.
Blais, Georges, Borden, 147.
Caisse, A.-H , Bedford, 106
Chabot, T -L., Pleasant, 143
Chagnon, Eug., Third, 153
Chagnon, L.-M., Third, 153
Contant, Alfred, Fourth, 46
Côté, Joseph, John, 17
Desforges, Joseph, Corneau, 46
De Gagné, Charles, Third, 214
Desmarais, G -M.. Fourth, 154
Desmarais, Jean, Bedford, 118

Gagné, Napoléon, Pleasant, 176.
Gagnon Pierre, Fourth, 53.
Gosselin, G.-H., Brow, 64.
Gosselin, J.-E., Fourth, 147.
Guillemette, Alfred, Borden, 29.
Harbec, Guillaume, Oak, 21
Imbault, Joseph, Brow, 20.
Gervais. Alfred, Oak, 33
Lacroix, Félix, Borden, 29
Lacroix, Paul, Boden, 109
Lacroix, Arthur, Borden, 109
Langevin, J.-E , Rodman, 10
Leboeut, Napoléon, Bedford, 212
Ledoux, Gilbert, Fifth, 103
Ledoux, Napoléon, Fifth. 103
Ledoux, Avila, Fifth, 103
Lemerise, Alfred, Oak, 33.
Lemerise, Arthur, Oak, 33.
Lemerise, Chs So Main, 120
Levesque, F -J., Pleasant, 103
Marcoux, Herménégilde, Bedford
Marquette, Albert, Wrightington 15.
Martin, E -J , Second, 205.
Mercier, Valmare, John. 43
Michaud, F -C , John, 48
Nadeau, Joseph, Fourth. 105
Normand, R -J , Pleasant, 48
Papineau, G -D , Rodman, 238
Paul, Albéric, Corneau, 40
Pinault, J -T , Pleasant, 146
Ricard, Hector, Wrightington, P
Rivard, Enoch, Bedford, 212.
Roy, F.-E., Corneau, 91
Ruel, Joseph. Pleasant. 246
St Germain, Avila, Fourth, 210
St Hilaire, Benjamin. Rodman, 5
St Ours, Exuri, Spring, 501
St Pierre, J -A,. Spring, 394
Salvas, Joseph, Corneau. 91
Salvas, Olivier, Corneau. 91
Toulouse, Chs, Bedford, 212
Thibault, Napoléon, Rodman, 10
Thomas, G -B , Spring. 489.
Turcotte, Hugues. Rodman, 36.
Verville, Edouard. Fifth, 129
Xavier, C -F -J -A Bank, 209

Arrondissement B.

Ballard, C.-M , Rock, 286
Bergeron, J -E , No Seventh, 84
Boucher, J.-G . Fine 47
Chabot, Alain, Cherry, 132
Crépeau, F.-G., Walnut, 95
Crépeau, S -H , Walnut, 95
Denault, François, Danforth. 40
Dubuque. H.-A., Walnut, 263.
Dumas, A -P. Cherry, 132
Gagné, Adélard, Oak, 104
Gagné, A-J , Oak, 104
Gagnon, O -D , No Main, 119.
Gaillard, Jules, Elm,1 81
Gilbert, C -L , Franklin, 209

L'UNION SAINT-JEAN-BAPTISTE D'AMERI

La Grande Societe Nationale des Americains=Franca

IEGE SOCIAL, RUE MAIN, 223, WOONSOCKET,

Téléphone, 119-L.   Boite Postale, 236.

Bureau General, 1908-1910.

DIRECTEUR HONORAIRE .
Rév. M F X.Chagnon,Champlain, N.Y.

DIRECTEURS SPIRITUELS
év. M. G. A. Rainville, Salem, Mass.
Rév. M. E C Laramée, Redford, N. Y.

PRESIDENT HONORAIRE
M. Edouard Cadieux,   Holyoke, Mass

PRESIDENT
Hon. Félix Gatineau, Southbridge, Mass

VICE-ARESIDENTS
M. Elie Vézina,   Chicago, Ill.
. Joseph Voyer,   Lewiston, Me
Hon. N. P. Bissonnette,
                        Bridgeport, Conn.

SECRETAIRE
M J. Ad Caron,   Woonsocket

TRESORIER
Hon P. Boucher,   Woonsocket

MEDECIN-REVISEUR
Hon. Dr J. H. Boucher,
                        Woonsocket

INSPECTEURS DES COMPTES
M. A. J. Lachance,   St. Johnsbu
M. S. C. Dupré,   Brockton,
Dr. J. H. Riopelle,   Saginaw,
M. O Moreau,   Holyoke,

MAITRE DES CEREMONIES
M. J. B. Paulhus,   Willimantic,

Cette puissante organisation compte sept conseils à Fall River, comme il

CONSEIL GARNEAU, No 209

Ce conseil pour les hommes fut fondé en 1907 et il tient ses assemblée
alle Franco-Américaine, rue East Main, les premier et troisième mercre
nois.

CONSEIL BEDARD, No 210

Ce conseil pour les hommes fut fondé en 1907 et il tient ses assemblée
alle Notre-Dame de Lourdes, rue Avon, no 98, les premier et troisième mar
ois

CONSEIL BERNADETTE, No 227

Ce conseil pour les femmes fut fondé en 1908 et il tient ses assemblée
alle Annawan, les premiers et troisième mercredis du mois

CONSEIL NOTRE-DAME DE LOURDES. No 231

Ce conseil pour les femmes fut fondé en 1908 et il tient ses assemblée
alle Notre-Dame de Lourdes, les premiers et troisième jeudis du mois

CONSEIL STE-CLAIRE, No 233

Ce conseil pour les femmes fut fondé en 1908 et il tient ses assemblées à l
St Jean-Baptiste de Bowenville, les deuxième et quatrième mercredis du m

CONSEIL PELOQUIN. No 235

Ce conseil pour les hommes fut fondé en 1908 et il tient ses assemb
Bowenville, deux fois parmois

CONSEIL ST-ROCH, No 243.

Ce conseil pour les hommes fut fondé en 1909 et il tient ses assemblées d
aroisse St.Roch, deux fois par mois

Gilbert, Jean, Locust, 254
Gilbert, M.-J , Locust, 254.
Goyette, G.-H., No. Seventh, 140
Goyette, J.-S , No. Seventh, 140
Houle, Edouard, Oak, 89.
Larochelle, Rosaire, Pine, 47
Marois, France, Pine, 67
Martin, Chs, Danforth, 22
Martin, F.-L., Bank, 170.
Martin, H.-W., Bank, 198.
Michel, Onésime, Elm, 212
Morrissette, Honoré, Second, 159.
Nadeau, Philéas, Danforth, 21.
Quévillon, Alphonse, (à Boston)
Péloquin, P.-L., No. Main, 81.
Poirier, Deus, Franklin, 283.
Poirier, L.-D., jr , Locust, 118.
Robidoux François, Davol, 56.
Sansouci, Henri, Danforth, 33.
St Jean, François, Cherry, 302

QUARTIER VIII

Arrondissement A.

Baron, Jacques, Orange, 254.
Baron, Ths., Orange, 254.
Barrette, G.-F., Cherry, 886.
Barrette, M.-J., Cherry, 886.
Barrette, Guillaume, Tremont, 288.
Bisaillon, Hilaire, Pine, 838.
Bessette, Arthur, Platt, 42.
Bazinet, Joseph, Orange, 176.
Beaudry, Raoul, Davis, 220.
Beaurgard, Adélard, Hopkins, 35
Beauregard, Guillaume, Oak, Grove, av., 424
Bérubé, Jules Orange, 176
Boisselle, Joseph, jr , Pine, 642.
Bolduc, Arthur, Hopkins, 53
Bouvier, Philippe, Pine, 838.
Caouette, Joseph, Tremont, 234
Cardin, A.-A., Cherry, 677.
Chagnon, J -B Robson 1231.
Chagnon Jovite, Pine, 889
Charbonneau, Hormisdas, Bullock, 2?
Codaire, Napoléon, Tremont, 186
Danis, Joseph, Tremont, 188.
Danis, Joseph, jr , Tremont, 188
Dion, J.-P., Tremont, 307.
Dubois, G -S., Stetson, 32
Duclos, Eugène, Linden, 173
Fortin, Edmond, Tremont, 173
Fortin, Eugène, Tremont, 235
Fortin, Georges, Orange, 237.
Francoeur Albéric, Pine, 963
Francoeur, Ferdinand, Pine, 963
Francoeur, Joseph, Tremont, 173.
Gagné, E -A., Stetson, 48
Gervais, J.-P , Pine 838.
Giguère, J -E.,T . Pine, 889
Gilbert, W.-R., Maple, 912
Guillet, C.-S.-A Cherry 879
Girard, Elzéar, Elsbree, 133

Guimond, Alphonse, Elsbree, 3?
Guimond Narcisse, Elsbree, 37
Guy, Napoléon, Elsbree, 197
Hamel, Adélard, Ratcliffe, 171
Harpin, J.-F., Linden, 249
Houle, Mathieu, Home, 73
Houle, Mathieu, Jr , Tremont, ?
Houle, J.-B , Linden, 155.
Jussaume, J.-A., Blaine, 29
Labrecque, Alfred, Orange, 150.
Lajoie, Joseph, Orange, 174
Langlois, Alfred, Orange, 292
Langlois, Frédéric, jr , 292
Lapierre, G -H , Orange, 292
Lavigne, G -A , Seabury, 226
L'Ecuyer, W.-A , Robeson, 222.
Leduc, Pierre, Robeson, 160.
Maltais, André, Stetson, 228
Marchand, E.-R., Robeson, 427
Martin, Louis, Tremont, 220
Mercier, Richard, Ratcliffe, 103
Mercier Samuel, Ratcliffe, 103
Messier, Alphonse, Elsbree, 92
Messier, Hubert, Eilsbree, 92
Messier, Raoul, Elsbree, 92
Monty, Alfred, Elsbree, 92
Moreau, J -H., Pine, 963
Morissette, Arthur, Locust, 974
Narbonne, Michel, Robeson, 212
Neuville, Ths, Pine, 972.
Pariseau, Alphonse, Locust, 977
Paul, J -H., Walnut 946.
Plante, D.-A , New Boston, Rd
Plante, Emile, New Boston, Rd
Plante, Wilbrod, New Boston, R?
Potvin, Pierre, Orange, 176
Rémillard, Louis, Robeson, 222
Ricard, C -G , Indian Town Rd
Ricard, G -G., Indian Town Rd
Richard, Jos -E., Robeson, 177
Richard J -Ern., Robeson, 177.
Rioux, Emile, Tremont, 235
Rioux, Octave, Pine, 838
Roy, Isaie, Orange, 175
Sabin, E.-B., Robeson, 517
Savary, Jacques, jr , Locust, 84.
Sirois, André, Plain, 152
Sorel, Marcel, Robeson, 165
St Jean, Jean, Home, 16

QUARTIER VIII

Arrondissement B.

Benjamin, Arthur, Durfee, 506
Bessette, A.-N , Walnut, 679
Boucher, Thomas, No. Main, 68?
Chapleau, André, Durfee, 683
Crépeau, R -C , Maple, 256
Delisle, F -J., Cedar, 24
Daniel, A -H -A , Prospect, 55
Daniel, Robert, Prospect, 55
Dubé, L.-H., Linden, 277.
Fontaine, A -L , Walnut, 811.

..:. ORDRE DES ...
ORESTIERS CATHOLIQU

Cette Puissante Organisation Compte Environ

4,000 MEMBRES DANS LE MASSACHUSETTS

Et Offre Tous les Avantages des Bonnes Sociétés
De Secours Mutuel.

'ous en Avons Trois Bonnes Cours a Fall

COUR STE=ANNE, No 604,

FONDEE LE 26 JUILLET 1896.

Elle compte dèjà plus de 400 membres actifs et ce nombre sera vite d
ant elle est populaire en cette ville.

ASSEMBLEES, LES 2me ET 4me LUNDIS DU MOIS,

la Salle Columbian, rue So. Main, en haut de la rue Columbia.

COUR NOTRE-DAME, No 1163,

FONDEE EN 1902

Elle est une des florissantes cours locales et son succès est grand

ASSEMBLEES, LES 1er ET 3me MARDIS DU MOIS,

A la Salle. Amiot, rue Bassett

COUR SAUVAL, No 1311.

C'est encore une cour des plus prospères de Fall River. Elle tient ses
lées à la salle de la rue King Philip, No 776,

LES 1er ET 3me MERCREDIS DU MOIS.

Houde, A.-H , High. 715.
Houde, L -G , Maple, 250
Jalbert, F -D., Maple, 118
Lagassé, J -A., Hanover, 28.
Larochelle, Edmond, Walnut, 649
Larochelle, Louis, Walnut, 649.
Léveau, Edouard, Jr., Walnut, 713.
Léveau, Randolphe, Walnut, 713.
Mailloux, O , Robeson, 444.
Nicolet. L -A , French, 58
Norreau, I. -P , Durfee, 396
Péloquin, C.-E . Locust, 724.
Poisson. Joseph. Durfee, 452.
Pratte,è L -F , High, 764.
Thibault. Joseph, Hanover, 26.
Thibault. Guillaume, Barnaby, 127.
Vallée, J -H , Locust, 666.

QUARTIER IX

Arrondissement A.

Allaire, Joseph, Morton, 98.
Allard, L -A., Davol, 1061
Allard, L -J , Davol, 1061.
Auclair, J -N., Davol, 1370.
Beauregard, J -E., Davol, 840
Bellavance, Félix, Murray, 46
Bellavance, Magloire, Murray, 46
Benjamin. Michel. No Main, 1465.
Bergeron, C.-F , No. Main, 1457.
Bernier, Maxime, McDonald, 33.
Bessette, Napoléon, Davol, 1332.
Boisvert, Louis, Leonard, 68.
Bonin, Omer, Lindsey, 386
Boucher, Arthur, No. Main. 1043.
Boucher, J.-E Mc Donald, 46.
Boucher, Ludger. Murray, 46.
Bouthillier, A.-E., No Main, 1059.
Bouthillier, Bruno, No. Main, 1059.
Bouthillier, G -O , No Main, 1059.
Bruneau, Henri, Lindsey, 298
Bruneau. Joseph, Morton, 77
Chayer, David, Davol, 1267
Choumard, Napoléon. Brightman, 227
Clouet. Joseph, Lindsey, 396
Daudelin. Edmond, President av., 259.
Delorme. Arzidas. Brightman, 179
Delorme. Avila, Murray, 89.
Desmarais, Arthur, Lindsey, 337.
Desmarais S , Brightman, 89
Dion, Joseph, Adams, 34.
Dionne, Elzéar, Murray, 107
Dionne. Joseph. Lindsey, 415
Dienne G -W , Lindsey, 123
Dumas, Narcisse, High, 1257
Duval, F -A , No Main, 928
Duval, J -J., No Main, 928
Duval, N.-P., No. Main, 928
Forbes, Joseph, No. Main, 1491
Forbes, Joseph, No Main, 1491
Forbes, G.-W., Lindsey, 723.
Forbes, Pierre, No Main, 1491.
Forcier, Albéric, Leonard, 84.

Forcier, Louis, Lindsey, 330.
Forest, E -R , No. Main, 1032.
Forest, Jean, No. Main, 1032.
Forest, T.-J , Almy, 81
Fortin, P.-E , Cory, 16
Fréchette, A., Lindsey, 197.
Gaduas, Emérie, Thompson, 44.
Gagné, Alfred. Brightman, 147.
Gagnon, Henri. Murray, 49.
Gagnon, Philippe, Leonard, 100
Gagnon, Joseph, Morton, 43
Gascon, J -A., Davol, 1332
Gascon, M -J , Davol. 1332
Gauthier, Théophile. McDonald, 8
Girard, J -A., Davol, 1157.
Giroux. Arsène, George, 23
Godbout. Alphonse, Brightman, 18
Goyette, Adolphe. Lindsey, 406
Guav, Thomas, George. 210.
Guillemette, Etienne. No Main, 14
Huard, J.-B , No. Main, 1166.
Huard, J.-E , No. Main, 1095
Labonté, Pierre, Taylor, 60
Lacouture, E.-U., Mc Donald, 46.
Lamontagne. Adélard, Lindsey, 36
Lamontagne. Louis, Lindsey, 365
Lapointe, F -X , Murray, 4
Lapointe. Guillaume, Brightman, 1
Larochelle, Napoléon, George. 23
Lasonde, A , Murray, 16.
Lavault. Eugène, Lindsey, 344.
Lavoie, Napoléon, Underwood. 376.
Lavoie, Pierre, Lindsey, 390
Lebœuf, E -H., Hood, 354
Lebœuf, F.-X., Hood, 354
Lebœuf, J.-S., No. Main, 1475
Lobeuf, Napoléon. No Main, 1475.
Leboeuf, Omer, Murray, 84
Lemcrise, Henri, Davol, 848
Letendre, Chs, Lindsey, 409
Letendre, Joseph, Lindsey, 379.
Letendre, Philippe, Murray, 20
Létourneau, Alphonse, Lindsey, 36
Létourneau, Pierre, Lindsey, 365.
Lévesque, Ovide, jr , Oregon, 32
Lévesque, Guillaume, Davol, 1085.
Lincourt, J.-L , Brightman, 147
Lizotte, A -J. Brightman, 267
Lilncourt, Maxime, Brightman, 14
Mailhot, Oscar, Murray, 20
Marcoux. Delphis, Lindsey, 330.
Martin, J.-C., No. Main, 1286
Martin, F -M., Hathaway, 33
Martin, J -C , Jr., No Main, 1286.
Martin. G -J , Corey, 295
Ménard, Adélard, Brightman. 187.
Montigny, C , North Court, 13
Montigny, Wilfrid, North Court, 13
Moison. Norbert. Brightman 261
Moreau, T.-H., Barnaby, 273
Morin, H -J , Pearce, 37.
Morin, M -M , Pearce, 37.
Morin, P -T , Pearce, 37.

Ouellette, Elie, Brightman, 225.
Ouellette, Louis, Cory, 96.
Ouellette. Michel, Cory, 174.
Pacaud, F -L., President av , 385.
Padoelle, L.-H.. June, 747.
Parenteau, J.-J., Pearce, 106
Parenteau, Joseph. Pearce, 106.
Parenteau, J.-M , Davol, 837.
Patenaude, Chs , No Main, 1174.
Paulhus, Zotique Lindsey, 183.
Perrault, Joseph, Davol, 1191.
Perault, R. J., Davol, 1191
Picard, Joseph, Thompson, 44
Pigeon, Arthur, Davol, 1205
Pinault, Alfred, McDonald, 89
Plourde, Adolphe, jr., Murray, 35.
Plourde, Napoléon, Murray, 35.
Plourde, Adolphe, Murray, 35
Poisson, Joseph, McDonald, 46
Pratte, J -G., Madison, 237
Quintin, Léopold, Lindsey, 86
Quintin, Stanislas, Lindsey, 86.
Renaud, Arthur, No. Main, 997.
Roudoux, Prosper, Underwood, 376.
Rocheleau, Réné, Murray 48
Roussel, Jules, Davol, 1069
Sévigny, Maxime, Murray, 89
St Germain, Albert, Pearce, 106
Tessier, Alcide, Lindsey, 322
Tessier, Joseph, Lindsey, 330
Têtu, Eugène, Murray, 16.
Thibault, Achille, Lindsey, 391.
Thibault, Wilfrid, Adam, 101.
Tourigny, Achille, McDonald, 33.
Tourigny, Edouard, McDonald, 33.
Vaillancour, Auguste, Cory, 22.
Valcour, Alfred, Cory, 113

Arrondissement B.

Arsenault, Ulric, Monty, 45.
Audet, A.-L , Brightman, 212.
Audet, Joseph, Brightman, 212.
Bélanger, Alexis, Norfolk, 73.
Belanger, François, Wellington, 170
Bélanger Henri, Wellington, 17.
Bellavance, Jean, No. Main, 1861.
Benoit, Arthur, No Main, 2016.
Bérard, Aimé, Norfolk, 82.
Bérard, Napoléon, Norfolk, 82
Bérubé, Adélard, Stowe, 95.
Bessette, Elie, Norfolk, 88
Bettencour, A -S , No Main, 1632
Blais, Jules, Wellington, 96
Blais, Télesphore, Otto, 7.
Blanchette, G.-H , Brightman, 142
Bonin, Arthur, Fulton, 69
Boucher, Alfred, Fulton, 69.
Boucher, Emile, Fulton, 74
Boulay, Alphonse, Fulton, 56
Boulay, Louis, No. Main, 2108
Boulay, Michel, Norfolk, 32
Bouthillier, Ephraim, No Main, 1716.
Brabant, J.-F., No. Main, 1968.

Brisson, Adélard, Fulton, 74.
Brisson, Joseph, Fulton, 74.
Brodeur, Joseph, Meridian, 1147
Caron, Ovide, Wellington, 192.
Caron, Pierre, No. Main, 2095.
Charest, Barthélémy, Harvard, 4
Charest, Cyrille, Harvard, 45.
Choquette, N.-F., No Main, 2086
Chouinard, Elzéar, Norfolk, 91.
Clément, A -S , No Main, 3477
Clément, M.-S , No Main, 3477.
Cloutier, Jules, No Main, 2074.
Côté, Alphonse, No. Main, 1861
Côté, Osias, Norfolk, 91
Croisetière, Cyrille, No. Main, 19
Croisetière, Gédéon, No Main, 24
Cyr, Chs, Jones, 184
Cyr, Théodore, No. Main, 1972
Delorme, Antoine, Clinton, 94
Delorme. Athanase, Wellington, 6
Delorme, Rémi, Wellington, 170
Desmarais, Chs , Suffolk, 161.
Desmarais, Elmare, Otto, 37.
Desmarais, G.-M , Lindsey, 499.
Desmarais, Joseph, Lindsey, 499.
Desmarais, Joseph, Suffolk, 145.
Desmarais, Maxime, Langley, 499.
Desrochers, Napoléon, No. Main, 2
Desrosiers, Léon, No. Main, 2086
Destremps, A -O , No Main, 2490.
Destremps, C -A , No. Main, 2490
Destremps, H -A , St Mary, 159.
Destremps L -G., N Main, 2490
Destremps, V.-R , No Main, 2490
Dion, Isaïe, Bliss, 45.
Dion, J.-E , Meridian, 1154
Dorion, Narcisse, Haskell, 86.
Dorion, Philippe, Suffolk, 96.
Dubé, Emile, St Mary, 159
Dupéré, Paul, Norfolk, 32.
Dussault, Trefflé, No. Main, 1976.
Fontaine Alfred, Fulton, 74.
Forest, G -S., Wilson Rd., 166
Fortier, Joseph, No Main, 1968.
Fournier, Amédée, Fulton, 117.
Gaboury, Théophile, No Main, 20
Gagné, Alexandre, Crescent, 293
Gagné, Arcade, No. Main, 1976
Gagné, Cyrille, No Main, 1894
Gagné, Ernest, No Main, 2135
Gagné, J -B., Crescent, 293
Gagné, Louis, Crescent, 293.
Gagné, Guillaume, Crescent, 293
Gagnon, Horace, Suffolk, 170
Gagnon, Joseph, Brightman, 142
Gagnon, Léon, No Main, 1960
Gagnon, Pierre, No Main, 1960
Garon, Joseph, Suffolk, 162
Gaucher, Philippe, Suffolk, 90
Gaudreau, François, Fulton, 116
Gaudreau, Philéas, St Mary, 167
Gaudreau, Pierre, Wellington, 39
Giroux, Antoine, Brightman, 198
Grioux, Lucien, St Mary, 130.

Glodu, Joseph, Highland av. (R, E.)
Godbout, Alphonse, Norfolk, 76.
Goulet, Alphonse, Norfolk, 68.
Goulet, Napoléon, Essex, 175
Grenier, Etienne, Bliss, 69.
Grenier, Louis, Bliss, 113
Grenier, Stanislas, Bliss, 113
Grenier, Télesphore, Bliss, 113.
Guillemette, Félix, Welington, 29.
Guillemette, Gédéon, Wellington, 23
Houde, Elizée, Norfolk, 67.
Janson, J.-A., Jone, 160
Jean, Adolphe, Brightman, 226
Jetté, Dollard, Bliss, 24
Jetté, Roger, Bliss, 24.
Labonté, Adjutor, Wellington, 106.
Labonté, Gédéon, Lindsey, 499.
Laorie, Vénéran, Wellington, 82
Lachapelle, Guillaume, Fulton, 163
Lacroix, Joseph, Stowe, 69.
Laflamme, Patrice, No. Main, 1769.
Lafleur, Philibert, Norfolk, 23
Lafond, Alexandre, Monty, 20.
Lafond, H.-J., Monty, 45.
Lafond, Joseph, Leonard, 192.
Laforest, Joseph, Brightman, 212.
Laforest, Joseph, Suffolk, 90.
Lafrance, Napoléon, Leonard, 203.
Lamothe, Georges, No Main, 1909.
Landry, Joseph, Monty, 1.
Langlois, Onésime, No. Main, 1679.
Lapointe, Adelard, St Mary, 181
Lapointe, David Suffolk, 161
Larivière, P.-E., No. Main, 1523.
Lavallée J -G., St Mary, 82
Lavoie, Alfred, St Mary, 36
Lavoie, Alphonse, Fulton, 117
Lavoie, Joseph, Wellington, 82
Lavoie, Narcisse, Haskell, 248
Lavoie, Ths, Haskell, 248
Lavoie, Narcisse, Sidney, 62
Laurent, O.-S., No. Main, 5225
Leboeuf, Etienne, Wellington, 82
Lecomte, Alphonse, Suffolk, 96.
Lecomte, Auguste, Brightman, 178
Lecvomte, J -G, Brightman, 178.
Lecomte, Pierre, Brightman, 178
Lefebvre, Jérémie, Norflok, 83.
Lemaire, Anthime, Leonard, 192.
Lemaire, Honorius, Leonard, 192
Lemieux, Lorenzo, St Mary, 159
Lemieux, Sylvio, Suffolk, 170.
Lavallée, C.-E., No. Main, 2594
Lavallée, F -A,. No Main, 2594
Levasseur, Abel, Brightman, 178
Levasseur, Joseph, Bliss, 73
Lévesque, J.-C, Norfolk, 22
Lévesque, Ovide, Valentine, S
Lévesque, Valmard, Marier, 11.
Lévesque, André, No Main, 2210.
Lincourt, J.-D, Norfolk, 54
Madore, C.-A., Lindsey, 499
Mangin, J -F., Monty, 71.
Mangin, T.-J., Brightman, 110.

Marçeau, Guillaume, Sidney, 11
Marchand, F.-E., Lindsey, 499.
Marcoux, J.-R., Fulton, 69
Martel, Abel, Wellington, 96.
Martin, Auguste, Crescent, 287.
Massé, J.-D., Brightman, 142.
Mathieu, Edmond, Fulton, 109.
Mathieu, Georges, Brightman, 2
Mathieu, Pierre, Brightman, 226
Maynard, François, St Mary, 56
Maynard, Hormisdas Montgome
Maynard, Joseph, No Main, 20
Maynard, Narcisse, Norfolk, 22.
Ménard, Joseph, No. Main, 24
Ménard, Joseph, Norfolk, 22.
Mercier, Jacques, Norfolk, 54
Messier, Alfred, Norfolk, 54.
Messier, Philippe, Monty, 1.
Millard, C -D, No. Main, 3671
Millard, D.-E., No. Main, 3671
Moisan, Chs., Clinton, 94.
Moreau, Hercule, Norfolk, 60.
Morin, Edouard, No. Main, 197
Morin, Noel, Fulton, 27.
Morin, R -J., Fulton, 27
Maurice, E.-M, Underwood, 71
Maurice, François, Adams, 226.
Maurice, Georges, Adams, 226.
Maurice, G.-M, jr., Adams, 226
Maurice, Jean, Underwood, 714
Nadeau, Louis, Jr, Wellington,
Nadeau, David, Brightman, 190
Nadeau, J.-B., Norfolk, 90.
Nobert, Henri, Wellington, 174
Ouellette, Elzéar, Fulton, 56.
Ouellette, Joseph, No. Main, 20
Paquette, Odias, Norfolk, 77
Paradis, Dollard, Norfolk, 77
Parent, Alexis, St Mary, 167.
Parent, Ernest, Wellington, 11
Farent, Georges, jr., Wellingto
Parent, Philippe, Fulton, 109.
Parenteau, Chs., Langley, 154
Paul, Alfred, Monty, 19
Paul, David, Brightman, 54.
Paul, Ferdinand, Norfolk, 53
Paul, Joseph, Otto, 7.
Paul, Albert, Brightman, 22.
Paul, Félix, Crescent, 293
Pélissier, Joseph, Brightman, 6
Perrault, Simon, St Mary, 36.
Perron, Alexandre, Brightman,
Petit, G.-E.-L., Wilson Rd, 530
Finault F -X, Brightman, 372
Pinsonneau, Samuel, Fulton, 107
Plante, J -B., Norfolk, 88
Plourde, A toine, Wellington, 8
Potvin, Alfred, Suffolk, 90
Potvin, Joseph, No. Main, 2468
Potvin, J -E., St Mary, 82.
Poutré, Calixte, Wellington, 82
Proulx, Joseph, Fultin, 69.
Proulx, Napoléon, Fulton, 86.
Proulx, Prime, St Mary, 65.

Provençal, Antoine, Jr., Suffolk, 161
Ratté, Alfred, Crescent, 279.
Ratté, Nazaire, Crescent, 362.
Rioux, P.-M., Suffolk, 182.
Rousselle, Arthur, No. Main, 1933
Roy, Narcisse, No Main, 2153
Rousel, P.-J., Harvard, 131.
Saindon, Napoléon, Crescent. 23
St Germain, Antoine, Fultin, 74
St Germain, Arthur, Suffolk, 160
St Germain, Joseph, Suffolk, 145
St Germain Omer, Suffolk, 145.
Talon, Joseph, jr., No Main, 2074
Thibault, Achille, Wellington, 192
Thibault, Olivier, No Main, 2063
Thibault, Alphonse, No Main, 2787
Thibault, Olivier, St Mary, 130
Tremblai, Amédée, Norolk, 22.
Trudeau, O.-J, No Main, 2135
Trudelle, Alfred, Jr., Brightman, 226
Trudelle, Joseph, St Mary, 56
Trudelle, Rosario, St Mary, 56
Valcour, Odilon No Main, 1681
Violette (La) O.-F., Marier, 5

NOS VOTANTES DE FALL RIVER

QUARTIER 1

Arrondissement A..

Célanise Daudelin, rue Warren, 589
Alice M Lafond, rue Reeves, 120
Elisabeth Roy, rue Smith, 123

Arrondissement B.

Marie Gagnon, rue So Main. 964
Denise Janson, rue Peckham, 58
Agnès Lambert, rue Melville, 120
Frances Lambert, rue Melville, 120

Arrondissement C.

Délia Bélanger, rue Tecumseh, 103
Julie J Janson, rue Osborn, 401
Ludivine Laleune, rue Osborn, 417
Marie Martin, rue Buffington. 211

QUARTIER II

Arrondissement A.

Eve A. Brunelle, av Mt Hope, 588
Marie A Dubois, rue Bay, 2029
Olive Dubois, rue Bay, 2029
Régina Paquin, av State, 344

Arrondissement B.

Marie W Barrette, rue Bay, 902
Louise Bourque, rue Freedom, 20
Anne B Dubois, rue Wilcox, 135
Berthe Plante, rue Hall, 100
Elisabeth E. Plante, rue Middle, 655

Marie-A Plante, rue Kilburn, 35
Adeline Viau, rue Oliver, 26
Anne B Ayotte, rue Sprague, 354

QUARTIER III

Arrondissement A.

Eugénie J. Côté, rue William, 515
Abbé D Hardie, rue So Main, 61.

Arrondissement B.

Rosanna Côté, rue Anawan, 419

QUARTIER IV

Arrondissement A.

Marie B Légaré, av Plymouth, 3
Alice Robert, rue Buffington, 32

Arrondissement B.

Lucie Boisseau, rue So Main, 69
Mélinde Denault, rue Hunter, 36

QUARTIER V

Arrondissement A.

Edith E Pomfret, rue Covel, 243

QUARTIER VI

Arrondissement A.

Hermine Barré, rue Pleasant, 158
Claudia Benoit, rue Pleasant, 18
Marguerite Benoit, av Eastern,
Joséphine Bergeron, ave Camp
  18.
Marie Bérubé, rue Gagnon, 82
Mathilde Bideau, rue Arizona, 96
Clara T Bouvier, rue Pleasant,
Marguerite L Bouvier, av Eas
  733
Georgianna Carrier, rue Avon, 6:
Marie Chaput, rue Barlow 11
Virgine Coriveau, av. Eastern, 6'
Clara Côté, av Eastern, 236.
Catherine Côté, rue Pleasant, 1
Alice V Deschesnes, rue Earle, 1
Marie B Deschesnes, rue Earle,
Philomène E Desjardins, av Eas
  528.
Marie Desrosiers, rue Everett, :
Clara Dupont, rue Earle, 50
Zéphirine Dupont, rue Earle, 50
Euphémie Durant, rue Irving, 87
Marie Ferland, rue Pleasant, 19
Farmélia Forest, rue Pleasant,
Marceline Gamache, av Eastern,
Maria A Gamache, av Eastern,
Maria A Laplante, rue Barre, 6:
Célina Lévesque, rue Barnes, 29
Jeanne Marcoux, rue County, 99(
Clara Massé, rue Gagnon, 66.

La Ligue Union Fraterne

Incorporee dans le Massachusetts et la Province de Quebdc.

Societe de Bienfaisance et de Secours M

POUR LES DEUX SEXES.

ELLE ÉMET DES

Certificats de $250, $500, $750 et $1,

AUX MEMBRES DES GRADES 1 ET 2,

Avec des bénéûces pour infirmité, et des

Benefices de $2.50, $5.00, $7.50 et $$1

Par semaine, durant dix semaines par onnees, aux meml
du grade 2, pour maladie et accident

Son Systeme est Moderne, Ses Taux de Cc butions Sont Moderes.

❧ASSEMBLEE CHAPLEA

· FONDEE A FALL RIVER EN 1896.

Elle Donne Tous les Avantages Mentionnes Plus

Ólivine Métras, rue County, 916
Maria Moreau, av Eastern, 660
Xavérine Faulhus, rue Raymond, 22
Amanda Phoenix, rue Earle, 152
Emma Plante, av Eastern, 430
Céline Plante, rue Choate, 21
Juha J Sévigny, rue County, 996
Elisa St Laurent, rue Pleasant, 1605
Ida St Laurent, rue Pleasant, 1603
Adelia St Martin, rue Gagnon, 102
Azzé Tétrault, rue Choate, 21

Arrondissement B.

Marie E Amiot, rue Mason, 206
Marie E Arcand, rue Pleasant, 1200
Emma Caron, rue Downing, 18.
Hilaria Caron, rue Hattard, 136
Marie L Duhaime, rue Harrison, 132
Maie L Gaudette, rue Mason, 77
Jeanne Généreux, rue Mason, 13
Marie A Larrivière, rue Bassett, 71
Ezilda Paradis, rue Flint, 305
Rose D Paradis, rue Flint, 32
Elisabeth E. Pathé rue Harrison, 233
Rose D Rhéaume rue Mason, 214
Elmida L Richard, rue Pleasant.
1367
Joséphine Richard, rue Downing, 26
Anna St Georges, rue Pleasant, 1283
Alice Trottier, rue Mason, 226.
Sara Vézina, rue Pleasant, 1378.

QUARTIER VII

Arrondissement B.

Sara A Denault. rue Danforth,
Rosanna Poirier, rue Franklin,

QUARTIER VIII

Arrondissement A.

Catherine H Dion, rue Tremol

Arrondissement B.

Eve Fournier, rue Robeson, 44
Lucie C Vallée, rue Locust, 6
Rose L Vallée, rue Locust, 6

QUARTIER IX

Arrondissement A.

Angeline Allaire, rue Morton,
Délia D Bergeron, rue No. Mar
Marie L Bessette, rue Davol,
Anne G Dumas, rue No Main,
Elisabeth Leboeuf, rue Hood,

Arrondissement B.

Justine Dion, rue Bliss, 45
Adeline Marcoux, rue Norfolk,

LA GARDE NAPOLEON I

... Fondee en 1887, comme Corps Militaire ...

Et en 1893, comme Societe de Secours Mutuel

Assemblees, les 1er et 3me Mardis du N

—A LA—

SALLE FRANCO-AMERICAIN

Angle des Rues East Main et Palmer.

$2.00 d'Admission et 50 Cents par Mois de Contrib

Après douze mois de séjour dans la Garde, le

membre malade a droit à $5.00 par semaine,

pendant treize semaines par année, s'il est en

règle avec la société . . . .

U DECES D'UN MEMBRE, LE BENEFICIAIRE RECOIT

DE CHACUN DES AUTRES MEMBRES.

'est une Societe Nationale Francaise
Catholique

Nos Contribuables de Fall Riv

QUARTIER 1

Désiré Audette	$60.48
Napoléon Beauparlant . .	103.12
N. B Bérard	110.57
Joséphine Bergeron .	73.71
Louis R Begeron, Pierre Côté et Léandre Bolduc, syndics de la Union Loan Co . .	102.06
Louis R Beregion . .	254.32
B. Bédard	65.21
Adolphe Bérubé	84.22
Pierre Bérubé	156.04
Alphonse Bolduc	197.62
Léandre Bolduc	297.84
Philomène Bolduc . . .	134,19
Dénély Bouchard	52.09
Tancrède N. Cartier	196.67
Louis Champagne	122.97
Elisabeth Carbonneau. . . .	53.87
Alexandre Côté	87.05
Pierre Côté	219.24
Pierre N. Côté .	56.81
Enédine Côté	104.90
Venceslas N Côté .	242.04
Venceslas N et Malvina Côté, succession	70.88
Marie B Caouette	103.01
Louis Rose D. Croisetière . .	51.98
Célanise Daudelin . .	216.41
Jean B Daudelin	79.38
Adélard O Demers	64.37
Omer Denault	147.53
Philéas Duluque	59.65
Maria et Edesse Duchesneau .	69.93
Arthur Duhamel et Anastase Dion	70.88
Octave Drapeau .	50.20
Frisque Dumas	51.98
Sophie Forcier	58.59
Elzéar Fournier . .	79.38
Raphael Fournier . . .	88.94
Louis Fisette	94.50
Union Franco-Américaine . .	213.57
Albertine Gagnon	259.88
Joseph A Gagnon . . .	57.76
Joseph U Gagnon . . .	101,23
Odila Gagnon	65.21
Guillaume Gagnon . .	194.78
Napoléon A. Gendreau . .	56.70
Salomé Hébert	69.93
Denise Janson	117,18

Isidore J B Janson	
Malvina Janson	
Godias Lachance .	
Marie Laorie . .	
Omer et Philomène Lachance	
Soline et Ludivine Lalcune .	
Chs Leclair	
Olivine Lemire .	
J B Lévesque . .	
Ulric Lévesque . .	
Herménégilde Malo	
Louis J Gagnon . . .	
Louis N Moquin .	
Chs Morin .	
Wilfrid Normand .	
Emma Ouellette .	
Alfred Palardeau .	
Louis et Delphis Picard .	
Caleo Rivard .	
Rosanna Roberge	
Samuel et Elise Roy .	
Philéas St-Denis	
Sophronie Viens	

QUARTIER II

Edouard et Eliza Béland .	
Cédulie Bélanger .	
Joseph Béliveau .	
Marcel Bernier .	
Eglise St Sacrement . . .	
F O Bodeau	
Delphine Bonin .	
Robert W et Marie E Boyer	
Félix Brault	
Thomas Coulombe .	
J B Couture	
Denis P et Adelphine Cyr	
J B Dolbec	
Art Doucet	
Anne Dubé	
Marie A Dubois . . .	
Délia Durant	
Athanase Dussault	
Zoé L Dussault	
Jean Fiset	
Elzéar Fournier	
Joseph Fournier	
Rose Frenette . . .	
F X Gagnon	
Joséphine Gagnon .	
Léda Gagnon	
Adolphe Gamache	

Malvina Gamache 115 29
J P Alphonse Garneau 78.55
Marie Gingras . . . 116 24
Oscar Hamel 56.81
Achille F Lamontagne . 300 62
Isaie Laplante 91.78
Clovis Lapointe . . . 66 26
Omer L Lauzon . . . 85.05
F X Lavallée 38 70
Geo Lévesque 57 76
Raphaël Lévesque 68 15
Jean Michaud 197 51
Art Morin 91 78
Elodie Nadeau 56 70
Ovide A Nadeau 200 45
Nap Paquin 312 91
Jos Pineau . . . 84 11
F X Richard . . . 71 93
Hermine St-Amant . . 102 06
Luc St-Pierre 157 93
Anna Thibault 74 66
Caroline Thuot 66 15
Zéphirin Thuot . ˉ. . . . 88 91
Napoléon Viens 106 90

QUARTIER III

Alfred Beauchemin . . 205.18
Dr F de Borgia Bergeron . 107.73
Edouard Boudreau . 139.97
Alexandre Boulé 119.18
Marie Bouthillier. 213.57
Eliza Brault . . 149.31
Louis Dorais . . 81.38
Philomène Doucet 171.99
Euclide Fortier . . 109.73
Euclide et Alma Fortier . . 137.97
Jos Francoeur 223.02
Octave Gagnon . 156.87
Jos Adolphe et Malvina Gama-
che 203.18
Pierre S Janson 201.40
Joseph A Labbé . . . 585.07
Rosanna Lagassé . . . 149.31
Baptise Langlois . . . 100.17
Jos Laviolette 108.68
J B Lavoie 115.29
Louis Letendre . . . 92.73
Onésime Ouellette 69.10
Alexandre, Joseph et Anne Pi-
cotte 145.52
Aurore Plante 102.06
Joseph Plante 61.54
G Roy 105.95
Salomée Thibault 107.73

QUARTIER IV

Pierre Adam 87.05
Charles et Victoria St P Bis
son 64 26
Gilbert Bisson 58 70
H J Cardinal 55.76
Amable Chouinard . . 96 50
Auguste Chouinard . . 78.55

Pères Dominicains . . .
Clara Lacombe . . . .
Alphonse Larivière . .
Ermina Leduc . .
Succession Elie Leduc . .
Hubert Légaré . .
Marie B Legaré . . . . .
Bernard Lévesque . . . . .
Jos et Victoria Lévesque . .
Odile Lévesque . . . .
Georges Marquis
Joseph O Arline T Perron .
Eglise Ste Anne

QUARTIER V

Nelson Fontaine . . . . . .
Joseph Fortin . . . . . .
Henri Lagassé
Patrice Lahberté
Ida Lavigne . . . . . .
Wilfrid Lavigne
Luc A Ouellette
Célina Parent . . . . . .
Joseph St Germain
Honorius J Sorel .
Wilfrid Trudeau .

QUARTIER VI

Noé Allard .
Joseph Amiot
Joseph E Amiot .
Marie E Amiot
Marie E Arcand
Délina Archambault
Rose A Archambault . . . .
J -Bte Rainville .
Aimé Barré .
Omer Barré
J Aladin Barré . .
Adélard Barrette
Léon Barrette
Joseph A Beauchemin . .
J A Beaudin . . . . .
Louis Beauregard
Ernestine Benoit . . . . . .
Vitaline Benoit
Arthur et Arthémise Bérubé
Alfred et Emélia Bérubé .
Henri Bisaillon .
Narcisse Bisson .
Stanislas Boivin
Louis Bonnover
Zénai Boulé
Alphonse Bouvier . .
Célanire Boyer .
Pierre et Marie L Breton .
Joseph H Buron .
Antonia Caron . . . .
Isidore Caron
Zéphirin Caron .
Zoé Champigny . : .
Adéline Chaput .
Georgianna Chaput .

DR J.-E. MERCIER—Médecin-chirurgien, rue South Main, 1648; (Globe).

MLLE E. U. BELLEFEUILLE—Commis, rue South Main, 175.

CHAS. A. MACDONALD—Avocat, Batisse Granite, chambre 125.

MLLES LEBLANC — Modistes, rue South Main, 69.

J. B. LEBLANC—Tailleur, rue South Main, 69, au 2e étage.

ARSENE BONNEAU—Barbier-Coiffeur, rue South Main, 1831 (Globe).

MLLE BESSIE SAVOIE—Commis, rue So. Main, 175.

OMER TALBOT — Commis, rue So. Main, 178.

C. H. MAYNARD—Dentiste, rue South Main, 109.

AIME FISETTE — Barbier-Coiffeur, rue South Main, 1418, (Globe).

ARTHUR BELAND — Barbier-Coiffeur, rue So. Main, 1459, (Globe).

MLLE MARIE ARCAND—Modiste de Robes, rue So. Main, 1680, (Globe).

GEORGES LE ROUX—Forgeron-Charron, rue So. Main, 1692, (Globe).

D. S. BENARD—Agent d'Assurances, rue Kilburn, 34.

DESIRE BELAND—C nier, rue Globe, 550, p South Main.

L.-A. THIBAULT—B Coiffeur, rue East Mai (Globe).

J.-B. BEDARD—Bill Pool, rue East Main, 407

L.-P. BRAULT—B et Pâtissier, rue East M

MME H. DUFRESN bes et Manteaux faits st sure et avec goût, rue Ly

J.-B. DAUDELIN—'E rue Warren, 589.

ALFRED-G. BOUCH. Agent de la Prudentia Ins. Co., rue East Main,

J.-B. DRAPEAU — Charcutier, rue Rodm

O. ST-GERMAIN — Charcutier, rue Eighth

JOSEPH ALLIE — Coiffeur, rue Pleasant,

J.-A. DUHAMEL—Fo Charron, rue Pleasant, N (Flint).

GEORGES LAFOR Chauffeur d'Automobil Pleasant, No 1032, (Flin

PIERRE GAMACHE pailleur de Chaises, rue C No 1039.

MME JOS. MARTEL son de Pension, rue Be No 212.

NÒS CONTRIBUABLES

Maria Chaput	113 40
Marie Chaput	51.98
Napoléon V Charron	258.10
Octave Corriveau	96.50
Philomène Corriveau	116 24
Edmond Côté	689 02
Elodie Côté	70 88
Flavien Côté	185 22
Wilfrnd N Côté	252.43
Georges Courtemanche	188 17
Euphémie Couturier	309.96
Napoléon Dallaire	141.86
Ezilda Dansereau	50 09
Geneviève Dansereau	68 04
Zotique Dansereau	68 04
Zotique C Dansereau	68 04
Marie Déry	84.11
Olivier Desforges, père.	67.10
Joseph R Desjardins	125 80
Ovide Desjardins	56 70
Philomène E Desjardins	52.92
J -Bte Desrosiers	128 65
Art. Dubé.	438 48
Israel Dubé	52 09
Delphine Dudevon	124 74
Marie E Dufault	99 23
Damase Dufresne	205 18
Marie L Duhaime	71.82
F.-X Durant	52.09
Dr Adélard Fecteau	61 43
Joseph Fontaine	159 82
Joseph N Fontaine	67 21
Louis Fontaine, fils	130.55
Napoléon Fontaine, Fils	85 16
Chs B Fournier	69 93
Marie Fournier et al	58 59
Chs E Gagnier	68 15
Adéline Gamache	436.59
J B Gamache	51 98
J Alphonse Garneau	206 01
Marie L Gaudette.	52.92
Angélina Gaudreau	68 04
Joseph Gaudreau	134,19
Joseph P Nathalie Gaudreau	65 21
Laurent Gendreau	66 27
Addie Gendron	51 03
Louis Giroux	138 09
Julie Guèvremont	71 82
Exilia Guillotte	127 58
Eugène Guimond	61 43
Nazaire, Joseph et Agnès La-	
fond	91 77
Art Laleune	68 15
Antoine Lambert	108 79
Hormisdas etCaroline Lambert	56 70
Malvina, Eugénie, Marie, An-	
ne et Joséphine Laplante	75.60
Marie Larivière	501 80
André Lavoie	89.78
Clémentine Lavoie	400 68
Succession Déha Lavoie	51 98
Joseph Ledoux, syndic.	74.66
Joseph et Nérée Marchand	315.63
Marie L Marchand.	52 92

Virginie L. Marchand	
Marie Marcelle.	
Joseph J. Martel.	
Constance Ménard.	
André P. Métras	
Basile Michaud.	
Louis Michaud.	
Rodolphe Moreau	
David Morrissette	
Anna Ouellette.	
Caroline Ouellette	
David Ouellette	
Ovide Ouellette	
Victoria R Panneton	
Elz Paradis	
Jean B. Paradis	
Louis Paradis	
Louise O Paradis	
Victor Paradis.	
Georges Parisien	
Denis Pelletier.	
Thérèse Pelletier	
Succession Alcide G Picard	
Célestin J Picard	
Succession Marie H. Picard	
Joséphine Picard.	
Delphine Poirier.	
Ezilda Renaud.	
Israel et Ezilda Renaud	
J A Magloire et Elmina Ri-	
chard	
Ludger Richard.	
Cordélia Riendeau	
Joseph C Roy	
Chs St-Georges.	
Société St-JeanéBaptiste	
Joseph H St-Laurent.	
Charles et Louise Sévigny.	
Maria J Tessier	
Marianna Tétrault	
Marie A Tétrault	
Ludivine Thibault	
Alphonse N. Thibodeau	
Narcisse Vaillancourt	
Hermbnégilde Vigeant	

QUARTIER VII

Globe Clothing Co, H L Ro-	
cheleau et Cie	
Ligue des Patriotes	

QUARTIER VIII

Jean B Chagnon.	
Ferdinand Francoeur	
Edouard A Gagné.	
Joseph E Th. Giguère	
Alphonsine Girard	
Alfred et Eliza Langlois	
Luc A Nicolet.	
Charles E Péloquin.	
Joseph Poisson	
Henri Savoie	
Succession Marie L Savoie.	

NARCISSE RICHARD, agent des machines à coudre Singer et Wheeler & Wilson, rue Nashua, 171.

Mlle Phœbé Cyr, commis, rue Tripp, 56.

Mlle Alice Janson, commis, rue Pleasant, 1274.

Mlle Maria Dubuque, commis, rue Everett, 87.

Alcide C. Potvin, tailleur, rue South Main, 545.

L. P. Levasseur, contre-maître, rue Abbott, 22.

L. J. Rioux, commis, rue Massasoit, 39.

J. A. Montminy, commis, Stafford Road, 843.

A. J. Vézina, commis, rue Forest, 144.

Mlle Adèle Paradis, commis, rue Flint, 32.

Mlle Alice Lemerise, commis, rue Oak, 33.

Mlle Ida Bergeron, commis, rue North Seventh, 84.

Mlle Léa Bouthillier, commis, rue Fountain, 161.

Mlle Emma Larivière, commis, rue No. Main, 1523.

Mlle Amanda M. Audet, commis, rue Park, 61.

Mlle Marie Aude rue Park, 61.

H. L. Péloquin, com Osborn, 529.

Damien Robillard, rue Middle, 829.

Joseph Ménard, com Grant, 172.

Mlle Eva L. Miner, rue Third, 671.

Mlle Georginie More mis, rue County, 285.

Alphonse Pilon, co Dover, 73.

G. N. Robillard, co Mulberry, 358.

J. A. Rémy, comm cien, rue Rockland,

William Th rue Melville, 9(

J. P. O. Côté Hunter, 158.

Stanislas Desmai rue Murray, 89.

N. P. Codaire, com Tremont, 186.

L. R. Rioux, com Bedford, 385.

Mlle Emma Désilets, c rue Jencks, 319.

QUARTIER IX

Joseph Allaire	173 05
Armel L Audet	169 27
Gédéon Audet	86 00
Délia Bergeron	157 82
Napoléon Bessette	86 11
Alphonse Boulay	91 78
Société St-Jean-Baptiste	62.37
Joseph Côté	67.21
Gédéon Croisetière	77.49
Louis V Croisetière et épouse	63 32
Charles Desmarais	141 86
Isaïe Dion	199 51
Joseph Dion	85 16
Philippe Dorion	106 79
Philibert Dufour	94.61
A Fréchette	72 88
Pierre Gagnon	155 09
Joseph Garon	134 30
Joseph A Girard	258 10
Antoine Giroux	135 25
Marie Giroux	64 26
Samuel Gaudreau	89 78
Auguste Hébert	54 81
Adelaide Huard	283 50
Jean B Huard	633 26
Jean B. Hubert	135 14
Jean B et Virginie Hubert	191 84
J. B et Virginie Hubert	
Azéba Lafleur	
Silvia Laliberté	
Joseph W Lecompte et Adélard Ménard	
Charles Letendre	
Philippe Letendre	
Pierre Létourneau	
Ferdinand Lévesque	
François E Marchand	
Adéline Marcoux	
Jean R Marcoux	
Joseph N Ménard	
Joseph Ménard	
Marie Ménard	
Philippe Messier	
Rosaline Morin	
Alex Parent	
Philippe Parent	
Alexandre Perron	
Arthur Pigeon, Exilia Pigeon Alphonse et Adéline Marcoux	
Joseph Poisson	
Mathilda Surprenant	
Olivier J Thibault	
Célina Thibault	
Hormisdas Valiquette	

Mlle L. Cécile Vallée, commis, rue Locust, 666.

Mlle Marie R. Nadeau, mis, rue Fourth, 105.

le Ida B. Codaire, commis, Tremont, 186.

Mlle Lillie A. Codaire, mis, rue Tremont, 186.

ROBERT A. DEAN.

Avocat, : Avoue : et : Procure

19 EDIFICE GRANITE.

PIANO, ORGUE,   CULTURE VOC

J. ERNEST PHILIE,

829 RUE MIDDLE.

RGANISTE-DIRECTEUR
EGLISE STE-ANNE .

LE MEILLEUR ENDROIT
POUR VOS : : : : : : : : :

IMPRESSIONS DE JOB

EST CERTAINEMENT CHEZ

GAGNON & CIE.,

IMPRIMEURS,

402 RUE SOUTH MAIN
COIN DE LA RUE MORGAN.

Les Cloches d'Alarme

12	Cor. Central and Davol.
121	Cor. Greene and Elm.
122	Fall River Machine Co.
123	Corner North Main and Cherry.
124	Depot at Steamboat Dock
125	Cor. Cedar and Durfees
126	Davol st., foot of Cedar.
127	Massasoit Mfg. Co.*
128	Mackenzie & Winslow.*
129	Cor Locust and Danforth.
13	Corner North Main and Turner.
131	Hose No. 6. No. Main st
132	Mechanics Mills.*
133	Corner North Main and Vestal.
134	Weetamoe Mills.*
135	Corner George and Lindsey.
136	Corner Davol and Pearce.
137	Cook Borden and Co's Y'd.*
138	Corner Brightman and Fulton.
139	Mackenzie & Winslow, Davol st.*
14	Narragansett Mills.*
141	Corner North Main and Langley.
142	B. C. Mfg. Co., Mill No. 1.*
143	B. C. Mfg. Co., Mill No. 2.*
145	Sagamore Mill No. 1.*
146	North Main, near B. C. Mills.
147	Sagamore Mill, No. 2.*
148	Corner North Main & Baldwin av.
149	Steep Brook Corners.
15	Corner Maple and School.
21	Slade Mills *
23	King Philip Mills.*
24	Osborn Mills No. 2.*
25	Osborn Mills No 1.*
26	Cor. So. Main and Osborn.
27	Cor. Bay and Chace.
28	So. Main, opp. Shove Mills.
29	Shove Mills.*
212	Globe Yarn Mills, 1 & 2.*
213	Laurel Lake Mills.*
214	Globe Yarn Mill No. 3.*
215	Algonquin Printing Co *
216	Cor. Bay and Sprague.
217	Cor. Sprague & Broadway.
218	Sanford Spinning Co.*
219	Marshall's Hat Factory.*
221	Cor. Globe and Chace.
222	No School Signal.
223	Cor. Hall and Wilcox.
224	Cor. Middle and Bacon
231	Cor. So. Main and King Phi
232	Cor Kilburn and Dwelly.
234	Cor. East Main and Globe.
235	Cor. Montaup and Aetna.
261	Cor. So Main and Center.
271	Staples Coat Co., Globe Wf.
272	Conanicut Mills.*
273	King Philip Brewing Co.
274	Bristol County Jail.*
275	Ashworth Machine Co.
276	Butchers Rend Co , Birch.*
281	Cor. So. Main and State Av
282	Cor. Broadway and So. Main
3	Corner Union and Spring.
31	Corner Canal and Ferry.
32	Corner Canal and Anawan.
34	American Print Works *
35	Fall River Iron Works.*
36	Ferry Street Depot.
37	American Linen Mills.*
38	Corner William and Almond
39	Corner Mulberry and Divisi
311	Fall River Iron Works Mill
312	Fall River Manufactory.*
313	William J Dunn Building.*
314	Pocasset Mills *
315	Kilburn, Lincoln Co.*
316	Gas Works Co., Anawan st *
341	Merchants & Miners Trans.
351	Fall River Iron Works Co.,
381	Cor. William and Hunter.

382   Cor. Columbia and Washington.
391   Bradford ave. and Broadway.

4   Cor. Rodman and Third.
41   Cascade Hose House.
42   Cor. Second and Branch.
43   Cor. Park and Ridge.
45   Gas Works, Hartwell st.'
46   Davol Mills.'
47   Tecumseh Mill No. 1.*
48   Roeson Mill *
49   Cor. John and Morgan.
412   Cor. So Main and Spring.
413   Cor. Borden and Second.
414   Cor. So Main and Division.
421   City Barn, Second st '
422   Second and Morgan.
431   St. Anne's Church.*
432   Cor. Middle ann Whipple
451   Globe st RR. Power House '

5   Cor Plymouth av and Rodman.
51   Tecumseh Mill No 2.'
52   Richard Borden Mills *
53   Chace Mills.'
54   Cor. Plymouth av and Stafford.
56   Cor Laurel and R I av
57   Fall River Bleachery.'
58   Cor. Rodman and Warren.
59   Cor. Plymouth av. and Tecumseh
512   Cor. Buffington and Manchester
513   Cor. Lapham and Cambridge.
521   Watuppa Cotton Sheds.
531   Cor. Radman and Snell.
571   Stafford road and Lawton.
572   Stafford road, opp Globe st. Railway Stables.
573   Estes Mills.*
574   Stafford road and America st
575   Lincoln Mills *
581   Barnaby Mfg. Co.*
582   F. R. Spool and Bobbin Co.'
583   Parker Mills '
584   Hargraves Mill No 2.*
585   Stevens Mfg Co *
586   Cor. Jefferson and Cambridge
587   Arkwright Mills.'
588   Davis Mills.*
589   Enterprise Brewing Co *
591   Cor. Tecumseh and Lawrence.
592   Cornell Pork Factory.*

6   Massasoit Mfg. Annex.*
61   Union Mills.*
62   Durfee Mills.'
63   Merchants Mills No. 3.'

7   City Hall.
71   Troy Mills.'
72   Cor. Pleasant and Sixth
73   Cor Pleasant and Twelfth
74   Granite Mills.'
75   Merchants Mills *
76   Cor. Bedford and Quarry.
79   Cor. Pleasant and Quarry.
712   Cor No Main and Bank.
713   Mellen House.*
714   Cor Bedford and Third
715   Savoy Hotel
741   Granite Mills 2 and 3 '

8   Stofford Mills.'
81   Wampanoag Mills *
82   Cor Alden, near Flint Mil
83   Flint Mills '
84   Barnard Mills '
85   Cor Webster and Pleasant.
86   Cor. Hatford and County st
87   Cor Bedford and Covel.
89   Cor Pleasant and Mason.
812   Seaconnet Mills.'
813   Cor. Barlow and Pleasant.
814   Hargraves Mill No 1.'
815   Cornell Mill.*
816   Kerr Mfg. Co.'
817   Kerr Thread Mill No. 2.'
851   Cor. Raymond and Edgemc
852   Cor. Pleasant and Barlow
853   Cor Pleasant and McGowan
861   Cor. County and Eastern av
862   Eastern ave. and Bassett st.
863   Cor. County and Horton.
871   Cor. Oak Grove av. and Loc
891   Cor. Pleasant and Quequecl

9   Cor Rock and Franklin.
91   Cor. Seventh and Bedford.
92   Cor. Pine and Grove.
93   Cor Grange and Bedford.
94   Cor. Maple and Rock.
95   Cor Highland av and Stew
96   Cor. High and Cherry.
97   Cor Maple and Hanover.
98   Cor. Lincoln ave. and High

LES CLOCHES D'ALARME

912 Cor. Walnut and Grove.

913 Cor Jude and French.

915 Cor. Pine and Davis.

916 Cor. Bank and Ford.

951 City Almshouse.*

952 Cor. Highland av. and Learned st.

953 Stanley and Madison.

954 Highland and President ave.

961 Quequechan Engine House.

962 Cor. Highland av. and Nev road.

963 Cor. Orange st. and New B

964 Oak Grove av. and New B

965 New Boston and Willow.

971 Cor. Locust and Home st Grove Village.

972 Small Bros Factory *

973 Cor. Robson and Prospect.

*Private.

Dernieres Élections d'Officiers

Le Conseil Péloquin, No 235.—Président, Philippe Dorion, Vice-président, Dolor Paradis, Secrétaire. Philippe M. Rioux

Le Club Jacques-Cartier. — Président, Geo. Parent, fils, Vice-président, Joseph Bilodeau, Secrétaire, Télesphore Grenier, Percepteur, Willie Lapointe; Trésorier, Philippe Dorion

Conseil Garneau, 209.— Président, Nap. Beauparlant, Vice-président, François Laorie, Secrétaire, A G Lémerise, Trésorier, Aldéi Goyette. Percepteur, Louis J. Gagnon

Cour Notre-Dame L. C. B. A — Présidente, Mme A Montminy, 1ère Vice présidente, Mme Ulric Côté, Sec-archiviste, Mme Louisa Kennedy, Sec.-financière, Mme Philippe St-Laurent. Trésorière, Mme Ed Lambert.

Les Menuisiers, Cour No 1305. — Président, Henri Bernard. Vice-président, Wilfrid Desrosiers, Secrétaire archiviste, Joseph Vézina, Secrétaire financier, J H Richard, Trésorier, J D. Castonguay

Cour Ste Anne, L. C. B. A.— Présidente, Mme Amanda Rémi, 1ère Vice-présidente, Mme Hermina Godbout, Trésorière, Mme Marie Lafrance, Secrétaire archiviste, Mme Lilly Côté, Secrétaire financière, Mlle Emma Dolbec.

Enfants de Marie (Ste Anne).— Présidente, Mlle Séverina Bessette. 1ère Vice-présidente Mlle Léonie Lemieux, Secrétaire, Alexandrine Ouimet. Trésorière, Rose de Lima Lebel,

"La Jeune Garde du Sacré-Coeur.— Compagnie C, du 1er Régiment, brigade des Volontaires Franco-Américains de la Nouvelle-Angleterre Président, H Gélinas Gamache; 1er Vice-président, Alfred W. Chabot. Secrétaire-correspondant, Oscar Roy, 83 rue Harrison, Trésorier, Charles Sévigny.

La Garde Laurier.— Président, Ulric Fiola; Vice-président, Joseph Frémont, Secrétaire, Joseph A St-Denis, Trésorier, Arthur Mailloux, Percepteur, Georges Lamontagne

Garde St. Joseph.— Président, Joseph Vandal, Vice-président, Geo Dufresne, Sec.-archiviste, Ovila Nadeau,

Secrétaire-correspondant, Ernest Bouchard. Percepteur, Alphonse Mignault Trésorier, Joseph Caron.

Dames Ste-Anne (de Notre-Dame) Présidente, Mme J. B Bélanger, 1ère Vice-présidente, Mme Philippe St Laurent Secrétaire-archiviste, Mme Joseph Roy. Trésorière, Mme J I Rioux

Cour Ste Anne, F. C.— Chef ranger. Horace Ledoux, Vice-chef ranger. Louis Levasseur, Secrétaire-archiviste, Napoléon Beauparlant, Secrétaire financier, Edmond Talbot Trésorier, Hugues Hébert

La Ligue des Patriotes.— Président Thomas Lavoie, 1er Vice-président Eusèbe Cloutier, Secrétaire, Joseph E Jalbert, Trésorier, Horace Pelletier, Percepteur, Wilfrid Marois

La Garde Napoléon 1er.— Président, Henri Bernard, Vice-président Louis Rémy, Secrétaire archiviste Philéas St-Denis; Secrétaire correspondant, Aldéi Goyette, Secrétaire financier, Bénoni Goyette, Trésorier Horace Ledoux

Cour St Mathieu, L. C. B. A. Présidente, Mme Alexina Desjarais 1ère vice-présidente, Mme Rosalie Potvin, Secrétaire archiviste, Mme Emma Leboeuf, Assistante, Mme Ros Rioux, Trésorière, Mme Délia Bergeron Secrétaire financière, Mlle Elizabeth Parent.

Conseil Bernadette, 227.—Présidente, Mme Mérilda Dionne, Vice-présidente, Mlle Diana Bergeron, Secrétaire, Mlle Rébecca Bergeron, Trésorière, Mme Marguerite Gendreau. Perceptrice, Mme Anna Tremblay

Conseil Bédard, 210.— Président L. Joseph Rioux, Vice-président, Albert M Gendreau, Secrétaire, W Roy Trésorier, M l'abbé Philias Jalbert Percepteur, Rodolphe Moreau

Conseil Notre-Dame.— Présidente Mlle Eugénie Marcus, Vice-présidente Mme Eliza Vaillancourt, Perceptrice Mme M. L. Goyette, Trésorière, Mme Sarah Beauregard, Sec.-arch, Mlle Clothilde Laferrière

Club Citizen Social.— Président, W Baraoy, Vice-président, Arman Cournoyer, Secrétaire-archiviste, Ed mond Allard, Trésorier, A. J Lizotte Collecteur, J. Arthur Ledoux

Cour St-Dominique, L. C. B. A.— Présidente, Mme Alicia Bélisle, 1ère vice-présidente— Mme Sophranie Trahan, Secrétaire archiviste, Mme Eva Brunelle; Secrétaire financière, Mme Eliza Hébert; Trésorière, Mlle Lydia Carpentier.

Cercle Montpellier.— Président, Ernest Lavoie, Vice présidente, Mme A. Talbot, Gérant, Thos Lavoie, Directeur, Arthur Talbot; Secrétaire, Blanche Marois, Trésorier, Albéric Ménard.

Club Herbette.— Président, A .J. Brunelle; vice-président, Victor Dionne, Second vice-président, Stanislas Dion; Secrétaire, Arthur J Fournier; Trésorier, A. J. Brunelle.

Club Union.— Président, Hubert Thériault, Vice-président, Georges T. Desjardins, Secrétaire archiviste, F. X Thibault; Trésorier, Arthur Fournier, Percepteur, J. E Délisle

Artisans C.-F., Succursale Globe No 156.— Président, Félix Plamondon; 1er Vice président, Raoul Martel; Sec.-trés., O Hamel.

Union Canadienne St J.-B.— Président, C. F. Bergeron; Vice-président, Philippe Dorion; Secrétaire, Charles Moisan, Secrétaire-correspondant, T. Dusseault, Trésorier, Alphonse Boulay, percepteur, Michel Benjamin, fils

Conseil Ste-Claire.— Présidente, Mme Délia Bergeron; Vice présidente, Mlle Marie Lavoie, Secrétaire, Mlle Marie Louise Têtu, perceptrice, Mme Alphonsine Dorion, Trésorière, Mlle Aldéa Lafleur

Garde Nationale.— Président, Jos D. Parent, Vice-président, Wilfrid Joly, Secrétaire archiviste, Joseph Antaya, Secrétaire correspondant, Alfred Bonin, Trésorier, Ernest Lavoie; Percepteur, Georges Lavoie

Guide des Annonceurs

Nous donnons les noms des annonceurs dans l'ordre alphabétique, avec leurs prénoms et les pages où se trouvent les annonces

Pages

Table des Matieres

Pages

ERRATA

Parmi les nombreuses fautes d'impression, qui se trou
dans ce volume, nous tenons à corriger les suivantes, qui
d'une importance réelle pour nos annonceurs surtout :

A la page 716, dans l'annonce de Louis Letendre, au lie
No 329, il faut lire 390.

A la page 740, dans l'annonce de A. Couet, au lie
No 1175, il faut lire 1157.

A la page 773, dans l'annonce du Dr J. B. Chagnon, au
du No 431, il faut lire 1231.

A la page 792, dans l'annonce de Woodward, au lie
Rue So. South, il faut lire South Main.

A la page 804, dans l'annonce de Mme Forest, au lie
No 280, il faut lire 238.

A la page 794, au lieu de : Les Votants de Fall River, il
lire : Nos Votants de Fall River.

Les autres erreurs, qui n'affectent guère la clarté des phr
seront corrigées à première vue par le lecteur, et nous les p
rons sous silence afin d'éviter une liste de corrections p
ennuyeuses que réellement nécessaires.

Lightning Source UK Ltd.
Milton Keynes UK
UKHW021334100119
335329UK00011B/600/P

9 781528 497015